MARGIT WAGNER

Schottland

MARGIT WAGNER

Schottland

PRESTEL VERLAG MÜNCHEN

Kurt Hahn gewidmet

*Farbaufnahmen
Werner Neumeister*

© Prestel-Verlag München 1982
2. Auflage 1985
Passavia Druckerei GmbH Passau
ISBN 3-7913-0552-2

INHALT

9-10
AN STELLE EINES VORWORTS

11-14
MEIN SCHOTTISCHES JAHR

15-101
Januar
AM KAMIN ERZÄHLT

Im Wachsfigurenkabinett – Denker, nicht Dichter – Portrait-Galerie – Das Wort Gottes – Not proven – Tradition – Tartan Gathering of the Clans – Die Treppen drehten sich – Der Laird – Schloßherren unter sich – Trespassing – Die alte Frau auf der Insel Barra – Gälisch – Vieh rauben, Vieh treiben Abenteuerland – Von den Freuden des Jagens und Fischens Im Hotel – Porridge in der Schublade – Nützlich zu wissen

102-142
Februar
EDINBURGH

Ankunft – Calton Hill – Royal Mile – High Court – Keine heitere Gegend – New Town – Dean Village – Alltag – Königsschlösser – Rosslyn – South Queensferry und die Brücken Mühle und Taubenschlag

143-164
März
WINTERREISE

Für stille Genießer – Im Hochland aufwachen – Auf der Straße nach Glen Coe – Rannoch Station – Mallaig – Winter in Plockton – Nicht nur zum Umsteigen: Stirling

165-220

April

TIEFLAND

Erster Tag – Fontane – Der Zauberer und der Reimer
Zweiter Tag – Von Lachs und Forelle – Walter Scott in
Abbotsford – Zwischen Ettrick und Yarrow – Traquair
House oder der versteckte Priester – Mr. Lambie aus Biggar
Das Experiment des Richard Owen – Zuerst nach Gretna
Green – Der Brachvogel ruft – Drumlanrig und Durisdeer
Die Bleiminendörfer – Henry Moore in Glenkiln – Hoch-
kreuz und Sparkasse – Solwayküste – Kirkcudbright – Whit-
horn im Regen – Auf Umwegen zu Burns

221-274

Mai

FIFE UND DER NORDOSTEN

Lord Elgin – St. Andrews: seine Studenten – St. Andrews:
seine Golfer – Die Neuk-Häfen – Little Houses – Dunferm-
line – Culross – Ende einer Leidenschaft – Des Herzogs
Armee – Scone – Piktische Steine, bunte Städte – Mein Freund
Alistair – Crathes oder der schottische Gärtner – Danzig
Willie – Kreuz und quer – Zwei Damen, zwei Schlösser
Geisterschiff und Gespensterhaus – Gordonstoun – Die
Whiskystraße

275-355

Juni

WESTLICHE KÜSTEN UND INSELN

Auf Arran: Apfelkuchen – Der gute Laird von Gigha – Die
Kreuze von Islay – Jura drüben – Bei Marion Campbell
Auchindrain mit Billy Smith – Tod eines Herzogs – Dunadd
Im Berg – Durchgangsstation Oban – Der Gang durchs Watt
Flüchtiger Aufenthalt: Mull – Holy Iona – Respektloses über
Fingals Höhle – Der Aufbruch von Kinlochmoidart – Loch
Shiel – Five Sisters – Willkommen auf Skye – Lady Grange
Die Flucht übers Meer – Loch Coruisk oder Dun Scathaich?

Applecross und Torridon – Ein Garten in der Wildnis
Ullapool – Großes geologisches Drama – Schlechte Laune in
Durness

356-397
Juli

IM HOHEN NORDEN

Inverness, in einem Satz – Culloden, gemalt – Black Isle und
ihr Prophet – Die Schrift auf der Scheibe – In Dornoch
Die Gräfin von Sutherland – Mr. Richard, Game-keeper
Wenn es nicht mehr dunkel wird – Nebelhorn und Pentland
Firth – Mainland, Orkneys – Die Leute von Skara Brae
Maes Howe und danach – St. Magnus – Scapa Flow – Die
italienische Kapelle

398-434
August

DIE ÄUSSEREN HEBRIDEN

Land unter den Wellen – Gespräche im Schwarzen Haus
Dear Captain – Der Weber von Carloway – Die falschen
Männer – Amhuinnsuidhe – Gälischer Gottesdienst – Ein
Ausflug nach Rodel – Momentaufnahme – Großer Strand
mit Flugzeug – Einige MacNeils – Hochzeit nach altem
Brauch – Ein Logenplatz für die Hebriden

435-468
September

IN DEN GLENS

Queen Victoria im Hochland – Von Hoflieferanten und
Hirschen – Crathie Church am Sonntag – Marsch der Lonach
Highlander – Jagdpech – Die Hochlandspiele von Braemar
Am Fuß der Cairngorms – Geheimnisse des Großen Grabens
Glen Affric

469-494
Oktober

PERTHSHIRE

Das Blockhaus am Loch Lubnaig – Kaleidoskop – MacGregor Wettbewerb mit Whisky – MacNab – Pilatus in Fortingall Spuren – Ball im Schloß – Am nächsten Morgen – Lob des Hydro

495-503
November

WIEDER IN DEN STÄDTEN

Dundee, theoretisch – Aberdeen und das Öl

504-533
Dezember

GLASGOW

Die Morrisons – Die Stadt

528-533
KREUZFAHRT

535
REGISTER

AN STELLE EINES VORWORTS

Aus der Tiefe schottischer Vergangenheit tritt das Einhorn als Wappentier dieses Landes hervor. Auf die Gefahr hin, für unglaubwürdig gehalten zu werden, habe ich folgendes von ihm zu berichten: Das Hoheitsgebiet des Unicorn beginnt nördlich des Flusses Tweed. Im Border Country scheut es jedoch die nahe Grenze zu England, sucht nur gelegentlich in den mächtigen Mauern des Hermitage Castle Schutz und trinkt aus dem vorbeifließenden Bach. Wenn es mit zarten Hufen, das gewundene Horn gesenkt, ein Moor vorsichtig überschreitet, meldet der Brachvogel den Kiebitzen sein Kommen. Den Fabrikrauch in der Nähe von Glasgow, die Trabantenstädte und Schnellstraßen des Industriegürtels meidet das weise und sanfte Geschöpf; aber in Edinburgh soll es nahe dem Palast von Holyroodhouse noch über einen Stall verfügen und in dunklen Nächten den kahlen Gipfel des benachbarten Vulkankegels, Arthur's Seat genannt, erklimmen.

Jeder rechtschaffene Schotte wird mir spätestens hier widersprechen; er steht der Realität näher als der Welt des Mythischen und Phantastischen. Aber sein Wappentier wird von solch prosaischer Mißachtung nicht angefochten. Das Einhorn trifft überall im Land auf sein Abbild: in Stein oder Gußeisen oder goldüberzogenem Blech; über Schloßportalen und Eisenbahnstationen, auf Meilensteinen und Hausmauern. Seit Schottland mit England gemeinsam regiert wird, muß das Fabelwesen sein Wappen allerdings mit dem britischen Löwen teilen; und obwohl es ihm in heraldischer Höflichkeit den Kopf zuwendet, übersieht es hochmütig, mit geblähten Nüstern, den Nebenbuhler.

Überall, wo auf den Landkarten ›Highlands‹ steht, ist des Einhorns eigentliches Revier. All jene heimlichen, schwer erreichbaren Hochtäler, die Glens, sind rechts und links ihrer schäumenden, moorbraunen, lachs- und forellenträchtigen Flüsse von der flüchtigen Spur dieses Tieres gesäumt. Wenn es menschenleere Bergbezirke überquert, schlagen seine Hufe

Funken aus dem Urgestein. Nebel ist ihm lieb; Moorhühner nähern sich ihm in raschem Flug. In unzähligen Lochs und Lochans, großen und kleinen Seen, kann es sein Spiegelbild betrachten. Im Royal Deeside lagert das Einhorn unter hohen und weitverzweigten, einzeln stehenden königlichen Bäumen und wartet auf den Vollmond. Jenen Graben, der quer durch Schottland verläuft, Great Glen genannt, überläßt es samt dem nachtdunklen Wasser des Loch Ness einem anderen Fabeltier. In den unermeßlichen Weiten des Nordens ist das Einhorn kaum auszumachen: Sein flüchtiger Schatten entschwindet, wo Ben Loyal und Ben Hope zwischen sich die Geheimnisse der nördlichsten Hochtäler bewahren.

Noch einmal schüttelt mein rechtschaffener und vernünftiger Schotte den Kopf.

MEIN SCHOTTISCHES JAHR

Bei einer Gebietsreform im Jahre 1975 wurde Schottland in neun Regionen und drei Insel-Bezirke aufgeteilt. Alte Grafschaftsnamen, die so mächtig daherrollten, als kämen sie geradewegs aus einem Drama von Shakespeare, sollten nicht mehr gelten. Aber viele Bewohner hingen an den überkommenen Bezeichnungen und hielten an ihnen fest: Ein heilloses Durcheinander entstand. Die Schotten haben dieses Ärgernis ausgiebig beklagt, so brauche ich es nicht mehr zu tun. Ich halte mich ohnehin nicht an die offiziellen Grenzen. Ich stelle die Landschaften Schottlands jeweils zu der Jahreszeit vor, in der sie mir am liebsten sind.

Man kann mir Leichtfertigkeit vorwerfen, wenn ich so verfahre. Bin ich etwa Herr über das Wetter? Kann nicht gerade da, wo ich Ginster blühen und Lämmer hüpfen lasse, der Reisende, der zwei Tage nach mir kommt, in einen Schneesturm geraten? Dieses Risiko muß ich auf mich nehmen. Wer eine Wetter-Garantie verlangt, sollte in diesen Breiten nicht unterwegs sein. »Innerhalb einer Woche kann es bei uns wie in der Arktis – oder wie in der Ägäis sein«, schreibt ein Freund, dessen Hotel hoch im Norden, aber im Golfstromgebiet der Westküste liegt. Selbst dem, der Jahr für Jahr wiederkehrt, bleibt Schottland einige seiner Schönheiten schuldig, indem es sie in Nebel hüllt oder hinter Regenschleiern verbirgt. Damit habe ich kühn vorweggenommen, was es an Negativem über das Reisen in diesem Land zu bemerken gibt.

Und so denke ich mir mein schottisches Jahr:

Im Januar, wenn die Tage noch dunkel und kurz sind, bleibt man gerne am warmen Kamin (ein elektrischer tut's auch), Gesprächsthemen werden die Geschichte dieses Landes und seine Menschen sein, ihr Charakter und ihre Eigenheiten – kurz alles, was der Reisende wissen möchte, ehe er seine Fahrt beginnt.

Der Februar gehört Edinburgh. Trotz aller Lockungen, die diese Stadt Ende August und Anfang September für den

Fremden bereit hat, trotz Festspielen und Tattoo, ist Edinburgh für mich in erster Linie eine Winterschönheit.

Daß man sich im März schon weiter nach Norden wagen kann, bis ins Hochland hinauf, falls man den Zug nimmt, haben wir auf einer ›Winterreise‹ erprobt.

Etwa ab Ostern kann man mit dem Auto unterwegs sein. In Schlössern, die während der Saison Besuchern offen stehen, zieht man jetzt die Absperrseile, überprüft die Alarmanlagen und ergänzt die Vorräte für Tearoom und Souvenirladen. Der Frühling ist eine gute Zeit für das Grenzland, für Abteien und Burgruinen und für den unsichtbaren Herrn dieses Landstrichs, Sir Walter Scott. Narzissen blühen, und die schon erwähnten Lämmer hüpfen auch in einer weiter westlich gelegenen, zu Unrecht oft übersehenen Gegend: Dumfries und Galloway.

Im Mai stehen Schloßgärten wie der von Crathes in vollem Blumenflor. Die Fahrt geht jenseits des Firth of Forth zur Halbinsel Fife und dann hinauf ins nordöstliche Schottland, in eine Region, die ethnologisch und geographisch noch den Lowlands zugerechnet wird. Ihre Bewohner unterscheiden sich weitgehend von den keltischen Hochländern, und die fruchtbaren Ebenen, in denen Schlösser und Wohntürme, Kleinstädte und Whisky-Destillerien wie Pilze wuchsen und gediehen, vermitteln einen ganz anderen Eindruck als die kahlen Berge und menschenleeren Hochtäler des malerischen Westens.

Der Juni wird kaum lang genug sein, um die Herrlichkeiten der westlichen Küsten und der davor gelagerten Inseln, der Inneren Hebriden, aufzusuchen und zu beschreiben. Alle Fähren von Ufer zu Ufer haben ihren regelmäßigen Betrieb wieder aufgenommen.

Im Juli und in der ersten Hälfte des August überschwemmen die Ströme der Urlauber das Land. Auf der berühmten Autobahn nach Inverness, der A9, und auf der Straße, die am Loch Lomond entlang führt, stauen sich Autos und Wohnwagen. Man tut gut daran, abgelegene Gebiete aufzusuchen wie den hohen Norden und die Orkneys, wo es in den kurzen ›mausgrauen‹ Sommernächten nicht mehr dunkel wird. Oder man fährt einige Stunden weit übers Meer westwärts, bis die

Äußeren Hebriden als lilafarbene Ungetüme am Horizont erscheinen.

Im September ist es überall in Schottland schön, aber am schönsten, meine ich, im Inneren, in den Hochtälern, wo die Heide noch blüht: zu beiden Seiten des Great Glen, oder zu Füßen der Cairngorms und jenseits im Royal Deeside (wo man zusammen mit der Königlichen Familie die Hochlandspiele von Braemar besuchen kann).

Im Oktober sind vor allem Jäger und Angler unterwegs. Andere warten auf die Tage, an denen das Herbstlaub golden und feuerfarben zu leuchten beginnt, am schönsten im baumreichen Perthshire. Die Straßen sind um diese Zeit wenig befahren; Quartier zu finden bereitet keine Schwierigkeit mehr. Zu Anfang des Monats sind die Hochtäler noch erfüllt vom Röhren der Hirsche.

Nun werden die Tage rasch kürzer (und die Kapitel ebenfalls). Wohnwagen und Boote wandern ins Winterquartier. Hausfrauen holen ihre Schilder mit der Aufschrift ›Bed and Breakfast‹ herein. Viele Hotels bleiben den Winter über geschlossen. Man zieht sich, wenn der November kommt, vom Land zurück, nach Aberdeen oder Dundee.

Und wie die Reise mit einer bedeutenden Stadt begann, so endet sie auch: mit Glasgow, im Dezember.

Für Schottland nehme man sich Zeit – das ist mein wichtigster Rat für den, der gerade seine Fahrten plant. Besonders die Highlands öffnen sich nicht auf den ersten Blick, weder im eigentlichen noch im übertragenen Sinn.

Ich pflege die Touristen in die ›Seßhaften‹ und die ›Durchfahrer‹ einzuteilen. Die ›Seßhaften‹ sieht man gegen Ende des Tages aus einem Boot klettern, von einem Pony steigen, die Picknicksachen und Stiefel aus dem Auto räumen, oder von irgendeinem Berg herunterkommen. Sie sehen vielleicht müde aus, aber entspannt und zufrieden. ›Durchfahrer‹ dagegen wirken angestrengt oder gelangweilt. Man trifft sie in Pitlochry und Aviemore, am Loch Lomond und Loch Ness und in herzöglichen Schlössern beim Photographieren; die energischen unter ihnen setzen noch nach Skye über, umrunden dann den hohen Norden auf gut gebauter Straße und nehmen ein Schiff zu den Orkneys. In etwa drei Wochen läßt sich das alles schaffen.

Dies ist in erster Linie ein Buch für den Reisenden, der sich gerne abseits der großen Routen aufhält, der an Entdeckungen Freude und Lust am Abenteuer hat. Für mich ist Schottland da am schönsten, wo die Straße zur Single Track Road, zum einspurigen Fahrweg, wird; wo Fähren, sehr früh am Morgen oder vielleicht des Nachts (ihr Fahrplan ist ›time-honoured‹ und undurchschaubar), den Fremden, dem das Herz höher schlägt, zu einer der westlichen Inseln bringen.

Und daß man auch dies gleich weiß: Sonntags liegt der öffentliche Verkehr darnieder; die meisten Tankstellen bleiben geschlossen, Restaurants ebenfalls.

Schottland-Führer in englischer Sprache:
›The Blue Guide to Scotland‹ (hrsg. v. John Tomes), London 1975
›The New Shell Guide to Scotland‹ (hrsg. v. Donald Lamond Macnie und Moray McLaren), London 1977
Ausführliche und verläßliche Auskünfte über die Westküsten und alle Hebriden-Inseln: W.H. Murray, ›The Companion Guide to the West Highlands of Scotland‹, London 1968. W.H. Murray, ›The Islands of Western Scotland‹, London 1973
Seit 1975 gibt es in Schottland folgende ›Regions› und ›Island-Areas‹ sehr unterschiedlicher Größe und Bedeutung:
Regions:
Dumfries and Galloway – Borders – Lothian – Strathclyde – Central – Fife – Tayside – Grampian – Highland
Island Areas:
Western Isles – Orkney – Shetland
Da fast jede Region ihre eigene Touristenwerbung hat, werden dem Reisenden die neuen Bezeichnungen häufig begegnen.

Januar

AM KAMIN ERZÄHLT

Stammgebiete der Clans

Im Wachsfigurenkabinett

Theodor Fontane gestand einmal, daß er sich gerne ›Panoramen‹ ansehe, die zu seiner Zeit verbreitet waren und bedeutende geschichtliche Ereignisse, vor allem Schlachten, plastisch darstellten. Durch den optischen Eindruck, meinte der Dichter, werde das Verständnis vertieft. So will ich es wagen, meine Leser an Hand eines Wachsfigurenkabinetts in die schottische Geschichte einzuführen. Natürlich kann das nur in Stichworten geschehen.

Das Edinburgh Wax Museum befindet sich – erst seit einigen Jahren – in der Royal Mile. Gelegentlich öffnet es auch abends seine Türen; wenn man, aus der Dunkelheit kommend, womöglich allein, vor den schweigenden Gestalten steht, ist der Eindruck am stärksten. Einen Raum, in dem bei leiser Cembalo-Musik schottische Dichter und Maler, Philosophen und Erfinder im Gespräch beieinander sind, ließ ich zunächst unbeachtet.

Als erste geschichtliche Figur trat mir im schwachen Licht Macbeth entgegen. Damit war ich bei Shakespeare und, wie ich meinte, auf vertrautem Boden. Später, draußen im Land, habe ich einsehen müssen, daß es in diesem Fall mit einer Shakespeare-Kenntnis nicht getan ist; beim geschichtlichen Macbeth trug sich alles etwas anders zu; auch hat sich die Szenerie verändert. Die »dürre Heide« bei Forres, Ort der Begegnung mit den drei Hexen, ist heute eine zahme Kiefernschonung. In Cawdor und Glamis erinnert kein Stein mehr an die Zeit des großen ›Than‹, obgleich die heutigen Burgen gleichen Namens eindrucksvoll genug sind, und von den Touristen besonders gern besucht werden. Mit den Zweigen des Birnam Wood, an dem Schottlands Autobahn nach Norden vorbeiführt, könnte sich keine Truppe mehr tarnen, um gegen ein Dunsinane feindlich hinaufzuziehen. Seinen Tod fand Macbeth nicht auf einem stolzen Schloß, sondern vor den Erdwällen von Lumphanan in Aberdeenshire. Heute sind an der frühen Verteidigungsanlage Archäologen am Werk; wer weiß, was sie alles finden werden.

Trotz dieser Richtigstellungen im Fall Macbeth: Kein anderer hat für die blutigen schottischen Fehden gegen England oder die nie endenden Raufereien der Clans untereinander passendere und drastischere Worte gefunden als eben Shakespeare:

> »... an jedem Morgen heulen neue Witwen,
> und neue Waisen wimmern ...«

Die fast naive Grausamkeit der frühen Schotten und ihre kühle Mißachtung des eigenen Lebens und Wohlergehens waren keltisches Erbteil. So muß, wer sich mit der Geschichte dieses Landes eingehender beschäftigt, durch Blut waten und unter vielen Galgen stehen (›friendly gallows‹, freundliche Galgen, nannten die Hochländer eine Hinrichtungsstätte bei Crieff – vermutlich in Hinblick auf grausamere Todesarten). Es gilt, abgeschlagene Köpfe vom Tisch zu räumen und in dunkle ›pits‹, Gruben, die als Gefängnis dienten, hinabzusteigen.

»Ich habe mit dem Grau'n zur Nacht gespeist.«

Zurück zur Wachsgestalt des Macbeth. Ich sah mich vergeblich nach denen um, die vor ihm für Schottlands Geschichte wichtig waren, und mußte im Geist ergänzen:

Zweites Jahrhundert – römische Legionäre schaufeln zwischen Clyde und Forth an einem Grenzwall, ›Antonine Wall‹ genannt. Er soll vor den Pikten im Norden schützen, angeblichen Barbaren. Das wenige, was wir von diesem rätselhaften Stamm wissen, haben sie uns, auf Bildern in Stein gemeißelt, selbst mitgeteilt. Einer unter ihnen, der Anführer Calgacus, tritt in das Licht der Geschichte. Er sagt von den Römern: »Sie schaffen eine Wüste und nennen es Frieden.« Spricht so ein Barbar?

Sechstes Jahrhundert – von Irland herüber kommen die Scoten. Sie bringen ihre gälische Sprache mit und ihren Krönungsstein (der heute in der Westminster Abbey liegt) und gründen ein Reich im Westen, Dalriada. Sie sind Christen nach keltischer Art; ihr großer Heiliger heißt Columba.

Neuntes Jahrhundert – Kenneth Macalpine vereint Pikten und Scoten unter seiner Krone, aber die Pikten verlieren dabei Sprache und Identität, das irisch-keltische Element bleibt siegreich. Malcolm II. kann 1018 in einer Schlacht das von Angeln besiedelte Lothian dazugewinnen; sein Enkel Duncan I., der 1034 die Regierung antritt, besitzt bereits das Gebiet der Britonen von Strathclyde durch Erbschaft. Vier Stämme, ein Reich: Schottland. Bis heute sind die Spuren der frühen Zeit, auch im Charakter der Landesbewohner, erkennbar. Wer Bescheid weiß, durchschaut sofort, ob ihm ein Highlander oder ein Mann aus den Lowlands gegenübersteht.

Duncan I. wird 1040 von Macbeth getötet – nicht, wie bei Shakespeare, feige im Bett, sondern auf dem Schlachtfeld bei Elgin. So gewann mein wächsernes Gegenüber den Thron durch Gewalt. Er verlor ihn, wie wir wissen, ebenso. Dazwischen herrschte er siebzehn Jahre lang verhältnismäßig friedlich. Im Wachsfigurenkabinett sah ich den Nachfolger, Malcolm III. Canmore (Regierungszeit 1057-1093) durch seine Frau Margaret vertreten, mit gutem Grund. Margaret kam aus England, sie war gebildet, fromm und energisch. Mit sanftem Zwang sorgte sie für feinere Sitten, führte Englisch als Hofsprache ein. Die Kirche Roms siegte endgültig über das keltische Christentum. Zu den Clanchiefs gesellten sich die ersten vom König belehnten normannischen Feudalherren.

Von Margarets sechs frommen Söhnen bestiegen drei den schottischen Thron; als letzter David. Nach David I., einem bedeutenden König (Regierungszeit 1124-1153), hielt ich vergeblich Ausschau in der schweigenden Runde. Er holte in religiösem Eifer und aus klugen machtpolitischen Gründen Mönche der großen Orden vom Kontinent und siedelte sie im Grenzland an, als geistigen und kulturellen Schutzwall mit den Stützpunkten der Abteien Jedburgh, Kelso, Dryburgh und Melrose. Den armen Klosterbrüdern blieb keiner der Grenzkämpfe in späteren Jahrhunderten erspart; die ersten Opfer waren immer sie und ihre Kirchen.

Trommelwirbel für William Wallace (1270-1305). Er kam zu einer Zeit den Schotten zu Hilfe, als mehrere Parteien um die Krone stritten, der englische König Eduard I. das Land mit Feuer und Schwert zu gewinnen trachtete und den Krönungsstein nach London entführte.

»... Neuer Jammer schlägt an des Himmels Wölbung, daß er tönt, als fühlt' er Schottlands Schmerz ...«

Wallace, Haudegen und Leitfigur, konnte die Engländer

wenigstens zeitweise vertreiben und sich zum ›Guardian‹ machen. Sein Erfolg war kurzfristig und sein Ende auf dem Hinrichtungsplatz bei London fürchterlich; aber seine dankbaren Landsleute haben ihn nicht vergessen.

Erneuter Trommelwirbel für Robert Bruce (1274-1329), einen der großen Helden der schottischen Geschichte. Ihm gelang, wovon spätere Könige und Heerführer nur träumen konnten: ein vernichtender und entscheidender Sieg über die Engländer unter Eduard II., 1314 bei Bannockburn. Schottland wurde frei. In der ›Declaration of Arbroath‹ von 1320, im Namen des schottischen Adels an Papst Johannes XXII. nach Avignon geschickt, heißt es: »Solange noch hundert von uns am Leben sind, werden wir uns nie und unter keiner Bedingung einer englischen Herrschaft fügen. Wir kämpfen nicht um Reichtümer und Ehren, sondern um unsere Freiheit, für die jeder redliche Mann gerne sein Leben hingibt.« Wie sollten spätere schottische Generationen diesen Schwur halten, wenn es für sie nur noch Niederlagen gab? Flodden 1513, Solway Moss 1542, Pinkie 1547.

> »... Ach, armes Land, das fast vor sich erschrickt. Nicht unsere Mutter kann es mehr heißen, sondern unser Grab ...«

Aber ich greife vor. Auf Robert Bruce, den König im Kettenhemd, folgte sein schwacher Sohn, David II. Während dessen Regierungszeit (1329-1371) begann Schottland nach dem Grundsatz »Englands Feind ist unser Freund« Beziehungen zu Frankreich aufzunehmen. Bei dieser jahrhundertelangen Verbindung spielte vor allem die geographische Lage eine Rolle: Beide Vertragspartner konnten gegebenenfalls England zwischen sich in die Zange nehmen. So festigte sich in Zeiten der Bedrängnis die lose Verbindung zum Bündnis. Wer sich die Mühe macht, danach zu suchen, wird Spuren dieser ›Auld Alliance‹ in Redewendungen und Ausdrücken, aber auch in architektonischen Details finden.

Nachfolger Davids II. war sein Neffe Robert II. Mit ihm kam der erste Stuart (Stewart) auf den schottischen Thron. Den bunt schillernden, begabten und gefährdeten Gestalten dieser Dynastie war nie ein friedliches Leben beschert. Sie wurden meist schon im Kindesalter König und starben jung.

Von fast jedem Herrscher in den folgenden zwei Jahrhunderten läßt sich mit Shakespeare sagen:

> »Er kann den wild empörten Zustand nicht mehr schnallen in den Gurt der Ordnung.«

Die Stichworte heißen: Fehden mit England; im Inneren Intrigen und Rebellion bis zur drohenden Anarchie. Vergebens schaute ich im Wax Museum nach der Reihe dieser Könige aus. Dabei gäbe zumindest ihr Ende Stoff genug für ein Gruselkabinett, denn kaum einem unter den Stuarts war ein natürlicher Tod beschert:

> »Sie sterben, ehe sie krank sind.«

Jakob I. wurde nach zwölfjähriger Regierungszeit von Verwandten ermordet.

Jakob II. kam 1460 mit erst einunddreißig Jahren bei der Belagerung von Roxburgh durch eine berstende Kanone um.

Jakob III. wurde 1488, als er nach dem Treffen von Sauchieburn vom Schlachtfeld ritt, durch einen Unbekannten vom Leben zum Tod gebracht.

Jakob IV. fiel 1513 in der verlorenen Schlacht von Flodden.

Jakob V. starb jung (wie man heute annimmt an Porphyria). Sechs Tage vor seinem Tod im Jahre 1542 wurde ihm, der schon schwerkrank im Falkland Palace in einem prunkvollen Himmelbett lag, die Geburt einer Tochter gemeldet. Er soll sich, am Geschick seines Hauses verzweifelnd, zur Wand gedreht haben: »Mit einem Mädchen hat es begonnen, mit einem Mädchen wird es enden.«

Das Kind hieß Mary. Wir sagen: Maria Stuart.

Von einem ersten Besuch im Wax Museum her erinnere ich mich an eine sich langsam drehende Scheibe in der Mitte des Raumes, auf der die beiden großen Rivalinnen, Maria und Elisabeth, Rücken an Rücken standen: Elisabeth bunt und prächtig gekleidet, Maria würdig und dunkel. Aber für beide Puppen hatte das gleiche Wachsgesicht herhalten müssen. Mir schien diese Anordnung (die ich später vergeblich suchte) nicht ohne tiefere Bedeutung: zwei Königinnen, beide mit der Macht ihres Amtes ausgestattet, beide klug und von brennendem Ehrgeiz erfüllt. Die Stellung Rücken an Rücken deu-

tet an, daß sich die hohen Damen zwar viele Briefe schrieben –
»liebe Schwester« und »teure Cousine« –, aber nie persönlich
gegenüberstanden (Schiller erlaubt sich hier dichterische
Freiheit).

Maria Stuart, im Alter von sechs Tagen schottische Königin, mit sechs Jahren nach Frankreich gebracht, mit sechzehn dem vierzehnjährigen Dauphin vermählt, mit siebzehn Königin von Frankreich, im Jahr darauf schon Witwe, kehrte 1561 nach Schottland zurück, wo ihre Mutter Marie von Guise die Regentschaft geführt hatte. Sie kommt als Katholikin in ein Land der Reformation und der religiösen Wirren, als Liebling der Musen und Schülerin Ronsards von einem Renaissancehof in ein Klima der vergleichsweisen Barbarei. In ihrer Begleitung befinden sich, wie immer, die ›Vier Marien‹, Gleichaltrige aus vornehmen schottischen Häusern, die mit der Stuart-Tochter zusammen aufwuchsen – Gefährtinnen in guten und in bösen Stunden: Mary Fleming, Mary Seton, Mary Beaton und Mary Livingstone.

Die Szene dieser Ankunft fand ich dargestellt. Hier ist nichts beschönigt worden. Während bei der Landung der Sechsjährigen in Frankreich höfischer Glanz entfaltet wurde, Kinderkapellen das kleine Mädchen auf seinem Weg nach Paris begleiteten, nahm auf schottischem Boden eine Gruppe mißtrauischer Lords ihre Königin in Empfang. Sie kamen ihr bei Nebelwetter mit schlechten Pferden entgegen. Am Abend versammelte sich das Volk von Edinburgh mit Dudelsack und Fiedeln vor dem Holyroodhouse und sang mit rauhen Stimmen Hymnen und geistliche Lieder; weltliche Musik war von den Reformatoren verboten worden. Wenn diese ersten Stunden und eine solche Begrüßung die Königin auch mit bösen Ahnungen erfüllten, so ließ sie sich doch nichts anmerken.

»Unsere Tränen sind noch nicht reif.«

Zwischenspiel: Im Treppenhaus des Museums, in eine Ecke gerückt, so als wolle man ihn nicht gerne vorzeigen und wage doch nicht, ihn auszulassen, steht John Knox über seine Kanzel gebeugt und predigt gewaltig – »ein schottischer Jehovah«, wie Stefan Zweig ihn nannte. Die Bibel seine Waffe, der Gottesstaat sein Ziel: Schottlands Reformator mit dem lang herabwallenden Bart war aus einem noch härteren Holz geschnitzt als sein Lehrer Calvin. Drei Jahre, ehe die Königin in Leith landete, 1558, hatte Knox in Genf seinen ›Ersten Trompetenstoß gegen das monströse Regiment der Weiber‹ veröffentlicht. Daß die kaum zwanzigjährige Königin bald nach ihrer Ankunft wagte, sich dem mehr als doppelt so alten Fanatiker zu Streitgesprächen in Glaubensfragen zu stellen, erregt Staunen und verdient Bewunderung. Sie spricht mit einem Mann von alttestamentarischer Strenge, der ihr nicht nur dialektisch überlegen ist, sondern der auch von der Kanzel herab gesagt hat: »Lieber wäre mir, zehntausend Feinde in Schottland landen zu sehen, als eine einzige Messe gelesen zu wissen.« Maria Stuart tritt ihm mit dem Stolz eines gekrönten Hauptes entgegen und weicht nicht vor seinen versteckten und offenen Angriffen zurück. Er beleidige ihr Gewissen, indem er die römisch-katholische Kirche schmähe, sagt die Königin schließlich. »Gewissen erfordert Kenntnis«, erwidert der harte Mann; »ich fürchte, Ihr entbehrt der rechten Kenntnis.« Knox verläßt die Königin hoch erhobenen Hauptes, sie bleibt in Tränen zurück:

»Außer ihm ist keiner, vor dem ich zittern muß.«

Eine Atempause für die Königin: Ihr Stiefbruder Moray führt die Staatsgeschäfte und hält die Lords zunächst in Schach, diesen unzuverlässigen ›Schelmenhaufen‹, wie Robert Burns sie später bezeichnen wird: Wer unter ihnen katholisch ist, oder zu sein vorgibt, kann mit Geld aus Paris, Rom oder Madrid rechnen; Verfechter der protestantischen Sache werden von London aus bezahlt. Maria Stuart schafft sich hinter den Mauern von Holyroodhouse einen kultivierten und heiteren Hofstaat, in dem ein Piemonteser mit schöner Singstimme, David Rizzio, bald die Hauptrolle spielt. Maria befördert ihn zum Sekretär; viele halten ihn für den wichtigsten Mann hinter den Kulissen, einen Agenten des Papstes. Der zweite Gemahl der Königin dagegen, Lord Darnley, ein charakterloser Schönling, vermag eine Persönlichkeit wie Maria Stuart nur kurze Zeit zu fesseln.

Die nächste Szene im Wachsfigurenkabinett: Ermordung Rizzios durch die schottischen Lords, im Einvernehmen mit einem eifersüchtigen Darnley.

»Gespannt zu dieser Schreckenstat ist jeder Nerv.«

Aber trotz einer äußerst realistischen Darstellung im Kabinett denke ich lieber in der Originalkulisse an diese blutige Episode: im engen Raum über einer Geheimtreppe im Holyroodhouse; dort werde ich sie schildern. Auch von dem nächsten entscheidenden und verzweifelten Jahr im Leben Maria Stuarts, von Darnleys ungeklärtem Tod, von Beginn und Ende ihrer Leidenschaft zu Bothwell, möchte ich an anderer Stelle erzählen: am Ufer des Loch Leven.

Schon läutet die Sterbeglocke: Im Museum ist der Augenblick vor der Hinrichtung Marias im Schloß von Fotheringhay, am 8. Februar 1587, dargestellt. Gleich wird der Henker mit der Axt ungeschickt zuschlagen. Wenn er den endlich abgetrennten Kopf hochhebt, bleibt ihm nur eine rothaarige Perücke in der Faust.

»Oh Grausen! Grausen! Grausen!«

Trotzdem war das Ende der Königin würdig. In der Nacht vor ihrem Tod schrieb sie mit ruhiger Hand dem französischen König einen Brief, Testament ihres Glaubens, und bat, man möge für ihre treuen Diener sorgen.

Nicht lange nach diesem Tod auf dem Schafott wurde eine Frage vorerst friedlich geklärt, um die so viel Blut geflossen war: Der Sohn Maria Stuarts und Darnleys, Jakob VI., zog 1603 nach Süden, um die Nachfolge der großen Elisabeth anzutreten, als Jakob I. von Großbritannien und Schottland. Der König, »the wisest fool in Christendom«, tat den hochmütigen Ausspruch: »I govern Scotland by pen«, ich regiere Schottland mit der Feder, von London aus. Aber mit der Zeit erwies sich sein angestammtes Territorium immer öfter als unregierbar.

Dieses schottische siebzehnte Jahrhundert haben die Gestalter des Museums größtenteils klug ausgespart. Von welchem Punkt aus sollte man auch versuchen, in das unentwirrbare Gespinst aus politischem Wankelmut und unordentlichen Kriegszügen, aus religiösem Eifer und grimmiger Rache einzudringen?

»Der schrie: Gott sei mir gnädig, jener: Amen!«

Hie schottische Volkskirche, dort die von König und Adel favorisierten ›Episcopalians‹; wenn Bischof Whitford in Brechin aus dem neuen von London aus verfügten Prayer Book las, legte er zwei geladene Pistolen vor sich auf die Kanzel.

Im Mittelpunkt der Religionskämpfe stand James Graham, 1. Marquis of Montrose, eine ritterliche und tragische Gestalt. Gegen besseres Wissen blieb er seinem König und dem diesem zugeschworenen Eid treu und mußte dafür sterben. Er wurde am 21. Mai 1650 in der Royal Mile in Edinburgh hingerichtet.

> »Nichts stand in seinem Leben ihm so gut
> als wie er es verlassen hat.«

Sein Denkmal in St. Giles Cathedral ist dem seines großen Gegners, des Earl of Argyll, sehr ähnlich. Beide Lords – nur durch das Kirchenschiff getrennt – haben ihr Schwert niedergelegt und sich flach hingestreckt, als seien sie der ewigen Kämpfe müde.

Niemand hat mir bis heute einleuchtend erklären können, warum das ›Massacre of Glencoe‹ von Schotten und Schottlandreisenden gleichermaßen so überaus wichtig genommen wird. Folgendes geschah im Winter des Jahres 1691: Wilhelm III. von Oranien, der drei Jahre zuvor an Stelle eines Stuart in London den Thron bestiegen hatte, erließ eine Amnestie für alle Aufrührer unter den Hochland-Chiefs, sofern sie ihm bis Jahresende den Treueid zuschwören würden. Einige der Herren entledigten sich dieser Aufgabe unwillig und zu spät, darunter auch Macdonald of Glencoe. Im Namen des Königs wurde daraufhin dem Campbell of Glenlyon befohlen, die widerspenstigen Macdonalds mit Stumpf und Stiel auszurotten. Wenn man weiß, daß der Campbell durch Raubzüge der Macdonalds ein ruinierter und mittelloser Mann geworden war, und daß ihm der König für den Fall der Befehlsverweigerung unmißverständliche Drohungen zukommen ließ, so wird man den vielgeschmähten Übeltäter eher für einen vom Schicksal Geschlagenen halten. Er mußte im einsamen Hochtal des Coe auf den Befehl zum Mordeinsatz warten, war also notgedrungen Gast der Opfer. Solcher Mißbrauch einer Gastfreundschaft ist seine unverzeihliche

Sünde. Im Wachsfigurenkabinett ist zu betrachten, wie eines Morgens die bewaffneten Männer des Campbell of Glenlyon sich auf die wehrlosen Macdonalds stürzen: Der Chief richtet sich verstört im Bett auf, seine Frau ringt verzweifelt die Hände, vergebens. Insgesamt fanden vierzig Angehörige des Clans den Tod – mit anderen schottischen Greueltaten verglichen eine bescheidene Zahl. Wer von den Männern fliehen konnte, hatte in der praktischen Hochlandtracht sogar bei Kälte und Schnee Überlebenschancen. Schlechter erging es Frauen und Kindern, die aus den brennenden Hütten flüchteten. Während andere Clans, die sich gegenseitig umzubringen und auszurauben pflegten, heutzutage friedlich an einem Tisch sitzen und die einstigen Untaten erinnerungsselig bereden, soll zwischen den Macdonalds of Glencoe und den Campbells of Glenlyon immer noch Feindschaft herrschen.

»War mein Vater ein Verräter, Mutter?
Ja, das war er.«

Der Beginn des achtzehnten Jahrhunderts sieht 1707 die endgültige Vereinigung Schottlands mit England: ›the Treaty of Union‹. Durch Lockung und Bestechung werden die Abgeordneten dazu gebracht, gegen den Willen des Volkes mit ihrer Unterschrift die Auflösung des schottischen Parlaments zu besiegeln. Von diesem Zeitpunkt an ist Schottlands Geschichte die der ›Vereinigten Königreiche‹ unter Herrschern aus dem Hause Hannover, von Georg I. bis zu Elisabeth II. Zunächst wandert nach London ab, wer es sich leisten kann; aber allmählich erblühen in Edinburgh Kunst und Wissenschaft, in Glasgow Industrie und Handel. Nur von zwei Katastrophen wird Schottland noch heimgesucht; die Stichworten heißen ›Culloden‹ und ›Clearances‹.

Auf dem Schlachtfeld von Culloden, 1746, standen sich Mittelalter und Neuzeit gegenüber: Hochländer mit Schwertern und Schilden gegen gut ausgerüstete englische Söldner, auch Lowlander und vereinzelte Landsleute. Den Verantwortlichen für dies Debakel, mit dem die alte Zeit der Chiefs und Clans zu Ende ging, nennen die Schotten trotz allem ›Bonnie Prince Charlie‹. Dabei mußte Charles Edward aus dem Hause Stuart, der, wie zuvor sein Vater, das angestammte Land zurückerobern wollte, für seine Leichtfertigkeit und Unbeson-

nenheit weniger hart büßen als seine treuen Anhänger, die ›Jacobites‹. Für so manchen von ihnen hieß es:
> »Magst Du am nächsten Baum lebendig hängen,
> bis Hunger Dich verschrumpft hat.«

Vom Ausmaß der zweiten schottischen Tragödie, den Clearances, will ich berichten, wenn ich im Norden, im ›ausgeleerten‹ Land, vor einem Kirchenfenster mit eingeritzten Inschriften stehe.

Einer muß noch erwähnt werden: Sir Walter Scott. Er hat nicht nur mit seinen Büchern Schottland ins Bewußtsein des gebildeten Europa gerückt. Seine Wachsfigur könnte ebensogut unter den historischen Gestalten wie drüben bei den Künstlern stehen (wo er natürlich, sozusagen Hand in Hand mit Robert Burns, anzutreffen ist). Kaum jemand hat so viel für sein Land getan wie Scott. Man kann seine Person geradezu als eine Wendemarke der schottischen Geschichte bezeichnen. Mit dem von ihm geplanten und organisierten Besuch König Georgs IV. wurde 1822 der Frieden und die ›Union‹ mit England besiegelt. Sogar die Hochländer eilten in Scharen herbei, prächtig wie nie zuvor in Tartan gehüllt. Daß sie beim Empfang des Königs in der Schlachtordnung von Bannockburn auftreten wollten, erschwerte allerdings das Zeremoniell. Im großen Saal von Holyroodhouse veranstaltete Scott einen Ball, der in jedem Detail Kopie eines Festes war, auf dem, keine hundert Jahre zuvor, Bonnie Prince Charlie hier getanzt hatte.

Soweit die schottische Geschichte.

Jene Gestalten, die in Shakespeares ›Macbeth‹ als Dramatis Personae unter den »schottischen Edlen« zusammengefaßt sind: Lennox, Rosse, Menteith, Angus, Caithness – und darüber hinaus die Gordon, Hamilton, Fraser; die Douglas, MacLeod und Colquhoun, »Enkelsöhne blutiger Thane sie alle«, mußten in diesem Panorama notgedrungen hinter den Kulissen bleiben,
> »die Dolche abscheulich von geronn'nem Blut«.

Wie ein Nachtrag in Wachs wirkt, was man sonst noch im Museum zu sehen bekommt, zum Beispiel das Innere eines Reisewagens, in dem Dr. Samuel Johnson und sein schottischer Eckermann James Boswell – in voller Lebensgröße dargestellt –1773 ihre abenteuerliche Reise zu den Hebriden antraten.

Queen Victoria sitzt hoch zu Pferd, lesend (nach Landseers Gemälde); ihr Hochlanddiener und Freund John Brown hält die Zügel. Noch ein rascher Blick zu Sir Conan Doyle hinüber, der, abwechselnd mit seinem Geschöpf Sherlock Holmes, in einer Nische auftaucht und wieder verschwindet. Keine Zeit mehr, im Parterre Scott oder Burns oder Stevenson zu begrüßen, oder andere große Geister wie Thomas Carlyle, Adam Smith, Robert Adam und James Watt. Wir werden ihnen ohnehin unterwegs begegnen.

> »Aus, kleines Licht!
> Leben ist nur ein wandelnd Schattenbild.«

Sämtliche Zitate dieses Kapitels sind Shakespeares ›Macbeth‹, in der Übersetzung von Dorothea Tieck, entnommen.
Literatur zur Geschichte Schottlands:
Rosalind Mitchison, ›A History of Scotland‹, London 1970
John Prebble, ›The Lion in the North‹, Glasgow 1971
Für Interessenten sei noch der Wortlaut des Briefes zitiert, der dem unglücklichen Campbell of Glenlyon im Namen des Königs das Morden befahl: »... That these miscreants be cutt off root and branch. See that this be putt in executione ... else you may expect to be dealt with as one not true to King nor Government, not a man fitt to carry commission in the King's service.«

Charakter und Wesen der Schotten stammen aus sehr verschiedenem Urgrund. Highlands und westliche Inseln waren keltisch-irisches Siedlungsgebiet; sie sind auch von Irland aus missioniert worden. Im Norden und Osten saßen die rätselvollen ›Bemalten‹, die Pikten, von denen wir nur spärlich Kunde haben. Später kamen die Wikinger; für sie war das heutige Sutherland ein ›Land im Süden‹. Daß in den Border Countries der englische Einfluß, trotz aller Zwistigkeiten, stark war und blieb, ist offenbar, sobald man die Grenze überschritten hat. Wenn man dazunimmt, daß Schottland durch Bergzüge, Flüsse, fjordähnliche Lochs und seine Meerengen in viele abgeschlossene Kleinräume aufgeteilt ist, so nimmt es wunder, daß sich, bei allen regionalen Verschiedenheiten – vor allem zwischen Highlands und Lowlands –, ein verhältnismäßig homogener Gesamtcharakter entwickeln konnte.

Ich begrüße ihn mit hohem Respekt, meinen Schotten. Er ist ehrlich und sagt immer, was er meint; elegante geistige Kapriolen, die die Wahrheit womöglich geschickt umgehen, sind ihm fremd und vermutlich ein Greuel. Er meint es ernst: ›no nonsense‹, kein Un-sinn. Nicht zufällig gibt es Wörter, die nur im Schottischen existieren, aber nicht in England: ›dour‹ zum Beispiel, streng, hartnäckig, störrisch; oder ›to thole‹, erdulden, ertragen, Leid über sich ergehen lassen (vielleicht auch: es genießen?). ›To persevere‹ scheint mir ebenfalls ein passendes Verbum zu sein: fest beharren, standhaft arbeiten. Einer der Vorfahren dieser Schotten, ein keltischer Mönch, hat einmal beim Abschreiben und Illuminieren des Psalters ein kleines Gedicht an den Rand gesetzt, in dem er feststellte, daß er einem »schwierigen, sehr geliebten Problem« ebenso unerbittlich und ausdauernd nachjage wie sein Kater einer Maus.

Die Reformation im Geist Calvins hat unauslöschliche Wirkungen verursacht und den Charakter des Schotten in entscheidender Weise geprägt. Liebe und Verehrung für »das Wort, das geschrieben steht« wurden ihm ins Herz gepflanzt, und nichts konnte ihm erstrebenswerter sein, als viel Wissen durch Lesen zu erwerben: Er wurde ›bookish‹, ein Bücherwurm. Darüber mehr im nächsten Kapitel. Man sagt, Generationen schottischer Schulkinder seien von ihrem Dominie, dem Lehrer, belesen und kenntnisreich, allerdings schwerfällig im Gespräch, ins Leben entlassen worden. Richter, Lehrer und Pfarrer werden noch als höchste Respektspersonen betrachtet, wobei die Achtung dem Träger des Amts und erst in zweiter Linie dem Menschen gilt. Die obersten Behörden der Kirche, des Justiz- und Erziehungswesens verblieben nach der ›Union‹ in Schottland und sind, mit teilweise eigenen Gesetzen und Bestimmungen, bis heute nicht von London abhängig.

Daß so viel ernstes Streben die Musen verscheucht, will man in Schottland selbst nicht wahrhaben; ich behaupte es weiterhin, trotz Burns, Scott und dem Edinburgh Festival. Die Distel, Schottlands Wappenblume und Wahrzeichen, hat eine schöne Blüte, aber sie duftet nicht. Ein Vergleich sei erlaubt: wie sich zwei Geschwister bei gleichen Anlagen ganz anders entwickeln können, so hat bei Schotten und Iren das gemeinsame keltische Erbe sehr verschiedenartige Früchte getragen. In Irland lasse ich mir Geschichten erzählen, in Schottland Sachverhalte erklären. Jeder Ire ist Märchenerzähler; er berauscht sich an Worten. Ihm ist der gute Abschluß eines Gesprächs wichtig; ich habe Freunde, die ihrem letzten Satz nachlauschen, als hätten sie eine Melodie im Ohr. Schotten dagegen beißen, wenn sie es für richtig halten, das Gespräch ab wie eine Maus den sprichwörtlichen Faden. Ihre Sprache ist plastisch und zupackend, nicht poetisch-verklärt. Schotten sind Denker und Pragmatiker, Iren sind Dichter. Beide schöpfen aus den gleichen Sagenquellen – man vergleiche, was sie daraus gemacht haben! Prinzen und Prinzessinnen, die in Irland in Schwäne verwandelt werden, müssen in Schottland als Robben weiterleben.

Erst allmählich lernt man, wie es im schottischen Menschen unter einer manchmal etwas stachligen Oberfläche aussieht. Nur in diesem Land kann eine Paßhöhe ›Rest-and-be-Thankful‹, ›Ruh Dich aus und sei dankbar‹, heißen, oder ein Brunnen mit seiner Inschrift dem Wanderer wünschen, er möge hier nicht nur den Durst löschen, sondern auch den Geist erfrischen. Überhaupt: die Inschriften auf Grabsteinen und Monumenten! Lateinische Zitate erscheinen mit größter Selbstverständlichkeit. Da man nicht, wie in Irland, der mündlichen Überlieferung vertraut, muß jede gute Tat, jeder wohltätige oder erfolgreiche Mensch irgendwo schriftlich verewigt sein, falls möglich mit eingemeißelten Lettern. Weil dies aber sehr hohe Kosten verursachen würde, hat man den preiswerten Ausweg der ›Erinnerungsbank‹ gefunden. In der grünen Senke zum Beispiel, die in Edinburgh Altstadt und Schloß mit der New Town verbindet, reihen sich diese erinnerungsträchtigen Sitzgelegenheiten und erfüllen einen doppelt nützlichen Zweck: Der Verstorbene wird geehrt, dem Vorübergehenden ein Ruheplatz angeboten. Solche liebenswerten Absonderlichkeiten notiere ich teilnehmenden, nicht boshaften Herzens.

Haben Schotten Humor? Ich möchte sagen ja, aber nur für Eingeweihte. Man muß sie kennen, ehe man mit ihnen zusammen lachen kann. Auch Vergnügen mag für sie eine ernste Sache sein. In kaum einem anderen Land gibt es so viele gute Liebhaberbühnen, verhinderte Schauspieler, dilettierende Opernsänger und Laienorchester von Rang. Mit hervorragenden Leistungen scheinen sich die schottischen Damen und Herren von ihrem sonst eher nüchternen Leben und zurückhaltenden Wesen für einige Stunden frei zu spielen und zu singen.

Sind Schotten geizig? Besonders im Hochland waren sie immer ein armes Volk, aber nie so im Elend, daß es sich nicht zu sparen gelohnt hätte. Sie mußten zwar den Pfennig dreimal umdrehen, ehe sie ihn ausgaben, wenn sie es zu etwas bringen wollten, aber die Geschichte zeigt: Sie drehten ihn um, und sie brachten es oft weit, was die englischen Nachbarn mit Neid erfüllte. So entstand die Mär vom schottischen Geiz und die Flut der einschlägigen Witze steigt noch an. Wer in Schottland reist, erfährt, daß man dort ihm gegenüber gewiß nicht geizig ist, sondern unendlich gastfrei. In anderen Fällen rechnet man noch immer genau. Das wird durch die große Anspruchslosigkeit in allen Dingen des täglichen Lebens erleichtert. Naturgewalten haben den Schotten in eine harte Schule genommen. Nur nicht weich sein, kein Selbstmitleid!

So übersteht er mit Gleichmut Situationen, die zum Beispiel einen Südländer an den Rand der Verzweiflung oder in die Katastrophe treiben würden.

Mit solchen Eigenschaften ausgerüstet, haben Schotten auf vielen Gebieten und überall in der Welt große Leistungen vollbracht. Sie bauten Straßen durch den Dschungel und Brücken über Meerengen und legten Eisenbahnlinien von Küste zu Küste der Kontinente. Sie tauchten immer da auf, wo Abenteuer nutzbringend zu bestehen waren. (Auf einem Grabstein in Largo steht: »Er kehrte nach fünfundfünfzig Jahren von seinen Wanderfahrten zurück.«) Eine Zeitlang stammten die meisten Angestellten der Hudson Bay Company von den Orkney-Inseln. Schotten gründeten aber auch, in Petersburg oder in Kalkutta, medizinische Akademien oder waren als Ärzte von Sydney bis Lima berühmt. Einer von ihnen, Alexander Crichton, reformierte zu Beginn des 19. Jahrhunderts das russische Gesundheitswesen. Andere waren als Militärberater tätig, manche befehligten sogar als General eine fremde Armee.

Auf den Schiffen, die die Sieben Meere befuhren, war der Koch vielleicht ein Ire, der Ingenieur mit großer Wahrscheinlichkeit Schotte. In wie vielen Reiseschilderungen und Romanen taucht er auf, der einsame ›Scotsman‹ unter fremden Himmeln, ›true to type‹, seiner Art treu: wortkarg und eher sauertöpfisch, aber immer zuverlässig und zur Stelle, wo Not am Mann ist. Wenn einer unter ihnen träumte, dann von der Heimat oder einem ›dram‹, einem guten Schluck Malzwhisky, oder von einer großen Erfindung. Auch auf diesem Gebiet sind Schotten dem »schwierigen, sehr geliebten Problem« auf den Fersen geblieben, bis sie es erjagt hatten. Die Welt dankt ihnen wichtige Erkenntnisse: bei der Entwicklung der Dampfmaschine (James Watt), des Telefons (Alexander Graham Bell) und des Fernsehens (John Logie Baird), und in der Verwendung des Chloroforms als Betäubungsmittel (James Young Simpson). Auch der erste feste Straßenbelag wurde von einem Schotten erfunden. Bei uns sagte man ›Makadam‹ zu diesem Vorläufer des Asphalt; aber wer wußte, daß man damit den Erfinder ehrte, der MacAdam hieß? In Keir im Nithsdale lebte Kirkpatrick MacMillan, der als junger Schmied 1840 ein Fahrrad erfand. Die Gedenkinschrift lautet: »He builded better than he knew« – er hatte mehr los, als er selber wußte. In unseren Tagen erkannte Sir Alexander Fleming Wirkung und Nutzen des Penicillins.

Reisender, merke: Schotten sind schüchtern. Wer sie kennenlernen will, muß sie ansprechen. Gelegenheiten gibt es genug. Sie lieben es, zu informieren und zu belehren. Wer sich verirrt oder eine geplante Route nicht findet, wer Sprachschwierigkeiten hat, mit dem Auto steckenbleibt oder, Gott behüte, einen Unfall erleidet, dem wird jeder Schotte tatkräftig und ›efficient‹ helfen und nie daran denken, die Lage des Fremden auszunützen. Im Gegenteil. Im Geist schüttle ich jenem Mann dankbar die Hand, der zufällig vorüberging und mich auffing, als ich kopfüber eine steile Hoteltreppe hinunterstürzte. Er kam dabei selbst zu Fall. Und was geschah nun? In Deutschland hätte man ein längeres Gespräch über die Gefährlichkeit solcher Treppen begonnen; in Italien würde sich wohl ein Flirt ergeben haben; in England wäre man zur Beruhigung mit einer Tasse Tee versorgt worden, in Irland zusammen zum Trinken gegangen. Der Schotte stellte sich und mich auf die Füße, sagte: »Good God, are you hurt? You might have been dead!« Als er feststellte, daß ich noch lebte und heil war, verschwand er, ehe ich ein Wort des Dankes herausbringen konnte.

Ausführlicheres über schottische Eigenarten erfährt man in ›Alistair MacLean introduces Scotland‹ (hrsg. v. Alastair M. Dunnett), London 1972.

HIMMEL UND ERDE
Auf Staffa · Westküste bei Diabaig · Glen Affric

Porträt-Galerie

Die *National Portrait Gallery* von Edinburgh befindet sich in der New Town, in einem ungewöhnlich häßlichen Gebäude des 19. Jahrhunderts, über den berühmten Sammlungen des Museum of Antiquities. Fremde werden die Räume im zweiten Stock selten aufsuchen, es sei denn, ein besonderes Interesse führe sie dorthin. Ich habe die Galerie vor allem dazu benutzt, um mich mit schottischen Gesichtern vertraut zu machen, ehe ich ihnen in reicher Auswahl in natura begegnete. Wenn man verallgemeinern will, kann man sagen, daß Schotten im Fleisch feste und markante Gesichter haben, oft mit buschigen Augenbrauen und rosigem Teint. Ähnlichkeiten mit Gestalten aus Shakespeares Komödien glaubte ich nur im Anfang zu sehen. Später gab sich das, wenn auch der Eindruck des ›altmodischen Gesichts‹ blieb, und ich die Herren und Damen, auch junge Leute und Kinder im Geist oft ins Kostüm einer vergangenen Epoche gesteckt habe. Am auffallendsten an einem schottischen Gesicht sind immer die Augen, ihr unbeirrbarer, besitznehmender Blick. Über die durchwegs kräftigen Stimmen machen die Bilder natürlich keine Aussage.

Die Herren, die in der National Portrait Gallery abgebildet sind, Anatom oder Soldat, Brückenbauer, Ozeanograph, Buchdrucker, haben fast alle als ›lad o' pairts‹, Bursche aus den ärmlichsten Verhältnissen, angefangen. Ihre erstaunlichen Lebensläufe sind sorgfältig und ausführlich dokumentiert. Das brachte mich auf den Gedanken, meine eigene kleine Porträt-Sammlung anzulegen.

Es war einmal (so beginnt die typisch schottische Lebensgeschichte) ein Hütejunge aus der Gegend von Newton Stewart, Sohn eines Schäfers. Er hieß *Alexander Murray* und wurde 1775 geboren: ein schwaches Kind und so kurzsichtig, daß es auf der Weide ein ruhendes Schaf nicht von einem großen Stein unterscheiden konnte. Sein Vater, der wohl bemerkte, wie begabt der Junge war, lehrte ihn lesen, auch schreiben mit Hilfe eines angekohlten Heidezweigs. Murray hatte ein ›photographisches Gedächtnis‹; was er einmal überflogen hatte, wußte er auswendig. Er brachte sich Latein und

Griechisch anhand einer alten zerlesenen Bibel bei, die er zufällig entdeckt hatte und blattweise heimlich nach Hause trug. Mit zehn Jahren las er Caesar, Ovid und Homer. Er nahm, trotz schwächlicher Konstitution, lange Fußmärsche auf sich, wenn er am Ziel einen neuen Fund vermutete. Sein glücklichster Tag war, als er für achtzehn Pennies ein Buch erwerben konnte, das auch hebräische Vokabeln enthielt. Lexika las er wie Kriminalromane. Mit zwölf Jahren verdiente er sein Brot als Hauslehrer in zwei Familien der Nachbarschaft.

Ein »ehrenwerter und anständiger Schmuggler von der Solwayküste, der mit unverzolltem Tee Handel trieb«, bewunderte den großen Fleiß des Schäferjungen und ermöglichte ihm einen Studienaufenthalt an der Universität von Edinburgh. Murray wurde Pfarrer und er lernte weiterhin Sprachen, nun bereits so exotische wie abessinische Dialekte. Wenn der englische König Adressen fremder Potentaten erhielt, die niemand entziffern konnte, so wandte man sich an Murray. Er übersetzte jeden Text. Schließlich berief man ihn, der nie über Schottlands Grenzen hinausgekommen war, als Professor für Orientalische Sprachen an die Universität Edinburgh. Er starb neun Monate später, im achtunddreißigsten Jahr; sein starker Geist konnte den kranken Körper nicht länger aufrechthalten. Größere Arbeiten zur vergleichenden Sprachwissenschaft sind erst posthum erschienen.

Seine Landsleute, die stolz auf ihn waren, errichteten ihm auf einer Anhöhe bei Newton Stewart, da, wo er als Junge Schafe gehütet hatte, ein Denkmal: einen Obelisken, den man von der Autostraße aus schon von weitem sieht.

George Forrest (1873-1932) gehörte zur großen Schar außergewöhnlicher Schotten, die von Beruf Gärtner waren und mit störrischer Liebe ihre Pfleglinge auch da zum Blühen und Gedeihen brachten, wo eigentlich keine Aussicht dafür bestand. Forrest tat noch mehr: Er holte Pflanzen und Blumen aus den entferntesten Gegenden der Welt in die heimatlichen Gärten; Gewächse, von denen niemand bei uns etwas wußte.

Forrest wurde in der Fabrikstadt Falkirk geboren, sein Vater war Verkäufer in einer Stoffhandlung, er selbst zunächst Apothekerlehrling. Seine Chance kam erst, als er schon über dreißig Jahre alt war. Ein englischer Geschäftsmann erkannte seine ungewöhnlichen botanischen Kenntnisse und schickte ihn zum Pflanzensammeln nach Asien. Von sieben großen Expeditionen, die ihn bis nach Tibet, Sikkim und China führten, brachte Forrest mehr als einunddreißigtausend Pflanzen und Samenproben mit. Man kann sagen, daß er damit das Bild unserer heutigen Gärten entscheidend mitbestimmt hat.

Forrest war ein kleiner bescheidener Mann, aber furchtlos, zäh und in ausgezeichneter körperlicher Verfassung. Das hat ihm immer wieder in gefährlichen Situationen das Leben gerettet. Auf Schloß Brodick auf der Insel Arran hängen Photographien von ihm. Wenn ich mich an die Aufnahmen recht erinnere, steht er einmal allein auf einer unendlich weiten Hochfläche im Gebiet des Himalaya und ist in die Betrachtung eines Schößlings vertieft, vielleicht einer Spezies, der er zum ersten Mal begegnete. Ein zweites Bild zeigt ihn in einer elenden tibetanischen Hütte bei der Arbeit; die gesammelten Pflanzen hat er an Schnüren unter der Decke aufgehängt, damit die Ratten sie nicht benagen können. – Forrest starb mit neunundfünfzig Jahren, kurz vor der Heimkehr von einer Reise und als ein ziemlich armer Mann. Aber »er hinterließ der Welt die reichste Ernte an Pflanzenmaterial, die je ein einzelner gesammelt hat«.

James A.H. Murray (1837-1915) war Mitherausgeber des berühmten New Oxford English Dictionary. In einem kleinen Dorf geboren, hatte er sich seine umfassende Bildung zum größten Teil allein angeeignet: »Sprachenkenntnisse brachte er so mühelos und selbstverständlich mit nach Hause wie andere Leute ihre Einkäufe.« Mit dem entrückten Gesicht eines mittelalterlichen Heiligen, langem weißem Bart und einem schwarzen Käppchen auf dem Kopf, saß er samt seinen Gehilfen im ›Scriptorium‹, dessen Wände bis unter die Decke mit kleinen Fächern überzogen waren, in denen die Stichworte auf ihre Bearbeitung warteten. Die Frage, ob ein Wort als obszön einzustufen und im Wörterbuch einzuordnen sei oder nicht, konnte ihn in schwere Gewissenskonflikte stürzen. Seine Vorliebe galt den ›ghost words‹, sogenannten

›Geisterwörtern‹, die durch irgendeinen Irrtum in frühere Lexika geraten und später weitergeführt worden waren, und nun ein Schattendasein führten, obwohl es sie in Wirklichkeit gar nicht gab. Für den Gelehrten, »bei dem sich Wißbegier mit Wissen, Intelligenz mit Humor aufs schönste paarten, war die Sprache, ähnlich einem himmlischen Spiralnebel, etwas Unfestes mit einem festen Kern, aus dem einzelne Wortpartikel hinaus bis an die Grenzen von Zeit und Raum fliegen«. Schließlich erschien dem alten Mann sein Lexikon wie ein unersättlicher Moloch. »Wann wird das Werk je sagen: ›Es ist genug‹?« Murray starb bei dem Buchstaben T.

Als *David Livingstone* zehn Jahre alt war, 1823, mußte er wie andere Jungen seines Alters in die Fabrik gehen. Er stand von sechs Uhr früh bis acht Uhr abends an der Spinnmaschine, der ›Spinning Jenny‹, anschließend besuchte er die Nachtschule. Sein Vater war Schneider, er verfertigte Röcke für jene Buben, die man als Waisen im Land zusammensuchte, in ein Heim steckte und ebenfalls in der Fabrik beschäftigte. David arbeitete als ›piecer‹, er mußte abgerissene Fäden in der Maschine wieder zusammenknüpfen. Das ließ ihm Zeit, nebenher zu lesen. An seinem Arbeitsplatz lag immer ein aufgeschlagenes Buch. Mit neunzehn wurde David vollbezahlter Arbeiter und ›spinner‹. Aber er hatte Sehnsucht nach fernen Ländern und den brennenden Wunsch, Missionsarzt, Missionar oder Entdecker zu werden. Er erreichte alle drei Ziele.

In der ganzen Welt berühmt wurde David, als er, in Afrika verschollen, durch treulose eingeborene Diener als ermordet gemeldet, von einem Journalisten namens Stanley nach langen Strapazen aufgefunden wurde. Stanley stand vor dem abgezehrten Fieberkranken und sagte: »Dr. Livingstone, I presume?« David Livingstone lüftete seine verblichene Mütze mit dem breiten Goldband, das ihn als britischen Konsul auswies, gab Stanley die Hand und sagte »yes«.

Weniger bekannt ist, daß die Begegnung mit Stanley nicht den glücklichen Abschluß einer erfolgreichen Expedition für Livingstone bedeutete. Als Stanley ihn nach vier Monaten verließ, weigerte er sich, mitzukommen und zog weiter kreuz und quer durch Afrika: Eine tragische Erscheinung, deren kühne, unbeirrte Ideen sich selten verwirklichten, die ahnte, wie es in den noch unerforschten Gebieten aussah, sich aber nur unzureichend Gewißheit verschaffen konnte. Er versuchte vergeblich, den Sklaven zu helfen, die »in langen Zügen, herdenweise wie Vieh« von arabischen Händlern an ihm vorbei zur Küste und zu den Märkten getrieben wurden. Den mißgünstigen und kleinlichen Streitereien, mit denen damals die wenigen Weißen im Landesinneren sich das Leben noch schwerer machten, hatte er sich nicht entziehen können. Schließlich war er nur noch von Eingeborenen umgeben. Oft wußte man monatelang nichts von seinem Verbleib. »Es wurde eine Art Sport unter jüngeren wagemutigen Männern, besonders Marine-Offizieren, nach Livingstone zu suchen.«

Der ›Man of Africa‹, der diesen Erdteil und seine Probleme mit solchem Nachdruck ins Bewußtsein der Europäer gerückt hat, starb im Inneren, in seinem Zelt im Gebet kniend. Seine Diener haben ihn in dieser Haltung einbalsamiert, so gut sie es verstanden, und den Leichnam in neun Monaten über fünfzehnhundert Meilen weit bis zur Küste getragen. Von dort wurde er mit dem Schiff in die Heimat gebracht und in der Westminster Abbey beigesetzt.

Wenn man einem Schotten den Namen *Stevenson* nennt, so wird er zunächst nicht an den Dichter Robert Louis denken, dem wir Abenteuerromane wie ›Die Schatzinsel‹ oder ›Kidnapped‹ verdanken, aber auch die großartige psychologische Studie einer gespaltenen Persönlichkeit: ›Dr. Jekyll and Mr. Hyde‹. Berühmter in Schottland sind seine zahlreichen Verwandten, die Generationen lang – von 1791-1960 – mit der Beharrlichkeit echter Künstler ihrer Beschäftigung nachgingen: Sie bauten Leuchttürme. Insgesamt sollen es fast hundert sein. Überall, wo an Schottlands gefährlichen Küsten eine solche Aufgabe unlösbar schien – die Stürme am stärksten toben, versteckte Riffe lauern, Wirbel und Strömungen ihre gefährliche Spur ziehen –, da war gewiß ein Stevenson am Werk, und Fischer wie Segler sind ihnen noch heute dankbar. Robert Stevenson, der Großvater des Dichters, begann seine Arbeit mit neunzehn Jahren, als er seinem späteren Schwiegervater half, den Leuchtturm am Mull of Kintyre zu errichten. Den größten Sieg errang Robert Stevenson am Bell Rock, den die Nordsee mit jeder Flut unter Wasser setzt, und der vielen Schiffen auf dem Weg in den Firth of Tay oder den Firth of Forth zum Verhängnis wurde. Der Dichter Stevenson war als erster der Familientradition untreu, er setzte sich keinen ›granitenen Turm‹ zum Denkmal. Aber er besang die Werke seiner Vorfahren als ›immovable, immortal‹, unverrückbar und unvergänglich.

Alexander Selkirk, aus Largo in Fife, war Maat eines englischen Kaperschiffs, der ›Cinque Ports‹, die in den Gewässern des Pazifik kreuzte, westlich von Chile. Da das Boot sich als seeuntüchtig erwies, kam es zwischen dem Kapitän, einem Mann namens Stradling, und seinem rechtschaffenen Maat zu wiederholten und so erbitterten Auseinandersetzungen, daß Selkirk es schließlich vorzog, auf Juan Fernandez Island ausgesetzt zu werden. Stradlings Schiff ist bald darauf untergegangen, und nur wenige an Bord konnten gerettet werden.

Selkirk kannte die Insel von früheren Fahrten her; Seeleute, die diese Meere befuhren, pflegten sich dort mit Trinkwasser und Brennholz zu versorgen. Er nahm an persönlichen Besitztümern etwas Bettzeug und Kleidung mit, eine Muskete, ein Pfund Schießpulver und Kugeln, Feuerzeug, einige Pfund Tabak, ein Beil, ein Messer und einen Kochkessel; seine mathematischen Instrumente, Lehrbücher der Navigation und seine Bibel. Kaum fand er sich aber allein auf der Insel, so bereute er seinen Entschluß, vor allem, weil er als Seemann daran gewöhnt war, jede Stunde des Tages und der Nacht in Gesellschaft anderer Menschen zu verbringen. Er verfiel in Trübsinn und spielte mit dem Gedanken sich umzubringen. Je stärker er aber inne wurde, daß er in physischer Beziehung das Leben auf Juan Fernandez zu meistern vermochte, desto ruhiger wurde seine Seele. Er las täglich zu bestimmter Stunde laut aus der Bibel und sang Hymnen, um den Gebrauch der Sprache nicht zu verlernen. Durch den ständigen Aufenthalt im Freien und das Jagen im hügeligen Gelände wurde er außerordentlich gesund und gewandt. Er zähmte sich junge Geißen, auch Katzen (die ihm die Ratten vertrieben) und pflegte mit ihnen Tänze aufzuführen. Zweimal mußte er sich vor den Besatzungen spanischer Schiffe verstecken, da er nicht zu Unrecht fürchtete, sie möchten ihm übel mitspielen. Einem ›Freitag‹, einem anderen Menschen ist er in diesen Jahren auf seiner Insel nicht begegnet. Allmählich trug er, in einem angenehmen und gleichbleibenden Klima, sein Geschick gelassen, sogar mit Heiterkeit. Als nach viereinhalb Jahren, Anfang Februar 1709, zwei englische Kaperschiffe vor der Insel Anker warfen und ein Boot an Land schickten (denn sie hatten nachts ein Feuer dort brennen sehen), brachte die erstaunte Mannschaft ein menschliches Wesen mit, das, »in Ziegenfelle gekleidet, wilder wirkte als die Tiere, die zuvor diese Häute auf dem Rücken trugen«. Die Sprache dieses Menschen war kaum zu verstehen, da er die einzelnen Worte nur halb aussprach. Alkohol lehnte er ab, Schuhwerk konnten seine mit Hornhaut überzogenen Füße nicht mehr vertragen. Als er mit den flinksten Männern an Bord und einem Hund noch einmal zur Jagd auf die Insel ging, ließ er alle, auch den Hund, bald atemlos zurück.

Selkirk hat Juan Fernandez nur ungern verlassen. Wir wissen dies alles durch die sehr genauen Aufzeichnungen der Kapitäne Cooke und Wood Rogers, die den schottischen Matrosen auffanden, ausfragten und mitnahmen. Ein anderer Zeitgenosse, der Selkirk kurz nach seiner Heimkehr kennenlernte und später noch einmal traf, bemerkte, daß er sich stark verändert habe und nicht zum Guten. Selkirk hat das selber bestätigt: »Jetzt bin ich achthundert Pfund wert; aber ich werde nie wieder so glücklich sein wie damals, als mein Leben keinen Pfennig wert war.« Wenige Jahre nach diesen Ereignissen, 1719, veröffentlichte der Engländer Daniel Defoe sein Buch, das Weltruhm erlangte: ›Robinson Crusoe‹.

Selkirks seelische Festigkeit erinnert mich an die Geschichte eines anderen schottischen ›Abenteurers‹, eines Reisenden in Damenwäsche, der in unserer Zeit, im schlimmen Winter 1977/78, auf der exponierten Küstenstraße südlich von Wick in Caithness mit dem Wagen in eine Schneewehe geriet und während weiterer Stürme mehrere Tage gefangensaß. Irgendwie war es ihm rechtzeitig gelungen, mit Hilfe des Wagenhebers für Luftzufuhr zu sorgen. Er bedeckte sich mit dem

Inhalt seiner Musterkoffer, zog über, was sich überziehen ließ und wartete auf seine Rettung. Als man ihn schließlich – stark unterkühlt, aber sonst in guter Verfassung – auffand und befragte, wie es ihm denn in dieser Zeit zumute gewesen sei, erklärte er, er habe sich mit lautem Singen und Beten wachgehalten und sei »beinahe glücklich gewesen«.

Das Wort Gottes

Als ich einmal einen Schotten fragte, auf welcher der Western Isles, der Inseln der Äußeren Hebriden, ich länger bleiben solle, bekam ich eine unerwartete Antwort: »Wollen Sie protestantisch oder katholisch Urlaub machen? Auf Lewis ist man streng protestantisch; auf Fernsehgeräten können Sie dort ein kleines Schildchen mit der Aufschrift ›not on Sundays‹ finden; aber je weiter Sie nach Süden kommen, desto stärker mischen sich die Konfessionen. Die Insel Barra schließlich ist rein katholisch, und Father McQueen leitet die Sing- und Tanzabende von Castlebay.« Der Rat war spaßhaft gemeint, aber ein ernsthafterer Ton unüberhörbar. Schotten nehmen es genau mit Glaubensfragen.

Wenn man von Religion in diesem Lande spricht, muß man vor allem den heiligen Columba nennen, der im sechsten Jahrhundert das keltische Christentum von Irland herüberbrachte, jene kompromißlose Glaubenshaltung, die ein Leben der Buße und Askese predigte und die Neubekehrten familienweise in die Klöster strömen ließ. Erst vom achten Jahrhundert an übernahm die Kirche Roms allmählich die Führung. Schottland war bis zur Reformation katholisch; danach konnte sich die ›alte Religion‹ für lange Zeit nur in einigen Hochlandregionen und auf Inseln halten. Im übrigen Land fand die kühle Logik Calvins bei den Klarheit liebenden Schotten willige Aufnahme; die Gemeinden »beteten und sangen sich in die Reformation hinein«, vor allem mit Texten des Alten Testaments und Psalmenübertragungen. ›Gude and Godlie Ballads‹ kamen dem Volk redlicher Hirten und den Bewohnern der Einöden so recht von Herzen: »The Lord is my Pastor gude/Aboundantlie me for to feid.« Ein Vergleich mit Luthers Sprache liegt nahe. Die majestätischen und charakterstarken Versmaße und Melodien waren der Natur dieses Landes gemäß.

Eine Reformation ohne eigentliche Religionskriege (diese kamen erst später, als Protestanten sich untereinander bekämpften): Katholische Priester durften häufig als ›Reader‹ in ihrem Bezirk bleiben, wenn sie sich bereit erklärten, sonntags die vorgeschriebenen Texte in der Kirche zu verlesen. Noch gab es ja viele Analphabeten; aber im Zeichen einer calvinistischen Zuwendung zum »Wort, das geschrieben steht«, zur Bibel, und unter dem strengen Regiment von John Knox wurde ein für die damalige Zeit einzigartiges Bildungsprogramm entwickelt und mit bescheidensten Mitteln durchgeführt. Die lernbegierige Jugend lag in kalten Scheunen auf dem Boden und lernte schreiben. In späterer Zeit (und beinahe bis in unsere Tage) saß der Hausvater abends am Kamin, die schwere Bibel auf einem Holzgestell an der Armlehne seines hölzernen Stuhles, und verlas den versammelten Hausbewohnern die Texte des Tages. Ein guter Presbyterianer war so bibelfest und kenntnisreich, daß er den Pfarrer nach der Predigt auf einen theologischen Fehler aufmerksam machen konnte und dies auch tat. Wo in den Highlands und Islands die beiden Religionen nebeneinander bestehen blieben, duldeten sie einander; der jeweilige Gott sprach gälisch, das verband. In den Friedhöfen ruhen sie friedlich zusammen; auf alten Grabsteinen der Katholiken steht: »Of your charity pray for the soul of ...«, um der Barmherzigkeit willen bete für seine Seele; bei den Presbyterianern heißt es: »Here lyeth the dust of ...«, hier ruht sein Staub.

Mit dem neuen Glauben zog eine unbeugsame Strenge in Fragen der Lebensführung ein: kein weltliches Singen, Musizieren und Tanzen mehr, keine Beschäftigung der Hände am Sonntag (nicht einmal das Tragen von Lasten war erlaubt; wie sollte da das Vieh ordnungsgemäß gefüttert werden?). Wer sich sittlicher Verfehlungen schuldig machte, mußte ungeachtet seiner sozialen Stellung im weißen Büßerhemd vor der Gemeinde sitzen oder, bei schwereren Vergehen, in eisernen Ringen, den ›jougs‹, neben der Kirchentür am Pranger stehen. Auch Robert Burns, Schottlands großer Dichter, war als Vater unehelicher Kinder ein ›forlorene sone‹ (wie es in den alten Texten heißt) und trug das Büßerhemd. Von seinen Feinden wurde John Knox ›killjoy‹, Freudentöter, genannt. Aber daß schottische Eiferer »mit Calvin im Kopf und Hämmern in den Händen« die Abteien und Klöster zerstörten und niederrissen, hat er so nicht gewollt. Ihm ging es in seinen wortgewaltigen Predigten nur um die ›Reinigung‹, um das Stürzen und Entfernen der ›popish idols‹. Eine Volkskirche sollte entstehen, ohne Pomp und ohne Obrigkeit. Ein ›Book of Discipline‹, 1560 verfaßt, 1578 revidiert, wurde zur zweiten Bibel; die Ordnungen, die es festsetzte, galten als allein gültige Richtschnur sowohl in der Organisation der ›kirk‹ mit National Assembly, Presbytern und Ältesten, wie auch im Leben der Gläubigen: »The power and government of a Presbyterian Church come from God, denying all other faiths, and admitting no superior on earth.«

Im nächsten Jahrhundert kämpften die ›Covenanters‹ wiederum für diese Idee, diesmal mit den Waffen. ›To covenant‹ bedeutet: sich binden, einen Bund schließen; ein sehr protestantisches Wort. Man sieht im Geist ein Dokument vor sich, das, wörtlich genommen und im übertragenen Sinn, mit Blut unterzeichnet wurde. Die ›Covenanters‹, die im Gegensatz zu den von England beeinflußten und königstreuen ›Episcopalians‹ eine Einsetzung von Bischöfen und eine anglikanische Liturgie ablehnten, besiegelten diesen Entschluß mit Verfolgung und Tod. Auf Fahrten im Süden des Landes findet man ihre Gedenksteine, die neben den Namen der Opfer immer auch die der Mörder für die Nachwelt bewahren, mit solchem Nachdruck in die Platte geschlagen, als wollte man sichergehen, daß niemand sie auslöschen könne.

Immer aufs neue wurde um eine Reinheit der Lehre gestritten und gerungen, um Nuancen der Auslegung willen kam es zu Spaltungen innerhalb der Kirche. Wenn der Reisende heute eine Garage mit bunten gotischen Fenstern antrifft oder ein Hotel mit kleinem Glockenturm, dann kann er sicher sein, daß hier eine Splittergruppe ihren Andachtsraum hatte, ehe sie sich, nach geduldigen und mühsamen Verhandlungen, wieder in den Schoß der United Established Church of Scotland und unter die Jurisdiktion ihrer National Assembly zurückbegab. Nur einige Nachzügler wie die Free Kirk sind noch selbständig.

Auch presbyterianische Kirchenräume werden nicht geweiht, und man kann sie gegebenenfalls ohne Gewissensskrupel zweckentfremden. Noch immer gilt, was John Knox im Namen Calvins gepredigt hat: Heilig allein ist das Wort. Die Kirche der Church of Scotland ist ein kahler und bescheidener Raum. Nichts darf die Aufmerksamkeit ablenken. Immer sind die einfachen Holzbänke so geordnet, daß von jedem Platz aus der Prediger gut zu hören und zu sehen ist. Seine hölzerne Kanzel ist Mittelpunkt der Kirche; sie schwebt hoch über der lauschenden Gemeinde. Ein erhöhter Sitz unter ihr wurde früher vom ›precenter‹, dem Vorsänger, eingenommen, der die Lieder anstimmte und zusammenhielt.

Harmonium- und Orgelspiel, Stuckwerk und Bilderschmuck und die Pracht der Altäre, Geheimnis und Halbdunkel wurden als ›popish‹ abgelehnt und verbannt. Durch klare oder milchig getönte Scheiben floß das Licht ungehindert in den Raum; erst im neunzehnten Jahrhundert hat man sich an bunten Kirchenfenstern versucht. Blumen sind erlaubt und werden in hohen dünnbeinigen Standvasen zu den schönsten Sträußen gesteckt. Immer hängt eine Uhr an der nackten Wand und zwar so, daß der Geistliche sie im Blickfeld hat. Die Gemeinde fürchtet nicht etwa eine lange Predigt, im Gegenteil, sie wäre enttäuscht, wenn ihr ein Stück der zugemessenen Zeit für die ›Botschaft‹ vorenthalten würde. Kirchgänger in Schottland wollen etwas mit heimnehmen, worüber sie noch lange nachdenken können. Sie kommen familienweise und haben, falls sie im Leben erfolgreich sind, ihr abgeschlossenes kleines Gestühl, mit schmalen Bänken, in deren Mitte manchmal ein Tisch fürs Abendmahl steht. Kinder werden mit ›Kirchbonbons‹ ruhig gehalten; der Beutel mit den ›pandrops‹ geht von Hand zu Hand.

An Stelle einer Orgelempore nimmt in älteren Bauten auf dem Land die säulengeschmückte ›loft‹, die Loge des Grundherrn mit ihren samtüberzogenen Sesseln, den Ehrenplatz ein. Im Vergleich zur schönen Einfachheit der übrigen Kirk muß die Laird's Loft nachdenklich stimmen: Man erinnert sich der ›patronage‹, des herrschaftlichen Rechts auf Ernennung des Pfarrers. Ich habe meine kenntnisreichen schottischen Gesprächspartner öfters gefragt, wie sich das mit einer demokratischen Volkskirche zusammenreime. Hinweise, daß der Laird das meiste Geld für Kirche und Gemeinde gab und gebe, haben mich nicht ganz überzeugt. Heute wird der Geistliche von den ›Elders‹, dem Ältestenrat, bestellt; aber der Laird und seine Familie, seine Gäste und Angestellten sitzen, falls sie zum Gottesdienst kommen, immer noch auf der Empore.

Das Abendmahl wird, wie einst, in den meisten Kirchen nur zweimal im Jahr ausgeteilt. Auf diesen Termin gilt es sich vorzubereiten und das Gewissen zu erforschen: Bin ich würdig teilzunehmen? Königin Victoria beschreibt in ihrem Hochland-Tagebuch, wie die Familien des Dee-Tales sich in der Kirche von Crathie versammelten und ehrbar und feierlich in ihren besten Gewändern um die weißgedeckten Tische standen: »Nehmet diesen Kelch...« Einer häßlichen amerikanischen Unsitte folgend, werden in manchen Kirchen aus hygienischen Gründen an Stelle des einen Kelches viele kleine benutzt. »Das ist für mich kein Abendmahl, sondern eine Cocktailparty«, sagte mir eine streitbare Dame, die zu den Kirchenältesten ihrer Gemeinde gehört und diese Unsitte bekämpft, wo immer sie noch besteht.

Einem Fremden in der Kirk fällt vor allem die Gebetshaltung der Gläubigen auf: weit vorgebeugt, die Augen mit der rechten Hand bedeckend. In den Liedern, deren zahlreiche Strophen alle auswendig kennen, wird die Natur zum Vergleich herangezogen: Der Glaube steht fest wie die Hügel, göttliche Liebe strömt wie ein breiter Fluß. Der 23. Psalm, »Der Herr ist mein Hirte«, wurde eine Art Nationalhymne der Schotten; kein Text könnte für sie passender sein. Mit einer Melodie, die nach dem Ort ihrer Entstehung ›crimond‹ heißt, sind die Strophen am Ende vieler Veranstaltungen zu hören, auch wenn Freunde nach einem gemeinsamen Abend auseinandergehen.

Nach dem Gottesdienst tritt schottische Vernünftigkeit in Erscheinung; im Seitenschiff bekommt in größeren Kirchen die Gemeinde Tee oder Kaffee serviert. Gespräche knüpfen sich an, Bekanntschaften werden gemacht, und der Pfarrer zeigt Gästen (die man nie allein stehen läßt) sein Gotteshaus. Auf manchen Gebieten greift die Religion noch ins tägliche Leben ein. Für den Touristen gibt es unbequeme Auswirkungen: Wie ich schon erwähnte, verkehren sonntags kaum Züge, Restaurants in der Stadt und viele Tankstellen auf dem Lande bleiben geschlossen. In den meisten Gewässern ist Angeln an diesem Tag verboten. Im Umkreis der Städte wird heute Golf oder Tennis gespielt; vor zehn Jahren wäre das noch kaum möglich gewesen. Wäsche auf der Leine zu haben oder eine Zeitung kaufen zu gehen, erfüllt traditionsbewußte Schotten mit leichtem Unbehagen.

In welch einem anderen Land – außer noch in Amerika – könnte es geschehen, daß ein Lied mit dem Titel ›Amazing Grace‹, wunderbare Gnade, zum Schlager wurde, ja, daß man danach tanzt, während sich die Partner gegenseitig den Text vorsprechen: »Ich war verloren, aber ich wurde gerettet.« »Eigentlich«, sagte der alte Herr, der mich auf den Tanzboden führte, »müßte es nach Calvins Lehre nicht ›wunderbare‹, sondern ›vorbestimmte Gnade‹ heißen.«

Die drei großen Kirchen in Schottland geben ihre Mitgliederzahl wie folgt an:
Church of Scotland 1 500 000; Roman Catholics 820 000; Episcopalian Church of Scotland 80 000.
Das höchste Gremium der Church of Scotland, die General Assembly, versammelt sich (gelegentlich in Anwesenheit der Königin Elisabeth II.) in der alten Assembly Hall von Edinburgh, deren Türme die Silhouette der Altstadt mitprägen (Besichtigung nicht immer möglich; während der Festspielzeit mit Hilfe von Holztribünen zum Theater umfunktioniert, vor allem für Shakespeare-Dramen). – Die High Kirk of St. Giles in der Royal Mile von Edinburgh ist die Hauptkirche der Church of Scotland. – St. Andrew's in der George Street war Schauplatz der dramatischsten Spaltung innerhalb der schottischen Kirche, in deren Folge die strenggläubige Free Kirk entstand. – Gotteshäuser der Episcopalians sind an einem buntfarbigen Wappen zu erkennen und oft in der Nähe Großer Häuser gelegen; dieser Glaubensrichtung gehören vor allem gehobene und England nahestehende Kreise an. Hauptkirche ist St. Mary's in Edinburgh, ein monumentaler Bau des 19. Jahrhunderts im Westend. – Die römisch-katholische Kathedrale am Fuß des Calton Hill von Edinburgh heißt ebenfalls St. Mary's.

Not proven

Auf dem Gebiet der Justiz hat Schottland immer seine Unabhängigkeit bewahrt. Die frühen Vorgänger der heutigen Lordrichter und Advokaten besuchten die Universitäten des Kontinents, vor allem, im Zeichen der ›Auld Alliance‹, die französischen; später waren sie auch in Leyden und Utrecht anzutreffen, wo im sechzehnten Jahrhundert dreitausend Schotten studiert haben sollen. Das Wissen, das sie mitbrachten, floß ins heimatliche Recht ein. Die schottischen Gesetzgeber haben, wie es heißt, vor allem beim römischen Recht, bei den Clanchiefs und auch bei den keltischen Ahnen Anleihen gemacht und, indem sie ihre Bibel studierten und den gesunden schottischen Menschenverstand befragten, im Laufe der Jahrhunderte ein eigenständiges Recht entwickelt, wie es ihnen angemessen, praktisch und vernünftig erschien. Schottland kann auf eine lange Reihe großer Rechtsgelehrter, geistvoller und umfassend gebildeter Richter und spitzfindiger Tüftler zurückblicken. Freilich gab es auch unter ihnen einige, die in puritanischem Geist der Dame Justitia zu eifrig dienten und sich weder menschlich noch gnädig zeigten. Im allgemeinen gelten die schottischen Gesetze aber für humaner als die englischen. Zum Beispiel kennt man, wie bei uns, aber im Gegensatz zum Nachbarland, neben einem ›schuldig‹ oder ›unschuldig‹ die dritte Möglichkeit: das ›not proven‹, den Freispruch mangels ausreichender Beweise. Berühmt geworden ist der Fall jener Madeleine Smith, die 1857 des Giftmords an ihrem Geliebten angeklagt wurde und gute Gründe hatte, ihn zu beseitigen; aber da man ihr die Tat nicht mit allerletzter Sicherheit nachweisen konnte, gelang es ihrem brillanten Verteidiger John Inglis, Lord Glencorse, ein ›not proven‹ zu erwirken. Er begann seine klassische Rede – wie jeder in Schottland weiß – mit den Worten: »The charge is murder and the penalty is death.« Madeleine Smith überlebte ihren Freispruch um 71 Jahre.

Der Schriftsteller William Somerset Maugham glaubte aus sicherer Quelle erfahren zu haben, daß Madeleine Smith 1907 einer Nachbarin bekannte: »Ja, ich habe es getan. Und ich würde es wieder tun.«

Daß die Schotten zwar ihr eigenes Recht, aber seit 1707 keine gesetzgebende Körperschaft mehr haben, mindert den Triumph ihrer juristischen Unabhängigkeit beträchtlich; man mußte und muß sich danach richten, was erlauchte schottische Vorgänger in ihren ›Institutions‹ und ›Commentaries‹ niedergelegt haben. Fachleute befürchten, daß der englische Einfluß auf die schottische Gerichtsbarkeit sich weiterhin unaufhaltsam verstärken wird.

Tradition

»The Lord Lyon King of Arms, begleitet von Marchmont Herald und Unicorn Poursuivant, nimmt im Kronraum der Burg das Staatsschwert aus der Hand des königlichen Schatzmeisters entgegen und bringt es mit gebührender Sorgfalt zur Signet Library; worauf er das Schwert, nach ehrwürdigem Brauch, während der folgenden Zeremonien unmittelbar vor dem Herrscher einhertragen wird.« Aus welcher Periode der schottischen Geschichte mag diese Anweisung stammen? Sie ist neuesten Datums: Am Montag, dem 23. Mai 1977, wurde Prince Charles, Duke of Rothesay, von seiner königlichen Mutter, Elisabeth II., in der Thistle Chapel der St. Giles Cathedral Edinburghs zum Ritter des ›höchst alten und edlen Ordens der Distel‹ geschlagen; der Earl of Wemyss and March, K.T., trug der Königin das Staatsschwert voran. Die Einwohner der Stadt besahen sich den prunkvollen Aufzug, hohe weiße Federbüsche und wallende Umhänge, mit Vergnügen und ohne Verwunderung. Solche Ereignisse sind Teil ihrer Welt. Als zum ›Silver Jubilee‹ ein königlicher Besuch auch im unruhigen, durch soziale Probleme gefährdeten Glasgow geplant wurde, haben viele bedenklich den Kopf geschüttelt. Aber in keiner anderen Stadt ihres großen Landes konnte die Königin einen so begeisterten Jubel entgegennehmen; das gleiche gilt für den Thronfolger, der hier nie Prince of Wales, sondern nur mit seinem schottischen Titel Herzog von Rothesay genannt wird.

Lebendige ungebrochene Tradition: Als Elisabeth II. zur Königin gekrönt wurde, verkündete das, wie einst und immer, der Lord Lyon King of Arms vom Mercat Cross, dem Edinburgher Marktkreuz, aus. Die Bergfeste von Edinburgh war immer von Soldaten bemannt und ist es noch heute. Wer nachts in Begleitung einer militärischen Person dort hinaufsteigt, kann nach Anruf und Antwort an den Wachen vorbeigehen, durch weite menschenleere Höfe, über unebenes Pflaster, durch Tore, in denen der Schritt widerhallt und vorbei an schweigenden Kanonen. Aber oben findet er in einem hell erleuchteten Gebäude, in den Räumen des Kasinos, Unteroffiziere und ihre Damen beim gemeinsamen Zahlenspiel ›Bingo‹ (und macht mit, um nicht als unhöflich zu gelten).

Wenn die Königin sich in Edinburgh aufhält, bewohnt sie Holyrood Palace (richtiger: the Palace of Holyroodhouse), und nur einige Zimmerfluchten trennen sie von den Räumen, in denen Maria Stuart lebte und Rizzio, ihr Sekretär, ermordet wurde (die Stelle ist bekannt). Da, wo die Ehemänner der unglücklichen Königin, Darnley und Bothwell, vom Pferd stiegen, landet der Herzog von Edinburgh mit dem Hubschrauber. Wenn in den Wiesengründen um den Palast die alljährliche Gardenparty stattfindet, so weiß jeder der Geladenen, wie er sich zu verhalten hat: nicht photographieren, nicht die Schirmspitze in den Rasen stoßen, sich langsam bewegen und auf keinen Fall zu laufen beginnen, wenn die Königin sich nähert. Die Gäste gehören heute nur zum geringen Teil den großen Familien an (»wir sehen uns bei anderen Gelegenheiten«); man trifft verdiente Krankenschwestern und fortschrittliche Schaffarmer ebenso wie den Master einer berühmten Hundemeute, der, ehe er in den Ruhestand tritt, der Königin die Hand reichen möchte. Es gelingt ihm auch, durch Vermittlung eines Royal Archers. Dieser Pfeil-und-Bogen-Garde, der seit altersher der persönliche Schutz der Königin in Schottland anvertraut ist, gehörten früher nur Adlige und Offiziere an. Heute finden sich unter den meist älteren oder alten Herren in der historischen dunkelblauen Uniform auch ›the learned professions‹, Ärzte und Juristen. (»Man merkt es an den zahlreichen Brillen«, sagte ein boshafter Beobachter.) Gelegentlich üben sich die Royal Archers in ihrer alten Kunst, zum Beispiel auf dem Rennplatz von

Musselburgh. Sie greifen eher ungeschickt zu Pfeil und Bogen; aber dann sieht der Zuschauer mit Erstaunen, daß ein dem Auge gerade noch sichtbares Ziel am andern Ende der Bahn von den Pfeilen fast erreicht oder getroffen wird. Nach der Siegerehrung begleiten die Stadtväter, mit Umhang und Kette geschmückt, ihre Gäste zum Rathaus, natürlich unter den Klängen einer Dudelsackkapelle. Der Tambourmajor blieb mir in Erinnerung: Er überragte alle, ein geflecktes Fell deckte seine mächtige Brust. Wenn die Medien unserer Zeit, Fernsehen und Illustrierte, solche Bilder zeigen, so wirken sie verstaubt, vielleicht sogar lächerlich. Wer dabei sein kann, ist beeindruckt.

Schotten leben nicht ›mit dem Kopf nach hinten‹. Sie haben ihre Vergangenheit in den Knochen und tragen sie mit sich in die Zukunft. Ein Schloßherr, nach den Maßen seiner gewaltigen Halle gefragt, antwortete: »Hier war einmal genug Platz für zweitausend Bewaffnete.« Wem so etwas nicht gefällt, der sollte lieber nicht nach Schottland kommen. Keltische Todesverachtung und Kampflust haben sich in diesen Menschen mit einer in calvinistischen Anschauungen gefestigten Disziplin gepaart: Soldat sein ist hier ein Handwerk mit einer großen und wohlgehüteten Tradition. Ich verstehe nichts davon, aber Ereignisse wie die Thin Red Line, die ›dünne rote Linie‹, als während des Krimkriegs, in der Schlacht von Balaklawa 1854, wenige bunt gekleidete Schotten einen massiven Angriff der Russen abwehrten, oder die Taten der Hochland-Regimenter an allen Ecken der Welt werden überall mit höchstem Respekt genannt. Als es 1857 in Indien darum ging, die Belagerten von Lucknow zu befreien, erklang der Ruf ›bring forrit the Tartan‹, die Männer im Kilt nach vorn. Mit diesem Stichwort, Tartan, bin ich beim viel beredeten, oft beschriebenen, mit Mißverständnissen gespickten Thema der alten Clans und ihrer Chiefs.

In den abgeschlossenen, durch Bergzüge, Flüsse und Meeresarme voneinander getrennten, eng umgrenzten Bezirken des Hochlands blieben die Bewohner ganz auf sich gestellt. Die Regierung in Edinburgh war fern; die spätere in London kaum vorstellbar. Clan (eigentlich ›clann‹) ist ein gälisches Wort und bedeutet: die Kinder. Der Chief war Anführer,

Vaterfigur und Richter. Er hatte das Recht ›über Grube und Galgen‹, ›pit and gallow‹ und übte es in wenig zimperlichen Zeiten auch aus: Missetäter wurden aufgeknüpft, schlechte Frauen ertränkt. Aber der Chief sorgte auch für seine Kinder und sah zu, daß sie nicht verhungerten, notfalls mit Hilfe der einfachen Methode des Viehraubs. Ob das Land allen gemeinsam oder ihm persönlich gehörte, blieb zunächst unerheblich. Manche Chiefs lebten wie Großbauern, andere im Stil eines Fürsten. Sie bauten ihre Häuser als uneinnehmbare Festungen, ins Wasser, ans Wasser oder auf einzeln ragende Felsen. Die Männer des Clan (die als ›Söhne‹, also mit der Vorsilbe ›Mac‹, den Namen des Chief annahmen, ihm auch häufig blutsverwandt waren) konnten immer zu den Waffen gerufen werden. Ein Alarmsignal wurde durch die Täler geschickt: The Fiery Cross, kreuzförmig zusammengebundene Zweige, die an den Enden angekohlt und in Tierblut getaucht waren. Die Clanleute standen für jedweden guten oder bösen Zweck zur Verfügung. Die Würde des Chief ging an den Sohn weiter, aber im Falle seiner Untauglichkeit war er absetzbar. Für die Hochlandbewohner wäre eine andere Lebensform kaum möglich und auch nicht denkbar gewesen. In die Lowlands, nach England oder gar auf den Kontinent drang nur selten Kunde vom Leben in den Highlands, und wenn ein Chief oder einer seiner Leute in der überkommenen Tracht dort auftauchte, so erregte er Staunen und Verwunderung.

Die Chronik der blutigen Fehden zwischen den verschiedenen Chiefs ist lang und verwirrend. Kleine Clans pflegten das Stammesgebiet durch Faustrecht zu sichern; weitsichtige und weltkluge Chiefs ließen sich ihre Territorien von der Krone verleihen oder bestätigen und waren damit den anderen überlegen, bis sie beim König in Ungnade fielen. Die Launen des Geschicks und rasch wechselnde Fronten spielten dem, der Glück hatte, riesige Gebiete zu, und nahmen sie einem Unglücklichen wieder. Bei solch häufigem Wechsel konnten sich allmählich, wie überall in Schottland, auch reich gewordene Kaufleute und andere Interessenten unter die Alteingesessenen mischen. Sie richteten sich in ihren patriarchalischen Gepflogenheiten nach dem Vorbild der anderen und ließen sich, wenn möglich, adeln. Einige Generationen später gehörten sie ›dazu‹. Heute muß man sich schon sehr gut auskennen (oder in einem Adels-Almanach, dem Burke oder dem Debrett, nachlesen), um zu übersehen, wessen Familie von Anfang an da war und welcher Chief adlig ist (nicht alle sind es). Am besten weiß es natürlich der Lord Lyon King of Arms. Diese noble Institution mit Sitz in Edinburgh gibt es seit dem vierzehnten Jahrhundert. Der Träger des Titels wird von der Königin ernannt. Er ist Autorität für alle heraldischen Fragen und entscheidet allein die schwierige Frage der Nachfolge in den Clans.

Der Erste unter den heute anerkannten Chiefs (etwa achtzig an der Zahl) ist Cameron of Lochiel. Man redet ihn mit ›Lochiel‹ an, jeder Titel wäre falsch. Alle Chiefs haben Anspruch auf diese vermutlich einzigartige Form einer Ehrung. MacLaren, nicht Mr. MacLaren nannten wir zum Beispiel den jungen Mann, der zu dem Zeitpunkt, als wir bei ihm eingeladen waren, mit anderen Studenten zusammen die Wohnung in einem abbruchreifen Haus der Edinburgher Altstadt teilte. Sein einziges Besitztum schien ein mit dem Tartan des Clans bezogener Lehnstuhl zu sein. Trotz seiner Jugend und der schäbigen Umgebung mangelte es dem MacLaren nicht an Würde.

Die Chiefs sind eine recht bunt gemischte Gesellschaft; ich werde später einige von ihnen näher vorstellen. An der Spitze des Clan Donnachaidh steht ein Jamaikaner. Ein Geschäftsmann aus Chicago kam auf der Suche nach seinen Vorfahren in Schottland an und reiste als Chief ab. Neuerdings sind auch Damen zu dieser Würde zugelassen. Dame Flora MacLeod ist unvergessen, Teil der Geschichte von Skye geworden. Die Gräfin von Sutherland beweist, daß man die Last des Amtes mit Eleganz verbinden kann: Sie trägt die drei traditionellen Adlerfedern kurz gestutzt an der Mütze und noch einmal, in Silber, am schwarzen Samtjackett; zum Faltenrock in den Clanfarben schwarze Strümpfe und Lackschuhe. – Soweit die Clans und ihre Chiefs.

Zur Tradition gehört in Schottland auch die ablehnende Haltung gegenüber dem alten Feind, dem Engländer. Man spricht vom ›Southerner‹, dem aus dem Süden; Herablassung und ein wenig Verachtung würzen das milde Schimpfwort.

Literaten und Snobs verwenden noch die ältere Bezeichnung ›Sassenach‹, sozusagen in Anführungszeichen. Die königliche Familie fällt nicht unter dieses Pauschalurteil. Sie ist teilweise schottischer Abstammung. Auch die stärkste der Los-von-England-Bewegungen, die Nationalist Party, wünscht mit einem freien und selbständigen Schottland unter der Britischen Krone zu bleiben.

Tartan

Um das Phänomen des Hochlandschotten im Rock zu begreifen, muß man über sein Leben in alter Zeit Bescheid wissen. Die Siedlungen lagen weit verstreut. Märsche durch Moor und Heide, über Bergrücken und durch Flüsse, brachten den, der unterwegs war, selten an einem Tag bis ans Ziel. Auch konnte er unterwegs nicht mit Schutz, Unterkunft und Verpflegung rechnen. Auf dem beschwerlichen Weg mußte er die Hände frei haben, und durfte weder durch Lasten noch durch eine einengende Kleidung behindert sein. Trotzdem galt es vorzusorgen, denn das Wetter im Hochland ist unberechenbar; man muß mit plötzlichen Schauern, mit Sturm oder großer Kälte rechnen, vor allem mit Nässe. Wir haben festgestellt, daß Heidekraut zum Beispiel fast immer bis zu einer bestimmten Höhe wächst: Nach dem Durchwaten (Gehen kann man es kaum nennen) sind die Hosen bis zum Knie feucht.

Und so löste der Hochländer alle diese Probleme, einfach, funktionell richtig und billig: Er nahm ein Tuch aus leichtem Wollstoff, ›feileadh mor‹ genannt, etwa fünf Meter lang und zwei Meter breit. Er »breitete das Plaid mit einem festen Gürtel darunter auf dem Boden aus. Dann legte er die Stoffbahn über dem Gürtel in Falten und streckte sich so darauf aus, daß der untere Rand etwa in Kniehöhe war. Darauf faßte er mit den Händen die Gürtelenden und befestigte damit den Stoff um seine Taille. Beim Aufstehen ließ er den langen oberen Teil (über dem Gürtel) nach hinten fallen. Im Knien durfte der Rand des Stoffs den Boden gerade nicht mehr berühren. Gewöhnlich wurde das lange Oberteil des

Plaids über die linke Schulter geworfen und befestigt, oder es wurde insgesamt als Mantel verwendet.« Ein höchst praktisches Kleidungsstück: Wetterschutz, Tarnung vor dem Feind (denn die Frauen, die den bunten Stoff aus Schafwolle woben, färbten ihn mit den Säften heimischer Kräuter und Pflanzen), ebenso als Schlafsack verwendbar wie als Zelt. Wann das ›Große Tuch‹ durch den Rock oder Kilt, ›feileadh beg‹, abgelöst wurde, ist nicht genau bekannt, wahrscheinlich im 18. Jahrhundert. Beide Formen der Bekleidung haben lange Zeit nebeneinander existiert.

Die gebundenen Schuhe des Hochländers hatten Löcher im Oberleder, durch die das Moor- oder Bachwasser abfloß. Die Strümpfe waren nicht gestrickt, sondern aus buntem Wollstoff genäht und trockneten so rascher. In einem Beutel am Gürtel, dem ›sporran‹, wurde ein kleiner Vorrat an Hafermehl mitgeführt und unterwegs mit Wasser oder Schnee angerührt. Kam der Hochländer auf langen Märschen von Kräften und hatte er eine Kuh oder sogar eine Herde dabei, nahm er einem Tier etwas Blut ab (man nannte das ›bleeding‹), und mischte die Flüssigkeit mit Hafermehl zu einer unappetitlichen, aber aufbauenden Speise. Gegebenenfalls wird er auch fremdes Vieh angezapft haben.

So war der Hochländer der Natur, in der er sich fast ständig aufhielt, aufs beste angepaßt. Sein Messer stak griffbereit im rechten Strumpf. Nichts hinderte ihn, überall und in jedem Augenblick zu neuen Taten aufzubrechen. Das machte ihn so gefährlich für seine Feinde. Im Kampf in den Bergen war er seinem Gegner weit überlegen. Die bedauernswerten Soldaten der Hannoveraner zum Beispiel boten mit ihren roten Röcken ein weithin leuchtendes Ziel. Ihre weißen Hosen wurden schmutzig und naß, ihre Stiefel durchweicht; die Männer müssen sich in Sumpf und Dickicht wie zum Hohne aufgestellt vorgekommen sein.

Als nach der verlorenen Schlacht von Culloden 1746 die Strafmaßnahmen gegen die Hochländer verstärkt einsetzten, wurde ihnen, unter Anrufung des Jüngsten Gerichts, ein strenger Eid abverlangt: alle Waffen abzuliefern und keine Hochlandkleidung mehr zu tragen. Wer mit nur einem Teil der alten Tracht am Leibe angetroffen wurde, hatte mit sechs

Monaten Gefängnis zu rechnen, im Wiederholungsfall mit der Deportation nach Übersee auf sieben Jahre. So hatten die Engländer ihre Feinde nicht nur der Identität beraubt, sondern sie gleichzeitig untüchtig und ungefährlich gemacht. Das Verbot wurde beinahe vierzig Jahre lang aufrechterhalten, zum tiefen Leidwesen der Männer im Hochland. In einem gälischen Gedicht aus dieser Zeit heißt es:

> »Ich bin krank und wund
> ich bin elend und müde;
> meine Glieder sind gebunden,
> ich gehe nicht länger ins Freie.
> Fluch dem König,
> der uns den Tartan nahm.
> Möge er Dreck schlucken,
> weil er uns Strümpfe gab,
> lange Strümpfe, die faltig
> um unsere Beine schlottern.
> Viel lieber gingen wir kniekurz
> als eingezwängt bis zur Hüfte...«

Mit Culloden war die alte Zeit im Hochland zu Ende gegangen. Historiker sagen, das Ende sei ohnedies abzusehen gewesen; die verlorene Schlacht habe den Vorgang nur beschleunigt.

Die Hochlandtracht ist, wie wir wissen, wiederauferstanden. Eine wohlwollende Kommission legte 1782 der Regierung in London nahe, daß die Highlander ohne ihre angestammte Kleidung nicht lebensfähig seien. In einem Erlaß vom 17. Juni heißt es daraufhin: »Dem König und Parlament hat es gefallen, die Bitten und Wünsche der Hochländer, ihrer loyalen, treuen und mutigen Untertanen, anzuhören und ihnen durch erfolgten Parlamentsakt das Tragen ihrer seit altersher bevorzugten Tracht wieder zu gestatten...« Gegnerische Stimmen, die dem Schotten im Rock (»diesem muskulösen und gut aussehenden Burschen«) zu viel erotische Anziehungskraft nachsagten und auf die Gefährdung der weiblichen Jugend hinwiesen, blieben zum Glück unbeachtet.

Plaid und Kilt, ›sporran‹ und ›sgian dhu‹, das ›dunkle Messer‹ im Strumpf, kehrten nicht nur zurück, sie kamen in Mode. Das hatte tiefere Gründe. Ein Schulmeister aus Badenoch, James Macpherson, veröffentlichte 1760 eine Sammlung von Versen, die er als Übersetzungen aus dem Gälischen bezeichnete und als deren Verfasser er Ossian, einen Helden und Dichter der irisch-keltischen Frühzeit, nannte. Obwohl bald Zweifel an der Wahrheit dieser Behauptung auftauchten, begeisterte sich ganz Britannien und mit ihm Europa an den wohlklingenden Liedern. Napoleon nahm den schmalen Band auf seinen Kriegszügen mit, Goethes Werther las Lotte daraus vor. Heute weiß man, daß Macpherson ein geschickter Fälscher war, der Fragmente mündlicher Überlieferungen mit eigenen Versen ergänzte. Damals aber begann man für alles zu schwärmen, was mit ›keltischem Zwielicht‹ zusammenhing und mit den gälischen Schotten, den Hochländern. Die Burschen aus den Bergen waren salonfähig geworden. Nicht nur Hochlandregimenter trugen den Kilt. Als König Georg IV. 1822 Edinburgh besuchte, als erster britischer Herrscher seit langer Zeit, ließ er sich für diese Gelegenheit einen Kilt in den Stuartfarben anfertigen, der freilich zu kurz geriet. (»Was macht das«, sagte Lady Dalrymple, »da wir den König nur wenige Tage bei uns haben, möchten wir wenigstens viel von ihm sehen.«) Den Hochländern, die sich zahlreich in der Hauptstadt einfanden, wurde nahegelegt, anläßlich dieses Staatsbesuchs »ihre Tartanmuster auseinanderzuklauben«. Das war leichter gesagt als getan. Ich werde mich hüten, dieses heikle Terrain zu betreten. Wer darf welches Muster wann tragen, und seit welcher Zeit ist es in der Familie erblich? Wie muß der Tartan für jeden Tag, der für die Jagd, der für das Fest aussehen, und wie der Trauertartan? Geschäftsgeist, persönliche Eitelkeit, auch Zufälle aller Art haben zusammengewirkt, um das entstehen zu lassen, was wir heute als Tartanmuster bezeichnen und, als Dame, neuerdings mit den sogenannten Schottenröcken in jedem Kaufhaus erstehen können. Das einschlägige Verb dazu heißt ›to over-tartanize‹. Zum ersten Mal wurde es gebraucht, als Queen Victoria, die Nichte Georgs IV., ihre Liebe zum Hochland und zu allem Schottischen entdeckte. Der Prinzgemahl, Albert von Sachsen-Coburg-Gotha, entwarf eigene Tartanmuster, die neben dem Stuart-›sett‹ von den königlichen Damen und Herren auf Schloß Balmoral getragen wurden, mit denen man aber auch

Wände, Fußböden und Möbel, Vasen, Schreibunterlagen und Poesiealben schmückte. Britannia hüllte sich in Schottenstoffe; Firmen wie Wilson in Bannockburn kamen mit den Aufträgen nicht mehr nach.

Ein Tourist, der heute nach Schottland reist, wird den Kilt zunächst selten sehen. Lowlander tragen ihn kaum, zu Glasgow paßt er nicht, Edinburgh mag als Grenzfall gelten. Der Kilt gehört ins Hochland. Ein Vorkommen auf den Shetlands, den Orkneys oder den Äußeren Hebriden wäre zufällig. Militärpersonen, die gewissen Traditions-Regimentern wie der Black Watch angehören, bilden eine berechtigte Ausnahme. Vor kurzem las ich mit Befremden bei einem schottischen Autor, der Kilt sei im Aussterben begriffen und werde nur noch von Dudelsackspielern und berufsmäßigen Unterhaltern getragen. Dem muß ich aus persönlicher Erfahrung widersprechen. Die eben genannten Gruppen und Personen tragen den Kilt auch; aber ich habe dieses Kleidungsstück im täglichen Gebrauch gesehen, oder zumindest bei Festen und beim Kirchgang; zugegeben, eher im Umkreis Großer Häuser als anderswo. Ein hochgewachsener schottischer Bursch (»mit Muskeln wie Peitschenschnüren und der Gelenkigkeit einer Katze«) ist im Kilt ein durchaus erfreulicher Anblick. Aber auch älteren und ganz alten Herren steht diese Tracht gut; man sehe sich die Kampfrichter bei den verschiedenen Hochlandspielen an!

Dem Kilt hängen viele absurde Geschichten, Anekdoten und Witze an. Sogar Thomas Mann konnte sich in seinem Roman ›Felix Krull‹ einer maliziösen Anmerkung nicht enthalten. Und immer wieder ist die Rätselfrage gestellt worden: Was trägt der Schotte unter dem Kilt? Früher war die Antwort einsilbig: nichts. »Und heute?« – »Unterhosen, falls möglich dunkle, manchmal im Tartanmuster.«

Im Grunde gilt immer noch, was Theodor Fontane 1858 über einen schottischen Chief schrieb, dem er beim Ausbooten in Lochgilphead begegnete: »Der Häuptling schritt, ohne ein direktes Zeichen der Überhebung, durch die Menschenwoge hin, als habe er nicht das geringste mit ihr gemein. Er trug eine schwarze Samtjacke und viel Gelb in dem gewürfelten Tartan, war also wahrscheinlich ein MacLeod. Um den Leib trug er jene eigentümliche schottische Jagdtasche, die fast die Form einer Geldkatze hat, und die sechs langen Geißbärte, die wie ebenso viele Siegeszeichen an dieser Tasche zu hängen pflegen, fielen malerisch über den faltenreichen Kilt. Das kurze schottische Schwert hatte er daheimgelassen, aber das Fangmesser, mit einem großen Amethyst oben am Griff, steckte nach Landessitte im rechten Strumpf und bewies, neben der Adlerfeder, wer der Ankömmling sei. Nie habe ich eine schönere Erscheinung gesehen.«

Kuriosa zum Thema, im Tartan-Museum von Comrie (Perthshire) entdeckt: Tartan ist kein schottisches Wort, sondern vermutlich französischen Ursprungs. Gälisch nennt man das Tuch ›breacan‹, das Gemusterte. Das Wort Kilt soll aus dem Dänischen stammen. – Westindische Negersklaven wurden in Tartan gekleidet, damit man sie besser sehen und beaufsichtigen konnte. – Commander Alan Bean aus dem Clan der MacBean nahm ein Stück Clan-Tartan mit zum Mond und stiftete es der Kirche von Fowlis Wester (Perthshire), die St. Bean geweiht ist.

Gathering of the Clans

An einem Sonntag im Mai versammelten sich die Teilnehmer am großen Treffen der Nachfahren schottischer Auswanderer, dem Gathering of the Clans, in einem Fußballstadion in Edinburgh. Auf den Tribünen saßen zwischen den einheimischen Zuschauern Hochlandbewohner und Chiefs von heute, ihre Angehörigen und Namensvettern, angeführt vom Earl of Elgin aus dem Hause Bruce, der die Versammlung leitete. Aber unten auf den weiten Rasenflächen kamen die ›von drüben‹ anmarschiert, viele Tausende, nach Erdteilen geordnet. An der Spitze der jeweiligen Kolonne gingen Herren im korrekten Tartan; vermutlich waren sie zu Hause Präsidenten ihrer Traditionsgesellschaft, der ›Clan Society‹. Je länger die Reihen wurden, um so bunter gestaltete sich das Bild. Manche der Teilnehmer waren merkwürdig herausstaffiert: so, wie man sich eben im Mittleren Westen oder im australischen Busch einen Hochlandschotten vorstellt. Woher sollten sie es besser wissen? Frauen mit der Tartanschärpe führten kleine Kinder an der Hand, die diesen Tag nie in ihrem Leben vergessen würden. Am Ende des Zugs humpelten alte Männer mit großen Hüten heran, vielleicht Schafhirten oder Knechte auf einer Farm, die den Lohn langer Jahre für diesen Tag gespart hatten. Aus Australien und Neuseeland waren viele gekommen, aus Afrika nur einige; aber das Kontingent aus den Vereinigten Staaten und Kanada überwältigte in seiner Fülle. Manche der Zuschauer mögen diesen Einzug belächelt haben, die anderen waren bewegt. Die meisten der Vorfahren dieser Leute im Stadion mußten die Heimat unter den bittersten Umständen verlassen. Manche hatten, im Glauben oder in der Politik, auf der falschen Seite gestanden und waren verbannt worden. Andere kämpften in Hochlandregimentern im Ausland, oder waren ihrem Chief nach Übersee gefolgt. Zur Zeit, als Samuel Johnson Schottland bereiste, 1773, fand er die Bewohner der Inseln im Auswanderungsfieber; sie pflegten des Abends einen Tanz aufzuführen, den sie ›Amerika‹ nannten und bei dem einer der Mitwirkenden nach dem anderen in den Wirbel eines imaginären Aufbruchs gezogen wurde. Die Wanderlust der Schotten und ihre Neugier auf alles, was jenseits der benachbarten Hügel liegt, mag auch zum Fortgehen beigetragen haben.

Schotten bewahren die Erinnerung an die Heimat vielleicht noch zäher als andere Emigranten. In schönen und sentimentalen Liedern wird die Nebelinsel jenseits der Ozeane besungen und »im Traum tauchen die Hebriden auf«. Nun sahen die späten Nachkommen der Auswanderer Schottland in der Realität, vermutlich zum ersten Mal in ihrem Leben. Die Heimat bemühte sich, ihnen lang gehegte Wünsche zu erfüllen. Man ließ zwar nicht mehr, wie bei einem Treffen in den fünfziger Jahren, eintausend Dudelsackspieler durch die Stadt marschieren. Damals war der Zug in der wogenden Menge der Enthusiasten zum Erliegen gekommen. Aber hundertundvierzig Fiedler geigten zusammen im größten Konzertbau; drei Kirchenchöre der verschiedenen Glaubensrichtungen erhoben gemeinsam ihre Stimmen; die ›drums‹ dröhnten gewaltig. In den Assembly Rooms hatte jeder Clan seine Koje mit tartanbezogenen Wänden. Zu gewissen Stunden konnte man hier die Chiefs antreffen, zumindest etliche von ihnen. Sie wirkten, in voller Ausrüstung, mit Adlerfedern an der Mütze und langem Hirtenstab, der sinnlos aufs Parkett aufstieß, etwas verlegen und fühlten sich wohl wie Ausstellungsstücke. Aber gerade so wollten die Besucher aus Übersee sie sehen, »obwohl«, schrieben die Edinburgher Zeitungen, »vielleicht der Urgroßvater des Herrn vor ihnen daran schuld war, daß ihre eigenen Großeltern auswandern mußten«. Das alles war vergessen in diesen Tagen. Großartige Bälle und Bankette fanden statt. In der zweiten Woche der Veranstaltungen besuchten die Gäste ihre engere Heimat, das ehemalige Clan-Territorium. Von den MacDonalds waren so viele gekommen, daß sie ein eigenes Schiff charterten, um von Edinburgh aus zur Insel Skye zu gelangen.

Wieviel vom eigentlichen Schottland, einst und jetzt, mögen die Besucher erfahren und in der Erinnerung mitgenommen haben?

Die Treppen drehten sich

Wind und Wetter haben diesem Lande zugesetzt, Kriege und Zwistigkeiten immer wieder Verwüstungen angerichtet. Wen wundert es, daß wohlerhaltene historische Bauten in Schottland spärlich anzutreffen sind, und daß vor allem die Burgen in Trümmern liegen? Was im Mittelalter an Kirchen und Klöstern entstand, hat, mit wenigen Ausnahmen, spätestens im Zeichen der Reformation Schaden gelitten. Im Grenzland, wo die Kämpfe zwischen Engländern und Schotten jahrhundertelang hin- und hergingen, war jedes größere Bauwerk ohnedies im höchsten Maße gefährdet.

Was blieb, sind malerische und melancholische Überreste, in eine romantische Landschaft gebettet und so ihre Wirkung gegenseitig steigernd. Der einheimische Stein, aus dem Kirchen und Klöster errichtet wurden, scheint erst in der Verwitterung seine ganze Schönheit zu offenbaren: in den von der Zeit dünn geschliffenen Streben eines Rosettenfensters, den weichen Konturen der Kapitelle oder den bewegten Linien einer einsam stehenden Reihe von Pfeilern. Der schottische Staat sorgt, soweit es möglich ist, für die Erhaltung des gegenwärtigen Zustands und hat all diese Bauten auf einen makellosen Grasteppich gestellt. Man wird immer einen der Wärter mit dem Rasenmäher unterwegs sehen oder in jener Ecke beschäftigt, wo Grassoden-Quadrate, nach Art von Teppichfliesen, zum Ausbessern bereitliegen.

Klöster- und Kirchenruinen, Burgen, die in Trümmern liegen – was blieb sonst? Dem Reisenden werden schon bald einzeln stehende turmartige, mit kleineren Ecktürmchen, Erkern und Zinnen versehene Bauten auffallen, über deren Außenwände die Fenster ungleichmäßig verteilt sind: Tower Houses, Turmhäuser, einzig eigenständiger Beitrag Schottlands im Gesamtbild europäischer Architektur.

Zwei Gegebenheiten ließen diese Bauten zunächst entstehen. Unter Menschen, die sich gegenseitig so oft die Köpfe einschlugen oder das Haus ausräucherten, mußte man auf Sicherheit bedacht sein; und in einem baumlosen Land, wo höchstens ein paar verkrüppelte Eichen zu finden waren, galt es, Bauholz zu sparen. Nur die ganz großen Herren konnten es sich leisten, alle ihre Gemächer in Stein zu überwölben oder später ›Memel Pine‹ und ›Sweden Board‹ in großen Mengen aus den Ländern jenseits der Nordsee zu holen. Die übrigen setzten ein Gelaß auf das andere, die Decke des unteren als Fußboden des oberen benutzend; sie sparten so auch am Dachfirst. Die Größe der Räume richtete sich nach der Länge der verfügbaren Balken. Auf diese Weise sind ohne fremden Einfluß und von der Hand einheimischer Handwerker Bauten entstanden, die in sich folgerichtig und harmonisch sind und Auge und Gemüt befriedigen. Die Außenwände der schlanken Turmhäuser neigen sich leicht nach innen, so wie wir es von griechischen Säulen kennen. Die Namen der ›master-masons‹ sind in Vergessenheit geraten. Da auch behauene Steine für einen Bauherrn mit sparsamen Mitteln zu teuer waren, verwendete man sie meist nur zur Verzierung. Die Wände wurden mit ›rubble‹, Bruchstein, hochgezogen, besonders kräftig verputzt (in Schottland nennt man den Vorgang ›harling‹) und anschließend bunt getüncht. Die schönsten schottischen Turmhäuser haben so viele übereinanderliegende Tüncheschichten, daß die Bauten wie vom Bildhauer aus weichem Material geformt erscheinen.

Wenn ein solcher Turm den Anforderungen einer späteren Generation oder einer größeren Anzahl von Hausgenossen nicht mehr genügte, so setzte man jeweils im Winkel ein gleichartiges Gebäude an; die innere Harmonie des Ganzen wurde nicht gestört. Küche und Brunnen befanden sich im Untergeschoß. Dort pflegte auch in früherer Zeit ein ›pit‹ zu sein, ein dunkles Loch, in das man unglückliche Gefangene warf (›warf‹ im wörtlichen Sinn, nicht etwa: sie herabließ). Solche Verliese lagen entweder neben dem glühendheißen Küchenkamin oder an einer kalten und nassen Außenwand. Ein längeres Überleben des Gefangenen wurde wohl kaum erwartet. Für die Wirtschaftsräume wie Bäckerei, Wäscherei, Brauerei gab es außerhalb des Turms, aber innerhalb einer Umfriedungsmauer, die sogenannten ›barmkins‹, niedere weitläufige Gebäude.

Mittelpunkt des Hauses war der steinüberwölbte erste Stock mit der ›Hohen Halle‹, wo sich alle Bewohner zu den Mahlzeiten zusammenfanden. Der Herr des Hauses saß mit seiner Familie auf einem erhöhten Platz, in der Nähe des Kamins und möglichst weit von der Eingangstür entfernt. Von der Halle aus führten eine private und eine allgemeine Treppe zu den oberen Räumen: enge und gewundene, schwer begehbare Stiegen. Ein schottischer Schüler schrieb nach Besichtigung eines solchen Turmhauses: »The stairs was twining«, die Treppen drehten sich. Um das Haus noch sicherer zu machen, drehten sich in manchen älteren Bauten die Treppen aufwärts im Uhrzeigersinn und erschwerten damit dem etwa eindringenden Feind den Gebrauch des Schwertes.

Im obersten Stock, unter einem Satteldach, lag jener saalartige und vielfenstrige Raum, den man Galerie nannte. Hier, am sichersten Ort des Hauses, befand sich das wenige, was die Familie an wertvollem Mobiliar, an Bildern und Teppichen besaß. Die Galerie eignete sich auch zur Promenade, falls nicht bei schönem Wetter eine darüberliegende offene Plattform von geringen Ausmaßen aufgesucht wurde. Das Problem der sanitären Anlagen war durch den Einbau von ›privies‹ in runden Ecktürmchen befriedigend gelöst.

Turmhäuser wurden seit dem vierzehnten Jahrhundert gebaut. Auch in späteren friedlicheren Zeiten, als man die hölzernen Decken mit Heiligengestalten, dem Reigen der Musen oder ritterlichen Vorbildern farbig bemalte, wurde der Defensivcharakter beibehalten, aber mehr um der Tradition willen denn aus Notwendigkeit. Das Tower House war nun Symbol eines großen und mächtigen Herrn geworden, des Laird. Er hielt darauf, sein Haus weiterhin mit Türmen und Zinnen zu schmücken, auch wenn er im Inneren auf Behaglichkeit, sogar Luxus bedacht sein mochte. Die erwünschten Ziele waren ›firmness, commoditie and delight‹, Festigkeit (oder Würde), Bequemlichkeit und Ergötzen. Das königliche Wappen, über dem Kamin der hohen Halle in Stuck ausgeführt, in Stein über dem Tor oder an einer Außenwand, wies nachdrücklich darauf hin, daß hier der Laird an Stelle und im Namen des obersten Herrschers seinen Sitz hatte: ›Nemo me impune lacessit‹, niemand reizt mich ungestraft.

Um die Mitte des siebzehnten Jahrhunderts kamen die Tower Houses plötzlich und fast ohne Übergang aus der Mode. Man baute nun, soweit man dazu in der Lage war, wie das übrige Europa: klassisch und kühl, mit langen Zimmerfluchten, »in pillarwork conforme to and with the Dorick and Ionic order«. Die Häuser der Großen (Great Houses, wie die Leute sagten und sagen) wuchsen nicht mehr in die Höhe, sondern breiteten sich, säulengeschmückt, im weiten Gelände aus, mit Seitenflügeln, Nebengebäuden und verbindenden Arkaden. Erst im neunzehnten Jahrhundert erinnerte man sich wieder an die alte Bauweise und verzierte sein Haus schottisch-patriotisch mit zwecklosen Zinnen und möglichst zahlreichen Türmen und Türmchen: Der ›Baronial Style‹ war geboren und breitete sich üppig aus, von Walter Scotts Abbotsford über das königliche Balmoral bis hinaus auf die entferntesten Inseln.

Manches echte Tower House wird noch heute von der alten Familie bewohnt. Die kleinen, nicht sehr hellen Räume mit ihren Erkern, Winkeln und Nischen sind äußerst behaglich. Vorhänge werden nicht benötigt, denn niemand kann hineinschauen. Im Eingang, wo einstmals ein kunstvoll geschmiedetes Gitter unerwünschte Besucher abhielt, stapeln sich Gummistiefel, Regenmäntel und Golfschläger. Die chintzüberzogenen Sessel in der hohen Halle werden gerne von den Hunden benutzt, besonders in der Nähe des Kaminfeuers. Weder die Bilder noch die Möbel sind besonders kostbar; aber sie gehörten immer schon in dieses Haus. In die Schlafzimmer wurde zumeist ein Bad eingefügt, manchmal direkt in die mehr als meterdicken Außenmauern. Eine Zentralheizung einzubauen, konnten sich dagegen nur sehr reiche Hausbesitzer leisten. In den Fremdenzimmern, wo sich allerlei Hausrat zusammengefunden hat und wunderliche Stahlstiche die Wände zieren, sorgen kleine elektrische Öfen für ein wenig Wärme. Im Winter soll das Wechselbad zwischen eisigen Gängen und einem wohldurchwärmten Wohnraum dem Kreislauf förderlich sein.

Turmhäuser, die besichtigt werden können, sind zum größeren Teil Ruinen. Aber die schönsten Beispiele der alten Baukunst, wohl erhalten oder geschickt renoviert, befinden sich durch eine glückliche Fügung in der Hand des National Trust. Craigievar, Crathes und Castle Fraser liegen zudem nur einige Meilen voneinander entfernt im Nordosten des Landes. Die Häuser haben im Sommer so viele Besucher, daß die freundlichen Guides sich heiser reden und es ein arges Gedränge gäbe, wenn nicht, wie wir wissen, jeweils zwei Treppenhäuser vorhanden wären, so daß eine weise Verwaltung ihre Gäste im Einbahnverkehr aufwärts und abwärts lenken kann.

Der Laird

In Schottland ist Feudalismus noch kein Problem der Vergangenheit. Viel Land für wenige, der Rest für die anderen, so war es, besonders im Hochland, seit alter Zeit. Und da von den großen Besitzungen ein guter Teil aus unwirtlichen Mooren, kahlen Bergen, unzugänglichen Glens und zahlreichen Seen besteht, die (wenn man vom Tourismus absieht) nur für Jagen und Fischen geeignet sind, vielleicht noch für die Schafzucht, ist kaum eine Änderung zu erwarten. Der Herr über solche Ländereien, von denen manche überschaubar sind, aber andere sich im Ausmaß mit unseren ehemaligen Fürstentümern vergleichen lassen, war und ist der Laird.

Es gab, wie immer und überall, gute und schlechte Herren: ›absentees‹ zum Beispiel, die in fernen Städten saßen und durch einen skrupellosen Verwalter die Pachtzinsen ihrer ›tenants‹ eintreiben ließen; oder kühle Rechner, die nur das Notwendigste für die Untergebenen taten, während ihre Damen mit Suppe und frommen Schriften in die Hütten der Armen gingen. Lairds im nördlichen Hochland haben zu Anfang des neunzehnten Jahrhunderts eine böse Schuld auf sich geladen: Weil sie mit Schafzucht im großen Stil mehr Gewinne zu erzielen hofften (»modern sein wollten«, wie sie es nannten), ließen sie durch ihre Verwalter und mit Hilfe der Polizei die alteingesessenen Kleinpächter und Häusler vertreiben, schickten sie auf schlechten Schiffen nach Amerika oder siedelten Bergbewohner, die nie das Meer gesehen hatten, an der Küste an. Sie sollten nun Fischer sein. Viele sind elend umgekommen. Diese in Schottland unvergessenen ›Clearances‹ haben das kahle Land auch noch da entleert, wo an Flußläufen und geschützten Stellen die kleinen ›townships‹, dörfliche Siedlungen, gediehen waren.

Aber es gab auch den ›improving Laird‹, der seinen Leuten nicht nur in allen Notlagen half, sondern ihnen ein neues Dorf mit besseren Hütten, mit Kirche und Schule baute. Das alles war einmal. Nach zwei Weltkriegen und bei allgemeiner Unsicherheit werden immer häufiger die ›estates‹ der Lairds, ganze Landstriche, Bergzüge, Inseln auf den Markt geworfen und wie Aktien gehandelt. Besitz in Schottland gilt als Statussymbol und als gute Geldanlage. Ich habe mich daran gewöhnt, überall, wo ich hinkam, die alte Märchenfrage zu stellen: »Wem gehört dieses Land?« Nicht König Drosselbart, nicht Kannitverstaan, aber vielleicht einem englischen Industriellen, einer anonymen Gruppe von Jagdfreunden, einer Whiskyfirma, einer Tagesberühmtheit, einem arabischen Scheich, oder immer noch dem alten Laird, der vielleicht Chief seines Clans ist.

Man findet auch heute die guten und die schlechten Herren. Die schlechten halten ihr Haus und die von Zedernbäumen beschatteten Rasenflächen in makelloser Ordnung; aber wie es außerhalb der Parkmauern aussieht, interessiert sie nicht. Sir James Horlick war auf Gigha ein vorbildlicher, von allen Inselleuten verehrter Laird. Der Besitzer einer anderen Hebriden-Insel, ein Arzt aus London, wurde dagegen von den Einwohnern Dr. No genannt, weil er alle berechtigten Wünsche und Vorschläge grundsätzlich ablehnte.

Einige der ›Herrschaften‹ treten recht hochmütig auf. Vielleicht ist das kein Wunder, wenn man täglich mehrere Meilen weit zwischen den eigenen Rhododendronhecken entlangfährt, ehe man zu seinem Haus gelangt. Aber die alten Lairds sind bescheiden. Sie unterscheiden sich zum Beispiel bei einer Schafauktion weder in ihrer Kleidung noch in ihrem Auftreten von den übrigen Anwesenden. Daß Käuze und Originale häufig unter den Herren anzutreffen sind, wird niemanden verwundern. (Ich sehe im Geist, wie ein ausgezeichneter Kenner des Landes zu meiner Behauptung den Kopf schüttelt; seiner Meinung nach sind die großen schottischen Originale längst ausgestorben, und was nachkam, ist seiner Ansicht nach »ohne Saft und Kraft«.)

Wie lebt ein Laird heute? Wenn der Reisende plötzlich jene Zeichen des schottischen Luxus – hohe und schöne Laubbäume, einzeln in den Wiesen stehend – auftauchen sieht, so weiß er, daß er sich der Besitzung eines Laird nähert. Haus, Park und Wirtschaftsgebäude (zusammen ›policies‹ genannt) sind durch eine oft endlos scheinende Mauer mit Gittertoren abgeschlossen. Ein Factor verwaltet das Ganze; bei ihm muß man sich melden, wenn man Wünsche an den Laird hat.

Im Haus läßt sich leichter Personal einsparen als draußen. So mag es vorkommen, daß die Wirtschafterin entlassen wurde, die Dame des Hauses jetzt selbst kocht, der Butler, ein alter Mann, Mädchen für alles ist, und beim Putzen einige Frauen aus der Nähe helfen. Aber draußen sind noch alle jene Erscheinungen anzutreffen, die seit eh und je zu einem Großen Haus in Schottland gehörten, vom Gärtner oder den Gärtnern angefangen bis hinunter zum jüngsten Stallburschen; vor allem aber die Gehilfen der Jagd: Game-keeper, Stalker und Gillies. Man stelle sich sehnige, wettergebräunte Burschen vor, die im unwegsamen Gelände der Berge und Moore, der

Lochs und Glens Bescheid wissen und damit eine natürliche Überlegenheit gewonnen haben. Sie sind durch lange Märsche zäh geworden und im Waidwerk und Fischen kenntnisreich und erfahren. Game-keeper übersetze ich mit Jagdhüter oder Heger; Förster kann ich einen solchen Mann nicht nennen, da es keine Wälder in unserem Sinne gibt und im offenen Gelände gejagt und gepirscht wird. Der Game-keeper überwacht den Bestand an Hoch- oder Rehwild; er ist für den Zustand der Heidegründe verantwortlich, die er durch Abbrennen der Pflanzen im Frühjahr, dem sogenannten ›muir-burn‹ verbessern kann. Er kontrolliert, ob die Schneehühner zahlreich vorhanden und gesund sind (sie leben fast nur von Heidepflanzen und benötigen außerdem ein wenig groben Sand). Der Game-keeper weiß, wo sich die Fasanenvölker aufhalten. Er bereitet die Jagden vor und trainiert die Hunde. Ein Stalker, Jagdbegleiter oder Treiber, kann nebenher noch einem anderen Beruf nachgehen. Seine physischen Kräfte sind oft außerordentlich. So muß er den erlegten, zentnerschweren Hirsch durch unwegsames Gelände zu Tal schleppen. Ähnliches gilt für den Gillie (oder ›ghillie‹). Auch er begleitet seinen Laird oder dessen Gäste, private wie zahlende, zu Fischfang und Jagd, hauptsächlich zum Fischen. Er kann angeben, in welchem Gewässer die besten Forellen stehen; er rudert die Herrschaft über den See und beködert die Angeln.

Ich bin selbst mit Gillies unterwegs gewesen. Wer ähnliche Erfahrungen gemacht hat, wird es bestätigen: Man fühlt sich nicht nur sicher und wohlbehütet in ihrer Gesellschaft, man wird auch gut unterhalten. Ich habe oft erlebt, daß die jagenden Herren am Ende eines langen Tages am liebsten mit den einheimischen Begleitern zusammensaßen und tranken. Die gemeinsam bestandenen Mühen und Abenteuer schaffen eine Atmosphäre der Intimität, aber die Distanz bleibt immer gewahrt. Auf den Porträts der großen Lairds, oder auf Bildern, die ihre Familie zeigen, ist fast immer ein Game-keeper oder Gillie mitabgebildet und namentlich benannt; er gehört dazu.

Schloßherren unter sich

Wie erfreulich ist es doch, denkt der Reisende, daß man nicht wie einst an den Mauern der großen Besitzungen vorbeifahren muß, ohne zu ahnen, wie es drinnen aussieht. Jetzt kann man berühmte Schlösser auch aus der Nähe sehen, eintreten, ihre Kunstschätze betrachten, im Park spazierengehen. Ich möchte ein wenig hinter die Kulissen dieser Historic Houses in Schottland leuchten.

In Großbritannien werden die ›death duties‹ häufig Strafsteuern genannt. Der gegenwärtige Besitzer eines Großen Hauses soll dafür büßen, daß ein ferner Vorfahre viel Land in Besitz nahm und von der Grand Tour, der traditionellen Reise auf den Kontinent, nicht nur Bilder und Skulpturen mitbrachte, sondern auch einen verfeinerten Geschmack und höhere Ansprüche. Die Erbschaftssteuer ist enorm hoch. »None of us can escape«, wir müssen alle dran glauben, sagte der Earl of Southesk zu einem Reporter, als er 1976 den größten Teil seines Besitzes in Angus, 8000 Acres gutes Farmland, zum Verkauf anbot. Seine Familie besaß dieses Land seit 1400. Kluge Köpfe aus allen Parteien sind sich inzwischen einig, daß diese Death Duties nicht der richtige Weg sind, um Ungerechtigkeiten aus der Welt zu schaffen; aber die Gesetze bestehen nun einmal, man muß mit ihnen fertig werden. Manche Lairds haben resigniert, zuerst ihre Kunstschätze einzeln und dann Schloß, Park, Farmen und Jagden im ganzen verkauft, wobei sie nur den Friedhof nicht hergaben, auf dem die Vorfahren liegen, und sich auch das Wegerecht zu diesem kleinen Fleck Erde vorbehielten. Andere der alten Lairds haben es mit einem Kompromiß versucht, und darum ging es auf der Konferenz von Battleby, zu der Scottish Tourist Board und National Trust for Scotland (von denen später die Rede sein wird) die Besitzer historischer Häuser und Parks baten. His Grace the Duke of Argyll (Inveraray Castle) eröffnete die Tagung, the Right Honourable the Earl of Mansfield (Scone Palace) leitete sie. Die Teilnehmerliste las sich wie ein Auszug aus einem der britischen Adels-Almanache, dem Burke oder dem Debrett. »Mylord Chairman, Your Graces, Ladies and Gentlemen ...« Die Herren, die daheim oft im Kilt anzutreffen sind, trugen dunkle Anzüge wie Geschäftsleute, und daß sie Geschäftsleute seien, wurde ihnen einen Tag lang von den Fachleuten gesagt: Ein Schloß vorzuzeigen sei kein Hobby und keine Nebenbeschäftigung, sondern Business. Die Lords und Ladies saßen wie Schulkinder und versuchten zu lernen, wie man sich im Gestrüpp der Gesetze zurechtfindet. Ein Großes Haus muß zum Beispiel eine gewisse Anzahl von Tagen im Jahr geöffnet und diese Tatsache den Touristen bekannt sein, sonst werden bestimmte Steuererleichterungen nicht gewährt. Ein alter Herr, ein Original, der auch sonst die besorgten Konferenzteilnehmer zum Lachen brachte, erklärte dazu: »Ich schaue mir diese Leute erst mal vom Treppenfenster aus an und wenn sie mir mißfallen, ist mein Haus leider geschlossen.«

Ein Außenstehender mußte beeindruckt sein von der Fülle der Probleme, die es zu bewältigen gilt, etwa die komplizierten Sicherungs- und Versicherungsfragen angesichts der vielen ›loose objects‹, der leicht greifbaren kostbaren Kunstgegenstände. Die Zahl der notwendigen Parkplätze ist zu bedenken, die Einrichtung und Bewirtschaftung der Tearooms (in denen es erfahrungsgemäß das beste hausgemachte Gebäck gibt) und der Souvenirläden. Aber all das genügt nicht. Eine der Fragen des Tages hieß: Was kann man darüber hinaus tun? Abenteuerspielplätze für Kinder einrichten, sie auf Eseln reiten lassen; Gartenfeste und Hauskonzerte veranstalten, Blumen verkaufen oder eine fingierte historische Schlacht planen. »Im vergangenen Jahr«, sagte ein Vertreter des Tourist Board, »war der Fremdenverkehr für Schottland ein ebenso wichtiger Wirtschaftsfaktor wie unser Whisky und erbrachte fast fünfhundert Millionen Pfund.« So wurde den hohen Herren und ihren Damen auch nahegelegt, im Interesse der guten Sache ausländische Journalisten und Reiseschriftsteller freundlich zu begrüßen.

Man kann voraussagen, daß immer neue Historic Houses dem Publikum offenstehen werden. Die Besitzer ziehen sich den Sommer über ins Souterrain oder in den Wirtschaftsflügel zurück. Manches Faktotum gibt den Ruhestand auf, steht im Speisezimmer beim Familiensilber Wache und erzählt, wenn man Fragen stellt, kuriose alte Geschichten. Die

Buben der Familie machen sich gelegentlich ein Vergnügen daraus, inkognito mit einer Führungsgruppe herumzugehen, um zu hören, was diese neuartigen Besucher sagen. Wenn die Kinder älter sind, helfen sie mit. Ich denke an ein sehr jugendliches Fräulein Campbell, das sich auf Schloß Cawdor an der Kasse nützlich machte, und deren dunkle Augen wir an allen Wänden auf den Portraits der Ahnen wiederfanden.

Man muß nicht alle diese Häuser gesehen haben. Überall stehen mehr oder weniger prunkvolle Himmelbetten mit schön gestickten Überdecken (»gearbeitet von Lady F. während einer Belagerung des Hauses«); Sessel sind mit Gobelinstoff bezogen, die schönen eingelegten Tische meist französische Arbeit, Ahnenbilder stammen von der Hand berühmter Meister. Pendulen stehen auf Marmorkaminen, die Eßtische tragen prunkvolle silberne Tafelaufsätze, und alte Waffen sind zu Ornamenten geordnet. Gegen Ende der Führung, wenn die Füße müde und die Augen blind werden, gelangt man noch zu Sammlungen und Kuriositäten aller Art. Ich sehe mir gerne alte verblichene Photos an. Nicht jene, auf denen ein erlauchter Name quer über das Abendkleid oder die Uniformhose gesetzt ist und die in breiten Rahmen stehen, sondern Erinnerungen an besondere Ereignisse. Wenn etwa die Pächter und Angestellten der Herrschaft zur Silberhochzeit gratulierten und sich zu diesem Zweck, unter Anführung des Factor, photographieren ließen, so spiegeln die Reihen ehrbarer und gutwilliger Gesichter ein ganzes Zeitalter wider.

Trespassing

In Schottland gelten, wie wir schon hörten, oft andere Gesetze als beim Nachbarn. So ist in England jeder Privatbesitz, auch jede Privatstraße, durch genaue Bestimmungen gesetzlich geschützt und ›trespassers will be prosecuted‹, Unbefugte werden bestraft. Dagegen gilt bei den Schotten – ebenso wie bei den anderen Nachfahren der Kelten, den Iren – das Land, der Boden, in gewissem Sinn als das Eigentum aller. Ein Schild mit der Aufschrift ›Private‹ besagt gar nichts. Ich habe keine Strafe zu erwarten, wenn ich weitergehe und mich umschaue; erst wenn ich jemand behindere, etwas zerstöre oder Hausfriedensbruch begehe, greift das Gesetz ein. Aber es gibt eine unsichtbare Schranke, die wirksamer ist als das erwähnte Schild. »Es wäre unhöflich, sich weiter vorzuwagen, ohne zumindest den Besitzer oder seinen Stellvertreter um Erlaubnis zu fragen«, sagt man in Schottland.

Einmal haben wir diese Unhöflichkeit begangen. Das schmiedeeiserne Tor stand offen, ein Schild fehlte; wohin die Straße ging, war nicht angegeben und nicht erkennbar. Sie führte zunächst, bergan, durch einen der düsteren, künstlich angelegten Fichtenwälder, denen man überall begegnen kann. Dann blieb der Wald zurück. Rhododendronhecken begleiteten den Weg. Später sahen wir, im Vorüberfahren, Zedern im glatt geschorenen Rasen stehen und kleine runde Teiche. »Das«, sagten wir, »wirkt leider schon recht privat.« Noch eine Wegbiegung und ein Schloß lag direkt vor uns, neugotisch, rotgrauer Stein, mit den üblichen Türmchen. Ein Umkehren war nicht mehr möglich. Vor dem Portal saß die Dienerschaft des Hauses aufgereiht, jüngere und ältere Wesen, etwa neun an der Zahl, im Schurz oder Hauskittel, und wurde vom Butler photographiert. Vorbei, mit erhöhter Geschwindigkeit; erstaunte Gesichter sahen uns nach. Durch einen gotischen Torbogen, über einen Garagenhof, wo mehrere lackglänzende Autos standen, auch ein Jeep mit lehmverkrusteten Reifen. Hinaus zu einem zweiten Tor. Die Aussicht ging weit über Hügel und Felder, auf denen Traktoren ihre Spur zogen. Dahinter stieg Wald an zu höheren und grüneren Hügeln. Fasanen liefen vor unserem Auto her, ein ganzes Volk war beisammen. Wir hielten an. Ich pflückte gelbe Blumen aus dem Graben und schämte mich noch ein bißchen.

Unten im Dorf, an der Kreuzung, kauften wir Schokolade im einzigen Laden und fragten, wem denn das Schloß auf der Höhe gehöre. »Lord A. aus London. Er ist im Augenblick anwesend. Sie können die Fahne auf dem Dach schon von weitem erkennen.«

Die alte Frau auf der Insel Barra

Wir trafen sie, als wir unter einem flammend bunten Himmel spazieren gingen: eine alte Frau, städtisch gekleidet, mit blankgeputzten Schuhen, die, vom Rheumatismus gekrümmt, auf ihrem handtuchschmalen Weidegrund stand. Sie stützte sich auf eine Mistgabel, mit der sie Disteln ausgehoben und Wollflocken vom Fell ihrer neunzehn Schafe aufgeklaubt hatte. Sie schert mit ihren 67 Jahren die Tiere noch selber. »Wer sollte es sonst tun? Aber sie hinwerfen zum Scheren, wie es sich gehörte, das kann ich nicht mehr. Ich binde sie an einen Pflock. Sie kennen mich und halten still.« Oberhalb der Weide stand ihr Haus, Zimmer und Küche, ›but and ben‹, wie man hier sagt, mit den zwei Kaminen an den beiden Außengiebeln. Der Wohnwagen daneben gehörte einem Neffen und seinen Freunden, die Urlaub machten. »Helfen Sie Ihnen?« – »Eigentlich nicht. Aber man hat doch Ansprache.« Die Räume waren sauber aufgeräumt, Tisch und Kommode mit geblümtem Wachstuch bedeckt, die Blumen über dem Kamin aus Plastik; die Photos zeigten, wie ich schon erwartet hatte, lachende Verwandte in Amerika und Australien. Die Bücher daneben schienen würdige Nachfolger jener dickleibigen großgedruckten Wälzer zu sein, die fromme schottische Landbewohner früher zu lesen pflegten, ›Gude and Godly Ballads‹ oder Bunyans ›Pilgrim's Progress‹. Eine Bibel lag aufgeschlagen am Fenster. Die alte Frau war besser dran als andere, sie hatte fließendes Wasser und elektrisches Licht in der Küche. Oberhalb des Hauses, im freien felsigen Gelände, standen ihre Schafe mit denen der Nachbarn zusammen. Was diese Frau in Pacht hatte, nennt man im Schottischen eine ›croft‹.

Wer im Flugzeug den Rand des Hochlands oder die westlichen Inseln überquert, sieht immer wieder die schmalen Landstreifen der Crofts aneinandergesetzt liegen. Viele Crofts an der Küste entstanden nach den Clearances, der Vertreibung aus dem Hochland. Zu einer Croft gehört eine halbe Kuh und ein halbes Boot, heißt es. Das bedeutet: Das Stück Land ist zu klein, um eine Familie zu ernähren. Man muß nebenher etwas anderes tun, zum Fischen hinausfahren,

Hummerkörbe setzen, in einem Betrieb in der Nähe arbeiten. Die Kinder gehen in die großen Städte, vor allem nach Glasgow, oder nach England hinüber. Reich geworden ist noch keiner mit einer Croft, aber es wird auch niemand mehr ausgebeutet, seit es die Crofter's Commission und das Highlands and Islands Development Board gibt. »Immer müssen wir schreiben und Anträge ausfüllen, damit wir Geld bekommen«, sagte die alte Frau. – »Wofür bekommt ihr Geld?« – »Wenn wir eine Kuh füttern. Wenn wir Zäune bauen oder Muschelsand vom Strand als Dünger holen.« – »Wem gehört dieses Land?« – »Ein Teil der Insel dem MacNeil, der Rest dem Staat.« – »Was ist für den Crofter besser?« Sie zögerte. »Ich glaube, der Staat ist mächtiger.«

Heutzutage kann jeder Crofter um das fünfzehnfache der jährlichen Pachtsumme Haus und Boden erwerben und niemand darf mehr vom Pachtgrund fortgeschickt werden, auch der Sohn nach dem Tode des Vaters nicht. Einige der neueren Lairds, meist Ausländer, wollten den Leuten ihre Croft für wenig Geld überlassen, es schien ihnen bequemer so; aber die Crofter sind nur zögernd auf dieses Angebot eingegangen oder haben es abgelehnt. Sie wünschten sich kein Risiko und »keinen zusätzlichen Papierkram«.

»Sind Sie je fortgewesen?«, fragten wir die alte Frau. – »Nein.« – »Kennen Sie die Lieder Ihrer Insel?« – »In meiner Jugend kannte ich sie. Wir haben aber nur bei der Arbeit gesungen, beim Buttermachen oder Stoffwalken; die Männer beim Rudern.« Sie sagte auch noch: »Wir Frauen mußten auch draußen helfen und dabei die Arbeiten übernehmen, bei denen man sich tiefer bücken mußte. Wir haben ›lazy-beds‹ angelegt, erhöhte Furchen in nassem Grund. Man dachte, daß uns das leichter fiele als den Männern.« Und später: »Mein älterer Bruder arbeitete in einem Ernteteam im Osten. Er schlief dann mit den anderen Burschen in einem Schuppen. Er hat mir einmal ein Photo geschickt. Da saßen sie alle nebeneinander auf einer Kornkiste und hatten Mützen mit Ohrenklappen auf und die Hosen unten mit Bindfaden zusammengebunden, gegen den Staub. Aber abends sangen sie und schlugen mit den Stiefeln im Takt gegen die Kiste.« – »Was aßen Sie daheim?« – »Hauptsächlich Hafersuppe und

Kartoffeln. An sehr kalten Tagen kam ein Schuß Whisky in die Suppe.«

Das Englisch der alten Frau war noch die Sprache derer, die als Kinder nur Gälisch dachten und redeten. Sie unterhält sich auch mit den Nachbarinnen auf Gälisch. »Und im Laden beim Einkaufen?« – »Da nicht; die sind zugezogen.« – »Thanks for the talk«, sagte die alte Frau, als wir weitergingen, danke für das Gespräch.

Gälisch

In Stornoway, dem Hauptort der Insel Lewis in den Äußeren Hebriden, sind seit einigen Jahren Pakistani seßhaft geworden; ihre Textilgeschäfte gehören inzwischen zum Bild der Stadt. Eines der Kinder dieser Familien konnte in der Schule einen ersten Preis erringen: für besonders gute Kenntnisse in der gälischen Sprache! Diese schöne Geschichte scheint mir symptomatisch für die gegenwärtige Situation. Wenn so viele Schüler mit dem Gälisch-lernen vom Nullpunkt aus beginnen müssen, weil sie zu Hause kein Wort der alten Sprache mehr hören, dann haben auch Ausländer gleichwertige Chancen. Ähnliches ist vom Gälischen College auf der Halbinsel Sleat auf Skye zu berichten. Mitbegründer ist Ian Noble, der viele Länder seine Heimat nennen könnte, aber bis vor wenigen Jahren kein Wort Gälisch sprach. Er hat mit großem Schwung und ausreichend Kapital den Versuch gewagt, den Bewohnern des südlichen Skye durch ihre alte Sprache einerseits und wirtschaftliche Unternehmen wie Fischerei oder Kleinindustrien andrerseits einen festen Boden unter den Füßen zu geben.

Wenn man abends in Ian Nobles Hotel in der Küche sitzt, dann erklingen rings um den Tisch nur die kräftigen Laute des Gälischen, vom einheimischen Personal oder von Ian selber gesprochen. Im College nebenan nehmen zahlreiche Ausländer am Unterricht teil, vor allem Schotten amerikanischer Abstammung. Ein Neuanfang auf Sleat oder eine Scheinblüte?

Statistiken besagen, daß noch rund achtzigtausend Schotten

jenes Gälisch (wissenschaftlich q-keltisch genannt) sprechen, das die irischen Einwanderer mitbrachten. Es war einmal Landessprache, auch Sprache der Könige bis hinauf zu Malcolm III. Canmore. Mit zunehmendem englischen Einfluß verlor das Gälische an Boden, besonders in den Lowlands, und wurde später als ›Sprache der Rebellion‹ verfemt und verfolgt. So befahl eine Verordnung des britischen Staatsrats von 1616, das Englische nun überall durchzusetzen. Samuel Johnson schrieb 1766: »Jetzt will man ihnen sogar die gälische Übersetzung der Heiligen Schrift vorenthalten, damit sie kein Denkmal ihrer Muttersprache haben.« Und im Educational Act von 1872, der die Schulpflicht endgültig regelte, wurde das Gälische überhaupt nicht mehr erwähnt.

Heute setzt sich der Staat mit Maßen für die alte Sprache ein. Neben dem Schulunterricht gibt es regelmäßige Rundfunkprogramme, auch Kolumnen in Tageszeitungen. Gelegentlich bringt BBC Schottland Beiträge im Fernsehen. Trotz der Bemühungen einer ›Gälischen Gesellschaft‹ (An Comunn Gaidhealach) und neuerdings der Schottischen Nationalpartei bleibt jedoch das Angebot weit hinter den leidenschaftlichen Bemühungen in Irland zurück, wo es ein eigenes Ministerium für die gälische Minderheit gibt.

Am längsten wird, meine ich, die poetische Sprache der Kelten im Lied und in der Literatur Bestand haben. Wer einmal die alten Lieder der Arbeit gehört hat, etwa den ›Waulking Song‹ der Insel Lewis, die Begleitmelodie zum Stoffwalken, der kann nur hoffen, daß diese Tradition der Töne fortleben wird. Ein jährliches Festival der Volksmusik, ›National Mod‹ genannt, soll dazu beitragen. – Ähnlich steht es um die Literatur. Unter den heutigen Dichtern sei Sorley MacLean genannt. Für ihn wurde der ehrenvolle Posten eines ›Poet in Residence‹ auf Skye eingerichtet.

Wo wird noch Gälisch gesprochen? Auf manchen Inseln draußen, in abgelegenen Tälern des Hochlandes; aber der höchste Anteil pro Kopf der Bevölkerung fällt seit der Zeit der Clearances auf die Stadt Glasgow. Auch Auswanderer haben die alte Sprache bewahrt, so in Nova Scotia in Kanada.

Über dem Gälischen sollte das ›Scots‹ nicht vergessen werden, ein kräftiges und lebendiges schottisches Englisch – kein

Dialekt – mit regionalen Färbungen; überall dort zu hören, wo ethnographisch Lowlands sind, also bis nach Aberdeen hinauf und noch weiter nördlich.

›Norn‹, eine Mischsprache auf den Orkneys und Shetlands, die früher unter norwegischer Herrschaft standen, ist erst im vorigen Jahrhundert endgültig ausgestorben.

Gälische Gesellschaft:	Gälisches College:
An Comunn Gaidhealach	Sabhal Mór Ostaig
Abertarff House	Sleat
Inverness	Isle of Skye

Vieh rauben, Vieh treiben

Wer das Glück hat, im Hochland zu Fuß unterwegs zu sein, in einem einsamen Tal oder als ›hillwalker‹, wird öfters einer unregelmäßigen und überwachsenen Spur folgen, die offensichtlich sehr alt sein muß. Der Wanderer geht dann auf einer ›drove road‹, einem jener Wege, über die jahrhundertelang Vieh getrieben wurde. Diese über weite Strecken ziehenden Herden waren ein so typisch schottisches Phänomen, daß ich ausführlicher davon berichten muß. Zunächst handelte es sich um illegale Transporte: Raubzüge, Diebstähle. Vieh war der einzige bewegliche Reichtum in einem weitgehend noch gesetzlosen Land. Und da in den Highlands die Weide kärglich, die Armut groß war, sorgten die Bewohner, oft mit dem Chief ihres Clan an der Spitze, für eine gerechtere Verteilung des Besitzes, indem sie aus den fruchtbaren südlichen und östlichen Gefilden ein paar Stücke Vieh, oder gleich eine ganze Menge, in die versteckten Bergreviere holten. Folgte der erboste Besitzer ihnen nach, dann konnte man ihn unschwer überreden, sich gegen einen gewissen Betrag von weiterer Requirierung loszukaufen: Mafia-Methoden schon damals. Der arme Beraubte wurde freundlich bewirtet, vermutlich mit einem Braten von seinem eigenen Tier, und konnte einigermaßen beruhigt den Heimweg antreten; er war vor weiteren Plünderungen ›auf Ehre‹ sicher.

Viehraub ist uralt und den keltischen Völkern ehrwürdig.

Schon eine ihrer ältesten Sagen, der Táin Bó Cuailnge, beginnt damit, daß Königin Maeve nachts im Bett ihrem Mann den Vorwurf macht, er habe nicht genug Vieh mit in die Ehe gebracht und dem müsse abgeholfen werden. Bis weit ins siebzehnte Jahrhundert hinein hat sich in Schottland an solchen Praktiken wenig geändert. Die Geschichte der Drove Roads ist gleichzeitig eine Chronik des Übergangs vom Viehraub zum legalen und geordneten Viehtrieb, an den Spuren auf den Straßen erkennbar: Gestohlene Tiere mußten rasch laufen, während die zum Verkauf bestimmten gemächlich ausschreitend den Märkten im Süden entgegen trotteten.

Wer das Wort ›Hochlandvieh‹ hört und Schottland kennt, denkt nun vermutlich an jene Prachtexemplare mit rosigem Maul, denen das dicke Fell in Zotteln bis über die Augen hängt und die, eher Museumsstücke denn Nutzvieh, auf Luxusweiden zu betrachten sind. Aber das Vieh damals sah anders aus: klein und mager zum Erbarmen, mit struppigem schwarzen Fell, an ein hungriges Dasein gewöhnt, von Strandgras oder dürftigen Almweiden lebend, aber gesund und widerstandsfähig. Für den Winter war kaum Futter da. Tenants und Tacksmen, Klein- und Großpächter, zahlten dem Grundherrn ihre Pacht mit Vieh. Wenn der Herbst kam, mußten alle diese Tiere im Süden sein, wo auf großen Märkten, den ›trysts‹, der Verkauf nach England stattfand; und »Kühe sind die einzigen Konsumgüter, die sich selbst transportieren«. So wurde das spätsommerliche Schottland, etwa vom siebzehnten Jahrhundert an bis hinauf ins neunzehnte, von den langen Zügen der Viehtriebe durchquert, bei denen manchmal bis zu tausend Stück miteinander gingen. Sie fanden sich, wie Rinnsale, allmählich zum Strom zusammen und mündeten in den Trysts von Crieff oder Falkirk. Das Aussuchen der Tiere im Hochland, die sehr unterschiedliche Schätzung ihres Werts, Anzahlung und Ausstellung eines Schuldscheins für die restliche Summe, schließlich der lange Weg zum Markt: All das war Aufgabe der ›drover‹, der Viehtreiber. Diese Männer bildeten eine Klasse für sich. Wenn der Schotte schon seiner Natur nach gerne Aufgaben anpackt, die mit Abenteuer und Risiko verbunden sind, die seinen physischen Kräften das Äußerste abverlangen und auch noch

Wendigkeit des Geistes und Improvisationsgabe erfordern, so besaß die Arbeit des Viehtreibers eine unwiderstehliche Anziehungskraft, obwohl der Ausgang des Unternehmens ungewiß bleiben mußte. Brücken über die zu Zeiten reißenden Gewässer fehlten noch. Große Lochs wurden mit primitiven Fähren überquert, aber Flüsse und stark strömende Meeresengen wie die bei Kylerhea auf Skye mußten von den Tieren, die zu mehreren hintereinander mit Stricken verbunden waren, durchschwommen werden. Für die Wege über Land bevorzugte der Viehtreiber einsame Pfade übers Gebirge, wo er unbehelligt blieb und die Tiere in ihren Ruhepausen Futter fanden. Den Tieren wurde unterwegs viel Zeit gelassen; Eile bedeutete Verlust. Bei Nacht schlief der Drover neben seinem Vieh, nach Hochlandart ins ›Große Tuch‹ gewickelt, auf der blanken Erde. Ein junger Mann, der im achtzehnten Jahrhundert einen solchen Zug mitmachte, obwohl er aus dem Süden stammte, erzählte, wie er in einer Herbstnacht stark fror und sich heimlich von dem Plaid des neben ihm liegenden Drover ein Stück herüberzog, um sich zuzudecken. Am nächsten Morgen bemerkte er mit Schrecken, daß Kopf und Hals des Mannes freilagen und Haar und Bart dick bereift waren. Aber der Drover sagte nur, es sei eine ›cauld nicht‹ gewesen, stand auf und zog weiter.

Wenn diese Männer auf den Märkten ankamen, müssen sie wie Wesen aus einer anderen Welt gewirkt haben, »mit einem großen Tuch umhängt, das sie hochbanden wie unsere Frauen die Unterröcke; Schenkel und Knie nackt. Auch ihr Kopf blieb unbedeckt, obwohl auch alte Männer unter ihnen waren«. Jene Schuldscheine, die die Drover ausstellten, und die bei der Rückkehr nicht immer in vollem Umfang eingelöst werden konnten, kursierten bald als eine Art Währung im Hochland. Aus alten Geschäftspapieren ist ersichtlich, daß mit den Promissory Bills so unterschiedliche Waren wie Schieferplatten von der Insel Seil und Lachs von der Ostküste, aber auch Wein aus Bordeaux und Kaffee aus Holland bezahlt wurden.

Manche der alten Wege sind heute Autostraßen; andere, besonders jene, die übers Gebirge führten, gerieten in Vergessenheit. Solchen Strecken zu folgen, ist mühsamer als damals, in manchen Fällen unmöglich. Tiere werden immer noch aus dem Hochland zu den Märkten gebracht. Der Reisende begegnet ihnen, wenn sie in ›floats‹ vorüberfahren, hohen zwei- und dreistöckigen Lastautos. Beim Ausladen kommen die Schafe wie ein weißer Wasserfall aus dem Wagen geschossen. Die Märkte zeigen ein so buntes Bild wie einst, wenn auch die Viehtreiber heute nicht mehr zu Fuß unterwegs sind, sondern im Jeep oder Landrover. Bargeld hat die Schuldscheine abgelöst: Rings um die Auktionsräume schlagen die Banken ihre vielbesuchten Filialen auf.

Wir haben am Fuß des Burgbergs von Stirling eine solche Auktion erlebt. In fünf Ringen, von denen jeder einer kleinen Stierkampfarena in Spanien glich, wurden die Böcke einzeln und Schafe und Lämmer herdenweise versteigert. Das geheimnisvolle Spiel der Augen, Hände und Programme, mit denen Auktionator und Publikum sich gegenseitig verständigten, war erst nach einiger Zeit zu durchschauen, aber nie ganz zu begreifen. Durch Aufkämmen des Fells an den Seiten, aber Glattstreichen am Rücken, vielleicht durch unbeobachtetes Übertünchen eines schwarzen Flecks wurden die Tiere für den Wettbewerb hergerichtet und aufs Stichwort in die Arena geschickt. Wie einst schienen die Männer mit den langen Stöcken, Herren wie Hirten, einer anderen Welt zu entstammen. Mit ihren lehmverkrusteten Gummistiefeln brachten sie ein Stück Hochland ins Tal.

Abenteuerland

Für den Autofahrer beginnt in Schottland das Abenteuer, sobald er die erste Single Track Road unter den Rädern hat. Sich mit entgegenkommenden Fahrzeugen in die Benutzung nur einer Fahrbahn zu teilen, kann beinahe zu einem sportlichen Vergnügen werden (solange keine Wohnwagen unterwegs sind). Die nächste Ausweichstelle ist fast immer in Sichtweite und gut markiert. Man arrangiert sich, durch Anblinken etwa: Komm Du, ich warte. Jeder, den man vorbeiläßt, pflegt zu danken, je nach Temperament und Nationalität: Man hebt einen Finger oder nickt, tut mit dem Kopf einen Ruck zur Seite (wir nannten das den ›keltischen Gruß‹), betätigt die Lichthupe. Fairness ist oberstes Gesetz auf diesen Straßen. Die netteste Art zu danken sah ich bei einem Postboten, der in seinem feuerroten Dienstauto saß; er legte die ganze Hand flach gegen die Windschutzscheibe.

›Beware of lambs‹, Achtung Lämmer, heißt es immer wieder auf schottischen Straßen. Solche Schilder, meist handgemalt, stecken in alten Autoreifen und sind auch im Spätherbst noch anzutreffen, obwohl man annehmen kann, daß die Tiere bis dahin groß und verständig wurden, und vielleicht schon ihren ersten öffentlichen Auftritt bei einer Auktion hatten.

Nur mit dem Auto Schottland zu er-fahren, (womöglich ›außen herum‹), wird von den einen als ›große Tour durch die Natur‹ angepriesen, von den anderen heftig mißbilligt. Ich zähle mich der zweiten Gruppe zu. Wenn ich an Abenteuer in Schottland denke, kommt mir seltsamerweise ein Bild in den Sinn, das in der National Gallery in Edinburgh hängt; Sir Henry Raeburn hat es gemalt: ›The Reverend Robert Walker, skating‹. Der geistliche Herr läuft Schlittschuh. Er ist dabei mit einem hohen Hut von beträchtlicher Eleganz versehen, mit engen schwarzen Hosen und einem schwarzen Überrock, nur das Jabot leuchtet weiß. Er kreuzt in vorbildlicher Manier die Arme und gleitet zielstrebig über die weite Eisfläche eines Loch, im Glück der ungewöhnlichen Fortbewegung in einer Natur, deren baumbestandene, in größeren Höhen kahle Hänge und Hügel am Horizont in Dunst verschwimmen. Der Herr ist allein und, man ahnt es, er wird es auf seiner Bahn auch bleiben.

In immer neuen Varianten haben die Schotten uns vorgemacht, auf welche Weise man sich die Wildnisse und Einsamkeiten ihres Landes erobern kann. Ich möchte zwar nicht unbedingt jene nachahmen, die meilenweit durch das Hochmoor von Rannoch schwammen (vermutlich gelegentlich auch wateten) oder ein Klavier auf den höchsten Berg Britanniens, den Ben Nevis, schleppten. Wettläufe zum Gipfel finden sowieso jedes Jahr statt. Der Rekord für den Auf- und Abstieg liegt bei einer Stunde, 45 Minuten und 55 Sekunden! Kenner wandern auf ehemaligen Eisenbahntrassen. Man kann auch organisiert Ungewöhnliches tun. Abenteuerschulen bieten sich an; Kurse, die mit Überlebenstraining oder der Technik des ›abseilings‹ vertraut machen; Sternritte mit abschließendem Lagerfeuer; Angelunterricht, bei dem die angehenden Jünger Petri ernsthaft nebeneinander auf dem Rasen zu stehen pflegen und erst einmal lernen, ihre Angel auf dem Trockenen auszuwerfen. Ein ›Zurück zur Natur‹ muß in diesem Land nicht gepredigt werden; auf künstlich angelegte, mit Hindernissen versehene Pfade würden Schotten nur einen verächtlichen Blick werfen. Sie sind durch eine härtere Schule gegangen.

›Hillwalking‹ nennen sie in typisch britischem Understatement ihre tage- oder wochenlangen Märsche über Gipfel und Grate, die, wenn sie auch nicht in schwindelnden Höhen liegen, schwierig und eindrucksvoll genug sind. Nur dem, der so ›über die Hügel‹ geht, ungebunden, zeitlos, mit dem Rucksack, erschließt sich das große Abenteuer; auch wenn er dabei naß wird, sich verirrt, von Nebel eingehüllt wird oder, wie es mir einmal geschah, plötzlich von Fliegen bedeckt ist wie eine Kuh auf der Sommerweide.

Gerade das Hochland versteckt seine Wasserfälle und Kletterwände, ›hanging valleys‹ und andere Schönheiten und geologische Kuriositäten, hinter langen und manchmal schwierigen Anmärschen. Es lockt mit seinen wenigen Wegen, aber gleichzeitig wehrt es den Eindringling ab. Die großen Routen beginnen so harmlos mit ihrem Wegweiser ›public footpath to ...‹ und einem breit getretenen Pfad; sie wandeln sich dann aber rasch, werden steil und steinig, oder sumpfig, mit kaum sichtbaren Spuren, führen über einen Gebirgszug und pflegen, zehn oder zwanzig oder auch dreißig Meilen weiter, in einem anderen Tal zu enden. Man müßte Umwege von oft mehr als hundert Kilometern machen, wenn man an seinen Ausgangspunkt zurückgelangen wollte. Kluge Autobesitzer brechen mit Freunden in zwei Gruppen und mit zwei Fahrzeugen an den entgegengesetzten Enden der Route auf und tauschen, wenn sie sich unterwegs treffen, die Wagenschlüssel.

Aber wer ohne Auto unterwegs ist, mit dem Fahrplan aller Züge und Autobusstrecken in der Tasche, macht es noch besser. Ich sah einmal nicht ohne Neid zwei jungen Leuten nach, die in Corrour aus dem Nachbarabteil stiegen und ihre Rucksäcke nahmen, aber dann zögernd stehen blieben, ehe die weglose Einsamkeit eines Hochtales sie aufnahm und schluckte. Wußten sie, daß nach einem kurzen Marsch einer der schönsten schottischen Seen, Loch Ossian, vor ihnen auftauchen würde; daß dort eine kleine und bescheidene Jugendherberge zu finden ist, aber sonst weit und breit kein Haus, keine Verpflegungsmöglichkeit? Hatten sie genug Proviant mitgenommen, um die Drei-Tage-Frist aller schottischen Jugendherbergen an diesem paradiesischen Ort bis zum letzten Augenblick ausnützen zu können? Vorsicht ist bei schottischen Expeditionen immer geboten. Berggasthäuser oder Unterkunftshütten, wie wir sie kennen, fehlen noch. Das Rettungswesen ist von privater Seite erst in seinen Anfängen organisiert und nur für die bekanntesten Klettergebiete zuständig. Im übrigen Hochland müssen Warnungstafeln vorläufig genügen. In den Cairngorms heißt es: »Zu viele Menschen sind schon in diesen Bergen umgekommen. Bitte denken Sie daran, daß zu jeder Jahreszeit schwere Stürme aufkommen können.« Und in den Hotels auf Skye ist zu lesen: »Die meisten Unfälle werden direkt oder indirekt durch loses oder herabfallendes Gestein verursacht. Kletterer und Wanderer werden höflich ersucht, besondere Vorsicht walten zu lassen.«

Trotzdem: Im Geiste begrüße ich den, der ›den Weg der Füsse‹ nimmt, sich mit Fernglas, Kompaß, Taschenlampe, festem und hohem Schuhwerk, Ölzeug und Wollsachen gut ausgerüstet weiß; frei atmen kann, von reiner Luft durchgeblasen wird, einen klaren Kopf bekommt, weiter denken kann als anderswo, auf hartes Urgestein tritt; Steinadler über sich kreisen sieht und ›black grouse‹, Moorschneehühner, aufscheucht, die mit großem Lärm und unglaublicher Schnelligkeit abstreichen werden; der gelegentlich ein kleines rotes Postauto ›in Her Majesty's Service‹ zur Weiterbeförderung nimmt oder, noch besser, ein Postboot; der auf einem schläfrigen Bahnsteig den Zug des Tages erwartet, oder auf einer Fähre mit Vergnügen beobachtet, wie Wanderbibliotheken, Whiskytanks und schwer beladene Laster von den Männern auf den Sattelschleppern auf die Ladeflächen jongliert werden – und der schließlich, am Abend, nach einer Jugendherberge oder einem ›B & B‹ Schild Ausschau hält. ›May the road rise with him‹, möge es ihm unterwegs gut ergehen.

Von den Freuden des Jagens und Fischens

Dies sind die ketzerischen Gedanken einer Person, die nie in ihrem Leben einen Hirsch erlegte oder einen Lachs an der Angel hatte und sich plötzlich mit dem außerordentlichen Reichtum Schottlands an jagdbarem Wild und fangbaren Fischen beschäftigt sah.

Ich möchte mit einer kleinen Geschichte beginnen. Wir waren, mit Sondergenehmigung, *Glen Farrar* hinaufgefahren, ein 22 Kilometer langes und menschenleeres Hochtal, das man wie andere der Gewinnung von Elektrizität dienstbar gemacht hat. Ein hohes Gittertor verschloß einen Schacht ins Berginnere, Rasen verdeckte die Rohrleitungen, und am Ende unserer Fahrt lag der Staudamm grau vor einem grauen Bergmassiv. Wie immer in Schottland, war alles Technische so unauffällig wie möglich in die Natur eingefügt und hatte der spröden Schönheit des Glen Farrar kaum Abbruch getan.

Der heftige Wind, bei dem wir die Fahrt begonnen hatten, ließ langsam nach. Aber bei der Staumauer mußte man sich noch am Geländer festhalten, um hinabzuschauen. Unter uns schlugen die Wellen des *Loch Monar* an die Steine. Wir zogen uns zum Picknick ins Auto zurück und konnten bald darauf beobachten, wie zwei Damen mit flatternden Röcken und in Gummistiefeln sich Schritt für Schritt über die Staumauer kämpften. Ein Regenschauer wurde quer über den See getrieben. Die Damen müssen tropfnaß gewesen sein, ehe sie das Ende der Mauer erreicht hatten und drüben in einen Pfad einbogen, in dessen Nähe wir ein Boot festgemacht sahen. Die Damen trugen Angelruten und waren mit dem Auto von der Höhe gekommen, wo nur noch eine ›lodge‹, ein Jagdhaus, in völliger Einsamkeit liegt.

Wir bewunderten diese sportlichen Erscheinungen, aber gleichzeitig mußte ich bedenken, wie paradox gewisse schottische Phänomene sind. Da fährt das Volk der Touristen auf breiten Straßen und sitzt trocken und bequem im Auto oder Autobus, zur Nacht wartet ein wohldurchwärmtes Hotel oder Zimmer-und-Frühstück-Haus auf sie. Aber je reicher einer ist, oder je höher er auf sozialer Stufe steht, desto schlechter ergeht es ihm. Diese Leute werden vom Regen geduscht, vom Wind gebeutelt. Sie sitzen dabei regungslos im Boot oder stehen bis zum Magen im Wasser. Sie werden unerbittlich von den Mücken gestochen, sobald es Abend wird und der Regen aufgehört hat. Beim Jagen ergeht es ihnen noch schlechter. Da müssen sie, in unwegsamem Gelände, durch kniehohes Kraut bergauf oder bergab klettern, Bäche durchwaten, über einem Wasserfall entlangbalancieren. Der letzte Teil einer Pirsch im offenen Gelände ist bäuchlings durch die Heide oder zumindest auf Knien rutschend zurückzulegen. Die Damen werden in der Nähe der Lodge von übereifrigen Jagdhunden umgerissen und müssen sich den blutenden Daumen verbinden. Hunting Lodges sind altmodische, zugige Gebäude, in denen man, trotz Wärmflasche, zwischen feuchten Laken zittert.

Es gibt Ausnahmen, vor allem für zahlende Jagdgäste, die in immer größeren Scharen aus dem Ausland erscheinen, aus den Vereinigten Staaten, vom Kontinent (nicht zuletzt aus der Bundesrepublik) und sogar aus Japan. Sie finden allen Komfort: heizbare Decken, ein Feuer im Kamin. Einige wohnen in guten Hotels, andere im Haus oder Schloß des Laird selbst. Einen Gillie für das Fischen oder einen Stalker für die Jagd gibt es für sie ebenso wie Geländewagen und Boote, Treiber und Hunde. Das erlegte Wild wird ihnen ins Tal geschleift, wo Pony oder Auto warten; der Waidmann bringt nur die Trophäe im Rucksack mit. Der Preis für solche Freuden ist hoch. Wenn zur Jagdzeit auf der Fähre von Hull nach Rotterdam die heimkehrenden Jäger (meist vier Herren in kerniger Gemeinschaft) das Dach ihres Autos mit Geweihen hoch beladen haben, so versucht man unwillkürlich, die Menge der Beute in klingende Münze umzurechnen.

In manchen Gegenden Schottlands ist der Wildreichtum so groß, daß man lieber von Zuchtfarmen als von Revieren sprechen sollte (das geschieht auch bereits). Ich habe erlebt, wie ein Jeep in der Dämmerung von der Lodge wegfuhr. Bald darauf hörte man den Schuß, und noch ehe es ganz dunkel war, hielt das Gefährt, mit einem kapitalen Hirsch beladen, wieder vor der Tür. Der Schütze, ein Italiener, machte ein zufriedenes Gesicht, die Miene des Stalker blieb undurchdringlich.

Wir werden, wie es in Schottland nicht anders sein kann, Jäger und Angler, Gillie und Stalker, Fische und jagdbares Getier immer wieder antreffen. Ich verspreche, daß es erfreuliche Begegnungen sein sollen. Und wie ist es (höre ich fragen) mit den anderen Sportarten, für die Schottland berühmt ist, zum Beispiel mit dem Golf? Ich werde mich hüten, dieses Thema ausführlich zu behandeln, ehe ich nach St. Andrews gekommen bin.

Im Hotel

Regentag. Nach dem Frühstück wurden Hunde gebürstet, Angelschnüre entwirrt, verwechselte Thermosflaschen ausgetauscht und Fischerstiefel mit einiger Mühe angezogen. Dann waren wir allein. Vom Fenster aus sah man durch herablaufende Tropfen auf den Halbkreis der Bucht und auf farbige Laubbäume, ringsum ansteigende Höhen. Unten im Haus spielte jemand Klavier.

Solche Unterkünfte sind mir in Schottland am liebsten. Wo schon im Eingang ein präparierter Lachs in seinem Glaskasten hängt (»gefangen von Major Th. F. bei den oberen Erlen am 24. 8. 74, 40 Pfund 8 Unzen schwer«), da kann man beruhigt einkehren. Die viktorianischen Lairds, denen das Land im weiten Umkreis gehörte, pflegten ihre Häuser und Lodges an die schönste Stelle weit und breit zu setzen. Heute profitieren die Reisenden davon. Allerdings sind solche Hotels nicht billig und Zimmer selten frei; auch ist, für den Nicht-Angler ungünstig, die Erlaubnis zu fischen oft im Pensionspreis inbegriffen. Aber welches Behagen, wenn man sein Zimmer glücklich bekommen hat und die Musik des in die Wannen laufenden Badewassers in allen Stockwerken zu vernehmen ist; wenn man, später, mit einem Glas in der

Hand, in einen tiefen, schon etwas schäbigen Sessel sinkt und die ringsum sotto voce vorgebrachten Anmerkungen zum Angelglück des Tages im Ohr hat. Man braucht sich an diesen Gesprächen nicht zu beteiligen; will man es aber, so genügt die altehrwürdige Formel ›any luck‹, haben Sie Glück gehabt? Die Menü-Karte geht von Hand zu Hand. Man bestellt und wird erst an seinen Tisch gebeten, wenn die Vorspeise dort bereitsteht. Nach dem Dinner mit mindestens vier Gängen wird der Kaffee gemeinsam in der Lounge getrunken. Wieder bahnen sich Gespräche an und neue Bekanntschaften werden geknüpft. Die Gäste sind vorwiegend angelsächsischer Herkunft. Von der vielen frischen Luft und den Anstrengungen des Tages weidlich ermüdet, pflegen ältere Gentlemen um diese Zeit einzuschlafen, da, wo sie gerade sitzen. Ab elf Uhr, wenn die Public Bar nebenan schließt und Game-keeper, Gillies und die anderen Einheimischen sich auf den Weg nach Hause machen, herrscht überall tiefe Stille.

Auch die kleineren Anglerhotels sind empfehlenswert, obgleich sie manchmal in einem Städtchen ohne weitere Bedeutung liegen.

Als Gegenbeispiel sei unsere Übernachtung an einer Durchgangsstraße im Haus einer Hotelkette beschrieben. Abends fielen hier Busladungen und übermüdete Langstreckenfahrer ein, ohne daß die Manager einen Finger rühren mußten. Die Zimmer waren freudlos, aber sauber. (Schmutz kann ich mir in Schottland kaum vorstellen.) Die Bedienung schien überfordert. Das Abendessen bereitete Mißbehagen, vom giftgrünen Suppenbrei bis zur babyrosa Eiscreme. Der Kaffee nach Tisch kam auf Knopfdruck aus einem Automaten in der Wand. Das Gros der Gäste entstammte jenem anscheinend unerschöpflichen Reservoir älterer oder alter britischer und amerikanischer Damen, die mit Freundin, Buch oder Stickrahmen unterwegs sind. In der Lounge hielten sie jeden Sessel besetzt. Wir hatten noch Glück, da eine des Klavierspiels mächtige Person anwesend war, so wurde gesungen, nicht geredet.

An Durchgangsstraßen ist auch Besseres zu finden: jene erfreulich altmodischen Häuser, die aus der ruhigen Zeit der Postkutschen stammen, als man hier nicht vorfuhr, sondern

›abstieg‹ und der Hausdiener im Vorgarten bereitstand, um neue Gäste in Empfang zu nehmen. Gegen Golfhotels ist in der Regel ebenfalls nichts einzuwenden. Die Zimmer der Commercial Hotels werden hauptsächlich von Geschäftsleuten in Anspruch genommen, die sauber und preiswert wohnen möchten und an der Bar eine große Auswahl an Getränken sowie brüderliche Unterhaltung erwarten. Manche Touristen, besonders solche vom Kontinent und aus den Vereinigten Staaten, übernachten gerne in Schloßhotels und sind bereit, dafür viel zu bezahlen. Die Auswahl in Schottland ist ungewöhnlich groß und die landschaftliche Lage meist sehr schön. Der zugehörige Park empfiehlt sich älteren Gästen für einen Spaziergang nach dem Dinner oder vor dem Frühstück. Manchmal, wenn man im historischen, aber meist bequemen Bett liegt, sieht man, daß der Stuckfries an der hohen Decke nicht mehr um alle vier Wände läuft, sondern plötzlich abbricht: sicheres Zeichen dafür, daß aus einem riesigen und vermutlich unheizbaren Raum mehrere Zimmer geschaffen wurden.

Einige kleinere Häuser schenken keinen Alkohol aus. Entweder die notwendige Lizenz fehlt, oder die Inhaber lassen puritanische Strenge walten. Mitgebrachte Flaschen verbirgt man vorsorglich im Schrank oder im Koffer unter den Hemden.

Steigender Beliebtheit erfreuen sich, wie in England, die ›Bed and Breakfast‹-Übernachtungen (B & B). Die Zimmer können durch eine örtliche Zweigstelle des Scottish Tourist Board (Information Office) vermittelt, im Hochland und auf den Inseln auch für den nächsten Tag in einem anderen Ort vorausbestellt werden. Weitere Möglichkeiten: Farmhouse Accomodation und Ferienchalets mit Selbstversorgung (Self-Catering). Merke: Schottische Badezimmer haben nur in seltensten Fällen eine Duschvorrichtung. In großen Drogerien wie ›Booths‹ sind Handduschen mit Anschlußteil aus Gummi erhältlich.

Porridge in der Schublade

Manchmal wundere ich mich, daß man in schottischen Privathäusern, Restaurants und kleinen Hotels so gut essen kann. Es hat doch ganz anders angefangen. Im Sporran, den man über dem Kilt trägt, nahm der Schotte, wie wir bereits wissen, Hafermehl mit und mischte sich seine Wegzehrung, wenn er Hunger verspürte, an Bächen oder im Winter mit Schnee. Kraftnahrung sind die Haferspeisen auch später geblieben. Zu Beginn der Lammzeit kochten schottische Schäfer, vor allem die alleinstehenden, einen großen Topf mit Porridge und gossen den fertigen Brei in eine Schublade, wo er fest wurde. Kamen sie von ihren stundenlangen Gängen über Berg und Tal zurück, dann stachen sie sich ein paar Löffel voll heraus und aßen ein ›piecie‹, ein Stück Brot, dazu. (Daher nennt man das zweite Frühstück auch ›piecie-hour‹, so wie man in England ›elevenses‹ sagt, in der Schweiz ›z'elfe‹.) Samuel Johnson schrieb in seinem Wörterbuch der englischen Sprache: »Hafer, eine Feldfrucht, in England gewöhnlich den Pferden verabreicht, in Schottland hingegen Volksnahrung.« Wer einmal mit Hafermehl panierte Heringe gegessen hat, oder mit einer Hafermischung gefüllte Hühner, oder sich an den morgendlichen Porridge gewöhnt hat, der weiß, wie unangebracht solche Ironie ist. Wie hätten die armen Schotten ohne den bescheidenen Hafer auskommen sollen? Jungen aus einfachen Verhältnissen, die, vom Dominie, dem Lehrer, oder vom Laird oder Pfarrer unterstützt, die Universität in St. Andrews oder in Edinburgh bezogen (und das waren nicht wenige), nahmen einen Sack Hafermehl und ein kleines Faß mit gesalzenen Heringen mit. Davon konnten sie ein Semester lang leben. Das alles war einmal. Aber Hafer findet sich in vielen Formen auch heute noch auf der Speisekarte. Vermutlich schmeckt er in Schottland besser als anderswo, weil man ihn aus langer Kenntnis richtig behandelt. Er ist weder bitter noch hart. Makelloser Porridge muß ein kräftiger, aber glatter Brei sein, der nicht wie bei uns aus Haferflocken, sondern aus Hafermehl mittlerer Stärke hergestellt wird (eine Tasse Mehl auf einen Liter Wasser) und der Zunge keinen Widerstand bietet. Man übergießt ihn mit kalter Milch und salzt gegebenenfalls nach. Zuckern ist für den Hochlandschotten eigentlich schon ein Zeichen von Verweichlichung. In den Großen Häusern nehmen ältere Herren ihren Porridge noch stehend oder im Auf-und-abgehen ein. Aber auch die einfache Schottin im Durchschnittshaushalt weiß, daß man den Brei (zu dem sie aus unerfindlichen Gründen ›they‹ sagt) nur mit der rechten Hand im Uhrzeigersinn und mit einem Holzlöffel umrühren darf, während die Linke rasch einstreut.

Ob dem Reisenden echte schottische Mahlzeiten geboten werden, hängt weitgehend von seinem Glück und Geschick ab. Das umfangreiche Frühstück ist fast in jedem Fall zu loben, wenn man von den kleinen gebratenen Würstchen unbestimmten Inhalts absieht. Auch der unserer Blutwurst ähnliche Black Pudding ist nicht jedermanns Geschmack. Gebratene Pilze zu Spiegelei und Speck sind gut, heiße geräucherte Fische noch besser, die Arbroath Smokies unter ihnen von unvergleichlicher Güte. Leider ist diese Delikatesse rar geworden. Den meisten Gästen vom Kontinent werden die Fische am Abend, als Vorspeise, noch besser gefallen.

Restaurants sind außerhalb der großen Städte kaum zu finden. Wer mittags nicht irgendwo im Grünen oder in seinem Auto sitzt und ein Packed Lunch oder ein Picknick nach eigener Wahl verspeist, geht am besten in die Bar im ersten Hotel am Platz. Die Speisekarte auf der Theke bietet einige einfache, aber wohlschmeckende Gerichte an: Suppen oder einen Salat mit kaltem Fleisch, Zunge oder Huhn. Schottische Suppen: Sie sind, wenn man winddurchpustet oder naßgeregnet oder nur herzlich müde von draußen hereinkommt, genau das richtige. Meist bekommt man eine kräftige Fleisch- und Gemüsebrühe vorgesetzt. Sie ist mit Rollgerste oder anderen Körnerfrüchten angereichert, ein Hauch von geräuchertem Speck durchzieht sie; sie wird unter dem Sammelnamen Scotch Broth serviert. Aber Cock-a-leekie muß eine starke Hühnerbrühe sein, in der Stücke dieses Tieres schwimmen, viel Lauch und wiederum Gerste. Mit einiger Vorsicht habe ich meinen Löffel in ein Gericht getaucht, das Cullen Skink heißt und hauptsächlich aus geräucherten Fischen, Zwiebeln und Sahne besteht. Das Ergebnis war in hohem Maße lobenswert.

In der Bar wird man mittags rasch bedient und ist nicht verpflichtet, einen Drink zu nehmen. Kaffee gibt es auch, er ist sogar trinkbar. Tee zu bekommen, ist dagegen schwierig. Die Preise in der Bar bleiben auch in ersten Häusern maßvoll. Wir haben festgestellt, daß zum Beispiel alkoholische Getränke fast überall dasselbe kosten, ob man nun in einsamer Pracht unter Spiegeln und Säulen sitzt oder in einem düsteren Raum gerade noch neben einem überlauten Musikautomaten und an einem bierfleckigen Tisch seinen Platz findet. Der Reisende muß nur mit den Zeiten Bescheid wissen: Um zwei oder halb drei Uhr schließt jede Bar; vor vier Uhr ist kein Nachmittagstee zu erhalten, es sei denn als Snack in einem freudlosen Lokal an der Straße. Aber gerade diesem Afternoon Tea sollte man seine Aufmerksamkeit widmen. Mit einer Tasse oder einem Glas wird gar nicht erst angefangen; man sieht sich einer großen Kanne, einer unvertilgbaren Flut von köstlicher Qualität gegenüber. Auch hier gilt die Regel, das erste Haus weit und breit aufzusuchen. Der Preisunterschied zu anderen Lokalen wird nicht groß sein. Freundliche Erinnerungen an Teestunden auf Schloßterrassen, in saalartigen Foyers, werden wach, während ich dies niederschreibe. In kleineren Häusern muß man zum Empfang gehen und dort bestellen, was man haben möchte.

Es heißt, jede Schottin käme mit einem Nudelholz in der Hand auf die Welt. Schottisches Gebäck ist salzig, mit einem leichten, kaum wahrnehmbaren Nachgeschmack von Süße. Man bestreicht es mit Butter und Marmelade. Dünne kleine Pfannkuchen werden Crumpets genannt. Pancakes dagegen sind dicker und biederer im Geschmack. Oatcakes macht man natürlich aus Hafermehl. Jedesmal, wenn ich in die dünnen, schmackhaften Keks biß, fragte ich mich, wieso bei uns das Hafergetreide so wenig verwendet wird. Shortcakes stellt man mit sehr viel guter Butter her. Da sie, ebenso wie Oatcakes, lange frisch bleiben, sind sie, in fröhlich karierte Blechdosen verpackt, als Souvenir begehrt. Wenn man in Schottland irgendwo unerwartet zu Besuch erscheint, werden in Eile frische Scones bereitet. Das Gebäck gehört so sehr zu diesem Land, daß ich am Ende dieses Kapitels ein Rezept zur Herstellung angebe.

Schottische Marmelade: wenn sie in unserem Sinne eine Marmelade ist, nennt man sie drüben Jam. Nur jene bittersüße Konfitüre aus ganzen Orangen oder Zitronen samt ihrer kleingeschnittenen Schale wird als Marmelade bezeichnet. Theoretisch muß sie aus Dundee stammen, wo eine Mrs. Keiller zu Anfang des achtzehnten Jahrhunderts sie zuerst hergestellt haben soll, als die Winterstürme ein spanisches Schiff mit bitteren Sevilla-Orangen in den Hafen verschlugen. Heutzutage kommen wohl die meisten der bekannten Gläser und Steinguttöpfe aus England; aber in den Ebenen westlich von Dundee gibt es immer noch ausgedehnte Himbeer- und Johannisbeerplantagen, die aus der Ferne wie Weingärten aussehen.

Ein Abendessen in Schottland, das außerhalb der Städte von den Reisenden meist im Hotel eingenommen wird (falls sich nicht eine Zimmerwirtin ihrer annimmt), besteht aus vielen Gängen und ist eher teuer. In der Küche draußen fügt man den guten und frischen Gaben, die das Land bietet, nur solche Zutaten bei, die den Geschmack nicht verändern, sondern überhöhen. Lachs und Forelle werden so köstlich frisch serviert, daß nicht nur die Zunge genießt, sondern auch der Geist: Man hat unwillkürlich einen Tümpel mit klarem braunen Wasser vor Augen, über den Erlenzweige hängen, oder das weiße Gewirbel eines ›burn‹, eines Bergbachs, der über dunkle Felsen springt.

›Grouse‹, Moorschneehühner, werden in ihrer Heimat mit Speckscheiben umwickelt, mit whiskygetränkten Heidezweiglein bekränzt und gelegentlich von entkernten weißen Trauben begleitet. Wild schmeckt anders, als wir es gewohnt sind, weil die Tiere nicht im Wald leben wie bei uns, sondern im Moor und auf der Heide. Man bekommt Hirsch- und Rehbraten nicht allzuoft vorgesetzt. »Das Fleisch wird exportiert, besonders nach Deutschland. Wir wundern uns immer, welche Mengen ihr davon eßt.«

Einen Minuspunkt muß ich auch ersten Häusern auf den britischen Inseln ankreiden: Sie bereiten zu jedem Essen zwei oder drei Gemüse und etliche Kartoffelspeisen, die alles begleiten müssen, was an Fleisch oder Fisch auf der Karte steht. Daß es kulinarische Zusammenstellungen gibt, die beinahe obligatorisch sind, aber andere, die sich gegenseitig stören, scheint in den Küchen drüben noch nicht bekannt zu sein.

Haggis, das schottische Nationalgericht, aus den Innereien eines Schafes und allerlei würzigen Zutaten bestehend und im Magen dieses Tieres, zusammen mit ›tatties and neeps‹, Kartoffeln und kleinen Rüben, serviert, sollte man eigentlich nicht an einem gewöhnlichen Tag zwischen Tür und Angel essen. Zum Haggis gehören Ruhe und viel Whisky.

Zum guten Schluß eines Dinners in Schottland kann noch einmal der nützliche Hafer auftauchen: Man röstet ihn leicht, was ihm Nußgeschmack verleiht, und mischt ihn mit geschlagener Sahne und Rum oder frischen Früchten. Das Gericht heißt Cranachan. Wer das ganz Süße liebt, findet überall, in altmodischen hohen Glasgefäßen bewahrt, Butterscotch und andere Toffies. Von den angebotenen Käsesorten verdient nur der (englische) Stilton besondere Erwähnung, ein sanfter und nuancenreicher blauer Käse. Man holt ihn mit dem Löffel aus seiner zylinderförmigen Hülle.

Noch ein Hinweis: Wer, vielleicht an einem dunklen und regenreichen Tag, in Edinburgh von plötzlichem Heimweh gepackt werden sollte, gehe ein paar Schritte die Straße nach Leith hinunter, gar nicht weit, bis rechter Hand eine schäbige, teilweise mit Kistenbrettern vernagelte Ladenfassade auftaucht, über deren Tür ›Valvona and Criolli‹ steht. Man tritt ein und ist zu Hause. In dem schmalen Schlauch von Geschäft liegt und steht auf deckenhohen Regalen alles, was in den Ländern des Kontinents an Delikatessen hervorgebracht und hergestellt wird. Und was hier keinen Platz mehr fand, hängt an Schnüren aufgereiht von der Decke. Die Herren Valvona und Criolli mit dem Chor der Gehilfen, nur männlichen im dunkelblauen Schurz, verkaufen nach Art der Commedia dell'Arte, werfen sich die Ware zu wie Jongleure, erkennen mit untrüglicher Sicherheit die Nationalität des Käufers und stellen entsprechend einfühlsame Fragen. »Un quattro di Provolone« wird gewünscht und von der Tenorstimme eines hageren Verkäufers im schönsten Tonfall laut zurückgesungen, während aus der Ladentiefe, wo der Lehrling bereits an der Käsetheke das erwünschte Stück herunterschneidet, das Echo kommt: »... di Provolone.« Trotzdem bleibt man auf schottischem Boden. Eben noch hat Herr Valvona (oder ist es Herr Criolli?) eine hübsche schwarzhaarige Dame mit einem gehauchten »Signorina!« verabschiedet, da wendet er sich auch schon dem nächsten Kunden zu, senkt die Mundwinkel und fragt in höflichem, aber kühlgeschäftsmäßigen Ton: »And you, Sir?«

Rezept für Scones: 500 g Mehl, 80 g Butter, 2 TL Backpulver; 50 g Zucker, 300 ml Buttermilch, 1 gestr. TL Salz.
Mehl, Backpulver, Salz und Zucker in eine Schüssel sieben, mit der kleingeschnittenen Butter vermischen; dann die Buttermilch dazugeben, mit dem Mehlgemisch verrühren und zu einem glatten Teig kneten. Auf bemehltem Tisch Teig gut 1 cm dick ausrollen, runde Plätzchen von ca. 5 cm Durchmesser ausstechen, auf gefettetes Backblech setzen und mit Milch bepinseln. Bei 225 Grad 10-15 Minuten backen. Scones schmecken am besten, wenn man sie noch warm mit Butter und Marmelade bestrichen ißt.

Nützlich zu wissen

An einem Tag des Mißmuts schien es mir plötzlich, als sei ganz Schottland von den verschiedensten Organisationen und Personen in Beschlag genommen und eingezäunt. Das stimmt natürlich nicht. Vermutlich gibt es nirgendwo in Europa noch so viel freie Weite wie hier. Schottische Organisationen sind eben besonders regsam und tatkräftig und treten deshalb stärker in Erscheinung, etwa wenn es darum geht, Traditionen zu bewahren, Natur zu schützen, dem Fremden die Heimat zu zeigen. So fühlt sich der Reisende bald an der Hand genommen und klug belehrt (und nur in den seltensten Fällen am Gängelband geführt). Die Augen öffnen sich; man lernt zu beobachten und Phänomene zu sehen, an denen man sonst achtlos vorübergefahren wäre. Überall werden dem Gast einschlägige Broschüren angeboten. Die Klarheit der Auskünfte, der Texte zum Thema ist vorbildlich. Wer mit dem eigenen Auto unterwegs ist, also nicht auf den Umfang seines Gepäcks achten muß, kommt mit einem ganzen Stoß bunt bebilderter Literatur zurück.

Merke: Überall, in Schlössern, Museen, Kirchen und Gärten liegen Gästebücher auf. In keinem anderen Land habe ich mich so häufig mit meinem Namen verewigt.

Nobelste aller Organisationen ist The National Trust for Scotland, eine vom Staat unabhängige nationale Einrichtung, die auf Spenden ihrer fast hunderttausend Mitglieder, auf Schenkungen und Legate angewiesen ist, und an deren Spitze stets Persönlichkeiten von Rang und Namen stehen. Seit der National Trust 1931 seine Arbeit aufnahm, hat er, seinem Wahlspruch getreu, »mit Kühnheit und Beharrlichkeit« eine große Anzahl erstaunlicher Vorhaben durchgeführt. Zunächst galt es, das schottische Erbe zu bewahren, etwa Große Häuser vor Verfall und Untergang zu retten; die Besitzer überantworteten, wenn sie nicht mehr weiterwußten, dem Trust ihr Eigentum und spendeten dazu eine größere Summe für den Unterhalt. In jedem Fall mußten passende, zum Teil recht originelle Klauseln erdacht werden. Das britische Schatzamt erklärte sich des öfteren bereit, Liegenschaften an Stelle von Erbschaftssteuern anzunehmen und sie in die Verwaltung des Trust, als Treuhänder der Nation, zu geben. Aber es galt mehr zu bewahren als Burgen und Schlösser. Die Liste der vom Trust in Obhut genommenen und gepflegten Objekte wurde zusehends vielseitiger. Heute gehören schon ganze Inseln und Küstenstriche, Schlachtfelder und Taubenhäuser, Gärten und Mühlen, Wasserfälle und Bergregionen dazu. In erfrischend unbürokratischer Weise, oft von Tag zu Tag improvisierend, bewältigt eine Mannschaft von Fachleuten und Helfern, Architekten, Juristen, Garten- und Landschaftsspezialisten, sogar Naturforschern und Alpinisten, die stets neuen Probleme. Besondere Beachtung fand das ›Little Houses Scheme‹: Bürgerhäuser und Hütten von architektonischem oder historischem Wert wurden instand gesetzt und vermietet; vom Erlös können weitere Bauten in Angriff genommen werden. In diesem Fall sind die Objekte dem Publikum nicht zugänglich; sonst verfolgt der Trust das Ziel, die ihm anvertrauten Besitzungen zu öffnen, zur Freude der Besucher. Gelegentlich sind abfällige Urteile zu hören: der National Trust verwandle ehemals von warmem Leben erfüllte Behausungen in unpersönliche, kalte Museen. Meiner

Meinung nach verblüfft in Schlössern wie Brodick, Leith Hall, Fraser Castle oder Craigievar gerade die Gegenwärtigkeit: überall frische Blumen, die Einrichtung bis ins Detail hinein persönlich zusammengestellt; Schritte treppauf-treppab, Begrüßung durch den gegenwärtigen Hausherrn, den Custodian, oder eine seiner Damen. Vielleicht ist mit der genannten abfälligen Kritik, soweit sie von Ausländern kommt, die Enttäuschung darüber verbunden, nicht den echten Besitzer, falls möglich von Adel, anzutreffen, um ihn vor der Fassade seines Hauses photographieren zu können, im Kilt natürlich und mit Familie und Lieblingshund.

Typisch für ›Trust Properties‹ sind die angegliederten Tearooms mit hausgemachtem Gebäck, und geschmackvolle Läden, in denen vor allem ausländische Gäste gerne einkaufen (jahrelang stammten alle meine Weihnachtsgeschenke aus dieser Quelle). Ein ausgezeichneter Führer, ›The National Trust for Scotland Guide‹ (hrsg. von Robin Prentice, London 1976), gibt einführende Erläuterungen und beschreibt alle dem Trust unterstellten Objekte. Für £ 5.– im Jahr kann man Mitglied des Trust werden, und hat damit überall freien Zutritt.

Von den gesamt-britischen Ministerien hat nur eines seinen Sitz in Schottland: die Forestry Commission. Das Wirken dieser ›Kommission für das Forstwesen‹ ist auch für den ahnungslosen Reisenden unübersehbar, nicht nur in Gestalt der olivgrünen geländegängigen Wagen, denen man überall begegnet: Männer mit wettergegerbtem Gesicht hinter dem Steuer, Feuerpatschen und Schaufeln auf dem Dach.

Die Behörde verfügt über mehr als vier Millionen Hektar Boden und ist damit der größte Landbesitzer Schottlands. Sie hat seit 1921 in großem Stil das fast völlig kahle Schottland aufgeforstet und tut dies auch weiterhin. Zuerst wird ein großes Stück heidebewachsener, aber sonst leerer Fläche, meist an Berghängen, aufgebrochen und umgepflügt. Von weitem sieht das aus, als habe man den Hügel mit einem gigantischen Kamm gestriegelt. Der künftige Forstbezirk ist wie mit dem Lineal abgegrenzt; zur Höhe hin und im Tal muß Platz für Schafweiden bleiben. Nach einer bestimmten Zeit werden die Schößlinge gesetzt. Leider nimmt die Forestry Commission dazu hauptsächlich Sitca Spruce, norwegische Fichte, eine schnell wachsende und anspruchslose Spezies, deren eng gesetzte Stämme schon nach etwa dreißig Jahren gutes Holz geben (einer Eiche müßte man hundert Jahre Zeit lassen, ehe sie die gleiche Höhe erreicht). Solche Wälder sind im Inneren tot und dunkel. Die Parole heißt: ›Keep the animals out‹. Ein hoher Zaun schützt vor jeglichem Getier; für Wanderer sind Gatter oder Tritte angebracht.

Die Forestry Commission mußte in letzter Zeit viel Kritik hören. Der Charakter mancher großartig-einsamer Landschaften sei durch die schnurgeraden Baumreihen ins Unschottische verbogen und verändert worden; berühmte Ausblicke wüchsen zu. Was man gegen Monokulturen allgemein einzuwenden hat, ist bekannt. »Reiche Leute haben in diesem Land Bäume gepflanzt um ihrer Schönheit willen; aber die Forestry Commission denkt nur an ihren Gewinn.« Andere Aufgaben, die sich die Kommission stellte, wurden schon eher zur Zufriedenheit der Schotten gelöst, zum Beispiel die Errichtung von Ferien-Chalets an landschaftlich schönen Punkten.

Für Schotten sind hohe Tannen und ausgedehnte Wälder etwas ganz Neues, fast eine Sensation. Es kommt ihnen merkwürdig vor, daß wir ihre kahlen Hügel und wilden Hochmoore lieber aufsuchen. Um ihre Landsleute an das Phänomen Wald zu gewöhnen, hat die Behörde malerische Picknickplätze mit gewichtigen hölzernen Tischen und Bänken eingerichtet. ›Trails‹, Waldwege und Naturlehrpfade, sollen in die neuen Wälder locken. Die Waldwege erstrecken sich über viele Kilometer. Die Lehrpfade (besonders wenn sie durch Restbestände alter Anpflanzungen führen wie am Loch Awe oder bei der David Marshall Lodge) sind klug und geschickt geplant und versetzen den Besucher im Weitergehen in Spannung wie ein guter Kriminalroman. Sie sind auch für den ausländischen Reisenden ein Gewinn.

Von den Forest Parks verdienen der von Galloway im Südwesten mit einem schönen Campingplatz im Glen Trool Erwähnung, sowie der Argyll Forest Park weiter nördlich, der zu Teilen in urwaldartiger Wildnis belassen wurde, so daß die Trails durch rot angestrichene hohe Pfosten markiert sind, um dem Wanderer den Weg zu weisen. Wenn dem Touristen an der Straße eine Gebietsangabe in weißer Schrift auf einem dunklen Schild aus Holzlatten auffällt, so ist dies eine Visitenkarte der Forestry Commission.

Die meisten schottischen ›Antiquities‹, Kirchen und Burgruinen, stehen unter dem Schutz des Staatssekretärs für Schottland und seiner Behörde, dem Department of the Environment. Sie sind als ›Ancient Monument‹ registriert. Die wichtigeren Objekte werden von würdigen Männern gehütet, oft Kriegsinvaliden (das altmodische Wort paßt auf sie) und nicht selten Originalen, mit denen sich ein Gespräch lohnt. Überall gelten die gleichen Eintrittszeiten (Montag bis Samstag 9.30 bis 19 Uhr, Sonntags 14-19 Uhr, im Winter nur bis 16 Uhr). Man freut sich über die niedrigen Preise für den Eintritt sowie für alle Broschüren und Heftchen, und über einen makellos gehaltenen Rasen.

Der Nature Conservancy unterstehen eine ganze Reihe von Naturschutzgebieten. Gelegentlich ist es notwendig, sich zum Betreten von Revieren mit gefährdeter Flora oder Fauna eine besondere Erlaubnis einzuholen (›Conservation depends upon the balance of accessibility and inaccessibility‹). Nature Conservancy und National Trust arbeiten eng zusammen. Das gleiche gilt für Scotlands Garden Scheme. Hier versucht man, die Gärten und Parks der noch in privater Hand befindlichen Häuser und Besitzungen wenigstens an einigen Tagen im Jahr einem interessierten Publikum zugänglich zu machen.

Die Information Offices des schottischen Tourist Board findet man über das ganze Land verstreut. Dort wird nicht nur Auskunft erteilt und Unterkunft vermittelt. Die Mitarbeiter dieser Behörde sind ungewöhnlich erfindungsreich und fürsorglich in ihren Prospekten und Drucksachen. Sie verfassen ›leaflets‹ für Senioren, die gerne bequem verreisen möchten, und für Behinderte, denen nicht nur geeignete Hotels angegeben werden, sondern auch die Anzahl der Parterre-Zimmer für Rollstuhlfahrer. Falls sich Touristenkinder an Regentagen langweilen, können sie zu Rätsel- und Malheften mit schottischen Themen greifen. In den Großen Häusern werden im Mai und Juni mit Unterstützung des Tourist Board (und des National Trust) festliche Tage veranstaltet: von einem Treffen der Bogenschützen in Glamis Castle bis zu Wagenrennen in Scone. Das ganze Jahr hindurch bieten zahlreiche Hotels und Gaststätten ›a taste of Scotland‹, typische schottische Gerichte, an – auch dies auf Anregung des Tourist Board.

Schottische Jugendherbergen – in der Scottish Youth Hostels Association zusammengefaßt – stehen im Gegensatz zu unseren Häusern nicht nur Jugendlichen offen, sondern Besuchern jeden Alters, sofern sie sich einen entsprechenden Ausweis besorgt haben. Einige der Youth Hostels gehen über das Angebot einer normalen Jugendherberge hinaus, so Carbisdale Castle in Sutherland oder Garth bei Fortingall in Perthshire. Garth ist der ehemalige Landsitz einer Dame, deren Sohn als U-Boot-Kommandant im Zweiten Weltkrieg starb. Sie stiftete ihr Haus der Jugend, zur Erinnerung an diesen Sohn und seine Mannschaft.

Highlands and Islands Development Board ist eine staatliche Behörde zur Förderung jener Gebiete, die sich seit der Zeit der Clearances zunehmend entvölkerten. Zu den erfolgreichen Versuchen einer Wiederbelebung gehört auch die Hebung des Fremdenverkehrs, zum Beispiel durch den Bau von Hotels. Unentbehrlich für jeden Reisenden im Norden ist die jährlich neu erscheinende Broschüre ›Getting around the Highlands and Islands‹, in der die Fahrpläne sämtlicher Beförderungsmittel: Flugzeug, Bahn, Bus, Schiff, Autofähre und Boot übersichtlich angegeben sind. Leider ist dieses nützliche Heft nicht überall erhältlich.

Adressen der einzelnen Organisationen auf S. 534.

Februar

EDINBURGH

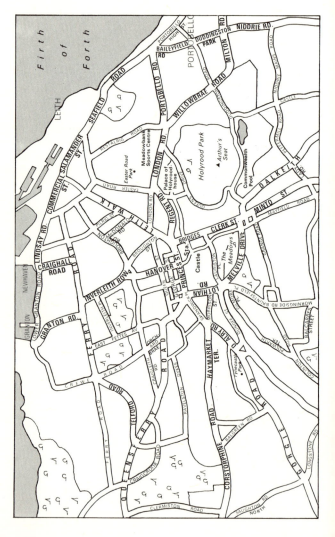

Ankunft

Der erste Schotte, der mir beim Aussteigen auf dem Bahnsteig entgegentrat, war ein Pipe-Major; allerdings ohne Dudelsack und Tartan-Pracht, sondern ›in mufti‹, wie es im Englischen heißt, in Zivil. Er holte seine deutsche Frau vom Zug ab, und unser Zusammentreffen war ein Zufall. Erst später ist mir klar geworden, daß man dieser Begegnung eine tiefere Bedeutung beimessen könnte. In Schottland ist kein Beginn oder Ende ohne den Piper denkbar; sein Ton gibt die Begleitmusik für alle großen Stunden.

In den vornehmen Häusern der alten Zeit wartete der Mann mit dem Dudelsack schon vor der Wochenstube, um der Welt die Ankunft eines schottischen Kindes zu verkünden. Gewiß erinnern sich viele Reisende, daß bei Hochzeiten, die sie zufällig sahen, der Piper neben der Kirchentür stand. Er pflegt zu blasen, wenn die verschleierte Braut, vom Vater geleitet, die Kirche betritt. Er bläst zum zweiten Mal, wenn sie, am Arm ihres Mannes und den Schleier zurückgeschlagen, wieder erscheint. Der Piper am Grab spielt die alten Klageweisen, ›laments‹. Keine Musik könnte würdiger sein.

Der Dudelsack gehört zu jedem Festmahl. Der Spieler umkreist langsam die Tafel, tänzerisch Fuß vor Fuß setzend, in der karierten Pracht seines Großen Tuches. Zu besonderen Anlässen wird man ins Flugzeug geblasen oder vom Schiff herunter, ›you are piped off the boat‹. Ein Fußballstadion füllt sich zum großen Spiel; eine Insel wechselt den Besitzer; eine Whisky-Distillery wird eröffnet; ein Chieftain versammelt seinen Clan zum Hochlandball: Nie fehlt in diesem Land der Dudelsack.

Piper, nimm Dein Instrument, wir sind in Edinburgh angekommen.

Mit dem Namen Edinburgh verbindet sich der Begriff seines internationalen Festivals (Mitte August bis Anfang September), nach dem Zweiten Weltkrieg als Musikfest der Versöhnung ins Leben gerufen. Inzwischen gewinnen Theatergastspiele zunehmende Bedeutung, ebenso wie Darbietungen kleiner und kleinster, meist avantgardistischer Gruppen (›Fringe‹). – Zur selben Zeit Military Tattoo.

Calton Hill

Jede Stadt hat ihre guten und schlechten Stunden. Selbst Edinburgh mißfällt, wenn nasse Düsternis sich ausbreitet. Gassen und Stiegen in der Nähe der *Royal Mile* sind dann mit Vorsicht zu begehen; das bucklige Pflaster glänzt feucht, obwohl es nicht regnet; in tunnelartigen Durchgängen hängt Kohlgeruch. Die schmalen vielstöckigen Häuser im oberen Teil der Straße scheinen noch höher zu ragen als sonst: ihre Konturen verschwimmen, mischen sich mit dem lastenden Himmel. Andere Bauten, die dem Stadt-Wanderer als schöne und unverwechselbare Wegweiser im Straßenbild vertraut sind, findet er plötzlich nur mit Mühe wieder. In den *Princes Street Gardens*, der begrünten Senke unter dem Burgberg, die Altstadt und Neustadt so großartig verbindet, reihen sich die Ruhebänke dunkel und nutzlos. Selbst die noblen grauen Häuserfronten der New Town färben sich um ins Schwärzlich-Schmutzige. An solchen Tagen des Mißmuts und der Melancholie begegnet man Gay Donald, einer flitterbehangenen, weiß geschminkten Jammergestalt, die, bettelnd, dem Dudelsack klägliche Töne entlockt – Zerrbild eines stolzen Hochland-Pipers. Unter den Treibhausdächern des Hauptbahnhofs *Waverley Station* nimmt eine Wolke von Rauch und Abgasen den Vorbeihastenden den Atem. ›Old Reeky‹, die verräucherte Alte, ist dann der einzig zutreffende Name für die Stadt.

Aber am nächsten Morgen schon hat ein scharfer Ostwind Trübseligkeit und Düsternis weggeblasen. Nie habe ich Edinburgh, ›das Athen des Nordens‹, so schön und leuchtend gesehen wie an einem schneekalten Februar-Sonntag. Das Licht blendete so stark, daß man immer wieder die Augen schließen mußte. Alles schien mit wenigen Schritten erreichbar; die Berge waren ans Ende der Straße gerückt. Das weite Geviert vor dem Holyroodhouse gehörte uns allein; die Rasenflächen eines Friedhofs am Wege leuchteten smaragdfarben, die Royal Mile zog sich menschenleer bergauf, sonnenüberflutet und schattendunkel im Wechsel der Gassen und Höfe.

Wir zogen uns noch wärmer an und erklommen den *Calton*

Hill. Die Besteigung dieses Hügels, auf steinigen Wegen und Treppen, bleibt keinem meiner Freunde erspart, wenn ich ihnen die Stadt zeigen soll, gleich am Tag ihrer Ankunft. Ich wies nur kurz auf die Löwenköpfe, die an jedem Treppenabsatz das gußeiserne Geländer abschließen: »Wartet nur, bis Ihr oben seid. Ihr werdet diese Stadt sofort begreifen.« Tatsächlich ist der Calton Hill, im Nordosten der Stadt, zu allen Tages- und Jahreszeiten ein idealer Ort, um Edinburgh zu überblicken. Die Baulichkeiten auf dem abgeflachten Gipfel selbst sind nur Staffage: eine mit Enthusiasmus begonnene, nie vollendete Nachbildung des Parthenon; ein Observatorium, von dem aus niemand mehr die Sterne beobachtet; ein Rundtempelchen, das den Photographen lieb ist, und das *Nelson Monument*, ein Bau in Form eines Teleskops.

An diesem Februar-Sonntag auf dem Calton Hill glänzten die Berge am Horizont weiß; nicht dick verschneit, sondern wie leicht überzuckert, ein Phänomen, das ich außerhalb von Schottland selten sah, hier aber immer wieder. Auch das Wasser in der Bucht draußen war weiß gefleckt. Die Schaumkronen ließen sich bis hoch hinauf in den Firth of Forth verfolgen. Unter uns: Licht und Schatten, ein Gewirr von Farben und Formen, klassizistisch, neugotisch, viktorianisch, schwarze Türme und heller Stein; der Umriß der Burg wie mit dem Stahlstift geritzt, ihre Mauern und Gebäude einem mittelalterlichen Bild entnommen und hoch auf den Felsen gesetzt. Von dieser Burg aus zieht sich, in westlicher Richtung, über einen buckligen Grat die Königliche Meile sacht bergab. Von unserem Hügel aus waren nur die verwinkelten Rückfronten der angrenzenden Häuser zu erkennen, sowie einige Türme. Unter der steinernen Krone von St. Giles, die im Licht zu schweben schien, mochte um diese Stunde der Dekan der Kirche seiner Gemeinde die Botschaft sagen: Man kann nicht demütig werden, ihr Frommen im Herrn, wenn man nicht zuvor stolz war.

Ich, meinerseits, sagte auf dem Calton Hill: Dies, Freunde, ist Edinburgh, dramatisch über Hügel und Täler gezogen, west-östlich ausgerichtet, klar in der Gliederung seiner Straßenschneisen. Der steinerne Buckel mit der Burg an seiner höchsten und dem Palace of Holyroodhouse an der tiefsten

Stelle, durch die Royal Mile miteinander verbunden, ist das Rückgrat der Stadt seit altersher. Jenseits, wieder abfallend und von unserem Hügel aus nicht einzusehen: eine sehr protestantische Gegend mit Krankenhäusern und Stiftungen, ehrwürdigen Schulen und Kapellen, mit Bibelsprüchen in Stein und den alten und neuen Gebäuden einer Universität (es gibt deren zwei). Diesseits der Königlichen Meile geht es wieder steil bergab in den grünen Graben des *Nor'Loch Valley*. Er war einmal mit Wasser gefüllt, ein See. Sir Walter Scott, nicht nur Dichter und Romanschriftsteller, sondern auch, wie man im Englischen so schön sagt »mit seinen Fingern in jedem Pudding«, hat maßgeblich dazu beigetragen, daß die Senke, über die schon Brücken geschlagen waren, trockengelegt und bepflanzt wurde. Dann zog man auch die Geleise der Eisenbahnen durch das neu gewonnene Tal, und so blieb es bis heute: Am Grund des Grabens rattern und pfeifen die Züge, aus einem Tunnel heraus, in den nächsten hinein und weiter bis zur Waverley Station; darüber ziehen sich gepflegte Rasenflächen die Steilhänge hinauf; im Sommer blühen hier Rosen, spielt gelegentlich eine Kapelle im hölzernen Musiktempel, zeigt eine Blumenuhr Edinburgher Zeit an, ruhen Touristen und Einheimische auf den Bänken aus. Wo man aus diesem Stadt-Tal diesseits wieder herausklettert, zieht sich – natürlich auch eine Meile lang – die *Princes Street* hin: Großstadt-Boulevard mit Warenhäusern, Läden und Banken auf der einen Seite, Promenade mit Park-, Berg- und Burgblick, verschönt durch Standbilder auf der anderen; eine der merkwürdigsten Straßen der Welt, auf der von früh bis spät die Menschenmengen sich schieben, Kolonnen der Bus-Ungetüme, der Autos und Lastwagen nicht abreißen. Hinter den Fenstern schwärzlicher, altmodischer Hotelpaläste betrachten während der Saison Edinburghs Gäste die schöne Aussicht; hier meist Amerikaner, die busweise eintreffen. Hinter anderen, besser geputzten Scheiben sitzen das ganze Jahr hindurch die Mitglieder einiger Herrenclubs in diskreter Zurückgezogenheit. Sir Walter Scott wiederum sitzt, aus weißem Marmor gehauen, unter einem riesigen flammengotischen Baldachin, auf der Talseite der Straße; er scheint Stadtbummlern und Busfahrern freundlich zuzusehen.

Mit der Princes Street beginnt, als Städte-Wunder, die *New Town*: Im Laufe des achtzehnten und neunzehnten Jahrhunderts haben einige wenige schottische Architekten – man kann sie an den Fingern einer Hand abzählen – eine neue Stadt bauen dürfen, ganz nach ihren Ideen und Vorstellungen, Wohnort und Kulisse für die Reichen ihrer Zeit. Auch in der New Town geht es zunächst kräftig bergauf, bis zur *George Street*, dann sanfter bergab, dem Meer und den Hafengegenden zu. Nach einem Tag Sightseeing in Edinburgh hat der ungeübte Besucher einen Muskelkater, aber verlaufen wird er sich nie. Vom Calton Hill aus liegt die New Town wie ein Entwurf auf dem Reißbrett zu Füßen des Betrachters, mit ebenmäßigen Reihen, runden Plätzen, halbmondförmigen Terrassen. Nur im Vordergrund verdeckt ein riesiger Betonklotz die Sicht. Jede Stadt hat ihren Schandfleck; der von Edinburgh heißt *St. James Centre*: einer jener mißglückten Versuche unserer Zeit, einen Ort der menschlichen Nähe und Wärme, der Gemeinsamkeiten und der Geborgenheit zu schaffen. Als ob sich das vorausplanen und – in Stahl und Beton – so einfach verwirklichen ließe! Jeder verräucherten Kneipe, hier Pub genannt, gelingt das besser.

Man muß ein Stück um den Calton Hill herumwandern, um zu sehen, wie die Straßen der New Town übergangslos in ein Häusergewirr einmünden, das bis zum offenen Wasser, dem *Firth of Forth* und bis zum Hafenort *Leith* reicht. Nach Leith kommt nur, wer dort zu tun hat. Sonntags liegen dort die nicht gerade zahlreichen Schiffe verlassen an ihrem Quai. Einige haben etwas mit der Suche nach Öl zu tun; sie sind wie saubere Forschungsstätten: Auf ihrem Deck wartet eine Taucherkapsel darauf, mit Hilfe des Schwenkkrans über den Bordrand hinaus und ins Wasser gelassen zu werden. Wochentags laufen diese Boote wieder aus; über dem Hafen hängt der süßliche Geruch des Getreides, das von blauen Kränen umgeladen wird, und aus den Hafenkneipen, die kaum ein Tourist kennt, lärmen die Musikboxen. Aber nebenan, in den Seemannsheimen, sind weniger weltliche Töne zu vernehmen. An der Küste haben sich in alter Zeit Kapitäne zur Ruhe gesetzt und ihre Häuser in Erinnerung an weite Reisen exotisch benannt: Jappa, Portobello. Edinburghs Vororte, die seither dort entstanden, haben diese Namen übernommen.

Weiter um den Calton Hill: *Arthur's Seat* taucht auf, der Hausberg der Stadt, kahl und eindrucksvoll, mit dem Vorposten der *Salisbury Craigs*. Man könnte auch sagen: der Berg und sein Vorgelände sind noch Teil des Parks von Holyroodhouse und damit Besitz der Königin. Eine breite Autostraße umzieht den Hügel. Von unserem Aussichtspunkt aus wird deutlich, daß der Palast trotz seiner Lage zur Stadt gehört: fast eingekreist und belagert von den letzten Häusern der Royal Mile, von einer modernen Wohnsiedlung, deren architektonische Qualität man anzweifeln könnte, und von einer Brauerei mit weithin sichtbarem Schornstein. Wenn das Auge, der Linie der weiter entfernten Pentland-Hügel folgend, vom Calton Hill aus den Horizont absucht, sind da, wo der Fjord des Flusses Firth schon schmaler geworden ist, die hauchzarten Silhouetten von zwei Brücken auszumachen.

Damit haben meine Freunde alles gesehen, was es von diesem Hügel aus an Bedeutsamem zu entdecken gibt. Kluge Edinburgher fahren an kalten Wintertagen mit dem Auto auf den Calton Hill und bleiben im Wagen sitzen.

Am Fuß des Calton Hill: Waterloo Place mit dem nach Entwürfen von Robert Adam 1774 begonnenen und 1824 von Robert Reid vollendeten Register House. In seinen Räumen werden die wichtigsten Dokumente der schottischen Geschichte aufbewahrt; hier hat auch der ›Lord Lyon King of Arms‹ seinen Amtssitz. Das gegenüberliegende Hauptpostamt unterhält ein Büro für Philatelisten. Nur wenige Schritte entfernt: einer der schönsten Friedhöfe der Stadt, ›Calton Old Burial Ground‹.
Vom Waterloo Place aus zieht sich die Princes Street in westlicher Richtung, während die North Bridge zur Altstadt hinüberführt.

Royal Mile

Im alten Edinburgh lebten die Einwohner bereits im Mittelalter in Eigentumswohnungen! Die sechs-, acht-, elfstöckigen Häuser an der Königlichen Meile, mit ihren Durchlässen,

Zwischenhöfen, Rückgebäuden, waren bis in den letzten Winkel von buntem, unruhigem Leben erfüllt. Nicht nur Reiche wohnten da, nicht nur ganz Arme, Bewohner aller Schichten drängten sich auf engem Raum und streiften sich im Hinauf- und Hinabgehen in den ›turnpike stairs‹, steinernen runden Treppenschächten. Je weiter oben man wohnte, von Lärm und Gerüchen entfernt, desto höher war man auch im sozialen Gefüge gestiegen. Große Herren besaßen draußen im Lande ihr Schloß, vielleicht auch mehrere; aber in der Stadt begnügten sie sich zumeist mit einer Wohnung. Wenn zu bestimmten Abendstunden aus der Höhe der Schreckensruf ›gardy-lou‹ ertönte, flüchtete alles, was sich noch auf der Straße herumtrieb, in den nächsten Hauseingang, während die Bewohner der oberen Stockwerke den Inhalt gewisser Gefäße aus dem Fenster kippten. Der Brauch war unfein, der Ruf französischen Ursprungs: ›Gare de l'eau!‹ Unten, wo das Haus ins vulkanische Gestein hineingebaut war, müssen die Räume feucht und dunkel gewesen sein; oben präsentierten sie sich fensterhell und mit Alkoven; Holzdecken und -balken und getäfelte Wände waren mit Blumen, Früchten, Allegorien bemalt. ›Land‹ nannte man eine solche Wohn-Gemeinschaft; Land, in das man sich aus dem unruhigen Strom der Straße flüchten und zurückziehen konnte. Hinter den dicken Mauern war man verhältnismäßig sicher; draußen wurde gehökert und gefeilscht, gehenkt und verbrannt, proklamiert und abgedankt, königlich vorbeigeritten und nächtlich entlanggeschlichen. *Castle Hill*, *Lawnmarket*, *High Street*, *Canongate*: zusammen als Royal Mile bekannt, heute sauber aufgeräumt und zum Teil geschickt restauriert – bei jedem Schritt hat man hier ›Geschichte unter den Fußsohlen‹ und wird an komische oder tragische Begebenheiten erinnert, aber mehr an die tragischen, an ›matters dark and dangerous‹.

Wir haben einmal an einer Versammlung der Anwohner der Royal Mile teilgenommen. Sie trafen sich im Herzen ihres Bezirks, in *St. Giles Cathedral*. Und obwohl, wie man uns sagte, die Zahl der Bürger dieses Distrikts im Lauf der letzten hundert Jahre von fast vierzigtausend auf knapp viertausend, also auf ein armseliges Zehntel absank, füllten sie an diesem Abend fast alle Plätze im hohen Schiff der Kirche.

Ich war schon öfters in St. Giles gewesen: zu feierlichen Gottesdiensten der Church of Scotland ebenso wie zu den berühmten Konzerten um sechs Uhr am Sonntagabend (in den Mauern aus nacktem Gestein bleibt Mozart ein Fremdling, aber Johann Sebastian Bach hat Heimatrecht). Ich glaubte den ehrwürdigen grauen Bau mit seinen schweren Pfeilern und Säulen bis in alle Winkel zu kennen. Die *Thistle Chapel*, in der die neunzehn Edlen des ›höchst alten und höchst noblen Ordens der Distel‹ zusammenkommen und von der Königin zum Ritter geschlagen werden, blieb an diesem Abend ebenso unzugänglich wie das Seitenschiff, in dem, hinter Vorhängen, eine der besten Buchhandlungen Edinburghs verborgen ist, auch ein Denkmal für den Dichter Robert Louis Stevenson das Auge gefangennimmt, und nach dem Morning Service am Sonntag der obligate Tee gereicht wird. Das reichgeschnitzte, thronartige, von Einhörnern im Rippengewölbe bewachte Gestühl der Königin, als Oberhaupt der Church of Scotland, konnte man von unseren Plätzen aus nicht sehen; alle Einzelheiten des Chors – farbige Fenster, verschlissene Regimentsfahnen, Gedächtnistafeln und Grabmäler – verloren sich im Dunkeln.

Unter den Anwesenden herrschte Kampfstimmung – im Geist jener Jenny Geddes, einer Hökerin, die einst in dieser Kirche ihren Schemel gegen den Geistlichen geschleudert haben soll, als er die Lesung nach der verhaßten englischen Liturgie begann, und die damit ein Fanal für den Beginn der Religionskriege setzte. Diesmal ging es um Bürgerrechte, um die angebliche Vernachlässigung eines so traditionsreichen Distriktes wie der Royal Mile. »Gewiß«, sagte einer der Anwesenden, »man hat einige der alten Häuser sehr schön restauriert – aber wer sitzt drin? Öffentliche und private Institutionen, oder Studenten.« – Die Stimmen des Vorwurfs mehrten sich: »Ich wohne seit zwölf Jahren in der Meile, ich sah die Leute fortziehen, die Geschäfte zumachen, die Häuser verkommen. Es ist alles Schuld der Stadtväter.« – »Jahrelang ist alles Geld nur in die New Town gegangen.« – »Wir sind keine ›balanced community‹ mehr – es gibt ganz Junge und ganz Alte – aber das Rückgrat, die tätige mittlere Altersschicht fehlt.« Man müsse sich organisieren, wenn man etwas erreichen wolle, hieß es, und so begannen die Anwesenden in präzisen Formulierungen die Statuten einer Art Notgemeinschaft aufzustellen. Der Vorgang zog sich trotz allem in die Länge und wir erlaubten uns, fortzugehen.

Draußen hatte sich ein undurchdringlicher Nebel über die Straßen gelegt. Einzelne Lampen in den ›wynds‹ und ›closes‹ schwebten wie gelbe Kugeln in der ziehenden Nässe. In der Höhe war noch ein erleuchtetes Fenster auszumachen und die krumme Silhouette eines Mannes, der herunterspähte. Über ihm verloren sich die Stockwerke im Dunkeln. Unsere Schritte auf dem unebenen Pflaster klangen unnatürlich laut. Alle Gedanken an Heutiges und Zukünftiges waren verflogen, die düstere Vergangenheit dieser Straße hatte uns eingeholt.

Nur wenige Versatzstücke mußte die Phantasie dazutun: den schattendunklen Ecken und Nischen um St. Giles im Geist Läden und Buden ankleben, und das finstere Gebäude des alten *Tolbooth* (Rathaus und Sitz der Gerichtsbarkeit, Ort der Folter und der Todesurteile) wie einst bis weit in die Straße hineinragen lassen. Auf dem schweren achteckigen Sockel des *Mercat Cross*, des Marktkreuzes, konnte man sich tafelnde und zechende Ratsherren vorstellen, die einen illustren Gast ihrer Stadt bewirteten. Daß an anderen Tagen der Henker hier oben sein blutiges Geschäft betrieb, störte sie nicht.

Andere Schemen betreten den Schauplatz der Royal Mile. Maria Stuart steht an einem vergitterten Fenster des Provosten-Hauses; mit zerrissenen Kleidern und gelöstem Haar, dem Wahnsinn nahe. Sie ist Gefangene ihrer Untergebenen, der schottischen Lords, und sie ist allein. Das Volk draußen schreit: »Verbrennt die Hure.« – Eine Szene im Zeichen der Religionskriege: Der edle Montrose wird zur Hinrichtung geführt. Sein Gegner Argyll verspottet ihn vom Balkon aus; aber er wird selbst kein besseres Ende nehmen. – 1707: Mitglieder des Parlaments, vom aufgebrachten Volk mit dem Lynchtod bedroht, verstecken sich in den umliegenden Kellern; sie unterzeichnen dort mit zitternder Hand jenes Dokument, das ein freies Schottland an England verkauft. Für diesen Verrat haben sie beträchtliche Summen kassiert. – Einer schleicht vorbei, Deacon Brodie: bei Tage ehrsamer

Bürger, nachts Meisterdieb, bis man ihn faßt und aufhängt. – Body-snatchers sind unterwegs, deren Handwerk finstere Kehrseite eines unstillbaren Wissensdrangs der Ärzte ist – und nie gibt es genug Leichen für sie. – Noch am oberen Ende der Straße, da, wo sie in die Esplanade und den Burgbezirk einmündet, schweigen die Steine nicht: Hier wurden Hexen verbrannt, dreihundert sollen es insgesamt gewesen sein; eine mäßige Zahl im Vergleich zu anderen Orten des Schrekkens.

In Höhe der Esplanade hatte sich, wie wir feststellen konnten, der Nebel gelichtet; aber statt der glorreichen Aussichten auf New Town und Südstadt tauchten in der grauen Tiefe nur vereinzelte Lichtpunkte auf. Die weite, windgefegte steinerne Fläche dieses Vorhofs zur Burg war leer. Den beiden Wachtposten vor ihrem Tor hätten wir gerne einen Whisky zum Aufwärmen gegeben.

Ein Gegenbild sei beschworen: wieder ein Abend, aber im August, zur Zeit des Edinburgh Festivals. Die Burg zeigt sich, angestrahlt, als schönste Kulisse. An ihrem Fuß, auf drei Seiten der Esplanade, sitzen neuntausend Zuschauer eng gedrängt auf den Tribünen. Das Schauspiel des Military Tattoo hat wie an jedem Tag der Festspielzeit seinen traditionellen Verlauf genommen und geht eben dem Ende zu. Angehörige einer Marine-Einheit seilen sich in halsbrecherischer Geschwindigkeit von der Höhe der Burgmauer ab. Beifall. Bei den Trommelwirbeln des Zapfenstreichs herrscht dagegen betroffene Stille, ebenso, als der riesige Platz plötzlich dunkel wird und ein Trompeter, allein hell beleuchtet, einen Lament bläst, die Klage für einen Toten. Nur in diesem Augenblick sind über den Zuschauern die Sterne sichtbar. Dann singen die Neuntausend, begleitet von den ›massed bands‹, den 23. Psalm – auch das gehört zu einem Tattoo – und stimmen, nach dem traditionellen Anruf »The Queen«, die Nationalhymne an. Sie bleiben weisungsgemäß auf ihren Plätzen, bis die Glieder aller Musikformationen im weiten Geviert zum Klang der Dudelsäcke eingeschwenkt und abmarschiert und im Dunkel des Burgtors verschwunden sind. Den Ehrengästen in ihren Logen werden von aufmerksamen Ordonnanzen wärmende Decken abgenommen. Man serviert heiße Suppe.

Wenn jetzt die ohne Hast und Drängen abziehenden Scharen der Zuschauer sich mit jenen mischen, die bereits zu einer Spätvorstellung des Tattoo langsam den Berg heraufsteigen, und auch noch weitere Gruppen dazustoßen, etwa solche, die aus einem gälischen Abendgottesdienst in Tolbooth St. John kommen, oder von einem Shakespeare-Abend in der Assembly Hall, dann herrscht auf der Royal Mile ein so buntes und vielfältiges Leben wie einst im Mittelalter.

High Court

Wenn man mich fragen würde, wo Edinburgh in seinem Alltag am schottischsten sei, so wäre meine Antwort: bei Gericht. Court of Session und High Court of Justiciary, die obersten Gerichtshöfe, haben ihren Sitz im ehemaligen *Parliament House* in der Royal Mile. Das Gebäude im italienischen Stil tritt ein wenig zurück; es hat es nicht nötig, aufzufallen.

Mr. Pinkerton, Advokat, nahm mich bei der Hand, um mir diese Hochburg schottischen Geistes zu zeigen und zu erklären. Wir warfen pflichtschuldig einen Blick in die große Halle mit ihrer berühmten Stichbalkendecke, und einem farbigen Fenster aus dem Jahre 1868, das, von ›Wilhelm Kaulbach und dem Chevalier Ainmiller‹ entworfen, die feierliche Einsetzung des Court of Session durch Jakob V. im Jahre 1532 darstellt und, wie viele Arbeiten der Glaskunst in Schottland, aus den Werkstätten der Franz Mayer'schen Hofkunstanstalt in München stammt.

»Zunächst muß man wissen«, sagte Mr. Pinkerton, »daß bei uns die ›solicitors‹, Rechtsanwälte, den Klienten beraten, aber nicht vor Gericht verteidigen dürfen. Das übernehmen wir Advokaten.« – »Tritt der Mandant mit Ihnen in Verbindung?« – »Nein, wir besprechen den Fall mit seinem Solicitor.«

Er führte mich einen langen, durch Oberlicht erhellten Korridor entlang, wo auf Gestellen schwere Eichenkästen aufgereiht stehen, jeder mit einem Namensschild aus solidem Messing versehen. Während der Sitzungsperioden werden in diesen – unverschlossenen – Behältern die Unterlagen der

Advokaten für ihre anstehenden Fälle aufbewahrt. Dies, meinte Mr. Pinkerton, sei kein Anlaß zur Beunruhigung – niemand würde versuchen, einen Vorteil daraus zu ziehen, daß die Papiere offen liegen, etwa durch einen raschen Blick in gegnerische Akten. »Der Stand unserer Moral ist sehr hoch«, sagte Mr. Pinkerton, und ich glaubte ihm aufs Wort.

Der Stolz des Hohen Hauses sind seine Bibliotheken. Viele der weitgereisten Juristen brachten nicht nur ihr Wissen, sondern auch zahlreiche Bücher vom Kontinent mit und vermachten diese Werke im Alter den künftigen Kollegen. Den wachsenden Sammlungen wurden würdige Räume errichtet; am schönsten ist zweifellos die Signet Library. Der hohe und helle Saal mit seinen Säulen und einer umlaufenden Galerie ist zu bestimmten Anlässen der Öffentlichkeit zugänglich. Die Advocates' Library wurde bereits im siebzehnten Jahrhundert begründet und so bedeutend vermehrt, daß die vorhandenen Räume die Fülle der Bücher nicht mehr fassen konnten und man sich 1926 entschloß, den größten Teil von ihnen der Nation zu schenken, als Grundstock zu einer National Library of Scotland. Sie ist – in einem angrenzenden Gebäude – inzwischen zur drittgrößten Bibliothek Britanniens herangewachsen. Die Advokaten haben einen eigenen Zugang.

Wir kamen nun zu den eigentlichen Gerichtssälen, und zum Oak Court oder Court Nine. Junge Burschen wurden in Handschellen hereingeführt. Sie waren angeklagt, in einer lebhaften Geschäftsstraße der Stadt eine Bank überfallen und beraubt zu haben. Der Ton einer Glocke kündigte das Erscheinen des Richters an. Der ›macer‹, ein Gerichtsdiener in Frack und Talar, trug ihm das Symbol der Gerechtigkeit, ein verziertes Szepter, voran. Die würdige Gestalt Seiner Lordschaft war von einem Seidentalar mit starkroten Ornamenten umwallt; die Perücke schien er sich in aller Eile übergestülpt zu haben. Ihm folgte, etwas enttäuschend, nur ein Gerichtsstenograph in Zivil. Die Schöffen, elf Männer und vier Frauen, saßen seitlich aufgereiht. Unter dem Richterstuhl und seiner hölzernen Barriere, an länglichem Tisch, beugten sich die Advokaten über ihre Papiere. Soweit ich sehen konnte, waren mehr Advokaten als Angeklagte anwesend. Ihre Perücken wippten, näherten sich einander im Gespräch und fuhren wieder auseinander. Einige der Herren trugen sie wie kokette und doch würdige Kappen, tief in die Stirn gesetzt; bei anderen quoll das modisch lange Haar wie unter einem Hut hervor. Wenn man sich im eichengetäfelten altertümlichen Saal mit seiner gewölbten Decke umsah, die Gesichter der Zeugen, des Anklägers und der Schöffen studierte, den rollenden Sentenzen des Richters lauschte, fühlte man sich in eine längst vergangene Epoche zurückversetzt. Dabei ging es doch um ein sehr zeitgemäßes Delikt. Wenn die Zeugen aufgerufen und vereidigt wurden, so wirkten sie, in ihrer ›box‹ unter einem hölzernen Dach stehend, aus dem alltäglichen Leben herausgehoben und nicht nur durch einige Stufen erhöht. »Einer von ihnen bedrohte mich mit der Waffe.« – »Zeugin, erkennen Sie den, der Sie bedrohte?« Das sehr junge Mädchen, vielleicht noch ein Banklehrling, ließ ihre Augen von einem der Angeklagten zum anderen gehen. Schließlich streckte sie einen Finger aus: »Der da war es.« Durch die Reihen der Zuhörer lief ein Flüstern. Zwei Polizisten, die mit verschränkten Armen, die Hände in weißen Zwirnhandschuhen, beide Türen bewacht hatten, wurden abgelöst, aber für den Stenographen tauchte kein Ersatzmann auf. Wenn einer der Advokaten – was häufig geschah – für kurze Zeit den Oak Court verließ und dann wiederkam, verneigte er sich, ehe er sich niedersetzte, erneut vor dem Richter. Wieder einmal mußte ich bewundern, wie gut man es auf den Britischen Inseln versteht, staatlichen Institutionen durch äußere Zeichen und Merkmale erhöhte Autorität zu verleihen.

Den eigentlichen High Court of Justiciary konnte ich an diesem Tag nicht sehen – einen bis heute unveränderten düsteren Raum mit hölzerner Galerie, in dem es um Leben und Tod ging und von wo der Delinquent, nach erfolgter Verurteilung, durch eine sich lautlos öffnende Falltür in die Tiefe und zu seiner letzten Zelle stieg.

Die zahlreichen Sehenswürdigkeiten an der Royal Mile sind mühelos zu finden, gut beschildert und, wo nötig, mit Erklärungen versehen (z.B. farbige Schautafel mit Darstellung der einzelnen Bauabschnitte in St. Giles). – Bei jedem der alten Wohnkomplexe, ob restauriert oder nicht, lohnt es sich, in das Labyrinth der Durchgänge, Hinterhöfe und

Stiegen vorzudringen. – Die schönsten Häuser am Wege sind Gladstone's Land (Lawnmarket) und John Knox's House (High Street).
Jeder Besucher der Royal Mile sucht sich aus der Fülle heraus, was ihn am meisten interessiert. Hier einige Anregungen:

Für Kinder: die Camera Obscura im Outlook Tower (Castle Hill), mit reflektiertem Bild der Innenstadt (nur im Sommer).

Für Psychologen: Brodie's Close (Lawnmarket). Hier wohnte der »Bürger bei Tag, Dieb bei Nacht«. Er soll Vorbild für Stevensons ›Dr. Jekyll and Mr. Hyde‹ gewesen sein.

Für Poeten: Lady Stair's House (Lawnmarket), den drei schottischen Dichtern Burns, Scott und Stevenson gewidmet.

Für Kneipengänger: Deacon Brodie's Tavern, bevorzugtes Pub des Übeltäters, an der Kreuzung der Royal Mile mit der Bank Street, immer noch vielbesucht.

Für Bücherwürmer: die National Library, Schottlands größte Bibliothek, schräg gegenüber Deacon Brodie's Tavern (allgemein zugängliche Sonderausstellungen im Parterre).

Für Romantiker: am Parliament Square markiert ein weißes Herz im Pflaster die Stelle des alten Tolbooth, von Scott ›Heart of Midlothian‹ genannt.

Für Eilige: vom Advocate' Close und Writer's Court aus kann man über steile Treppen hinunter zum Hauptbahnhof, der Waverley Station, gelangen.

Für Freunde avantgardistischer Kunst: die Richard Demarco Gallery, Monteith House, 61 High Street.

Nicht nur für Kinder: Museum of Childhood (Canongate) mit einer Überfülle etwas verstaubter Exponate.

Für Besucher, die sich Zeit lassen können: Heimatmuseum im Canongate Tolbooth, sowie gegenüber im Huntly House.

Für Andenkensammler: Scottish Craft Centre, im ehemaligen Acheson House (Canongate). Außerdem zahlreiche Fachgeschäfte überall in der Royal Mile.

Für Besinnliche: Canongate Church und Friedhof.

Keine heitere Gegend

Vom Vorhof der Burg aus führen steile Treppenfluchten abwärts hinunter zum *Grassmarket*. Ich ziehe den kurzen abschüssigen Bogen der *Victoria Street* vor, die an ihrem unteren Ende wie einst *West Bow* heißt. Alte Häuser und Läden, darüber Arkadengang und Terrasse des neunzehnten Jahrhunderts, bauen sich malerisch am Steilhang auf. Von der Terrasse aus hat man die windschiefen Dachgiebel und Erkerchen der älteren Bauten in Augenhöhe vor sich und blickt in winzige Gärten und schmutzige Winkel, auf Eisengeländer und Gitter und vernagelte Fenster. Keine sehr heitere Gegend: Am Grassmarket herrscht, trotz doppelter Baumreihen, graue Melancholie. Die Burg auf dem Steilfelsen zeigt, von hier aus gesehen, nur ihre Kasernen. Wo ehemals ›des Königs Ställe‹ lagen, wurde ein Parkhaus errichtet. Gelegentlich setzt ein Flohmarkt bunte Tupfen ins trübe Bild. Lumpengestalten schlurfen mit unsicheren Beinen über den Platz; der Weg führt sie von ihrem Asyl, einem ehemaligen Hotel, zu ihrem Schnapsausschank. Der Name einer der zahlreichen Kneipen ist beziehungsreich und doppeldeutig: ›The Last Drop‹. Damit kann der letzte Tropfen gemeint sein, aber auch der letzte Fall, mit dem Strick um den Hals, vom Galgen. Die Großen wurden oben auf der Royal Mile durch das Schwert zum Tode befördert; die Kleinen knüpfte man ohne viele Umstände am Grassmarket auf. Öffentliche Hinrichtungen fanden bis zum neunzehnten Jahrhundert statt.

Als 1736 der verhaßte Polizeihauptmann Porteous das Exekutionskommando befehligte und das herbeigelaufene Volk bei der Hinrichtung eines jungen Burschen aufbegehrte – er hatte nur einem Mitgefangenen zur Flucht verholfen –, ließ der Captain wahllos in die Menge schießen. Er wurde selbst zum Tode verurteilt, aber von einem ahnungslosen ›hannöverschen‹ König im fernen London in letzter Minute begnadigt. Empörung im Volke. Man stürmte nächtens das Gefängnis. Fontane beschreibt diese Szene: »Welcher Anblick, als man in das Zimmer des Unglücklichen trat. Halb niedergebrannte Lichter, leere und volle Weinflaschen, Speisen aller Art – man sah, der Unglückliche hatte ein Gastmahl gegeben, um seine Rettung zu feiern. Zu früh.« Das Volk schleppte den Captain zum Grassmarket. Aus einem Seilerladen in der Victoria Street holte man den fehlenden Strick – nicht ohne dafür ein Goldstück auf den Ladentisch zu werfen. Die öffentliche Moral, meint Fontane, hatte über Porteous zu Gericht gesessen und sein Urteil vollstreckt. Wo damals der Seilerladen im richtigen Augenblick am Wege lag, kann heute der hungrige und durstige Besucher der Old Town in einem dänischen Selbstbedienungsrestaurant einkehren.

Das Asyl am Grassmarket hatte mancherlei Vorgänger in der Gegend. Am *Tanner's Close* nahm das Verbrecherpaar Burke und Hare in einer billigen Absteige anspruchslose Gäste auf. Während zu ihrer Zeit, um die Wende des achtzehnten zum neunzehnten Jahrhundert, die Body-snatchers aus den Friedhöfen Leichen für die Anatomie stahlen, machten Burke und Hare sich die Arbeit leichter. Der erste Pensionsgast, der eines natürlichen Todes bei ihnen starb, wurde noch ehrlich verkauft; von da an mußte ein Kopfkissen achtzehn Mal als Mordinstrument dienen, ehe das Paar bei den Studenten der Anatomie Mißtrauen erregte. Burke wurde gehängt, Hare entkam.

Wie dagegen ehrbare Bürger für die Armen und Obdachlosen sorgten, kann man an den Wänden der *Magdalen Chapel* ablesen. Sieben Bedesmen, Bettmänner, fanden im Hospiz Unterkunft; dafür mußten sie für die Stifter – ein reiches Kaufmannsehepaar – und für die Gilde der Hammermen, der Metallarbeiter, tägliche Fürbitte tun. Die Magdalen Chapel versteckt sich zwischen unansehnlichen viktorianischen Bauten am *Cowgate*. Im Inneren ist auf den hölzernen Feldern einer Wandverkleidung jeweils aufgemalt, wer unter den Zunftgenossen sich wohltätig zeigte und mit welchem Betrag. Die Angaben erstrecken sich über einen Zeitraum von zweihundertfünfzig Jahren. »Wer sich des Armen erbarmt, leihet dem Herrn; der wird ihm seine Wohltat vergelten.« Man gab gerne; aber man trug Sorge in Schottland, daß weder beim Lieben Gott noch bei den Nachfahren die guten Taten in Vergessenheit gerieten.

Im Geviert des *Heriot's Hospital* – nicht weit von der Magdalen Chapel – steht dessen Stifter, ein Goldschmied, mit steinerner Halskrause lebensgroß in einer Nische, und schaut auf die zweihundert Fenster seiner Schenkung, in deren Bau italienischer und schottischer Stil des siebzehnten Jahrhunderts sich geglückt mischen. Das ehemalige Waisenhaus ist heute eine bekannte Schule. Am Schwarzen Brett vor den Klassenzimmern waren ein Vortrag zum Thema ›Mathematik und Fortschritt‹ sowie ein ›Discovery Course‹ angezeigt, ein Kursus für zukünftige Entdecker. Aber ein Anschauungsunterricht ganz besonderer Art wartet auf die Schüler, wenn sie von ihrem Gelände aus durch ein Gittertor in den benachbarten Friedhof gehen.

Greyfriars Kirkyard: Grashang mit den Straßen schwärzlicher Totenhäuschen, die sich an die Wohnungen der Lebenden anlehnen, mit den Grabplatten auf schweren Steinfüßen und den berühmten Inschriften: Anrufungen, Schwüre und Worte des Hasses von alttestamentarischer Wucht und Strenge. 1638 wurde in der Friedhofskirche ›The Covenant and Solemn League‹ unterzeichnet, von manchen mit Blut: »We promise, and sweare by the Great Name of the Lord our God, to continue in the Profession and Obedience of the foresaid Religion.« Vierzig Jahre später hielt man etwa tausend Covenanter monatelang hier im Freien gefangen.

Religiöser Fanatismus konnte im Schottland der Religionskämpfe so weit gehen, daß man die Leiche des Gegners zerstückelte und die einzelnen Teile an verschiedenen Orten begrub; bei einer sehr realistischen Vorstellung von der Auferstehung wollte man an dem anderen noch über den Tod hinaus Rache üben. Auf einem Grabmal in Hamilton heißt es: »Unser Leib ruht in Edinburgh, unsere Köpfe sind hier; aber unsere rechte Hand in Lanark wollen wir wiederhaben, denn mit ihr haben wir den Covenant unterzeichnet und beschworen.«

Heute lassen sich die Edinburgher gerne in der *Greyfriars Church* trauen. In die Klänge von Mendelssohns Hochzeitsmarsch mischt sich für den, der zurückdenkt, noch immer der Ton machtvoller Hymnen, wie sie die Strenggläubigen vor Kampfbeginn anstimmten. Die Blumenhüte der Brautjungfern nehmen sich am Ort einer grimmigen Todesbereitschaft seltsam aus.

Greyfriars Bobby, das bronzene Abbild eines Terriers, der vierzehn Jahre lang am Grab seines Herrn ausharrte, ist bei amerikanischen Touristen besonders beliebt. Damit der Hund nicht als Streuner beseitigt wurde, ließ ihm der Magistrat der Stadt seinerzeit ein besonderes Halsband anfertigen (heute im Huntly House zu sehen).

Am Grassmarket sorgt der Traverse Theatre Club mit seinem Avantgarde-Theater für Überraschungen. – In der Magdalen Chapel befindet sich ein schönes Glasfenster aus vorreformatorischer Zeit noch am alten Platz, als einziges seiner Art in Schottland. – Im Greyfriars Kirkyard sind zahlreiche Edinburgher Berühmtheiten beigesetzt, unter anderem aus der Architekten-Familie Adam. – Im südlichen Teil der Stadt gruppieren sich, teilweise um den George Square, alte und neue Universitätsbauten. – Im Royal Scottish Museum ist die Stahlkonstruktion der großen Halle (»designed by Captain Fowke of the Royal Engineers«) ebenso sehenswert wie die teils interessanten, teils kuriosen Exponate. – Am Stadtrand, in einer stillen Villen-Gegend, das traditionsreiche Haus der bekannten kartographischen Anstalt John Bartholomew & Son Ltd. (Besichtigung möglich).

New Town

Welch ein Glück, daß Schottland künstlerisch auf einem Höhepunkt stand, als die Edinburgher in der zweiten Hälfte des achtzehnten Jahrhunderts reich wurden und sich so kräftig mehrten, daß ihre Altstadt die Fülle des Lebens nicht mehr zu fassen vermochte. Wäre dieser Zustand erst später eingetreten – wer weiß, welche neugotischen Gebilde jenseits des Nor'Loch Valley ungeordnet gewachsen und gewuchert wären. So aber durften, von klugen Bürgermeistern und einsichtigen Ratsherren verpflichtet, junge und hochbegabte Architekten ans Werk gehen, und mit den Gegebenheiten eines hügeligen Geländes, mit klassisch ausgewogenen Formen und geometrischen Figuren spielen.

Ein Crescent zum Beispiel ist eine halbmondförmige geschwungene Häuserreihe mit klassizistischen Fassaden und vergitterten Vorgärten. Eingangstüren und Fenster schwingen mit. Beim Circus stehen die Häuser im Kreis; in der Mitte des Runds bleibt Raum für eine schmückende Anlage. Squares sind viereckige, meist weitläufige Plätze; als Mittelpunkt ihrer Grünflächen bietet sich ein Denkmal oder eine Säule dar. Auf den Terraces fällt das Gelände vor den Häuserfronten ab, sie haben kein Gegenüber. Aus solchen Elementen setzt sich die noble New Town von Edinburgh zusammen. Das Baumaterial, ein feinkörniger Sandstein, kam aus der Umgebung der Stadt. Als erster hat James Craig, Sieger eines Wettbewerbs von 1767, damals dreiundzwanzig Jahre alt, die meilenlange

Princes Street als Terrasse entworfen und, parallel zu ihr, über den nächsten Höhenrücken, die George Street als Hauptachse der neuen Siedlung gelegt. Die *Queen Street*, abschließende Parallele auf wieder abfallendem Gelände, war ebenfalls Terrasse: Von den Fenstern ihrer Häuser sieht man auf den eigenen Park, am Horizont den Firth of Forth sowie die milden Hügel der jenseitigen Grafschaft Fife.

Die Straßen der New Town sind so breit, als habe man damals schon den Autoverkehr unserer Zeit vorausgeahnt. Ich nehme an, daß die Kavaliere für ihre Landauer und Barouchen Platz brauchten, und die Damen sich nicht, wie drüben in der Altstadt, in die Fenster schauen lassen wollten.

Die George Street wurde an beiden Enden von würdigen Squares abgeschlossen; daß die New Town sich einmal über diesen Entwurf hinaus ausdehnen könne, tat man damals als phantastische Idee ab, und bebaute die Plätze auch an ihren Stirnseiten; beim schönen Charlotte Square im Westen tat dies kein Geringerer als Robert Adam.

Aber schon 1802 wurden die Herren Reid und Gibbald mit der Planung des nächsten Stadtteils beauftragt, der sich an die Parkzone der Queen Street nördlich anschloß. In dieser Phase der Bebauung legte man vor allem Wert auf eine geschlossene architektonische Gestaltung der einzelnen Baublöcke. Vom Jahre 1819 an umkränzte Herr Playfair den Calton Hill mit den langen Zeilen seiner Terrassen. Am anderen Ende der Princes Street reichte die Bebauung bald bis zum Hochufer des tief eingeschnittenen Tals des Water of Leith und übersprang dann den Fluß. Die städtebauliche Blütezeit Edinburghs endete hier, etwa in der Mitte des vorigen Jahrhunderts, mit einer kleineren Anlage im besten georgianischen Spätklassizismus. Sir Henry Raeburn, der Maler, entwarf nicht nur dies zierliche Ensemble; er benannte auch eine der Straßen nach seiner Frau, Ann, und schenkte sie der Dame zum Geburtstag. So nobel verhielt man sich damals in Edinburgh.

Wer es sich leisten konnte, die Umsiedlung in die neue Stadt mitzumachen, hatte plötzlich Licht und Luft um sich, verfügte über ein eigenes Haus hinter hohen schmiedeeisernen Gittern, mit steinernem Treppenaufgang zur schwarzlackierten Eingangstür, mit repräsentativen hellen Räumen und schönsten Stuckdecken im Erdgeschoß und im ersten Stock. Das beste Schlafzimmer lag neben dem Empfangsraum im Parterre: So konnte man Gäste ohne Mühe zu einem Prunkstück des Hauses führen, dem von seidenen Vorhängen umgebenen Fourposter Bed. Der eleganten Umgebung paßten sich allmählich auch die Sitten an. Die Damen und Herren der New Town gaben sich zurückhaltend, kühl und wohlerzogen; das wilde und bunte, blutige und gefährliche Leben in der Royal Mile war vergessen. In die Altstadt hinüber ging nur noch die Köchin zum Einkaufen.

Im Drawing Room wurde ein Pianoforte oder ein Spinett aufgestellt; man musizierte in Maßen. Für die abendliche Runde am Kamin wurde Tee bereitet; daß man den Vorgang ›to brew the tea‹, ›Tee brauen‹ nannte, erinnerte noch an die vergangenen Zeiten kräftigen Bierkonsums. Oben im Haus, wo die Räume schon niedriger waren, befanden sich Day Nursery und Night Nursery, Zimmer für Kinder und Gouvernanten und unverheiratete Tanten. Küche und Personal blieben ins Souterrain verbannt: Mit einigem Mißbehagen sieht man, daß viele Häuser sogar zwei Untergeschosse haben, und man hofft, daß hinter den halbblinden untersten Fenstern nur Keller und Vorratsräume lagen. Bedienstete mußten von früh bis spät auf ein Klingelzeichen hin zur Verfügung stehen, sie sollten aber möglichst wenig zu sehen und zu hören sein. Ausnahmen wird es gegeben haben – wie jene Bell Beglie, ›faithful and affectionate nurse‹, die 57 Jahre lang der Familie Alexander Allan diente, mit 91 starb und auf dem stimmungsvollen, fast vergessenen Friedhof unter dem Calton Hill eine eigene Gedächtnistafel hat, während ihr Dienstherr und seine Nachfahren hinter einer Bronzetür liegen, die nur den Familiennamen Allan aufweist.

Zum Haus der New Town gehörten, hinter einem handtuchschmalen Rasenstreifen, Remise und Stallung, darüber kleine Wohnungen für den Kutscher und seine Familie. Größeren Gärten war kein Raum gegeben, die gemeinsame, eingegitterte Grünfläche vor den Häusern mußte genügen. Nur die Anwohner besaßen den Schlüssel dazu. Diese Sitte schien mir bemerkenswert unsozial, bis ich die Erklärung bekam, das ›gemeinsame Grün‹ sei eine sehr alte schottische Einrichtung und von ländlichen Gemeinden übernommen, wo man auf dem ›common grazing‹ oder ›green‹ sein Kleinvieh weiden ließ.

Wie lebt man heute in der New Town? Nur in der Princes Street haben häßliche Geschäftshäuser die alten Bauten verdrängt. Sonst blieb äußerlich fast alles unverändert. Aber nur wenige können es sich noch leisten, ihr eigenes Haus allein zu bewohnen. In die repräsentativen Räume mit ihren Stuckdecken sind Versicherungen und andere Firmen eingezogen. Durch die hohen Fenster sieht man auch Gruppen von Architekten um das Reißbrett versammelt. Sie haben, wie ehedem, große Aufgaben zu lösen, indem sie Trabantenstädte entwerfen, die den ›overspill‹, die überfließende Bevölkerung des Industriegürtels aufnehmen sollen. Mögen diese Herren doch, bitte, auch darum besorgt sein, daß in den Häusern ihrer Umgebung die alten Sprossenfenster nicht durch ungeteilte Scheiben ersetzt werden! Von einem Augenblick zum anderen verliert damit ein edler Bau sein Gesicht.

Auch ›flats‹ entstanden: In den niedrigen Dachstuben der New Town und in den Souterrain-Wohnungen hausen heute Studenten, die den täglichen Weg über zwei Hügel nicht scheuen, oder junge Ehepaare. Im Lichtschacht vor den tief gelegenen Fenstern steht ein Kinderwagen, wird mageres Gemüse gezogen. Sehr begehrt sind die ehemaligen Remisen, nun Garagen, und darüberliegende Kutscherwohnungen. Zwar sieht man auf die nackten, vom Geflecht der Wasserleitungen und Abflußrohre häßlich überzogenen Rückfronten der großen Häuser; aber die ›mews‹ selbst, krumme Gäßchen zwischen den Dienstwohnungen, sind freundlich, sogar unerwartet romantisch, mit Blumenkübeln, kleinen Gärtchen und flatternder Wäsche.

Ganze Häuserzeilen der New Town wurden in Hotels und Boarding Houses umgewandelt. Da alle Fronten dieser Bauten sich so gleichmäßig schön und säulengeschmückt dem Fremden darbieten, ist es schwer für ihn, die richtige Wahl zu treffen – von der Luxusherberge bis zur einfachen Unterbringung gibt es alle Möglichkeiten. Die Grünflächen sind immer noch umfriedet und abgeschlossen, aber nicht alle Anwohner machen von ihrem Anrecht Gebrauch, da damit Kosten für den Unterhalt verbunden wären. So sieht man öfters das Schild ›Schlüssel zu vermieten‹; in den kleinen Parks gehen nur einzelne Damen mit Hund spazieren, spielt vielleicht ein bedauernswertes Kind, allein.

Abends, wenn die Büros sich geleert haben, die Fremden in den Hotels ihr Dinner einnehmen, empfindet man die unpersönliche Kühle – die wohl immer ein Merkmal der New Town war – besonders stark. Das Leben scheint sich ins Souterrain zurückgezogen zu haben: in den Lampenschein eines Kramladens, der noch bis spät geöffnet hat; hinter ein unverhängtes Fenster, durch das man ein kleines Mädchen mit seinem Teddybär zu Bett gehen sieht; in ein Bücherantiquariat, oder in die Bar eines Hotels, zu der man über steile Stufen hinabsteigt. Hier allerdings steht die Jugend, meist akademischer Provenienz, Kopf an Kopf – und was für Köpfe! Lockenhaupt und Pagenfrisur: wieder einmal ist man an Shakespeare erinnert. Sebastian unterhält sich mit Malvolio und Cymbelins Tochter, Junker Schmächtig, mit Nickelbrille, hört zu. Aber im Hintergrund sitzen ältere Herren vor ihrem dunklen Bier, denen man Gaben und Tugenden zutraut wie jener geistigen Elite, die in der New Town einmal zu Hause war: Richter und Advokaten, Philosophen wie David Hume, Gründer großer Verlagshäuser und Herausgeber von weltberühmten Zeitschriften.

Zur New Town gehört auch die *Rose Street*, die sich als schmale Gasse dicht hinter der Princes Street wie ein durchgehender Hinterhof hinzieht, teilweise als Fußgängerzone, ein bevorzugter Bereich der jungen Leute und der Touristen, mit zahlreichen Boutiquen und Pubs. Eine unter Edinburghern oft versuchte, aber selten gewonnene Wette verlangt: Gehe in die Rose Street, da, wo sie beginnt, nahe dem St. Andrew Square, kehre unterwegs in jeder Kneipe ein, trinke überall mindestens ein Glas und komme im Westend am anderen Ende der Straße aufrecht wieder heraus.

An der Nordseite des Charlotte Square, hinter einer großartigen Robert-Adam-Fassade, im Haus Nr. 5 das Hauptquartier des National

Trust. Nr. 6: Wohnsitz des Staatssekretärs für Schottland. Haus Nr. 7 wurde vom Trust so eingerichtet, wie es zur Zeit der ersten Bewohner ausgesehen haben mag (Führungen, Veranstaltungen). Haus Nr. 19: Sitz des Scottish Arts Council (wechselnde Ausstellungen). An der Westseite des Platzes: West Register House (Dokumente zur Geschichte des Landes). Um den Moray Place gruppieren sich die schönsten Straßen und Plätze der New Town. Weiter nördlich gewinnt die Gegend um die St. Stephen's Church durch zahlreiche Antiquitäten- und Trödelläden sowie Pubs neues Leben.

Der New Town sind mehrere Museen und Galerien zuzurechnen, darunter das National Museum of Antiquities (Queen Street), mit umfangreichen und eindrucksvollen Sammlungen aus prähistorischer und geschichtlicher Zeit (Gold- und Silberfunde von Traprain Law und St. Ninian's Isle; keltische Kreuze, alte Musikinstrumente usw.). Im selben Hause befindet sich die National Portrait Gallery. Die Royal Scottish Academy (Princes Street) bietet wechselnde Ausstellungen zeitgenössischer schottischer Künstler. Die National Gallery (The Mound) enthält neben den Meisterwerken schottischer Künstler bedeutende Sammlungen italienischer, holländischer und französischer Maler und Graphiker des 14. bis 19. Jahrhunderts.

Dean Village

Edinburgh hat keinen stolzen Fluß aufzuweisen wie etwa London seine Themse oder Paris die Seine. Das *Water of Leith* ist nur ein kleines, von Fabriken angezapftes Rinnsal; es legt von seiner Quelle in den Pentland Hills bis zu seiner Mündung kaum zwanzig Meilen zurück, und würde ganz unbeachtet am Rand der Stadt vorbeifließen, wenn nicht Dean Village an seinen Ufern läge. Man kann annehmen, daß die Wasser einmal stärker strömten. In einer mehr als dreißig Meter tiefen und steilen Schlucht trieben sie acht Jahrhunderte lang zahlreiche Mühlen. Von hier aus wurde die Bevölkerung von Edinburgh mit Brot versorgt. Später verfielen die Anlagen, und Unkraut überwucherte die Ruinen; aber auch Bäume und Büsche siedelten sich an und gaben der Schlucht ihr romantisches Aussehen. Allmählich wuchsen über ihrem oberen Rand die geschlossenen Rückfronten der letzten Häuserzeilen der New Town wie eine Felswand empor.

Noch in viktorianischer Zeit versuchte man es mit einer Mustersiedlung am Grund der Schlucht; aber erst seit neuestem ist Dean Village eine gute Adresse: In die Kornspeicher und Mühlen von einst begannen junge Architekten Wohnungen und Ateliers einzubauen, ohne das Äußere der Gebäude viel zu verändern oder gar zu verschandeln. Eine kleine Dorfgemeinschaft entstand. Gärtchen, die sich bis ans Wasser hinunterziehen, und windgeschützte Höfe: ein friedliches Idyll im Tal, und doch nur wenige Minuten von der Princes Street entfernt. Die Bewohner von Dean Village – unter ihnen Künstler und Kunsthandwerker – können ungestört am Ufer entlang spazierengehen, etwa zum *St. Bernard's Well*, wo bei einer Quelle, der man heilende Wirkungen zuschrieb, ein kleiner Rundtempel nach römischer Art steht. Auf einer Telford-Brücke überquert Tag und Nacht der Verkehr die Schlucht. Die Edinburgher sind sich nicht einig, welcher Blick wohl lohnender sei: der von der Brücke aus zu den alten Häusern des Dorfes hinunter, oder vom Flußufer hinauf zum Meisterwerk der Brücke. Nur die wenigsten wissen, daß in der Kirche am Hochufer keine Gottesdienste mehr gehalten werden, sondern Anlagen der städtischen Elektrizitätswerke untergebracht sind.

Thomas Telford (1757-1838) begann seine Karriere als Hütejunge. Später erlernte er das Steinmetzhandwerk. Seine sauberen und schön geformten Buchstaben auf Grabmälern fielen auf. Die Kunst, dem Auge wohlgefällige und gleichzeitig solide Brücken zu bauen, hat er sich selbst beigebracht. Als ›Commissioner for Highland Roads and Bridges‹ war der geniale Ingenieur unter anderem für den Bau des Caledonian Canal verantwortlich. Auf den Namen Telford trifft der Reisende immer wieder in Schottland. Tausend Meilen Landstraße und tausendzweihundert Brücken sollen unter seiner Aufsicht entstanden sein. Sein berühmtestes Werk, die Menai Bridge, liegt allerdings in Wales.

Alltag

In Edinburgh tragen die Damen Handschuhe, auch wenn es nicht kalt ist. Die Haltung dem Fremden gegenüber ist freundlich-distanziert. Vielleicht, daß sich dem Busfahrer ein anerkennendes Wort entringt: »You are a good runner, dear!« Zufallsgespräche finden selten statt.

Wir wohnten, wie immer, in der New Town, in einem Haus aus früh-viktorianischer Zeit: die Treppe steil, ehemals saalartige Räume unterteilt. Von der alten Pracht zeugten Stuckfragmente an den Decken und eine einzelne Säule, die den Weg zum Frühstückszimmer anzeigte.

Schon vor dem Frühstück mußten Autobesitzer über die Straße laufen, um aus dem Automaten zwei Parkscheine zu ziehen und sie hinter der Windschutzscheibe ihres Wagens anzubringen, so daß die Kontrolleure, die spätestens ab neun Uhr vorüberkamen (zu zweit, uniformiert, mit geradem Rücken und gemessenen Schrittes), den Stempel ablesen konnten. Diese Scheine sind im Höchstfall zwei Stunden gültig; besser stellt man das Auto von vornherein außerhalb der Parkzonen irgendwo am Rand der Innenstadt ab. Mit drastischen Maßnahmen haben es die Autoritäten von Edinburgh fertiggebracht, daß der Verkehr seltener als anderswo zum Stocken kommt und die Bürgersteige frei bleiben.

Was immer er in Edinburgh auch vorhat: Köder zum Angeln auswählen, Pinguine im Zoo besuchen, oder nur bummeln – früher oder später steht der Fremde auf der Princes Street, schaut einen Augenblick zur natürlich gewachsenen Kulisse der Altstadt hinauf, die kein Bühnenbildner oder Stadtplaner schöner hätte entwerfen können, und geht zufrieden weiter.

Nur wenige Schritte von der Princes Street entfernt lockt eine der großen europäischen Bildersammlungen, die *National Gallery*. Der Bau, im Stil eines griechischen Tempels, wurde an einer Aufschüttung über dem Nor'Loch Valley errichtet, ›The Mound‹ genannt; unter dem Parkett der Galerie-Säle kann man sich vorbeiratternde Züge denken. Da der Eintritt, wie bei fast allen Museen in diesem Lande, frei ist, erlaube ich mir öfters den Luxus, für wenige Minuten in dieses Haus zu gehen, um einige meiner schottischen Bekannten zu besuchen – großartige Gestalten, meist von Raeburn gemalt. Ein nicht ganz milder Richter mit fleischigen Wangen unter der Perücke gehört in diesen Kreis und der schon erwähnte schlittschuhlaufende Geistliche; auch Damen von ruhiger Würde. Aber Sir John Sinclair, erster Baronet von Ulbster, übertrifft sie alle. Sein Großes Tuch ist von der linken Schulter zur rechten Hüfte gezogen und fällt im Rücken, in Falten, fast bis zum Boden. Die engen Tartan-Hosen reichen bis zum Knöchel, so daß noch ein Stück der rot-weißen Wollstrümpfe sichtbar wird. An den Füßen trägt der Baronet schwarze Pumps mit silbernen Schnallen; sein Schwert hängt in einem weißen Lederkoppel; in der rechten Hand hält er die prächtige Kopfbedeckung seines Regiments, mit buntem Federschmuck. Aber was bedeutet schon die Pracht seines Anzugs im Vergleich zur kühlen und abwägenden Hoheit seiner Züge! Sir John war ein ›improving Landlord‹, einer, der seinen Leuten auf vorausschauende Weise aus ihrem Elend half. Ihm ist es zu danken, daß die ersten Statistiken über Land und Leute in den Highlands entstanden. Auf seinem Porträt in der National Gallery hat der Maler Raeburn dem Herrn von Ulbster Schottlands Blume, eine stolze, lila blühende Distel beigegeben.

Ein ganz anders geartetes Institut liegt ebenfalls nahe der Princes Street: die ›Ladies Branch‹ der Royal Bank of Scotland. Meines Wissens gibt es nur zwei Bankfilialen für Damen auf der Welt. Man ruht sich, in angenehmer Clubatmosphäre, in bequemen Sesseln aus; man kann telephonieren, ausgestellte Aquarelle oder, im Powder Room, das eigene Gesicht im Spiegel betrachten. Vormittags wird Kaffee gereicht. Natürlich erledigen die Kundinnen auch ihre Bankgeschäfte dort. Das sehr erfolgreiche Unternehmen wurde weder im Zeichen der Emanzipation noch aus altmodisch-prüden Erwägungen ins Leben gerufen; es hat sich, wie so vieles bei den Schotten, als praktisch und sinnvoll erwiesen.

Das Geld ist gewechselt, die Stunde des Einkaufs gekommen. Schottisch Kariertes bietet sich an. Aber man lege die so erworbenen Kleidungsstücke bitte in den Koffer und trage sie erst zu Hause; im Lande selber gehört der Tartan, in Form von Kilt und Schärpe, ausschließlich den Clansmen und ihren Damen. Wer in Edinburgh von Kopf bis Fuß ›stilgerecht‹ ausstaffiert herumläuft, vielleicht gerade in dieser Aufmachung aus traditionsreichen Läden wie Kinloch Anderson herauskommt, ist sehr wahrscheinlich Amerikaner schottischer Abstammung auf Urlaub. Apotheken, so stellt der Fremde fest, gibt es wenige in der Stadt – sind Schotten seltener krank als wir oder nur von altersher abgehärtet? Dafür bevorzugen sie Läden, welche Health Food verkaufen – Reformhäuser, in deren Auslagen sich gesunde Körner in durchsichtigen Beuteln stapeln.

Die Halfmoon Battery auf der Burg wird bald den Mittagsschuß abfeuern: Man sieht das Mündungsfeuer blitzen; Fremde zucken zusammen, Einheimische schauen auf die Uhr. Zeit, an einen Drink, eine heiße Suppe oder einen Salat zu denken. Solche guten Dinge werden an sehr verschiedenartigen, zum Teil höchst originellen, wenn auch schwer auffindbaren Orten angeboten. So kann man, an Herrenanzügen vorbei, in den ersten Stock eines Textilgeschäftes der gehobenen Klasse hinaufsteigen, oder der Schlange meist jüngerer Leute folgen, die sich eine steile Treppe in ein Souterrain-Lokal hinabwindet. Mir tut es immer noch leid, daß jene Damen, die in einem Antiquitätenladen ihre ausgezeichneten Pies und Salads anboten, das Kochen eingestellt haben. Das Geschäft hieß in deutscher Übersetzung etwa ›für 'nen Appel und 'n Ei‹; man saß unter verkäuflichen Spiegeln und Bildern, auch das Mobiliar wechselte.

Wer einmal apart speisen möchte, kann sich etwa an einen der kleinen Tische im Café Royal setzen und die unverändert erhaltene Jugendstildekoration ringsum betrachten, vor allem acht farbige Fenster, in denen schöne Männer – teils glattrasiert, teils bärtig – sich sportlich betätigen. Es scheint gar nicht so lange her zu sein, daß in den Lüstern noch Gasflammen brannten. Auf Kachelbildern an den Wänden, neben einem riesigen Spiegel, fährt ein Raddampfer, flattern Möwen, und die Herren Daguerre und Niepce erfinden soeben die Photographie. Jenseits der hölzernen Trennwand zur Bar, die mit ihren Girlanden und Säulen und halbrunden Spiegeln ein Kunstwerk für sich ist, vernimmt man das Raunen, Murmeln und Reden derjenigen, die sich um diese Zeit lieber flüssig als fest ernähren.

Alle diese Freuden gelten – außerhalb der Saison – nur für die Wochentage; sonntags ist der bedauernswerte Fremde auf Edinburgher Freunde, auf das Mitleid seines Hotelkochs oder einiger Inder und Chinesen angewiesen. Sehr lobenswert dagegen scheint es mir, daß, während der Woche, zur Mittagszeit auch geistige Genüsse zu haben sind, sozusagen im Vorbeigehen: Kammermusik, eine halbe Stunde lang, in einer der Kirchen der New Town, oder ein kurzer Vortrag in Universitätsnähe. Anschließend gibt es eine Tasse Tee oder Kaffee, in der Sakristei oder neben dem Vortragsraum; das obligate Sandwich kann mitgebracht werden. Hier lassen sich auch Gespräche mit Unbekannten anknüpfen.

Noch etwas fällt uns, schon auf dem Heimweg zu unserer ›Terrasse‹, auf: Blumenläden sieht man selten. Vielleicht, sagen die Freunde, weil sparsame Schotten sich einen so kurzlebigen Luxus nur ungern gestatten? Oder, gebe ich zu bedenken, weil sie eine so vertraute Beziehung haben zu allem, was wächst und gedeiht, daß sie eine Blume lieber im Garten oder auf der Wiese betrachten als daheim in der Vase.

Der Zoo von Edinburgh im westlichen Vorort Corstorphine ist für seine Pinguin-Zucht berühmt (im Sommer nachmittägliche ›Parade‹). – Der artenreiche und gut angelegte Botanische Garten befindet sich im Norden der Stadt. Auf seinem Gelände: die Scottish National Gallery of Modern Art (Britische und internationale Kunst des 20. Jahrhunderts).

Königsschlösser

Wenn die britische Königin mit ihrer Familie mehrmals im Jahr den Wohnsitz wechselt (von Buckingham Palace nach Windsor, von Sandringham nach Balmoral), so folgt sie damit einem sehr alten Brauch. Ursprünglich hatte die Verlegung eines Hofstaates in erster Linie praktische Gründe: Die sanitären Anlagen reichten nach einer gewissen Zeitspanne nicht mehr aus. Dann wurden die Feuer in Kamin und Küche gelöscht, die Gobelins von den Wänden genommen, Musikinstrumente verpackt, das jagdbare Getier zusammengetrieben (und am neuen Ort wieder freigelassen), die Pferde aus den Ställen geholt, das wenige kostbare Mobiliar aufgeladen: Umzug auf Zeit.

Auch in Schottland standen den Königen mehrere Schlösser zur Verfügung, zwei von ihnen in der Hauptstadt selber – Edinburgh Castle und Holyroodhouse – und eines in unmittelbarer Nähe: Linlithgow. Dunfermline, Stirling Castle und Falkland Palace liegen weiter nördlich. In Scone, dem ältesten aller königlichen Orte, muß ebenfalls einmal ein Palast gestanden haben. Nur Holyroodhouse dient noch seinem ursprünglichen Zweck (und in neuerer Zeit dazugekommen ist Balmoral Castle im Hochland).

In den Aufgängen und gepflasterten Höfen des *Edinburgh Castle* muß man im Winter mit einem schneidend kalten Wind rechnen; aber sie sind um diese Zeit menschenleer und weit eindrucksvoller als während des Sommers, wenn die Schlangen der Schaulustigen nicht abreißen, und draußen auf der Esplanade die Busse noch den letzten Platz zwischen den Skeletten der Tattoo-Tribünen besetzen. Die Wachen des Regiments, das gerade auf der Burg Dienst tut, haben außerhalb der Saison Zeit, jeden Besucher zu begrüßen und ihm den Weg durchs Tor zu weisen. Man hört den Widerhall der eigenen Schritte. Ungehindert und allein steht man in der kleinen weißgetünchten Kapelle der Königin Margaret und versucht sich vorzustellen, wie die fromme Dame – weltlichem Glanz nicht abgeneigt – vor neunhundert Jahren den heute nackten Raum wohl ausgeschmückt hatte. Und weiter hügelauf: Architektonisch sind die anschließenden Bauten uninteressant. Im Kronraum kann man die ausgestellten ›Honours of Scotland‹ in Ruhe betrachten. Die Krone ist um dreihundert Jahre älter als die englische, »und unsere ist schöner«, sagt der Aufseher. Die Auffindung der seit 1707 versteckten und verschollenen Kronjuwelen im Jahre 1817 war eine nationale Tat, bei der wieder einmal der unermüdliche Walter Scott seine Finger im Spiel hatte: Er erwirkte bei seinem Freund, dem Prinzregenten und späteren König Georg IV., die Erlaubnis, nach dem Schatz forschen zu dürfen. Scott selber schildert den Augenblick der Auffindung: »Unter den Hammerschlägen gab die Truhe einen dumpfen Ton von sich, ganz so, als ob sie leer sei; selbst die Optimisten unter uns glaubten sich um ihre Hoffnung betrogen. Aber als man den Deckel mit großer Mühe aufgestemmt hatte, erblickte man die Kroninsignien, in Leinen gewickelt, am Boden, so wie sie 1707 verwahrt wurden. Die Begeisterung war groß und allgemein...«

Nebenan in den Royal Apartments diente ein kleiner holzgetäfelter Raum Maria Stuart als Wochenstube. Vom Fenster aus soll das Baby, der zukünftige König Jakob VI., in einem Körbchen in die schwindelerregende Tiefe herabgelassen und aus der Stadt gebracht worden sein. Die Mutter fürchtete um sein Leben; aber ihrem Sohn war nicht nur das Stuart-Schicksal eines ›child-king‹, sondern auch ein verhältnismäßig hohes Alter beschieden.

Das *Scottish United Services Museum* auf der Burg möchte ich vor allem Modeschöpfern und Kostümbildnern empfehlen. Der männliche Schotte liebte die Pracht des Gewandes (Dudelsackkapellen und Hochlandbälle geben noch einen Eindruck davon). Die Gabe der Phantasie, die in allen keltischen Ländern üppig gedeiht und wuchert, manifestierte sich in Schottland in der Lust am Kostüm. Das gilt auch für die alten Uniformen, die mit ihren Besätzen und koketten Schleifchen, mit Matrosenhüten und winzigen Mützchen das Auge des Betrachters erfreuen.

Anders das *War Memorial* auf der Burg, ein würdiger Bau Sir Robert Lorimers, zum Gedächtnis derer, die in beiden Weltkriegen Dienst taten, von den kämpfenden Regimentern über Sanitäter und Krankenschwestern bis zu den Trainpferden. Der hochdekorierte Wärter sagte: »Zu Hause lehrte man mich, ein guter Christ zu sein; im Krieg hat man einen Killer aus mir gemacht – wie soll sich das zusammenreimen?«

Der zweite königliche Palast von Edinburgh ist *Holyroodhouse*. Eine Legende berichtet, König David I. sei bei einem Jagdunfall durch die wunderbare Erscheinung eines Kreuzes gerettet worden und habe zum Dank an diesem Ort eine

Kirche errichtet. *Holyrood Abbey* ist, wie so viele schottische Gotteshäuser, malerische und melancholische Ruine. Aber noch lange Zeit nach der Reformation, sogar noch im neunzehnten Jahrhundert, galt das Gelände der ehemaligen Abtei als Freistatt für Schuldner. Hier konnten sie nicht verhaftet werden. Die Bewohner der angrenzenden Häuser nahmen sie auf und verdienten dabei gut. Auch der arme Walter Scott soll nach dem finanziellen Zusammenbruch seines Verlages erwogen haben, sich hier zu verstecken.

Das eigentliche Schloß bleibt zwei Monate vor einem Aufenthalt der Königin und zwei Monate danach dem Publikum verschlossen. Der Tradition folgend, sollte die Majestät vierzehn Tage in jedem Jahr im Palast wohnen. Dann findet regelmäßig ihre große Gardenparty statt. Gelegentlich üben die Royal Archers, noble Schutztruppe der Königin, ihre Künste im Bogenschießen auf diesem Gelände.

Fontane kritisierte das Äußere des Schlosses als »Viereck von mäßigen Proportionen«. Mir gefällt die von wuchtigen Ecktürmen eingerahmte Fassade, das säulengeschmückte Portal mit Schottlands Wappen, das zierliche Türmchen mit steinerner Krone darüber. Französischer Einfluß ist unverkennbar. Ein Gittertor schließt den weiten Vorhof gegen den Arthur's Seat hin ab.

Beim Betreten des Hauses teile ich eher Fontanes Kritik: »Ein Kaserneneingang, der vierzehn Tage vorher auf Regimentsbefehl geweißelt wurde.« Die von der königlichen Familie bewohnten Zimmerfluchten sind für das Publikum unverbindlich möbliert. Eine Galerie mit den angeblichen Porträts schottischer Könige – hundertelf an der Zahl – reizt mehr zum Lachen als zum Betrachten, zumal man annehmen kann, daß der Maler sie gewissermaßen in Fließbandarbeit herstellte und seinen Lohn für Leinwand, Farbe und Fleiß erhielt, nicht für künstlerisches Wirken. Ohnehin ziehen die Scharen der Schaulustigen hier möglichst rasch vorbei. Sie alle wollen ›es‹ sehen: das enge Vorzimmer, in dem David Rizzio von den schottischen Lords ermordet wurde. Kein Blutfleck, nur eine polierte Messingplatte bezeichnet die Stelle. Aber wenn die Schritte des Guide und seiner Gruppe verhallt sind und man allein zurückbleibt, füllen sich die

Räume im zweiten Stock des Nordturms mit den Schemen der Mitwirkenden und Zuschauer bei dieser Tragödie. Im kleinen Speisezimmer Maria Stuarts sitzen David Rizzio und einige andere Höflinge um ihre Königin geschart. Sie ist im sechsten Monat schwanger. Darnley erscheint unerwartet. Waffengeklirr im Vorplatz: Aus dem engen Schacht der geheimen Wendeltreppe taucht als erster der Lords Patrick Ruthven auf. Das bleiche Gesicht über der schwarzen Rüstung ist von Krankheit gezeichnet. Diesem Mann geht der Ruf eines Hexers voraus. Jetzt zeigt er auf Rizzio und sagt: »Let it please your Majesty, that younder man David come forth of your privy-chamber, where he hath been overlong.« Weitere Verschwörer kommen. Rizzio wird von der Seite der Königin fortgezerrt, durch ihr Schlafzimmer hinaus in den Vorraum. Die Dolche tun ihr Werk. Immer wieder ist mit Abscheu darauf hingewiesen worden, daß von so vielen und so oft auf den unglücklichen Rizzio eingestochen worden sei. Dazu muß man wissen: Wenn Schotten, im Guten wie im Bösen, sich zu einem Vorhaben zusammentaten, so besiegelten sie ihren gemeinsamen Beschluß schriftlich mit einem Covenant. Jeder Dolch im Leib des Opfers war ein Beweisstück: Auch ich habe meinen Schwur gelöst.

In *Linlithgow*, nahe der Stadt, weht eine mildere Luft; dort hinaus ritten die Könige, wenn sie sich vergnügen wollten. Linlithgow: Fast jeder Stuart-Herrscher baute weiter an diesem Geviert; aber es blieben nur ausgebrannte Ruinen, aufgetürmtes Mauerwerk von mehr als drei Meter Dicke. Im Innenhof ist der patinagrüne, figurenreiche Renaissance-Brunnen ausgetrocknet. An Besuchstagen kichern die Schulkinder aus dunklen Fensterhöhlen; aber die leeren Nischen, in denen einmal Heiligenfiguren standen, kann niemand mehr mit Leben erfüllen. Von der Schloßküche aus sieht man durch steinerne Fensterkreuze auf die Angler im See hinunter und auf die Laster, Busse, Autos, die jenseits des Wassers in Richtung Edinburgh oder Stirling vorüberjagen. Man hört Züge rattern, hört auch den Doppelton ihrer Warnsignale, aber man sieht sie nicht. 1504 brachte Jakob IV. die gerade dreizehnjährige Margaret Tudor als seine Braut hierhier; 1513 verließ er sie, um gegen England – ihre Heimat – zu ziehen, in die Schlacht von Flodden und in den Tod. In einem Turmgemach soll die Königin ihm nachgeschaut und dann vergeblich auf seine Rückkehr gewartet haben. *Queen Margaret's Bower* heißt die achteckige steinerne Laube über den Dächern und den Reihen der Kamine, mit umlaufender Steinbank, drei schmalen Fensterschlitzen und einer Inschrift über dem Eingang. Von diesem Vers Walter Scotts sind nur noch einige Worte zu entziffern: »all lonely... and wept the weary hour...« Die Rippen des Netzgewölbes münden in einer Tudor-Rose. Bangte die Königin um ihren Gemahl oder um ihre englische Heimat? Man sagt, sie habe durch kunstreich inszenierte Geistererscheinungen und -stimmen den König von seinem Feldzug abzuhalten versucht.

Heute sieht man von ihrem Aussichtsturm aus eine Gegend, in der winklige und heckengesäumte Wege plötzlich eine Autobahn überqueren oder unter ihr durchtauchen; wo ein Schloß eine Fabrik für landwirtschaftliche Maschinen zum Nachbarn hat. Von den Hügeln am Horizont weiß man nicht, ob die Natur sie schuf, oder ob eine Abraumhalde, frisch übergrünt, wieder zu Natur wurde. Dem Turm von St. Michael neben der Schloßruine hat man vor einigen Jahren mit Hilfe eines Helikopters eine helle Aluminiumkonstruktion aufgesetzt. Aus großer Entfernung blitzt sie eindrucksvoll in der Sonne; aber aus der Nähe, besonders von Queen Margaret's Bower aus, beleidigt sie das Auge.

Im Edinburgh Castle steht an erhöhtem Ort Mons Meg, der »große eiserne Mörder«, Schottlands berühmteste Kanone, im 15. Jahrhundert gegossen.
Jenseits von Holyroodhouse: der Vulkankegel des Arthur's Seat, 275 Meter hoch, bis zur halben Höhe auf der Queen's Road befahrbar. Weiter Blick über die Stadt, aufs Meer hinaus und bis zum Hochland hinüber. Weiter westlich führt am Fuß der Salisbury Craigs unter den Felsabstürzen ein lohnender Höhenweg entlang.
Bei Linlithgow: jenseits der Autobahn ›The Binns‹, Landhaus des 17. Jahrhunderts mit Park (National Trust).

Rosslyn

Die Kollegiatskirche Rosslyn (oder Roslin, wie der nahe Ort), südwestlich von Edinburgh gelegen, wurde in der Mitte des fünfzehnten Jahrhunderts von William Sinclair, dem 3. Earl of Orkney, errichtet. Die Stiftung von Colleges mit dazugehöriger Kapelle, zur Festigung und Vertiefung des Glaubens, war damals für einen großen Herrn nichts Ungewöhnliches; nur der Bau an sich ist überraschend.

Eine zeitgenössische Chronik erwähnt den Earl »in fabricando sumptuosam structuram apud Roslyn«. Sumptuousness, Prachtaufwand, ist in der Tat ein Stichwort, das einem beim Betreten dieser Kapelle in den Sinn kommt. Der Raum ist hoch, aber schmal und nur 21 Meter lang; von dem ursprünglich kreuzförmigen Entwurf wurden allein der Chor – mit Umgang und Ladies' Chapel – und eine tiefer gelegene Sakristei verwirklicht. Im Gegensatz zu anderen schottischen Kirchen des späten Mittelalters, die bis zur Strenge einfach wirken, ist in Rosslyn jede sich bietende Fläche mit steinernem Schmuck so lückenlos überzogen, als sei hier ein Zuckerbäcker am Werk gewesen. Eine Welt von Details tut sich auf: im einzelnen nicht immer überzeugend, aber als Gesamteindruck bedeutend.

Die Gedanken gehen sofort vergleichend zum Kontinent, nach Burgund, Spanien, Portugal. Die Ähnlichkeit mit Belém oder Batalha frappiert, wenn auch die dort häufig auftretenden Motive der Seefahrt, Tau und Anker, fehlen. Obwohl der kontinentale Einfluß unübersehbar ist, wird neuerdings bezweifelt, daß fremde Steinmetze hier maßgeblich am Werk gewesen seien. Der Dank für die exotische Ausschmückung der Kapelle gebühre, heißt es, vor allem dem Bauherrn selbst, der den Beinamen ›Prodigus‹ führte: ein kultivierter und hochgebildeter Edelmann, Ritter des Goldenen Vlieses, Förderer aller Künste und – ›skilled in the masonic art‹, also in der Steinmetzkunst bewandert. Vielleicht hat er die Anregungen für seinen Bau von weiten Reisen mitgebracht und einheimische Künstler angeleitet. Gleich nach seinem Tod 1484 brach die Bautätigkeit ab.

Erst bei längerem Betrachten lösen sich aus dem steinernen

Gestrüpp der Blätter und Pflanzenteile auch figürliche Darstellungen, darunter ein früher Totentanz. Zusammen mit anderen Musikanten spielt ein dicklicher Engel den Dudelsack. Hoch oben im Gewölbe, in der Nähe von Sonne, Mond und Sternen, trägt ein gemeißelter Männerkopf eine tiefe Wunde an der Stirn. Damit soll an die Legende von Rosslyn erinnert werden: Ein Lehrling habe ›the Prentice Pillar‹ geschaffen, die schönste aller geschmückten Säulen, während der Master Mason abwesend war, und der Meister habe ihn deswegen aus Eifersucht erschlagen.

Beim Bewundern der Steinmetzkunst von Rosslyn sollte man nicht vergessen, daß die Kapelle auch Grablege der Sinclair war, und daß sechzehn Generationen lang die Ritter ohne Sarg, aber in voller Rüstung hier beigesetzt wurden, bis eine ihrer Frauen dies unwürdig fand und den alten Brauch abschaffte. Eine andere Dame der Familie, die ›lovely Rosabelle‹, ertrank im Firth of Forth. Nachdem Sir Walter Scott in einer berühmten Ballade (›The Lay of the last Minstrel‹) dies seinen Lesern mitgeteilt hatte, eilten sie vierspännig aus Edinburgh herbei. Bei den sentimentalen Pilgerfahrten, die damit in Mode kamen, wurde nicht nur die Kapelle besichtigt; man erging sich am malerischen Hochufer des North Esk und spazierte über eine Zugbrücke zur Burg auf dem Steilfelsen. – Dieser schöne Bau der Sinclairs steckt voll interessanter Erinnerungen. So lebten in seinen Rundtürmen eine Zeitlang Zigeuner, die für den Burgherrn Theater spielen mußten. Leider ist das Schloß wegen Einsturzgefahr nicht mehr zugänglich. »Wem gehört dieses Land?« Immer noch den Sinclairs, die sich heute St. Clair nennen, den Titel eines Earl of Rosslyn führen, aber in einem anderen Teil des Landes leben.

Ausführliche Angaben über die Rosslyn Chapel in: Colin McWilliam, ›Lothian‹, Harmondsworth 1978. Diesem ersten Band der von Nikolaus Pevsner betreuten Reihe ›The Buildings of Scotland‹ sollen neun weitere folgen.
Am Wege zur Rosslyn Chapel: Hillend (in den Ausläufern der Pentland Hills), mit der größten künstlichen Skipiste Großbritanniens.

South Queensferry und die Brücken

Die Wasserstraße des Firth of Forth ist hier ungefähr eine Meile breit. Erst vor hundert Jahren wurde mit dem ersten Brückenschlag begonnen. Zuvor (und schon im elften Jahrhundert, zur Zeit der Königin Margaret, die dem Ort den Namen gab) besorgten Fähren den manchmal gefährlichen Transport über das rasch strömende Wasser. Sogar im Zeitalter der ersten Eisenbahnen hieß es noch: umsteigen, aus dem Coupé aufs Boot und drüben in North Queensferry wieder in den Zug – eine mühselige und zeitraubende Art des Reisens, ganz unschottisch. Dann kam die Aera des ›Victorian Engineering‹, als Gußeisen und Erfindergeist triumphierten; mit lockenden Prospekten wurden die Vorzüge verschiedener phantastischer Projekte (sogar eines Doppeltunnels unter dem Wasser, ›one for comers, one for goers‹) dem Publikum vorgestellt. Aber erst 1873 erhielt das Modell von Thomas Bouch, der eben die Brücke über den Tay gebaut hatte, die Billigung des Parlaments in London. Büros und Werkstätten wurden eingerichtet, die Arbeit begann – da ereignete sich im Dezember 1879 das bekannte Unglück am Tay: Die Brücke dort stürzte ein. Wer weiß, vielleicht ist dadurch eine weit größere Katastrophe hier am Forth verhindert worden. Denn nachdem eine Untersuchungskommision herausgefunden hatte, daß Thomas Bouch bei seiner Tay-Brücke leichtfertige, ja haarsträubende Fehler unterlaufen waren, gingen am Forth neue Männer – die Herren Fowler, Baker und Arrol – nach neuen Methoden ans Werk, mit dem einzigen Ziel: größtmögliche Sicherheit.

So entstand die weltberühmte Auslegerbrücke, auf der noch heute die Züge über den Meeresarm fahren (sie werden es vermutlich weitere hundert Jahre lang tun). Als ein höchst vertrauenerweckendes Bauwerk marschiert die Brücke mit der Grazie eines Elefanten zum anderen Ufer: 1625 Meter lang, 51000 Tonnen schwer, von sieben Millionen Nieten zusammengehalten, die Eisenteile rostrot gestrichen (ein Arbeitstrupp ist das ganze Jahr über damit beschäftigt). Den Arbeitern am Bau wurde von Zeitgenossen höchstes Lob gezollt, vor allem weil sie in einsamer Höhe über dem Forth oder in Caissons, Senkkästen, unter dem Wasserspiegel eingeschlossen, auftretende Schwierigkeiten und Probleme in kühner und origineller Weise selbständig lösten. 63 von ihnen verunglückten tödlich. Die Brücke steht auf dreimal vier Sockeln im Wasser; wiederum denkt man an einen Elefanten, der im Zirkus auf seiner Tonne balanciert. Trotz allem ist das Bauwerk elegant; die Kreuz- und Querstreben der Stahlkonstruktion wirken leicht, auch die gemauerten Pfeiler, die das Brückenstück über dem Ufer tragen, sind weder plump noch häßlich.

Achtzig Jahre später, als in geringer Entfernung die neue Hängebrücke für Autos und Fußgänger übers Wasser gelegt wurde, wußte man mehr über Baumaterialien und ihre Eigenschaften. Wie hier an den beiden Stahlseilen, die sich über zwei Pylone von Ufer zu Ufer schwingen, die Last der langen, sanft gewölbten Straßenbrücke aufgehängt ist, das ist meisterhaft gelöst (Architekt: Sir Giles Gilbert Scott, Ingenieure: Mott, Hay und Anderson). Obwohl sie Kinder verschiedener Zeitalter sind, harmonieren die beiden Brücken optisch aufs schönste. An beiden Ufern des Forth und auch aus größeren Entfernungen lassen sich immer neue Blickpunkte mit wechselnden Wirkungen finden. Manche Edinburgher, auch Fremde, sind ›brückennärrisch‹ geworden, stellen sich unter den alten Bau, um das Singen des Windes im Gestänge zu hören, oder warten auf ziehende Nebel, aus denen die beiden Bauwerke für einen beglückenden Augenblick wie zarte Gespinste auftauchen. Bei der britischen Kriegsmarine gilt folgendes ungeschriebene Gesetz: Wenn eines ihrer Boote unter der alten Brücke hindurchfährt, während oben gerade ein Zug den Firth of Forth überquert, muß der Captain die gesamte Mannschaft mit Sekt freihalten. Im Februar 1976 entging der Thronfolger, Prinz Charles, als Leutnant auf ›HMS Bronington‹ mit knapper Not diesem Schicksal.

South Queensferry, nun unter den Brücken versteckt, ist ein wenig in Vergessenheit geraten. In der Hauptstraße mit ihren bunten Häusern und einem Bürgersteig, der als Terrasse hoch über dem Fahrweg angelegt wurde, ist noch ein Stück früherer Zeit bewahrt. Wer ›Kidnapped‹ von Robert Louis Stevenson gelesen hat, kennt den alten Ort. Hier beginnen die dramati-

schen Entwicklungen im Roman des schottischen Dichters:
David Balfour wird auf Geheiß des bösen Onkels aus einem
Gasthof entführt und auf ein Schiff verschleppt. Der Gasthof,
›Howes Inn‹, steht noch an alter Stelle.

Die Gegend wird von Freunden ausgedehnter Spaziergänge bevorzugt.
Östlich der Brücken: das malerische Dorf Cramond, an der Mündung
des Flüßchens Almond in den Firth of Forth gelegen. Alter Gasthof;
Uferpromenade. Im Friedhof Überreste eines römischen Forts (142 n.
Chr. unter Antoninus Pius zum Schutz eines Hafens für Versorgungsschiffe angelegt, mit Unterbrechungen bis ins 4. Jahrhundert benutzt).
Flußaufwärts romantische Wege am Ufer entlang zur alten Brücke.
In Cramond Fähre über den Almond. Von dort Fußweg nach Dalmeny
zur schönsten Kirche dieser Gegend, einem vollständig erhaltenen
normannischen Bau des 12. Jahrhunderts. Weiter westlich: der ausgedehnte Park von Hopetoun House mit zahlreichen Wegen und
Ausblicken auf den Forth und die Brücken. Das Schloß, 1699 von
William Bruce begonnen, wurde wenig später von William Adam erweitert und vollendet durch den Ausbau des Haupthauses und den
Anbau von zwei Seitenflügeln. Das Innere von Hopetoun House gestalteten die Adam-Söhne Robert und John. 1848 gab hier Frédéric
Chopin, der als schon Schwerkranker Schottland bereiste, eines seiner
letzten Konzerte. Heute öffnet der Besitzer, der Marquis von Linlithgow, den Ballsaal für Feste und Kongresse, während in den mit farbigen Seidentapeten bespannten Salons literarische und musikalische
Abende in kleinerem Kreis stattfinden.
In der nahen Kirche von Abercorn ist ›The Hopetoun Loft‹, die herrschaftliche Empore, sehenswert.

Mühle und Taubenschlag

Das Land zwischen Edinburgh und dem offenen Meer im
Osten heißt *East Lothian* und ist in einem lohnenden Tagesausflug zu besichtigen.

Die wohlbestellten Felder dieser Region sollen den besten
Boden weit und breit haben – man spricht vom ›Garten
Schottlands‹. Jedes Gehöft hat einen gerechten Anteil an
guten Äckern im Tal und an den höhergelegenen Weiden;
das Farmland zieht sich in schmalen Streifen die Hügel hinauf.

Aber von einer gewissen Höhe ab gibt es keine Häuser mehr, da es dort zu kalt ist. Jede Ecke hat anscheinend ihr eigenes Klima: Wir fuhren im Sonnenschein, auf den nächsten Hügeln schneite es. Bei vielen Höfen sahen wir noch jenes kuriose niedrige und achteckige Bauwerk, in dem früher Pferde im Kreis liefen, um das Korn zu dreschen (›horse-gang‹). Stattliche Einfahrtstore und Wagenschuppen mit vorgebauten Arkaden aus farbigem Bruchstein gehören ebenfalls zu den ländlichen Anwesen dieser Gegend. In den Ortschaften reihen sich die Häuser um eine weite und freie Wiese, den Common Ground. Schafe und Ziegen sieht man dort nicht mehr weiden, aber gelegentlich ein Pony. Die kleinen Städte gefielen uns, *Haddington* zum Beispiel: mit alten Häusern – aus dem roten oder rötlichen Stein der Umgebung gebaut oder bunt getüncht – und schönen Kirchen. Treppengiebel und geschwungene Dachpfannen erinnern gelegentlich an Holland. Die ›pantiles‹ kamen auch ursprünglich als Schiffsballast über die Nordsee aus den Niederlanden.

Die Küsten zeigen dramatische Klippenformationen vulkanischen Ursprungs und verschiedener Färbung; eingesprengt sind Sandsteinvorkommen. Vulkanhügel, von denen der äußerste, der *Bass Rock*, vor North Berwick aus dem Meer ragt, ziehen sich in loser Kette durchs Land, als weithin sichtbare Wegzeichen. Der Bass Rock – unter dem Schutz des National Trust stehend – gilt als größter Nistplatz für den Tölpel oder Gannet (Sula bassana), einen königlichen Vogel, der in großer Höhe seine riesigen Schwingen zusammenklappt, um sich senkrecht ins Meer und auf seine Beute zu stürzen (er kann dabei eine besondere Jalousie vor seine Augen ziehen und den Nacken versteifen). Bass Rock war außerdem Gefangenen-Insel: Stevenson läßt seinen David Balfour dorthin verschlagen werden: »Die Klippe war mit Vogelkot bemalt wie mit Morgenreif, die geneigte Spitze grün von Gras...«

In den kleinen Häfen, zum Firth of Forth hin oder zum offenen Meer, schwappte bei Flut und einem scharfen Nordost das Wasser mit jeder Welle über Kais und Mauern. Auf den Golfplätzen, die sich hier in den Dünen über dem Meer aneinanderreihen (eine schottische Besonderheit), mußten sich die Spieler gegen den Wind stemmen, als seien sie an

Deck eines Schiffes. Wo bei solch stürmischem Wetter der Ball hingetrieben würde, schien kaum vorauszusehen.

Tantallon Castle, Ruine über dem Meer, blieb als schöne Vision am Horizont. In *Whitekirk*, wo Kirche und Friedhof von einer zinnenbewehrten Mauer umfaßt sind, betrübte mich die leere Nische über dem Eingang, in der einmal, nach der Form der Ausbuchtung zu schließen, eine Madonna mit Kind gethront haben mag, ehe puritanische Bilderstürmer sich ans Werk machten. Wir sahen Fasanen auf der Straße und hörten über uns den Brachvogel rufen. So kamen wir nach *East Linton* und zum Höhepunkt dieses Vorfrühlingstages. Außerhalb der freundlichen Ortschaft und jenseits einer alten Brücke über den Tyne saß der rosenfarbige verschachtelte Bau der *Preston Mill* in der Wiese wie eine Glucke im Nest; über dem ›kiln‹, einer Korndarre, der hellrote, spitze Hut eines Pfannendachs mit Wetterfahne. Im dämmrigen Inneren der Mühle verzaubert das sanfte Klappern des hölzernen Mahlwerks; man blickt gebannt auf die kunstvoll ineinander gefügten Räder, Walzen und Stangen und staunt, daß der Mechanismus, der zum Teil aus dem siebzehnten Jahrhundert stammt, immer noch funktioniert. *Phantassie Doo-cot*, ein alter Taubenschlag in Bienenkorbform, mit mehr als fünfhundert Nistplätzen, hält mit der Mühle gute Nachbarschaft. Beide Gebäude werden vom National Trust betreut.

In allen Großen Häusern wurden zur winterlichen Fleischversorgung Tauben gehalten. Sie holten sich ihr Futter von den umliegenden Feldern, so daß – wie man damals sagte – »die Pächter ihre Abgaben zweimal entrichteten«.

März

WINTERREISE

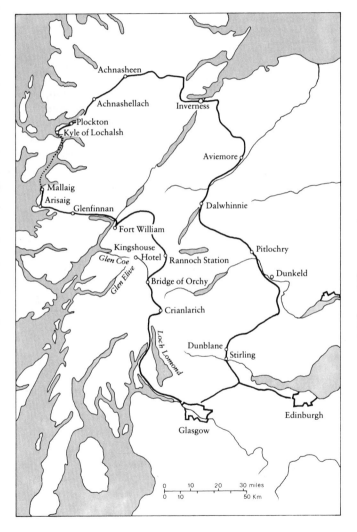

Für stille Genießer

Es muß eine herrliche Zeit gewesen sein, als man in Schottland Eisenbahnen baute. Die zuständigen Ingenieure und Techniker – natürlich alles Einheimische – beugten sich über die Landkarten und sahen mit wachsendem Vergnügen, welch reiche Zahl an Hindernissen sich ihrem Werk in den Weg stellen würde: Bergzüge, Flußtäler, ausgedehnte Moore und kleinere Felsmassive. Dann machten sie sich ans Werk. Ich werde den Verdacht nicht los, daß die Herren gelegentlich von zwei Möglichkeiten die umständlichere wählten, um auch hier nach alter keltischer Art ein ›schwieriges, vielgeliebtes Problem‹ zu lösen. Andere Ungereimtheiten des Streckenverlaufs beruhen auf dem Starrsinn einiger Großgrundbesitzer. Nicht nur Königin Victoria weigerte sich, von den Fenstern ihres Schlosses aus den plebejischen Pfiff einer Lokomotive zu vernehmen. (Deshalb endete im Royal Deeside die inzwischen längst eingestellte Bahnlinie in Ballater, wo man für königliche Ankünfte und Abfahrten einen besonders eleganten Bahnhof baute.) Andere Einwände wurden laut: »The deer will not like it«, dem Wild wird's nicht recht sein. Ein gewisser Professor Blackbum aus Glasgow, Mathematiker, fürchtete, daß »unersättliche Touristen« seinen schönen Besitz am Sound of Arisaig überfluten würden, falls dort – wie vorgesehen – eine Station samt Pier entstünde. Mit Hilfe des Parlaments in London brachte der Professor das Projekt tatsächlich zu Fall. Aber der Siegeszug des neuen Verkehrsmittels ließ sich auf die Dauer nicht aufhalten. Mit der Eisenbahn zu fahren, wurde ›fashionable‹; der Duke of Atholl ließ sich auf der nahegelegenen Station einen eigenen Warteraum bauen; der Herzog von Sutherland bestellte sogar eine private Bahnlinie zu seinem Schloß Dunrobin. Die Lokomotive ist dort noch zu besichtigen. Überhaupt – die Lokomotiven! Man schrieb ihnen in bunten Lettern großartige Namen aufs glänzende Metallgehäuse: Macleod of Macleod, Glenfinnan oder Loch Arkaig. Jede Station an der Strecke wurde zum gußeisernen Denkmal für einen Sieg über die widerspenstige Natur, und Joseph Mitchell (der als Chief Inspector of Highland Roads and Bridges noch unter Telford gearbeitet hatte) mit seinen Mitarbeitern und Nachfolgern waren die Helden des Dramas. Man verfügte damals, in der zweiten Hälfte des neunzehnten Jahrhunderts, nur über primitive technische Hilfsmittel. Eine Armee von ärmlich ausgerüsteten Männern, meist Iren, die in Zelten notdürftig untergebracht waren, arbeitete für fünf Pennies am Tag mit Hacke und Schaufel. Gesprengt wurde mit Schwarzpulver. Dem durch die Clearances entvölkerten Hochland sollten neue Chancen eröffnet werden, Städte, Häfen und Industrien entstehen. Von den hochgemuten Plänen ist kaum einer verwirklicht worden. Zwar konnte man nun mit Dampfkraft bis in die fernsten Hochtäler gelangen, auf die Dauer leben und ertragreich arbeiten ließ sich dort nicht. Wieder einmal besiegte die Natur den Menschen in den Highlands. Einige Strecken wurden eingestellt, die technischen Anlagen abgebaut; die Spur des Schotterbetts zieht sich noch wie eine schlecht verheilte Narbe an Berghängen und unter Wasserfällen entlang. Tagelange Wanderungen auf den ehemaligen Trassen zu unternehmen, ist, wie bereits erwähnt, ein beliebter schottischer Sport geworden.

Auch die Züge zwischen Inverness und Kyle of Lochalsh würden längst nicht mehr durch die wilden Einöden von Wester Ross fahren, wenn nicht vor ein paar Jahren der Bau der ›größten Ölplattform der Welt‹ im Meeresarm bei Carron dieser Region eine neue, freilich nur kurz währende Blütezeit gebracht hätte.

Auf den letzten der ›großen Routen‹: Glasgow-Fort William-Mallaig; Kyle-Inverness, Inverness-Edinburgh trifft man heute vor allem Touristen, stille Genießer der Fahrten über Abgründe und reißende Flüsse, an senkrechten, wie mit dem Hobel geglätteten Felswänden entlang, die fast bis zum Abteilfenster ragen. Gelegentlich verläuft die Strecke so abenteuerlich, daß man meinen könnte, die Lokomotive habe sich selbständig gemacht und suche sich, ohne Führer oder Schienen, eigensinnig ihren Weg durch die Landschaft. Junge Leute, die ohne Auto unterwegs sind, steigen da, wo es ihnen gerade gefällt, bei einer kleinen Station aus, nehmen ihren Rucksack und machen sich auf den Weg.

Im März, als der Schnee blendend weiß auf allen Gipfeln

lag und wir den Straßen noch nicht recht trauten, haben wir auch eine solche Fahrt unternommen.

Eisenbahn-Enthusiasten haben in Boat of Garten (Spey-Tal) den aufgelassenen Bahnhof instand gesetzt, eine Reihe alter Waggons auf die Geleise gestellt, neu lackiert und auf Hochglanz gebracht, Fahrpläne und Ankündigungen aus alten Tagen nachdrucken lassen. Gelegentlich arrangieren ihnen die offiziellen Kollegen eine Fahrt nach Edinburgh mit ihrem Zug.

Im Hochland aufwachen

Zu den großen Freuden einer Schottland-Tour mit der Eisenbahn gehört es, sich in London einen Schlafwagen zu nehmen, in der Euston Station zu Bett zu gehen, schon unter karierten Decken, um am nächsten Morgen im Hochland aufzuwachen. In der Nacht rattert der Zug über Weichen und sich kreuzende Geleise, dazwischen steht er lange. In den Waggons ist es still; man hat das Gefühl, ganz privat befördert zu werden, Luxusreisender auch in der zweiten Klasse (ein handgeschriebener Zettel an der Wagentür wies uns in unsere Abteile). Der Fahrplan dieser Züge scheint gerade so gelegt, daß die Herren Golfspieler rechtzeitig zur ersten Runde eintreffen, die Jäger und Angler zu der Stunde, in der sie sowieso loszugehen pflegen. Einer der großen Golfplätze an diesen Strecken, *Gleneagles*, hat sogar einen eigenen Bahnhof. In englischen Romanen und Erzählungen wird eine solche Fahrt in den schottischen Morgen immer wieder beschrieben: der Schritt auf den schmalen Bahnsteig hinaus, der ganz im Grünen liegt. Das erste zögernde Einatmen einer starken und reinen Luft. Dann ergreift der Held der Geschichte seine Sportgeräte und steigt in ein lehmbespritztes Fahrzeug, das vor dem Bahnhof auf ihn wartet.

Als wir eine solche Reise versuchten, war an der schönsten Stelle unserer Strecke, im Rannoch Moor, am Tag zuvor ein Güterzug entgleist und sperrte den Verkehr. Unser Schaffner, ein Schwarzer, kam um halb sechs Uhr früh mit dieser Hiobsbotschaft und dem Early Morning Tea in unser Abteil. Andere Schaffner und Träger brachten uns und unser Gepäck im dämmergrauen Glasgow auf einen entfernten Bahnsteig; Arbeiter, die zur Frühschicht fuhren, sahen der stumm vorbeihastenden Kolonne verwundert nach. Ein Ersatzzug fuhr pünktlich ab. So sahen wir, wider Erwarten hellwach und aufrecht sitzend, wie rasch wir die Zonen vorstädtischer Häßlichkeit hinter uns ließen und am Clyde entlangfuhren, an dessen Schlickufer, bei tiefster Ebbe, das Wasser in Tümpeln stand. Eigentlich, sagten wir, haben wir Glück gehabt: Aus dem Schlafwagenbett hätte man nur einen schmalen Ausschnitt der Landschaft ins Blickfeld bekommen; so sahen wir durch große, wenn auch nicht gerade spiegelblanke Scheiben zu beiden Seiten das Panorama vorbeihuschen.

Sobald unser Zug nach Norden abbog, war das Hochland plötzlich um uns, mit immer steiler ansteigenden Höhen und dem wechselnden Spiel der Lochs und ihrer Ufer. Die Stationshäuser glichen einander wie ein Ei dem anderen: spielzeugklein, hölzern, lindgrün geschuppt. Die Stationsvorsteher machten dem hohen Ruf schottischer Gärtner Ehre und übertrafen sich gegenseitig im Arrangement von Blumenkästen und Beeten. Noch blühte ja kaum etwas, aber man ahnte die Fülle der Farben, die der Frühling bringen würde. Man konnte sich vorstellen, wie, im Mai vielleicht, sich die blühenden Rhododendronwälder bis hinab ans Ufer ziehen würden. Ab und zu leuchtete schon eine verfrühte starkrote Dolde im dunklen Grün. Von den Ortschaften sah man nicht viel. Im Gare Loch lagen Kriegsschiffe vor Anker, wie mit dem Lineal ausgerichtet. Unter uns: Docks und Kräne, Kräne und Docks, Nissenhütten für die Arbeiter. Und wieder Einsamkeit und Farnkraut und Birken, ohne Übergang. Auf Paßhöhen wurde uns durch große Tafeln mitgeteilt, wo wir den höchsten Punkt erreicht hatten und wieviel Fuß er maß. Der Wasserspiegel war nun tief unten, der Hang so steil, daß man abzurutschen fürchtete mitsamt dem Zug, der langsam fuhr und dessen Maschine beträchtlich schnaufte.

Arrochar-Tarbet. Zum grasbewachsenen Steilhang gesellte sich ausnahmsweise ein spitzer Kirchturm – in diesem Lande ein seltener Anblick. Der Zug bog landeinwärts. *Loch Lomond.* Der erste Blick war der beste: rückschauend auf lichte Bläue, liebliche Ufer, Italien. Auf der Straße unter uns quälte sich ein Landsmann im Mercedes hinter einem Laster her um viele Kurven. Wir lehnten zufrieden in den Kissen und sahen nun in ein Gitterwerk von Zweigen und Ästen, das den See überdeckte und wieder freigab. Die Bäume standen mit ihren Wurzeln im Wasser. Der Loch Lomond wurde schmal, mit einem einzigen Haus, einem hellen Riviera-Hotel, am anderen Ufer – *Inversnaid* – und dahinter der kahlen Pyramide des *Ben Lomond*. Der Zug überquerte die dicken Rohre einer Power Station; das Wasser, das sie führten, kam durch den Berg, aus einem anderen Hochtal, von einem jener hochgelegenen Seen, zu denen man selten gelangt. Sanfte Rundung des Ufers, eine schöne Baumgruppe. Adieu, Loch Lomond. Wieder im Gebirge. Hoch oben saßen den Grashalden Felsen auf. Birken wuchsen wie Unkraut neben den Geleisen. Und immer aufs neue öffnete sich die Szenerie zu einem Glen; in manche führte nicht einmal ein Pfad hinauf. *Crianlarich*. Aussteigen zum Teetrinken. Die da aus den anderen Abteilen zum Vorschein kamen und wie wir unter einem plötzlichen Regenguß dem Refreshment Room zuliefen, waren meist jüngere Leute, mit Rucksack und Wanderstiefeln. Man glaubte sich auf einer Berghütte. Der Tee dampfte lieblich unter unseren Nasen.

Den dritten Tee dieses Tages tranken wir als Teil eines ausgiebigen Frühstücks im Kingshouse Hotel, an der Straße nach Glen Coe. Auch für uns hatte ein lehmbespritztes Fahrzeug bereitgestanden, als wir in *Bridge of Orchy* ausstiegen, unter einem heftig blauen und schwarz bewölkten Himmel. Auf der Fahrt zum Quartier spannte sich der erste Regenbogen dieser Reise über unsere Straße.

SCHOTTEN ALS MEISTER DES BRÜCKENBAUS
Über den Tay bei Aberfeldy
Für die Eisenbahn über den Firth of Forth
Atlantic Bridge von der Westküste zur Insel Seil

Auf der Straße nach Glen Coe

Das Kingshouse Hotel ist vermutlich die älteste Herberge in Schottland, die einsamste gewiß. Meilenweit kein anderes Haus: menschenleere melancholische Urwelt, in der unter schrägem Morgenlicht alle Tümpel und wassergefüllten Moorlöcher silbern aufleuchten. Die Berge stehen einzeln; in ihren Furchen und Rinnen lag noch Schnee. Der sie alle überragt, der *Buchaille Etive Mor*, der Große Hirte, bewacht das Tal.

Gleich hinter dem Hotel beginnt ein Public Footpath zum Loch Laidon und zur Rannoch Station hinüber. Immer wieder ist vorgeschlagen worden, diesen Wanderweg als Straße auszubauen, um zwei der schönsten Gegenden Schottlands miteinander zu verbinden. Nein, hieß es dann, es muß noch Regionen in unserem Land geben, die nur dem Wanderer gehören. Wir wollen dieses einmalige Stück Natur nicht verderben. Wer das Tal von Glen Coe und Rannoch Station nacheinander besuchen will, muß mit dem Auto die erstaunlichsten Umwege auf sich nehmen (über Crianlarich, den Loch Tay, Fortingall und Kinloch Rannoch) – rund 150 Kilometer insgesamt.

Am Tag zuvor hatte außer einem Norweger und uns niemand im Hotel gewohnt. Heute, an einem Samstag, standen die Autos reihenweise auf dem Parkplatz. Einer der Wagen hatte zwei Kanus aufgeladen, andere Skier auf dem Dach. Plötzlich waren auch Zelte da. Wo zwei ›burns‹ – Bäche, die über Steine springen – am Fuß des Großen Hirten ihr moorbraunes und grünbraunes Wasser mischen, am schönsten Platz weit und breit, stand ein halbes Dutzend von ihnen beisammen, etwas verblichen schon, von kundiger Hand aufgestellt auf einem Boden, der naß war wie ein Schwamm. Alle Zelte waren gut verschlossen; die Bewohner kletterten schon in den Wänden des Buchaille Etive Mor, in Nebel und Wolken. Oder sie waren mit den Skiern auf dem Hochplateau der *White Corries* unterwegs. Der Sessellift hatte übers Wochenende den Betrieb noch einmal aufgenommen.

Abends in der Bar fragten wir: »Wie war der Schnee?« – »Naß.« – »Und die Sicht?« – »Schlecht.« – »Und der Zustand der Pisten?« – »Wir haben mehrere Pisten da oben; aber gepflegt wie bei Euch sind sie nicht. Man muß zusehen, wie man zurechtkommt.« Die Stimmung in der Bar war trotzdem gut. Viele, die da zusammensaßen, wärmten sich innerlich und äußerlich für eine kalte Nacht im Zelt.

Am nächsten Morgen fuhren wir selber zu den White Corries hinauf. Am Lift war jeder Sessel bergauf besetzt, aber anstehen mußte man hier nicht. Wir glitten, zwischen zwei Bachbetten, über braune Heidehänge, Fels und gelbes Gras ziemlich steil aufwärts. Die Anlage schien primitiv, aber solide. Auf der Höhe gingen die Skifahrer zu Fuß weiter, durch Schlamm und über tropfnasse Wiesen; erst von einem zweiten Lift ab war die Schneedecke geschlossen und befahrbar. Wir sahen uns um. Bei uns steigt man aus bevölkerten Tälern zur einsamen Höhe auf. Hier hatten wir die grenzenlose Leere der brettflachen, schwärzlichen Moore unter uns gelassen. Das helle Band der Glen Coe-Straße, der wir mit den Augen folgen konnten, bis sie hinter den nächsten Bergen verschwand, schien die einzige Verbindung zur Welt der Menschen zu sein. Aber über uns, in weißen Kesseln und Mulden, waren alle Hänge belebt; sogar in den Wolken, die den Gipfel verhüllten, ahnte man die Schatten der Läufer.

Als wir heimkamen, trafen wir den Manager unseres Hotels. Er hat mehrere schulpflichtige Kinder. Aber um den nächsten Lehrer zu erreichen, müssen sie weit fahren, über die Paßhöhe und hinunter nach Ballachulish. Jeden Tag erleben sie so das ungeheure Berg- und Wolkentheater, das Glen Coe heißt, zu dem die Fremden von weither angereist kommen. Nur für sie gilt dieser Schulweg.

»Wie kommen Ihre Kinder zur Schule?« fragte ich den Manager. – »Mit dem Taxi. Der Staat zahlt es.«

Nahe dem Kingshouse Hotel führt eine Straße 16 km weit das malerische Glen Etive hinab bis zum gleichnamigen Loch. Dort endet der Weg am Ufer; die Fahrt zurück kann also nur auf der selben Strecke unternommen werden. Trotzdem empfehlenswert.
Im wilden Glen Coe liegt oberhalb des Loch Achtriochtan, in der Nordwand des Aonach Dubh, die sogenannte ›Höhle des Ossian‹. Kletterer berichten, daß es in diesem Felsspalt zwar ein ›Visitor's Book‹ gäbe, daß der Boden aber naß und abschüssig sei, und Ossian's

Cave nie als menschliche Behausung gedient haben könne. In Hinblick auf die zahlreichen Bergsteiger und Kletterer, die diese Gegend aufsuchen, gibt es in Achnacon eine Rettungsstation. Der National Trust, dem weite Gebiete des Glen Coe gehören, unterhält in Clachaig ein ›Visitor Centre‹.

Rannoch Station

Wieder im Zug. Die Ginsterhänge bei der Bridge of Orchy, dem Wind abgewandt, standen schon in goldener Blüte. Einzeln stehende mächtige Föhren, Nachkommen der Old Caledonian Pines, drehten uns die Schönheit ihrer nackten und nassen, schwarzglänzenden Äste entgegen. Die Forestry Commission hat auch hier einige Furchen zu viel gezogen, einen gelben Sandweg angelegt, auf dem ein Jeep wartete.

Hinaus aufs *Rannoch Moor:* in eine Urzeitlandschaft. Wo gibt es im westlichen Europa noch solche Dimensionen der Einsamkeit? Kein Weg mehr, kein Haus, keine lebende Seele. Nur die Eisenbahn quert diese Wildnis aus Moor, Sumpf und Wasser, Felsbrocken und Baumstümpfen. Die Geleise liegen auf einem dichten Geflecht aus Wurzelholz und Reisig; Erde und Asche in Tausenden von Tonnen mußten beim Bau den Untergrund festigen. Schneezäune schützen die Strecke. Erst nach einer halben Stunde Fahrt tauchte zur Rechten ein Stück Asphaltstraße auf und ein kleines Hotel. Beim Hotel steht der Bahnhof, die Straße hat hier ihr Ende. Wir hielten gerade neben dem ›Ladies' Waiting Room‹, aber keine Dame wartete auf den Zug, nur der Postsack wurde herausgereicht und ein himmelblauer Regenschirm, den vermutlich jemand stehengelassen hatte. Außer uns stieg niemand aus. Der Stationsvorsteher hatte die Kappe mit den goldenen Tressen tief in die Stirn gezogen, der Gepäckträger winkte mit seiner grünen Flagge, der Zug fuhr ab. Im Geist verfolgte ich ihn hügelauf, in einen Schneetunnel hinein, und bis zur nächsten Station, *Corrour*, wo bei meiner letzten Fahrt Hirsche und Hirschkühe standen – wohlgenährte, gedrungene Tiere, die zahm wirkten, aber flüchten sollen, wenn man sich ihnen zu Fuß nähert.

Das Moor entmutigt den eiligen Fußgänger. Bis zum Dunkelwerden blieben uns nur ein paar Stunden Zeit. So nahm ich, auf dem Gepäckkarren sitzend, den Bahnsteig als Aussichtsterrasse. Wenn der Gegenzug durchgefahren ist, liegt die Station leer und verlassen: So stelle ich mit Sibirien vor. Ein Wunder, daß die Bahnhofsuhr weiterläuft. Aber abends kommt der Schnellzug nach London vorbei, der mit den Schlafwagen.

Die kahle Wildnis war noch von Schnee gefleckt; die Bänder und Zungen schienen unter der Sonne von Stunde zu Stunde zusammenzuschmelzen. Am Horizont traten die Berge im Rund zusammen, schneebestäubt und unnahbar: im Westen die Kette von Glen Coe, dem Osten zu der spitze *Schiehallion*, ein Götterberg der Kelten.

Der unendliche Himmel mit der Meute seiner Wolken blieb stumm: Erst später im Jahr würden hier Brachvogel, Kiebitz und Moorhuhn warnen und locken. Das Heidekraut lag schwärzlich erfroren – als sei Feuer darüber hinweggegangen. Die Moorwüste hob und senkte sich in endlosen Wellen; ihre windgeschützten Mulden steckten voller Geheimnisse. Einmal, sagten wir, werden wir auch die ergründen.

Vom Bahnhof Rannoch aus führt die Straße in östlicher Richtung an den Nordufern der Seen Rannoch und Tummel (Aussichtspunkt Queen's View am Loch Tummel) zum Ferienort Pitlochry (Autobusverbindung).

Mallaig

Vierundzwanzig Stunden später fuhren wir durch *Fort William*. Diese Stadt ist nun einmal so, wie sie ist: nützlich und häßlich, Tourismus und Industrie; daran läßt sich nicht viel ändern. Der *Ben Nevis*, Großbritanniens höchster Berg, steht daneben, als gehöre er nicht dazu.

Die weitere Strecke war wieder glanzvoll. An einer Stelle reißt es alle Reisenden von den Sitzen: wenn in einer weiten halbmondförmigen Kurve die schmale Wasserstraße des Loch Shiel zwischen den Bergen erscheint und am Ufer die Säule von Glenfinnan, zur Erinnerung an Bonnie Prince Charlie, dem hier 1745 die Hochländer mit ihren Waffen und Fahnen beim Klang des Dudelsacks zuströmten.

Jenseits von Glenfinnan tauchten dann bald das Meer auf und die Inseln, in unverwechselbaren Umrissen: *Rhum* zackig und wild, *Eigg* wie ein flacher steinerner Pudding, dem an einem Ende eine unerwartet hohe Verzierung aufsitzt; hinter ihnen Skye. In das Blau des Atlantik hatte sich Rot gemischt: Die Inseln, auch die kleineren, waren in purpurnen Dunst gehüllt.

Mallaig. Wir waren endgültig angekommen und stiegen unter Gußeisen-Dachwerk aus, das in durchbrochenen und gezackten Holzverschalungen endete, nach Art bayerischer Balkone.

Im Sommer, wenn zu allen Inseln und zwischen ihnen hindurch die Boote hin- und herfahren, auch die Autofähre nach Armadale auf Skye hinüber, wird Mallaig ein anderes Gesicht haben. Jetzt war es ein möwenüberflogener Hafen der Heringsfischer: Ölzeug und ›no nonsense‹, abends ausfahren, früh beladen wiederkehren, die Lastzüge aus Holland warten schon. Der Fang wurde aus dem Bauch der Schiffe auf den Kai gehievt, in einen Behälter auf hohen eisernen Beinen. Schieber auf: Die Fische rutschten portionsweise in die Wannen und Kisten, Eis drauf und fort in den Laderaum der Lastwagen. Zwei Tage Fahrt, Tag und Nacht, und mit dem Schiff via Hull nach Rotterdam: »Fangt ihr keine Heringe vor Holland, daß sich so ein weiter Weg lohnt?« – »Ihr in Deutschland habt ja auch keine mehr an eurer Küste.«

Das wichtigste Gebäude am Hafen ist die Eisfabrik. Nach allen Seiten spuckten die Rohre ein schneeartiges künstliches Produkt in die Container oder gleich in die Schiffe selbst; dann konnte es vorkommen, daß der jüngste Bootsjunge das Rohr nicht richtig zu fassen bekam und plötzlich weiß wie ein Schneemann dastand.

Feuchte, glitschige, schlecht riechende Geschäfte betreiben diese Männer von Mallaig, aber es scheint sich zu lohnen. Über dem Halbrund der Bucht stehen in langer Reihe neu gebaute Häuser. Ich erfuhr erst später, daß Mallaig bis vor wenigen Jahren der größte Heringshafen Europas war.

Die Schatten der kreisenden Möwen glitten über den schmalen Pier, auf dem die Lastwagen mit Anhänger mühsam wendeten. Eine Wolke von Öl- und Benzinabgasen lag darüber und überlagerte den Geruch von Salzwasser und Fischen. Überall waren die feinen Fangnetze ausgelegt; grobe Hände hantierten geschickt beim Durchsehen und Flicken für die nächste Fahrt. Ihr Messer steckten die Männer bei dieser Arbeit mit offener Klinge in den Mützenrand. Die Lastwagenfahrer konnten auf die Fischer keine Rücksicht nehmen, sie fuhren über die Netze hinweg. Plötzlich hingen die Möwen allesamt, flügelschlagend, über einem verspäteten Boot, das seinen Fang ausleerte.

Wir wurden eingeladen, eines der neuen Schiffe zu besichtigen, dessen Brücke mit Radar, Echolot, Tiefensteuer (und alles doppelt vorhanden) beinahe einem Laboratorium glich. Nur einige Fischschuppen lagen herum. Die Mannschaft trank gerade Tee. Ihre steifen Stiefel-Hosen standen in langer Reihe vor der Pantry und erinnerten an jene Brotteighüllen, aus denen sich Max und Moritz in die Freiheit knabberten. Die vierschrötigen Männer waren sehr höflich; sie aßen zu ihrem Tee Gebäck mit rosa Zuckerguß. Nur die Woche über sind sie in Mallaig; Boot und Mannschaft stammen aus Peterhead an der Ostküste. Am Wochenende bringt sie ein Bus nach Hause. Aber am vergangenen Samstag waren sie sofort wieder umgekehrt, um bei der Suche nach einem anderen Boot zu helfen, das nach einem plötzlichen ›swell‹, einem starken Auflaufen der See, vermißt wurde. Die Männer tauchten ihre Zuckerkekse mit traurigen Mienen in den Tee. Sie hatten die anderen, mit denen sie oft beim Fang zusammen waren, nicht finden können. Nur Wrackteile wurden später angespült. »Diese Küsten können gefährlich sein«, sagten sie. »Man sieht es ihnen nicht an.«

Von den letzten Häusern der Ortschaft Mallaig aus führt ein Fußweg hoch über dem Ufer in die Landschaft des Loch Nevis.
In die menschenleere Gegend zwischen Loch Nevis und Loch Hourn (Knoydart) führt nur eine einzige Straße: von Invergarry aus über

Tomdoun, an aufgestauten Seen entlang, schließlich steil abfallend zum östlichen Ende des Loch Hourn.

Von Tarbert am Ostende des Loch Nevis aus (nur mit dem Boot erreichbar) geht ein Fußweg über die Berge zum Loch Morar.

Von Mallaig oder Arisaig aus sind die Inseln Eigg, Muck, Rhum und Canna mit dem Boot erreichbar. Auf Rhum gibt es keine Bewohner mehr; die Insel wurde ›National Nature Reserve‹. Über den National Trust ist von Fall zu Fall Zimmerreservierung im Kinloch Castle möglich. Autofähre zwischen Mallaig und Armadale auf Skye nur im Sommer.

Winter in Plockton

Von Mallaig aus gibt es nur eine Möglichkeit weiterzukommen: übers Meer. Wir fuhren nordwärts, auf der schmalen Wasserstraße zwischen den graugrünen runzelhäutigen Bergen von Knoydart zur Rechten und den niederen baumbestandenen Hügeln der Halbinsel Sleat auf Skye. Das nicht eben kleine Schiff, mit seinen Decks und Aufbauten, mit Koch, Kapitän und Mannschaft, gehörte einem schüchternen jungen Mann und uns allein. So kann es einem im März in Schottland ergehen. Der junge Mann trug den Sonntagsanzug und war wohl auf dem Weg zu seiner ersten Arbeitstelle. Die Sonne schien, wenn sie auch nicht wärmte; das Wasser war spiegelglatt wie an einem heiteren Sommertag. Die Fahrt dauerte zwei Stunden. Man sah ein Stück weit in die abzweigenden Meeresarme hinein und hätte gern mehr erkundet. Bei dieser ersten Reise wurden viele weitere geplant. Wenn ich in späteren Jahren irgendwo über einem der Ufer stand, vielleicht auf dem Weg zum Loch Hourn, dann sah ich mich im Geiste wieder da unten vorbeifahren: fest in den Mantel gewickelt und in einer windgeschützten Ecke lehnend, neugierig und noch ein Fremdling. So kamen wir nach *Kyle of Lochalsh*. Von dort geht die große Autofähre zur Insel Skye hinüber; eine Eisenbahnlinie führt ins Landesinnere, nach Dingwall und Inverness. Während der Schiffahrt hatte uns einer der Matrosen gefragt, was denn wohl unser nächstes Ziel sei? »Plockton.« – »A bonny place«, sagte er. Die Wirtin des Guest House ließ uns nur zögernd ein und hängte sofort ein Schild ›no accomodation‹ an die Haustür. Mehr als drei Gäste wären für ihr Vierzig-Betten-Haus im Winter eine Zumutung gewesen.

Plockton liegt von Hügeln geschützt etwas landeinwärts an einem Meeresarm. Der Ort wirkt um so hübscher, je höher die Flut steigt, bis hinauf zu den kleinen Vorgärtchen, in denen neben zerzausten Palmen schon Krokusse und Primeln blühten, und fast bis zur Hafenstraße, an der die Reihe bunter und niederer Häuser sich lückenlos entlangzieht. Von den ursprünglichen Dorfbewohnern, womöglich gälisch sprechenden, sind wohl nicht mehr viele da; immer mehr Häuser, heißt es, werden von Leuten aus dem Süden angekauft, renoviert und während der Ferien bewohnt. Damen, die im einzigen Lebensmittelgeschäft einkauften, sahen aus, als ob sie in ihrer freien Zeit töpferten oder webten. Ein Kind kam auf seinem Pony angeritten, um Zucker zu holen. Im Fenster des Postamtes wurde auf handgeschriebenem Zettel vorgeschlagen, ob man sich nicht zum Theaterspielen treffen könne. Als wir nach einem High Tea den steilen Hang hinter den Häusern hinaufstiegen, hatte man im letzten Tageslicht das ganze Dorf bis zu den entlegensten Häusern und Hütten im Blick, auch solche, die weit draußen auf Felsvorsprüngen fast ins Wasser hinein gebaut schienen. Das Hafenbecken war leer. Wir versuchten, uns Plockton im Sommer vorzustellen: das Baden in geschützten Buchten drüben am offenen Meer; abendliche Hafenpromenade; Einlaufen und Ausfahren der Yachten; Tag der ›Ragamuffins Race‹, bei der die Besatzung eines Bootes zusammengerechnet nicht älter als einundzwanzig sein darf.

Abends am Kamin gab es nur ein Thema: die Ölplattform. Man baute sie, die ›größte der Welt‹, damals gerade jenseits der Hügel im *Loch Carron*. Die Barackenstadt für Tausende von Arbeitern lag am anderen Ufer drüben; hier in Plockton spürte man wenig davon. Eigentlich, so wurde uns erzählt, hätte man das Dorf Drumbuie in der Nähe von Plockton als Standort ausgewählt. Aber die Einwohner wehrten sich: Obwohl Reichtum winkte, wollten sie nicht die heile Struktur ihrer Crofter Community, der dörflichen Gemeinschaft, zerstören. Wie sich später herausstellte, handelten sie weise.

Am nächsten Morgen kletterten wir auf einen noch höheren Felsen, der freien Ausblick zum Loch Carron gewährt. Da lag, vor der schwarzen Kulisse der Applecross Mountains, das Ungetüm halbfertig im Wasser, selbst in der Entfernung riesig. Am jenseitigen Ufer waren die Reihen der Werftgebäude und Baracken zu erkennen.

Im Jahr darauf hat man die fertige Plattform, 600000 Tonnen schwer, 300 Millionen Pfund wert, langsam aus dem Loch Carron geschleppt und auf die vierzehn Tage lange Reise zu ihrem Standort im Ninian Field nordöstlich der Shetland-Inseln gebracht. Ein neuer Auftrag für die Werft lag im Augenblick nicht vor; Facharbeiter und andere tüchtige Leute zerstreuten sich in alle Winde, Glücksritter und Taugenichtse blieben zurück. Ein Gutes hat der Bau der Plattform für die ganze Gegend gebracht: Die tapfere eingleisige Eisenbahnlinie, 1860 von einer bescheidenen Firma mühsamst von Inverness zur Küste gezogen, sollte bereits als unrentabel eingestellt werden. Für den Transport zur Werft wurde sie unentbehrlich. Als wir am nächsten Tag wieder im Zug saßen (das Postauto von Plockton hatte uns nach Landessitte zur entfernten Station mitgenommen), sahen wir am Bahnhof von *Stromeferry* die hoch gestapelten Güter. Dann nahm die Landschaft unser Auge gefangen; zunächst die binsengelbe Öde des Carron-Tales. Allmählich schlossen sich die Berge rechts und links der Strecke. Von Stationen mit so schönen Namen wie *Achnashellach* und *Achnasheen* aus zweigten Straßen nach Norden ab, denen man gerne gefolgt wäre. Später begleiteten langgestreckte Stauseen die Geleise.

Inverness war diesmal für uns nur ein Bahnhof zum Umsteigen. Bei einbrechender Dunkelheit ging es wieder südwärts. Bald nachdem der Zug das Schlachtfeld von Culloden umrundet und den Fluß Nairn auf einer hochbogigen Brücke überquert hat, klettert er in die Berge hinauf. Auf der glorreichen Strecke durch die Grampians sahen wir nur noch nächtliche Schatten vorüberziehen und ab und zu einen leeren beleuchteten Bahnsteig, über dem die Lampen im Wind schaukelten. In *Aviemore* stiegen Skifahrer zu. *Dalwhinnie:* wenn man das Abteilfenster öffnete, drang kalte kräftige

Hochgebirgsluft herein, aber die Höhenangabe am Stationsgebäude korrigierte unsere Vorstellung: nicht einmal 400 Meter. Trotzdem: im tiefen Winter können eisige Blizzards am *Pass of Drumochter* die Züge blockieren oder verwehen – so gründlich, daß einmal der Streckenwärter vergeblich nach dem fahrplanmäßigen Royal Highlander Ausschau hielt, der dicht neben ihm in einer riesigen Wehe steckte.

In *Pitlochry* waren zum ersten Mal seit Aviemore die Lichter eines großen Ortes auszumachen. Nur wenige Passagiere standen auf dem Bahnsteig, neben dem bunten gußeisernen Pelikan eines Jugendstilbrunnens: kein Festival Theatre um diese Zeit (ich sah hier im Sommer einen ausgezeichneten Shakespeare); keine Lachse, die unter Anteilnahme zahlreicher Zuschauer die Fischleiter zum *Loch Fascally* hinaufklettern.

In Gleneagles, der Bahnstation eines berühmten Golfhotels, hielt unser Zug nicht. Am Bahnhof mit dem klassischen Namen *Dunkeld and Birnam* wären wir gerne ausgestiegen, zu einem nächtlichen Gang durch die malerische Gasse der Little Houses und am Tay entlang, im Schatten der Kathedrale. Aber unser Ziel hieß Stirling.

Eisenbahn und Straße (A 9) durchqueren die Einsamkeiten der Grampians auf einer Route, die schon seit altersher benutzt wird. Sie galt noch zu Dr. Johnsons Zeiten als so gefährlich, daß man zuvor sein Testament machte. »Barbarische Bergzüge zu beiden Seiten und kein Grashalm zu erblicken«, heißt es in einem Reisebericht. Zu Beginn des 19. Jahrhunderts benötigte man für die Strecke zwischen Inverness und Edinburgh vier Tage. Noch Fontane erlebte 1858 die Fahrt übers Gebirge, auf dem Dach einer Stage-coach mehr hängend als sitzend, »wie einen finsteren Traum«.

Nicht nur zum Umsteigen: Stirling

Stirling – sonst eher Auftakt und erstes Ziel einer nördlichen Reise – war für uns Abschluß unserer Fahrt. Vom Burgberg aus ging der Blick zurück zum Hochland.

Der Bahnhof im Tal mit seinen zahlreichen Geleisen hielt im März noch Winterschlaf. Zwischen den gußeisernen Säulen dieser Hochburg der Eisenbahn-Pionierzeit fehlte die überquellende Pracht der Blumenampeln, und auf den Gesimsen reihten sich erst einige wenige Geranienstöcke. Die gärtnerische Ausschmückung der Station soll die Liebhaberei eines Lokomotivführers sein.

Während der Saison treffen hier am frühen Morgen die Autozüge aus dem südlichen England ein, zum Beispiel aus Dover. Wer in den hohen Norden will, kann in einen zweiten Autozug mit Ziel Inverness umsteigen. Die Reisenden sind hier sogar der Mühe enthoben, sich um ihr Fahrzeug kümmern zu müssen. Die Autos werden von tatkräftigen Burschen umgeladen, bei deutlicher Bevorzugung schwerer Wagen oder unbekannter Modelle. In umgekehrter Richtung findet dieser Umzug am Nachmittag statt.

Die Burg von Stirling ragt wie Edinburgh Castle auf einem Steilfelsen über die Stadt hinaus. Lage und Anlage sind in der Tat so ähnlich, daß man beim flüchtigen Blick auf eine Photographie beide Orte verwechseln könnte. Erst aus der Nähe ist zu erkennen, daß Stirling Castle heiterer und eleganter ist als die Nachbarburg. Wenn die Große Halle (lange als Kaserne mißbraucht), ihre Musikgalerie und die schöne Stichbalkendecke fertig restauriert sein werden, wäre Stirling Castle mit seinen hallenden Höfen und kleinen Gärtchen und mit der Renaissancefassade des Palastes Jakobs v. der rechte Ort für ein historisches Festspiel auf wechselnden Schauplätzen. Der Dramatik der steinernen Figuren an Wänden und Gesimsen wären Szenen aus der Vergangenheit dieses Felsens entgegenzusetzen; an Stoff würde es nicht fehlen. Auf grausame Geschehnisse wie das ›supper entertainment‹, bei dem Jakob II. seinen Gast, den Roten Douglas, beim Essen erstach, könnte ich gerne verzichten; Episoden aus den Zeiten seiner Nachfolger, »als Musik über dem Lärm der Waffen zu hören war«, wären eher geeignet. Ärzte und Philosophen waren gern gesehene Gäste auf der Burg; auch Architekten, Goldschmiede und Buchdrucker, Hofnarren und Tänzer fehlten nicht. Man suchte nach dem Stein der Weisen, und ein Italiener namens Damian glaubte, vom Schloßwall aus in die Tiefe fliegen zu können.

Auf dem Burgberg von Stirling fällt die Entscheidung

schwer, ob man seine Zeit der Betrachtung der Architektur und ihrer Details widmen will (etwa den hölzernen Renaissance-Medaillons im Audienz-Saal), oder ob man den Gebäuden den Rücken kehrt und – über die Außenmauern wandernd – die schönsten Ausblicke genießt. Fontane spricht vom »Wallrand, der wie ein Zaubergürtel das Schloß umschließt« und von der »schönen, lachenden Landschaft« draußen. Man muß ja nicht unbedingt die Schlachtfelder zählen, die sich um diese strategisch wichtige Höhe reihen (Stirling galt, im Vergleich zu Edinburgh, als sichere Feste; fast alle Kind-Könige der Stuarts wuchsen darum hier auf). Wenn ich lange genug in die krummen Gassen der den Hang heraufsteigenden Altstadt und in die Höfe der ehemaligen Adelshäuser geschaut habe, geht der Blick nach *Allan* hinüber, wo die jüngste (achte) Universität Schottlands so vollkommen in ein Park- und Seegelände gebettet liegt, daß man zur Sommerszeit an den Campus einer kalifornischen Hochschule erinnert wird. Aber es sind weniger solche Einzelheiten, die das Auge fesseln, als vielmehr die wellige, vielfältige Landschaft an sich, durch die der Fluß Forth seine Schleifen zieht. Die *Ochil Hills* liegen östlich, silbern gestreift unter Regenwolken. Zum nördlichen Horizont hin scheint die weite Ebene immer in leichtem Dunst zu verschwimmen, in dem die Kette der ersten Hochlandberge dämmerblau steht.

Im Ort Stirling zu besichtigen: Argyll's Lodging (Castle Wynd), vornehmes Stadthaus des 17. Jahrhunderts mit Vorhof; heute Jugendherberge. Schräg gegenüber: Mar's Wark, Ruine eines Renaissance-Palais aus dem 16. Jahrhundert. Holy Rude Church: eine der wenigen erhaltenen gotischen Kirchen Schottlands. Hier wurde Maria Stuart im Alter von neun Monaten zur Königin gesalbt.
Im Tal die Old Bridge über den Forth (um 1400), jahrhundertelang wichtigster Übergang auf dem Weg nach Norden, heute noch Fußgängerbrücke. Südlich: nahe der Reihenhaussiedlung Bannockburn erinnern die Reiterstatue des großen Robert Bruce und ein Information Centre des National Trust an Schottlands größten Sieg über die Engländer, 1314. Hier war das Schlachtfeld. – Nördlich von Stirling: Dunblane mit Kathedrale des 13. Jahrhunderts. Berühmtes Westfenster. Niedrige Häuser des 18. Jahrhunderts umgeben den stillen Cathedral Close.

April

TIEFLAND

Erster Tag

Jedburgh Abbey ist für den Reisenden wie ein Vorbote der zu erwartenden großen Augenblicke. Man fährt von England aus, über die *Cheviot Hills* kommend, auf die Ruine der Abteikirche direkt zu und hat den Dreiklang von romanischen Arkaden, Triforium und leichtem elegantem Lichtgaden vor Augen. Wir trafen am späteren Nachmittag bei Sonne ein und sahen die Steine im schrägen Licht aufflammen. An der hohen Westfassade war jede schöne Einzelheit, Portal, Nischen, Giebel, Fensterlaibungen im rötlichen Sandstein schattenlos ausgeleuchtet.

Ehe wir nach Melrose weiterfuhren, blieb noch Zeit, einen Blick in das Museum von *Jedburgh* zu tun. Queen Mary's House, in einer Gasse, aber inmitten von Obstbäumen gelegen, zeigt sehr schön den Charakter eines frühen wehrhaften Stadthauses. Maria Stuart kam im Oktober 1566 als Vorsitzende des Grenzgerichts hierher. Nach Meinung einiger ihrer Biographen (denen ich mich anschließe), ist ihr Ritt von zwanzig Meilen an einem Tag, um den verwundeten Bothwell auf Hermitage Castle zu sehen, erstes verhängnisvolles Zeichen einer entflammten Leidenschaft. Sofort nach ihrer Rückkehr ist die Königin so schwer erkrankt, daß man tagelang an ihrem Aufkommen zweifelte.

Wir konnten in dem interessanten Museum noch einige Exponate betrachten, ehe sich die Türen schlossen. Aber die bunt bemalte Totenmaske Maria Stuarts hätten wir lieber nicht gesehen, auch gerne auf jene wahrhaft fürchterliche Abbildung des halb verwesten Leichnams von Bothwell verzichtet. Dieser dritte und letzte Ehemann der Königin lag nach seiner Flucht aus Schottland jahrelang in dänischen Gefängnissen, im politischen Spiel wertlos geworden, aber immer noch für gefährlich erachtet. Er endete, an eine Säule gefesselt, im Wahnsinn.

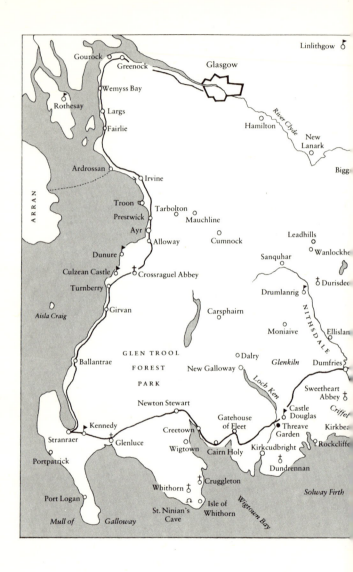

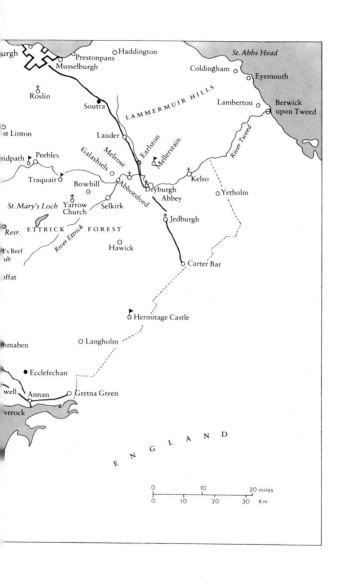

Auf nach *Melrose:* Der kleine Ort zeigte sich freundlich, an den Abhängen malerischer Hügel und den Ufern des breiten und gemächlichen Tweed gelegen, seiner Abtei benachbart, nicht von ihr überschattet.

Melrose ist ein Ort der verschwiegenen Gärten. In den Priorwood Gardens werden hinter hohen schützenden Mauern nur solche Blumen gezogen, die man später trocknen und zu Sträußen ordnen kann. Eine erstaunliche Anzahl von Pflanzen eignet sich dazu. Jenseits der Beete, hinter einem niedrigen Holzzaun, ließe sich auf der Wiese ein Picknick veranstalten, unter alten Obstbäumen. Holzbänke und Tische sind dafür bereitgestellt, eine gute Tat des National Trust. Vor den Gärten läuft ein Weg vorbei. Seine Benützung ist für Reiter und Radfahrer verboten. Wie typisch für das Grenzland, wo manche Kinder reiten können, ehe sie laufen lernen; wo immer wieder in den Straßen der kleinen Städte das Klappern von Hufen zu hören ist, man seine Sonntagszeitung per Gaul holt und die größten Feste im Jahr die ›Common Ridings‹ sind, bei denen eine große Schar von Reitern mit stolzem Gepränge den Stadtbezirk umzieht, zur Erinnerung an die ewigen Grenzkämpfe, in denen man um seine Sicherheit und seinen Besitz in Sorge sein mußte.

Im Schaufenster der Buchhandlung von Melrose waren Bände zum Lob der ›Borders‹ ausgestellt. ›A proud land‹, ein stolzes Land, hieß es da. Einer seiner Bewohner, Lord Home, als britischer Premier und Außenminister bekannt, erzählt in seinen Büchern kenntnisreich von Bäumen und Gewässern, Fischen und jagdbaren Vögeln seiner Heimat. Dank seiner Lordschaft weiß ich nun, daß Tweed und Clyde an der selben Wasserscheide ihren Ursprung haben (›they rise‹, sagt man im Englischen), sich aber dann den Rücken kehren: Der Tweed fließt durchs Grenzland in die Nordsee, der Clyde zum Atlantik. – Der Auerhahn, den man gälisch ›capercailzie‹, Pferd des Waldes, nennt, kommt erst nördlich des Firth of Forth vor. Das schottische Moorhuhn wendet, wenn es gejagt wird, im schnellen Flug den Kopf zurück, um zu sehen, wohin der Schütze zielt – ein erstaunliches Phänomen. Soweit Lord Home.

Die Krone von Melrose, seine Abtei, haben wir uns bis

zum Schluß aufgespart. Wir wollten sie im schönsten Licht sehen. Wenn es regnet (und das tat es am Morgen) wirkt der Bau düster, bei Sonne glüht er rosenfarben. König David I., frommer Sohn seiner frommen Mutter Margaret, holte die Zisterzienser 1136 aus Rievaulx herüber. Sie setzten Kirche und Kloster in die Nähe des Flusses; rings umher gab es guten Boden für fruchtbare Felder, klare Quellen, Gewässer voller Fische. Sie waren fortschrittliche und vorbildliche Landwirte. Ein friedliches Leben war den Mönchen trotzdem nicht beschieden. Die Grenze nach England war dafür zu nahe, und eine schon von den Römern angelegte Straße nach Norden führte an der Abtei vorbei. So sieht der heutige Beschauer nur Ruinen. Trotzdem: Melrose Abbey ist schön und ergreifend. Man ahnt noch, mit welch hoher Kunst die Baumeister, vermutlich aus York und Beverley kommend, die große Abteikirche des fünfzehnten Jahrhunderts errichteten, und wie reich die Steinmetze sie ausschmückten, mit Statuen in den Nischen und Köpfen unter den Kragsteinen. Das Gesicht eines Mannes mit spöttischen Augen und herabgezogenen Mundwinkeln, unter einer leeren Nische im südlichen Querschiff, verfolgt den Betrachter noch lange. Und immer wieder: Pflanzenmotive, wie man sie ringsum in der Natur sieht, Blätter, Blüten, Stengel. »Es ist«, schreibt Fontane, »als ob die Meister jener Epoche den Zweck verfolgt hätten, ein in Stein gebildetes Herbarium scoticum auf die Nachwelt kommen zu lassen. Alle möglichen Blumen und Blätter, Lilien, Distel, Eichenlaub, Kleeblatt und Raute finden sich vor und mit so viel Studium und Sauberkeit ausgeführt, daß es zum Beispiel möglich ist, einen Strohhalm durch die reich durchbrochene Blumenarbeit, wie durch ein Gewebe von Maschen und Ringen, hindurchzuziehen.«

Und wie einst die Formen der Pflanzen, in Stein verwandelt, zum Schmuck der Abtei dienten, so ist es heute wiederum die Natur, die den Ruinen zur schönsten Folie wurde. Hinter den hohen Südfenstern mit ihrem zarten Maßwerk steht die Landschaft: steil ansteigend, Baum über Baum, Weide über Weide, mit Schafen besetzt; Hügel über kahlem Hügel, wie ein blaß gewordener alter Gobelin.

Ob Michael Scott, der Zauberer, und das Herz des Robert

Bruce wirklich unter der Erde von Melrose liegen, wie behauptet wird, kann niemand mit Bestimmtheit sagen.

Da die Grenzlandabteien Jedburgh, Melrose, Dryburgh und Kelso immer wieder der Zerstörung anheimfielen, mischen sich in den Ruinen Baustile der verschiedensten Perioden, vor allem des 12. bis 15. Jahrhunderts. Die Überfälle und Brandschatzungen hinüber und herüber leben im Gedächtnis der Bevölkerung weiter: Wenn in Jedburgh, im Februar oder März, die ›Uppies‹ und ›Doonies‹ ein wildes Spiel die Straßen entlang austragen, symbolisiert ihr Lederball den Kopf eines Engländers (siehe auch ›Zweiter Tag‹, S. 174).

Fontane

In Melrose sollte man Gedichte und Balladen von Theodor Fontane, auch seinen Reisebericht ›Jenseit des Tweed‹ lesen. Der Dichter fuhr im August 1858 mit einem Freund von England aus nach Schottland. Sie hielten sich dort sechzehn Tage lang auf. Fontane arbeitete damals als Korrespondent in London und erfüllte sich mit dieser Reise einen langgehegten Wunsch. »Das Herz schlug hoch und dankbar.« Über die Geschichte des Landes, über Clans, Chiefs und Schlachten wußte er durch langjährige Studien mehr als die meisten Schotten. »Ich bin mit Maria Stuart zu Bett gegangen und mit Archibald Douglas aufgestanden.« Wie seine Zeitgenossen erfüllten ihn jene romantischen Ideen, die zunächst durch den ›Ossian‹, die angeblich gälischen Verse des Macpherson, und dann durch Walter Scotts Werke einem gutgläubigen Lesepublikum eingeimpft worden waren. Nie war Schottland auf der geistigen Landkarte Europas so präsent wie damals, als jeder wußte, wer Rob Roy, der Räuber war, und in welchen Schlössern Maria Stuart sich aufhielt. Jedes Kind konnte die einschlägigen Balladen auswendig aufsagen: »Ich hab' es getragen sieben Jahr ...«

Fontane selbst pflegte mit Vorliebe ein Gedicht seines Freundes, des Grafen Moritz von Strachwitz, vorzutragen, ›Das Herz des Douglas‹ (den Titel lehnte er freilich als irreführend ab, und mit Recht.) Sein Inhalt: Der große Robert

Bruce gelobt am Tag der Schlacht von Bannockburn, im Falle eines Sieges ins Heilige Land zu ziehen. Aber »es hat, wer Schottland bändigen will, zum Pilgern keine Zeit«. Das Gelübde wird nicht erfüllt. So verfügt der Sterbende, daß Lord Douglas wenigstens sein Herz nach Jerusalem bringen soll, damit es »ruhig sei«. Unterwegs in Spanien gerät der Douglas mit Mauren ins Handgemenge, denn »kurz ist die schottische Geduld und lang ein schottisches Schwert« (diese Zeilen waren besonders beliebt). Douglas sieht sich umzingelt und verloren. Da ruft er »Dir nach, tapferes Herz«, wirft die Kapsel mitten unter die Feinde und fällt bald darauf. Das Herz des Bruce soll nach Schottland zurückgebracht und in der Abtei von Melrose beigesetzt worden sein.

Fontane reiste mit den ersten Eisenbahnen durch Schottland, mit Dampfschiffen, manchmal noch mit der Postkutsche. Erstaunt stellen wir fest, daß er für seine Unternehmungen kaum mehr Zeit brauchte als wir heute, daß er öfters recht vergnüglich transportiert wurde und manchmal bequemer als wir im Zeichen des allgemeinen Tourismus. Natürlich fand er das Schottland, das er im Herzen trug, nicht mehr; es war nach Culloden und im Zeitalter einer wachsenden Industrialisierung untergegangen. Aber Fontane war ein viel zu wahrhaftiger Mensch, um seine Ernüchterung zu beschönigen. »Die Sache ist die, daß wir im Auslande nur die romantische Hälfte Schottlands kennen und wenig oder nichts von der Kehrseite derselben.«

Am Abend eines Reisetages fand der Dichter in seinem Quartier ein Buch mit dem Titel ›Die Würdigsten unseres Volkes‹: »Ich blätterte eine halbe Stunde darin und suchte nach mir bekannten Namen, aber vergeblich.« Unter den Würdigsten waren nicht die Helden seiner Balladen, sondern »Entdecker, Philantropen, Gelehrte«. Und so ist es, wie wir wissen, bis heute geblieben.

Fontanes ›Bilder und Briefe aus Schottland‹, gesammelt unter dem Titel ›Jenseit des Tweed‹, erschienen 1860. Aber viele seiner Eindrücke und Erfahrungen kehren, verwandelt, erst in späteren Romanen wieder. Im ›Stechlin‹ sagt das alte Stiftsfräulein Adelheid über Schottland: »Und sie sollen auch keinen eigentlichen Adel mehr haben, weil mal ein Krieg war, drin sie sich umschichtig enthaupteten, und als alle weg waren, haben sie gewöhnliche Leute herangezogen und ihnen die alten Namen gegeben.« Das ist unübertrefflich. Ich werde nichts Besseres tun können, als Fontane von Fall zu Fall zu zitieren.

Theodor Fontane, ›Jenseit des Tweed. Bilder und Briefe aus Schottland‹ (1860). Berlin, DDR, 1977.

Der Zauberer und der Reimer

Zu Melrose gehören zwei geheimnisvolle Gestalten der schottischen Geschichte – oder sollte man sagen: der Legende? Michael Scott, der im dreizehnten Jahrhundert lebte, wird von den einen als großer Arzt und Wissenschaftler des Mittelalters gerühmt, von anderen als ›the Wizard‹ der Zauberkünste verdächtigt. Man weiß von ihm, daß er – wohl aus großem Hause stammend – zunächst in Oxford Philosophie, Astronomie und Chemie studierte, aber auch die lateinische Sprache und Arabisch erlernte. Damals waren Astronomie und Sterndeuterei, Chemie und die Mysterien der Alchimie noch nahe verwandt; je weiter es Scott in seinen wissenschaftlichen Studien brachte, um so mehr umgab ihn die Aura des Magiers. An der Pariser Universität nannte man ihn ›Michael, den Mathematiker‹; er erwarb dort aber auch die Doktorwürde eines Theologen und studierte Medizin. Spätere Reisen führten ihn nach Padua und Toledo, das damals als ein Zentrum der okkulten Wissenschaften galt. Er begann Aristoteles zu übersetzen, und wurde darin von Kaiser Friedrich II. gefördert, der ihn längere Zeit als Hofastrologen und Vertrauten an seinem Hofe behielt. In späteren Jahren kehrte Scott in seine Heimat zurück, als weithin berühmter Arzt.

Von seinen angeblichen Zauber- und Wundertaten gefällt mir vor allem die folgende: In jedem Jahr wurde damals ein verläßlicher Mann nach Italien geschickt, um vom Papst das Datum des Beginns der Fastenzeit zu erfahren. Als man einmal Scott mit dieser Aufgabe betreute, »versetzte er sich durch Zauberkraft nach Rom«. Dem zweifelnden Papst wies er den

Schnee vor, den er noch auf der Mütze trug: schottischen Schnee.

Ob das überlieferte Rezept von seiner Hand: ›Pilulae Magistri Michaelis Scotis‹ eher in den Bereich des Medizinischen oder des Magischen gehört, wage ich nicht zu beurteilen; die Mixtur aus ›Aloe, Rhabarber, neun Früchten und Blüten‹ soll Kopfweh lindern, Depressionen mildern, den Intellekt schärfen, Seh- und Hörkraft verbessern, die Jugend bewahren und beginnende Kahlheit verzögern. In Melrose glaubt man, daß der Zauberer in einer Seitenkapelle der Abteikirche ruht und nicht – wie andere meinen – drüben in England.

Wo sich die Straße kurz vor Melrose ins Tal des Tweed senkt, entdeckten wir auf einer unserer Fahrten ein Schild mit einem höchst merkwürdigen Text. Es hieß da: »An dieser Stelle begegnete Tom der Reimer der Elfenkönigin.« Warum gerade dort? Er lag doch »am Bach«, als er die blonde Frau sah, die auf einem weißen Roß ritt, »und wenn sie leis am Zügel zog, so klangen all die Glöckelein...« Wir kennen Loewes Ballade. Aber die Mär von Tom, dem Reimer und Harfenspieler, den die Elfenkönigin für sieben Jahre in ihr Reich holt, hat einen realistischen und keineswegs romantischen Hintergrund. Thomas Learmount of Ercildoune, ein angesehener Mann, der wie Scott im dreizehnten Jahrhundert lebte, wurde durch seine Kunst des Wahrsagens berühmt; da er seine Prophezeiungen in Verse kleidete, gab man ihm den Beinamen ›the Rhymer‹. Er lebte in Earlston, einem kleinen Ort nördlich von Melrose, wo man noch heute an der häßlichen Backsteinkirche einen alten Stein mit folgender Inschrift eingemauert findet:

›Auld Rymr's Race
Lyes in This Place‹

Nicht weit davon, bei den letzten Resten eines von ihm angeblich bewohnten Turms, bietet ›The Rhymer's Coffee Shop‹ Erfrischungen und Andenken an. Historiker weisen darauf hin, daß der Reimer sich in seinen Prophezeiungen auf geschickteste Weise unverbindlich ausgedrückt habe. Im nachhinein waren die verschiedensten Auslegungen möglich.

Auch für den angeblichen Ausflug ins Märchenland haben sie eine recht nüchterne, aber einleuchtende Erklärung: Die Zeiten damals seien so unruhig gewesen und das Leben so gefährlich, daß ein zeitweises Untertauchen, möglicherweise über Jahre hinweg, von Fall zu Fall ratsam scheinen mochte. Da bot die Elfenkönigin ein unverfängliches Alibi.

Von den berühmten Weissagungen des Reimers möchte ich nur ein Beispiel geben. Über das Schicksal der Highlands soll er gesagt haben: »Die Zähne der Schafe werden den Pflug ruhen lassen.« Mit diesem Wort hat Thomas Learmount of Ercildoune leider recht behalten.

Zweiter Tag

Im Border Country liegt alles nahe beisammen und ist auf guter Straße rasch erreichbar: Abteien, Aussichtspunkte, die Ufer des Tweed und des Teviot; kleine Städte und große Schlösser. Das macht den Aufenthalt in dieser Gegend so angenehm und erholsam. Land der Rolling Hills, der rollenden Hügel, sagt man. Die Erde der Äcker ist satt und saftig. Alle Weiden und Felder sind mit Hecken abgegrenzt wie in England drüben; aber die einzelnen Büsche solcher Umzäunungen scheinen hier störrischer und wie mit gekreuzten Beinen widerspenstig in der Reihe zu stehen. Die runden Höhen über den Tälern sind von einer blassen Grasnarbe überzogen.

Hier begegneten wir zum ersten Mal jenen einzeln stehenden hohen Bäumen, Eichen, Buchen, Linden, Platanen, die unsere weiteren Wege durch Schottland begleiteten: Bäume, die frei atmen können, aus kräftigen Böden ihre Nahrung ziehen, vom Regen heilsam begossen werden, ungestört ihre Jahresringe ansetzen, gerade wachsen und ihre dichtbelaubten Zweige in gleichmäßigem Rund weit ausbreiten.

Alle diese verschiedenen Aspekte der Landschaft hat man auf einer Anhöhe bei *Bemersyde* gesammelt vor Augen, dramatisch überhöht durch drei runde vulkanische Höcker, die *Eildon Hills*. Der Aussichtspunkt heißt *Scott's View*, nicht nur zur ehrenden Erinnerung: Sir Walter ist von Abbotsford aus immer wieder hierher gekommen.

Friedliche Ufer des Tweed; vom ›ding-dong warfare‹, dem ewigen Hin und Her der Grenzkämpfe, ist nun nichts mehr zu spüren. Im Tweed wird zehn Monate des Jahres gefischt; an jedem ›beat‹, jeder Strecke, dürfen zwei Angler stehen. »Es gibt vielerlei Fische im Fluß, aber wir hier sind nur an den Lachsen interessiert.« Der das sagt, mußte es von Beruf wissen: Er ist ›water bailiff‹ für den Eigner. Er beaufsichtigt das Gewässer und paßt auf, daß niemand sich illegal mit der Angel zu schaffen macht. Das wochenweise Vermieten der Strecken, vor allem an Ausländer, ist heutzutage ein sehr einträgliches Geschäft.

Als wir dem Fischmeister und Wasserpolizisten auf Wiedersehen gesagt hatten und weiterfuhren, sahen wir bald darauf Reiter in langem Zug hintereinander, alles junge Leute oder Kinder, mit kleinen Rücksäcken ausgerüstet, in Arbeitshosen und Anorak, aber mit dem korrekten schwarzen Reithut aus Samt auf dem Kopf. Solche gemächlichen Ausflüge zu Pferd nennt man ›trekking‹; auf die Qualität des Tieres oder hohe Reitkunst kommt es dabei nicht an.

Dryburgh hat von allen Grenzlandabteien die schönste Lage: in einer Schleife des Tweed, auf grünem baumreichem Vorland, das in Terrassen zum Wasser abfällt. Die Klosterbauten folgen den Linien der Natur: Auf der obersten Stufe steht die Abteikirche, vielmehr das, was von ihr übrigblieb; zu ihren Füßen liegt das Rasengeviert des ehemaligen Kreuzgangs, und von dort führen wiederum Stufen zum Kapitelsaal mit seinem Tonnengewölbe hinunter. Der behauene Sandstein von Dryburgh mit seiner gleichmäßig milden und hellen Tönung hebt sich malerisch vom dunklen Grün der hohen Bäume ab. Malerisch fand man Dryburgh auch vor hundert Jahren, als Buschwerk alle Ruinen überwucherte und die letzten intakten Gebäudeteile zu sprengen drohte. Inzwischen wurde der edle Stein freigelegt, der Besucher kann jede Einzelheit bewundernd betrachten. Am besten erhalten sind Teile des nördlichen Querschiffs der Abteikirche. Hier haben einige der großen Grenzlandfamilien Anspruch auf einen Begräbnisplatz oder, wie es so schön in den alten Dokumenten heißt, das Recht, ihre Knochen zu strecken, »the right to stretch their bones«. Sir Walter Scott gehörte, durch Verwandtschaft mit den Haliburtons, zu den Auserwählten, auch Feldmarschall Haig, dessen Familie noch heute in Bemersyde ihren Sitz hat.

Dryburgh Abbey liegt einsam, wie verzaubert. Die Gäste des benachbarten Dreisterne-Hotels interessieren sich wohl mehr für lebende Fische als für totes Gemäuer. Das Department of the Environment hat als Hausherr ein paar Bänke in die Wiesen gestellt; man kann in der großen Stille, die nur von einem fernen Rasenmäher unterbrochen wird, ausruhen und nachsinnen. Ich habe freilich weder Mönche singen hören (wie es andere behaupten) noch bin ich dem Schatten jener Frau begegnet, die nach 1746, als sie ihren Liebsten bei Culloden verlor, in den Kellern des Klosters hauste, nie mehr das Tageslicht sehen wollte und ein Gespenst namens Fatlips als Diener beschäftigte, der ihr ›beim Aufräumen half‹. Die arme Frau war der Nachwelt nützlich. So lange man sie dort wußte und fürchtete, wurden weder Mauern eingerissen noch Steine fortgetragen. So, heißt es, sei zu erklären, daß von Dryburgh mehr übrigblieb als von den anderen Abteien.

Lange ehe die Border Abbeys blühten, hatten fromme Männer der keltischen Kirche hier Fuß gefaßt und ihre kleinen Bethäuser errichtet: Melrose drüben ist mit dem Namen St. Cuthberts verbunden. Als dann König David I. im zwölften Jahrhundert Mönche vom Kontinent berief, hielt er sich nicht an einen bestimmten Orden, sondern wählte Vertreter der verschiedensten Richtungen. Nach Jedburgh kamen die Augustiner, nach Kelso Tironienser aus der Picardie, nach Melrose Zisterzienser und nach Dryburgh Praemonstratenser. Die vier Abteien haben jahrhundertelang bedeutenden Einfluß auf das Leben im Grenzland genommen, obwohl – wie George Scott Moncrieff bemerkt hat – die große Blütezeit des Mönchswesens auf dem Kontinent schon vorüber war, als die Gründungen hier sich ereigneten. Schottland, am Rande Europas, ist zwar von Verheerungen wie denen der Völkerwanderung verschont geblieben, aber es erlebte auch nicht den nachfolgenden fruchtbaren Aufbruch des Geistes.

»Aus den späteren Zeiten der Grenzkämpfe hört man immer nur von Zerstörungen und Plünderungen der Abteien, aber daß sie ebensooft wieder mit großer Geduld wiederaufgebaut oder ausgebessert wurden, das bleibt verschwiegen.« Auch ist den meisten Besuchern nicht klar, daß die letzte Zerstörung nicht schlagartig erfolgte, sondern in einem langwährenden, traurigen Prozeß des Verfalls, in dem zum Beispiel die vom König eingesetzten weltlichen Commendators, oft seine Bastardsöhne, sich schamlos bereicherten, und mancherorts sozusagen unter den Augen der Mönche Dächer abgedeckt und Fensterscheiben entfernt wurden, wenn ein hoher Herr der Gegend sich ein neues Haus bauen wollte.

In *Kelso* ist vom ehemaligen riesigen Bau nur ein Fragment stehengeblieben, das zwischen den ersten Häusern der Stadt eingegittert und befremdlich aufragt, und das sich nicht einmal richtig deuten ließ, bis in den vatikanischen Archiven alte Pläne auftauchten. Nun weiß man, daß diese Abteikirche von Kelso die großartigste von allen gewesen sein muß, in der Form eines Doppelkreuzes angelegt, mit zwei hohen, lichterfüllten Querschiffen an beiden Enden des dunklen Kirchenraumes. Im westlichen Querschiff, das allein teilweise erhalten blieb, türmen sich über normannischen Pfeilern die Reihen der dicht gesetzten Rundbogenöffnungen, höher und zahlreicher als in mancher französischen Kathedrale. Der ehemalige Friedhof ist ohne Mauer oder Umgrenzung zum Park und Spielplatz geworden, alte Grabsteine stehen wie zufällige Dekorationen im blassen, vernachlässigten Rasen.

Als wir am Abend eines langen Tages nach Melrose zurückkamen, lagen die Straßen schon dunkel. Nur in Mr. Hunter's Wunderhöhle, einem Laden für Angler, brannte noch Licht, und man sah, wie der Eigentümer, tief über die Arbeit gebückt, das winzige Kunstwerk eines Köders aus bunten Federn entstehen ließ.

Unweit Bemersyde: der Smailholm Tower als typisches und gut erhaltenes Beispiel eines befestigten Wohnturms im Grenzland.
Außerdem zur Besichtigung empfohlen: Mellerstain (nordöstlich von Smailholm), Landschloß des 18. Jahrhunderts mit schönen Innenräumen und einer Bibliothek von Robert Adam.
In der Stadt Kelso ist der Einfluß der ›Auld Alliance‹ zu spüren. Hübsches Rathaus. Fünfbogige Brücke über den Tweed (John Rennie, 1803. Das von ihm ebenfalls gebaute Pendant, die London Bridge, wurde abgerissen). Von Rennies Brücke aus schönster Blick tweed-

aufwärts zum Schloß der Herzöge von Roxburghe, Floors Castle. Südöstlich von Kelso Kirk Yetholm, ein Dorf der schottischen Zigeuner. Das ehemalige Haus ihrer Königin, rosa getüncht, wirkt heute kleinbürgerlich. In Kirk Yetholm endet der in Derbyshire beginnende 240 Meilen lange Penine Way.

Von Lachs und Forelle

Die Saga vom Lachs ist bekannt. Als unansehnlicher Jungfisch verläßt er im Frühjahr seine heimatliche Brutstätte und findet, durch Bäche und Wasserfälle, Seen und Flüsse, den Weg zum Meer. Er überquert den Atlantik in westlicher Richtung, bis er zu seinen Freßgründen vor den amerikanischen Küsten gelangt. Wie lange er dort bleibt, hängt von verschiedenen Faktoren ab; manchmal können es Jahre sein. Dann machen sich die Fische auf den Heimweg, wieder von unbekannten Instinkten und Einflüssen geleitet. Sie finden die Flußmündung, von der aus sie fortschwammen und beginnen den letzten und anstrengendsten Teil ihrer Reise, hohe Hindernisse im Sprung überwindend, bis sie endlich im Spätherbst dort anlangen, wo sie herkamen. Dann beginnt die Laichzeit. Viele von ihnen überqueren den Ozean zweimal in beiden Richtungen, einige wenige sogar ein drittes Mal. Man erkennt das, wenn man ihre Schuppen unters Mikroskop legt: Wie bei den Jahresringen der Bäume ist abzulesen, wie oft sie ›drüben‹ waren. Sich mit einem solchen starken und in Gefahren erprobten Burschen einzulassen, muß ein besonderes Vergnügen sein. Die würdigsten Gegner finden sich in der 18-25 Pfundklasse. Schwerere Fische bleiben am Grund und werden träge. Der Angler muß eine gute Kondition haben; manchmal dauert der Kampf zwischen ihm und seinem Fang mehrere Stunden lang.

Ich mußte erst eine Zeitlang am Fluß zubringen und ruhig werden, das Auge nicht mehr unkonzentriert schweifen lassen, ehe ich allmählich zu erkennen begann, was da unten im Wasser vorging; und nur in wenigen Glücksmomenten war ich dabei, wenn plötzlich der mächtige Körper eines großen Lachses aus der Tiefe schnellte wie ein unerwarteter Blitz.

Touristen haben selten Zeit, so lange zu verweilen. Sie begegnen dem Fisch erst, wenn er, gewogen und registriert, auf einer Marmorplatte im Hoteleingang liegt.

Zwischen Lachsfischern und Forellenanglern sollen Abgründe gähnen. »Ich nehme nie beide Sorten zur gleichen Zeit ins Haus«, sagte ein Wirt im Hochland. Forellen sind, verglichen mit dem Lachs, elegant und gewitzt; sie zu erwischen sei die höhere Kunst, heißt es unter Fachleuten.

Der Laie ahnt ja nicht, von wieviel fördernden oder hemmenden Umständen es abhängt, ob der Fisch anbeißt. Ist es windstill oder bläst der Wind, und aus welcher Richtung; scheint die Sonne aufs Wasser, oder kann man im Schatten eines Gebüsches fischen; steigt oder fällt das Barometer; ist das Wasser klar oder von Moor und Erde dunkel getönt, der Wasserstand hoch oder niedrig, die Strömung stark oder schwach? »Die beste Zeit dürfte sein, wenn das Barometer nach einem Sturmtief wieder ansteigt.« All das sind brennende Probleme, für den Lachs- wie für den Forellenfischer. Abends wird jede Phase eines erfolgreichen oder mißglückten Tages noch einmal im Gespräch durchlebt. Am ärgerlichsten sind Störungen der Ruhe, auch vom anderen Ufer aus. Die Regeln des fairen Fischens sind sehr genau zu beachten, wenn man sich unter den Habitués nicht unbeliebt machen will. Der schwärzeste Sünder auf diesem Gebiet war einmal ein Hund, dessen Herr die Fischereirechte am nördlichen Ufer eines Grenzflusses, also auf der schottischen Seite, innehatte. Der Hund war großartig und erfolgreich bei seiner Jagd auf Lachse, und pflegte seinem Herrn die Beute vor die Füße zu legen. Der Besitzer des jenseitigen englischen Ufers sah es lange mit Ingrimm; schließlich strengte er einen Prozeß an: ›Lord Tankerville versus a dog – the property of the Earl of Home.‹ Alle schottischen Herzen schlugen höher, als der Hund den Prozeß gewann.

Walter Scott in Abbotsford

Anfang des Jahres 1818 fuhr ein Boot mit ausschließlich literarischer Fracht von Leith nach London; es beförderte eine der ersten Auflagen von Walter Scotts Roman ›Rob Roy‹ zu den erwartungsvollen Lesern (schon ein Jahr später lag in Berlin die deutsche Übersetzung vor: ›Robin der Rothe‹, bearbeitet von W. A. Lindau). Der Name des Verfassers fehlte auf dem Buchdeckel; statt dessen hieß es noch ›by the author of Waverley‹. Niemand störte sich daran. Scott befand sich auf der steil ansteigenden Bahn einer großen Karriere, die in wenigen Jahren ihren Höhepunkt erreichen, dann aber ein jähes Ende finden sollte.

Angefangen hatte es mit einer Sammlung von Grenzlandballaden. Mit der ›Dame vom See‹, einem wild-romantischen Versepos, 1810 erschienen, gewann Scott die Herzen aller Damen. Aber als Lord Byron seine Gedichte veröffentlichte, war Scott klug genug, 1814 als nächstes Werk einen Roman vorzulegen: ›Waverley‹. An die Stelle von Märchenfiguren traten von nun an kernige Charaktere, die sich, wenn sie einfacher Abstammung waren, in ebenso kernigem Scots äußerten. Schottischer Alltag wurde geschildert, freilich vor dem Hintergrund historischer Machtkämpfe und Verwicklungen. Gelegentlich murrten die Kritiker ob der fehlenden Romantik, oder sie bemängelten »schlechtes Benehmen, niedere Denkart und rohe Sprechweise« des Helden. Angesichts des überwältigenden Erfolgs beim Publikum konnten solche abfälligen Anmerkungen den Autor ungerührt lassen. Seine Romane brachten dem Juristen Scott, der als Deputy Sheriff in Selkirkshire tätig war, so viel Geld ein, daß er ein Farmhaus mit viel Grund und Boden am Ufer des Tweed erwerben konnte. Die nächsten Jahre waren vielleicht die glücklichsten seines Lebens. Er konnte seiner Sammelleidenschaft frönen. Auf zahlreichen beruflichen Wegen und Fahrten hatte er immer schon aufgelesen und zusammengetragen, was ihm brauchbar und nützlich schien: zunächst urtümliche Redewendungen aus den Gerichtsverhandlungen, Dialoge, die er zufällig hörte, Lieder und Balladen. Als ihm die Mutter seines Freundes Hogg einen solchen Text diktiert hatte, sagte sie traurig:

»Ihr habt aufgeschrieben, was nie zuvor zu Papier gebracht wurde; nun wird dies Lied nicht mehr gesungen werden.« Bei der Besichtigung des Verlieses im Falkland Palace, aus dem man die Leichen gleich in den Fluß werfen konnte, hörte man Scott murmeln: »Das wäre verwendbar.« ›Zur Anregung‹ kaufte er einem Arzt einen Schädel und einige Knochen ab und baute sie in klassischer Anordnung über dem Kamin auf.

Als es nun um die Planung seines neuen Hauses am Tweed ging, wurde Sir Walter (1820 von König Georg IV. geadelt) auch auf dem Gebiet der Bauideen und der Innendekoration zum Sammler. Für den Sitz eines vermögenden Landedelmannes schien ihm mancherlei passend: Türmchen und Erker, Spitzbogenportal und Treppengiebel außen, Schnitzwerk und Ritterrüstungen, Vitrinen und Statuen im Inneren. Man hat den Dichter mit dem Kindergesicht ›Kultur-Elster‹ genannt, da er so eilfertig zusammentrug, was ihm an Kuriositäten im Zusammenhang mit seinen Werken wichtig war; etwa einen Torflügel des alten Tolbooth von Edinburgh, der wie ein ungeschlachtes Wappen in einer der Außenmauern steckt und an Scotts Roman ›Heart of Midlothian‹ erinnert. Im Haus verknüpft sich mit jedem Geldbeutel, Trinkgefäß, Pulverhorn, Riechfläschchen und Notizbuch, mit jeder Brosche, Flinte, Locke oder Miniatur eine Geschichte. »Seltsamlichkeiten« nannte Fontane dieses literarische Spielzeug; da er den Besuch von Abbotsford als Pilgerfahrt unternommen hatte, mußte er zunächst ein Gefühl der Enttäuschung unterdrücken. Später urteilte er milder.

Ein Landsitz über dem Fluß, Freunde am Kaminfeuer, Kinder auf dem Rasen hinterm Haus; Pferde in den Ställen, Hunde als Begleiter, steigende Buchauflagen, jedes Jahr ein neuer und erfolgreicher Roman, dazu Freund und Berater des regierenden Königs und selbst eine ›nationale Institution‹: Scott wäre ein glücklicher Sterblicher gewesen, wenn ihn nicht der Bankrott seines Verlegers, dessen stiller Teilhaber er war, mit in die Katastrophe gerissen hätte. Der Dichter konnte nur hoffen, sich seiner Verpflichtungen in Millionenhöhe durch ein gesteigertes Arbeitspensum zu entledigen. Sein Haus wurde ihm zum Gefängnis, die Arbeitsstube seine Zelle.

Man kann diesen Raum in Abbotsford nicht ohne Anteilnahme betrachten. Die verhältnismäßig kleine ›study‹ Sir Walters, eine braune einfenstrige Klause, ist vom Boden bis zur Decke mit Schweinslederbänden gesäumt. In halber Höhe läuft eine leichte gußeiserne Galerie um den Raum. An Mobiliar ist außer dem Schreibtisch und einem abgewetzten Ledersessel wenig vorhanden. Das einzige Porträt im Raum stellt Rob Roy dar.

Scotts Arbeitstag begann schon in grauer Frühe. Über eine Privattreppe und die eiserne Galerie konnte er vom Schlafzimmer aus direkt zu seinem Schreibtisch gelangen und blieb dort ungestört. Noch rascher als früher mußten nun die Handlungen ersonnen, die Fäden geknüpft und wieder befriedigend gelöst werden. War es draußen dunkel, dann fauchten über dem Schreibtisch zwei Lampen in eisernen Fassungen. Das Gas für diese neue Beleuchtungsart wurde im Hause selbst hergestellt. Auch der Klingelknopf neben dem schwarzen Marmorkamin arbeitete nach neuesten Erkenntnissen: durch Luftdruck. Der Schwiegersohn und Biograph Lockhart berichtet, Scott habe an Tagen, die ihn beim letzten Satz eines Romans aufatmen ließen, schon mit den ersten Zeilen des nächsten begonnen. Auf diese Weise sind noch zahlreiche Bücher entstanden. Sir Walter, der zeitlebens kränklich und von Schmerzen geplagt war, starb 1832.

Von allen Großen Häusern Schottlands wurde Abbotsford als erstes dem Publikum geöffnet. Die Erben Scotts begannen schon im Jahre nach dem Tod des Dichters mit Führungen. Diese Tradition ist überall zu spüren. Die heutigen Besitzer und Verwalter, immer noch Nachkommen Scotts, leben ganz selbstverständlich mit der Vergangenheit und mit ihren zahllosen Besuchern, auf deren Takt und Diskretion sie anscheinend erfolgreich vertrauen.

Als wir durch das reiche und grüne Tweedtal fortfuhren, mußte ich an jene kurze Szene denken, mit der Scott den Charakter seiner Landsleute verewigt hat.

Der Vater sagt zum Sohn:

»Jock, when ye hae naething else to do, ye may be ay sticking in a tree; it will be growing, Jock, when ye're sleeping.«

»Wenn Du nichts besseres zu tun hast, Jock,
könntest Du einen Baum pflanzen.
Er wird wachsen, Jock, während Du schläfst.«

Für seine Bekleidung wählte Walter Scott das schwarz-weiße Wolltuch der Schäfer (›shepherd's plaidie‹) und brachte es damit in Mode. Eine ausführliche Würdigung des Dichters findet sich im Werk seines Schwiegersohnes: John Gibson Lockhart, ›The Life of Sir Walter Scott‹, London 1971.

Zwischen Ettrick und Yarrow

›Tiefland‹, Lowlands, ist eigentlich eine irreführende Bezeichnung. Der Unkundige erwartet Felder, flach bis zum Horizont – nichts könnte der Wirklichkeit weniger entsprechen. Gegen Westen steigen die ›rollenden Hügel‹ zu einiger Höhe an; gelegentlich glaubt man im Gebirge zu sein und fährt durch Einsamkeiten wie droben in Sutherland. Nur an den Ufern der Flüsse, an Gala und Tweed, Yarrow, Ettrick und Teviot wird es ab und zu städtisch. Zur Zeit der industriellen Revolution sahen sich die rührigen Bewohner dieser Landstriche vergeblich nach Rohstoffen oder Kohle um. Aber sie erinnerten sich daran, daß die Mönche der großen Abteien einmal mit Erfolg Schafzucht betrieben und die Wolle zum Kontinent exportiert hatten (sie handelten dafür geschnitztes Chorgestühl ein). Wasserkraft war genügend vorhanden. So setzte man eine Textile Mill nach der anderen an die Ufer. Industrieorte wie Galashiels, Walkerburn, Selkirk oder Hawick entstanden. Fabriken mit bekannten Namen versorgen heute die Welt mit hochwertigen Wollsachen und Tweedstoffen, in denen sich alle Farbtöne der umliegenden Höhen: von Heide und Ginster, Farnkraut und Moorwasser wiederfinden.

Zwischen *Ettrick* und *Yarrow* waren die Hügel einst von dichten Wäldern bedeckt, in denen Könige jagten, Schmuggler und andere zwielichtige Gestalten sich verbergen konnten. Aber je mehr Schafe dort oben auf die Weide geschickt wurden, um so kahler wurden die Hügel. Heute pfeift der Wind über baumlose Gipfel. Die Schäfer von den Hügeln waren eigenwillige Gestalten; manche wurden zum Dichter. Der berühmteste unter ihnen fand auf dem Friedhof von Ettrick seine letzte Ruhestatt: James Hogg.

Am 23. Januar 1794, in einem besonders harten Winter, machte er sich als noch junger Mann auf den Weg, um in einer abgelegenen Berghütte einige andere Schäfer zu treffen, die – wie er – am Schreiben Freude fanden (sie hatten es sich selbst beigebracht). Bei solchen Zusammenkünften wurden Texte zu einem vorgegebenen Thema vorgelesen und kritisiert; einer der Männer führte jeweils den Vorsitz – diesmal sollte es Hogg sein. Aber »ich sah alle Anzeichen eines drohenden Unwetters... der rauhe Wind des Vortages war einer tödlichen Stille gewichen... Einige magere Flocken schwebten zögernd in der Luft, so als wüßten sie nicht, ob sie wieder aufsteigen oder niederfallen sollten... In den Klüften lag der Nebel dicht und dunkel, wie zusammengeschoben und aufgehäuft.., aber über den Gipfeln zog er sich dünn und schütter hin... Ich verhielt den Schritt und beobachtete die Natur und je länger ich stand, um so sicherer schien es mir, daß sich hier ein Unheil zusammenbraute... Schweren Herzens kehrte ich um, nach Hause zurück zu meinen Schafen... Mein kunstreicher Text und meine weisen Bemerkungen waren vergeblich zu Papier gebracht worden.« Hogg kannte seine Berge: Bei dem Schneesturm, der an jenem Tag ausbrach, verloren siebzehn Schäfer ihr Leben und ungezählte Tiere kamen um.

Wir hatten von *Selkirk* aus das Gebiet des Ettrick Forest umfahren, in etwas unwirscher Laune trotz der schönen Gegend, weil viel mehr Fasanen als Autos die Straße bevölkerten und uns immer wieder zum Bremsen zwangen; daß die Forestry Commission hier langweilige Baumreihen zog, wo einmal dunkle, wild wachsende Wälder standen, war uns auch nicht recht. Mittagssuppe am Kreuzweg, in einem alten Haus, den ›Gordon Arms‹. Der Wirt war ehemaliger Soldat, man sah es an den Photographien in der Bar, die Highlander im Kilt zeigten, mit Tropenhelm und Khakijacken hinter Dudelsack und Trommeln durchs afrikanische Veldt ziehend. An der Theke tranken Männer mit schmutzigen Stiefeln; ein rotnackiger Farmer hatte Frau und Tochter einen Hühnersalat spendiert, seine Hunde streckten sich vorm Kaminfeuer aus. Und wieder Aufbruch, nach Westen, zum *Grey Mare's Tail.*

Ein Regenguß überraschte alle, die vom Parkplatz aus den gefährlich glatten Pfad zum Aussichtspunkt hinaufstiegen. Ein Wasserfall war zu besichtigen – und da der National Trust als Sachwalter eine solide Erklärung zu Entstehung und Alter gab (auf Schautafeln an der Straße), konnte ich mir plötzlich vorstellen, was sich hier einmal ereignet hatte: Das Ende eines Gletschers kam das Tal herabgerutscht und bahnte sich dabei so rasch und kräftig seinen Weg, daß ein Nebengletscher im Seitental ›den Anschluß verpaßte‹ und steckenblieb. Damit erklärt sich das Phänomen des Hanging Valley, von dessen Rand aus das Wasser seither in die Tiefe stürzt. So geschehen vor 338 Millionen Jahren, wie der Dominie, ein Dorfschulmeister, an Hand von versteinerten Kleinstlebewesen in der Grauwacke herausgefunden haben will. Den Namen dieses beharrlichen und wißbegierigen Schotten weiß ich leider nicht – natürlich wurde er später Professor – aber ihm und seinesgleichen danke ich es, daß ich allerlei Kuriositäten der Natur mit wacheren Augen zu betrachten lernte als zuvor.

Grey Mare's Tail, der Schwanz der grauen Mähre: treffende Bezeichnung für die unordentlichen Wassersträhnen, die in einen düsteren Kessel stürzen. Unten lagen Kadaver von Wildziegen zwischen den Steinen, und eine Warntafel wies auf vier Tote und vier Schwerverletzte innerhalb von fünf Jahren hin. Beim vorsichtigen Abstieg hatten sich Schneeflocken in den Regen gemischt; als wir bald darauf wieder am *St. Mary's Loch* anlangten, kam eine Hagelwolke über die Berge gestürmt, aber gleichzeitig glänzten Sonnenflecke auf der Wasserfläche.

Die Stube in ›Tibby Shiel's Inn‹ war leer. Eine Bedienung kam so schüchtern hinter dem Tresen hervor, als sei sie hier selbst zu Gast. Was wir denn möchten? »Uns am Ofen trocknen und einen Tee trinken.« Die Wirtin der einsamen Einkehr am St. Mary's Loch war ein Neuling. Ihr Mann ist als Arzt in der Umgebung beschäftigt, ihre Töchter sind erwachsen. »Wir haben das Haus gekauft, damit ich etwas zu tun habe. Ich bin die sechste Besitzerin seit Tibby Shiel und möchte an die Zeit damals anknüpfen.« Damals: das war, als das Haus am See mit seiner mütterlichen Wirtin als Refugium und Treffpunkt der Dichter berühmt wurde. »Vorläufig kommen aber nur einzelne Touristen«, sagte Mrs. G., »und abends die Hirten der Umgebung. Manchmal singen sie zusammen, aber dann darf kein Fremder im Raum sein. Jetzt haben sie sowieso keine Zeit, sie sind bei den Lämmern.« Im Weiterfahren, auf dem Weg nach Traquair, überlegten wir uns, wie die liebenswürdige Mrs. G. wohl an die literarische Vergangenheit des Hauses anknüpfen könne? Würde sie aus den Werken des Historikers Thomas Carlyle vorlesen lassen (der auf dem Fußmarsch von Ecclefechan nach Edinburgh hier vorbeikam), vielleicht aus seinen sechs Bänden über Friedrich den Großen? Oder einen Abend im Zeichen Robert Louis Stevensons veranstalten? Walter Scott war natürlich auch hier – wohin kam er nicht? Er traf sich mit einem Freund, der ›the Ettrick Shepherd‹ genannt wurde: kein anderer als James Hogg, unser dichtender Schäfer. Scott führte ihn sogar in die Edinburgher Gesellschaft ein, wo er mit seinen Versen und als Original einigen Ruhm erntete. Trotzdem hätte Sir Walter ihn wohl besser da gelassen, wo er hingehörte, in seiner Heimat. Hoggs Naturschilderungen sind, meine ich, besser als seine Verse. Man soll aus einem guten Hirten keinen Salonlöwen machen.

Empfehlenswert: die Höhenstraße durch die Tweedsmuir Hills, von St. Mary's Loch aus hinüber zum Talla Reservoir.
Devil's Beef Tub ist ein Kessel mit senkrecht abstürzenden Wänden in den Hügeln nördlich von Moffat, Schauplatz abenteuerlicher Begebenheiten. Ein MacLaren entkam dort als Gefangener seinen Wächtern, indem er sich in die Tiefe rollen ließ.

Traquair House oder der versteckte Priester

Traquair im Tal des oberen Tweed war einmal Glied einer Verteidigungskette von Türmen und Burgen im Grenzland. Außen hat das Haus seinen wehrhaften Charakter bewahrt; innen ist es friedlich und gemütlich: Eleganz in dickem verwinkeltem Mauerwerk. Eine Generation nach der anderen hat die Spuren ihrer Kultur hinterlassen; von Bibelsprüchen und Psalmentexten auf bemalten Balkendecken bis zu einer Bibliothek des 18. Jahrhunderts unterm Dach, in der Philosophen und Dichter des klassischen Altertums auf die Reihen sinnreich geordneter Schweinslederfolianten herabschauen.

Wem die Loyalität der Bewohner dieses Hauses galt, zeigt sich, sobald man das noble Gebäude betreten hat, an einer geschnitzten Tür, auf der das schottische Einhorn gegen den englischen Löwen zum Kampf angetreten ist. Das Unicorn hat den weit aufgerissenen Rachen des Löwen durchbohrt; aber die Tiere sind aneinandergekettet, und der Löwe teilt seinerseits Prankenhiebe aus. Das Schnitzwerk entstand 1601; die ›Union of the Crowns‹ fand zwei Jahre später statt.

Die Herren auf Traquair waren den königlichen Stuarts treu und trugen den gleichen Namen. Der erste Laird, James Stuart, fiel an der Seite Jakobs IV. 1513 bei Flodden; der siebte, John, wurde als Anhänger und Helfer Maria Stuarts in den Adelsstand erhoben (Kruzifix und Rosenkranz aus dem Besitz der unglücklichen Königin gehören noch heute zu den Schätzen des Hauses). Seit Prinz Charles Edward 1745 den damaligen 11. Laird besuchte und durch das Bear Gate davonritt, durften die Gittertüren des Bärentores nie wieder geöffnet werden. Einem der schönen Trinkgläser (Amen-glas) in der Sammlung des Hauses ist folgender Spruch auf den Prinzen eingraviert:

> »... send him soon over
> and kick out Hannover
> and then we'll revover
> our old liberties ...«

Noch lange Jahre galt Traquair als geheimes Zentrum der Jakobiter im südlichen Schottland.

Der jetzige zwanzigste Laird, Peter Maxwell Stuart, ist Katholik wie seine Vorfahren. – Schon in anderen Großen Häusern hatte ich einen Priest's Room gesehen. Aber erst hier in Traquair wurde mir – dank der kundigen Ausführungen des Hausherrn – klar, was es mit einem solchen Gelaß auf sich hatte. Wenn eine Familie wie die Stuarts of Traquair in den Zeiten der Religionswirren und Verfolgungen auf geistlichen Beistand nicht verzichten wollte, so versteckte sie einen

Priester im Haus, falls möglich in einem Raum des obersten Stockwerks und nur über eine geheime Treppe erreichbar. Dort führte der Geistliche ein Leben als Einsiedler. Sein Aufenthaltsraum enthielt nur das notwendigste Mobiliar und – in der Wand versteckt – einen Altar. Er mußte darauf bedacht sein, seine Anwesenheit weder durch Auf- und Abgehen bei Tage, noch nachts durch einen Lichtschein zu verraten; zu sehen bekam er nur jene Hausmitglieder, die sich zur Stunde der Messe über die Geheimtreppe heraufwagten, und eine Magd, die das Essen brachte. Seine Meßgewänder waren aus gesteppten weißen Überdecken angefertigt und konnten im Notfall rasch übers Bett gebreitet werden (in Traquair sind einige rare Exemplare ausgestellt).

Als gegen Ende des siebzehnten Jahrhunderts die Gefährdung eines geheimen Hauskaplans geringer wurde, waren diese Stellungen sogar begehrt; die Chance, ein ganz der Kontemplation gewidmetes Leben führen zu können, wurde vor allem von Benediktinern gerne wahrgenommen. Dieser Domestic Catholicism hatte aber, wie Peter Maxwell Stuart meint, auch seine Nachteile. So soll ein Laird dem gerade eingetroffenen Priester als erstes klargemacht haben, daß es hier unüblich und fehl am Platze sei, dem Hausherrn zu widersprechen.

In Traquair House werden, wie in anderen Schlössern, geschmackvolle Souvenirs und Bücher verkauft; je nach der Jahreszeit auch frische Blumen und gelegentlich Antiquitäten. Der Laird hat verschiedene Werkstätten eingerichtet: Im Sommer arbeiten Silberschmied, Töpfer und Weber in den ehemaligen Wirtschaftsgebäuden; eine Kunstschreinerei und eine Werkstatt für Handdrucke sind angegliedert. Der hübsche Tearoom befindet sich in einem 1745 errichteten Cottage. Das angebotene Gebäck ist auch hier hausgemacht. Wer das Schloß gerade dann besucht, wenn der Hausherr im alten Brauhaus sein berühmtes hochprozentiges Bier braut, hat vielleicht das Glück, eine Flasche erwerben zu können.
Von Traquair aus führen verschiedene lohnende Wanderwege über die Höhen. Bei Peebles ragt ein Wohnturm, Neidpath Castle, hoch über dem Tal des Tweed.

Mr. Lambie aus Biggar

In *Biggar*, einem ruhigen Landstädtchen mit breiter Hauptstraße, gibt es einen ungewöhnlichen Mann: John Lambie. Seine Familie – mit der des Premierministers Gladstone verwandt – besaß seit Generationen das größte Geschäft am Ort; er selbst nennt sich noch ›Ironmonger, Seedsman and China Merchant, established 1864‹ und verkauft den Farmern der Umgebung, was sie an eisernen Gerätschaften benötigen; er versorgt sie auch mit Saatgut und ihre Frauen mit Haushaltsgeschirr. Schon als Lambie ein Junge war, wunderte er sich über allerlei alten Kram, den er in den weitläufigen Schuppen und Verschlägen der Handlung fand. Neugier und Interesse entwickelten sich zum Hobby, dann zu einer Leidenschaft, mit der er auch andere ansteckte. Aus dem Knaben John, der auf Speichern herumstöberte, wurde Mr. Lambie, der ein Museum einzurichten begann. Dabei hatte er Glück: Biggar liegt gewissermaßen in einem windstillen Winkel; hier ändert sich nicht viel. Die Bewohner sind konservativ; auch wenn sie ihr Haus oder ihren Laden modernisieren, trennen sie sich in schottischer Sparsamkeit nicht von der alten Einrichtung. Aber nun, als Mr. Lambie darum bat, gaben sie gerne für einen lehrreichen Zweck. Erstaunliche Funde, die manchmal fast hundert Jahre lang vergessen in einem Winkel lagen, kamen ans Tageslicht. 1968 konnte das Gladstone Court Museum, inzwischen von einem Trust verwaltet, seine Pforten öffnen. Der Charme dieser liebenswerten Schau scheint mir darin zu liegen, daß alle – oder fast alle – Exponate einmal hier oder in der nächsten Umgebung benutzt wurden; daß man noch weiß, wer in der Apotheke (wo eine abgeschabte Arzttasche auf der Glastheke liegt) die ›Patent- and Cattle Medicine‹ verkaufte, oder beim Kramer auf der schwerfälligen Wage Rosinen auswog, sich über das Sirupfaß beugte. Mr. Lambie mußte nur den Rahmen dazuliefern. So wandert man in einer überdachten Straße an erleuchteten Schaufenstern entlang und wirft neugierige Blicke in Läden und Büros. ›The Misses Scott, Dressmakers‹ steht auf einem Messingschild. Unter den Gaslampen der Bankfiliale sind die alten Hauptbücher aufgeschlagen. In der Post Office fehlen nur die

Damen mit hoher Frisur und Knopfstiefelchen, um auf den metallenen Drehsesseln Platz zu nehmen, Stöpsel in die Löcher zu stecken und sich mit ›number, please‹ zu melden. Im winzigen Schulraum veranschaulicht eine Darstellung an der Wand, welche Wege zum Himmel oder in die Hölle führen; die recht zahlreichen Bösen auf der Straße ›hinab‹ trinken und spielen und fluchen nicht nur, sie fahren auch – ärgste aller Sünden – sonntags mit der Eisenbahn.

Biggar bietet mittlerweile mehr als das Museum. Die Gasanstalt von 1839 ist instand gesetzt worden; sie ist so klein und überschaubar, daß seinerzeit ein Mann zu ihrer Bedienung genügte. Das nächste ehrgeizige Ziel ist ein Freilichtmuseum mit Mühle, Farm und Kirche.

Wir hätten John Lambie gerne kennengelernt; aber er war gerade, mit Hilfe eines Stipendiums, in Amerika, um dort in einigen Museen einschlägige Studien zu betreiben.

Das Experiment des Richard Owen

Nur wenn man sich die elenden Zustände in Fabriken und Bergwerken im Zeitalter der Industrial Revolution vor Augen hält, kann man die Bedeutung des Experiments von *New Lanark* für Schottland ermessen. Die Arbeiter waren bis dahin nicht viel mehr als Sklaven gewesen. Brachte eine der Frauen ein Kind auf die Welt, so erschien der Vertreter des Grubenbesitzers oder Fabrikherrn mit einem Patengeschenk, ›Arles‹ genannt. Durch diese Geldsumme hatte er das kleine Geschöpf zur späteren Arbeit verpflichtet, spätestens vom zehnten Jahr an und so lange die Kräfte reichten. Ein Schotte, Sir James Hall, der den Kontinent bereiste, bemerkte mit Verwunderung: »Die Bergarbeiter im Harz sind frei und dürfen das Land verlassen, wenn sie dies wünschen.« Die Familien pflegten in Teams zusammenzuarbeiten: Männer und Halbwüchsige verrichteten die schwerste Arbeit, aber auch Frauen und Mädchen mußten in den Minen unvorstellbare Lasten tragen und dabei schmale Leitern bis zu vierzig Meter Höhe hinaufsteigen. Kleine Buben zogen und schoben das geförderte Gut zum Stollenausgang. Sie krochen dabei in den niederen Gängen auf allen vieren und waren wie Pferde angeschirrt. Oder sie saßen als ›trapper‹ stundenlang in einem Loch im Dunklen, allein, und hatten beim Herannahen eines Wagens eine Sicherheitstüre zu öffnen und wieder zu schließen. So war ihnen in einem Alter, in dem unsere Kinder heute gelegentlich noch im Sandkasten spielen, Leben und Wohlergehen der Miner in die Hand gegeben. Erst zu Beginn des neunzehnten Jahrhunderts machte man sich ernsthaft Gedanken über diese Ausbeutung menschlichen Lebens. Arbeiter, die einer Untersuchungskommission vorgeführt wurden, zeigten tiefe Narben auf ihrem Rücken. Der Körper eines elfjährigen Mädchens war durch Lastentragen völlig abgeknickt; es konnte sich nicht mehr aufrichten. Als Margaret Leveston sechs war, trug sie einen halben Zentner; Janet Cumming, elf, schaffte die doppelte Last. Sie war von fünf Uhr früh ab zwölf Stunden lang im Bergwerk, aber freitags ging die Arbeit die ganze Nacht über weiter bis zum Samstagmittag. 1842 wurde Frauen- und Kinderarbeit unter Tage verboten, auch Knaben unter zehn durften dort nicht mehr beschäftigt werden. Aber in den Spinnereien und Webereien wurden weiterhin Mädchen und Kinder bevorzugt, da sie billig und fügsam und mit ihren feinen Fingern für besondere Arbeiten brauchbar waren. Je kleiner die Fabrik, desto schlechter die Bedingungen. Aufseher verstellten die Uhren, um mehr Arbeitsstunden herauszuholen. Webstühle wurden mit Wasser berieselt, damit das Material nicht riß; junge Mädchen, die dort arbeiteten, standen barfuß in Nässe und Schmutz auf den Steinfliesen. In New Lanark, der Mustersiedlung, ging es anders zu.

Als David Dale, ein reicher Weber und Händler, 1783 dem Erfinder Richard Arkwright die Schluchten des Clyde mit ihren berühmten Fällen zeigte, beschlossen die beiden, an dieser Stelle die Wasserkraft zu nutzen und gemeinsam eine Baumwollspinnerei zu errichten. Innerhalb von zehn Jahren wurden die Fabrikgebäude und eine Siedlung für mehr als tausend Einwohner im Talgrund gebaut. Dale galt als milder Arbeitgeber; schon 1799 war seine Spinnerei die größte ihrer Art in Schottland. Von diesem Jahr an gehörte auch Richard Owen dem Unternehmen an; wenig später wurde er Dales Schwiegersohn und Alleinverantwortlicher für die Geschicke

New Lanarks: ein weit vorausschauender, von Reformideen besessener, aber auch fast naiven Utopien anhängender Mann; kein Schotte, sondern Waliser. Schon bald begann er seine Theorien in die Tat umzusetzen. Zwar mußten die Kinder immer noch zwölf Stunden täglich in der Fabrik arbeiten, aber sie wurden gut ernährt, sauber gekleidet und untergebracht. Das galt vor allem für Waisen, die man aus städtischen Asylen hierher holte und bis zum fünfzehnten Lebensjahr arbeiten ließ. Für sie baute Owen eine großzügige Nursery. Alle Kinder erhielten bis zum Alter von zehn Jahren Vorschul- und Schulunterricht – eine unerhörte Neuerung für Großbritannien und Schottland. Auch als Fabrikarbeiter gingen die Kinder weiterhin zur Schule – des Abends nach zwölf Stunden Schicht! Für etwa dreihundert Kinder standen zwanzig eigens ausgebildete Lehrer zur Verfügung. Jungen und Mädchen wurden gemeinsam – und ohne Prügelstrafe – unterrichtet. 1816 verwirklichte Owen eine Lieblingsidee: sein ›Institute for the Formation of Character‹. Alles, was den Menschen aufklärt, gesünder macht, erzieht, bessert, bildet, war hier unter einem Dach vereint: Räume für Fortbildungskurse der Erwachsenen, Schule, Kirche, Gemeinschaftsküche und Tanzsaal. Schon im folgenden Jahr konnten Schule und Küche in ein eigenes schönes Haus verlegt werden. Eine zeitgenössische Darstellung zeigt einen fensterreichen Raum, in dem die Kinder, in kurzer Tunika, Reigentänze aufführen, von schwarzberocktem Lehrpersonal beaufsichtigt, während Besucher, die von weither kamen, am Rande interessiert zuschauen. Hoch an den Wänden sieht man Bilder von exotischen Tieren.

Owen richtete auch einen Laden auf genossenschaftlicher Basis ein und sorgte für die ärztliche Betreuung der Arbeiter. Er tat dies alles in der Überzeugung, daß der Mensch gut werde, wenn man ihn gut behandelt – demgemäß auch ein guter und brauchbarer Arbeiter. Nächstenliebe und Gewinnstreben bestimmten gleichermaßen Owens Denken und Handeln. New Lanark genügte ihm bald nicht mehr als Experimentierfeld; seiner Zeit weit voraus, scheiterte er mit späteren Plänen und Ideen, die ihn nach England und Amerika führten.

New Lanark lebt weiter. Die Häuserreihen in der malerischen, baumbestandenen Schlucht wurden seinerzeit so solide und zweckmäßig gebaut, daß man die Räume heute zu modernen Wohnungen zusammenfassen kann. Die Fabriken arbeiten nicht mehr; aber als wir den Ort besuchten, hatte er schon 84 neue Einwohner und weitere wurden erwartet. Die Mauern aus warmem Sandstein, kleine Schiebefenster und alte Holztüren beläßt man unverändert; sonst wird nach Herzenslust getüncht und geschreinert, gehämmert und geklopft. Die neuen Wohnungen wirken originell und gemütlich. Viele Haustüren stehen gastlich offen: wer hier lebt, sucht die Gemeinschaft, legt kleine Gärtchen am Hang an, berät mit dem Verwalter neue Pläne – und ist dankbar, einem seelenlosen Neubau entronnen zu sein. »Wo kommt Ihr alle her?« – »Die meisten von uns aus den Trabantenstädten.«

Zuerst nach Gretna Green

Wir wären der berühmt-berüchtigten ›Heiratsschmiede‹ vermutlich fern geblieben, wenn nicht in ihrer Nähe ein bescheidener Volksmusik-Wettbewerb stattgefunden hätte. Die Gegend ist langweilig, der Ort ebenfalls, die Andenkenläden ungewöhnlich aufdringlich in ihrem Angebot. Und überall da, wo früher zürnende Eltern nach ihren unbotmäßigen Kindern fahndeten, wo Tränen flossen, Szenen der Verzweiflung oder der Reue sich abspielten, war die Straße von Touristen, Bussen, Autos, Wohnwagen überflutet. Was ich nicht wußte: Erst eine Parlamentsakte von 1940 bedeutete das Ende der legalen ›Amboß-Hochzeiten‹. Begonnen hatte es 1754, als ein anderes Gesetz heimliche Trauungen in England mit Verbot belegte. Aber für Schottland galt diese Regelung nicht; dort brauchte man zur Heirat bloß zwei Zeugen, und das Brautpaar konnte sich selbst zu Mann und Frau erklären, schon im Alter von sechzehn Jahren. Der Schmied oder der selbsternannte Pfarrer waren nur dekorative Zutat. In England hieß es bald ›auf nach Schottland‹. Gretna war der erste Ort hinter der Grenze. Die Schilderungen solcher romantischer Fluchten allzu junger und meist törichter Liebespaare würden viele Bände füllen. Allerdings gab es von der Mitte des vorigen Jahrhunderts an die Bestimmung, daß einer der Heiratspartner vor der Hochzeit 21 Tage lang in Schottland wohnen müsse.

Als wir in die ehemalige Schmiede kamen, stand hinter dem Amboß eine Gruppe aus Wales postiert. Ich dachte immer, Waliser seien gute Sänger; diese waren es nicht. Das klassische Photo wurde arrangiert: die erbosten Eltern rechts und links im Lehnstuhl, der Vater mit einer Flinte in der Hand. Das junge Paar hatte man mit Schleier und grauem Zylinder ausstaffiert, die Witze des Zeremonienmeisters bei der ›mock-marriage‹, der Scheintrauung über dem Amboß, waren eindeutig. Um die Schmach des Augenblicks voll zu machen, trug dieser Mann einen Kilt. Und der war auch noch zu kurz.

Wem das nicht genügte, der konnte nebenan alte Heiratsverzeichnisse studieren. Brautpaare, die des Schreibens unkundig waren, hatten mit einem Kreuz unterzeichnet. Auch Briefe und Telegramme waren ausgestellt, traurige und tragikomische Dokumente. »Ich bin einundzwanzig, bei guter Gesundheit und protestantisch. Außerdem bin ich in Hongkong geboren. Hätten Sie einen Mann für mich?« – In den letzten dreizehn Jahren vor dem Verbot, zwischen 1927 und 1940, hat Richard Rennison als ›Pfarrer‹ noch 5147 Paare über dem Amboß zusammengegeben.

Überall, wo in diesem Land die Touristen sich drängen (auf der Princes Street in Edinburgh, an der Fischleiter bei Pitlochry, am Paß von Glen Coe), erscheint auch ein Dudelsackpfeifer, meist eine traurige Karrikatur des echten Piper. Der von Gretna Green stand, landesüblich verkleidet, vor einer mit Wagenrädern und glücksbringenden Hufeisen geschmückten Mauer; er machte gerade eine Pause und zählte die Münzen, die man ihm in den Blechteller geworfen hatte.

In Ecclefechan (nordwestlich von Gretna Green) ist das Geburtshaus des Historikers und Sozialphilosophen Thomas Carlyle (1795-1881) zu besichtigen.

Der Brachvogel ruft

Blows the wind to-day, and the sun and rain are flying
blows the wind on the moors to-day and now,
where about the graves of the martyrs the whaups are crying
my heart remembers how!

Grey recumbent tombs of the dead in desert places
standing-stones, on the vacant wine-red moor,
hills of sheep, and the howls of silent vanished races
and winds, austere and pure.

Diese Verse hat Robert Louis Stevenson krank und von Heimweh geplagt auf Samoa geschrieben. Sein Herz erinnerte sich an fliegenden Regen und eine fliegende Sonne, an öde Moorflächen und die von Brachvögeln überschrienen, steinern lehnenden Grabplatten der Märtyrer aus den Religionskriegen; an Hügel voller Schafe und die Ringe der Standing Stones, Zeugen vergangener Kulturen, auf weinroter Heide. Und noch einmal: Erinnerung an einen reinen und unerbittlichen Wind.

So ist der Südwesten Schottlands. In Gedanken an unsere Fahrten im April muß ich nur springende Lämmer und die Felder der wilden Narzissen dazutun, grüne und baumreiche Täler der Flüsse und der Lochs; Wälder, die es zur Zeit Stevensons noch nicht gab, und den Saum der Solwayküste. Die Heide sahen wir nicht weinrot, sondern schwärzlich und wie tot nach einem harten Winter.

Dieser Teil der Lowlands ist von einem dichten Geflecht guter Straßen überzogen. Viele scheinen dem Lauf alter Pfade zu folgen: in Kurven, der Linie eines Hangs entlang, oder hügelauf, hügelab. ›Dykes‹, die niederen Steinmauern dieser Gegend, wandern mit. An der Beschilderung hapert es manchmal. Auch mit einer guten Karte in der Hand glaubt man gelegentlich, in einem freundlichen Irrgarten zu sein. Man muß sich Zeit lassen für ungeplante Umwege.

Da es so viele gute Verbindungen gab, haben wir Schwerpunkte gesetzt, für mehrere Tage jeweils ein Quartier genommen und von dort aus unsere Kreise gezogen: zuerst im Inneren, in der Nähe von *Moniaive*, später am Wasser, am Ufer des Solway Firth, und schließlich in Kirkcudbright. Wir blieben überall länger, als wir vorhatten. Robin McIver, unser freundlicher Hotelwirt in Moniaive, sagte: »Ich sehe es schon kommen – Sie werden so lange in Schottland bleiben, bis Ihnen Heide zwischen den Zehen wächst.«

So viel Zeit hatten wir wiederum nicht. Die zwei äußersten Landzipfel im Südwesten, die Machars und die Rhinns of Galloway, sind zu kurz gekommen.

Wir waren unterwegs, zunächst im Inneren. Überraschend schnell kam man aus den grünen und baumbestandenen Tälern auf öde Moorflächen hinauf oder fand sich unversehens zwischen kahlen Hängen, braunem und gelbem Farnkraut. Wir glaubten uns im Hochgebirge, aber die Straße war kaum angestiegen. Über dieses Phänomen wundern sich alle Reisenden, überall in Schottland.

An allen Hängen weideten Schafe. Manche Tiere waren noch trächtig, besonders in größeren Höhen. Mit ihrem dichten Fell, auf dünnen schwarzen Beinen, sahen sie aus wie von einem Kind gezeichnet: rechteckig. Andernorts hatten die Mutterschafe schon gesetzt und suchten sich und ihre Lämmer hinter Steinmäuerchen und Erdwällen vor dem scharfen Wind zu schützen.

Schafzucht braucht viel Platz. Die Farmen standen weit voneinander entfernt – weitläufige weiße Gebäude, stattlich erbaut, eher Herrenhäuser als Bauernhöfe; die gemauerten Toreinfahrten würden auch zu einem Schloß gepaßt haben. An den Zufahrten zu diesen Häusern baumelten Schilder auf langer Stange, die den Namen des Besitzers und ein Schaf oder eine Kuh zeigten, je nachdem. Große Farmen hatten beide Tiere ›im Wappen‹.

Wenn man mittags in einer Kneipe einkehrte – oft an Wegkreuzungen – brannte ein Feuer im offenen Kamin; auf der Theke waren, in Strohkörben oder in irdenen Schüsseln, Zutaten zu einem kleinen Imbiß bereitgestellt.

In den Dörfern, die wir durchfuhren, reihten sich die niedrigen Häuser in langen Zeilen zu beiden Seiten der Straße; zwei oder drei Fenster, eine Tür, die Wände aus Haustein, oft glänzend weiß oder farbig überstrichen, die Fenster- und Türumrahmungen freundlich und bunt abgesetzt. Wenn in einer Ortschaft die Dorfstraße bergauf lief, wie in *St. John's Town Dalry* oder in *New Galloway*, so nahm sich das besonders hübsch aus. Die Kirche meist ein kahler und kühler Bau, oft schön in den Proportionen, kein farbiges Glas in den Fenstern.

Und weiter, viele einsame Meilen. Wenig Fahrzeuge und noch weniger Menschen unterwegs. Drei Männer reparierten einen hohen Weidezaun. Sie waren mit einem Wagen gekommen, auf dem ›fencing and shearing‹ stand. Einzäunen und Scheren der Tiere überlassen sehr große Farmen solchen Fachleuten.

Fasanen kreuzten die Straße, oder hockten auf Grabenrändern und Steinmauern. Man hörte auch ihren häßlichen Schrei. Näherte sich unser Auto, so entfernten sie sich laufend und flogen nur im Moment der Gefahr auf. Immer wieder begegneten wir den runden grauen Steinringen der Schafpferche. Sie konnten vor zehn oder vor tausend Jahren errichtet worden sein, ohne Mörtel, in einer Form, an der nichts mehr zu verbessern war. Auf frisch umbrochenen Feldern zogen Pflüge ihre Bahn, von Möwen umflattert wie Heringsboote, die vom Fang heimkehren. Manchmal waren Erde und bloßliegendes Gestein feuerrot gefärbt, und rote Fahrspuren zogen sich quer über die Asphaltstraße. Aus diesem farbigen Sandstein, der in der Gegend häufig vorkommt, wurden viele der großen Häuser, Burgen und Abteien in den Lowlands gebaut. Auf den schmaleren und gewundenen Straßen, die in Seitentäler oder durchs Moor führten, störten wir beim polternden Überfahren der ›cattle-grids‹ die Stille ringsum. Hier taumelten die Kiebitze. Manchmal sahen wir sie auf Sträuchern oder im Gras ruhig sitzenbleiben und den Kopf drehen, wenn wir vorüberfuhren. Der Kiebitz heißt im englischen ›lapwing‹; das bezeichnet sehr schön die Art seines Fluges. In einer Natur, die gerade erst aufwachte, wurde unser Auge und unsere Aufmerksamkeit immer wieder auf Vögel gelenkt. Austernfischer mit dickem und langem rotem Schnabel nahmen sich wie Fremdlinge aus; wir haben gelernt, daß sie sich seit einigen Jahren immer weiter von der Küste entfernen und im Moor oder an Bächen heimisch werden. Wir sahen, wir ein Bussard von einer Möwe geärgert wurde; im Moor waren die Black Grouse, schottische Moorhühner, anzutreffen. Bald würde ihr Warnruf den einsamen Wanderer erschrecken. Einmal ging nahe der Straße ein junges Birkhuhn hinter einem kleinen Strauch nieder. Ich kam näher, dann ganz nahe. Meine Beute blieb ruhig sitzen und sah mich aus glänzenden schwarzen Knopfaugen an. Der rote Streifen am Kopf war deutlich zu erkennen. Plötzliches Aufflattern und Abstreichen. Curlews, Brachvögel, mit ihrem langen und gebogenen Schnabel, überflogen kreisend und schreiend das Revier, in dem sie brüten wollten, und steckten so seine Grenzen ab. Manchmal war ein Hochtal ganz vom Rufen dieser schönen Vögel erfüllt.

Cattle-grids sind metallene Roste in der Straße, die vom Vieh nicht überquert werden können und damit Weidetore ersetzen.
Das Straßendorf Moniaive gilt als eines der schönsten im Lande (unweit Maxwelton House, geschmackvoll restaurierter alter Landsitz). Von Moniaive lassen sich zahlreiche lohnende Fahrten nach Westen und Süden durch die Landschaft der Hochmoore unternehmen. Hübsche Ortschaften am Wege: außer den bereits erwähnten, etwa Balmaclellan oder Parton (mit einer ›Motte‹) oder Crossmichael mit seiner alten Kirche und einem Rundturm nach irischer Art.

Drumlanrig und Durisdeer

»Wem gehört dieses Land?« Wer hier, im Umkreis vieler Meilen, so fragt, wird immer die Antwort erhalten: »Dem Duke of Buccleuch.« Der Herr auf Drumlanrig gebietet über den größten landwirtschaftlichen Besitz Großbritanniens; sein Haus, 1679-91 erbaut, präsentiert sich dem Ankommenden als ein rechtes Märchenschloß: mit einem weiten, von Arkaden und Balustraden eingefaßten Vorhof und einer doppelten, in Hufeisenform schwingenden Freitreppe; mit reich verziertem Eingang, Uhr und steinernem Kronenschmuck, rosenroten Mauern, Türmen und Türmchen. Als Erbe der Familien Douglas-Montagu-Scott besitzt der Herzog außer Drumlanrig die Schlösser Bowhill bei Selkirk, Boughton House in England und einige andere. Wie seine Vorfahren sich von den ersten Porträtisten ihrer Zeit malen ließen –

unter ihnen van Dyck, Gainsborough und Reynolds – so bestellte der jetzige Herzog (freilich zu Werbezwecken) die besten Photographen für seinen Lieblingssitz Drumlanrig; er machte auch selbst vorzügliche Aufnahmen. Auf allen diesen Bildern wirkt das Schloß, Tower House und Palast zugleich, symmetrisch-ernst bis zum Dachgesims. Aber darüber schimmern kleine und größere helle Bleikuppeln, die wie die Deckel barocker Suppenterrinen Ecktürme und runde Treppenschächte bekrönen. Und immer fügt sich das Haus aufs schönste in die wellige Landschaft des Nithtales ein. Kein Wunder, daß die Besucher herbeiströmen, seit das Schloß vor wenigen Jahren zur Besichtigung freigegeben wurde.

Als wir das erste Mal nach *Drumlanrig* kamen – eine breite Allee hinauf, von alten Buchen begleitet, während die Pferde auf den Koppeln rechts und links nur kurz den Kopf hoben, als unser Auto vorbeifuhr, und dann weitergrasten – hatte die ›Saison‹ des Hauses gerade begonnen. Die Alarmanlagen zum Schutz aller Kostbarkeiten waren schon in Betrieb, aber Tearoom und Souvenirladen noch nicht geöffnet, die Bewohner des Schlosses eben abgereist. So, dachte ich mir, geht das also vor sich in einem Großen Haus: Die Fremden kommen, die Besitzer räumen das Feld; sie klappen ihr Schreibpult zu, erheben sich vom Klavier, stellen ihr Buch zurück ins Regal, lassen die Koffer packen und fahren fort – bis zum Herbst. Ich hatte mich gründlich geirrt. Bei unserem zweiten Besuch, nur wenige Tage später, durften wir außerhalb der offiziellen Öffnungszeiten kommen. Auf dem linken Eckturm wehte die Fahne, ein Dienstmädchen im korrekten gestreiften Kleid lief über das Gras des Vorhofs; Hunde wurden spazieren geführt, und der Herzog selbst – seit einem Reitunfall querschnittsgelähmt – begab sich eben, mit Hilfe eines elektrischen Rollstuhls, zu den Wirtschaftsgebäuden. Ich hatte nicht den Wunsch, ihn mit jenen neugierigen Fragen zu belästigen, die er allzuoft hören muß, während man die Antworten schon gedruckt lesen kann. Ich wußte bereits, daß der 9. Duke of Buccleuch und 11. Duke of Queensberry sich seinem Erbe verpflichtet fühlt, als Treuhänder künftiger Generationen, und daß er als moderner und vorausschauender Landwirt und Forstmann nicht nach Jahren, sondern nach Jahrzehnten rechnet und vorausplant. Was ihm der Staat auf der einen Seite an Strafsteuern nimmt, läßt er sich andrerseits mit Subventionen für seine Landwirtschaft wiedergeben. Nur so ist es ihm möglich, die im armen Schottland einmaligen Kunstsammlungen von Drumlanrig und Bowhill (darunter Rembrandts ›Lesende alte Frau‹, Bilder von Leonardo da Vinci und Holbein d. J.) zusammenzuhalten, und die berühmten Porträts der Ahnen da zu belassen, wo sie hingehören: bei den Nachkommen.

In Drumlanrig Castle lebten, wie ich feststellen konnte, diese Nachkommen während der Saison und außerhalb der Öffnungszeiten nicht viel anders als sonst wohl auch. Sie erledigten ihre Korrespondenz, hörten Musik, plauderten in Fensternischen; die weiß-roten Absperrseile wurden souverän übersehen. Ich hätte gerne gewußt, wie es hinter der undurchdringlich-korrekten Shop-front der Dienerschaft aussah: ob sie stolz war auf bewundernde Aussprüche der Fremden, oder gekränkt über die Profanierung ihres Schlosses? Daß sie sich, nach guter schottischer Art, der Familie zugehörig fühlte, war offensichtlich – vielleicht nicht weniger als ihr früher Vorgänger, der Chefkoch Joseph Florence, dessen Bildnis (mit dem Tagesmenü in der Hand) zusammen mit denen von Hausarzt, Sekretär, Verwalter und Kurier noch heute im Serving Room hängt.

Die herzoglichen Damen müssen, nach ihren Porträts in Drumlanrig und Bowhill zu urteilen, manchmal sehr schön gewesen sein, aber immer stolz und gelegentlich hochfahrend, so als hätten sie keinen Augenblick vergessen, daß sie als Morgengabe einen guten Namen, Schlösser, Sammlungen und andere Reichtümer mitgebracht hatten. Das reizendste Bild von allen ist ein Kinderporträt in *Bowhill*. Es entstand 1777 und stellt Lady Caroline Scott dar. Sir Joshua Reynolds hat sie gemalt: so, wie sie hereinstürmte, als ihr Bruder, ein etwas kränklich aussehender Knabe, ihm eben als ›Pink Boy‹ Modell stand. Unter einem breitkrempigen schwarzen Hut sind die Backen des kleinen Mädchens von der Winterluft gerötet, die Augen blicken erwartungsvoll in die Welt; die Hände stecken im roten Muff, die kräftigen Beinchen in weißen Strümpfen und schwarzen Schnallenschuhen: Das Kind ist offensichtlich auf dem Weg zu neuen erfreulichen Abenteuern; von Stolz und Hochmut weiß es noch nichts.

Östlich von Drumlanrig, jenseits einer Straße und der Eisenbahnlinie nach Süden, liegen am Fuß der Lowther Hills Kirche und Friedhof von *Durisdeer*, mit der alten Grablege der Herzöge von Queensberry. Die Kirche – im siebzehnten Jahrhundert erbaut – ist im Inneren ›plain, purposeful and presbyterian‹, schlicht, zweckentsprechend und protestantisch. Das alte gelbe Holzgestühl reiht sich jeweils im Rechteck um schmale Abendmahlstische. Beim Gottesdienst blieb jede Familie für sich, abgetrennt von der übrigen Gemeinde. Im Friedhof draußen steht die Schar der bemoosten roten und braunen Grabsteine eng gedrängt, aufrecht oder leicht geneigt; die schönen Buchstaben der dicht eingemeißelten Schriften sind noch gut lesbar. »Hier ruht Daniel McMichel, ein Märtyrer«, heißt es da, »in Dalveen von Sir John Dalyel erschossen, weil er dem rechten Glauben die Treue hielt, 1685.« Gott möge am Jüngsten Tag entscheiden, heißt es weiter, wer recht hatte: der da liegt oder jener, der sein Blut vergoß. – Gegensätze noch im Tode: In einer Seitenkapelle weinen zwei Putten am barocken Marmorgrab des zweiten Herzogs. Der Bildhauer John van Nost läßt den Verstorbenen, auf einen Arm gestützt, liebevoll seine Frau betrachten, die sich neben ihm wie im Schlaf ausstreckt. Gedrehte kannelierte Säulen tragen einen Baldachin, der den Eingang zur Gruft überwölbt.

Als wären zwei Landschaften durch höhere Gewalt aneinander geschoben, beginnen unmittelbar hinter der Friedhofsmauer und über dem fruchtbaren Nith Valley die kahlen verkarsteten Hänge der Lowther Hills. Eine Straße aus römischer Zeit führt hinauf in die Einsamkeit.

In Drumlanrig Castle sieht der Besucher allenthalben – und aus jedem möglichen Material – ein geflügeltes Herz abgebildet. Damit wird an jenen Douglas-Ahnen erinnert, der das Herz des Robert Bruce ins Heilige Land bringen sollte (siehe Kapitel ›Fontane‹, S. 170).
Im schöngelegenen Bowhill bei Selkirk, einem schlichten Bau vorwiegend aus viktorianischer Zeit, ist ein anderer und nicht minder sehenswerter Teil der Sammlungen des Herzogs untergebracht.

Die Bleiminendörfer

Die *Lowther Hills* scheinen sich aus dem Hochland in den schottischen Süden verirrt zu haben. Sie sind kahl und karg; im Vorfrühling gelblich-weiß, wo Riedgras steht; von rotbraunem verdorrten Farnkraut überzogen; schwarz, wo die Heide erfror. Der nackte Fels und die Geröllhalden können alle möglichen Farben annehmen. »Daß es, nur vierzig Meilen von Edinburgh entfernt, so einsam sein kann.« Zwei Dörfer da oben, die höchstgelegenen in Schottland, sind nur eine Meile voneinander entfernt, aber seit jeher verfeindet. »Ein Mädchen aus *Wanlockhead* heiratet doch keinen Burschen aus *Leadhills*.« Das scheint seltsam, da in den Orten selbst die Leute tapfer zusammenhielten und gemeinsam ihr schweres und einsames Leben meisterten. Vielleicht liegt es daran, daß die Dörfer zu verschiedenen Grafschaften gehörten und auch heute in anderen Regionen liegen.

Schon sehr früh war bekannt, daß in dieser Gegend wertvolle Minerale zu finden seien. Schottlands Krone enthält Gold aus Leadhills; zur Zeit Maria Stuarts schickte der Regent Moray dem französischen König einen Topf mit Gold, das man hier fand. Die Stücke wurden nach ihrer Prägung ›Einhörner‹ genannt.

Als das Gold ausblieb, hielt man sich ans Blei. Die Besitzer der Minen kamen und gingen; mit ihnen zogen Glück oder Unglück in die Dörfer. Eine merkwürdige Welt muß das gewesen sein: auf der einen Seite Spekulanten und Glücksritter, auch solide Unternehmer, Frühkapitalisten – auf der anderen die ehrbare Schar der Miner mit ihren strengen Regeln und Gebräuchen. Der Sohn folgte dem Vater in die Minen. Sie arbeiteten in Gruppen zusammen und wurden gemeinsam für eine bestimmte Arbeit verpflichtet: »To drive two fathoms more to the North in Carses Vein at four pounds per fathom...« Lohn wurde einmal im Jahr ausgezahlt, später vierteljährlich. Die Arbeiter und ihre Familien mit zahlreichen Kindern lebten von Hafer und Milch, Käse und Heringen (aber einem verschuldeten Bergmann händigte die Gesellschaft nur Hafer aus – und noch heute fertigt man in den Dörfern einen lästigen Schnorrer mit »no herring« ab). Verunglückte einer bei der Arbeit, so konnte er einen jugendlichen Ersatzmann stellen, der ihm den Lohn teilweise abtrat. Ebenso durfte es die Witwe eines Miners halten.

Über die Gefährlichkeit der Arbeit in den Bleiminen haben wir widersprüchliche Aussagen gehört. Manche gaben an, daß sogar noch Chausseesteine, die aus den alten Schächten gebrochen wurden, bei Hunden Vergiftungserscheinungen hervorgerufen hätten; daß in den Burns ringsum kein Fisch geschwommen sei, so lange die Minen in Betrieb waren. Andrerseits wird von Männern über hundert erzählt, die ihr Leben lang als Hauer tätig waren.

In ihrer Freizeit bestellten die Bergleute ihren kleinen Acker; sie gründeten Clubs, sangen zusammen, betrieben im Winter den schottischen Sport des Eisstockschießens, Curling – und lasen vor allem. Wanlockhead und Leadhills streiten darum, wer wohl die ältere Leihbibliothek habe, aber die Ehre steht eindeutig den Bewohnern von Leadhills zu, sie begannen 1741. Die Regeln der Ausleihe waren streng: Nur wer zum Beispiel eine wetterfeste Tasche vorweisen konnte, durfte das Buch nach Hause tragen. Die Auswahl der Werke läßt staunen. Diese Männer, die ja wie auf einer einsamen Insel lebten, taten alles, um etwas von draußen zu erfahren und ihren Horizont zu erweitern. Sie griffen sogar zu philosophischen Büchern. Frauen durften die Bibliothek erst ab 1881 benützen. Unter den Lesern müssen zahlreiche geniale Bastler und Tüftler gewesen sein, wie William Symington und James Taylor. Symington – von James Watt mißtrauisch zur Kenntnis genommen und öfters kritisiert – baute als erster auf dem Dalswinton Loch eine Art Dampfboot. Aber es wurde nie etwas Rechtes daraus; andere konnten die Patente anmelden und den Ruhm ernten.

Als wir die steile und kurvenreiche Straße zum Mennockpaß und zu den Bleiminendörfern hinauffuhren, begleitete ein großer Vogel, gleichmäßig schwebend, wie ein Schatten das Auto: ein Kauz. Die Dörfer staken, wie wohl oft, in nassen Wolken. Aber mit ihren ebenerdigen und bunt bemalten Häuschen zu beiden Seiten der Straße aufgereiht, sahen sie trotzdem freundlich aus. Wir besuchten das Museum in Wanlockhead und die Bibliothek von Leadhills. Im Museum erzählte die Kustodin, sie habe vor 35 Jahren hierher geheiratet, von England herüber, aber sie gehöre noch immer nicht dazu.

Die Minen wurden stillgelegt. Die Zukunft der Dörfer liegt im Fremdenverkehr. Sie haben ihren Gästen allerlei Ungewöhnliches zu bieten: Man kann Gold oder seltene Steine suchen, Vögel beobachten, die schöne Moorlandschaft durchforschen, oder Industrie-Denkmale studieren wie jene ›beam-engine‹, deren langer hölzerner Arm, wohlpräpariert, noch in die Gegend ragt und daran erinnert, wie erfindungsreich man einmal hier war.

Auf der Heimfahrt erlagen wir der Versuchung, von einem der plötzlich in tiefster Einsamkeit auftauchenden roten Telefonhäuschen aus ein Ferngespräch anzumelden.

Leadhills und Wanlockhead erinnern an zwei schottische Dichter. Allan Ramsay wurde 1686 in der Nähe geboren. Er ging als junger Mann nach Edinburgh, um Perückenmacher zu werden, begann aber bald zu schreiben. 1725 verfaßte er ›The gentle Shepherd, a pastoral comedy‹. Welches Thema könnte besser nach Schottland passen als ein freundlicher Hirte, in einer ländlichen Komödie vorgestellt? David Allen illustrierte die Verse sechzig Jahre später. Tobias Smollett besuchte 1770 die in Wanlockhead verheiratete Schwester und begann hier, ein Jahr vor seinem Tod, das Meisterwerk ›Humphrey Clinker‹. Am Fuß der Lowther Hills: Sanquhar mit dem ältesten Postamt Großbritanniens (1783) und einem Tolbooth von 1735, wie üblich mit Außentreppe und Uhr.

Henry Moore in Glenkiln

Es war einmal ein Mann, der hatte einen schönen Besitz im Süden Schottlands und viel Geld dazu. Schon muß ich mich unterbrechen – der Mann lebt ja noch! Er heißt Sir William Keswick und bewohnt ein Gut mit freundlich rosagestrichenen Gebäuden am Südufer eines Stausees, in der Gegend von Dumfries.

Eines Tages, so heißt es, saß dieser Mann in der Badewanne und ärgerte sich, weil er die Wasserhähne neben sich häßlich fand. Und weil er eben Sir William war, beschloß er, dem sofort abzuhelfen und zu einem Künstler zu fahren, der ihm neue Hähne entwerfen sollte; ›something pleasing to the eye‹, etwas dem Auge Wohlgefälliges. Je größer und berühmter der Künstler, dachte er, um so schöner würden die Hähne ausfallen.

Also fuhr er zu Henry Moore.

Sir William kam, wie sich denken läßt, ohne Wasserhähne zurück, aber mit einigen Skulpturen. Sie wurden auf seinem Besitz aufgestellt, aber nicht in unmittelbarer Nähe des Hauses, vom Fenster aus bequem zu betrachten, sondern draußen in der Landschaft. Sie mußten erwandert werden, und gerade das war es, was Mr. Keswick an der Sache gefiel. So kann er morgens sein Haus verlassen, den Hunden pfeifen, als ob er zur Jagd ginge, und ausziehen, ein Jäger auch er, auf der Suche nach Schönheit.

Ich habe diese Geschichte nur aus zweiter Hand erfahren, von französischen Kollegen, die einen Film über Moore vorbereiteten und mit ihrer Kamera auch Glenkiln besuchten. Als wir sie zuerst antrafen, standen sie bei jener Plastik, die ich später den ›doppelten Don Quichote‹ taufte. Ein kräftiger und rundlicher Einheimischer hatte ihnen gerade aus seinem Auto heraus eine Flasche Whisky zugereicht und war schon wieder weitergefahren. Das schien ein freundlicher Wirt zu sein, der zu seinen Kunden kam, wenn sie nicht zu ihm kommen konnten. »Nein«, sagten die Franzosen, »das war kein Wirt, es war Sir William selbst.« Der Whisky tat auch uns wohl an diesem kalten Apriltag.

»Und nun«, sagten wir, »zu den anderen Plastiken.«

König und Königin: ein Motiv des Meisters, das man öfters sehen kann, aber gewiß nirgends so schön wie hier in Glenkiln. Sie sitzen in würdiger, beinahe steifer Haltung auf einer Bank nebeneinander. Ihre Bronzeleiber glänzen. Sie schauen von einer hochgelegenen Weide aus weit ins Tal und über den Stausee hinweg, dessen Wellen, vom Wind getrieben, über die steinernen Ufer schwappten.

Wenn man um König und Königin langsam herumgeht, wechselt ihr Ausdruck, werden plötzlich Kronen sichtbar, bricht sich das Licht an den Kanten ihres Profils. Über ihnen zog die große Prozession der Wolken.

Zu Henry Moores Kreuz stiegen wir die steilen Weiden weiter hinauf, suchten in den Zäunen nach einem Durchschlupf und fanden ihn auch. Eine Schlange lag quer über unserem Weg, eine Kreuzotter, steif in der Kälte. Sie kroch langsam unter die schwarzen erfrorenen Erikazweige, die den Pfad begrenzten.

Das Kreuz oben ist ein würdiger Nachfahre keltischer Hochkreuze: klar im Umriß, das Leid der Welt in einer Beule am Leib tragend, eine Himmelsleiter im Sockel. So sah ich es – andere werden anderes sehen. Als die Sonne plötzlich hinter den Wolken hervorkam, stand das Metall blau vor den grünen und braunen Wänden der Hügel gegenüber.

William Keswick sammelt weiter. Den Parkplatz am Nordende des Reservoirs überragt eine Plastik, Johannes den Täufer darstellend, von Rodin; hoch über dem Glen, dessen Bach den See speist, findet man zwei Torsi von Moore. Eine Madonna von Epstein soll es auch geben. Erst bei der Rückfahrt sahen wir eine Tafel, auf der der Besitzer die Besucher bittet, die Wiesen nicht zu betreten und die Skulpturen von der Straße aus zu betrachten. Ich hoffe, er ist uns nicht böse ob unseres Trespassing. Ich nehme an, er läßt Ausnahmen gelten. »Warum hast Du ihn nicht besucht?«, bin ich gefragt worden. Das hat zwei gute Gründe. Wenn Sir William Keswick so ist, wie ich ihn mir vorstelle, dann werden ihm wißbegierige Fremde eine Last sein. Auch habe ich Angst, daß die schöne Geschichte von den Wasserhähnen vielleicht doch nicht stimmt, und ich wollte sie so gerne erzählen.

Hochkreuz und Sparkasse

Er war kein ›lad o'pairts‹, aber ein typischer Schotte: Henry Duncan, 1774 in einem Pfarrhaus geboren. Da er früh Sinn für das Geldwesen zeigte, begann er in einem Bankhaus in Liverpool eine Lehre. Aber die Familientradition war stärker (»Ich kann mindestens 150 Geistliche unter den Vorfahren meiner Verwandten zusammenrechnen«, sagte er einmal). So wurde auch Henry Duncan Pfarrer. Ein Gönner, der Earl of Mansfield, bot ihm zwei Pfründen an; er wählte die ärmere Gemeinde, *Ruthwell* am Solway Firth; dort »könne er mehr für die Leute tun«. Im Friedhof seiner Kirche entdeckte der junge Mann bald einzelne schön behauene, mit Figuren und alten Schriftzeichen bedeckte Steinfragmente; von den Gemeinde-Ältesten erfuhr er, daß in den Bilderstürmen der Reformation hier ein keltisches Hochkreuz zerstört worden sei. Duncan begann, die Bruchstücke zu sammeln und zu ordnen und wie ein Detektiv die fehlenden Teile aufzuspüren. Ein wichtiges Stück – Johannes der Täufer trägt das Lamm Gottes – wurde beim Ausheben eines neuen Grabes aufgefunden. Arbeit vieler Jahre; schließlich schuf der Pfarrer nach seinen Erkenntnissen und Vorstellungen ein Modell des ursprünglichen Kreuzes aus Bienenwachs. Daß ihm beim Zusammensetzen und Ergänzen einige Irrtümer unterliefen, wird niemand dem Reverend verübeln; so ließ er, als überzeugter Freimaurer, den vorhandenen Darstellungen auch die Symbole dieses Ordens hinzufügen! 1823 wurde das Kunstwerk wieder der Öffentlichkeit zugänglich gemacht, als ›Predigtkreuz‹ am traditionellen Ort: an einem Wege, um die Vorübergehenden anzurufen.

Heute gilt das Ruthwell-Kreuz als »sehr seltene northumbrische Arbeit des siebten Jahrhunderts«. Es steht vor Verfall geschützt und gut sichtbar in der Dorfkirche. Die Querbalken sind von einem örtlichen Steinmetz nach Duncans Angaben gestaltet worden, etwa mit einer pausbäckigen Sonne im Strahlen- und Wolkenkranz; einem Motiv, das man sonst nie auf Hochkreuzen sieht. Die schönen alten Darstellungen an den beiden Hauptseiten des Schaftes werden von Zitaten aus der lateinischen Vulgata begleitet. Die seitlichen Flächen zeigen kunstvoll verschlungenes Rankenwerk mit Vögeln und anderem Getier. Hier laufen am Rand Runen entlang: Zeilen eines altenglischen Gedichts. In diesem frühesten Zeugnis der englischen Schriftsprache erzählt der Kreuzesstamm von Golgatha selbst die Geschichte der Passion: »Bow me durst I not ...«, »ich wagte mich nicht zu neigen ... uns Beide verspotteten und mißhandelten sie ... ich war mit seinem Blut bespritzt ... ich sah alles ...« Ein bewegendes Kunstwerk.

Neben der Arbeit am Kreuz vergaß Pfarrer Duncan nie seine arme Gemeinde; er wurde ihr Wohltäter. Und da ihm

Sparsamkeit und Sparen von jeher als sicherster Weg aus dem Elend erschienen war, richtete er in einer Hütte in Ruthwell 1810 die erste Sparkasse Schottlands ein. Dabei kamen ihm die Erfahrungen seiner Lehrzeit in Liverpool zustatten. Mit seinem Enthusiasmus gelang es ihm auch, die ersten gesetzlichen Bestimmungen über das Sparkassenwesen im Londoner Parlament durchzubringen. Duncan, der »praktische Philantrop«, kam durch seine Sozialreformen mit Richard Owen in Verbindung und war mit Carlyle befreundet; er verfaßte, neben einer ›Sacred Philosophy of the Seasons‹, einfache Traktate für seine Pfarrkinder, nicht religiösen, sondern aufklärenden Inhalts. Er gründete auch eine Zeitung, ›Dumfries und Galloway Courier‹, und war jahrelang deren Herausgeber. Duncan starb 1846. Die kleine Hütte an der Dorfstraße, in der seine Sparkasse untergebracht war, ist heute Museum.

Ruthwell liegt südöstlich von Dumfries: Diese geschäftige Stadt hat eine der besten Buchhandlungen von Schottland; außerdem ist das Burgh Museum, jenseits des Nith und der ›Brücke der Devorguilla‹ sehenswert. Mr. A.E. Truckell, der Leiter des Heimatmuseums, ist ohne Zweifel der beste Kenner der Gegend.
Westlich von Ruthwell: Caerlaverock Castle, eindrucksvolle Ruine eines Wasserschlosses aus dem 14. bis 15. Jahrhundert, mit symmetrisch-dreieckigem Grundriß; durch Rundtürme und hohe Mauern wehrhaft nach außen, aber mit seinem Renaissance-Bau von 1634 im Inneren elegant wirkend. Im nahen Naturschutzgebiet verbringen Tausende von Wildgänsen (barnacle geese), von Spitzbergen kommend, den Winter (Beobachtungsstände, Führungen).

Solwayküste

Balcary Bay: Das Spiel von Ebbe und Flut beeindruckte mich hier, in einer fast geschlossenen Bucht, viel stärker als draußen am offenen Meer. In der Dämmerung sahen wir von unserem Hotel aus auf eine endlose Schlick- und Sandfläche. Die dünnen Holzbeine der ›stakes‹, an denen Netze für den Lachsfang festgemacht werden, spiegelten sich in Tümpeln und Lachen. Strandläufer eilten vorbei, als hätten sie nie genug Zeit zwischen dem Gehen und Kommen des Wassers.

Ein Boot lag schief, wie betrunken im Schlick. Weit draußen waren zwei Wanderer zu erkennen und ein Hund, der ihnen vorauslief; sie überquerten beim niedrigsten Stand der Tide das Watt von einer Insel aus zum Festland. – Nachts weckte uns die Flut; sie kam schnell und stürmisch: vom Horizont an bis unter unser Fenster dehnte sich eine glitzernde Wasserfläche.

In der geologischen Vergangenheit des *Solway Firth* hat ein breiter Streifen dieses Landes über lange Zeiträume hinweg ganz dem Meer angehört. Wird es vielleicht wieder einmal so sein?

Die Küste ist unberechenbar und gefährlich: Sandbänke wandern, Priele vertiefen sich plötzlich, Untiefen verschwinden; die Flüsse häufen an ihren Mündungen neues Land an. Ein Blick auf Bartholomew's Quarter-Inch Map genügt: Hellblaue Flecken ziehen sich bis weit ins Meer hinaus, und immer wieder heißt es ›bank‹ oder ›sand‹.

Eine Küste der Schmuggler: Das Haus an der Bay, in dem wir wohnten, gehörte einmal den ehrenwerten Herren Clark, Crain und Quirk; in den weiträumigen Kellergewölben, aber auch in nahegelegenen Höhlen am Wasser, war Kontrabande von der Insel Man aufgestapelt: Brandy und Gin in Fässern, Tabak und Tee, Spitzen und Salz. Bis zu zweihundert Packpferde konnten in einer Nacht beladen werden; ›lingtowmen‹, Männer, die ihr Tier an einem Strick aus Heidezweigen führten, brachten die Lasten über einsame Bergpfade bis nach Edinburgh und Glasgow.

Solway: auch eine Küste der Sommerfreuden und der Segler. Nach *Southerness* zum Beispiel reiste man bereits 1790 zum Ferienaufenthalt.

Den originellen Leuchtturm mit seinem runden Schindeldach muß es damals schon gegeben haben. Er steht auf Felsgrund; aber rechts und links ist der Strand sandig und flach. Im Wasser geht man – nach der Natur dieser Küsten – zunächst spazieren; Schwimmen ist erst weiter draußen möglich. Dem Leuchtturm benachbart sind niedrige weiße Häuser aufgereiht, mit Schindeldächern und altmodischen weißen Holzveranden: eine Idylle. Aber landeinwärts beginnt die Wohnwagenstadt, mit Caravans, Schiffsschaukeln, Bingohallen, Supermarkt und Waschsalon. Die Einheimischen sagen: »Nicht hinschauen. Am Strand ist Platz für alle.«

In diesen Küstenorten wird es schon im April lebendig. Überall wo die Aussicht schön ist, stellen die Besucher ihre Wagen reihenweise nebeneinander. Thermosflaschen werden aufgeschraubt, Sandwich-Türme ausgewickelt, später die Abfälle in bereitstehende Behälter geworfen. Aber in *Sandyhills*, das in die schönste Landschaft dieser Gegend eingebettet liegt, sperren Schilder (›Private‹) die Zufahrten; doppelte gelbe Striche am Straßenrand verbieten das Anhalten; Parkplätze in Strandnähe sind gebührenpflichtig – Notbehelfe gegen die Sommerflut der Autos.

Kippford (biederer Seglerhafen) und *Rockcliffe* (gartenreicher Ferienort) liegen im Mündungsgebiet des Urr und nur eine Meile voneinander entfernt, aber sie sind durch keine Straße verbunden. Als Verbindung dient der *Jubilee Path* des National Trust, ein Höhenweg, der zwischen Ginsterbüschen, Farnkraut und Heide entlangführt, auch den Saum eines Nadelwaldes berührt. Hier kann es im April schon sommerlich heiß sein, und das Meer draußen in südlich dunklem Blau leuchten. Jenseits des Solway Firth taucht als langgestreckter Schatten die englische Küste auf.

Kennzeichen dieser Gegend ist der über 600 Meter hohe Criffell. Am Rande der Ortschaft New Abbey: Ruine des Zisterzienserklosters Sweetheart Abbey, 1273 von Devorguilla Balliol zum Gedächtnis ihres Gatten John gestiftet.

Kirkcudbright

Der Name der hübschen alten Stadt am Wasser ist für den Nicht-Schotten unaussprechbar. Versuchen Sie es so: ›ki-kúbri‹. Auch mit der Verständigung mag es Schwierigkeiten geben. Hier treibt das ›Lowland Scots‹, in dem Robert Burns dichtete, das Walter Scott in guten Stunden verwendete, kräftige Blüten. Kirkcudbright gilt als bevorzugter Ort der Maler; aber die Einheimischen teilen dem Gast im Vertrauen mit, daß es eigentlich keine mehr gäbe, mit Ausnahme einer sehr alten Dame, die niemand zu Gesicht bekommt. Wenn die Maler auch fehlen sollten – malerisch ist die Stadt gewiß. (Ähnlich kann man es in holländischen oder portugiesischen Häfen antreffen: Überall, wo Ufer versanden, Schiffe einen anderen Kurs einschlagen, ein Name in Vergessenheit gerät, entsteht Vineta). Manche Straßen haben sich seit dem achtzehnten Jahrhundert unverändert erhalten. Der Tolbooth mit steinerner Außentreppe, deren Stufen Richter und Sünder gleichermaßen abnützten, ist sogar noch älter. In der High Street oder der Castle Street führen tunnelarige Durchgänge zu schmalen Hinterhöfen und Gärtchen, in denen Türen, Fensterumrahmungen, Staketenzäune und Gartenstühle mit den Blumen bunt um die Wette leuchten. Dorothy Sayers hat eine ihrer Kriminalgeschichten in dieser Welt spielen lassen: Lord Peter Wimsey windet sich elegant an abgestellten Fahrrädern vorbei und schnüffelt mit langer Nase nach einem Mörder (natürlich einem Maler).

Im Broughton House, dem ehemaligen Wohnsitz des Malers E. A. Hornel (heute Museum), ist das Parkett in den stillen Zimmern glänzend gebohnert; hier wird Wohlstand vorgezeigt, keine Bohème. Ein Gärtchen bezaubert. Nach sechs Uhr abends leeren sich die kleinen Straßen, nur ein Laden hat noch geöffnet; in seinem Lichtschein kaufen Kinder Bonbons; die klebrigen Kugeln fallen klappernd aus ihrem Glasgefäß in die Waage. Turmuhren schlagen: ein in Schottland seltener Ton. Den Aperitif nimmt man in einem traditionsreichen Gasthof, den ›Selkirk Arms‹, am Kaminfeuer. Abendessen. Als der Teller mit Artischockensuppe geleert ist, fällt der Blick auf einen Wandspruch, ein Gebet, das Robert Burns in diesem Hause niederschrieb:

> »Some hae meat and canna eat,
> and some wad eat that want it;
> but we hae meat and we can eat,
> sae let the Lord be thankit.«

Nachts hörten wir wieder den Schlag der Uhren.

Dorothy Sayers' amüsanter Kriminalroman trägt den Titel: ›Five red Herrings‹.

In Kirkcudbright befindet sich das Heimatmuseum für die Region Galloway (Stewartry Museum).
Südöstlich der Stadt: Dundrennan Abbey (12. Jahrhundert), wie Sweetheart malerische Ruine einer Zisterzienser-Abtei. In den Gewölben der Westseite Grabplatte mit Figur eines Abtes, dem ein Dolch im Herzen steckt, während zu seinen Füßen die liegende Gestalt des hingerichteten Mörders zu erkennen ist.
Nordöstlich von Kirkcudbright, unweit der größeren Ortschaft Castle Douglas: die Threave School of Gardening. Hier werden schottische Junggärtner ausgebildet. Gärten und Treibhäuser sind zu besichtigen (Visitor Centre des National Trust).
Nahebei, auf einer Insel im River Dee: Threave Castle, eindrucksvolle Ruine eines befestigten Turmes des 14. Jahrhunderts. Der Wärter holt Besucher mit dem Boot (Trinkgeld).

Whithorn im Regen

Der Museumswärter sagte: »Bei uns schneit es nie und friert es nicht, aber wir haben drei Monate Regen im Winter, darum sind unsere Wiesen so grün.« Er kam aus seinem Garten, um für uns die Sammlungen aufzuschließen, und tauschte dabei eine kühne blaue Wollkappe gegen die ebenso kühn aufgesetzte Dienstmütze; er sah mit jeder Kopfbedeckung wie ein Pirat aus. In seinem Museum standen, klug geordnet und gut erklärt, keltische Kreuze und Fragmente solcher Kunstwerke. Wir fanden von Irland her Vertrautes – seine Küsten liegen ja nur zwanzig Meilen von hier entfernt –, so die einfachen, mit primitivem Werkzeug in den Stein gehauenen Kreuzzeichen, denen Wind und Regen das Aussehen schlecht verheilter Wunden gegeben haben. Draußen, in diesem ehemals heiligen Bezirk, den man von der Straße her durch ein wappengeschmücktes weißes Tor betritt, weideten Schafe, erschreckende Geschöpfe mit vier starken Hörnern und braun-weiß gefleckter Wolle: ›Jacob's sheep‹. Ich hatte diese frühe schottische Schafrasse in einem Buch erwähnt gefunden; aber ich wußte nicht, daß man solchen Tieren noch begegnen kann.

In *Whithorn* ist man bei allen Mauerresten auf Vermutungen angewiesen. Und gerade hier sollten die Steine sprechen. Candida Casa, Weißes Haus, hieß seit dem fünften

Jahrhundert die hochberühmte helle Kirche des heiligen Ninian an dieser Stelle: Zentrum des christlichen Glaubens noch vor Iona, Leuchte der Wissenschaft von europäischem Rang, ein großer Anfang. Noch Jahrhunderte lang pilgerten die Frommen zu den Gebeinen des Heiligen, allen voran die katholischen Stuart-Könige. Jakob IV. kam zu Fuß von Edinburgh aus, um Heilung für seine kranke Gemahlin zu erflehen; sie genas. Mit einem Besuch Maria Stuarts, 1563, endete die große Zeit; 1581 wurde die Wallfahrt nach Whithorn durch Parlamentsbeschluß verboten. Damit war – ein ganz unschottisches Phänomen – die Tradition abgebrochen, das Vergangene ausgelöscht. Die Reformation ging allzu gründlich ans Werk, und eine Gegenreformation gab es nicht.

Ich hatte an diesem Tag auf der Halbinsel, die man *The Machars* nennt, überhaupt nicht den Eindruck, in Schottland zu sein. Die Weiden waren so grün, wie der Wärter sie beschrieben hatte, das Vieh gedieh offensichtlich. Die Tiere standen aber viel zahlreicher beieinander, als das bei uns der Fall ist. Herdenreiche, hügelige Wiesen und die hohen Silotürme der Gehöfte bestimmten das Bild der Landschaft.

Wigtown, die Hauptstadt der Halbinsel, hat überbreite Straßen; trotzdem sahen manche Häuser so aus, als bekämen sie nicht genug Sonne. Das rote Backstein-Rathaus schien zu groß für den kleinen Ort; der Platz, an dem es steht, zu weitläufig; das neuere Marktkreuz von 1816 zu aufwendig; aber das kleinere ältere, am anderen Ende des Platzes, mit vier Sonnenuhren, ist in den Maßen schön und richtig. Auf einem weißen Grabstein im Friedhof sind unter anderen die Namen der beiden Frauen eingemeißelt, die als Covenanters – 62 und 18 Jahre alt – einen grausamen Tod starben: Man gab sie, an einen Pfahl im Watt gebunden, der steigenden Flut preis. Sie waren nicht bereit, ihrem Glauben abzuschwören. Am Ort des Geschehens fanden wir, außerhalb der Stadt, nur einen nackten Pflock in nasser Wiese; das Ufer liegt heute mehrere Kilometer weiter östlich.

Die Rückfahrt entschädigte für einen etwas mühsamen Tag. Wie es in Atlantik-Nähe so geht: Gegen Abend wurde der Himmel hell, das Land leuchtete. Unsere Straße, die Ferienorte wie *Newton-Stuart* und *Gatehouse of Fleet* miteinander verbindet und sich zumeist in Küstennähe hält, wird in Reiseschilderungen gerne gepriesen. Inzwischen dient sie aber dem Transport schwerer Güter nach *Stranraer* und hinüber ins krisengeschüttelte Nordirland. So donnern Tieflaster zu gewissen Zeiten um die Kurven und lassen die Häuser in den Ortschaften rechts und links erzittern; die leidgeprüften Anwohner baten schon darum, eine ehemalige Eisenbahnlinie wieder in Betrieb zu nehmen. Zu unserer guten Stunde fanden wir die Straße leer; trotzdem bogen wir in *Creetown* nach Nordosten ab und gelangten, auf nur mäßig ansteigendem Wege, in die Berge, ins Moor und in die Einsamkeit. Durch goldenes Licht drangen wir immer weiter vor, Gatter öffnend und hinter uns wieder schließend. Schilder, die zu dieser Vorsorge mahnen, gab es nicht; wer hierher kommt, ist entweder Schäfer oder Maler oder Angler und weiß Bescheid. Eine vielbogige hohe Brücke mit ummantelten Pfeilern, auf der einmal die Eisenbahn das »Wasser des Fleet« überquerte, stand vergessen im Ödland. Dem Fluß folgend, der nach starkem Regen reißend und kristallklar über die Steine stürzte, ging es nun wieder der Küste zu, vorbei an mächtigen Eichen, die dieses schöne Tal bevölkern, auch an einem Turmhaus: weiß getüncht und offensichtlich bewohnt. Sonst gab es kaum Häuser bis zum Weiler *Anwoth*, dessen nobles Herrenhaus sich im Park versteckt. Aus strohgedeckten Cottages stieg Rauch auf; Amseln sangen und im alten Friedhof blühten Primeln auf den Gräbern. Im Windschutz der Old Church: ein schiefer Stein aus dem achten Jahrhundert mit dem schattenhaften Umriß eines Kreuzes. Auf einem erhöhten wappengezierten Sarkophag wurde, wenn wir es recht entzifferten, die jung verstorbene Ehefrau beklagt: »Heult, Ihr Hunde, über den Tod derer, die hier ruht.« Aber die Grabinschrift für einen Märtyrer der Covenanter-Zeit lautete: »John Bell wollte vor seinem Tod noch ein Gebet sprechen; sein Mörder Grier of Lag sagte: Nein, zum Teufel, Du hast sieben Jahre lang Zeit gehabt, in den Bergen in Deinem Versteck zu beten, und erschoß ihn.«

Hier im äußersten Südwesten zahlreiche Sehenswürdigkeiten, stichwortartig erwähnt:

Leuchtturm und Steilküste am Mull of Galloway; unerwartet tropische Szenerie in den Logan Botanic Gardens (Rhinns of Galloway); weiter nördlich: Kirkmadrine Church mit Sammlung keltischer Kreuze (ähnlich denen von Whithorn).
Ausgedehnte Parkanlagen (unter anderem mit Monkey Puzzle Avenue) in den Castle Kennedy Gardens bei Stranraer; Glenluce Abbey, eine Zisterzienserabtei aus dem 12. Jahrhundert.
Nahe Whithorn: St. Ninian's Cave mit Kreuzzeichen im Fels; bei Wigtown: Cruggleton Church (normannisch).
An der Straße zwischen Newton Stewart und Gatehouse of Fleet: Cairnholy (Grabstätten der Stein- und Bronzezeit); Cardoness Castle, Ruine eines vierstöckigen Wohnturms (15. Jahrhundert).

Auf Umwegen zu Burns

Nördlich des Glen Trool Forest Park, etwa in der Höhe von Cumnock, zieht sich ein breiter Streifen landeinwärts, unter dem Kohlevorkommen liegen. Das Bild der Landschaft ändert sich: mattere Farben, trüberes Licht. Ein schottischer Freund und Forstmeister meinte: »Die Melancholie solcher Reviere kommt nicht von den Schlackenhalden oder verlassenen Stollen. Das Gestein in der Tiefe muß es ausmachen; aber eine Erklärung für dieses Phänomen habe ich auch nicht.«

An der Küste liegt hier, prachtvoll auf einer Klippe, *Culzean Castle*, ein Bau Robert Adams, vom National Trust restauriert und verwaltet. Für die fast abweisende Kühle und glatte museale Vollkommenheit dieses Schlosses wird nur Verständnis haben, wer einiges über die Bauherren weiß. Sir Thomas Kennedy, 9. Earl of Cassillis, war Junggeselle, als er Adam zum Baumeister nach Culzean berief, ebenso sein Bruder David, der ihm 1775 nachfolgte und den eigentlichen Ausbau veranlaßte. So wurde bei der Planung nicht an wohnliche Zimmer für zahlreiche Nachkommen gedacht, sondern nur an den Repräsentationswillen eines einzelnen großen Herrn, dessen Vorfahren schon seit dem zwölften Jahrhundert eine bedeutende Rolle im schottischen Südwesten spielten. Ein Bauherr überdies, der das Recht studiert hatte, weite Reisen ins Ausland unternahm und ein Kunstkenner von hohen Graden geworden war. Daß man in Culzean bei aller

Eleganz auch gemütlich wohnen kann, zeigen die – dem Publikum nicht zugänglichen – Räume des obersten Stockwerks: Auf Wunsch des Stifters, des 5. Marquis of Ailsa und 16. Earl of Cassillis, sollen sie Staatsgästen zur Verfügung stehen; General Eisenhower hatte dort Wohnrecht auf Lebenszeit.

Ferner muß man wissen: Adam fand bereits eine aus verschiedenen Perioden stammende Baumasse vor; der uneinnehmbare Felsen hatte von jeher Bewohner angezogen. Adam konnte umgestalten und anfügen, auch einzelne Teile einreißen; ein Neubau war es nicht. Als der Schloßfront zum Meer hin eine weitere Zimmerflucht vorgebaut wurde, gelang Adam sein erstes Meisterstück: der Runde Salon. Man sollte an einem stürmischen Tag in diesem Raum stehen: draußen aufschäumendes Meer und Wolkengetümmel; drinnen vergeistigte Eleganz des achtzehnten Jahrhunderts, höchste Kultur; schöner lassen sich Gegensätze kaum zusammenkomponieren. Dem Betrachter im Rund mag in den Sinn kommen, daß die Familien Adam und Wedgwood verschwägert waren; diese zartesten Ornamente und blassen Farben wären, statt in Stuck, auch in Porzellan denkbar; an der Decke taucht neben Lindgrün, Weiß und Rosa das berühmte Wedgwood-blau auf. Die Mitarbeiter des National Trust haben einen von Adam selbst gefertigten farbigen Entwurf für diesen Raum aufgefunden und angekauft (heute im Vorraum zu sehen). So konnte nach allerlei technischen Versuchen der Salon in seinen ursprünglichen Zustand zurückversetzt werden.

Das zweite Meisterstück Adams in Culzean Castle ist nicht weniger eindrucksvoll. Als die Bauarbeiten sich 1787 dem Ende näherten, blieb inmitten des Gebäudes ein sonnenloser Innenhof, der dem Architekten mißfiel. So hat er nachträglich ein ovales Treppenhaus von fürstlicher Würde in diesen leeren Schacht hineingeschoben, eine kühne Inszenierung aus Raum und Licht und weiß-goldenen Säulen.

Noch ein Gang durch den Terrassengarten an der Südfront; eine Tasse Tee im Rundbau des ehemaligen Farmgebäudes, heute Zentrum des Country Parks – und auf zu Burns.

Schottlands Nationaldichter (denn das ist er – nicht etwa Scott!) wurde 1759 in *Alloway* an dieser Küste geboren und wuchs in einfachsten ländlichen Verhältnissen auf. Aber wir wissen ja schon, daß Schottlands Genies aus solchem Milieu stammten und von früh auf Förderung fanden. So bestellte auch der Vater des Dichters einen jungen Mann als Hauslehrer für seine und der Nachbarn Kinder; und wenn er mit der Familie auf dem Felde arbeitete, achtete er darauf, daß die Gespräche nutzbringend und lehrreich waren. Als Burns eben erwachsen war, starb der Vater als bankrotter Mann, und dem Jungen fiel die Aufgabe zu, für die übrige Familie zu sorgen und sie zu ernähren. Armer Robert Burns: Er hatte sein Leben lang kein Glück, wenn es ums Geldverdienen ging. Bei der Rückständigkeit der schottischen Landwirtschaft zu seiner Zeit brachte ihm die Arbeit hinter dem schweren Holzpflug nur ein chronisches Leiden ein, aber keine Gewinne. Sogar auf seinem letzten Posten als Steuereinnehmer in Dumfries konnte er kaum ein Auskommen finden. Dafür gelang ihm mit der Veröffentlichung seiner ›Poems chiefly in the Scottish Dialect‹, 1786, sofort der literarische Durchbruch, und bald darauf zeigte man Robert Burns, ›Robbie‹, den ›ploughman poet‹, als angeblichen Naturburschen in Edinburgher Salons vor.

Burns gab in seinen Gedichten dem Ausdruck, was sein Herz bewegte: Liebe zur Heimat und zu den einfachen Menschen (in Frankreich zogen eben die Gewitterwolken der Revolution herauf). Calvinistischen Sauertöpfen, ›Auld Lichts‹, wußte er allerlei Spöttisches anzudichten, dafür lobte er den Wein und eine fröhliche Runde. Aber zuerst diente seine Muse den von ihm geliebten Frauen:

> »Oh wert thou in the cauld blast,
> on yonder lea, on yonder lea,
> my plaidie to the angry airt,
> I'd shelter thee, I'd shelter thee.«

Die verschiedenen Auserwählten teilten sich großmütig in seine Zuneigung; die arme Jean Armour, ihm seit 1788 angetraut, gebar Burns am Tag seiner Beerdigung im Juli 1796 das sechste Kind.

Ich darf mich nicht zu den glühenden Burns-Verehrern zählen. Schon die Sprache, sein Lowland Scots, schiebt da einen Riegel vor. Gelegentlich, wenn ein Schotte ein Poem seines Landsmannes rezitiert, etwa ›von der Maus, deren Nest er zerstörte‹, dann höre ich freudig zu und finde es schön. Da wird das Derbe plastisch und das Zarte durchscheinend, und der Rhythmus der Verse geht ins Blut.

Trotzdem sind wir gelegentlich dem (gut beschilderten) ›Burns Heritage Trail‹ gefolgt, auf dem die Verehrer des Dichters aus aller Welt von einer Gedächtnisstätte zur anderen wallfahren. Neben dem Geburtshaus in Alloway ist ein literarischer Rummelplatz entstanden; bei der letzten Wohnung des Poeten in Dumfries stört der nahe Gaskessel. In *Kirkoswald* sitzen beim freundlichen alten Schusterhaus des ›Souter Johnnie‹ lebensgroße Figuren im Garten; ihr Gespräch ebenso in Gips gebannt wie ihr Lachen. Es sind sozusagen die Hauptdarsteller im ersten Auftritt des Burns-Dramas vom ›Tam o' Shanter‹. Ich bin oft gefragt worden, was es mit dieser Ballade eigentlich auf sich habe: Der gute Tam ist nach einem fröhlichen Abend in der Kneipe auf dem Heimritt. Unterwegs gewahrt er, daß aus der Kirche Lärm dringt und die Fenster hell erleuchtet sind, zu Hexensabbat und Teufelstanz. Tam schleicht sich näher. Leichen in offenen Särgen sind anständig in ihre Tücher gehüllt, die lebenden jungen Damen aber eher spärlich bekleidet. Eine Zeitlang beobachtet Tam das wilde Treiben, dann kann er es sich nicht versagen, einem besonders hübschen Mädchen zuzurufen: Dein Hemd ist zu kurz! Hexen und Hexenmeister wollen sich auf ihn stürzen, aber Tam galoppiert fort, die teuflische Meute auf den Fersen. Er weiß, daß ihn nur eines retten kann: Er muß ein Wasser überqueren, ans andere Ufer können sie ihm nicht folgen. Mit letzter Kraft stolpert sein Pferd über eine bucklige Brücke. Der Spuk bleibt zurück. Aber einer der Damen ist es noch gelungen, dem Pferd den Schwanz abzureißen.

Die Geschichte soll sich eigentlich im Süden Schottlands, im Dorfe Dalry zugetragen haben: ein Gasthof, eine düstere Lindenallee, die kahle Kirche und ihr Friedhof, auf dem die hohen Steine bei Nacht wie unheimliche Figuren stehen – all dies wäre eine durchaus passende Kulisse. Aber Burns hat die Begebenheit, auf Wunsch des Auftraggebers der Ballade, nach Alloway verlegt.

Aus dem Gedicht sind auch Nicht-Schotten zumindest zwei Begriffe bekannt: Cutty Sark, Kurzhemdchen, wurde der Name berühmter Segelschiffe und Teeklipper, auch einer Tabaksorte; Tam o' Shanter nennt man die runde schottische Mütze mit Bommel. Die bucklige alte Brücke über den Doon in Alloway ist ein bevorzugtes Objekt aller Amateur-Photographen geworden. Nebenan, im Burns-Gedächtnisgarten, weist eine Gipshand ›to the Statues‹: Noch einmal begegnet man der Runde lautlos lachender Freunde, diesmal als Kopie.

Haben Sie gewußt, daß Robert Burns der in der Welt bekannteste Dichter der Britischen Inseln ist, noch Shakespeare überflügelnd, und in Südamerika und Rußland besonders häufig gelesen wird? Ich wüßte gern, wie man es im Russischen mit der Übersetzung hielt. Für uns Deutsche machte sich vor allem Freiliggrath tapfer ans Werk. 1868 versuchte die Berndin Prinz'n, Melkenmeierin, eine Nachdichtung ins Mecklenburgische Platt, denn, meinte sie, es seien feine Verse, die sie hier anböte, »schön un plesirlich to lesen«. Freilich: »För Preestemamsells un geistlich Candoaters sünd's justement nich...« August Corrodi dagegen war der Meinung, daß Schwyzerdütsch die rechte Sprache für eine Burns-Übersetzung sei. »Ich könnte Ihnen eine große Reihe schottischer Wörter nennen, die weder im Englischen noch im Hochdeutschen, sondern nur im Alemannischen zu finden sind.« Und »vieles bei Burns läßt sich nur ins Schweizerdeutsche, präziser nur ins Zürcherdeutsche unbeschädigt übertragen, wird, in hochdeutscher Küche zubereitet, machmal geradezu ungenießbar«. Corrodi vergleicht die Dialekte: Kurz, rauh und derb seien beide, »aber unsere Mundart hat einen Vorzug: sie ist in Gefühlssachen und Gemütsangelegenheiten scheuer – da fließt sie unterirdisch«. Das mag zutreffen; bei Burns geht es recht irdisch zu.

Als Probe ein Vers aus Corrodis Übersetzungen:

> »Der Ätti verbüüts, und d' Mueter verbüüts,
> aber's Töchterli's Ghör ist schwer.
> S' hat nid gmeint das das Müesli woäs macht,
> so bitter dänn z' esse wär.«

Vom Schweizer Müesli zum Burns Supper. Man feiert es am 25. Januar überall auf der Welt, wo sich Schotten aufhalten, mit dem gleichen Zeremoniell. Eine quer gestellte Tafel, an der die Ehrengäste Platz nehmen. Drei Längstische für alle übrigen. Das Burns-Gebet, gesprochen von einem Geistlichen. Es folgt eine nahrhafte Suppe: Cock-a-leekie. Großer Auftritt des Hauptgerichts, ›Haggis with tatties and neeps‹, die schottische Nationalspeise mit Kartoffeln und weißen Rübchen. Der Koch mit weißer Mütze trägt die dampfende Platte, ein Piper geht ihm voran. Am Ehrentisch reicht der Leiter der Veranstaltung Koch und Piper je ein Glas Whisky. Dann holt er, der wie die meisten der anwesenden Herren den Kilt trägt, seinen Dolch aus dem Kniestrumpf und zerteilt das Gericht. Nach den leiblichen folgen die literarischen Genüsse. Zunächst: Rede und Toast auf Burns. Toast auf die anwesenden Damen; eine von ihnen antwortet. Zwischen den Reden wird Burns rezitiert, meist aus seinem ›Cotters Saturday Night‹, der beschaulichen Feierabendidylle des Kätners; auch berühmte Gedichte wie ›Scots wha hae wi' Wallace bled...‹ oder ›For a' that and a' that‹, obwohl gerade hier der Inhalt nicht so recht zur Umgebung paßt:

> »Und sitzt Ihr auch beim kargen Mahl
> in Zwilch und Lein und alledem;
> gönnt Schurken Samt und Goldpokal –
> ein Mann ist Mann trotz alledem!«

Die Anwesenden kennen alle Verse auswendig und sprechen sie im Geist mit. Manchmal ist eine Harfenistin anwesend. Whisky bleibt das Getränk des Abends, der – wie könnte es anders sein – mit dem Burns'schen ›Auld lang syne‹ schließt.

Zitate aus:
August Corrodi: ›Robert Burns, Liedli‹, Zürich 1940
Robert Burns: ›Vieruntwinting schöne Lere‹, Darmstadt 1921
In der Nähe von Culzean Castle (Kullén gesprochen) Turnberry als ein Mekka der Golfer.
Ailsa Craig, eine fast vierhundert Meter hoch aufragende Felsinsel im Meer.
Crossraguel Abbey, Ruine einer Abtei der Cluniazenser aus dem 13. Jahrhundert (Torhaus, 16. Jahrhundert, Taubenschlag).

Mai

FIFE UND DER NORDOSTEN

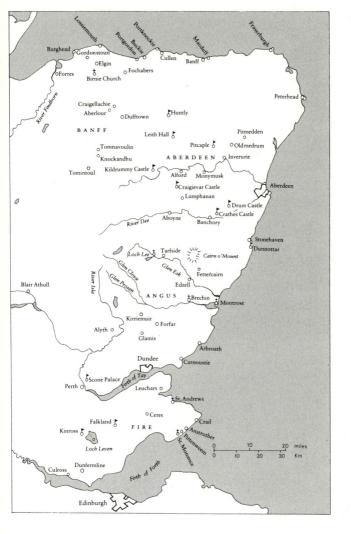

Lord Elgin

Für eine Fahrt durch *Fife*, zwischen dem Firth of Forth und dem Firth of Tay, braucht man nicht allzu viel Zeit; wir werden sie – im nächsten Kapitel – ganz im Osten, in St. Andrews beginnen.

Die Bewohner von Fife betonen gerne, daß ihr Gebiet einmal ein piktisches Königreich gewesen sei, dessen Grenzen bis heute fast unverändert blieben. Bei der großen Neuordnung 1975 sollte die Grafschaft, als zu klein und unbedeutend, anderen Regionen zugeschlagen werden. Die Einwohner rüsteten sich zum Kampf: »Save Fife« hieß ihre Parole. Sie malten die Worte an ihre Hauswände, säten sie in die Beete ihrer Vorgärten, ließen sie auf der Heckscheibe ihrer Autos leuchten. So viel störrische Heimatliebe trug ihren Lohn. Fife ist eigene Region geworden. Als kleinste von allen, ein Zwerg neben Riesen wie den Highlands and Islands, behauptet sie sich tapfer; Leute von Einfluß unter ihren Bewohnern sorgen dafür, zum Beispiel ein direkter Nachkomme des großen Bruce: The Right Honourable the Earl of Elgin and Kincardine, JP, DL, MA. Wenn die Clanchiefs regelmäßig zu ihrem Council zusammenkommen, so steht er als Convener der Versammlung vor. Wer sich für das schwere Breithandschwert interessiert, mit dem der Vorfahr bei Bannockburn siegreich kämpfte: beim Nachkommen ist es zu betrachten. Wenn man in Fife die Märchenfrage stellen würde: »Wem gehört dieses Land?«, so hieße wohl mehr als einmal die Antwort: »Lord Elgin.« Unter seinen Ahnen waren so viele berühmte Persönlichkeiten, daß der Earl aus seinem Stammbaum einen abwechslungsreichen und interessanten Familien-Film zusammenstellen ließ. Da wurde nicht nur von einem Entdecker der Nilquellen berichtet und (wenn ich mich recht erinnere) einem Vizekönig von Indien und einem Generalgouverneur von Kanada, sondern auch von jenem Lord Elgin, der – wie zahlreiche wohlhabende und sportliche Europäer damals – auszog, um in Griechenland, kurz bevor die Türken das Land verließen, möglichst viele antike Kunstwerke zu ›retten‹. Die ›Elgin-Marbles‹ sind heute im Britischen Museum in London zu bewundern.

Als der heutige Lord Elgin seinen Leuten diesen Film zeigte, kamen sie in zwei Busladungen nach Edinburgh: Forstarbeiter, Farmer mit ihren Familien, Hausangestellte. Mir fiel auf, daß der Laird und seine Gemahlin, die bei offiziellen Anlässen eher zurückhaltend und scheu wirkten, hier ganz anders auftraten: heiter und herzlich, als sei man bei einem Familienfest.

Das Heimatmuseum der Region Fife befindet sich in der hübschen Ortschaft Ceres.

St. Andrews: seine Studenten

»Abgesehen von einem vereinzelten Fall im Jahre 1470, als der Dekan der Faculty of Arts mit Pfeil und Bogen beschossen wurde, ist die *Universität* in erfreulicher Weise von Gewalttätigkeiten der Studenten verschont geblieben« (aus dem Jahrbuch für 1980).

Wer in St. Andrews nicht Golf spielt, studiert; die Grenze zwischen beiden Lebensbereichen bleibt fließend. Niemand konnte oder wollte mir verraten, wie viele der jungen Leute um der berühmten ›golf links‹ willen gerade in dieser Stadt ihr Studium betreiben. Hotelbesitzer und Zimmerwirtinnen, Kaufleute und Handwerker teilen ihr Jahr nach den großen Turnieren und den Universitäts-Trimestern ein: Martinmas Term, Candlemas Term, Whitsunday Term.

Das Studienjahr beginnt mit einem Gottesdienst in der *Kapelle des heiligen Salvator.* Wir durften diese Feier miterleben. Studenten und Studentinnen in ihren ›gowns‹, den kurzen roten Mänteln aus Filztuch, mit dunkler gefärbtem Samtkoller, füllten das Kirchenschiff bis zum letzten Platz, sie saßen auch noch auf den Altarstufen und in den Nischen der alten Grabmäler. Nur einige der Mädchen trugen ihren ›trencher‹, die steife schwarze Kappe, deren lang herabbaumelnde Quaste mit jedem Studienjahr die Farbe wechselt. Dem Principal und den Professoren wurden beim Hereinkommen zwei kostbar verzierte ›maces‹, Amtsstäbe, vorangetragen. Das pflegt seit der Mitte des fünfzehnten Jahrhunderts so zu geschehen. Der Einzug vollzog sich trotzdem nicht prunkvoll oder feierlich; die Herren gingen mit lässigem Schritt zu ihren Plätzen. Auch die Feier war schmucklos. Bei uns würden an solchen Tagen Orgel, Chor und Orchester festliche Musik bieten. Hier galt wieder einmal nur das Wort, von der Gemeinde gesungen, von der Kanzel gesprochen. »Herr, laß den wandernden Geist ein festes Ziel finden.«

Die Predigt des jungen Geistlichen schien, soweit ich sie aus einer weit entfernten Ecke verstehen konnte, geistvoll und unpathetisch zu sein, ›full of donnish jokes‹, wie sie drüben sagen, mit gelehrtem trockenem Witz gewürzt. In St. Andrews, wo man in früherer Zeit Häretiker langsam verbrannte und dafür einen ermordeten Bischof über die Zinnen seines Schlosses hing, wo man, von John Knox angefeuert, die ›Idole‹ stürzte und die Kathedrale zum Steinbruch machte, darf heute in der Kirche gelacht werden. Der Principal lehnte, den Arm aufgestützt, in seinem Gestühl und schien die Feinheit der Wendungen zu genießen. Über ihm türmte sich gotisches Schnitzwerk bis hinauf ins Gewölbe, es endete in einem bunten Wappen. Seinem Gesicht und denen seiner Studenten und Studentinnen schien eines gemeinsam: Sie wirkten im guten Sinn altmodisch. Oder, wie ein Bewohner der Stadt es formulierte: »Unsere Studenten sind der Tradition verpflichtet vom wohlfrisierten Scheitel bis zur Sohle.«

Nach dem Gottesdienst zogen sie in losen Gruppen zum Hafen hinunter. Bei hereinkommender Flut und schwachem Wellengang kletterten die rotgewandeten Gestalten an der äußersten Spitze der Mole über eiserne Sprossen zur obersten Mauer hinauf und balancierten von dort aus zurück zum breiteren Teil der Hafenbefestigung. Einige der Mädchen aus dem ersten Trimester wurden von ihrem Freund geführt, eine sogar wie ein Sack über der Schulter getragen, ihre langen Haare flogen im Wind. Ehe man den Rückweg antrat, war ein rostiger Pfosten zu umrunden, sonst hatte der Gang über die Mole keine Gültigkeit. Er soll an eine Begebenheit aus dem Anfang des vorigen Jahrhunderts erinnern, bei der einige Studenten die Besatzung eines Bootes aus Seenot retteten. Auf der Mole ging es fast so ruhig und gesittet zu wie in der Kirche. Touristen waren nicht anwesend. Die wenigen Einheimischen, welche zuschauten, schienen hier im Hafen zu Hause zu sein. Mit den Studenten unterhielten sie sich nicht. »Wir kennen sie noch nicht. Später wird das anders sein.« – »Wo trifft man sich?« – »In den Pubs.«

Jüngere Studenten hatten allerlei Spielzeug aus Plastik an ihre Mäntel geheftet, Babyschnuller, Spiegel und Wasserpistolen. Studenten der Theologie (Faculty of Divinity) trugen kurze schwarze Gowns mit dem Andreaskreuz in lila am Aufschlag. In der Ferne sah man den farbigen Zug hangauf, zwischen den Ruinen von Kathedrale und Schloß, wieder den Weg zur Stadt und zu den Colleges nehmen. Das Semester hatte begonnen.

St. Andrew, Andreas, einer der zwölf Apostel, erlitt auf Patras den Märtyrertod an einem Kreuz mit schräggefügten Balken. Eine fromme Legende berichtet, Teile seiner Gebeine seien von Regulus oder Rege nordwärts gebracht und, nach einem Schiffbruch vor diesen Küsten, hier am Ort einer keltischen Klostersiedlung niedergelegt, bald darauf verehrt worden. Dies soll sich etwa im achten Jahrhundert zugetragen haben. St. Andrew ist der Schutzpatron der Schotten aller Glaubensrichtungen geworden, und die Fahne des Landes zeigt sein Kreuz mit den schrägen Balken, weiß auf blauem Grund (man nennt sie ›Saltire‹).

Vom frühen Mittelalter bis über die Zeit der Reformation hinaus war die Stadt St. Andrews geistiger und kirchlicher Mittelpunkt, und ihr Bischof – später Erzbischof – Primas von Schottland. Zu Beginn des fünfzehnten Jahrhunderts wurde die Universität gegründet, zunächst mit den Fächern Divinity und Arts. Sie ist damit, nach Oxford und Cambridge, die drittälteste auf den Britischen Inseln.

Die Glaubenskämpfe der Nachreformationszeit spielten sich in St. Andrews von beiden Seiten mit grausamer Gründlichkeit ab. Die Bürger der Stadt profitierten von der Barbarei der Zerstörungen, und viele schöne Häuser im heutigen Stadtbild zeigen, daß die Steine von Kathedrale und Schloß zumindest nutzbringend verwendet wurden. Eine Zeitlang konnte die Stadt ihre Stellung im geistigen Leben des Landes noch behaupten; dann, besonders nach der Union mit England, schwand ihre Bedeutung, und die Zahl der Studenten nahm ab bis auf einen kärglichen Rest. Im achtzehnten Jahrhundert bot St. Andrews mit seinen vielen Türmen von weitem noch ein prächtiges Bild, aber wer den Ort betrat, fand grasüberwachsene Straßen, viele Ruinen und eine Atmosphäre, als habe die Pest hier gehaust.

Langsam nahm die Universität, unter weitblickenden Förderern, einen neuen Aufschwung, und das heutige St. Andrews erstand wie ein Phönix aus der Asche. Im Jahre 1979 schrieben sich mehr als dreitausend Studenten ein, immer noch mit dem alten, aus dem Lateinischen übersetzten Gelöbnis, »in allen Fragen der Ordnung und des guten Betragens den Lehrern die schuldige Ehrerbietung zu erweisen«. Eine größere Zahl von Anwärtern mußte abgewiesen werden. Die Universität ist vor allem auf theologischem, geistes- und naturwissenschaftlichem Gebiet von hohem Rang. Nicht alle Theologiestudenten wollen Geistliche der Church of Scotland werden. Manche gehören anderen Glaubensrichtungen an; andere absolvieren mit diesem Fach ein vertieftes Studium Generale und können nach ihrer Ausbildung mit Anstellungschancen auf den verschiedensten Gebieten rechnen. Weit mehr als die Hälfte aller Studenten lebt in Colleges zusammen. Diejenigen des ersten Trimesters suchen sich unter den Älteren einen akademischen ›Vater‹ und eine ›Mutter‹, die sie während der Studienzeit, zumindest an ihrem Beginn, im privaten Leben betreuen werden. Mir scheint, daß mit dieser weisen Einrichtung die Gefahr der Vereinsamung, unter der so viele Studenten auf dem Kontinent leiden, auf einfache und wirksame Weise gebannt ist.

In St. Andrews zu studieren, muß eine friedliche Tätigkeit sein. »Daß es in Universitätsnähe keine Parkmöglichkeit gibt«, heißt es im Jahrbuch, »hat eher historische als pädagogische Gründe. Die Gebäude wurden etliche Jahrhunderte vor der Erfindung des Verbrennungsmotors errichtet.« Für die weiteren Wege hat jeder ein Fahrrad. Sonst gehen die Undergraduates zu Fuß, unter Bäumen und zwischen hohen grauen Mauern, schmale gerade oder gekrümmte Lanes und Wynds entlang, von den Scores zur South Street, von der Market Street zur North Street. Aus schattigen Höfen kommt man in größere Gevierte, Quadrangels genannt, die von schönen Gebäuden umstanden sind. Wo kein Platz für Rasen blieb, ist der Boden grob gepflastert wie einst. Manchmal ragt ein einzelner riesiger Baum von hohem Alter auf. Einer der versteckten Wege umrundet eine Kapelle und mündet bei einem überwölbten Torweg; ein anderer geht quer über den großen Friedhof, in dessen Mitte die geplünderten Überreste der Kathedrale stehenblieben. Durch schmale steinerne Schlitze in der Friedhofsmauer sieht man draußen das Meer. Man kann auch weitergehen bis zum neuen Friedhof, sich an einem warmen Tag neben ein Grab auf den Rasen setzen, sein Buch aufschlagen und beim Rauschen der Brandung zu lernen beginnen.

St. Andrews empfiehlt sich für einen längeren Aufenthalt, sowohl um der Vergangenheit wie um der Gegenwart willen. Den Friedhofsbereich mit den Überresten der riesigen Kathedrale (Ostgiebel des 12. Jahrhunderts) beherrscht der hohe Turm der ehemaligen Reliquiarkirche St. Rule's, ebenfalls aus dem 12. Jahrhundert (Besteigung lohnend, großartiger Rundblick). Auf einem der Grabsteine im grünen Rasengeviert ist Tom Morris, genannt ›Tommy‹, ein Vorbild für alle Golfer, lebensgroß in Stein verewigt, natürlich mit einem Schläger in den Händen. ›The Pends‹, Torbögen des ehemaligen Kathedralenbezirks aus dem 14. Jahrhundert, werden heute von Autos durchfahren. Zahlreiche Kirchen und Kapellen der alten Stadt erinnern an ihre fromme Geschichte und machen deutlich, daß die Universität sich aus mehreren Kollegs entwickelte (St. Salvator 1450, St. Leonard 1513, St. Mary's 1538). Im Cathedral Museum ist die Vorderseite eines Sarkophags – mit figürlichen Darstellungen – als eine der schönsten spät-piktischen Arbeiten zu bewundern (siehe Mai-Kapitel ›Piktische Steine, bunte Städte‹, S. 249).
Jeweils im April ziehen die Studenten in historischen Kostümen durch die Stadt. Bei dieser ›Kate Kennedy Procession‹ wird die Hauptperson, die schöne Nichte eines Bischofs und Kolleggründers, von einem Studenten des ersten Studienjahres dargestellt.
Das kleine Byre Theatre bietet interessante Aufführungen. Mehrere gute Buchhandlungen.
Nördlich von St. Andrews, in Leuchars: normannischer Chor und Apsis (13. Jahrhundert) an der Pfarrkirche des 17. Jahrhunderts.

St. Andrews – seine Golfer

Als nach der Eiszeit das Land, vom Gewicht der Gletscher befreit, sich langsam hob, tauchten neue sandige Küsten auf. Der Wind trug Pflanzensamen heran, Vögel brachten ebenfalls solche mit und düngten gleichzeitig den Boden. Gräser der verschiedensten Arten begannen zu sprießen und lieferten, wenn sie abstarben, neuen Humus. Durch das unterirdische Wurzelgeflecht wurde der Boden gefestigt und gegen die Stürme, die vom Meer her kamen, geschützt. Heide und Ginster nahmen sich, wo immer es möglich war, den notwendigen Lebensraum. Dann erschien die fruchtbare Rasse der Kaninchen, legte Bau und Gänge an und stutzte beim Fressen das Gras kurz. Als letzter tauchte der Mensch auf und zog seine Pfade auf den Spuren der ›rabbits‹. Die ersten Golfspieler benutzten die Pfade als Spielbahnen. So, verehrte Freunde dieses Sports, ist der berühmte *Old Course* von St. Andrews entstanden. Man sieht es auch als Laie ein: Jeder Park und Wiesenplatz mit künstlich angelegten Hindernissen muß dagegen betrüblicher Ersatz bleiben.

Und wie war es mit dem ersten Golfspieler? In Schottland erzählt man: Es war einmal ein Schäfer, der auf dem Weg zu den Tieren einen runden Stein mit der Krücke seines Stabes vor sich hintrieb, weil es ihm Spaß machte. Immer gewaltiger wurden die Schläge, bis endlich der Stein, nachdem er einen weiten Bogen beschrieben hatte, nicht wie bisher aufsprang und liegenblieb, sondern im Boden verschwand: Er war in ein Kaninchenloch gefallen. »Das«, sagte der Schäfer, »hätte ich nie geschafft, wenn ich es absichtlich versucht hätte.« Und er vergaß seine Schafe und probierte es so lange noch einmal, bis er das Loch wieder getroffen hatte. Das ist natürlich ein hübsches Märchen. Vielleicht hat man schon vor mehr als tausend Jahren in China einen ähnlichen Zeitvertreib wie Golf gekannt; vom alten Rom weiß man es mit ziemlicher Gewißheit. Sicher ist, daß Schottland seit dem Mittelalter mit dabei war. Durch einen Parlamentsbeschluß zur Zeit Jakobs II. wurden 1457 Golfspiel und Fute-ball sogar eine Zeitlang verboten, »utterly cryit doune«, weil sie die Jugend vom kriegerischen Bogenschießen abhielten.

In St. Andrews gründeten 1754 zweiundzwanzig Noblemen and Gentlemen der Grafschaft Fife, Landbesitzer, Universitätsprofessoren, Ärzte, die ›Society of St. Andrews Golfers‹. Präsident für ein Jahr wurde jeweils, wer am besten spielen konnte. Weil das aber nicht immer die menschlich erfreulichsten Erscheinungen waren, wurde von 1824 an der Kapitän nach seinen persönlichen Qualitäten gewählt. Jeweils im Herbst spielte er sich ins Amt, ›he played himself into office‹, und zwar gleich mit dem ersten Schlag. (Der Brauch besteht noch heute.) Die Schar der ›Caddies‹, der Golfjungen, pflegte dem Ball nachzustürmen; wer ihn als erster erreichte, bekam einen Sovereign. Zur Erinnerung an dieses Ereignis mußte der neue Kapitän die silberne Nachbildung eines Golfballs stiften, die einem ebenfalls silbernen Golfschläger angehängt wurde. Gelegentlich waren die Captains königlichen Geblüts. In diesem Fall stifteten sie einen goldenen Ball. Augenblicklich wird der dritte silberne Schläger jährlich behängt, und fünf Goldbälle zieren die Schätze im Tresor des Klubhauses. Aber nur einmal, als der spätere König Eduard VII. Kapitän wurde, ließ er sich beim ›playing into office‹ von einem besseren Spieler vertreten. Dafür war es ihm zu danken, daß in Bad Homburg und Marienbad Golfplätze entstanden, ebenso wie in den königlichen Ferienresidenzen Balmoral, Sandringham und Windsor. In alter Zeit pflegten die Gentlemen Golfer von St. Andrews wie eine Mannschaft aufzutreten. Sie trugen Uniform, rote Jacken mit gelben Knöpfen; und wenn sie in ihrem Klublokal getagt hatten (das damals noch in der Stadt lag), zogen sie hinter einer Musikkapelle her geschlossen zum Golfplatz. Ihre Trophäen wurden ihnen vorangetragen und viel Volk lief mit. Aber Lord Cockburn schrieb schon 1844: »Golf ist kein Vergnügen, sondern eine ernste Beschäftigung, die zur Leidenschaft werden kann. Es gibt hier zahlreiche Personen, die überhaupt nichts anderes mehr tun. Sie beginnen früh am Morgen und hören erst auf, wenn die Zeit fürs Dinner naht; anschließend reden sie die Nacht über von nichts anderem als von ›strokes and holes‹, Schlägen und Löchern. Aber all dies geschieht ruhig, ehrsam und in aller Unschuld.«

Auf den Plätzen von St. Andrews muß man nicht nur gegen

die Tücken des Bodens, sondern auch die des Wetters ankämpfen. Es kann geschehen, daß nach einem kräftig geführten Schlag der Ball vom Wind zurückgetrieben wird und hinter dem Spieler landet. 1860 kam an einem Turniertag ein schwerer Sturm auf und es regnete in Strömen. In der Bucht geriet ein Boot in Seenot. Für das Rettungsboot fanden sich in der Eile nicht genügend Ruderer. Admiral Maitland Dougall, der Kapitän jenes Jahres, legte seine Schläger weg und übernahm den Posten des Vormanns. Das Boot war fünf Stunden lang draußen in der aufgewühlten See. Nach der Rückkehr nahm Maitland Dougall das Spiel da wieder auf, wo er es unterbrochen hatte. Er wurde Sieger des Tages.

St. Andrews, mit seiner einmaligen Mischung aus Geist und Golf, gefällt mir bei jedem Besuch besser. Ich stehe gerne an einem gewissen neuralgischen Punkt dieser Stadt. Zur Rechten habe ich dann das *Monument der Märtyrer*, eine von Seewinden und salziger Gischt angenagte Steinpyramide mit den Namen derer, die in St. Andrews den Feuertod erlitten. Links von mir beginnt der Old Course mit dem aus vielen Abbildungen bekannten Klubhaus des ›R & A‹, des ›Royal and Ancient Golf Club‹. Das Gebäude kommt mir jedes Mal etwas kleiner und baufälliger vor. Zu meinen Füßen liegt ein großes Meerwasser-Schwimmbad in den Felsen. Im Winter ist es vernagelt und verschlossen. Weiter draußen dehnt sich der Strand, quer zur Stadt, so daß die Wellen seitlich vorüberrollen. In meinem Rücken habe ich die stattliche Front eines Studentenheims, durch seine Fenster ist junges Volk beim Essen zu beobachten. Aber schon mit dem nächsten Haus beginnt die Reihe der Hotels, in denen Golfer und ›Ehemalige‹ einträchtig beieinander sitzen. Ich erkenne die Herren unschwer an ihrer ziegelroten Gesichtsfarbe. Der Gesprächsstoff geht ihnen nie aus, aber sie lachen selten.

Neben dem Klubhaus warten in einem Glaspavillon die Caddies auf Kunden; nicht nur Jungen, sondern häufig Männer im gestandenen Alter, die als Begleiter zu haben gewiß amüsant und lohnend ist. Die kleinen zweirädrigen Wägelchen, auf denen die meisten Golfer heutzutage ihre ›clubs‹ selbst befördern, sind auf dem Old Course verboten. Auch darf hier am Sonntag nicht gespielt werden. Auf den anderen

Plätzen ist es dagegen erlaubt. Im Augenblick gibt es neben dem Old Course (der durch Dämme stark verbreitert wurde, aber immer noch die Form eines gekrümmten Hirtenstabes hat) drei weitere Plätze und ein vierter ist im Bau. Die Startzeiten werden ausgelost. Die Fairways gehören der Stadt. Bis zum Zweiten Weltkrieg konnten die Bürger von St. Andrews umsonst dort spielen, jetzt zahlen sie einen mäßigen Jahresbeitrag. Auch für Gäste ist die Tageskarte keineswegs unerschwinglich. Eine Empfehlung oder Einführung wird nicht benötigt, jeder kann kommen. Anders steht es um den ›R & A‹ und sein Klubgebäude. Nur die tausendundfünfzig ›Home‹ – und siebenhundert ›Overseas Members‹ und eventuelle männliche Gäste dürfen diese geheiligten Räume betreten, ihre Schläger in schmalen Spinden verschließen, in bequemen Sesseln versinken und fachsimpeln, während ihr Blick durch große Fensterscheiben auf den Old Course hinausgeht und rings von den Wänden die Porträts ehemaliger Golfgrößen zustimmend oder mißbilligend herabschauen. Damen sind nicht zugelassen! Sie dürfen zwar draußen ihre Turniere abhalten (und taten das schon ziemlich früh, mit riesigen Hüten als Sonnenschutz, langen Röcken und keulenförmigen Ärmeln), aber selbst an solchen Tagen ist es ihnen heute nur erlaubt, ausnahmsweise den abgelegenen Coffee Room zu betreten. Ihr Geschnatter, so heißt es, würde die Männer bei ihrem ernsten Werk stören. Schließlich werden im ›R & A‹ die Golfregeln für die ganze Welt aufgestellt und Turniere von Rang, wo immer sie auch stattfinden mögen, mitbetreut. Wie ein König herrscht der Sekretär des Klubs im oberen Stock. Sollte er den Wunsch haben, das Spiel eines seiner Gäste genauer zu verfolgen, so steht ihm ein schwergewichtiges Zielfernrohr zur Verfügung, das aus einem ehemaligen deutschen U-Boot stammt. Einmal im Jahr, am Andreastag, dem 30. November, ist Tag der Offenen Tür im ›Königlichen und Ehrwürdigen Golfklub‹. Jeder darf die Räume betreten. Ein mit Orden geschmückter Portier führt und erklärt und weist darauf hin, daß die Plätze als solche Eigentum des Volkes seien. Dann pflegen sich die Herren Mitglieder verschreckt in die hintersten Gemächer zurückzuziehen.

Die Neuk-Häfen

Südlich von St. Andrews, nur wenige Kilometer entfernt, reihen sich der Küste entlang malerische Hafenorte. Sie bilden eine Welt für sich und werden zusammen die Neuk-Häfen genannt. Ihre Boote liefen in alter Zeit kontinentale Küsten an, vor allem die holländische. Das ist den Häusern heute noch anzusehen. Studenten aus St. Andrews nehmen dort gerne Quartier, besonders in Crail; aber Golfer habe ich nicht entdecken können. Sie bleiben lieber in Sichtweite ihrer ›links‹.

Crail ist ein stiller Ort. Das Rathaus trägt auf seinem viereckigen Turm über dem schön geschwungenen Dach einen goldenen Fisch als Wetterfahne. Zwischen den holprigen Steinen der steilen Gassen wächst Gras. Quer durch die Häuser sieht man das Meer leuchten. Die lebensgroße hölzerne Galionsfigur über einer blauen Haustür hält die Hände gefaltet. Am windgeschützten Castle Walk kann man in der Sonne sitzen und zusehen, wie die Hummernfischer von der Morgenarbeit zurückkehren. Rosen und Hortensien blühen üppig in den Terrassengärtchen. Freiluftmaler haben sich auf der Mole am Hafen postiert; in einer blauen Bude werden frische Krabben angeboten; mit einer Handglocke aus Messing ist der Verkäufer herbeizurufen. Das stattlichste Haus am Hafen, ehemals Zollgebäude (vom National Trust restauriert), zeigt ein Segelschiff auf blauem Grund.

In *Anstruther* ist das Feuerschiff ›North Carr‹ im Hafen für immer vor Anker gegangen und zu besichtigen. Ehemalige Besatzungsmitglieder führen die Besucher und berichten von schlimmen Tagen, wenn Schiffe in Seenot das Alarmzeichen ›Mayday‹ gaben. Am Kai drüben, im Fisheries Museum, kann man sein Tablett aus dem Tearoom in den Innenhof mitnehmen und – zwischen Booten und Netzen sitzend – noch einmal

SCHOTTEN WOHNEN BESCHEIDEN
Stromness, Mainland (Orkneys)
Cromarty, Black Isle
Wanlockhead, Lowther Hills

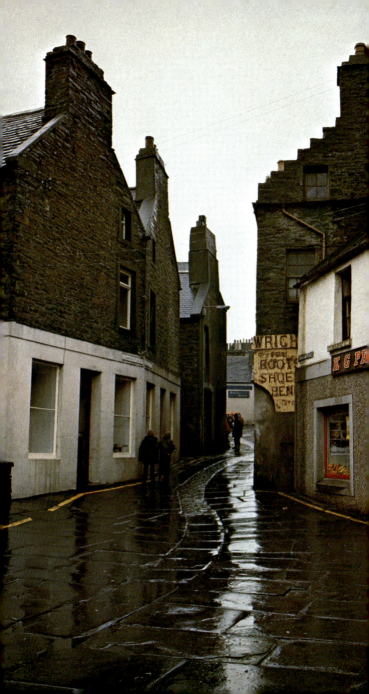

bedenken, was die ›old salts‹, die alten Seebären im Museum, ihren Zuhörern über die verschiedenen Methoden des Heringsfanges erzählt haben.

In *Pittenweem* weiß man nie, was man im Hafen vorfinden wird: ein einsam schaukelndes Boot oder eine dicht gedrängte Meute von Schiffen, in rot, blau, orange, darüber die schwarz glänzenden Davits zum Hieven der Netze. Nur an ihren Ufern, und in den hoch gestaffelten Reihen der alten Häuschen sind diese Orte sehenswert. Landeinwärts schließen sich moderne Siedlungen an, die bis zur Autostraße reichen.

In *St. Monance* mit seiner kleinen Werft steigt die Flut bis zur alten Seefahrerkirche hinauf; bei Südwind treibt Gischt über den Friedhof. Hierher kam man, um für eine glückliche Heimkehr zu beten, die das Schicksal nicht immer gewährte. Die Gedenktafeln im Kirchenschiff geben Zeugnis davon. Als wir St. Monance gegen Abend besuchten, schlug das Wasser gegen die Friedhofsmauern; das Rasengeviert schien wie gestreift, hellgrün und schwarz, von den schrägen Schatten der aufrechten Grabsteine, denen Anker und Boote eingemeißelt waren.

Das ›schotse Huizen‹ im holländischen Veere (Walcheren) bezeugt die enge Verbindung zwischen beiden Küsten.

Little Houses

Jakob VI. soll einmal gesagt haben, Fife sei »wie ein graues Tuch mit goldenem Rand« – der Küste. Als er diesen Ausspruch tat, muß er sein Jagdschloß *Falkland* vergessen haben, das wie ein Juwel die sonst eher eintönige Landschaft im Inneren ziert. Nach Falkland zogen die Stuart-Könige, wenn sie fröhlichen Zeitvertreib suchten: im Park promenieren, Bogenschießen, Tennis spielen (auf dem nach Hampton Court ältesten Platz der Welt); oder mit dem Falken auf der Faust in die Lomond Hills zur Jagd reiten. Das elegante Schloß war die traditionelle Morgengabe der Stuarts an ihre Frauen. Für seine französische Gemahlin Maria von Lothringen – und durch französische Handwerker – ließ Jakob V. 1539 den

Südflügel des Schlosses umbauen. Mit den allegorischen Medaillonbüsten des Nicholas Roy entstand so Schottlands schönste Renaissance-Fassade. ›Falkland bred‹ bedeutete wohlerzogen und gebildet sein, mit höfischer Sitte vertraut.

Riefen die Staatsgeschäfte den König zurück in die düsteren Gemächer von Edinburgh Castle, so übernahm jeweils ein königlicher Verwalter den Besitz. Der noble Titel dieses Stellvertreters wird heute noch geführt: Major Michael Crichton Stuart ist ›Erblicher Konnetabel, Hauptmann und Hüter des Falkland-Palastes‹ im Namen und Auftrag seiner Königin (der National Trust gilt seit 1952 als ›Stellvertretender Hüter‹).

Major Crichton Stuart ist ein Sohn des 4. Marquess of Bute – und damit bin ich bei meinem eigentlichen Thema. Der Palast war bereits restauriert – so, wie wir ihn heute sehen –, als der Marquis erkannte, daß in der kleinen Ortschaft rings um das Schloß die ehemaligen Häuser der Höflinge und kleinen Leute verkamen und verfielen. So gab er 1936 einem erfahrenen Architekten, Ian Lindsay, den Auftrag, zunächst für Falkland, aber nicht nur für dort, eine Liste erhaltenswerter Bürgerbauten aufzustellen. Bei Kriegsbeginn umfaßte diese ›Bute-Liste‹, nach der heute noch gearbeitet wird, mehr als tausend Häuser und Häuschen. Neuerdings werden diese Little Houses, wie schon berichtet, vom National Trust restauriert und dann verkauft. Damit stehen Mittel für neue Vorhaben zur Verfügung.

Im freundlichen Falkland werden schon mehr als ein Dutzend solcher Häuser bewohnt; Moncreif House etwa (dessen Erbauer, ein Hofstallmeister, 1610 auf einem Gedenkstein seinem König für viel Gnade dankte); oder das Haus des Falkners, mit einem Wappenstein, dessen Vogel eben aufzufliegen beginnt. Gassenweise sind andere Bauten für die Wiederherstellung vorgesehen. Für ganz Falkland (auch für seinen Tearoom) könnte die Hausinschrift gelten: »Contentment is great riches.«

Little Houses sind auch für den Fremden unschwer zu erkennen: einfache Verhältnisse, schöne Proportionen. Die Wände weiß oder hell verputzt, mit Schiebe- oder Sprossenfenstern. Das Dach mit roten Pfannenziegeln gedeckt; Stufengiebel oder geschweifte Giebel wie in Holland. Eine Außentreppe führt zur Haustür, über der ein Bibelspruch oder ein Handwerkszeichen eingelassen ist. Die Initialen des Paares, das sich hier einrichtete, zieren oft den Türsturz.

Besitzer eines solchen kleinen Hauses erscheinen uns sehr beneidenswert.

Dunfermline

In dieser unbedeutenden Kleinstadt nahe dem Firth of Forth wurden sieben Könige geboren und neun begraben. Schon von weitem lassen sich die steinernen Buchstaben am Kirchturm der Abtei entziffern: »King Robert the Bruce«. In einem hohen normannischen Kirchenschiff – dem schönsten in ganz Schottland – sind mächtige Rundpfeiler mit eingemeißelten Ornamenten zu bewundern; über einige Stufen gelangt man in den neugotischen Chor hinauf, ein Gotteshaus der Church of Scotland. An diesen protestantischen Bau lehnt sich die Lady Chapel mit einem Schrein, zu dem schottische Katholiken wallfahren. Die Häuser, Läden und Pubs, die den Kirchenbezirk eng umdrängen, sind einfach, beinahe schäbig; aber der Ort verfügt über einen schönen und weitläufigen Park, ein großes Schwimmbad und eine hervorragende Leihbibliothek. Wie reimt sich das alles zusammen?

Im Jahre 1068 (es kann auch 1070 gewesen sein) fuhr ein Schiff den Firth of Forth hinauf und strandete in der Nähe der heutigen Brücken. An Bord befand sich, auf der Flucht vor den Normannen, die Schwester des Sachsenkönigs Edgar Atheling, Margaret. Sie wurde nach Dunfermline gebracht. Dort gab es damals nur eine kleine Klostersiedlung der ›Culdees‹. Diese Männer Gottes wollten in der Endzeit der keltischen Kirche noch einmal zu den frühen Idealen zurückkehren und ein Leben der Buße und Askese führen. Schottlands König, Malcolm III. Canmore, hatte in der Nähe seine Burg errichtet. Er muß von der fremdartigen Erscheinung der sächsischen Prinzessin sofort gefangen gewesen sein. Die Trauung fand im Kloster statt. Der König, noch Analphabet, soll nach der Bibel gegriffen und sie ehrfürchtig geküßt haben: »Dies ist das Buch, durch das meine Margaret so klug und tüchtig wurde.«

Queen Margaret – später heiliggesprochen – übte, wie wir schon gehört haben, einen kaum zu ermessenden Einfluß aus. Dunfermline wurde ihre bevorzugte Residenz. Die Ansiedlung der Culdees mußte einer größeren Kirche und einer Priorei im römischen Geist weichen; ein Palast wurde errichtet, und Dunfermline löste von nun an Iona als königliche Grablege ab. Unter Margarets Sohn David entstand die normannische Kirche; das Kloster wurde zur benediktinischen Abtei erweitert. Nahe dem Schrein der Heiligen wurden die Gebeine der Könige zur Ruhe gelegt, unter ihnen auch Robert Bruce. Man fand sein Skelett, in golddurchwirkten Stoff gehüllt, beim Bau des neugotischen Chors im Jahre 1818, und erkannte es am zertrümmerten Brustknochen – auf Wunsch des Königs sollte ja sein Herz »vom Douglas ins Heil'ge Land« gebracht werden.

Daß Bücher klug und tüchtig machen, war auch noch die Ansicht eines Mannes, der achthundert Jahre nach der Zeit Margarets in Dunfermline geboren wurde: Andrew Carnegie. Er wanderte als Kind mit seiner Familie nach Amerika aus und wurde als Stahlmagnat einer der reichsten Männer der Welt. Seine Heimat vergaß er als echter Schotte nie. Alle Spenden, die er seinen ehemaligen Landsleuten zukommen ließ, sollten erziehen, aufklären, bilden helfen. Ganz alte Leute erinnern sich an die braunen Schultaschen und die Mittagsspeisung aus einer Carnegie-Stiftung (der Name wird in Schottland auf der zweiten Silbe betont); etwas Jüngere denken dankbar an den regelmäßigen Zuschuß zu ihrem Studium, den alle schottischen Studenten erhielten. In jedem Ort entstand aus den Mitteln des Mäzens eine Leihbibliothek, die erste (neben Park und Schwimmbad) in Dunfermline.

Culross

Am westlichen Ende des Firth of Forth nimmt Culross noch einmal das Thema der Little Houses auf; man könnte sogar sagen, daß die Idee hier den ganzen Ort beherrscht, seit der

National Trust 1932 mit der Restaurierung begann. In Culross versammeln sich die niedrigen weißen Häuser um den ›Palast‹ eines wohlhabenden Kaufmanns. Das ungemein behagliche, in allen Wohnräumen dunkel getäfelte Haus wurde 1597 begonnen und schon bald erweitert. Nicht nur die Wände und Decken sind durch Bemalung verziert; auch an den Balken laufen Ornamente und Inschriften entlang. So lebte man unter weisen und frommen Sprüche und Warnungen vor den vergänglichen Freuden dieser Welt. Kluge und törichte Damen, Sirenen und fromme Frauen halten die Spruchbänder in Händen oder sitzen, im Gewand der Zeit, über und neben den Zeilen. Im Speisezimmer werden die Kinder gerade in ihrer Augenhöhe ermahnt, immer die Eltern zu ehren.

Culross ist höchst malerisch, besonders wenn sich über den gepflasterten Gäßchen, den Erkern und Giebeln ein blauer Himmel spannt. Und doch wirkt alles ein wenig museal. Hier das Mittelalter; am anderen Ufer des Fjord die Schornsteine und Kühltürme der Ölraffinerien von Grangemouth – das will nicht recht zusammenpassen.

In Culross haben mich mehr als die Architektur die merkantilen Unternehmungen des reichen Kaufmanns interessiert, dessen Haus wir sahen. Er erfand – um 1600 – eine Methode, um die unter dem Firth of Forth liegende Kohle zu fördern und über einen flutsicheren Schacht unmittelbar in seine Schiffe zu laden: ein für die Zeit kaum faßbares technisches Wunderwerk. Auch dieser einfallsreiche und tüchtige Mann war ein Bruce. So endet unsere Fahrt durch Fife, wie sie begann: bei einer bedeutenden Familie.

Ende einer Leidenschaft

Loch Leven ist nicht nur wegen seiner Forellen berühmt. Am Westufer des Sees errichtete der große schottische Architekt des 17. Jahrhunderts, William Bruce, seinen schönsten Bau: *Kinross House*. Das schloßartige Landhaus aus grauen behauenen Steinen, für Bruce selbst und seine Familie bestimmt, ist makellos in den Proportionen; »das ebenmäßigste Stück

Architektur in Schottland«, meinte Daniel Defoe. Und ebenso vollendet, in überschaubaren Maßen, breitet sich rings ums Schloß der Park. »Wem gehört dieses Land?« – »Sir David Montgomery.«

Nie hatte ich einen so aufgeräumten Garten gesehen. Buchsbaum-Ornamente schraubten und drehten sich in einer Perfektion aufwärts, als seien sie erst an diesem Tag zurechtgestutzt worden. An den rund geschnittenen Lorbeerbüschen glänzte jedes Blatt wie abgewischt. Die Wege waren sauber geharkt und mit Torfmull bestreut; von der Mitte des Hauses aus führte ein breiter Rasenstreifen zwischen feurigen Blumenrabatten bis hinunter zu einem schmiedeeisernen Tor in der Gartenmauer. Das Tor ließ sich öffnen. Über ein gutes Stück See hinweg erkannten wir deutlich eine Insel mit den Ruinen jener Burg, die vom 17. Juni 1567 bis zum 2. Mai 1568 zum Gefängnis einer Königin wurde.

Maria Stuart war damals fünfundzwanzig Jahre alt. Vielleicht ist sie nie in ihrem Leben so unglücklich gewesen wie in den Monaten auf der Insel. Die äußeren Demütigungen – als bittere Folge ihrer unglückseligen Leidenschaft zum Earl of Bothwell – sind bekannt. Wie es in ihrem Herzen aussah, bleibt ein Rätsel. Historiker und Dichter haben sich an immer neuen Deutungen versucht. »Gestalten, die von Geheimnissen überschattet sind, verlangen nach dichterischer Darstellung«, schreibt Stefan Zweig. Ihm gelang eine faszinierende psychologische Studie, obwohl auch er mit den »wilden Abweichungen« in den Schilderungen der Zeitgenossen zu kämpfen hatte: »Gegen jedes dokumentarisch bezeugte Ja steht hier ein dokumentarisch bezeugtes Nein.«

Maria und ihr zweiter Gemahl, Darnley, das sei (meint der Dichter) nach der Kinderehe mit dem französischen Dauphin nur ein Vorspiel zum Drama der großen Liebe zu Bothwell gewesen, nicht mehr als ein kurzer Rausch der Sinne. Solche rasch aufeinanderfolgenden Steigerungen in einem Frauenleben seien möglich und bekannt. Nimmt man es so, dann lassen sich alle Geschehnisse, die sich im Laufe nur eines halben Jahres abspielten, logisch deuten und einordnen: ein rasender Ritt der Königin von Jedburgh zum entfernten Hermitage Castle, wo Bothwell verwundet liegt; ihr Zusammenbruch und Delirium nach der Rückkehr; Besserung ihres Befindens, sobald der genesende Bothwell auf einem Leiterwagen nach Jedburgh gebracht wird; später ihre Vorspiegelung einer wiedererwachten Zuneigung zu Darnley; der Besuch an seinem Lager in Kirk o'Field, wenige Stunden vor dem Mordanschlag, als in den Gewölben unter Darnleys Schlafzimmer das Schießpulver schon aufgehäuft ist. Dann die unziemliche Hast, mit der die Leiche unter die Erde gebracht wird. Auf Ehebruch stand damals die Todesstrafe; die Königin hatte den Erlaß selbst unterzeichnet.

Darnley – darin sind sich die Historiker einig – war nur ein hübscher Junge mit langen Beinen, aber Bothwell ein reifer Mann: Abenteurer, Frauenheld und Haudegen. Maria muß ihm, wider Vernunft und besseres Wissen, ganz und gar verfallen sein. »Kann ich nicht Bothwells sein, so will ich auch keines anderen sein.« Damit ist ein Weg eingeschlagen, auf dem es kein Zurück gibt. Die sogenannten Kassettenbriefe und Sonette der Königin, die später unter den Besitztümern Bothwells gefunden wurden, scheinen dies zu bestätigen. Oder waren sie, wie vielfach behauptet wird, Fälschungen? Eine Gegenfrage: Hätten, um Maria Stuart zu belasten, nicht einige verräterische Zeilen von der Hand eines geschickten Fälschers genügt? Mußte, ja konnte ein anderer diese von wilder Hingabe wirren Briefe und schamlos leidenschaftlichen Sonette, in französischer Sprache verfaßt, erfinden?

> »... Ihr werdet sehn, wie hörig hingegeben,
> mit welchem Eifer, welchem gierigen Streben
> ich lernen will, mich dienend zu erfüllen,
> Geliebte und gelöst in Eurem Willen,
> nur diesem Preis will sterben ich und leben.«

Obwohl der Königin aus Frankreich und sogar von ihrer ›Schwester‹ Elisabeth in London dringend geraten wird, eine Untersuchung über den Mord an Darnley einzuleiten, schon um den Verdacht von der eigenen Person abzulenken, unternimmt sie zunächst nichts. Sie scheint, willenlos und wie gebannt, nur auf den Tag zu warten, an dem sie den Geliebten auch vor der Öffentlichkeit zum Manne nehmen kann. Und da ihn die Fama bereits des Mordes an Darnley bezichtigt, als

Haupttäter, willigt die Königin in einen letzten verzweifelten Ausweg ein: Sie läßt sich von Bothwell ›entführen‹ und – angeblich – vergewaltigen. Die so erzwungene Trauung findet zu nächtlicher Stunde statt. Einer derart wahnwitzigen Strategie kann nur jemand zustimmen, dem die Leidenschaft alle Vernunft geraubt hat.

Wann hat die Königin erkannt, daß es Bothwell letzten Endes nur auf die Macht ankam, die damals noch mit ihrer Person verbunden war? Von seiner jungen Frau hatte er sich zwar in Eile scheiden lassen, der Sicherheit halber nach katholischem Ritus und durch die protestantische Kirche, aber Maria konnte es nicht verborgen bleiben, daß er Jean Gordon weiterhin zugetan war und sie häufig besuchte. Berichte von ›ehelichen Szenen‹ und bewegten Klagen aus den Räumen der Königin lassen darauf schließen, daß ihre leidenschaftliche Zuneigung ebenso jäh erlosch wie sie aufgeflammt war. Symbol dieses Endes ist eine Fahne, unter der sich die schottischen Lords am 15. Juni 1567 auf dem Carberry Hill gegen ihre Königin sammeln: In diesem Augenblick der Wahrheit haben sich die oft wirren Fronten geklärt. Die Fahne zeigt auf weißem Grund den Leichnam Darnleys. Ihm zur Seite kniet ein Kind mit anklagend erhobenen Armen: »Richte und räche meine Sache, oh Gott!« Das Kind ist Darnleys und Marias Sohn, der schottische Thronfolger, ein Jahr alt. Und obwohl die Königin, auf dem gegenüberliegenden Hügel zum Kampf bereit, Bothwell noch zur Seite hat und eine Schar von Getreuen hinter sich, ist sie gegen diese Fahne machtlos. Nach einigen halbherzigen Anläufen findet die Schlacht nicht statt. Der französische Gesandte du Croc reitet als Vermittler hin und her. Gegen Abend verläßt Bothwell die Szene: ein Vogelfreier, auf dem Weg ins Exil, einem furchtbaren Ende entgegen. Maria wird, als schmählich Gefangene, durch Edinburgh und zum Loch Leven geführt. Dort muß sie ihre Abdankungserklärung unterzeichnen und zustimmen, daß ihr Stiefbruder Moray die Regentschaft übernimmt.

Nach den ersten Monaten der Gefangenschaft auf der Insel vermerkt der Sekretär der Königin, Nau, eine Fehlgeburt, und flickt später ›Zwillinge, weiblich‹ in den Text ein. Die Ankunft eines lebensfähigen Kindes hätte, dem Termin nach, Auskunft geben können darüber, wann die Beziehung Marias zu Bothwell begann. So senkt sich wieder der Schleier des Ungewissen über eine Frau, die ihr Reich und ihre Krone, ihren Sohn (den man fern von ihr in Stirling aufzog) und den unheilvoll Geliebten verlor, und trotzdem – als Frau – noch so stark zu wirken vermag, daß sich unter den Bewachern im Loch Leven junge Leute finden, die ihr zur Flucht und kurz bemessener Freiheit verhelfen. Noch einmal gelingt es Maria, eine Schar von Getreuen um sich zu sammeln. Aber am 13. Mai 1568 bleibt in der Schlacht von Langside, nahe Glasgow, ihr Stiefbruder Moray siegreich; sie selbst muß fliehen und erreicht nach einem Gewaltritt bei Dundrennan die englische Grenze. Sie glaubt sich in Sicherheit. Aber bald wird sie – und bis an ihr Ende – wieder eine Gefangene sein, diesmal die ihrer Kusine Elisabeth.

Die Insel und die Überreste der Burg sind im Sommer, vom Ort Kinross aus, mit dem Boot zu erreichen. Ich beließ es lieber beim Blick aus der Ferne. Man kann Maria Stuart auf keine Weise näher oder nahe kommen.

Die unterschiedlichen Auffassungen über den Charakter der Schottenkönigin werden vor allem in zwei Biographien deutlich:
Stefan Zweig, ›Maria Stuart‹, Frankfurt 1976, und Antonia Fraser, ›Maria, Königin der Schotten‹, Hamburg und Düsseldorf 1980.
Die Übertragung des Sonett-Fragments stammt von Stefan Zweig.
Südlich des Loch Leven: Großes Vogelschutzgebiet mit Informationsstand.

Des Herzogs Armee

Für einen Tag wurden wir der sorgsam geplanten Route untreu, bogen statt dessen nach Norden ab und gelangten nach einer Stunde Fahrt auf der Autobahn, der A 9, nach Blair Atholl. Eine Parkmauer zeigte den großen Besitz an, ihr Gittertor stand offen: die Allee führte hügelan durch Weiden, in denen die schönsten Bäume standen, und einer Bergkette entgegen. Hinter einem Zaun galoppierten Pferde neben unserem Auto her.

Blair Castle ist vor die Berge gesetzt, blendend weiß verputzt, vielgieblig: eine Freude für den Photographen, der immer neue Dach-Idyllen, Überschneidungen und malerische Kontraste entdeckt. Ende des 18. Jahrhunderts, als man der alten Turmhäuser müde wurde, war Atholl zum schlichten und geradlinigen Haus im Stil der Zeit umgebaut worden; aber hundert Jahre später, im Zeichen des ›Baronial Style‹, kehrten alle Türme und Türmchen, Erker, Zinnen und Treppengiebel an ihren angestammten Platz zurück. Die Sonne schien strahlend an diesem Tag; aber Ben-y-Gloe und die anderen Berge trugen noch eine Kappe aus Schnee. Am Parkplatz stand Auto an Auto. Die Insassen gingen mit Picknickkörben und Decken dem Schloß zu. Es war der Tag, an dem der Herzog die Parade der Atholl Highlanders, seiner privaten Armee, abnahm.

George Iain Murray, 10. Duke of Atholl, Geschäftsmann in London, ist friedliebend und wirkt eher schüchtern; aber seine Familie, die hier seit 1629 residiert, hat nun einmal seit langem (und heute als einzige unter der Britischen Krone) das Anrecht auf eigene Soldaten. So beugt sich ihr Oberhaupt einmal im Jahr der Tradition, zieht das Gewand eines Chief des Clan Murray an, tritt ans ungeliebte Licht der Öffentlichkeit und inspiziert seine Leute.

Man suchte sich auf der ansteigenden Wiese über dem kiesbestreuten Paradeplatz einen freien Fleck im Gras, saß zwischen Gänseblumen und stärkte sich zunächst. Ein Volksfest im kleinen nahm seinen Anfang, mit teilweise sehr vornehmem ›Volk‹. Einige der Männer trugen die Murray-Farben im Kilt. Ihre Kinder ließen sich den Abhang herunterrollen. Die Schloßuhr, mit goldenen Zeigern auf schwarzem Grund, rückte auf halb drei, das Portal stand schon offen. Die Töne des Dudelsacks wurden vernehmbar, dann kamen die Atholl Highlanders von den Wirtschaftsgebäuden her, etwa fünfzig Mann der verschiedensten Altersstufen. Kommandos. Langsamen Schrittes wurden die Fahnen herangebracht. Der Herzog trat aus dem Haus, die drei Adlerfedern des Chief an der Mütze, militärisch gewandet, aber mit ganz und gar unmilitärischem Habitus. Selbst das Grüßen gelang nicht nach Vorschrift. Er ging aufmerksam die Reihen der Männer durch, ließ keinen aus, inspizierte. Neue Kommandos. Die Reihen schwenkten ein und zogen am Herzog vorbei. Das war eigentlich schon alles. Die Zuschauer klatschten diskret; der Anführer mischte sich unter seine Soldaten, denen er keinen Sold zu zahlen braucht. Man kann nur durch ›private invitation‹, persönliche Aufforderung, Mitglied dieser Truppe werden. Manche beherrschen den Drill, andere nicht. Ein junger Mann, der neben uns im Gras saß, sagte: »Sehen Sie, die zwei, die da vorne Fahnen tragen, sind meine Brüder. Der eine ist beim Militär, der andere nicht; man merkt sofort den Unterschied.« Er sagte auch: »Früher bestand die Armee vor allem aus Angestellten des Hauses und den Leuten aus dem Dorf; der Armeninspektor, der Butler und die Gärtner gehörten dazu. Aber heute sieht man meist andere Erscheinungen, und manch einer ist einfacher Soldat beim Herzog, der in der britischen Armee einen hohen Rang hat oder hatte.«

An diesem schönen Tag, der so heiß war, daß man mit Verwunderung auf die Schneemulden am Horizont sah, löste sich das Fest nur zögernd auf. Viele wanderten im Park herum, im Schatten riesiger Douglasfichten und Sequoien. Andere besahen das Schloß und seine Sammlungen oder tranken dort Tee. In der großen getäfelten Bankettalle, mit ihren Fahnen, Geweihen und Hellebarden, saßen, wie es wohl immer war, an Tischen, die die ganze Länge des Raumes einnahmen, die Atholl Highlanders und ihre Freunde, aßen und tranken. Der Lärm war gewaltig. Einer der ›privates‹ dieser Armee (als regulärer Soldat Generalmajor) stand auf, zog den ›dunklen Dolch‹ aus dem Strumpf; die Klinge blitzte auf, als er sie in Kreuzesform durch die Luft sausen ließ, aber er schnitt nur eine Geburtstagstorte an.

Gegen Abend, als alles vorbei war, haben wir auf den Flächen rings um das Schloß keinerlei Abfälle entdecken können, weder Papierfetzen noch Eiskrembecher. Der Rasen lag glatt wie zuvor.

Scone

Perth wurde für uns zum Kreuzungspunkt vieler Fahrten. Man umrundet die Stadt oder durchfährt sie und nimmt sich selten die Zeit auszusteigen – es sei denn, man wollte das Visitor Centre besuchen und sähe damit gleichzeitig das originellste Bauwerk weit und breit: den ehemaligen Wasserturm am Tay. Er wurde 1830 von Adam Anderson entworfen, einem ›Professor of Natural Philosophy at St. Andrews University‹. Im Schmuck der gußeisernen Säulen gleichen die Waterworks eher einem Grabmal als einem Fanal des Fortschritts.

Von Perth aus führen mehrere Straßen ins schlösserreiche Land des Ostens. *Scone* und *Glamis* liegen als prächtiger Auftakt am Wege. Unter den alten Mauern von Glamis zeigen die Reihen der Autobusse, daß dieses Ausflugsziel sich steigender Beliebtheit erfreut. Andere große Anwesen der Gegend bleiben dem Touristen unbekannt, da die Besitzer sich noch den Luxus leisten können, ein kleines Schild mit nur einem Wort – ›Private‹ – neben dem Eingangstor anzubringen. Sie bewohnen elegant ausgebaute Türme aus tausendjährigem Mauerwerk, und haben ihr Haus mit den Bildern der Vorfahren, schön verblichenen Vorhängen, hauchdünnen Teetassen, gelacktem Chintz und gemalten Rosen im Waschbecken zum Gesamtkunstwerk gestaltet, selbst wenn die Gegenstände darin aus den verschiedensten Epochen stammen und auch Geschmackloses seinen ihm gemäßen Platz gefunden hat.

In *Scone* dagegen sah sich der gegenwärtige 8. Earl of Mansfield wie manche seiner Standesgenossen gezwungen, seinen Wohnraum bedeutend einzuschränken. Das Große Haus, im frühen 19. Jahrhundert in neugotischem Stil erbaut, kann mit seinen Kunstschätzen besichtigt werden, ebenso der schöne weitläufige Park und ein mit Zedern bestandener Hügel. Mit diesem Hügel hat es eine besondere Bewandtnis. Schon in piktischer und keltischer Zeit und lange danach ließen sich an diesem Ort die Könige krönen. Shakespeare wußte von dieser ehrwürdigen Tradition, als er sein Drama ›Macbeth‹ mit dem Stichwort ›Scone‹ enden ließ: Dorthin wird der Sieger Malcolm nach allem blutigen Gemetzel ziehen. Man berichtet von einem Palast in Scone mit ›tönender Halle‹: Das Metallschild eines Edlen wurde bei seiner Ankunft angeschlagen und gab einen gewaltigen und unverwechselbaren Klang von sich, sozusagen eine Erkennungsmelodie. Dann hing man die Schilde zu Häupten der Versammelten auf; der des Königs nahm den höchsten Platz ein. Von diesem Palast oder anderen Bauten einer königlichen Residenz fehlt jede Spur; nur der magische Krönungshügel blieb bestehen.

An seinem Fuße hatten sich, als wir Scone besuchten, die Damen eines Frauenvereins erschöpft niedergelassen. Ihr Dominie, der Dorfschullehrer, erzählte ihnen die Geschichte des ›Stone of Destiny‹, auf dem die Könige einst hier gekrönt wurden, ehe Eduard I. dieses Unterpfand schottischer Selbständigkeit 1296 nach England mitnahm. Die Damen schüttelten den Kopf, als erwähnt wurde, daß schottische Nationalisten 1951 den Stein aus der Westminster Abbey entführt hätten, der damalige Earl of Mansfield ihn aber nach London zurückgehen ließ. »Vielleicht war es gar nicht mehr der echte alte Stein?« – »Trotzdem: wir hätten ihn behalten sollen.« Thermosflaschen wurden geleert und Rosinenbrötchen verteilt. Einige Pfauen näherten sich und waren nicht zu stolz, die Reste des Picknicks anzunehmen. Daß man sich diesem Hügel von Scone in alter Zeit nur mit Ehrfurcht näherte, daß die Edlen in ihren Schuhen Erde mitbrachten, somit beim Trueeschwur auf eigenem Boden standen; daß sie nach der Zeremonie die heimatliche Erde der des Hügels hinzufügten – das wußte wohl keiner mehr von den Anwesenden.

David Douglas, schottischer Botaniker (1798-1834), dessen Name die Douglas-Fichte trägt, begann seine Laufbahn als Untergärtner in Scone.

Piktische Steine, bunte Städte

Die Straßen nach Osten führen durch ebenes und fruchtbares Land; zur Linken begrenzen die Ausläufer der Grampians den Horizont. Auf den Weiden steht mächtiges schwarzes Vieh der Angus-Rasse; es liefert die allerbesten Steaks. Die Früchte der Obstplantagen ringsum werden zu Marmeladen mit dem Gütezeichen ›Dundee‹ verarbeitet.

Hier zogen schon römische Legionäre ihres Weges, jeweils die vorgeschriebenen fünfzehn Meilen am Tag; vielleicht war Tacitus unter ihnen. Zweck des Zuges war eine Strafexpedition gegen die barbarischen Pikten. Wie wenig das abfällige Urteil dem rätselhaften Volk gerecht wird, kann man an den in dieser Gegend gefundenen ›symbol stones‹ und ›cross slabs‹ ablesen. Spiegel und Schlange, auch Fisch, Pferd, Hirsch, Bär und Hund wurden mit wenigen Linien lebendig und formvollendet in den Stein geritzt und gemeißelt. Symbol Stones werden etwa dem siebten, Cross Slabs dem achten Jahrhundert zugerechnet. Wir wissen nicht, was diese Symbolsteine den Pikten bedeuteten. Alles, was mit Reiten, Kampf und Jagd zusammenhing, scheint wichtig gewesen zu sein. Noch auf den späteren Arbeiten, die auf der Vorderseite des Steines schon ein Kreuz mit dem bekannten Flechtwerkmotiv zeigen, ist die Rückseite durch kühn ausgreifende oder geduckt dahineilende Tiere belebt, für die man kein Vorbild kennt und die sonst nirgends vorkommen. Manche der späteren Steine geben durch ihre Darstellungen Auskunft über Haartracht und Bekleidung, Bewaffnung und Kampfart, Wagen- und Bootsbau der damaligen Bewohner des östlichen Schottland. In den Museen von *Meigle* (zwischen Coupar Angus und Glamis) und *St. Vigeans* (bei Arbroath) wurde ein Teil dieser frühen Kunstwerke zu eindrucksvollen Sammlungen vereinigt; im Freien findet man Cross Slabs zum Beispiel im Friedhof von *Aberlemno* und in dessen Nähe.

Die kleinen Städte der Grafschaft Angus zeigen, daß es sich in diesem Teil des Landes nicht schlecht leben läßt. Da ihre Häuser und Kirchen aus heimischem Sandstein erbaut wurden, ist in jedem dieser Orte eine Farbe vorherrschend. *Kirriemuir* leuchtet rosenfarben, *Forfar* ist eher rosa; in *Brechin* mit seiner würdigen Kathedrale und dem Rundturm nach irischer Art schimmern die Steine grau und malvenfarbig; *Edzell* schließlich zeigt ein dunkleres Rot. Rot sind auch die Ruinen seiner Burg, die abseits, unter Bäumen, in den Weiden steht, sowie vier hohe Mauern, die dort den schönsten Renaissance-Garten des Landes umschließen.

Erbauer und lange Zeit Bewohner von Edzell Castle waren die ›lichtsome‹ Lindsays, ein begabtes, wildes und lustiges, aber unglückliches Geschlecht. Sir David Lindsay, Gelehrter mit erlesenem Geschmack, weitgereist, ließ aus Bayern Fachleute für den Bergbau kommen und versuchte, die Bodenschätze im nahen Glen Esk zu erschließen. Ihm ist die Anlage des Lustgartens zu danken. ›The Pleasance‹ entstand 1604. Im Geviert der hohen Mauern fühlt man sich nach Deutschland, nach Nürnberg versetzt. Wenn hier auch einheimische Künstler am Werk waren, so müssen die Schöpfer der allegorischen Figuren doch Kenntnis von Dürers Werk und dem seiner Zeitgenossen gehabt haben. So schufen sie – in freilich etwas schottisch abgewandelter Version – zahlreiche steinerne Damen und Herren, welche Kardinalstugenden, freie Künste und Planetenzeichen symbolisieren. Beete in geometrischer Strenge, Buchsbaumrabatten zu Motto und Sinnspruch gefügt, Blumen in den Nischen der hohen Umfassungsmauern, alles ist hier sinnreich geordnet, einem höheren Zweck untertan. 1715 mußten die Lindsays, verarmt und von Unglück aller Art verfolgt, ihr Schloß und den schönen Garten verlassen.

Die Ortschaft Edzell mit ihren blumenreichen gepflegten Vorgärten und sauberen Straßen, einem Promenadeweg hoch über dem Flußbett des North Esk und mehreren Hotels macht ihrem Ruf als Urlaubsort Ehre. In den Hotelbars pflegen sich, besonders nach Auktionstagen, Schäfer, Hirten, Jäger der Umgebung einzufinden, auch Farmer und ihre Hilfskräfte. Das Klicken der Billardkugeln (eines anderen Spiels, als wir es unter diesem Namen kennen) und das Klappern der Münzen in den Glücksautomaten wird dann von lautem Reden und Lachen übertönt.

In Kirriemuir wurde als Sohn eines Webers James Barrie geboren, Verfasser von ›Peter Pan‹ und ›The Admirable Crichton‹ (Erinnerungsstätte des National Trust).
In der Nähe von Glamis: das Angus Folk Museum, Kirk Wynd.
Die Kathedrale von Arbroath, 1178 von Wilhelm dem Löwen gegründet, war Ort der schottischen Unabhängigkeitserklärung von 1320, der ›Declaration of Arbroath‹. Besser erhalten als die Kirchenruine sind Teile der anschließenden Klosterbauten, z.B. das Abbot's House (Museum).

Mein Freund Alistair

Aus den Ebenen von Angus steigen vier schmale baumreiche, wasserdurchzogene Täler bis weit ins Hochland auf: *Glen Isla, Glen Prosen, Glen Clova* und *Glen Esk*. Sie sind mit Ausnahme von Glen Isla an ihrem oberen Ende durch Bergzüge abgeschlossen; nur Wanderer können über die Höhen gehen und ins Royal Deeside hinüberwechseln – immer und überall ein lohnender Weg.

In diese Täler kommt der Frühling spät. Was wir im April im Süden gesehen hatten, erfreute hier zum zweiten Mal: großblütige Primeln, die in Tuffs zusammenstanden; Buchen im hellsten durchsichtigen Grün; Steineichen noch nackt, aber rötlich im Saft stehend; am schönsten die silbrig-zarten Blätter der Weißbuchen. An einem warmen Sonnentag summten in den Ahornbäumen schon die Bienen; zu anderen Stunden mußte man noch mit Schnee- oder Graupelschauern rechnen. Wir sahen einmal Kühe auf der Weide, die Schnee auf dem Rücken trugen.

Im Glen Esk oben haben meine Freunde Alistair und Margaret ihre Schaffarm gepachtet. Man darf sich das Anwesen weder stattlich noch malerisch vorstellen: Das niedrige Haus wurde hingestellt, wo ein ebener Platz war; bei der Errichtung von Schuppen, Hundestall und Garagen spielte Wellblech eine nützliche Rolle. Autoveteranen stehen herum, die schon längst keine Lizenz mehr bekämen, aber mit einem der Kinder am Steuer noch den steilen Weg zur Straße hinunterrollen können, wo der Schulbus vorbeikommt. »Die Hälfte von allem, was wir hier so treiben, ist illegal.« Die Eltern sind meist viel zu müde, um wichtig zu nehmen, wie es um sie herum aussieht: Alistair, der mit dem Löffel in der Hand bei Tisch einschläft, dem vorm Fernsehgerät die Augen zufallen, so daß er den ersten Satz des Wetterberichts noch hört, die restlichen nicht mehr – das sind für mich typische Bilder aus dem harten Leben eines schottischen Bergschäfers. So schlimm ist es freilich nur während des Lammens im April und Anfang Mai.

Schottische Schafe werden nicht gehütet; der an den Stab gelehnte, vielleicht sogar strickende Schäfer, wie wir ihn kennen, ist drüben nicht zu finden. Die Schafe suchen sich – einzeln oder zu mehreren – ihre Weideplätze selbst und bleiben dort; »they know what is good for them«. Die Mutterschafe setzen ihr Lamm da, wo sie selbst zur Welt gekommen sind. »They are hefted to that hirsel«, sagt man im Schottischen. So sind die Heidehänge schottischer Berge bis hoch hinauf weiß betupft; ein jedem Reisenden unvergeßliches Bild.

Der Schäfer muß mehrmals am Tag – in der Lammzeit viermal – in einem mühsamen Marsch bergauf und bergab seine Schafe suchen und nach dem Rechten sehen. Im Glen Esk ist das eine bergsteigerische Leistung. Alistair wechselt sein Tempo nie. Er beobachtet dabei recht besorgt den Zug der Wolken und ihre Beschaffenheit. »Regen und Kälte«, sagt er, »sind schlimmer als Schnee.« Manchmal bringt er ein unterkühltes Lamm mit nach Hause; Margaret schiebt es zum Aufwärmen in die Backröhre; später wohnt das Tier eine Zeitlang in einem alten Karton vor dem Herd und wird mit der Flasche gefüttert. Katzen und ein altes Pferd schauen vom Hof aus durchs Fenster zu: sie wollen auch etwas bekommen. Die Kinder adoptieren die zusätzlichen Bewohner der blauen Küche als ihre ›pets‹.

Unter der Decke hängen an langen Stangen Jacken und Hosen zum Trocknen; alles, was auf dem letzten Gang zu den Schafen naß wurde. Wenn Alistair im Hause ist, lehnt in der Ecke sein langer Schäferstab. Er ist aus Haselholz und von Hand gearbeitet. Die Krücke, aus einem Horn geschnitzt und schön verziert, dient aber einem ganz prosaischen Zweck: Ein störrisches Tier wird damit am Bein herangezogen und umgeworfen. Das Schaf bleibt wie betäubt liegen und wartet ab, was weiter mit ihm geschieht.

Alistair gehört zu den Altmodischen. Er schleift ein totes Lamm, das vielleicht in der kalten Stunde vor Sonnenaufgang erfror, an einer Schnur bis zur Farm; nur so folgt ihm die Mutter. Im Halbdunkel des Schuppens zieht er dem toten Tier das Fell ab und streift es einem anderen Neugeborenen wie eine Jacke über. Wird das Mutterschaf das untergeschobene Kind annehmen? »Meist gelingt es«, sagt Alistair. In den Lowlands machen es sich die Schäfer einfacher: Sie sprühen Schaf und Lamm mit einem stark duftenden Haarmittel ein. Alistair lehnt das ab. Er reibt noch Blut des toten Lammes auf das lebende, pfeift den Hunden und geht von neuem los. Ein Schneeschauer zieht vom Lochnagar her über die Berge; es wird dunkel. Die Hunde sind müde wie ihr Herr, einer hinkt: Der am Morgen gefrorene Boden tut ihren Pfoten nicht gut. Aber sie würden ihren Herrn nie im Stich lassen.

Schottische Schäferhunde sind niedrig, mißfarben und unansehnlich, aber ungewöhnlich intelligent, pflichtbewußt und treu. Sie brennen darauf, ihre schwierigen und vielfältigen Aufgaben zufriedenstellend zu erledigen, die Wünsche ihres Herrn vorauszuahnen. Das Abrichten ist eine besondere Kunst. Alistair meint, daß seine drei Tiere nichts außergewöhnliches seien; auf Wettbewerben könne man mit ihnen keinen Pokal gewinnen. Er sagt dies, während die Hunde eine größere Anzahl von Schafen an uns vorübertreiben. Ein schottischer Schäfer zählt seine Tiere nicht; er schaut wie abwesend auf die herandrängenden Geschöpfe, fast über sie hinweg. Hinterher weiß er genau, ob sie vollzählig und gesund sind. Ich habe erlebt, wie ein Schäfer von einem Berghang aus seine weit entfernten Hunde auf der nächsten Anhöhe nur durch Zurufe und Pfiffe dirigierte: Sie kreisten die verstreuten Schafe ein, sonderten mehrere aus und trieben sie schließlich gesammelt zu Tal, ein weißes Rinnsal, während die übrigen ruhig zurückblieben.

Ab Mitte Mai ist Schäfer und Schaf zu sein ein Vergnügen. Die Lämmer beginnen ihre Mütter für kurze Zeit zu verlassen und mit Gleichaltrigen zu spielen. Sie springen dabei nicht nur herum, sondern pflegen mit allen vieren zugleich hoch aufzuhüpfen. Aber plötzlich werden sie durstig und laufen laut jammernd davon, bis die Mutter gefunden ist. Im warmen Sonnenschein ruhen die Alten bewegungslos, in der Haltung gipserner Krippenfiguren, die schwarzen Nasen alle in die gleiche Richtung gestreckt. Alistair züchtet nur diese eine Rasse, die widerstandsfähigen ›Black-faces‹.

Wenn ich um diese Zeit mit ihm unterwegs bin, wird er gesprächig. Lieber als von der Größe seiner gepachteten Farmen oder der Anzahl seiner Schafe spricht er von den alten Zeiten im Glen. Er weiß alles. Auch dieses Tal wurde einmal

›ausgeleert‹, da der Laird seine Moorhühner ungestört jagen wollte; aber die Vertreibung ging nicht so brutal und systematisch vor sich wie weiter nördlich in Sutherland. Schulhaus und Wohnung des Lehrers wurden talab verlegt, einer Anzahl von Schäfern neue Pachtgründe zugewiesen; das war alles. »Hier ist ein Viehmarkt abgehalten worden«, sagt Alistair plötzlich, »meine Großmutter hat es noch erlebt.« Überall stecken die Grundmauern ehemaliger Häuser tief im Heidekraut. »Hier lebte Geordie als Kind.« Dieser Geordie, einer von Alistairs Helfern auf den Außenfarmen, war ein schon älterer Mann, fast ein Herr, wie ein Laird gekleidet, und von großer Höflichkeit der Rede. Er mochte nur Schafe, andere Tiere fand er dumm. Er hat es nie zu Eigenem gebracht. Sonderlinge sind sie alle, die auf solchen einsamen Posten leben und als einzige Abwechslung die abendliche Fahrt zur Kneipe kennen. Eine solche Unternehmung wurde dem armen Geordie zum Verhängnis. Friede seiner kindlichen Seele. Er wird in Zukunft fehlen, wenn Anfang Juli die Nachbarn, Freunde und Verwandten sich zur großen Schafschur bei Alistair treffen. Die Tiere warten dann schon, eng zusammengedrängt, in ihren Pferchen, ein wahrhaft biblischer Anblick. Auch Alistair, ein schöner dunkler Mann mit langem Bart, nimmt an solchen Tagen alttestamentarische Würde an, wenn er die Schar der Scherer dirigiert, ein widerspenstiges Schaf mit großer Kraft heranschleift, oder die Buben ermahnt, die mit Töpfen voll Farbe herumrennen und den geschorenen, unglücklich-nackten Tieren die Markierung neu aufmalen, bis sie selbst voll roter Striche und Flecken sind. Von den etwa fünfundzwanzig Helfern arbeiten viele mit bloßem Oberkörper; am Ende des langen Tages ist ihre empfindliche weiße, an Sonne wenig gewöhnte Haut krebsrot und schmerzt. Nur sehr alte Männer scheren noch mit der Hand. Zwei korrekt gekleidete Gentlemen, Game-keeper und Head-Stalker aus den herrschaftlichen Jagdgründen, stehen an einem großen Tisch und ziehen zwischen sich die Felle zurecht, um sie auf ihre Qualität zu prüfen. Zwischen zwei Pfosten ist der Rupfensack aufgehängt, in den man die gerollten Vliese stopft. Im Sack selbst steht der Lehrer; ihm fällt die staubigste Arbeit zu: Er tritt die Felle zusammen. Die geschorenen Schafe müssen desinfiziert werden; man wirft sie in eine Holzrinne mit stark riechender Flüssigkeit, in der sie für einen Augenblick untersinken, ehe sie sich am flachen Ende wieder herausarbeiten. Wenn ich durch Schottland fahre und plötzlich, in einem einsamen Hochtal, alles nach Krankenhaus riecht, dann weiß ich: Hier hat kürzlich ein solches ›dipping‹ stattgefunden. Bei Einbruch der Dämmerung sind etwa vierhundert Tiere geschoren, Alistair ist zufrieden und läßt die Whiskyflasche kreisen. Die gefüllten Säcke bringt ein Traktor ins Tal. Am Steuer sitzt einer der jüngeren Buben. Von weitem sieht das aus, als verschwände das Fahrzeug führerlos im sinkenden Abend.

Das Jahr des Schäfers endet mit der Auktion im Herbst (siehe auch ›Vieh rauben, Vieh treiben‹, S. 79). Besonders die kleinen ländlichen Versteigerungen sind sehenswert mit der bunt gemischten Menge der Händler und Agenten, Schaffarmer und Lairds. Man lernt dort auch die verschiedenen Schafrassen kennen, neben den ›Blackfaces‹ vor allem die ›Cheviots‹ mit spitzen Ohren und weißen Locken. In Edzell, am Ausgang des Glen Esk, finden die Auktionen meist Ende September statt. Bei Tarfside im Glen Esk: ein hübsches Heimatmuseum. – Am oberen Ende des Tals: Loch Lee mit malerisch gelegenem alten Friedhof. – Von Edzell aus: Fettercairn (mit Marktkreuz und einem alten Hotel, in dem Königin Victoria eine Nacht verbrachte); in der Nähe Fasque, Landsitz der Familie des berühmten Premierministers Gladstone. Das Schloß gibt eine Vorstellung davon, wie ein reicher Viktorianer (und später Edwardianer) auf dem Lande lebte. – Von Fettercairn bzw. Fasque aus führt eine schöne Paßstraße via Clatterin' Bridge (Tearoom) über die Höhen des Cairn O'Mount (weite Ausblicke) ins Royal Deeside. – Das nächste Ziel dieser Fahrt, Crathes, liegt etwas nördlich des Dee-Tales.

Crathes oder der schottische Gärtner

Man möge mir verzeihen, wenn ich, in Crathes angekommen, nicht ins Schloß gehe (eines der schönsten Tower Houses in Schottland, mit bemalten Holzdecken und -balken und altem Mobiliar), sondern meine Schritte in den Garten lenke, hügelab durch eine Garde kühn und phantastisch zugestutzter alter Eiben und weiter auf einen heckenumgrenzten Rasenplatz, wo früher Croquet gespielt wurde. Wie vom Turm, so kann man auch vom Garten sagen: einer der schönsten im Lande. Dabei wurde er, in seiner jetzigen Gestalt, erst in unserer Zeit angelegt. Allerdings waren die einzelnen Teile des kleinen Parks schon seit dem Anfang des 18. Jahrhunderts durch hohe Eibenhecken geschützt und voneinander getrennt. So konnte jeder dieser Räume, die auf verschiedenen Ebenen liegen, einem anderen Thema gewidmet werden.

Sir James Burnett of Leys (dessen Vorfahren 1324 von Robert Bruce mit dem Besitz belehnt wurden) war in allem, was Büsche und Bäume betrifft, kenntnisreich und mutig zugleich. Seine Frau hat mit untrüglichem Instinkt für Farbe und Form Blumenrabatten und Beete angelegt und jeden der kleinen Gärten anders komponiert. Zu gewissen Zeiten im Jahr glüht einer von ihnen in feurigem Rot, die verwirrende Fülle der Pflanzen scheint kaum gebändigt. Ein anderes Geviert ordnet sich klar und kunstvoll um ein Wasserbecken; in einem dritten ist Blau die vorherrschende Farbe, sie hebt sich wirkungsvoll von dem dunklen Rahmen der Eibenhecken ab. Drei Gärtner unter einem Obergärtner, ›and a boy‹, sind das ganze Jahr über in diesen Paradiesgärtlein beschäftigt: ›soft spoken men‹, Männer mit leiser Stimme und, wie man mir versichert hat, mit einer so großen Liebe zu ihren Geschöpfen, daß sie beinahe weinen, wenn sie eines von ihnen hergeben müssen. Der Obergärtner, der natürlich Schüler der Threave Gardening School war, beschreibt die Eigenheiten seiner Pflanzen so, daß man glaubt, ein Kunstwerk vor sich zu haben: »Wenn ich sie in die Sonne stelle, wird das Herz des Blattes bräunlich und unansehnlich; aber an einem schattigen Platz bewahren die Blätter ihre matte Pastellfarbe, und das gezackte Muster des Randes bleibt grün.« Bei den Treibhäusern heißt es zwar auf einem Schild: ›plants for sale‹, Pflanzen zu verkaufen, und: ›please ring the bell‹; aber ich glaube, daß der Ton der kleinen Handglocke den Gärtnern jedesmal ins Herz schneidet. Jedenfalls verkaufen sie nur unter Vorbehalt, mit vielen Ratschlägen für Pflege und Wartung und mit dem ausdrücklichen Hinweis, sie würden die Pflanze jederzeit unter Rückgabe des Geldes wieder nehmen, falls sie nicht gedeihen sollte. Die Männer von Crathes sind

Brüder im Geiste aller schottischen Gärtner, die auf den Britischen Inseln, auch auf dem Kontinent, oft in ungeeigneten Klimazonen und unter widrigen Umständen, dankbar grünende und blühende Gärten und Parks angelegt haben. Manches literarische Denkmal wurde ihnen gesetzt. In Thackerays ›Vanity Fair‹ sind »der schottische Gärtner, seine schottische Frau und die schottischen Kinderlein die einzig anständigen Bewohner von Queen's Crawley«. Bei P.G. Wodehouse macht der Gärtner »schottische Geräusche hinten im Hals«, wenn er mit seinem Herrn redet. Und Walter Scott läßt einen aus der Zunft gestehen: »Um die Wahrheit zu sagen, ich wollte seit 24 Jahren kündigen und hier fortgehen, weil es mit den Herrschaften kaum auszuhalten ist. Aber im Frühling hatte ich immer etwas zu säen, im Sommer wollte ich das Gras schneiden und im Herbst erleben, wie meine Früchte reif wurden, und so bin ich immer noch da.« Es lohnt sich stets, mit einem schottischen Gärtner ein Gespräch anzufangen. Wie macht man das? Please ring the bell!

Zwischen Crathes und Aberdeen, ebenfalls nördlich des Dee-Tales: Drum Castle, Sitz der Familie Irvine seit alter Zeit (heute National Trust). Die Burg des 13. Jahrhunderts erhielt 1619 einen Anbau. Die Inneneinrichtung wurde jeweils dem Geschmack der Zeit angepaßt. Zahlreiche interessante Exponate erinnern an die wechselvolle Geschichte des Hauses.

Danzig Willie

Zum Kreis unserer hilfreichen schottischen Bekannten und Freunde gehört auch Schomberg Scott, von Beruf Architekt und mit der Restaurierung von Bauten beauftragt, die vom National Trust übernommen wurden. Scott selbst bewohnt ein altes schloßartiges Haus bei Edinburgh mit wunderbar bemalten Deckenbalken in einigen Räumen, deren Erhaltung zuliebe die Familie im Winter tapfer friert. Vor der Tür liegt ein ›walled garden‹, in dessen Mauerschutz alle Blumen üppig gedeihen. Als wir an einem sonnigen Nachmittag in diesem Geviert auf und ab gingen – die Damen im Hintergrund,

Blüten pflückend, schienen einem Gemälde von Monet entstiegen –, tat Schomberg Scott den für einen Architekten eigentlich unerwarteten Ausspruch, daß ihn an Großen Häusern im Grunde weniger die baulichen Details, als vielmehr einige ihrer Bewohner interessierten. Ich stimmte ihm von Herzen zu. So wird auch in diesem Kapitel zuerst von William Forbes, genannt ›Danzig Willie‹, die Rede sein, und dann erst von jenem Glücksfall der Architektur, den Schottland ihm und seinem Baumeister dankt: *Craigievar.*

William Forbes aus Aberdeen wird oft als Neureicher eingestuft; aber nach meinen Vorstellungen ist eine solche Bezeichnung nicht zutreffend. Forbes stammte aus bürgerlichem Haus, war jedoch ein zweiter Sohn, also mittellos. Er mußte zusehen, wie er zu Vermögen kam. Beziehungen fehlten nicht; sein Bruder war Bischof und angesehen. William Forbes lebte in der ersten Hälfte des 17. Jahrhunderts, in einer Zeit, die ›golden‹ genannt wird: Vor den Wirren der Bürger- und Religionskriege war dem Land unter Jakob VI. – der als Jakob I. auch England regierte – eine kurze Atempause beschieden. Handel und Wandel blühten auf. So versuchte William Forbes als Kaufmann Güter aus den baltischen Ländern einzuführen. Die ersten Anläufe mißlangen; der bischöfliche Bruder mußte mit Geld einspringen, lehnte aber schließlich ein erneutes Ansuchen um ›tausend Merks‹ ab. Er werde einen Bürgen schaffen, versprach William. Aber als er kam, um das Geld zu holen, und der Bischof fragte, wer denn dieser Bürge sei, erhielt er zur Antwort: »God Almighty – I have none other to offer.« Solche Bürgschaft von höchster Stelle konnte und wollte der Bruder nicht zurückweisen und siehe, das Unternehmen gelang. William Forbes wurde so reich und erfolgreich, daß man ihn ›Willie the Merchant‹ oder ›Danzig Willie‹ nannte. Nicht lange, so konnte er einem verarmten Adligen den weitläufigen Besitz von Craigievar südlich des Flusses Don abkaufen, mit Weiden und Forellenbächen und den Grundmauern eines geplanten Turmhauses. Durch diesen Erwerb war Danzig Willie mehr als nur ein Landbesitzer geworden; der einst vom König seinen Vorgängern verliehene Grund und Boden erhöhte ihn zum Feudalherren, mit allen Rechten und Pflichten und der Autorität dessen, der als Stellvertreter des Herrschers für Recht und Ordnung zu sorgen hat. Ein Porträt zeigt Forbes – mit großer Nase und entschlossenem Mund – noch in der schwarzen Tracht des Bürgers; sein Sohn stand bereits als Sir William, in glänzender Rüstung und mit goldenem Bandelier, dem Maler Modell.

Als Danzig Willie auf den Fundamenten seines Vorgängers zu bauen begann, hatten die Schotten schon seit dreihundert Jahren ihre Turmhäuser errichtet. Von den Weiden ringsum wurden größere und kleinere Felsbrocken und Steine aufgeklaubt; hier am Hill of Craigievar, zwischen Bächen mit Märchennamen wie Rumblie Burn oder Water of Leochel, waren es Gneis- und Granitbrocken von besonderer Härte. Mit ihnen zog man die Wände hoch, über fünf Stockwerke: unten dick und mächtig, oben sich verjüngend, als dünnere Schalen. So war es einmal in Zeiten primitiver Kriegskunst richtig gewesen, so baute man weiter, so hatten es die Handwerker, Generation auf Generation denselben Familien entstammend, im Griff. Während ihre Zunftbrüder in anderen Ländern in die Breite und Tiefe planten, war den schottischen Baumeistern und Steinmetzen die Vertikale zur gewohnten Dimension geworden. Über der Großen Halle mußten Damenzimmer und Kinderstube, Schlaf- und Gastgemächer, Bedienstetenkammern und Wendeltreppen – mehrere – so geschickt in den steinernen Schlauch eingepaßt werden, daß kein Zentimeter Raum ungenutzt blieb und doch dem Auge angenehme Verhältnisse herrschten. Daß man in den oberen Etagen den Platz durch Türmchen und Erker ausweiten, auch Dachhäuschen aufsetzen konnte, gehörte zu den Spielregeln, die jede Erkundung eines Tower House so spannend macht und für immer neue Überraschungen sorgt.

Fast jedes schottische Turmhaus befriedigt als Bauwerk. Craigievar ist der Glücksfall: mit seinen rosarot getünchten Rundungen eher Skulptur als Gebäude; alles ungewöhnlich und nichts falsch. Wo die Initialen des Erbauers auftauchen, ist dem W und dem F noch ein M hinzugefügt; William Forbes hatte, ehe er seine Laufbahn als Kaufmann begann, in Edinburgh die Schönen Künste studiert und durfte sich ›Master‹ nennen. Auch an den Innenräumen ist zu erkennen, daß hier ein belesener und weitgereister Mann von Geschmack dem

Baumeister beratend zur Seite stand. Aber an Stelle der bunt bemalten Holzdecken und -balken, wie sie etwa um die gleiche Zeit drüben in Crathes noch so meisterhaft verwendet wurden, ließ Forbes, neuer Mode folgend, die Decken der Großen Halle und einiger anderer Räume mit schwerem Renaissancestuck verzieren, vermutlich durch herumreisende Stukkateure. Hier wie in Crathes wurden biblische und allegorische Gestalten, Musen und Helden des Altertums zum Motiv gewählt.

Als einem Feudalherrn stand Forbes zu, an seinem Haus das königliche Wappen anzubringen; er setzte es, in riesigen Ausmaßen, über den Kamin der Großen Halle, mit der für Schottland gültigen Anordnung: das Einhorn nimmt die heraldisch wichtigere linke Seite ein, der Löwe die rechte (in England sieht man es umgekehrt). Dieses übergroße Symbol der Macht hat einmal in den buntesten Farben geleuchtet – heute ist es, wie die Wände der Halle, weiß übertüncht. Angesichts des Wappens unter der lastenden Stuckdecke fragte ich mich: Hat Danzig Willie nur hier seiner Eitelkeit Spielraum gegeben – doch ein wenig wie ein Neureicher? Lieber sehe ich den Hausherrn mit der langen Nase einige Stockwerke höher, im hellen fensterreichen Saal, den man einfach ›Long Room‹ nannte: über seine Leute Recht sprechend, aber auch zu fröhlicherem Anlaß. Welcher Gipfel des Erfolgs und der Lebenskunst: Hoch oben seine Feste feiern und, zur Abkühlung, noch weiter hinauf steigen, auf eine freie, von Steinbalustraden gesäumte Plattform; den Blick ins Land ringsum schweifen lassen und sich sagen können: über dies alles bin ich Herr.

Kreuz und quer

Aberdeenshire ist nie ganz flach, aber seine Hügel erheben sich nur wenige Meter über dem Meeresspiegel. In diesem kräftigen Bauernland liegen die Gehöfte weit verstreut; die Gebäude sind schwärzlich und häßlich, ebenso die älteren Häuser der kleinen Ortschaften. Nirgends ist der Versuch gemacht, dem tristen Bild durch einen farbigen Anstrich oder mit Blumen aufzuhelfen: Hier wird gearbeitet!

Das ganze Land ist von einem dichten Straßennetz überzogen, in dem man sich als Fremder gelegentlich ratlos verfangen kann – etwa auf der Suche nach den zahlreichen Sehenswürdigkeiten dieser Gegend. Welche soll man zuerst ansteuern, welche liegt zunächst am Wege? Vielleicht die Ruine von *Tolquhon Castle*, außen so martialisch, innen friedlich, beinahe gemütlich. Oder die Überreste einer normannischen ›Motte‹ (englisch: ›moate and bailey‹) bei *Inverurie?* Gleich jenseits des Ortes und einer Bahnlinie hat man den baumlosen, konischen, wie aus einer Puddingform gekippten Hügel direkt vor sich. Er liegt in einem Friedhof. Ein schmaler Treppenweg führt hinauf. Man überschaut den Fabrikort und viele Schleifen des Flusses Ury. Auf einer Insel nistete ein Schwan. Unten im Friedhof, zwischen den geraden Reihen der Gräber unserer Zeit, sind piktische Steine stehengeblieben. Der Friedhofswärter – keine bleiche Trauergestalt, sondern ein diesseitiger wettergebräunter Geselle – zeigte uns die lebendige und noch klar erkennbare Darstellung eines laufenden Pferdes. Pfeifen einer Fabriksirene: Mittagszeit.

Unser nächster Besuch galt einer sehr alten Dame und ihrem Schloß, einem Tower House. Sie bewohnt das Gebäude allein; ein Butler, ihr ähnlich an Jahren, hilft als Koch und Sekretär, vielleicht auch, von Fall zu Fall, als Zofe. In den meterdicken Wänden saß noch die Kälte des Winters; nur ein Kamin, in dem große Buchenscheite loderten, verbreitete Behaglichkeit. Zum Tee gab es Scones und Kuchen. »Wir haben alles selbst gebacken«, sagte die alte Dame mit einem Blick zum Butler hin, der ein frisches Scheit auflegte. »Ich glaube, wir brauchen noch etwas Holz?« Wir bemerkten mit Betrübnis, daß beide, Gastgeberin und Diener, von Rheumatismus geplagt waren. Aber solche Themen erwähnt man nicht am Teetisch.

Pitmedden Gardens: Die niederen Buchsbaumrabatten, zu Sinnsprüchen, Zahlen und Ornamenten gefügt, sollen mehr als fünf Meilen lang sein. Siebenundzwanzig Sonnenuhren zeigen die Zeit an (und keine irrt sich um mehr als zehn Minuten). Daß dieser schöne französisch-strenge Garten mit mehr als dreißigtausend verschiedenen Pflanzen während des Krieges ein riesiges Kartoffelfeld war, ist kaum zu glauben. Erst nach 1945 konnte der National Trust darangehen, die Spuren patriotischen Eifers zu entfernen.

In einem der alten Gartenpavillons erinnerte eine Ausstellung an die Abenteuer früherer Botaniker auf Artensuche, auch an die schöpferische Arbeit der Nurserymen und Seedsmen, meist schottischer Herkunft, denen unsere heutigen Gärten ihre bunte Vielfalt verdanken. Wer weiß zum Beispiel, daß Kapitän Bligh und seine glücklose ›Bounty‹ auch unterwegs waren, um eine Auswahl von Brotfruchtbäumen aus Westindien in die Heimat zu transportieren?

In Pitmedden erfreute wieder das Gespräch mit einem Gärtner. Er kniete vor einer der Rabatten (anders läßt sich das Geschäft des Stutzens nicht bewältigen) und wies auf den Sinnspruch, den er gerade unter der Schere hatte. »Tempus fugit.« Er nickte zustimmend: »Time flies, aye.« Der Rhododendron begann eben zu blühen, rosa. Die Amseln schlugen noch zaghaft. Mai im nördlichen Schottland kann wie April bei uns sein.

Auf unseren Kreuz- und Querfahrten außerdem entdeckt:
Monymusk, von der Familie Grant hübsch angelegtes Dorf; Kirche mit Bauteilen aus normannischer Zeit.
Pitcaple Castle: bei der sehenswerten Burg des 15. bis 16. Jahrhunderts markiert ein alter Baum die Stelle, an der Maria Stuart im Schatten seines ›Vorgängers‹ tanzte. – Nicht weit entfernt: der Maiden Stone, Symbolstein mit keltischem Kreuz und piktischen Darstellungen (9. Jahrhundert). – Leith Hall: Landsitz des 17. Jahrhunderts (National Trust). Im Park leben Schafe einer schottischen Urrasse (Soay Sheep), die sonst nur auf St. Kilda anzutreffen ist. – Huntly Castle: Ruine, mittelalterliche Festung und Palast des 17. Jahrhunderts. Türen und Kamine mit heraldischen Ornamenten geschmückt.

Zwei Damen, zwei Schlösser

Fraser Castle ist Craigievar ähnlich, nur größer und großartiger. In der Großen Halle konnten wir an Hand alter Photographien feststellen, welche geschmacklichen Greueltaten in viktorianischer Zeit hier verübt wurden: eine unpassend düstere Holzverkleidung aller Wände; die Decke heruntergezogen, der schöne Kamin eingeengt und verbaut. Schließlich verstellte man noch das hohe Westfenster mit einer Hausorgel. Der National Trust hat erfolgreich versucht, den früheren Zustand wieder herzustellen, etwa so, wie das Schloß zur Zeit Elyza Frasers aussah.

Manchmal tritt aus einem abstrakten Stammbaum, aus der schemenhaften Reihe der Bewohner, eine Persönlichkeit klar und plastisch hervor. So Elyza Fraser, 1814 achtzigjährig gestorben, 200 Jahre zu früh geboren. Sie heiratete nie, hielt das Schloß ihrer Väter in Ordnung und modernisierte es nach den Vorstellungen der Zeit, verbesserte die Landwirtschaft ebenso wie die Lebensbedingungen ihrer Leute; mischte sich in alle Affären und Angelegenheiten der weitläufigen Familie ein (nicht immer zu deren Freude) und hatte einen Rechtsgelehrten als Seelenfreund, der ihre künstlerischen Interessen teilte, auch ihr Mausoleum entwarf. Die ungewöhnliche Dame wird von Zeitgenossen als »erudite and cultured«, auch als »redoubtable« und »a strong character« bezeichnet – sie war gelehrt und kultiviert, gefürchtet und eine starke Persönlichkeit. Mit all ihren Talenten konnte sie doch nicht viel mehr tun, als zusammen mit einer Vertrauten – halb Freundin, halb Zofe – die Bettvorhänge, Überdecken und Polstermöbel ihres Zimmers aufs kunstvollste besticken. Da sie es liebte, die untergehende Sonne zu betrachten, ließ sie in die Westwand der Hohen Halle ein großes Fenster einfügen. So sah sie gleichzeitig zu den Stall- und Wirtschaftsgebäuden hinüber, die unter ihrer Leitung errichtet wurden. In den letzten betrüblichen Jahren ihres Lebens lag Elyza Fraser hinter ihren schön bestickten Gardinen hilflos zu Bett, während im übrigen Haus Dienerschaft oder Verwandte – so genau weiß man es nicht – langsam zu plündern begannen. Als ihr Großneffe und Erbe Charles Mackenzie Fraser das Schloß zum ersten Mal betrat, sah er in allen unteren Räumen leere Bilderrahmen hängen.

Zweihundert Jahre später sieht das Leben einer schottischen Schloßherrin anders aus. *Haddo House*, 1731 von William Adam für den zweiten Earl of Aberdeen errichtet – weitläufig, im italienischen Stil, mit Hauptbau und Seitenflügeln – versteckt sich in seinem riesigen Park. Wenn zwischen Ante Room und Drawing Room die Flügeltüren offen stehen, sieht man nach beiden Seiten in grüne Schneisen hinein, die eine Meile weit durch Gartenanlagen und Gehölze gelegt sind. Schloßherrin ist June Gordon, Marchioness of Aberdeen and Temair. Die verwitwete Lady komponiert und dirigiert und leitet ihren eigenen Chor, ›The Haddo House Choral Society‹. Im modernen Konzertbau in der Nähe des Schlosses finden viermal im Jahr große und anspruchsvolle Darbietungen statt: Oratorien, Opern und Konzerte mit berühmten Solisten. June Gordon ist es gelungen, ihr Schloß bis in den letzten Winkel mit Leben zu erfüllen. Als ich sie besuchte, wurde überall in den Gästezimmern für die nächste Aufführung nach dem Rechten gesehen: Kerzenhalter frisch besteckt (es gibt Probleme mit der Stromversorgung); Wärmflaschen in die Betten gelegt, Briefpapier mit aufgedruckter Adresse nachgefüllt. Solche Vorsorge galt den älteren Gästen; die jungen Leute vom Chor würden ihre Schlafsäcke mitbringen und sich irgendwo unter stuckierten, blau und gold bemalten Adam-Decken einen geeigneten Platz suchen. Im großen Speisesaal pflegen sie an solchen Tagen dem Butler Bill zur Hand zu gehen (»Ich kann etwa hundert Personen setzen; kommen mehr Gäste, so bieten wir nur ein Buffet«). In der dunkel getäfelten Bibliothek mit den Wedgwood-Kaminen in Weiß und einem blassen Grün und den geschweiften Urnen im gleichen Dekor darüber waren Tische und Sessel an die Wände gerückt. Hier sollte der Empfang stattfinden.

Zu dem geplanten Konzert hatten auch Aberdeener Ölfirmen Karten bestellt (»Ich weiß nicht, ob es den Leuten bei mir gefallen wird«). Zeit des Wandels und des Wechsels: Da von den Adoptivkindern der Marchioness keines in der Lage sein wird, einmal die berüchtigten Death Duties aufzubringen, übernimmt allmählich der National Trust die Verantwortung für das Schloß, beläßt der Dame des Hauses die gewohnten Räume, restauriert andere und wird sie bald dem Publikum öffnen. »Vielleicht«, meint Lady Aberdeen, »bleibt mir so mehr Zeit für meine anderen Aktivitäten.« Sie hat nicht nur als Künstlerin ein ausgefülltes Leben, sondern betreut noch kranke Verwandte. In einer Nursery für die behinderte Enkelin, neben dem Zimmer der Großmutter, hängen Vogelkäfige mit lustig zwitschernden Bewohnern. Lady Aberdeen, Ehrendoktor der Universität, ist Deputy Lieutenant of the County, Governor of Gordonstoun, Chief of the House of Gordon, Advisary for Music of the Department of Education in Edinburgh. Sie bewältigt alle diese Anforderungen und Aufgaben souverän und gelassen; unbeschwert glücklich ist sie, meine ich, nur, wenn sie als June Gordon vor ihrem Chor steht und den Taktstock hebt.

Geisterschiff und Gespensterhaus

Zwischen Lossiemouth und Banff liegt an der Nordseeküste ein Fischerort neben dem anderen: Portgordon und Buckie, Findochty, Portknockie, Cullen. Beim Anblick der bunt bemalten Häuschen und Hütten würde ein Fremder verwundert sagen: Das sieht hier ja ganz südlich aus, wie in Italien. Allerdings spielt das Meer nicht immer die erwünschte Rolle des stillen blauen Gewässers; öfters schlägt es grau und böse weit über die Ufermauern.

Als wir nach *Buckie* kamen, ereignete sich Ungewöhnliches. Wer auf der Straße war, lief zum Hafen. Dort lag, unerwartet wie ein Geisterschiff, unter vollen Segeln ein prächtiger Dreimaster und überragte die Häuser am Kai. Ich hatte schon von der ›Captain Scott‹ mit dem Heimathafen Buckie gehört, und von ihren berühmten Abenteuerfahrten für junge Leute: »Drei Wochen an Bord sind wichtiger für die Charakterbildung als ein Jahr Schule.« Nun hatten wir dies Paradestück kluger schottischer Pädagogik vor Augen. »Was geschieht mit der ›Captain Scott‹?«, fragten wir. »Nicht mehr ›Captain Scott‹«, riefen die Umstehenden im Chor. »Seit gestern nicht mehr! Kommen Sie und sehen Sie selbst.« Man führte uns erst zum Bug des Schiffes, wo als Galionsfigur ein junger Araber mit braunem hölzernem Antlitz und farbigem Turban starr vor sich hinblickte, und dann zum Heck. Der vertraute Name des schottischen Antarktisforschers war gerade erst überpinselt worden; statt dessen stand da in kühnen Lettern: ›Youth of Oman‹. Der Unterhalt des Schiffes sei zu kostspielig geworden, hieß es, nun habe es der Sultan von Oman angekauft; achtzehn junge Araber seien schon im Lande und würden zusammen mit ›marine cadets‹ und unter Leitung eines schottischen Kapitäns den 460-Tonnen-Schoner zum neuen Bestimmungshafen bringen. Proviant wurde angeschleppt und verstaut, während aus dem Murren und Murmeln der erregten Menge am Kai einzelne Klagen an unser Ohr drangen: »Was wird als nächstes geschehen?« oder »Das ist schlimmer für uns, als wenn ein Scheich sich ein schottisches Jagdrevier kauft.« Wann die Besatzung eintreffen würde, blieb ungewiß; wir fuhren weiter.

In *Cullen* reibt man sich verwundert die Augen. Der kleine Ort in seiner malerischen Bucht, offensichtlich geplant und angelegt, duckt sich unter den drei Bögen eines riesigen Eisenbahnviadukts. Dali könnte das Ensemble erträumt haben. Warum die bizarre Anordnung? Da muß man sofort die zweite Frage stellen: Wem gehört dieses Land? Den Earls of Seafield – und sie gingen immer nach ihrem Wunsch und Ermessen damit um. Als sie ihr Schloß erweitern wollten, mußte der damalige Ort weichen und an der Küste neu erbaut werden; als später eine Eisenbahnstrecke für dies Gebiet geplant wurde, weigerte sich die Countess of Seafield, auch nur einen Quadratmeter ihres Parkes herzugeben. Man könnte eine moralische Betrachtung anknüpfen: Heute gedeiht der Ort Cullen unter seinem Viadukt – das Schloß liegt verlassen.

Wir haben uns den Bau angesehen: verwunschen hinter Rosenranken, aber äußerlich noch ganz intakt, ein riesiges graues Granitschloß mit Wappen und Wasserspeiern und Sinnsprüchen, heilen Dächern und Fensterscheiben. Jede Generation scheint hier ausgebaut und ihre steinernen Initialen angebracht zu haben; aber der Tod mit der Sichel über dem Giebelfenster von 1858 schaut triumphierend auf das verlassene Haus mit seinen 368 Zimmern. 1975 wurde alle bewegliche Habe, Porträts berühmter Meister, Möbel, Lüster, in einer dreitägigen Auktion für mehr als eine Million Mark versteigert; kostbare Kamine und andere eingebaute Kunstwerke herauszureißen war dem Besitzer in letzter Minute untersagt worden.

Tag der traurigen Gespenster, mußten wir denken, als wir später nach *Banff* kamen. Dort steht, ganz unerwartet und fehl am Platz, ein italienisches Barockschloß: *Duff House*. Sein Wärter fror neben einem ungenügenden Öfchen in der Eingangshalle; sobald er uns erblickte, stellte er das Tonband mit Cembaloklängen an. Er mahnte uns auch zur Vorsicht: die Dielen seien nicht mehr sicher.

Wenn ein sehr junger und ahnungsloser Mann plötzlich das größte Vermögen Nordschottlands erbt und beschließt, sich ein dazu passendes Haus zu bauen; wenn der kühne Baumeister, den er beauftragt, ebenso reich an ausgefallenen Ideen ist und darauf brennt, sie und damit sich selbst zu verwirklichen, so läßt sich beinahe voraussagen, wo das enden wird: vor Gericht. So geschah es in den dreißiger Jahren des 18. Jahrhunderts. Der junge Mann hieß William Duff; später wurde er Lord Braco und Earl of Fife. Sein Baumeister war William Adam. Ihm stand ein großartiger dreigliedriger Bau vor Augen; aber William Duff sah nur mit steigender Sorge die anwachsende Flut der Maurer und Stukkateure, der Stein- und Holzladungen – er muß sich wie ein hilfloser Zauberlehrling vorgekommen sein. 1743 fanden die Beauftragten beider Parteien in ›Muirheads Coffeehouse‹ in Edinburgh mühsam einen Vergleich (sogar die Anzahl der verwendeten Nägel wurde Adam vorgehalten). Der Mittelbau blieb als Torso stehen; dort ließ sich weder kochen noch wirtschaften, noch das Personal unterbringen – dafür wäre einer der Seitenflügel vorgesehen gewesen. William Duff bewohnte das Haus nie; schon sein Anblick war ihm verhaßt; mußte er trotzdem vorüberfahren, so zog er in der Kutsche die Vorhänge zu. Erst die Nachkommen versuchten, den Palast wohnlich zu machen. Als 1889 der sechste Earl of Fife die älteste Tochter des Prinzen von Wales heiratete, scheint es, nach Photographien zu urteilen, in diesen Räumen recht lustig zugegangen zu sein. Heute sind sie verfallen und verkommen; die Stuckornamente bröckeln, die Spiegel sind blind.

Patienten eines Sanatoriums, norwegische Soldaten, deutsche Kriegsgefangene fristeten hier ihr Leben. Die neuesten Bewohner sind weiße Gipsgespenster. Eines hielt mir im Dining Room ein halb geleertes Glas entgegen; im Spiegel des

Wohnzimmers entdeckte ich die weiße stickende Dame im Tüllgewand, ein Gipskind schaut ihr auf die Finger. Wirklich erschrocken waren wir, als uns beim Hinuntergehen auf der Dienertreppe die weiße Zofe begegnete. Der frierende Wärter hätte uns wohl gerne nach unseren Eindrücken befragt, und ob die von der Gemeinde Banff veranstaltete ›Inszenierung‹ unseren Beifall fände. Man muß annehmen, daß er selten Gelegenheit hat, solche Fragen zu stellen, und seine Tage einsam verbringt. Aber wir konnten dem guten Mann den Gefallen nicht tun. Wir wollten fort, hinaus in die grüne Landschaft, in eine Gegend ohne Gespenster.

Gordonstoun

An einem bitterkalten Märztag des Jahres 1975 fanden an der Küste zwischen *Hopeman* und *Lossiemouth* Rettungsübungen statt. In den Steilklippen der Cove Bay wurde ein ›Verletzter‹ auf einer Bahre vorsichtig abgeseilt. Aus der Brandung zogen blaugefrorene Burschen einen ›Ertrinkenden‹. Das sah alles sehr fachmännisch aus und fand die Bewunderung einer kleinen Gruppe von Zuschauern auf der Höhe. Ein zufällig Vorübergehender würde sich gefragt haben, warum man die Übung gerade hier und zu dieser ungewöhnlichen Zeit abhielt? Am Tag zuvor hatte in der Nähe, in der neuen Kirche von *Gordonstoun*, ein Gedächtnisgottesdienst für den deutschen Gründer des berühmten Internats, Kurt Hahn, stattgefunden, der am 14. Dezember 1974 in Salem gestorben war.

Im Mittelpunkt der Feier stand, wie Hahn es sich sicher gewünscht hätte, das Gleichnis vom Barmherzigen Samariter. Nun zeigte man hier am Strand, was zuvor in Predigt und Ansprachen gerühmt worden war: daß die Schüler Hahns, ob in Salem oder Gordonstoun oder in einer der anderen seiner zahlreichen Gründungen, gelernt haben, Dienst am Nächsten zu üben.

Als Kurt Hahn 1934 das badische Salem aufgeben und Deutschland verlassen mußte und als Emigrant mit leeren Händen nach London kam, bat man ihn, eine neue Schule nach seinen Ideen und Vorstellungen aufzubauen. Sie steht inzwischen Internaten wie Eton oder Harrow mit ihrer jahrhundertealten Tradition an Rang nicht nach.

In Schottland fand Hahn in gewissem Sinn ideale Voraussetzungen. Das Meer lag vor der Tür als großer Lehrmeister: Es zwingt jeden, der es befährt, zu Disziplin und Selbstdisziplin. Ein rauhes Klima mochte die Schwachen stärken, den Trägen aufhelfen. Eine einfache und bescheidene Lebensweise war unter der Bevölkerung der Umgebung ohnedies üblich. Heilsame Abenteuer, auf die Hahn so großen Wert legte, waren im menschenleeren Hügel- und Bergland des Inneren unschwer zu finden. In Gordonstoun müssen zur Einübung altmodischer Tugenden wie Ausdauer, Geduld, Entsagung keine künstlichen Sandkastenspiele erfunden werden. Wer von den Jungen zum Bergrettungsdienst gehört, steigt im Ernstfall bei jedem Wetter auf, um nach einem Vermißten zu suchen. Auch Küstenwacht und Feuerwehr der Schule werden von den zuständigen Stellen als vollwertige Helfer anerkannt und im Notfall zum Einsatz gerufen. Ebenso ernsthaft bemühen sich die Mädchen in sozialen Diensten bei der Betreuung von Alten, Kranken und Behinderten.

Die Erziehung zu Verantwortung und Humanität steht gleichrangig neben der schulischen Ausbildung. Zu den altmodischen Tugenden gehört auch das Schweigenkönnen. Die Einübung beginnt schon in der Juniorenschule in Aberlour oben im Speytal. Als ich an einem Sonntagabend dort vor dem weitläufigen Landhaus stand, schien es unbewohnt zu sein; kein Laut war zu hören. Aber als ich die Tür öffnete, sah ich zu meinem Erstaunen mehr als hundert kleine Buben und Mädchen vor mir, die in völliger Stille auf dem Boden saßen und mich neugierig musterten. »Wir warten auf den Beginn des Abendgottesdienstes.« Wenig später klangen ihre Stimmen, bemerkenswert rein, in einer der großen schottischen Hymnen zusammen. In Gordonstoun ist dem Schweigen ein eigener Ort zugewiesen. Ein schmaler Pfad, der am Rand des ausgedehnten Parks entlangführt und bei einem Friedhof mit seiner Kirche aus alter Zeit endet, heißt ›silent walk‹.

Zu den alten und neuen Gebäuden, die weit verstreut im

grünen Gelände liegen, gehört auch eine architektonische Kuriosität des 17. Jahrhunderts: The Round Square, das runde Viereck. Ob ein solcher Bau von magischen Proportionen den Teufel davon abhalten konnte, seinem Opfer die versprochene Seele abzujagen, darüber wurde nichts Verläßliches überliefert. Man weiß nur, daß der Schöpfer dieser schönen Anlage, Sir Robert Gordon, ein hochgelehrter Mann war (und damit aller Hexenkünste verdächtig), der die meiste Zeit in seinem Laboratorium verbrachte. Laboratorium war Gordonstoun zu Kurt Hahns Zeiten in gewissem Sinne wieder: eine höchst lebendige Versuchsstation der Pädagogik, in der zu erproben war, inwieweit die Gedanken der großen Lehrer und Erzieher, von Plato angefangen, sich mit unsrer Zeit in Einklang bringen lassen. Das Internat wurde, wie bekannt, vom Herzog von Edinburgh und den Söhnen des Königlichen Hauses besucht; eine ›Prinzenschule‹ ist Gordonstoun dadurch nicht geworden.

Der Ruine der Kathedrale von Elgin ist heute noch anzusehen, daß diese Kirche, im 13. Jahrhundert erbaut und ›Laterne des Nordens‹ genannt, vielleicht die schönste im Lande war. 1390 erschien der berüchtigte ›Wolf of Badenoch‹ (Alexander Stewart, ein Bruder des regierenden Königs) mit seinen »wyld, wikked Helandmen« und zerstörte den Bau aus Rache: Der mächtige Bischof von Moray hatte ihn ob seiner Untaten exkommuniziert. Wiederaufbau und Zerstörungen folgten einander nach der in Schottland üblichen Weise.
In der Bischofsstadt Elgin hübsche alte Häuser. Museum. Südlich: Birnie Church, eine der ältesten Landkirchen im Norden, am Ort eines heidnischen Heiligtums errichtet (erster Sitz der Bischöfe von Moray). Chorbogen und Taufbecken aus normannischer Zeit.
Westlich, bei Forres: der Sueno's Stone, figurenreicher, piktisch-frühchristlicher Stein, Monolith von ungewöhnlicher Höhe (7 Meter). Was die den Pikten wichtigen Pferde und Reiter, die Krieger mit und ohne Kopf darstellen sollen, bleibt trotz aller Deutungsversuche rätselhaft.

Die Whiskystraße

Vor mir liegt ein schwarz-weißes Reklamebild, das ein regennasses schottisches Hochtal unter schwarzen, tief hängenden Wolken zeigt: Gleich werden weitere Schauer auf die geduckt liegenden weißen Häuser niedergehen. Die Unterschrift lautet: »Da wir unser Wetter nicht ändern können, machen wir eben Whisky draus.« In der Tat ist Whisky – gälisch ›uisge beatha‹, Wasser des Lebens – ein Getränk, das nur von den Kräften der Natur abhängt. Ob das Wasser für seine Herstellung aus einer Quelle stammt oder vielleicht über rosafarbenen Granit strömte, und wie klar und kalt es fließt, wie rein die Luft im Tal ist, wieviel Torf beim Prozeß des Mälzens als Brennmaterial verwendet wurde und woher dieser Torf stammte – all dies und vieles mehr bestimmt die Qualität eines schottischen Whiskys. »Unsere jungen Herren, die von der Universität kommen, versuchen es immer wieder mit chemischen Analysen; aber noch keiner von ihnen hat das Rätsel lösen können.« Versuche, in anderen Ländern unter ähnlichen Bedingungen schottischen Whisky herzustellen, mißlangen.

Überall in Schottland wird Whisky gebraut; aber im Revier zwischen *Dufftown* und *Tomintoul* in den Grampians gedeihen die Brennereien wie Pilze nach einem warmen Regen. Hat man beim Durchfahren nicht eine solche Anlage im Blick, so steigt doch gewiß irgendwo am Horizont in einem kleinen Seitental die typische graue Rauchsäule auf. Diese Täler haben Namen, die man in den Regalen einer gut bestückten Bar wiederfindet: Glen Livet oder Glen Fiddich zum Beispiel. Ich spreche hier ausschließlich vom reinen ›Malt Whisky‹, der acht oder zehn Jahre lagerte, bei besonders edlen Tropfen sogar zwölf. ›Blended Whisky‹, aus verschiedenen Sorten kundig zusammengemischte Getränke, kommen für jemand, der sich länger in Schottland aufhielt, erst in zweiter Linie in Frage.

Die meisten Destillerien haben niedrige weiße Holzzäune um ihr Terrain gezogen und Blumenrabatten vor den Empfangsräumen. Große Firmen, wie die der Familie Grant in *Glenfiddich* sind auf einen ununterbrochenen Besucherstrom eingerichtet. Kleinere Unternehmen verfügen vielleicht nicht einmal über einen Empfangsraum und sind nicht allzusehr an Gästen interessiert; ihre Produktion läßt sich ohne Unbequemlichkeit nicht steigern, und an Abnehmern, meist schottischen Kennern, hat es ihnen noch nie gefehlt. Während man auf den einzigen Guide wartet (er macht gerade Mittagspause), kann man die alten Türfüllungen bewundern, in deren Milchglas mit schönen Schriftzügen ›Private‹ oder ›Sample Room‹ eingeätzt ist.

Auf den Weiden ringsum steht schwarzes Vieh. Bis auf vereinzelte Farmen oder Herrenhäuser und die Brennereien ist auch diese Landschaft unberührt.

Die Mittagspause ist beendet. »Früher«, sagt der Guide, »hatten wir sechzig Mitarbeiter, heute kommen wir mit zwanzig aus; lads from the valley, and a couple of strangers.« Auch Whisky brauen ist ein ›press-button-job‹ geworden. Früher stellte jede Firma ihr eigenes Malz her (wir besuchten auf Islay eine solche Anlage). Heute erinnern meist nur die typischen Kilns, pagodenartige Darretürme, an diese Zeit. Die größten und oft ältesten Gebäude jeder Brennerei sind die Duty Free Warehouses, Lagerhallen, in denen das Getränk unter Zollverschluß langsam reift: falls möglich in Eichenfässern, die zuvor Sherry enthielten. An den ausgedehnten Schuppen sind alle Fenster mit starken Gittern versehen; die Tore und ihre Spezialschlösser lassen sich nur mit je zwei Schlüsseln öffnen: einer bleibt bei der Firma, der andere beim Zollbeamten. Die seltsame Symbiose zwischen den Brennerei- und den Finanzleuten hat mich immer wieder fasziniert. Daß in alter Zeit der Whisky illegal hergestellt wurde, in jedem schottischen (und irischen) Tal und fast von jeder Familie, ist bekannt. Geschichten und Legenden von den heroischen Kämpfen zwischen Gesetzeshütern und -übertretern würden viele Bände füllen; Malcolm Gillespie, ein Zöllner, konnte am Ende seiner achtundzwanzigjährigen Dienstzeit zweiundvierzig Narben an seinem Körper vorweisen!

Erst relativ spät hat sich das heutige System der Überwachung durchgesetzt. Überall im Gelände sieht man die Excise Men mit den blauen, goldbetreßten Kappen und langen Mänteln: Sie stehen neben den ›stills‹, in denen der Whisky gebrannt wird, und fahren auf den Wagen mit, die gefüllte Fässer zu den Lagerhallen bringen. Wann immer ein Produktionsvorgang abgeschlossen ist, tritt augenblicklich das behördliche Siegel in Tätigkeit; in einem gläsernen Verschlag werden die ergänzenden Listen geschrieben. In einer großen Firma wie Grants gibt es vier Senior Excisemen, einen Assistant Officer and acht Revenue Assistants. Schließlich geht es um Riesensummen, die dem Staat aus diesem Wirtschaftszweig zufließen.

Besuchern in den Großen Häusern werden allerlei Kuriosa geboten: etwa die handgearbeiteten Teile einer ehemaligen ›illicit still‹; oder ein stark zerlesenes gälisches Lexikon – die Arbeiter konnten kein Englisch, der Fabrikherr gab sich Mühe um eine gute Verständigung. Sorgsam und von Hand geführte Listen zeigen, wie pflichtgetreu die Männer aus den Hochtälern an ihrem Arbeitsplatz erschienen. Nur in einem Fall entdeckte ich ein zweitägiges Ausbleiben. Quer darüber geschrieben stand: »Wedding Days«.

Eines nahm mich wunder: Die berühmte ›Straße des Whisky‹, auf der man von einer Brennerei zur anderen fährt und überall einen kräftigen Schluck zum Probieren erhält, ehe man sich wieder ans Steuer setzt, wurde ausgerechnet von der Automobile Association ausgeschildert!

Merke: ›Scotch‹ wird immer nur in Verbindung mit Whisky gebraucht. In anderen Fällen heißt schottisch: ›scottish‹.
In der geschilderten Gegend gibt es neben den Brennereien einige andere Sehenswürdigkeiten:
Nahe Dufftown, einem ›angelegten‹ Ort, die ausgedehnten Ruinen des Balvenie Castle.
In Mortlach eine alte Kirche mit interessanten Grabsteinen (auch im Friedhof, der einen Wachturm zum Schutz vor Body-snatchers aufweist).
Von Chapeltown bei Knockando aus führt ein unbezeichneter Fußweg nach Scalan, zu alten Mühlen und einem kleinen Haus, in dem in nachreformatorischer Zeit katholische Priester ausgebildet wurden.
In Tomintoul, dem höchsten Ort der Highlands, trifft man auf die sehr lohnende Paßstraße vom Royal Deeside hinüber ins Spey Valley (siehe auch das September-Kapitel ›Jagdpech‹, S. 450).

Juni

WESTLICHE KÜSTEN UND INSELN

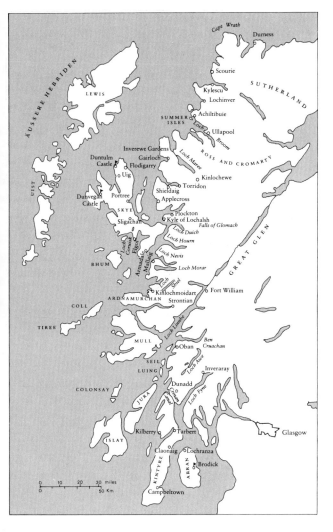

Auf Arran: Apfelkuchen

Ferienorte im südlichen Schottland, wie Brodick auf Arran oder Carradale auf der Halbinsel Kintyre, ähneln sich in ihrem altmodischen Charme und der korrekten Zier ihrer Gärten. Bewohner und Gäste scheinen vorwiegend ältere Leute zu sein, die gerne in Strohsesseln auf der Veranda sitzen. Abends wird Bridge gespielt. Wanderer mit Rucksack und Seil, die bei Brodick unter blühenden Kastanien des Weges kamen, waren ein verblüffender Anblick. Man weiß zwar, daß der *Goat Fell* im Norden von Arran ein respektabler Berg ist, man hat ihn sogar höchst malerisch vor Augen. Aber die Natur, sonst in Schottland so übermächtig, hält sich hier im Hintergrund und bleibt, wenn man es so haben will, Kulisse.

In dem durch hohe Mauern geschützten Ziergarten von *Brodick Castle* wurde es an einem fast wolkenlosen Tag heiß auf der Steinbank, von der aus wir über Rasen- und Blumenteppiche, über helles Laub und schwarze Zypressen und blühendes Rhododendrongebüsch hinweg aufs ruhige Meer sahen. Brodick Castle war einmal ein Sitz der Familie Hamilton. Die Herren dieses Großen Hauses liebten Jagd und Turf: Geweihe der auf Arran erlegten Tiere, wertvolle Bilder aus der Welt des Pferdesports und einschlägige Bücher sind überall in den Räumen zu finden. Die letzten Bewohner des Schlosses, der Herzog von Montrose und seine Gemahlin, eine Hamilton, waren als passionierte und kenntnisreiche Gärtner stilleren Freuden zugetan. Ihnen ist unter anderem die Anlage des Ziergartens zu verdanken. Nach dem Tod der Herzogin, 1957, nahm das britische Schatzamt den Besitz an Stelle der fälligen Erbschaftssteuern an, und der National Trust besorgt seither die Verwaltung ›im Namen der Nation‹. Wieder einmal mußte ich bewundern, mit welchem Takt und Geschick der Trust seine Vertreter für die verschiedenen Schlösser auswählt. Die Dame, die heute auf Brodick Blumen ordnet, Gäste empfängt, Konzerte arrangiert, ist Malerin, ihr Mann Journalist. Das Ergebnis ihrer gemeinsamen Bemühungen ist nicht ein Museum, sondern ein viktorianisches Märchen in lebenden Bildern.

In der Scullery, der Anrichte, hängen unter der Decke an hölzernen Stangen die bodenlangen weißen Servierschürzen der Hausmädchen zum Trocknen. Auf dem langen Holztisch darunter sind die Emailkannen fürs heiße Wasser aufgereiht und die kleinen frischgeputzten, mit Kerzen besteckten Leuchter, die man abends mit auf sein Schlafzimmer zu nehmen pflegte. (Die Damen gingen zuerst und gemeinsam hinauf, unter Führung der Hausherrin, die das Zeichen zum Aufbruch gegeben hatte; die Herren folgten später, nach einem Billardspiel oder einer letzten Zigarre.) Nebenan in der Küche liegen Hasen und Fasanen für das Dinner des nächsten Tages, und der riesige eiserne Herd aus dem Jahre 1839, mit dem man einen Dampfer befeuern könnte, scheint nur darauf zu warten, daß ein williges Unterküchenmädchen Späne und Holz einschiebt. Das Kochbuch der Mrs. Mary Beeton (›Household Management‹) ist bei einem Backrezept aufgeschlagen, und alle notwendigen Ingredienzen sind vorhanden, samt Zuckerhut, Zuckerschere und Mörser. Im Schlafzimmer der ›Alten Gnädigen‹ steht das Frühstücksgeschirr auf dem einschwenkbaren Bettisch bereit, daneben liegt eine Bibel. »Man meint«, sagen Leute, die das Schloß von früher her kennen, »die Herzogin müsse jeden Augenblick um die Ecke kommen, mit ihrem schwarz-weißen Spaniel auf den Fersen.«

In der Bibliothek ist den Kindern aus einem bunten Buch mit Sportanekdoten vorgelesen worden. Laut lesen macht durstig: der geschliffene Decanter auf dem Tisch ist beinahe geleert. Die recht abgewetzten roten Ledersesselchen der Kinder stehen noch im Halbkreis. Ich sah förmlich den alten Herzog am Kamin, den Stock und die abgegriffene Kopie eines von ihm verfaßten Buches über Gartenanlagen neben sich.

Wenn man aber heute aus dem Fenster schaut, sitzen unten junge Leute in Jeans auf der Terrasse, schaukeln ihr Baby und holen sich Suppe aus dem Tearoom. Im Raum neben dem Tearoom hat Mrs. McCabe, zweiundsiebzig Jahre alt, ihre Hände im Kuchenteig, als eine würdige Nachfolgerin der Schloßköchinnen von damals. Ihr Apfelkuchen ist weithin berühmt, mit Recht. »Werden Sie oft nach dem Rezept gefragt?« – »Ständig.« – »Verraten Sie es?« – »Nein.« – »Was tun Sie im Urlaub?« – »Keinen Kuchen backen.«

Beim Fortgehen begegnen wir dem Obergärtner. Er war in seinem Urlaub auf Java, um neue Rhododendronarten zu studieren. Hinter dem Park von Brodick Castle ziehen sich unmittelbar Almen nach bayerischer Art, mit schönem schwarz-weißem Vieh, bis zu den baumlosen Hängen des Goat Fell hinauf. Vom Gipfel des Berges soll man eine großartige Aussicht genießen. Auf den saftigen Almwiesen ist nur eines für unsere Augen ungewohnt: die runden, weitausladenden, makellos schönen Laubbäume – Eiche, Ahorn, Buche, die einzeln in den Weiden stehen.

Meine Kenntnis der Insel Arran und der Halbinsel Kintyre mußte fragmentarisch bleiben. Die vielfach gewundene Küstenstraße im Osten von Kintyre habe ich, in ihrem Auf und Ab und mit dem in Kurven über mir kreisenden Laubwerk, in einem Ambulanzwagen liegend erlebt; Land und Meerengen von oben aus dem Flugzeug gesehen, auf dem Weg ins Hospital von Glasgow. Sollte es meinen Lesern geschehen, daß sie auf ihrer Schottlandreise krank werden: Man lernt die Schotten von ihrer besten Seite kennen.

Sowohl für die Überfahrt Ardrossan (Ayrshire) – Brodick, wie für die von Lochranza nach Claonaig, Kintyre (auf einer sehr kleinen Fähre) ist während der Saison, falls man mit dem Auto unterwegs ist, Vorbestellung empfehlenswert (Caledonian MacBrayne, siehe S. 534).
An der Ostküste von Kintyre: Skipness mit Burgruine (13. bis 16. Jahrhundert); Ruine einer Kirche des hl. Brendan mit frühgotischen Tür- und Fensterbögen. Carradale: Ferienort mit hübscher Hafenpartie; die Gärten von Carradale House sind zu besichtigen. Saddell: Überreste einer Zisterzienserabtei aus dem 13. Jahrhundert. Sammlung schöner skulptierter Grabsteine, wie sie überall an diesen Küsten, bis hinauf nach Iona und zur Ardchattan Priory am Loch Etive anzutreffen sind, sogar noch auf den Äußeren Hebriden (Rodel auf Harris): Zumeist dem frühen Mittelalter entstammend, zeigen sie fast immer die zur Ruhe ausgestreckte Gestalt eines Ritters in voller Rüstung.

Der gute Laird von Gigha

Er hat sich kein Mausoleum errichten lassen, wie viele seinesgleichen es taten. Er liegt auf dem Friedhof von *Gigha* in einer

Reihe mit seinen Inselkindern und hat kein größeres Grab als sie. Man kann von diesem Platz aus auf den Park hinüberschauen, den er anlegen ließ und dessen Bäume und Sträucher er persönlich gekannt, oft selbst gesetzt hat. Man hört den Schrei seiner Pfauen von hier aus, aber auch den Kuckuck rufen. Draußen, über drei Meilen Wasserfläche zwischen Gigha und der Halbinsel Kintyre, zieht die ›wee ferry‹, die kleine Fähre, ihre fadengerade Spur. An der Friedhofsmauer trotten friedlich Kühe vorbei. Der Ogham-Stein auf dem Hang über den Gräbern ist von einer dichten graugrünen Flechte überwachsen und seine Runen sind nicht mehr zu entziffern. Um so klarer steht die Schrift auf dem Grabstein des Laird von Gigha: »They shall beat their swords into ploughs and their spears into pruning-hooks«: Sie werden aus ihren Schwertern eine Pflugschar schmieden und aus ihren Speeren Pflanzmesser. Darunter der Name:

> Lt. Col. Sir James Horlick
> Bt., O.B.E., M.C., V.M.H.
> Coldstream Guards

Der Colonel, wie ihn seine Leute nannten, erwarb Gigha 1944: ein nur sechs Meilen langes und sehr schmales Stück Land; eine Hebriden-Insel, die keine Zukunft mehr zu haben schien. Die jungen Leute waren fortgezogen, die Alten hatten resigniert. Manchem Laird wäre es so gerade recht gewesen – keine Verantwortung haben, ungestört jagen können. Aber der Colonel machte sich ans Werk und ließ in einem Zeitraum von nur fünfundzwanzig Jahren ein glückliches, blühendes Gemeinwesen entstehen.

Wir haben das gespürt, sobald wir die Insel betraten. Gleich in der Nähe des Hafens gibt es eine Creamery, eine moderne Käserei, wo Burschen mit riesigen saubergebürsteten Händen in den Zubern hantieren. Die Farmen und ihre Weiden und Felder liegen fast alle an der Ostseite, rechts und links der einzigen Straße. Jeder hat hier genug Luft und Lebensraum. In neuerrichteten Ställen sieht man, zwischen zwei Reihen von Kühen hindurch, aufs Meer hinaus; und während der Farmer die Melkmaschine umsteckt, beobachtet er das Schiff, das eben draußen vorbeifährt. Die Kühe sind keine

Schönheiten; braun-weiß gefleckt, schwarz oder sogar weiß, ähneln sie flüchtig angemalten Holztieren aus der Plastiktüte eines billigen Spielzeugladens. Aber sie geben reichlich Milch von guten Weiden. In versteckten Buchten liegen Lämmer im warmen Sand und gedeihen zusehends. Das Hotel ist zu Recht ausgezeichnet worden, weil es hinter der traditionellen Fassade eines Inselhauses moderne und schöne Räume anbieten kann.

Die Boote und Yachten der Urlauber ankern gern vor Gigha. Abends rudern die Besatzungen im kleinen Beiboot an Land, steigen vorm Hotel aus ihren Gummistiefeln und erscheinen in der Public Bar. Die Herren und ihre Damen legen Ölzeug und Mütze nicht ab, stehen in weißen und roten Socken herum, trinken rasch und viel und führen fachmännische Gespräche mit den Einheimischen. Wenn sie nach kurzer Zeit wieder fortgehen, folgt ihnen ein Murmeln des Bedauerns, besonders wenn die Damen hübsch waren.

Die alten Leute von Gigha sprechen noch gälisch, die jungen können es nicht mehr. Aber sie bleiben nun auf der Insel und sind gerne da. Die Alten sagen von den Jungen, daß es ordentliche Kerle seien. »Man braucht die Tür nicht abschließen, wenn man fortgeht.« Die Touristen kommen meist mit der Wee Ferry, und wenn sie länger bleiben, mieten sie sich ein Fahrrad. Ihr Ziel ist vor allem der Park des Colonels, *Achamore Gardens*. Blumen- und Pflanzenfreunde wandern verzaubert unter blühenden Kirschzweigen, porzellanzarten rosa Azaleen, feuerfarbenen Rhododendrondolden. Wo die Blütenkelche schon abgefallen sind, liegen sie als dicke und flaumige Schicht wie ein frisch aufgeschütteltes Bett auf dem dunklen Parkboden.

Das große Schiff kommt zweimal in der Woche nach Gigha und transportiert auch Autos, die ohne viel Umstände mit einem Netz auf den Kai gesetzt werden. Manchmal erscheinen abends Fischerboote und machen am Landungssteg fest, jeweils drei, vier Kähne im Verband. Der Fang des Tages muß sofort verarbeitet werden. Im Streulicht der Bordlaternen und der kleinen Scheinwerfer über den Aufbauten sitzen die Männer zu dritt beieinander, phantastische Gestalten; ihr Ölzeug leuchtet orange, schwarz oder gelb, darüber die Wollmützen.

Die Fische werden ausgenommen, größere und kleinere Krabben auseinandergerissen und das Fleisch herausgeholt. Die Haufen aus Schalen und Abfällen wachsen zusehends, so rasch wird gearbeitet, beim Krächzen der Transistorradios. Das Meer liegt opalfarben und ruhig, ein Seehund taucht kurz auf und verschwindet wieder, zurück zu den schwerleibigen Artgenossen, die auf einem Felsen neben der Hafendurchfahrt daheim sind.

Sir James Horlick starb vor wenigen Jahren, zu Silvester, betrauert von jedem der einhundertachtzig Bewohner seiner Insel. Und dabei war er ein Engländer.

Im Juni des folgenden Jahres wurde Gigha ›auf den Markt gebracht‹. Etwa fünfzig Interessenten kamen und sahen sich die Insel an. Der neue Laird heißt Mr. Landale. Er soll, so hieß es, ein jüngerer Mann sein, dessen Geld aus Hongkong stammt. Man ist vorerst mit ihm zufrieden. Als wir von Gigha abfuhren, wurden gerade riesige hölzerne Kisten an Land gehievt. Die Adresse bestand nur aus zwei Worten: Landale, Gigha. Das genügt für einen Laird.

Beim Landeplatz der Wee Ferry in Tayinloan auf der Halbinsel Kintyre heißt es auf einer vergilbten Ankündigung: »Telephone Gigha 217 and the ferryboat will come for you.«

Die Kreuze von Islay

Wenn das Schiff sich der Südküste der Insel nähert, erkennt man zuerst die stark weißen, dunkel vergitterten altmodischen Gebäude der ›Distilleries‹. Zu jedem dieser ehrwürdigen Häuser gehören weite Moorgründe im Inneren, denn für die Herstellung von Islay-Whisky braucht man Torf. Die in Wasser eingeweichten Gerstenkörner werden, sobald sie zu keimen begonnen haben, und ihre Stärke sich in Zucker verwandelt hat, über sausenden und Funken sprühenden Torffeuern getrocknet und geröstet. Das gibt dem Endprodukt jenen kräftigen Rauchgeschmack, auf den Liebhaber dieser Getränke mit so exotischen Namen wie Lagavulin oder Laphroig unbedingt Wert legen. Die charakteristischen Pagodendächer sind hier nicht nur Markenzeichen wie in anderen Brennereien, sondern dienen noch ihrem ursprünglichen Zweck als Dunsthauben beim Mälzen. Ich sehe gern diesen Vorgängen zu. Man muß dabei schmale Holzleitern hinauf- und hinunterklettern und altmodischen Schubkarren ausweichen, die das Röstgut befördern. Männer mit breiten Holzschaufeln drehen die keimenden Körner; andere beobachten mit ernsten Gesichtern Temperatur und Feuchtigkeitsgrad; in den offenen Fensterluken der Kornspeicher sitzen Vögel, die kaum noch hungrig sein können, aber trotzdem weiterhin nach Beute Ausschau halten. »Wie lange werden Ihre Moore den Torf noch liefern?« – »Für die nächsten hundert Jahre reicht es bestimmt.«

Islay wird von den Touristen noch wenig besucht. Vielleicht wirken seine vulkanischen Höcker, die kahlen Moorebenen und struppigen Gehölze auf den ersten Blick nicht besonders anziehend. Die kleinen Ortschaften: *Port Ellen*, *Port Charlotte*, *Bowmore* zeigen sich fremdartig bunt. In Bowmore führt die Hauptstraße hügelan auf eine Kirche zu, die man vollständig rund baute, damit der Teufel sich nicht in einer Ecke oder Nische verstecken konnte.

Die Bewohner der Insel wirken so herzhaft wie ihr Whisky und weniger zurückhaltend, als Schotten sonst wohl sein können. Ihre Kühe und Schafe haben einen halb amphibischen Charakter angenommen. Sie weiden in den Dünen, stehen stundenlang unbeweglich in Furten oder im Watt und bequemen sich bei steigender Flut erst im letzten Augenblick ans Ufer zurück.

»Wem gehört diese Insel?« – »Lord Margadale. Aber Herr Bruno Schröder besitzt auch einen Teil.«

Die Erinnerung an Islay verbindet sich für mich mit zwei Ortsnamen: Kilchoman und Kildalton, und mit den Kreuzen, die wir dort fanden.

Der Friedhof von *Kilchoman* liegt an der Westküste der Insel, in spärlich bewachsenen Dünen hoch über dem Meer. Vor seinem Tor saßen sechs staatliche Gärtner im Gras und frühstückten. Ein gelbes Auto fährt diese friedlichen Männer von einem Kirchhof zum anderen, zum Mähen. Als sie ihre Arbeit wieder aufnahmen, vollführten ihre Maschinen einen fürchterlichen Lärm. Um die Kirche war ein Drahtzaun gezogen: ›Danger‹, Einsturzgefahr. Schade. Durch die Fenster erkannte man, daß der Innenraum hell und hoch war und das braune Holzgestühl noch stand. Ich kann mir denken, daß an dieser ausgesetzten Stelle der Wind manchmal die Worte des Geistlichen übertönte, daß man hier nicht zur Kirche ging, sondern sich hinaufkämpfte. Aber wer kam hier überhaupt zum Gottesdienst? So weit man blicken konnte, war kein einziges Haus mehr zu sehen außer der ›Coastguard-Station‹ (englisch und amtlich) und einer verlassenen Schule mit Nebengebäuden, die offensichtlich als Ferienwohnungen eingerichtet wurden, aber noch leerstanden.

Das schöne keltische Kreuz von Kilchoman zeigt auf der Nachmittags- und Meeresseite Flechtwerk, auch allerlei Getier auf seinem Sockel. Am Vormittag fällt das Licht auf die Gruppe mit dem Gekreuzigten, auf Flügelengel in den kurzen Seitenarmen, runde Schriftzeichen, die wir nicht entziffern konnten, und einen Reiter.

Wir sahen uns um. Zwischen Friedhofsmauer und steilen Anhöhen, die vor undenklich langer Zeit Meeresklippen waren, lag in einer Senke doch noch ein Gebäude: das schöne und gepflegte Kilchoman House mit seinem ebenmäßigen Rasenrondell vor dem Herrschaftseingang. Von zwei Seiten leuchtete aus der Ferne das Meer herauf; aber *Loch Gorm*, landeinwärts, zeigte ein viel tieferes Blau als der Atlantik draußen.

Das andere keltische Hochkreuz von Islay steht im Südosten der Insel, in *Kildalton;* es ist das einzige vollständig erhaltene seiner Art in Schottland und stammt aus dem 8. Jahrhundert. Auch von Kildalton aus sieht man, wie von Kilchoman, das Meer. Aber Kildalton ist die Steigerung. Das Hochkreuz ist über und über verziert: Kelten haßten die leere Fläche. Sein Meister stammte vermutlich aus der Schule von Iona. Er hat das Kreuz aus einem einzigen Block örtlichen blauen Gesteins geschlagen und mit kunstreichem Flechtwerk, mit Aufbuckelungen und Spiralen, dazu mit Darstellungen biblischer Szenen überzogen. Seine Geschöpfe sind Wüstentiere, die Szenen Notsituationen: David kämpft mit dem Löwen, Abraham soll seinen Sohn opfern. Solche Kreuze waren nicht Totenmale, sondern steinerne Anrufungen: Herr, hilf. Der wunderbar erhaltene Stein fühlt sich hart, aber gleichzeitig fettig an. Die Kraft meiner Phantasie reicht nicht aus, mir dieses Kreuz bunt bemalt vorzustellen, wie es einst war.

Das Kildalton Cross steht vor der Ruine einer alten Kirche. Auch hier gibt es auf Grabplatten und Gedenksteinen Merkwürdiges zu betrachten, wie etwa ein frühes Gewehr mit seinem Pulverhorn daneben, oder streng blickende Ritter und ein Schiff mit geschwellten Segeln. Wo Schriftzeichen unregelmäßig und flüchtig über die Platten laufen, sind sie nach der Reformationszeit entstanden, als die Steinmetzkunst für lange Zeit darniederlag und verfiel. Ein weiteres Hochkreuz, das umfriedet in den Wiesen steht, ist ganz von Flechten bedeckt und stark verwittert.

Die Straße nach Kildalton endete wenig später bei einem Gehöft. Über die buckligen Höhen zur Linken schienen nicht einmal mehr Pfade zu führen. Wir mußten umkehren. Weitverzweigte Weiden krochen über den sumpfigen Boden. In den Buchten standen Reiher zwischen dunklen Felsbrocken im flachen Wasser und warteten reglos auf Beute. Ihr klares Spiegelbild war so schön wie sie selbst.

Autofähren nach Islay von Kennacraig (Kintyre) aus.

Jura drüben

Wer im einzigen Hotel von *Port Askaig* auf Islay ein Vorderzimmer bewohnt, hat über den schmalen Sund hinweg die *Paps of Jura* direkt vor sich. Die drei nackten Quartzkegel, rund wie Brüste, erkennt man auch auf allen Wasserwegen zwischen den Hebriden am Horizont. Mit wechselndem Licht und Wetter ändern diese Berge ihren Charakter und ihre Gestalt.

STEINE AM WASSER
Kilchurn Castle, Loch Awe
Cuillin Hills und Loch Coruisk
Kilt Rock, Skye

Für den Bewohner des Hotels gibt es noch mehr zu betrachten: Vor der Abfahrt der kleinen Fähre nach Jura hinüber oder des größeren Bootes nach Kennacraig auf Kintyre donnern die Lorries um die letzten Kurven der steilen Straße zum Hafen hinunter und schieben sich dann in Zentimeterabständen rückwärts auf die Ladeflächen. Nachts zogen die Lichter ausfahrender und heimkehrender Heringsboote vorbei.

Heißes Sommerwetter und Windstille: Die Manager in den Destillerien der Insel begannen zu seufzen, weil das kostbare Wasser für den Whisky spärlicher floß. Der Rhododendron ließ die Blätter hängen und seine Blüten fielen ab. Von Tag zu Tag wurde die Luft diesiger, wurden die Farben bleicher. Das Meer lag spiegelglatt, in einem verwaschenen, fast weißlichen Blau. Die irische Küste war verschwunden, Colonsay draußen untergegangen, das Festland im Osten stand als schwacher Schatten am Horizont. Im Fernglas stieg und fiel der Dunst wie Nebel. Mit dem bloßen Auge sah man in diesen Tagen besser. Die Paps of Jura schienen höher zu wachsen. Man kann nicht sagen, daß es schwül wurde, wie bei uns. Aber alles schien langsamer vor sich zu gehen. Die Angler kamen krebsrot und ohne Fang nach Hause. Nur das triumphierende Leuchten des Ginsters in seiner letzten Blüte war nicht auszulöschen.

Für Jura drüben hatten wir nur einen Tag Zeit. Es gibt eine einzige befahrbare Straße auf der Insel und ein Hotel; außerdem einige Privatquartiere und eine Distillery, aber mehr als fünftausend Stück Rotwild. Während der Jagdsaison sind Wanderungen nur erlaubt, wenn man vorher bei der zuständigen Stelle Bescheid sagt.

Die Fähre setzte uns, Passagiere und Autos, formlos an einem kahlen Stück Ufer ab; wer kein eigenes Fahrzeug hatte, sah zu, irgendwie mitgenommen zu werden. Eine Strecke weit fuhren wir durch baumbestandenes parkähnliches Land. Es dauerte nicht lange, so stand ein Rudel mit Jungtieren vor unserem Kühler, andere sah man zwischen Häusern wie bei uns das Rindervieh. Da muß man wohl eher von Wild-Zucht als von einem Jagdrevier sprechen, wenn auch die ›alten Herren‹ sich von den menschlichen Siedlungen fernhalten.

Man sah sie, einzeln oder zu zweit, oben am Grat gehen. Oder sie standen als mächtige Silhouette unbeweglich vor dem dunstigen Himmel. Hinter *Craighouse*, dem Insel-Dorf, begannen kahle, gelbbraune und malerische Höhenzüge, über die wir als einzige menschliche Lebewesen weit und breit auf schmaler Straße dahinkrochen, bis zu einer Stelle, an der sich viel Wild an den Ufern eines schmalen Fjords gesammelt hatte. Hier liefen Hirsche über den Sand oder standen im Wasser, das sich silbern glänzend in schmalen Windungen zwischen den Hügeln dahinzog und hinter ihnen verschwand.

Zwischen Jura und seiner nördlichen Nachbarinsel Scarba gibt es den berüchtigten Strudel von *Corryvreckan*, dessen Gebrüll man an Sturmtagen viele Meilen weit hört. »Wie verhält er sich bei diesem Wetter?« Der Hummernfischer, der tatenlos neben seinem Boot auf dem Trockenen stand und einen Becher Tee trank, zuckte verächtlich die Achseln: »Wie ein Dorftümpel.« – »Haben Sie ihn schon schlimm erlebt?« Der Mann hob dramatisch die Arme: »Ein Donnern wie bei einem Gewitter. Und plötzlich hebt sich das Wasser vor Dir wie ein Berg.« – »Grün?« – »Grün.«

Bei Marion Campbell

Wenn jemand in Schottland sagt »kommen Sie mich besuchen« und dazu »wir wohnen abgelegen«, so muß man sich auf andere Entfernungen einstellen als bei uns.

›Abgelegen‹ hieß zum Beispiel auf der Halbinsel *Knapdale*: von Lochgilphead aus über ein kleines Gebirge fahren und dann meilenweit in eine etwas monotone, an diesem Nachmittag düstere Küstenlandschaft hinein. Ein merkwürdiges Wetter, zwischen Nebel und Regen. Alles schien ineinanderzufließen: die Straße ins bucklige Moor, bewaldete Höhen in den Himmel, das Land ins Wasser und das Wasser in den Ufersaum der nächsten Landzunge drüben. Manchmal waren hinter Mauern oder Hecken versteckt liegende Bauten auszumachen. Ein Herrenhaus, ein Schloß? Waren wir am Ziel? Nein, weiter. Man wird auf solchen Wegen leichtsinnig und rechnet nicht mehr mit Gegenverkehr. Natürlich mußte uns an einem ›blind summit‹, einem steil ansteigenden und jäh abfallenden Straßenstück, ein schwerer Wagen entgegengekommen.

Endlich die Abzweigung: Kilberry Home Farm. Eine halbe Meile meerwärts, noch vor dem Hinweis, daß hier privates Gebiet begänne, stand unerwartet eine Reihe steinerner Ritter, vermutlich Vorfahren der Dame, zu der wir fuhren. Die Grabplatten der Herren unter spitzem Helm waren aufrecht in eine Wand gefügt und durch ein kleines Dach geschützt. Neben ihnen ein schönes Kreuzfragment: der Gekreuzigte kein still Duldender, auch keiner, dessen Pein schon vorüber ist, sondern ein Mensch im Todeskampf. Solche Darstellung in Stein schien mir ungewöhnlich.

Die Herrin der Burg wartete auf der steinernen Treppe und sagte: »Ich bin Marion Campbell.« Ich kannte sie nur aus den Schilderungen gemeinsamer Freunde und durch ihre Bücher. Der mittelalterliche Wohnturm ihrer Familie ist vor zwei oder drei Generationen viktorianisch umgebaut, vergrößert und hergerichtet worden, fast im Stil einer Villa, mit viel gediegenen Holzgeländern und Türen und einem Oberlicht im Treppenhaus, das aus dem Turm selbst, dem ältesten Gebäudeteil, hervorgegangen ist. Seither wurde hier nichts mehr verändert. Man hat wirklich den Eindruck, daß hundert Jahre lang kein Möbelstück verrückt wurde und kein Bild einen anderen Platz an den verblaßten Tapeten erhielt. Nur die vielen Töpfe mit üppig gedeihenden und blühenden Pflanzen wechseln wohl je nach der Jahreszeit ihren Standort und wandern aus unerträglich kalten und feuchten Räumen in etwas weniger kalte, aber immer noch feuchte. »Wir haben nur das elektrische Licht eingebaut. Es war erstaunlich mühsam.«

Marion Campbell bewohnt das Haus ihrer Vorfahren mit einer Freundin allein. Zwei ältere Damen: die eine schreibt Bücher, die andere kocht und liest die Korrekturfahnen. Wo man in diesem Haus hinschaut, hinfaßt, hinhört: alles ist interessant. Wir sitzen unter dem Ölbild einer Ahnfrau, die ausnahmsweise aus dem Ausland stammt. Ich finde keine Ähnlichkeit zwischen der Gestalt im Biedermeiergewand und der kräftigen, bäuerlichen Erscheinung vor mir, mit rundem

Gesicht und klugen runden Augen hinter der Brille. Die Freundin ist mit dem Auto unterwegs, sie bringt Communion Cards, Einladungen zum Abendmahl, in die Häuser der Gemeindemitglieder. Sie ist Elder, Kirchenälteste; eine solche Würde ist in der Church of Scotland für Frauen noch etwas Ungewöhnliches. »Und was sind Communion Cards?« Das Abendmahl wird, wie ich schon berichtet habe, nur selten und mit besonderer Feierlichkeit ausgeteilt. Daher ist die besondere Aufforderung mit goldgeränderten Karten zu verstehen. In gewissem Sinn sind sie eine Erinnerung an die Kampfjahre der Kirchen, als jeder eine kleine metallene Plakette mit sich trug, die ihn als Mitglied der Gemeinde auswies.

Unser Gespräch beginnt bei Tee und Scones und einer Marmelade, die säuerlich und köstlich schmeckt. Auf dem Glas steht, handgeschrieben: »gooseberries and elder«, Stachelbeeren und Holunder. »Im Krieg war ich nicht gesund genug«, sagt Marion Campbell, »um in einer Fabrik zu arbeiten oder sonst einen Dienst zu leisten, so habe ich die Bewirtschaftung von zwei Farmen übernommen.« – »Hatten Sie es gelernt?« – »Nein. Aber ich habe mich an das erinnert, was ich als Landkind gesehen habe. Es ist erstaunlich, wie weit man mit Instinkt und Erinnerung kommt. Meine Tiere sind gediehen. Ich konnte sie gut verkaufen. Aber wenn ich vom Viehmarkt heimfuhr, nahm ich mir eine Stunde Zeit und besah mir ein frühchristliches Kreuz oder einen alten Grabstein oder einen Standing Stone. *Argyll* ist so reich an Funden, sie sind nicht einmal alle registriert. Oft wurden wir, meine Freundin und ich, auf dem Weg zu einem geplanten Ziel von einer neuen Entdeckung überrascht und kamen an diesem Tag gar nicht mehr weiter.« So ist Marion Campbell zur Amateur-Archäologin geworden. Im Vorflur ihres Hauses sind neben den Angelruten Schaufeln aufgereiht, und in Schachteln und Kartons türmen sich die Funde: Steinzeitwerkzeuge, Pfeile, bemalte Scherben.

Wir werden die Treppe hinaufgeführt. »Die alten Wohntürme sind so hoch und schmal, daß sie in schweren Stürmen zu schwanken beginnen. Die Wände zeigen Risse, die Dachbalken rutschen in ihren Löchern. Manchmal ist es zum Fürchten. Ich werde immer wieder gefragt, warum ich zulasse, daß mir die hohen Bäume im Westen den Blick aufs Meer versperren. Wir haben sie ja eigens gepflanzt, damit wir im Windschutz stehen; wenn wir das Meer sehen wollen, gehen wir zum Strand hinunter.« – »Haben Sie immer hier gewohnt?« – »Wir sind vermutlich seit 1490 hier zu Hause«, sagt Marion Campbell of Kilberry. »Einmal haben wir etwa hundert Jahre lang auf einer andern Besitzung gelebt, gar nicht weit entfernt. Aber dann wurde es zu kostspielig, zwei große Gebäude zu unterhalten und wir zogen in den Turm zurück. Es war wie ein Auswandern in einen andern Erdteil; tränenreiche Briefe geben Zeugnis davon.«

Wir verabschiedeten uns. »Woran arbeiten Sie im Augenblick?« – »Ich mache eine Pause. Wer schreibt, wird ein ungeselliges Wesen. Ich will jetzt Zeit für Menschen haben.«

Sie steht wieder auf der Treppe, als wir abfahren. Mir kommt in den Sinn, was Marion Campbell, die von Kind an ebenso gut gälisch sprach wie englisch, in einem ihrer Bücher von sich sagt: »Ich habe die Freiheit der zwei Sprachen.«

Hauptwerk unserer Gastgeberin: Marion Campbell, ›Argyll – the enduring Heartland‹, London 1977.
Als Sehenswürdigkeiten in der Nähe ihres Schlosses empfiehlt sie:
Columbas Höhle am Ufer des Loch Caolisport:
diente vermutlich dem streitbaren Iren als Ort des Gebets und der Meditation bei einem ersten Aufenthalt in Schottland vor seiner Niederlassung auf Iona. Die Höhle gilt noch nach 1500 Jahren als heilig. Frische Blumen auf dem Steinaltar. Kreuzzeichen im Fels. Kleine Gärten vor dem Eingang (Standort auf Karten als ›Columba's Cave‹ eingetragen; über eine Seitenstraße von Achahoish aus erreichbar; der Felsspalt ist von einem kleinen Parkplatz aus zu sehen).
Fahrten zu den beiden äußeren Landzungen von Knapdale. Schöne Sammlungen von keltischen Hochkreuzen und Kreuzfragmenten sowie spätmittelalterlichen Grabsteinen (alles Funde aus der Umgebung) in Keills bzw. Kilmory Knap.
Wir sind diesen Empfehlungen mit Gewinn gefolgt. Die Höhle des Columba beeindruckte; von den beiden anderen Fahrten war besonders die über Tayvallich (Tearoom) nach Keills landschaftlich äußerst reizvoll. Enttäuschend nur Castle Sween, am Weg nach Kilmory Knap gelegen, als eine der ältesten schottischen Burgen gerühmt, aber von Wohnwagen umzingelt.

Auchindrain mit Billy Smith

Im September 1875 besuchte Queen Victoria den Herzog von Argyll auf seinem Schloß Inveraray. Am 25. schrieb sie in ihr Tagebuch: »Wir kamen ... an Achnagoul und Auchindrain vorbei. In diesen zwei alten Hochland-Siedlungen hat sich ein Brauch erhalten, der andernorts längst in Vergessenheit geriet. Nach diesem System werden alle, die Anbau betreiben, in Gruppen zusammengefaßt und ihre Hütten liegen jeweils nahe beieinander. Das Land ringsum ist in Ackerland und Weideland aufgeteilt. Die Weiden werden von allen gemeinsam benutzt, das Ackerland verlosen sie jährlich neu, so daß jeder Familie einmal ein besseres und einmal ein schlechteres Stück zufällt. Diese primitive Methode ist uralt ...«

Abgesehen davon, daß die Königin den gälischen Namen des Systems, ›run-rig‹, und Ausdrücke wie ›crofter‹, Kleinbauer, oder ›township‹, Ansiedlung, nicht kannte, ist ihre Darstellung, die sie mit großen schrägen Buchstaben und mit den üblichen Unterstreichungen zu Papier brachte, durchaus zutreffend. Was man ihr einmal erzählt hatte, behielt sie bis an ihr Lebensende, und das Leben der einfachen Leute interessierte sie immer.

Auchindrain blieb bis 1935 eine Township im alten Sinn. Mindestens tausend Jahre lang hat sich in dem damals abgelegenen Tal nichts oder wenig verändert; auch die berüchtigten Clearances hinterließen hier keine Spuren. Die Herzöge von Argyll waren mit den bestehenden Verhältnissen zufrieden und hatten nicht den fatalen Ehrgeiz anderer Feudalherren in den Highlands, zum Schaden ihrer Crofter modernisieren und noch reicher werden zu wollen. Wie Auchindrain damals aussah und wie die Leute dort lebten, kann man sich vorstellen, wenn man heute durch das neugeschaffene Freilichtmuseum geht, besonders wenn Billy Smith mitkommt und alles erklärt.

An bebaubarem Boden gab es so wenig, daß nicht nach Äckern, sondern nach Furchen verlost wurde! Die Felder waren immer fünfeinhalb Schritt breit (oder ein Vielfaches von diesem Maß), denn so weit reicht der Arm eines Sämanns, der nach beiden Seiten ausstreut. Die Hütten (einige heute

Ruinen, andere sorgsam wiederhergestellt) standen kreuz und quer, auf dem jeweils trockensten Flecken Grund. Aber wo es anging, war das Haus ›mit dem Wind‹ gebaut und dadurch wärmer; die Scheune ›gegen den Wind‹. Dann öffnete man beim Dreschen die beiden einander gegenüberliegenden Türen und die Spreu flog, vom Luftzug erfaßt, hinaus.

Man baute so viel Getreide an, daß die Bewohner der Townships sich davon ernähren und eine weitere, bedürftige Person mit unterhalten konnten und daß auch für den fremden Gast noch etwas übrigblieb. Bis in unser Jahrhundert hinein wurde jeder, der vorüberkam, aufgenommen und bewirtet. Die Fruchtfolge war mit trauriger Regelmäßigkeit Gerste-Hafer, Gerste-Hafer. Nach wieviel Jahren der kostbare Boden einmal ausruhen durfte, beschlossen alle Männer zusammen unter der Leitung des Township Constable, der Dorfpolizist und Bürgermeister zugleich war. Vermutlich stand der ›kiln‹, der gemauerte Dörrofen, in der Nähe seines Hauses. Ohne Kiln war eine Township nicht denkbar.

Wer ist Billy Smith, der uns dies alles und noch viel mehr erklärte? Ein Mann vieler Talente und Berufe, der ein Schiff steuern, eine Schulklasse unterrichten und ein Museum leiten kann, aber auch den ›cas chrom‹, den gebogenen hölzernen Pflug des Hochlands, mit Hand und Fuß zu führen weiß. Von allen Geschichten, die Billy uns erzählte, während er sich auf einen langen Schäferstab stützte und die Seemanns-Augen über sein Landreich, das Museum, wandern ließ, gefiel mir die von Bella MacCallum am besten. Bella war eine entfernte Anverwandte der würdigsten Familie von Auchindrain. Die MacCallums übten fast hundertfünfzig Jahre lang das Amt des ›registrar‹, des Standesbeamten, aus. Bella, eine alleinstehende Frau, hatte sich, so lange sie rüstig war, in den Bleiminen weiter nördlich ihren Unterhalt verdient (die Geschichte spielt Ende des vorigen Jahrhunderts). Als sie diese Arbeit nicht mehr leisten konnte, kam sie zu den MacCallums von Auchindrain, und damit begannen die Schwierigkeiten, denn ›eine Bedürftige unter den Einwohnern‹ gab es schon, und mehr durften es nicht sein. Die MacCallums wagten es trotzdem, Bella eine kleine Torfhütte neben ihrem Haus zu errichten. Sie hofften, dem Herzog würde es nicht auffallen.

Der Herzog ritt eines Tages vorbei, um mit dem Registrar ein paar Worte zu reden. Er tat das öfters. Vielleicht war ihm das Torffeuer im Kamin der MacCallums ein freundlicherer Anblick als seine starrenden Waffensammlungen, stummen Gemälde und livrierten Diener auf Schloß Inveraray. Er war noch ein junger Mann und, wie die meisten Campbells, durchaus nicht dumm. Er traf nur Bella im Hause an, durchschaute die Situation sofort und fragte: »Wie lange bist Du schon da?« – »Länger als Ihr, Euer Gnaden«, sagte die alte Frau. Diese Antwort gefiel dem Herzog so gut, daß er Anordnung gab, die Township solle der Bella MacCallum das verfallene Armenhaus wiederaufbauen. Damit erhielt sie alle Rechte und Pflichten einer Gemeindearmen. Sie bekam jeden Tag ihr Essen in einem anderen Haus. Sie hütete Kleinkinder, fütterte die Hühner und setzte Kartoffeln ans Feuer, wenn die Familie auf dem Feld war. »Sie war nützlich und damit viel besser dran, als eine Greisin in einem unserer Altersheime heute.«

Billy Smith schwieg, und kratzte mit dem Schäferstab nachdenklich im Boden; wir sagten auch nichts, und das letzte Wort hatte wieder einmal ein Kuckuck.

Tod eines Herzogs

Als die großen Lairds noch uneingeschränkte Macht besaßen, konnte es geschehen, daß einer von ihnen seine Untergebenen nach Gutdünken in eine neue Ortschaft umsiedelte. Manche der Herren, wie etwa die Grants von Monymusk, taten es aus menschenfreundlichen Gründen; anderen war es nur wichtig, daß sie genug freien Raum um ihr Schloß hatten. Vor allem im 18. Jahrhundert haben gute, sogar berühmte Architekten zu solchen Zwecken reizvolle kleine Städte geplant und erbaut; was die Umgesiedelten selbst dazu meinten, ist nicht bekannt.

Inveraray am Loch Fyne, die Stadt der Herzöge von Argyll, entworfen von Robert Mylne, ist als erste so entstanden. Den schönsten Blick auf Inveraray Town und Castle hat man von der hochgeschwungenen doppelbögigen Brücke aus, mit der Robert Mylne den Fluß Aray an seiner Mündung überspannte. Leider ist diese Brücke sehr schmal, Autos und Autobusse schieben sich mit Mühe aneinander vorbei; von Anhalten des Wagens kann keine Rede sein und Fußgänger sind in gefährlicher Lage. Nach rechts hin sieht man den kühlen, graublauen neugotischen Bau des Schlosses hinter Bäumen liegen. Zur Linken, jenseits der Wasser des Loch, zeichnet sich die weiß-schwarze Kulisse der Stadt wie ein Architekturaufriß ab. Fast unproportioniert hohe Häuser stehen neben niedrigen; zwischen ihnen die hohen und unverzierten, weiß leuchtenden steinernen Bogen, die das Wahrzeichen dieser Stadt sind. Fenster haben schwarze Umrahmungen, die Haustüren glänzen schwarz. Im Mittelpunkt des Ortes steht ein klassizistischer Rundbau, die Kirche. Sie ist zweigeteilt: hier wurde einmal für die Herrschaften auf englisch, dem Volk in gälischer Sprache gepredigt.

Inveraray liegt vierzig Meilen vom offenen Meer entfernt, aber das Wasser des Loch hebt und senkt sich im Takt der Gezeiten und schmeckt salzig; der Wahlspruch im Stadtwappen heißt, lateinisch: »Möge es uns nie an Heringen fehlen.« Das Wort ›Hering‹ müßte man heute durch ›Touristen‹ ersetzen, denn der Fisch blieb aus, die Fremden kamen; ein Phänomen, das auch an anderen schottischen Orten zu beobachten ist. Besonders im Sommer drängen sich hier, an einer Hauptroute der Touristen und der Touristikunternehmen, Scharen von Menschen in den Straßen oder vor dem Schloß.

Die Campbells of Argyll waren in ihrer Blütezeit das mächtigste Haus in Schottland; sie konnten viertausend Mann zu den Waffen rufen. Mit großem Geschick standen sie jeweils auf der richtigen Seite. Daß sie 1745, im Jahr des zweiten Jakobiteraufstands, mit ihrem Schloßbau beginnen konnten, zeigt, daß sie sich auch hier rechtzeitig mit den Engländern arrangierten (ein Schotte würde schreiben: ›sich verkauften‹). Auf Inveraray Castle hängen in Salon, Halle und Treppenhaus die Ahnenbilder dieser erlauchten Familie, von Meistern wie Gainsborough oder Raeburn gemalt. Aber in einem abgelegenen Zimmer erzählt eine Reihe von Photos und Zeitungsausschnitten von der Beisetzung des 11. Herzogs, Ian Douglas. Dieser Chief des Clan Campbell, mit dem Ehrennamen MacCailein Mor, Sohn des großen Colin, den alle Erstgeborenen der Familie tragen, starb 1973. Er wurde auf Inishail, der Insel der Ruhe, im Loch Awe beigesetzt. Es war eine stille Beerdigung. Als man den Sarg zum Ufer brachte, ging vor ihm ein Piper und dann Sir Ian Moncreiff of that Ilk, in seiner Eigenschaft als Albany Herold; denn der Verstorbene trug neben vielen anderen Würden auch den Titel des ›Master of the Royal Househould in Scotland‹.

Bei der Überfahrt ruderte nur ein Mann das Boot mit dem Toten; der Piper stand vorne im Bug. Auf dem weißen Sarg lag die Mütze des Chief mit den drei Adlerfedern; die Herzoginwitwe saß allein im Heck. Nur fünf weitere Boote folgten. Auf den Flanken des Berges Ben Cruachan, der Loch Awe überschattet, lag Schnee; aber in den Gärten von Ardanaiseig blühten schon die Narzissen in dichten Teppichen. Der Piper im Bug spielte, wie die Tradition es vorschreibt, ›The Flowers of the Forest‹, die bewegende Totenklage um die Gefallenen jener für Schottland vernichtenden Schlacht gegen die Engländer bei Flodden. Eine der Strophen lautet:

> »Dahin unsre Kränze! Wir zogen zur Grenze,
> Wo Englands Banner im Winde geweht;
> Unsre Blumen vom Walde, sie ruhn auf der Halde,
> Die Blüte des Landes ist abgemäht.«

»For the Duke, whose life had often been turbulent and much publicised, it was a peaceful homecoming.« Dies war die friedliche Heimkehr eines Mannes, dessen turbulentes Leben oft für Schlagzeilen sorgte.

Die Erbschaftssteuer belief sich auf beinahe eine Million Pfund. Zunächst stundete das Schatzamt in London den immensen Betrag gegen entsprechende Zinsen. Der junge Herzog hatte Zeit sich zu überlegen, wie er die nötigen Mittel beschaffen könne. Weite Ländereien des ehemaligen Besitzes, zum Beispiel auf der Halbinsel Kintyre, waren schon in der letzten Generation aus gleichem Anlaß verkauft worden. Dazu brannte 1975 ein erheblicher Teil des Schlosses ab. Der 12. Herzog mußte um die halbe Welt reisen und bei den weit verstreuten Campbells für den Wiederaufbau sammeln. Im Jahre 1978 stand das Schloß mit den vier runden Ecktürmen von neuem makellos da, aber die Frage der Erbschaftssteuern war weiterhin ungeklärt. Ein drastischer Schritt blieb unerläßlich: Die Insel Iona wurde zum Verkauf angeboten. Iona, Insel des Columba, Wiege des Glaubens, ein Nationalheiligtum! Wilde Gerüchte hielten einen Ausländer, vielleicht einen Sohn Mohammeds, als Käufer für denkbar. Dann erwarb Lord Fraser, ein Schotte, Besitzer berühmter Warenhäuser wie Harrods in London, Iona für eineinhalb Millionen Pfund und schenkte die Insel der Nation. Er wollte damit seinem Vater ein Andenken setzen. Freude im ganzen Land.

Theodor Fontane verdanken wir die schöne Übersetzung der ›Flowers of the Forest‹.

Dunadd

Kaum eine andere schottische Gegend ist mir in allen Einzelheiten so deutlich im Gedächtnis geblieben; dabei gehört sie nicht einmal zu den großen Szenerien, im Gegenteil. Nördlich des Crinan Canal erstreckt sich *Moine Mhór*, das große Moos: eine tischflache sumpfige Ebene, von wenigen geraden Straßen durchzogen und von den Zäunen der Viehweiden. Aus dieser monotonen Fläche ragt unvermittelt ein vulkanischer Kegel. Auf seinem Gipfel lag Dunadd, Festung und Mittelpunkt des alten keltischen Reichs von Dalriada, der Keimzelle des heutigen Schottland. Irische Annalen berichten, die Königssöhne Fergus, Lorn und Angus seien übers Meer gefahren und den Fluß Add hinauf – seine Schleifen umziehen den Hügel. Der Augenschein bestätigt die Legende. Auf der Höhe von Dunadd staffelt sich der Fels zur Bühne. Hier sammelte sich das Volk, während Druiden und andere Würdenträger den König ausriefen und so in seinem Amt bestätigten. Im Stein der obersten Terrasse ist die Ritzzeichnung eines Ebers als Symbol der Stärke deutlich zu erkennen; daneben eine runde Vertiefung, die vermutlich als Wasserbehälter diente, und der muldenartige Abdruck eines Männerfußes, genau nach Norden gerichtet – dorthin, wo der Ben Cruachan als höchster Berg der Gegend den Horizont überragt. Im Jahre 574, so heißt es, sei der heilige Columba von Iona aus nach Dunadd gekommen, um seinen irischen Landsmann Aidan zum König von Dalriada zu weihen, in der ersten christlichen Krönungszeremonie der Britischen Inseln.

Auf dem Dunadd: Der Himmel war grau verhangen; in einem Gehöft zu Füßen des Hügels wurde, dem hellen Klang nach zu schließen, eine Sense gedengelt. Kuckucksrufe übertönten das ›tirui‹ der Brachvögel. Wer hier oben residierte, blieb ungeschoren; auf Meilen kann sich niemand nähern, ohne gesehen zu werden. Der Blick geht nach Osten und Norden über sauber abgegrenzte Felder und Weiden, Pferde und Fohlen, Schafe und ihre Lämmer. Dem Westen zu dehnt sich das große Moos bis ans Meer. An einem klaren Tag wären die runden Gipfel von Jura, die ›Paps‹ zu sehen; aber das Getöse des Strudels von Corryvreckan zwischen den Inseln Jura und Scarba hört man hier nicht mehr. Im Süden von Dunadd zieht sich der *Crinan Canal* in seinem erhöhten Bett durchs Moor. Mit Hilfe von fünfzehn Schleusen klettern die Boote über die Landenge; sie sind in Glasgow und auf dem Clyde beheimatet – nicht nur Yachten reicher Leute, sondern auch sonderbare handgezimmerte Fahrzeuge, von jungen Familien bemannt, und kleinere Fischerboote. Der Crinan Canal umrundet einen vulkanischen Hügel, ehe die Schleusenfahrt abwärts zum Hafenbecken und hinaus zum offenen Meer geht. Wir saßen dort gerne in der Hotelbar mit dem passenden Namen ›Schleuse 16‹, aßen Hummersuppe und geräucherte Makrelen und sahen auf das Treiben unter uns. Diese Wasserstraße kann nur befahren, wer über ein eigenes Boot verfügt, es sei denn, man würde ›zum Helfen‹ mitgenommen. Ein Teil der schwarz-weißen Schleusen wird noch von Hand betrieben. Wie ich höre, sind Hafenbecken und Hotel inzwischen modernisiert und erweitert worden. Vielleicht ist der altmodische Frieden des Ortes darüber verloren gegangen.

Nördlich des Moine Mhór, in einem grünen und fruchtbaren Tal mit dem Weiler *Kilmartin*, ist an vielen steinernen Zeugen abzulesen, daß auch diese Gegend seit frühester Zeit und immer neu besiedelt wurde. Mannshohe Standsteine in den Weiden beweisen es und Grabkammern im Schatten hoher

Bäume. Diese Begräbnisstätten sind von einem losen Wall weißer, oft rundgeschliffener Steine umgeben. Die ornamentreichen Kreuze und Grabplatten einer späteren Zeit mußten, um sie vor dem Verfall zu bewahren, von ihrem ursprünglichen Standort unter freiem Himmel in einen glasüberdachten Raum oder in die Kirche versetzt werden. Der Betrachter sieht die Notwendigkeit einer solchen Maßnahme ein, aber er bedauert sie.

Die Ruine der Burg von *Carnasserie* aus dem Jahre 1681 beherrscht, erhöht liegend, das ganze Tal. Wir haben diesen Bau, der weniger Männerhöhle und Räubernest war als eleganter Aufenthaltsort für eine Familie, im Uhrzeigersinn umrundet und bewundert, wie schön behauene Steinbänder an der Außenwand die Stockwerke markieren. Neben dem wappengeschmückten Haupteingang hing ein riesiger Schlüssel an seiner Kette. Vom großen Wohnraum aus führt die Wendeltreppe über siebzig bequeme Stufen hinauf zum Umgang. Das grüne und wohlbestellte Land uns zu Füßen wurde in genauer Abgrenzung von kahlen Höhen eingefaßt. Eine Dohle, die das Schloß bewacht, umkreiste den Turm, so lange wir dort oben standen. Ihr Schatten folgte ihr wie ein zweiter Vogel.

Bei Carnasserie führt eine Straße zum Loch Awe hinüber. Weiter nördlich an dieser Küste: die Inseln Seil und Luing. Luing ist nur über das Wasser erreichbar; aber nach Seil hinüber führt eine schön gewölbte, von Thomas Telford erbaute Steinbrücke. Da sie einen (bei Ebbe trockenen) Meeresarm überspannt, hat man ihr den Namen ›Brücke über den Atlantik‹ gegeben. In Seil wurde in großem Ausmaß schwärzlicher Schiefer gewonnen. So liegt der Hauptort der Insel am Easdale Sound am Fuß eines ehemaligen Schieferbruchs. Trotzdem ist die Szenerie am Wasser so malerisch, daß sich einige Künstler hier niederließen und Nachmittagsausflüge von Oban aus, zum Besuch der Ateliers, eine beliebte Unternehmung wurden (Fähre zur Insel Easdale).

Im Berg

Vom Flugzeug aus gesehen scheint das riesige Wassergeflecht von *Loch Awe* und *Loch Etive* durch die Faust des Ben

Cruachan zusammengehalten zu werden. Der Berg, in dessen obersten Rinnen und Karen bis zum Sommer Reste von Schnee liegen, zeigt dem Beschauer von oben einen Stausee und dessen mächtigen Damm. Sie liegen über tausend Meter hoch.

Loch Awe war noch in erdgeschichtlich jüngster Zeit ein Meeresarm; die Lachse schwärmen, heißt es, dem Instinkt folgend, zunächst zum westlichen Ende des Sees, wenn die Zeit ihrer Wanderung gekommen ist. Dann müssen sie umkehren und den langen Weg zurück durch Loch Awe und Loch Etive nehmen, ehe sie, bei günstigem Tide-Stand, über die Wirbel der *Falls of Lora* das offene Meer erreichen. Die Autostraße führt über den *Pass of Brander* von einem See zum anderen. Aus welcher Richtung man auch kommt: Der Umriß des *Ben Cruachan* steht schon lange eindrucksvoll am Horizont, ehe unter den Wänden des Berges der Eingang zum Kraftwerk sichtbar wird.

›Power from the Glens‹, Energie aus den Hochtälern, sagt man in Schottland. Glücklich ein Land mit solchen natürlichen Kraftreserven, dessen Ingenieure die Kunst beherrschen, mit geringem Aufwand eindrucksvolle Ergebnisse zu erzielen, ohne dabei die Natur zu vergewaltigen. Wenn in den Industriezentren wie Glasgow überflüssiger Strom vorhanden ist, nachts und am Wochenende, so schickt man ihn hierher und pumpt mit seiner Hilfe riesige Wassermengen, 120 Kubikmeter in der Sekunde, den Berg hinauf in den Stausee. Ist dieser gefüllt, so hat sich unten der Spiegel des Loch Awe trotzdem nur um drei Zentimeter gesenkt. Umgekehrt strömen während der Stunden des stärksten Stromverbrauchs fünfhunderttausend Tonnen Wasser wieder dem See zu und erzeugen dabei die zusätzlich benötigte Elektrizität.

Die Anlagen des Werks befinden sich tief im Inneren des Ben Cruachan. Wir fuhren mit einem Jeep etwa eine Meile weit durch einen gewölbten Gang, bis wir zu der gewaltigen Felsenhalle in der Höhe eines siebenstöckigen Gebäudes kamen. Bis auf vier Maschinenkolosse mit Pumpen und Generatoren war der Raum leer. Er war warm. Menschen sah man nicht. Drei Arbeiter genügen für die Bedienung der Maschinen.

An der äußersten nordöstlichen Spitze des Loch Awe die malerische Ruine von Kilchurn Castle, einer Campbell-Burg des 15. Jahrhunderts (von beiden Uferstraßen aus gut zu sehen und zu photographieren).
Ob Ost- oder Westufer des Sees schöner seien, ist eine ungelöste Streitfrage. Zwei gute Hotels liegen sich an beiden Ufern direkt gegenüber. An der Westseite führen zahlreiche reizvolle Pfade in den ausgedehnten Inverliever Forest.
Den schönsten Blick auf den jenseits des Sees steil aufragenden Ben Cruachan hat man in den Gärten von Ardanaiseig bei Kilchrenan.

Durchgangsstation Oban

Oban ist, für den Touristen, die wichtigste Stadt der Westküste: Durchgangsstation, Warten auf die Ausfahrt, oder Abschied von Meer und Meerwind, von den Hebriden.

Man steht Schlange beim Ein- und Ausschiffen, beim Ein- und Ausladen der Autos, im Restaurant und manchmal schon vorm Frühstückssaal im Hotel. In Oban gehe ich zum Friseur und zur Bank und kaufe mir eine neue Thermosflasche, beim Geschrei der Möwen, die hier besonders dick und unverschämt sind. Autowerkstätten reparieren den Wagen, der ein Hochland-Abenteuer nicht heil überstand.

Wer bleibt schon in Oban? Die Busreisenden gewiß nicht, die des Abends, auf der Esplanade, aus ihren Fahrzeugen geschaufelt werden, das Gepäck hinterher, hinein ins Hotel; ein Haus steht hier neben dem anderen, fast alles alte Bauten, Riesenkästen. Zimmer mit Bad sind Mangelware, Einzelreisende tun sich in der Saison schwer, an den kleinen, gut gelegenen Guesthouses steht schon von Mittag an ›No Accomodation‹.

»Das Hotel war besetzt bis unters Dach«, schreibt Fontane 1858 und wird dann von seiner Zimmerwirtin betrogen, die die Rechnung erst herausrückt, als sein Schiff schon abzulegen droht – aber Wechselgeld hat sie in der Eile nicht zur Hand. So etwas gibt es heute nicht mehr.

Kommen und gehen: Wieder fährt ein Zug in den putzigen Bahnhof ein, landet ein Helikopter, wird ein Laufsteg heruntergelassen, läuft ein Boot aus; Kisten mit Eiern, große Packen Speck für das Frühstück am nächsten Morgen werden vor den Haustüren abgeladen. Manche Läden sind noch am späten Abend geöffnet. Abends hat Oban seine besten Stunden. In der Stadt, die im Halbkreis bewaldeter Felsen steil aufsteigt, gehen die Lichter an. Aber man wendet ihnen bald den Rücken zu; draußen ist es schöner, wo Inseln und Vorgebirge sich ineinanderschieben: eine Riesenbühne mit Sonnenuntergangs-Beleuchtung und alles doppelt, vom beruhigten Wasser gespiegelt. Im Hafenbecken liegen Fischerboote, eins ans andere getäut, im Scheinwerferlicht; Lichter auch auf allen großen Schiffen, die in der Frühe wieder auslaufen werden.

Das Missionshaus für die Deep Sea Fishermen (wir sagen Hochseefischer) ist das modernste Haus am Platz und bietet Fernsehen, Duschräume und geistlichen Zuspruch. Sonntag abends tönen die Lieder der Frommen über den Kai. Über allem schwebt, wie eine bizarre Krone, angestrahlt, MacCaigs Folly, dem Kolosseum in Rom nachgebildet, nie fertig geworden, als Museum und in guter Absicht geplant: Es gab damals, um die Jahrhundertwende, sehr viele Arbeitslose in Oban, denen MacCaig helfen und sich gleichzeitig ein Denkmal setzen wollte. Heute leben die Leute gut hier: vom Tourismus.

Oban als Ausgangspunkt zahlreicher Ausflugsmöglichkeiten: mit der Autofähre nach Mull, oder Rundfahrt um Mull, mit Blick auf Staffa und Besuch von Iona; Autofähren nach Colonsay; nach Coll und Tiree; zu den Äußeren Hebriden (Barra und South Uist); Bootsausflüge zu den Ruinen von Dunstaffnage Castle (13. Jahrhundert mit eingebautem Tower House des 17. Jahrhunderts); kombinierte Bus- und Bootsfahrt zum einsamen Loch Etive.
Mit dem Auto: große Rundfahrt über den Pass of Brander–Dalmally – durch das Hochtal von Orchy – über Kingshouse durchs Glen Coe – am Loch Linnhe entlang zurück nach Oban; kleine Rundfahrt über Connel Bridge in nördlicher Richtung, dann östlich durchs Gleann Salach zum Loch Etive und zur Ardchattan Priory: Abteiruine mit schönen Grabsteinen; Gärten des am Wasser gelegenen Herrenhauses; Rückfahrt am Ufer des Loch Etive westlich bis zur Connel Bridge.

ORKNEYS: WEIDEN UND STANDSTEINE
Stenness · Brough of Birsay · Brodgar

Der Gang durchs Watt

Colonsay ist eine erfreulich abgelegene Insel. Zur Zeit, in der ich dies schreibe, hat man die Möglichkeit, entweder eine Nacht lang – oder mindestens drei bis vier Tage dort zu bleiben. Wer die erste Möglichkeit wählt, fährt abends, wenn es noch hell ist, von Oban aus zwischen Festland und der Insel Kerrera hindurch, dann die schöne Strecke an den westlichen Küsten entlang. Wie überall in diesen Gewässern schieben sich Inseln und Ufer verwirrend vor- und ineinander; nur der Leuchtturm von Fladda mit seinem weißen Mauergeviert gibt einen festen Anhaltspunkt. Um zehn Uhr macht das Schiff am langen Pier von *Scalasaig* fest: Colonsay ist erreicht. Der größere Teil der Mitreisenden drängt sich zwischen Autos und Koffern, Begrüßenden und Begrüßten hindurch, macht sich geradewegs zum Hotel auf und verschwindet dort in der Bar. An Schiffstagen darf diese Stätte feucht-fröhlicher Begegnungen länger ausschenken. Für die, die zu später Stunde den Weg zum Schiff zurück und in ihre Kabine nicht mehr allein finden, hat der Wirt ein wackliges Taxi bereitstehen. Am nächsten Morgen weckt der Lärm der Maschinen die Schläfer in ihren Kojen: die Rückfahrt nach Oban hat begonnen. Nach einem kräftigen Frühstück ist um halb neun die Fahrt zu Ende.

Wir blieben vier Tage auf Colonsay und haben es nicht bereut. Wir wohnten bei Charly, einem Crofter.

Wem gehört diese Insel? Ich nenne lieber keinen Namen. Überall wurde erzählt, der Laird müsse an Verkauf denken. Der Augenschein zeigte, daß sein rosafarbenes Schlößchen im französischen Stil noch wohlerhalten und gepflegt aussah. Aber die berühmte Rhododendronanlage war mangels Pflege zum wild blühenden, feucht-dunklen Dschungel geworden.

Niemand sollte versuchen, ohne festes Quartier nach Colonsay zu kommen. Wohnwagen und Zelte sind verboten, einige Ferienhäuser in schönster Lage und das Hotel auf Monate hinaus ausgebucht, Privatquartiere rar geworden. Die Crofter haben sich ohne Hilfe durch den Laird schwer getan, manche sind schon fortgezogen. Wird Colonsay ein Refugium für eigenwillige Figuren, stumme Angler und

Frischluft-Enthusiasten? An Stelle des vom Gälischen beeinflußten Schottisch der Einheimischen hörten wir immer wieder die unverkennbare ›U-Sprache‹ der feinsten englischen Gesellschaft. Einmal läutete das Telefon, unsere Hauswirte waren ausgegangen. Es meldete sich, als ich den Hörer abnahm, ein Lieutenant-Colonel mit gelangweilter Stimme: »Would you mind telling Charly, that his cows are in my garden?«

Colonsay bietet seinen Gästen weite weiße Sandstrände, besonders im Norden; Steilklippen, die von Seevögeln bewohnt werden; einen Golfplatz; einsames Moorland – und die Ruinen und Kreuze von *Oronsay*.

Diese Nachbarinsel ist nur bei Niedrigwasser erreichbar. Der ›Große Strand‹ muß durchwandert und durchwatet werden. Als wir das Ende der Straße auf Colonsay erreicht hatten, warteten bereits die Insassen dreier Autos. Eine grauhaarige Touristin mit Fahrrad und Rucksack hatte sich neben ihr Gefährt gesetzt und trank erst mal Tee aus der Thermosflasche. Bald darauf machten sich die ersten auf den Weg, obwohl vor dem festen Land drüben ein dunkler Wasserstreifen noch deutlich sichtbar war. Alle Wanderer gingen barfuß oder in Gummistiefeln. Ihre Gestalten schienen in kürzester Zeit von der unendlichen sonnenschimmernden Weite aufgesogen zu werden. Dann zogen auch wir los, vorbei an Kühen und Kälbern, die regungslos im Watt standen. Die tellerflache Sandfläche glänzte; das Licht brach sich blitzend in unzähligen winzigen, mit Sandflechtwerk verzierten Buckeln, den Spuren der Wattwürmer. Einmal sah ich den Abdruck eines nackten Fußes im Schlick.

Der zweite Teil des Weges, drüben auf Oronsay, ging ein wenig heiß und einförmig eine übergrünte Asphaltstraße entlang zur Ruine der Priorei aus dem 14. Jahrhundert und zu einigen Farmgebäuden. Am Ziel fanden sich die Wattwanderer wieder zusammen. Sie berieten, wie man das schöne Hochkreuz aufnehmen könne, ohne daß die rot rostenden Wellblechdächer einer Scheune mit ins Bild kämen, aber einer sagte: »Ich werde beides zusammen auf meinem Photo haben, ich will die Realität.« Im Herzen der Anlage, dem kleinen Geviert des Kreuzgangs, der durch eine überhohe Mauer vor

Sturm und Gischt geschützt liegt, wurden die aus Schieferstein kunstvoll gefügten Arkaden betrachtet; aber ihre verwaschenen Inschriften und Skulpturen ließen sich weder entziffern noch deuten.

Es ist Zeit, hieß es und wieder in einzelne Gruppen zerfallend begaben wir uns auf den Rückweg. Hinter den letzten Wanderern schlossen sich Tümpel und steigende Rinnsale zur Wasserfläche

Wir verließen Colonsay am Abend, wie wir am Abend gekommen waren, nach einem Abschiedstrunk in der Bar des Hotels. Unser Auto war schon zuvor aufs Schiff gebracht, über eine Art Bühne gedreht und in den Laderaum abgesenkt worden. Die Kabinen lagen gleich nebenan. Früh, als die Geräusche der Abfahrt mich geweckt hatten, stieg ich bei ungewissem Wetter aufs Deck hinauf und grüßte zu den steinernen Erhebungen der *Garvellachs* hinüber, die man auch Isles of the Sea nennt. Die südlichste dieser drei Inseln, *Eileach an Naoimh*, das Eiland der Heiligen, ist mit den verehrungswürdigen Namen des Columba und des Brendan von Clonfert verbunden. Die frommen Männer zogen sich zu Meditation und Gebet auf diesen unwirtlichen Felsen zurück.

Flüchtiger Aufenthalt: Mull

Die Insel Mull habe ich wieder und wieder durchfahren, mit anderen Zielen im Sinn: Iona, Staffa, oder die Küste von Morvern mit Ardnamurchan. Aber ich bin nie länger geblieben. Die Ausmaße dieser Hebriden-Insel sollen, von Landspitze zu Landspitze gemessen, 25 zu 20 Meilen betragen. Mir kam Mull immer viel größer vor, mit mächtig quellenden Formen, wie ein zu stark aufgegangener Kuchenteig. Zahlreiche kleine Steineilande stehen mit bizarrem Umriß vor den westlichen und südlichen Küsten und scheinen gegen Abend näher zu schwimmen. Dann ist Mull am schönsten.

Auf der Straße zwischen Salen und Tobermory, im Norden, hielten wir nach den Bussarden Ausschau, die laut Reiseführer dort auf den Telegraphenstangen sitzen sollen. Sie waren zuverlässig an ihrem Platz. In *Tobermory* gefiel mir die bunte und ebenmäßig gerundete Kulisse der Häuser am Wasser und, im Sommer, das Hereingleiten und Auslaufen der Jollen und Hochseeyachten. Tobermory gilt als sicherster Hafen der Hebriden. Trotzdem ist die kleine Stadt keine Heimat der Fischer, sondern in erster Linie ein Fremdenort. Die Häuser aus dem 18. Jahrhundert haben Spitzgiebel im zweiten oder sogar in einem dritten Stock; sie sind weiß, schwarz oder rosa getüncht, mit säuberlich abgesetzten Fensterumrandungen, und steigen zwischen Sykomoren einen grünen Hang hinauf. Auf dem Grund der Bucht liegt, mit Mann und Maus und vielleicht viel Gold an Bord, ein Schiff der Armada, dessen Name nicht bekannt ist. Um an diesen sagenhaften Schatz zu gelangen, wurde es seinerzeit von habgierigen Clanleuten in die Luft gesprengt. Das Schiff sank rasch und gründlich. Zum Beutemachen blieb keine Zeit. Die fest zusammengebackenen Schichten von Sand und Ton am Meeresboden sind ein so sicheres Versteck, daß man auch heute, mit neuesten Methoden, nichts ausrichten kann. Der Herzog von Argyll hat es mit Tauchern der britischen Marine vergeblich versucht.

Das Little Theatre in *Dervaig* (kleinste Bühne Großbritanniens) hatte gerade keine Saison, als wir vorbeikamen. Aber wir haben uns gerne mit Barrie und Marianne Heskeith unterhalten, und den selbstgebackenen Kuchen ebenso bewundert wie ihren unerschütterlichen Mut. Dervaig selbst ist ein freundlicher Ort, den man für einen Ferienaufenthalt empfehlen kann.

Die Straßen von Mull schlängelten und dehnten sich zwischen Mooren und kahlen Hängen und schienen kein Ende zu nehmen, bis wir schließlich zu den schwarzen Steilküsten kamen. An manchen Stellen hängen die Wände, bis zu dreihundert Meter hoch, bedrohlich über der Straße. Von Zeit zu Zeit lösen Sturm und Regen dort ein Stück Fels ab; kleine Steine kommen ständig herunter. Bei *Gabun* hat sich das traurige Ende eines Hochzeitsfestes ereignet, vor mehr als hundert Jahren; man spricht immer noch davon. Der Mann war Schäfer und hatte gerade eine Anstellung gefunden. Nun konnte er heiraten. Die Hochzeitsfeier wurde wie üblich in einer Scheune ausgerichtet, nahe bei dem Häuschen, in dem die jungen Leute wohnen würden. Das Fest war laut und lustig und wurde immer lauter, je weiter die Nacht fortschritt. Die Fiedeln jaulten ihre schnellen Weisen, und eine Ziehharmonika quietschte hinterher. Gesungen wurde auch. Das junge Paar hatte sich längst entfernt. Als es hell wurde und die ersten ans Heimgehen dachten, sahen sie schon von der Tür aus das Unheil: Wo die Hütte der Hochzeiter gestanden hatte, war in der Nacht ein riesiger Felsblock, Tausende von Tonnen schwer, herabgekommen, und hatte die Wohnung und jede Spur der beiden zugedeckt und ausgelöscht. Nur der Gartenzaun war unversehrt. Der Felsen liegt noch da, wo er fiel. Menschenhand könnte ihn nicht fortbewegen.

Nahe dem Landeplatz in Craignure: Duart. Hier hat ein Clanchief die verfallene Burg seiner Ahnen aus dem 13. Jahrhundert zurückgekauft und restauriert. Duart Castle wird gegenwärtig vom 27. Chief des Clan Maclean bewohnt (Besichtigung möglich).

Holy Iona

Der Ire Columba, ein Königssohn, kam 563 im Alter von 42 Jahren mit zwölf Gefährten auf diese Insel. Er nahm damit die Buße des ›Elend sein‹, des In-der-Fremde-leben, auf sich – um einer Schuld willen. Der heilige Mann konnte von gewaltigem und ganz unheiligem Zorn erfaßt werden, wenn es um gutes Recht ging. So hatte er bei einem Freund, dem Abt Finnian von Moville, eine der noch sehr seltenen Kopien der Vulgata nächtens heimlich abgeschrieben. Im Streit um dieses Manuskript entschied der irische Hochkönig, daß »eine Kopie zum Original gehöre wie das Kalb zur Kuh«. Der fragwürdige Spruch, den Columba nicht anerkennen wollte, wurde Anlaß einer Schlacht, in der dreitausend Männer gefallen sein sollen. Sicherlich nicht weniger Seelen sammelte Columba im Lauf von 34 Jahren auf Iona um sich, in einer Klostersiedlung nach keltischer Art: mit runden Hütten aus Zweigen und Lehm für die Schüler, bescheidenen Kirchenräumen, Hochkreuzen, Werkstätten. Von Iona aus brachte Columba auf seinen Fahrten weiten Teilen des heutigen

Schottland das Christentum. Mehr noch: Mit seiner überlegenen Persönlichkeit und staatsmännischen Klugheit griff er auch in die politischen Geschicke des Gastlandes ein. Wie viele Männer der frühen keltischen Kirche konnte Columba unbeugsam und ungeduldig sein, aber ebenso mild, vom Geist der Liebe erfüllt, ein Poet und Freund aller Kreatur, »a loveable lamp, clear, pure«.

Alles, was unter seiner Leitung auf Iona geschah: ackern und backen, Kunstwerke herstellen und Bücher illuminieren, Schüler lehren, Fremde beherbergen und Kranke pflegen, muß man sich vor dem Hintergrund nie endender Gebete denken. Die Kraft, mit der Columba und seine Jünger den Himmel bestürmten, ist, so meint man, auf Iona heute noch zu spüren – in einem unerklärlichen Frieden, der über der Insel liegt, obwohl mehr als eine Viertelmillion Besucher sie jährlich vom Frühjahr bis zum Herbst überfluten.

So schön die langen leuchtenden Sommertage auf Iona sind: Ich denke am liebsten an meinen ersten Aufenthalt spät im Oktober zurück.

An einem Sonntagmorgen trafen wir im Hafenort Fionnphort auf Mull nur verlassene Parkplätze an, über die ein Wind fegte, der sich jeden Augenblick zum Sturm steigern konnte. Unser Boot, eher eine Nußschale, tanzte über die Wellen heran. Der Skipper schien besorgt und barsch. Eine Art Plastikwanne stak schräg zwischen den Sitzbrettern: das Rettungsboot. Die Fahrt nach Iona hinüber war kurz und ungemütlich. Das Wasser der Meerenge, sonst still wie ein Teich, lief unheimlich rasch und quer zu unserer Fahrtrichtung. Das Boot schaukelte nicht, es wurde auf und ab gestoßen. Drüben sahen wir uns unsanft ans Land gesetzt; unser Mann hatte Mühe, die Leine zu halten. »Zurückholen kann ich Euch heute nicht mehr, es wird ärger.« – »Wieviel sind wir schuldig?« Er rief uns einen wahrhaft lächerlichen Preis zu und wollte auch nicht mehr annehmen.

Iona – das Glück, ein lange ersehntes Ziel erreicht zu haben.

Iona ist baumlos, von Sandstreifen gesäumt, auf denen nur ein hartes Dünengras gedeiht, und flach bis auf einige felsige Erhebungen. Große Entfernungen gibt es nicht. Die Sehenswürdigkeiten sind wie zur Bequemlichkeit der Besucher hintereinander aufgereiht. Kathedrale und Kloster, aus roh behauenen Feldsteinen errichtet, stehen als gedrungenes Bollwerk gegen Wind und Wellen nahe dem Ufer. An der Klosterpforte hieß es, eine Tagung fände gerade statt, aber man würde wohl trotzdem Platz für uns finden. »Nur sind jetzt alle beim Gottesdienst.« Im Dämmerlicht des Kirchenschiffs ging die Morgenfeier gerade zu Ende, mit einem gälischen Lied, dessen Töne die Melodie der Wellen draußen aufnahmen. Man konnte sich auf hoher See glauben. Ich mußte daran denken, wie sehr Columba dem Meer und der Meerfahrt zugetan war. Später trafen sich die Gäste des Klosters im benachbarten Kreuzgang, bei Tee und Weißbrot. Wer mit einem der Anwesenden ein Gespräch zu beginnen wünschte, brach ein Stück von seinem Brot ab und hielt es dem anderen entgegen. Mit dieser schönen Geste wurden auch wir in den Kreis der ›Iona Community‹ aufgenommen.

Columbas Klostergründung war nach dem Tod des Heiligen auf lange Zeit und immer aufs neue ein blühendes und frommes Gemeinwesen, trotz Wikingereinfällen, Mord und Raub. Abt und Mönche mußten zeitweise ins irische Kloster Kells flüchten – sie nahmen dabei vermutlich die schönste aller frühen Handschriften in noch unvollendetem Zustand mit, das ›Book of Kells‹. 806 wurden in der ›Bucht der Märtyrer‹ 68 Mönche erschlagen. Iona überstand auch diese Heimsuchung. Die Kirche Roms löste alte keltische Ordnungen ab; Augustiner folgten auf Benediktiner. Erst Eiferer der Reformationszeit zerstörten die Bauten – endgültig, wie es schien – und versenkten Hunderte von Hochkreuzen als ›Idole‹ im Wasser. Eine Prophezeiung Columbas erfüllte sich:

> »Iona of my heart, Iona of my love,
> instead of monks' voices
> shall be the lowing of cattle.«

Kein Gesang der Mönche mehr; nur noch das Gebrüll von Kühen auf Iona.

Im Jahre 1899 übergab der 8. Herzog von Argyll, dessen Familie seit 1693 im Besitz der Insel war, die Ruinen von Kirche und Kloster der Church of Scotland mit dem ausdrücklichen Wunsch, man möge die wiederhergestellten

Bauten allen Konfessionen öffnen. Die Restaurierung der Kathedrale begann. Im Jahre 1938 begründete der Glasgower Pfarrer George MacLeod die ›Iona Community‹: »Allein kann man kein Christ im Geiste Columbas und der frühen Kirche sein.« Die Gruppe von Geistlichen und Laien, Lehrern und Studenten, Sozialhelfern, Handwerkern und Arbeitern ist das Jahr über in den alten und neuen Elendsvierteln schottischer und englischer Industriestädte tätig, vor allem in Glasgow. Die Iona-Leute tun ihre Arbeit da, wo sie am härtesten ist: in Fabriken, bei gefährdeten Jugendlichen, Behinderten, Arbeitslosen. Im Sommer kehren sie zurück in die Gemeinschaft von Iona. Die Columba-Insel ist für die etwa hundertfünfzig Männer und Frauen, Protestanten und Katholiken, Quelle der geistigen Wiedererneuerung und Inspiration. Auch die gemeinsame Aufbauarbeit in den ehemaligen Ruinen geht Jahr für Jahr weiter und ist beinahe abgeschlossen. Die Mittel dazu entstammen Spenden aus vielen Ländern. So kam aus Norwegen Holz für die Dachkonstruktionen, denn »unsere Vorfahren waren die ersten, die hier zerstört haben«. Eine kleine Mannschaft bleibt das ganze Jahr über im Kloster, um Tagungen vorzubereiten und zu leiten. »Dienst am Frieden in der Welt« ist ein häufig wiederkehrendes Thema. Jugendlager finden regelmäßig statt; Gäste sind immer willkommen. So scheint sich auch die weitere Prophezeiung des Columba zu erfüllen:

> »But ere the world come to an end
> Iona shall be as it was.«

Einen Tag später war die Überfahrt nach Mull wieder möglich. Wir nahmen dankbar Abschied. Als ich in aller Frühe die schwere Klosterpforte öffnete, flog zu meinen Füßen ein Schwarm weißer Tauben auf. Die Insel hat viele Namen: Hy, Iona, Icolmkill. Im Hebräischen heißt die Taube – lateinisch columba – in seltsamer Übereinstimmung: Iona.

Ich sah noch einmal zurück in das stille Geviert des Kreuzgangs, dessen Mittelpunkt die Marien-Darstellung eines jüdischen Bildhauers einnimmt. Zwischen Klosterpforte und Kirche ist eine kleine steinerne Zelle für Gebet und Meditation bestimmt. Vermutlich diente ein ähnlicher Bau am selben

Ort Columba zur Einkehr; vielleicht hielt er dort mit einem der Druiden Zwiesprache, die bis zu seinem Kommen eine heidnische Kultstätte auf der Insel hüteten. Auf dem Felsen vor mir, Dun-I, schaute Columba nach seiner Ankunft übers Meer zurück: erst da, wo er die Küsten Irlands nicht mehr erblicken konnte, durfte er bleiben.

Zurück zum Hafen, vorbei an zwei Hochkreuzen und über einen grob gepflasterten breiten Weg, dessen hohes Alter unverkennbar ist: eine Straße der Toten. In der Nähe eines Heiligen begraben und damit seines Schutzes am Jüngsten Tag sicher zu sein, war immer schon der Wunsch keltischer Iren und Schotten. Vor allem die Könige ließen sich dieses Privileg nicht nehmen. In langen Zügen wurde ihr Leichnam auf die Insel gebracht, »nach Icolmkill, dem Beinhaus seiner Ahnen«, wie es bei Shakespeare vom toten Duncan heißt. Im *Reilig Odhrain*, dem ›Friedhof der Könige‹, zu dem der gepflasterte Weg auf Iona führt, sollen achtundvierzig schottische, vier irische und acht norwegische Herrscher ruhen. Aber die verwitterten Steine im sauber gehaltenen Viereck beziehen sich auf spätere Generationen. Vom Ende des elften Jahrhunderts ab wurde die Kirche der heiligen Margaret in Dunfermline königliche Grablege.

Als wir zur Landungsstelle kamen, näherte sich eben ein großes Boot, in dem die ersten Besucher des Tages eng gedrängt saßen.

Von den Kunstschätzen der Insel, der Ruine des Nonnenklosters, den Kapitellen der Kathedrale, von Hochkreuzen und Grabsteinen habe ich nun wenig berichtet. Was hinter diesen Werken steht, schien mir wichtiger.

Wer ausreichend Zeit hat, versäume nicht, die im Klostermuseum (früher Hospital) gesammelten skulptierten mittelalterlichen Grabsteine anzusehen.

Respektloses über Fingals Höhle

Dagewesen zu sein ist alles – und gerade dies wird einem so schwer gemacht. Es genügt nicht, auf einer der täglichen

Dampferfahrten von Oban aus die Insel Mull zu umrunden und *Staffa* nahe zu kommen, mit dem Fernglas noch näher. Landen will der ehrgeizige Reisende, seinen Fuß in die Höhle setzen. Dazu können – bei geeignetem Wetter – nur Spezialisten verhelfen. Eine Zeitlang gab es deren zwei. Der eine saß näher am Objekt, auf Ulva vor der Küste von Mull, der andere hatte sein Hauptquartier in Oban, ihm gehörte damals die Insel. Die Herren machten sich gegenseitig das Recht der Personenbeförderung nach Staffa streitig, und da beide ehemalige Offiziere waren, ging der Kampf, der hauptsächlich in den Zeitungen ausgefochten wurde, als ›Battle of the Majors‹ in die Legende ein.

Wir hatten es mit dem freundlichen und hilfsbereiten Herrn de W. in Oban zu tun (inzwischen verkaufte er die Insel). Zweimal schüttelte er den Kopf: Morgen werde es wohl nichts, der Wetterbericht sei zu ungünstig. Zum Trost ließ er uns in einem Prachtband William Turners Farbvisionen betrachten, die alle Elemente im Kampf um Staffa ahnen lassen.

Die Region zwischen Schottlands Westküste und dem Norden Irlands muß einmal Schauplatz heftigster vulkanischer Ausbrüche und Bewegungen gewesen sein; flüssiger Basalt wurde dabei hochgeschleudert und erstarrte unter Druck zu regelmäßigen prismatischen Formen. Wie von einer Riesenfaust ergriffen sind diese meist sechseckigen Pfeiler zusammengebündelt, oder zu Wänden gefügt; abgeknickt, quergelegt, verbogen, glatt abgebrochen. Man findet sie auf Mull und Islay, vor allem aber auf Staffa und drüben in Nordirland auf dem ›Giant's Causeway‹. Seit 1772 der Engländer Sir Joseph Banks zufällig von der Existenz Staffas und seiner großen Höhle erfuhr, ist die Säulen-Insel berühmt und berüchtigt als ein Naturwunder, das sich gerne hinter hohen Wellen, Nebel- oder Regenwänden versteckt. Fingal – irisch Finn –, keltischer Held, halb der Sagenwelt, halb der Historie angehörig, scheint die Höhle, der man seinen Namen gab, mit Hilfe der Elemente vor neugierigen Augen schützen zu wollen.

Wir gaben uns schließlich mit einem »vielleicht« zufrieden und fuhren hinaus. Die Reise – nicht eben billig – spielt sich so ab: Zunächst geht es mit dem Fährschiff nach Mull hinüber. Das Boot war bis zum letzten Platz besetzt, mindestens fünfhundert Personen an Bord und zahlreiche Autos. Aber Ein- und Ausladen vollzieht sich auf allen diesen Fähren mit größter Präzision und Geschwindigkeit: Noch ehe das Schiff angelegt hat, öffnet sich der Bug, die Landeplanken senken sich und schieben sich auf den Kai, gleich darauf rollen die ersten Wagen ans Ufer. Nach der Ankunft wurden die Reisegruppen – je nach Tagesplan und Ziel – in Busse verfrachtet. Auch für uns, Auserlesene und Bevorzugte, stand ein solches Gefährt bereit. Auf der Fahrt bestätigte sich wieder: Mull ist eine sehr weiträumige Insel. Vom Bus dann auf ein kleineres Schiff, von diesem, kurz vor Staffa, in ein Schlauchboot (ähnliche Typen sollen im Krieg in der Normandie verwendet worden sein). »Meeresstille und glückliche Fahrt«: Wir konnten landen. Wer als erster auf die Steine gesetzt wird, flink auf den Füßen ist und den Weg über glatte Felsplatten und Säulenstümpfe weiß, dem kann gelingen, was sich wohl jeder wünscht: eine Minute lang, in der die Zeit stille steht, allein in der Höhle zu sein. Dann wird Fingal's Cave zum Ort der klingenden Tropfen, eine nasse Kathedrale – in der die Phantasie Steinaltar und Kanzel, Basaltgestühl und silbernen Wandschmuck entdeckt. Aber schon tauchten die nächsten Besucher auf, so lautstark in Zuruf und Echo, daß ich mir beinahe den Piper herbeiwünschte, der hier früher illustren Gästen wie Queen Victoria die Höhle mit Tönen erfüllte. Der Kampf aller gegen alle begann: Wie bekomme ich Höhleneingang und Säulen ins Objektiv, ohne daß ein anderer Mensch mit im Bild ist? Als wir schon wieder im Boot saßen und die Insel umrundeten, wurde über Megaphon die Dame in der roten Strickjacke gebeten, sich doch bitte einen anderen Platz zu suchen – sie störe da, wo sie säße.

Und Mendelssohns Musik? Ich habe sie nicht gehört. Wir waren bei stiller See in der Höhle. Auch kann ich den Streit der Fachwelt, ob das Thema der Hebriden-Ouvertüre vor oder nach dem Besuch Staffas entstand, nicht so wichtig nehmen.

Felix Mendelssohn-Bartholdy unternahm mit Carl Klingemann im

Sommer 1829 eine Fußtour durch Schottland. Seine Briefe von unterwegs sind so farbig und poetisch, gleichzeitig mit so unbestechlichem Blick für die sozialen Zustände, daß man sich bei der Lektüre fragt, ob der Autor nicht ebensogut ein berühmter Schriftsteller hätte werden können. Im letzten Brief aus Glasgow vom 13. August schreibt Mendelssohn: »Es ist kein Wunder, wenn die Hochlande melancholisch genannt sind. Gehen aber zwei Gesellen so lustig durch, lachen, wo's nur Gelegenheit gibt, dichten und zeichnen zusammen, schnauzen einander und die Welt an, wenn sie eben verdrießlich sind oder nichts zu essen gefunden haben, vertilgen aber alles Eßbare und schlafen zwölf Stunden: so sind das eben wir und vergessen es im Leben nicht« (aus der Briefsammlung: Felix Mendelssohn-Bartholdy, Meeresstille und glückliche Fahrt, München 1958). Die neueste Deutung der Schottlandreise der beiden Freunde findet sich in: David Jenkins und Mark Visocchi, ›Mendelssohn in Scotland‹, London 1978.
Offizielle Fahrten nach Staffa, mit vorgesehener Landung, werden von Oban bzw. von Ulva Pier (Mull) aus unternommen. Wer Glück hat, findet auch auf Iona oder in Fionnphort (Mull) einen Fährmann. Wer auf Mull, in der Nähe von Ulva Pier, Quartier nimmt, kann auf der Insel ›ein Boot überschlagen‹. Neuerdings werden mehrtägige Camping-Aufenthalte auf Staffa angeboten.

Der Aufbruch von Kinlochmoidart

Das Benzin wurde von Hand aus der Zapfsäule gepumpt. »Wir sind eben altmodisch.« Nebenan scharrten Hühner, und jenseits eines Lattenzauns blühten Bauernblumen, wie ich sie aus Bayern kenne. Gemächliches Hin und Her des Pumpenschwengels und dazu ein Gespräch: über die Reiher, die zu gewissen Jahreszeiten hier am Ufer stehen, wie Angler an ihrer Strecke. Die Tür des kleinen Ladens flog auf: Zwei Terrier an der Leine zerrten eine Dame im Tweedrock ins Freie. Wir gingen hinein, um einzukaufen, was so zum Standardvorrat eines Shops auf dem Lande gehört: Ingwerkeks, Brombeermarmelade, Tomaten und Orangen und die Zeitung vom vorigen Tag. Natürlich auch Briefmarken; man war ja gleichzeitig im Postamt. Wir unterhielten uns dabei mit einem Kunden im ›Deerstalkerhat‹, der ein fast akzentfreies Deutsch sprach. Friedliche Stunde, friedlicher Ort: nicht nur sein Name hat es mir angetan, Kinlochmoidart, sondern auch die wilde, baumreiche, von den Menschen fast vergessene Landschaft ringsum. *Sunart* und *Moidart* – versteckte Buchten mit weißem Sandstrand; liebliche Täler, aber nicht weit davon kahle Einöden, die gegen Abend goldfarben und rot aufleuchten; mit Drahtzaun gesicherte, längst verlassene Schächte früherer Minen, ein Schild ›Danger‹ daneben; gewaltige nackte tote Bäume, die als Geisterwald zusammenstehen; viel Wild in den Steilhängen der Bergzüge. Auf den Höhen und schwer zugänglich: forellenreiche kalte Bergseen.

Diese Landschaften sah Prinz Charles Edward Stuart, als er im Juli 1745 – ohne Wissen seines Vaters – mit dem französischen Segler ›Du Teillay‹ landete, um das Königreich seiner Ahnen zurückzuerobern. Er hatte eine polnische Mutter, einen halb schottischen, halb französischen Vater, war in Rom aufgewachsen, vierundzwanzig Jahre alt und auf dem Weg zu einem – wie er meinte – romantischen Abenteuer.

Ich möchte hier, in Kinlochmoidart, vergessen, was dem glücklosen Prinzen und seinen Hochländern auf dem Moor von Culloden widerfuhr; nicht an den abgerissenen, von Krankheit und Ungeziefer geplagten Flüchtling denken, auf dessen Kopf der ungeheure Preis von dreißigtausend Pfund gesetzt war; nicht an den Verzweifelten, den Flora Macdonald »über die See nach Skye« brachte; und erst recht nicht an den alternden Mann im römischen Exil, der dick und griesgrämig geworden war. Ich stelle mir Bonnie Prince Charlie zur Zeit seiner hoffnungsfrohen Ankunft vor, so, wie er um diese Zeit gemalt wurde: siegesgewiß, mit einem Zug charmanter Frechheit im Gesicht, die weiße Kokarde kokett an die Mütze geheftet.

Zunächst fuhren wir weiter, immer in der Nähe eines Meeresarmes, der, bei Ebbe entleert, als braune Schlick-Landschaft dalag. Eine Reihe von alten Bäumen stand, gleichmäßig gesetzt, in der Weide; sie soll an die wenigen Getreuen erinnern, »the seven men of Moidart«, die mit dem Prinzen zusammen landeten, als allzu schwache Unterstützung. Die versprochene Hilfe der Franzosen – Geld und Waffen – kam viel zu spät, erst nach verlorener Schlacht. Eine weniger leichtfertige Natur als der Prinz hätte das Unternehmen wohl aufgeschoben oder ganz aufgegeben. Von den sieben Bäumen stehen noch sechs.

Wir öffneten ein Tor an der Straße und fuhren zum Kinlochmoidart House hinauf. »Ist er noch da?« fragten wir. »Ja, er ist wirklich noch da.« An einem der schönen Bäume im Park, einer Platane, lehnte eine lange und recht gebrechliche Leiter. Wer sich da hinauftraute und in der Nähe eines Astlochs – dort, wo der Stamm sich gespalten hatte – den Kopf vorsichtig drehte, sah sich einer spitzen dunklen Schnauze und schwarzen Knopfaugen gegenüber, einem fauchenden Steinmarder, dessen Junge, drei goldfarbene Bälle, neben ihm zusammengerollt schliefen. Der ›pine-marten‹ ist ein sehr seltenes Tier in Schottland; ihn bei der Aufzucht seiner Jungen, so nahe beim Haus, beobachten zu können, wurde als seltener Glücksfall gewürdigt. Eines der Jungen war, wenige Tage zuvor, beim Spielen aus dem Nest gefallen; die Alte trug es zwischen den Zähnen, am glatten Stamm der Platane mühsam hochkletternd, wieder hinauf.

Wir gingen ins Haus. Wer lehmige Gummistiefel hatte, warf sie nach schottischem Brauch zu den übrigen auf einen Haufen im Entrée (eine Marmorfigur schaute uns dabei zu), und lief von da an in Strümpfen herum. Das Haus, 1885 erbaut, zeigte sich viktorianisch bis in den letzten Winkel; hier wurde nie etwas geändert. Die Zimmer schwammen im grünen Widerschein allzu hoher Bäume; in den Mauern hatte sich ›dry rot‹ eingenistet, unterm Dach bildeten Eimer und Blechschüsseln ein bizarres Mosaik. Die Bewohner sehen heiter über diese Mißhelligkeiten hinweg; sie betrachten das Haus nicht als ordentliche Wohnung, sondern als die Heimat, die man nicht aufgeben darf, zu der man für einige glückliche Tage im Jahr zurückkehrt. So denken und handeln auch andere schottische Lairds.

Geschnitzte Gitter und Balustraden im Treppenhaus, reicher Stuck an den Decken; im getäfelten Eßzimmer eine hölzerne gewölbte Nische für den Kamin. Im Wohnzimmer verbleiben einige kostbare Möbelstücke auch bei Anwesenheit der Familie in ihren leinenen Schutzhüllen. Eine Schublade wurde aufgeschlossen und geöffnet: Wir durfen ›den Brief‹ sehen.

»Kinloch, Aug. 14th 1745
Being come into this country with a firm resolution ...«
»Da ich mit dem festen Entschluß in dies Land gekommen bin, die Rechte meines Vaters, des Königs, zu verfechten, halte ich es für richtig, Euch dies anzuzeigen, weil Ihr mir als loyaler Mann der Prinzipien geschildert wurdet, und ich wohl mit Recht annehme, daß man sich auf Euch verlassen kann. Ich habe die Absicht, am Montag den 19. dieses Monats die Fahne des Königs in Glenfinnan aufzupflanzen. Da die Zeitspanne bis dahin kurz ist, kann ich Eure Anwesenheit dortselbst nicht erwarten; aber ich hoffe, daß Ihr so bald wie möglich zu uns stoßen werdet. Kein Zweifel soll daran bestehen, daß ich mich für einen so wertvollen Dienst erkenntlich zeigen und Euch Beweise meiner aufrichtigen Freundschaft geben werde.«

Der Brief, an Mr. Peter Smyth gerichtet, von der Hand eines Sekretärs, aber vom Prinzen selbst unterzeichnet, ging nicht an einen Clansman oder Hochländer, sondern hinüber nach Aberdeenshire. Peter Smyth folgte dem Aufruf seines Prinzen; er fiel am Tag von Culloden. Seine Witwe suchte den Leichnam auf dem Schlachtfeld; aber alles was sie fand, war »eine Klinge ohne Schwert«. Dem treuen Gefolgsmann wurde sogar eine Ballade gewidmet:

> »... a letter to Peter was brought
> by a Highlander trusty and strong,
> asking Smyth to come quickly on
> and bring all his brave men along ...«

Manche Boten und viele ähnliche Briefe wurden von Kinlochmoidart aus abgesandt, obwohl besonnene Männer wie der Hausherr, Macdonald of Clanranald, auch Cameron of Lochiel, der nobelste aller Chiefs, zunächst gewarnt hatten, aber vergeblich. Nun wartete der Prinz auf den Beginn seines Feldzuges. Er soll dabei in der Platanenallee und unter den Eiben des Parkes auf- und abgegangen sein. Einer der alten Bäume ist inzwischen abgestorben, der Stamm modert am Boden. Die drei anderen Eiben gedeihen noch und bilden eine dunkle und schützende Laube, mitten im heutigen Gemüsegarten.

Am Sonntag, dem 18. August, verließ der Prinz Kinlochmoidart House. Von nun an ist jeder seiner Schritte bekannt. Zunächst gingen er und seine Gefolgsleute das schöne Tal des

Moidart hinauf – wo Linden, Buchen und hohe Kastanien den rasch fließenden Burn säumen – bis dahin, wo eine natürliche Felsstufe das Tal abzuschließen scheint (aber wer hinaufklettert, entdeckt dahinter eine nicht weniger eindrucksvolle Landschaft). Hier wandte sich der kleine Trupp nach rechts, überquerte die Höhe auf einem alten, durch Steinhaufen gekennzeichneten Pfad und gelangte bei Dalilea ans Ufer des Loch Shiel.

Am Ufer des Loch Moidart, mit weitem Blick aufs offene Meer: Castle Tioram (nur bei Ebbe erreichbar). Die bei aller Mächtigkeit elegant wirkende Burg auf ihrem Felsen wurde im 14. Jahrhundert von einer Frau errichtet: Lady Anne MacRuari, geschieden von John MacDonald, dem ersten ›Lord of the Isles‹. Ihr Sohn Ranald begründete die mächtige Familie der Clanranald.

Südlich des Loch Shiel: die bergigen Landschaften von Ardgour und Morvern (zwischen Ardgour und Corran kleine Pendelfähre über den Loch Linnhe, auch für Pkw. Autofähre zwischen Lochaline, Morvern und Fishnish, Mull).

Strontian ist ein angelegter Ort unserer Tage. Strontianit, aus dem man den chemischen Grundstoff Strontium gewinnt, wurde zuerst in den Bleiminen dieser Gegend entdeckt.

Weiter westlich: die Halbinsel Ardnamurchan. Bei gutem Wetter Fahrt über die sehr kurvenreiche Straße am Loch Sunart entlang bis zum Leuchtturm empfehlenswert. (In Camus nan Gael, der ›Bucht der Gälen‹, Pfad bergab zum schön skulptierten Ciaran's Cross. Vermutlich errichtete der hl. Columba dieses Kreuz zum Gedächtnis seines irischen Lehrers Ciaran). In der Nähe des Leuchtturms Robbenkolonien.

Loch Shiel

Die *Dalilea Farm* liegt wie eine Oase als einzige Ansiedlung weit und breit am Nordufer des Loch Shiel. Der See tritt hier schmal wie ein Fluß aus den Bergen heraus und durchzieht – bis zu seinem westlichen Ende – eine gelbe und braune, mit Riedgras bestandene Einöde. Das Wohnhaus der Farm, im 18. Jahrhundert erbaut, zeigt den vielgeschmähten ›Baronial Style‹ in seiner reinsten und besten Form. Das Bauwerk ist mit einer dicken, strahlend weißen Tüncheschicht überzogen; Erker und Türmchen sitzen zweckdienlich an den richtigen

Stellen. Dieses Haus sollte nicht das Ansehen eines reichgewordenen englischen Industriellen mehren; es war und ist der angemessene Wohnsitz für einen kleinen Laird. Selbst einige Caravans, die der gegenwärtige Besitzer an seine Sommergäste vermietet, können den Frieden des Ortes nicht stören.

Der Erbauer von Dalilea, Alexander MacDonald, ein Geistlicher, lebte ungewöhnlich weit von seiner Kirche und den verstreuten Pfarrkindern entfernt. So trat er jeden Sonntagmorgen in aller Frühe einen Fußmarsch von vierzig Kilometern an, durchwatete den Fluß Shiel und wanderte an der Küste der Halbinsel Ardnamurchan entlang, bis er nach Kilchoan gelangte. Dort wartete man bereits auf seine Predigt, die er in der vorgeschriebenen Länge von zwei Stunden zu halten hatte. Heutzutage sind sogar Schotten nicht mehr so zäh. Der Sohn des sportlichen Geistlichen übertraf seinen Vater an Ruhm, er war der beste gälische Dichter seiner Zeit: Alasdair MacMhaighstir Alasdair, ein begeisterter Anhänger der Jakobiten. Zur Begrüßung des Prinzen hatte er folgende Verse verfaßt:

> »The deagh-shoisgeul feadh nan Garbhrioch,
> Sùrd air armaibh combraig...«

> »Freudige Kunde fürs Hochland,
> Heere bewaffnen sich...«

Als aber Bonnie Prince Charlie am Sonntag, 18. August, über die Berge kommend in Dalilea eintraf und ein Boot bestieg, bestand kaum Grund für einen solchen Optimismus. Nur eine Handvoll Leute begleitete ihn. Es regnete in Strömen. Noch immer wußte der Prinz nicht, wie viele seinem Ruf folgen und sich am nächsten Tag in Glenfinnan, am oberen Ende des Sees, versammeln würden. Die katholischen Hochländer waren zwar der Tradition nach dem Hause Stuart ergeben und hatten einen tiefen Haß auf jene Lebensweise, die mit den Hannoveranern in Mode gekommen war; einen ›Whig‹ nannten sie abfällig jeden, der sich kühl und formell benahm und nur auf den eigenen Vorteil bedacht schien. Aber London war weit, und zum Kampf ließen sie sich ausschließlich von ihrem Clanchief aufrufen; selbst ihm folgten sie oft nur unwillig oder unter Zwang.

Man kann in Dalilea ein kleines Boot mit Außenbordmotor mieten und dem Prinzen den See hinauf folgen. Die Fahrt muß seiner Ungeduld sehr lang erschienen sein. Die schönen Ufer liegen wie tot. Keine Straße führt hier entlang; menschliche Ansiedlungen fehlen. Nur an den Südhängen hat die Forestry Commission Wälder angelegt und eine Forststraße bis Glenfinnan gezogen. Gelegentlich fährt dort ein rotes Postauto, oder Holz wird aufgeladen. Eilean Fhionnan taucht auf, grün und bucklig, die Insel des Finnan, vermutlich eines irischen Heiligen, in früherer Zeit Begräbnisplatz für das Land weit ringsum. Gelegentlich wird heute noch jemand dort beigesetzt; ich sah einen kaum verdorrten Kranz mit weißen Schleifen. Der sportliche Pfarrer liegt auch hier, ein Skelett schmückt seinen Stein, über dem Besenginster blüht, Brombeeren sich ranken, eine Singdrossel im Gebüsch ihr Nest gebaut hat. Sein Sohn, der Poet, hielt sogar einige Jahre Schule auf der Insel, bis seine patriotischen Leidenschaften ihn forttrieben.

St. Finnan starb im Jahre 575; von seiner Zelle, die Ziel zahlreicher Pilger wurde, ist nichts mehr zu sehen. Aber in der Ruine eines Kirchleins aus dem 16. Jahrhundert steht in einer Nische über dem steinernen Altar die Handglocke des Finnan. Sie ist mit leuchtendgrüner Patina überzogen; der rostige Klöppel weckt immer noch einen milden, aber weithin hörbaren Klang, der Bienengesumm und Vogelgezwitscher übertönt.

Als wir vor dem Steinaltar standen, am höchsten Punkt der Insel, und ich die angekettete Glocke in der Hand hielt, tauchte plötzlich aus der Tiefe des Glen Shiel, zwischen den Bergen, ein schwarzes vogelähnliches Wesen auf, wurde rasch groß und größer, schoß heran und über uns hinweg: ein Phantomjäger auf Übungsflug. Genau den entgegengesetzten Weg nahm der Prinz, während ihm die Männer im Boot vielleicht gälische Lieder zum Takt der Ruderschläge sangen. Zwischen dem ›Young Pretender‹, der in seinen Krieg gerudert wurde, und dem Piloten des Flugzeugs liegen nicht viel mehr als zweihundert Jahre.

Die Nacht zum Montag verbrachte der Prinz bei den Macdonalds von Glenaladale. Als er am nächsten Mittag in

Glenfinnan eintraf, fand er den Versammlungsplatz leer. Vielleicht ist in diesem Augenblick sein leichtfertiger Sinn schwankend geworden und er hat erwogen, den Feldzug abzublasen. Aber schon erschien Macdonald of Morar mit hundertfünfzig Mann. Bald hörte man den Klang der Dudelsäcke aus den Steilhängen: einen Zickzack-Pfad herab kam Lochiel selbst mit siebenhundert Camerons; immer neue Gruppen folgten. Das ›Fiery Cross‹, das alte Feuerkreuz, war in den Tälern von Hand zu Hand gegangen und hatte noch einmal seine Wirkung getan. Am späteren Nachmittag konnte Prinz Charles Edward schon mehr als tausend Mann um sich sammeln, andere schickten Boten und versprachen ihr baldiges Eintreffen. Der jugendliche Heerführer trug eine rotseidene Weste mit breiter silberner Spitze und silbernen Knöpfen. Dieses Kleidungsstück hat sich erhalten; es wird heute im ›Information Centre‹ des National Trust in Glenfinnan gezeigt, zusammen mit der weißen Kokarde, dem Abzeichen dieses Kampfes, die der Prinz kühn an der Mütze trug, aber später in der Tasche des Rockes verstecken mußte. Die Kokarde sollte die schottische Stuart-Rose versinnbildlichen:

> »That little white rose of Scotland
> that smells sharp and sweet
> and breaks the heart.«
> *Hugh MacDiarmid*

Der Marquis von Tullibardine, der trotz Alter und Krankheit mit dem Prinzen aus Frankreich gekommen war, pflanzte das Banner auf. Der Prinz verlas zwei Proklamationen, die sein Vater in Rom aufgesetzt hatte. Von nun an, sagte er, sei Jakob VIII. Stuart rechtmäßiger König von Großbritannien und Irland, und er, Charles Edward, Thronfolger. Seine Worte wurden ins Gälische übersetzt, die Männer jubelten ihm zu: »Scotland and no Union.«

Zwei Tage später setzte Bonnie Prince Charlie seine Truppen in südlicher Richtung in Bewegung. Der verhängnisvolle Zug hatte begonnen.

Zur Erinnerung an die Hochländer, die am Feldzug von 1745 teilnahmen, wurde in Glenfinnan am Ende des Sees eine Gedenksäule errichtet. Sie bietet, über eine sehr enge Wendeltreppe ersteigbar, eine großartige Aussicht. Die Figur auf der Spitze des Monuments stellt nicht den Prinzen dar, sondern den ›unbekannten Hochländer‹. An den Hängen entlang zieht sich in weiter Schleife eines der schönsten Viadukte der schottischen Eisenbahnen. Vom westlichen Ende des Sees, von Acharacle aus, fährt im Sommer mehrmals in der Woche ein Motorboot den Loch Shiel hinauf bis Glenfinnan. Es legt auf Wunsch auch an der Insel des Finnan an.

Five Sisters

Die ›Fünf Schwestern von Kintail‹ sind Berge mit majestätischen gälischen Namen, vom Sgùrr an Airgid bis zum Sgùrr na Ciste Duibh: eine Kette wilder und kahler Gesellen, nur durch Kare voneinander getrennt. Sie könnten ebensogut ›Fünf Brüder‹ heißen. Bei schönem Wetter spiegeln sich ihre Häupter im Wasser des *Loch Duich*, sobald die Flut das obere Ende dieses Meeresarms erreicht hat. Man sieht die Fünf Schwestern zuerst, wenn man die Road to the Isles aus dem Great Glen heraufkommt. Für mich ist dies eine der schönsten schottischen Straßen, ob man nun von Invermoriston oder, weiter westlich, von Invergarry aus die Fahrt beginnt. Hier verdammt man auch die Technik nicht, die eine so elegant geführte Strecke durch das Bergmassiv gelegt hat, an der einzig möglichen Stelle, der Spur eines Gletschers folgend, im Glen Shiel. Erst bei der Shiel Bridge taucht der Spiegel des Loch Duich auf. Bei Ebbe sind hier die vom Wasser entblößten Flächen mit einem leuchtendgelben Gewächs überzogen.

Wir bogen nach links ab, hielten aber bald, um einen Reiher durchs Fernglas zu beobachten (später kamen sie uns so nahe an diesem See, daß das bloße Auge genügte). Eine Paßstraße, die nun in steilem Zickzack durch Tannenwald bergauf geht, führt zum *Mam Ratagan*. An diesem Aussichtspunkt auf der Höhe schimmert der See noch durch die Bäume; die Kette der Five Sisters baut sich gewaltig über den spitzen Wipfeln auf. Ein Indicator gibt Namen und Erklärungen; er fügt nach schottischer Sitte – auch in gälischer Sprache – die Anfangszeile des 121. Psalms hinzu: »Mo shùile togam suas a chum nam beann ...«, »Ich hebe meine Augen auf zu den Bergen.«

Über die Höhe und hinunter in eines der menschenleeren Vorlande der schottischen Küste, das *Glenelg* genannt wird. In der kleinen Ortschaft gleichen Namens findet man Ruinen aus der Zeit nach 1715, die Bernera Barracks, Kasernen für englische Truppen. Durch den Bau solcher Stützpunkte und neuer Straßen öffnete General Wade damals das Hochland. Hier war der wichtigste Übergang zur Insel Skye, deren Küste nur ein paar hundert Meter entfernt liegt. Personen und Waren wurden mit Booten befördert; das für südliche Märkte bestimmte Vieh mußte zu Hunderten die Meerenge durchschwimmen. Heute besorgt eine kleine Fähre die Überfahrt; sie kann etwa sechs Autos aufnehmen und verkehrt nur zur Touristenzeit. Die großen ›Roll on – Roll off Ferries‹ zwischen Kyle of Lochalsh und Kyleakin haben ihr längst die meiste Arbeit abgenommen.

Südlich der Ortschaft *Glenelg* biegt ein Seitenweg ins Glen Beg und zu den Ruinen von zwei Brochs ab, den schönsten auf dem schottischen Festland: *Dun Telve* und *Dun Trodden*. Nur bei Lerwick auf den Shetlands gibt es einen mächtigeren Broch. Brochs sind massige Rundtürme aus zwei dicken, in der Höhe zusammengefügten Mauerschalen. Die äußere, stärkere, verjüngt sich unersteigbar glatt nach oben, die innere steht senkrecht. Zwischen ihnen führen Treppchen zu niedrigen Gängen und Gelassen in mehreren Stockwerken. Ein Zugang ist die einzige Öffnung im Mauerwerk; er läßt sich nur geduckt durchqueren. Von zwei seitlichen Nischen im Inneren der Wand aus konnte er gegen Eindringlinge verteidigt werden. Im Hof von etwa zehn Meter Durchmesser fand die Sippe mit ihrer wertvollsten Habe Schutz. Man muß die Kunst und Geduld der piktischen Erbauer bewundern, die zur Zeit um Christi Geburt solche schwierigen Bauwerke ohne Mörtel zu errichten verstanden. Insgesamt gibt es in Schottland noch die Überreste von etwa fünfhundert Brochs; die Bauten bei Glenelg gehören zu den wenigen, die nicht an beherrschender Stelle über ein Ufer gesetzt wurden. Vermutlich schützten diese Wehrtürme vor den ersten versuchsweisen Raubüberfällen der Wikinger, ›hit-and-run expeditions‹, wie man sie in Schottland nennt. Mit einer längeren Belagerung wurde bei ihrer Planung offenbar nicht gerechnet.

Dun Telve erhebt sich in der Nähe eines Burns noch über zehn Meter hoch über dem flachen Talboden. Vier mächtige Ahornbäume stehen ihm wie eine Wache zur Seite. Ehe der Bau in die Obhut des Staates kam, wurden hier so viele Steine für Ställe und Mauern fortgeholt, daß man den Broch heute wie im Aufriß sieht, und sich so auf einen Blick eine genaue Vorstellung vom ursprünglichen Zustand machen kann. Dun Trodden ist talaufwärts in einen Hang hineingebaut und weniger gut erhalten.

Die Hauptstraße führt von Glenelg aus noch ein Stück weiter, am Nordufer des *Loch Hourn* entlang und durch eine Ahornallee zum Weiler *Arnisdale*. Dann heißt es, wie so oft an diesen Küsten: zu Fuß gehen. Immer glaubten wir, der Uferlinie folgend, nach der nächsten Biegung werde das obere Ende des Meeresarms zu sehen sein, aber wir gelangten nicht so weit. Manchmal entfernte sich der schmale Pfad vom Wasser und führte durch niedriges Gehölz, dann war man wieder am Strand, wo die buntesten Steine liegen – eine Lokkung, der wir nur mit Mühe widerstehen konnten (fast jeder Autofahrer bringt von seiner Schottlandreise einen großen Sack schöner Steine mit). Möwen, wie Helikopter in der Luft schwebend, ließen eine noch in der Schale verschlossene Beute, vielleicht eine kleine Muschel, in großer Höhe aus dem Schnabel fallen und stießen sofort im Steilflug nach.

Rückweg. Ich möchte nicht die Aufgabe haben, für dieses Land allgemeingültige Wetterberichte zu verfassen. Am anderen Ufer drüben, wo die Berge von Knoydart schroff aus dem Wasser aufsteigen, hatten sich schwärzliche Wolkenfetzen festgehakt; dort regnete es. Skye mit der Kette seiner Schwarzen Cuillins war unter einer weißen watteartigen Nebeldecke verschwunden, wie eingemottet und weggepackt. Bei uns schien die Sonne. Sie ließ auch das Wasser einen breiten Streifen weit aufglänzen. Loch Hourn, ›der Höllensee‹, trug seinen Namen in dieser Stunde zu Unrecht.

Eilean Donan Castle im Loch Duich, an der Straße nach Kyle of Lochalsh gelegen, dürfte das meistphotographierte Motiv Schottlands sein.
Die berühmten Falls of Glomach im Massiv der Five Sisters (National

Trust), sind schwierig erreichbar, am besten auf der bei Ardelve abzweigenden Straße und auf einem Privatweg durch das schöne Glen Elchaig, dann zu Fuß (Bergstiefel erforderlich; vor dem Befahren der Privatstraße Eintragung in ein Visitor's Book). Weiter westlich: schöne Wege im Gebiet des Balmacara Estate (National Trust).

Willkommen auf Skye

Diese Insel, der Deutschen liebstes Ferienziel in Schottland, empfing uns bei Windstärke zehn bis elf. Zwischen den Häuserzeilen von *Broadford* wurden Touristen hilflos über den Asphalt geweht. Weiter im Inneren, wo es ins Gebirge hineingeht, war niemand mehr auf der Straße. Eine Bö nach der anderen scheuchte vor uns das Wasser aus den Pfützen und trieb die Bäche talaufwärts (oder so schien es); dafür kamen von oben Steine und Felsbrocken herunter. Die Wolken hatten gar keine Zeit, sich, wie sonst, an den Spitzen und Zacken der schwarzen *Cuillin Hills* festzuhängen; sie wurden über unseren Köpfen hinweg nach Osten gejagt. Hinter wogenden Regenschleiern blieben die dramatischen Umrisse der Berge von Skye erstaunlich klar. An einer Baustelle, wo die Straße neben dem Ufer eines Loch entlanglief und gerade erweitert wurde, standen Maschinen und Lastwagen kreuz und quer und unbeaufsichtigt, mit den Rädern im Wasser. Die Arbeiter waren geflüchtet. Der Sturm mußte plötzlich aufgekommen sein, ungefähr zur Zeit, als wir in *Kyleakin*, nach kurzer, schon unruhiger Überfahrt, von der Autofähre gerollt waren.

Man sagt, Skye gleiche auf der Landkarte einem geflügelten Wesen, das gerade dabei sei, sich von Schottland loszusagen, sich aufzuschwingen und atlantikwärts zu entschwinden. Mir scheint der Vergleich mit einer flach ausgebreiteten Hand besser, die allerdings sechs weit gespreizte Finger hat statt fünf. Alle diese Halbinseln sind bis auf eine – *Strathaird* – von den nordischen Eroberern getauft worden; sie heißen *Trotternish*, *Vaternish*, *Durinish*, *Minguinish* und *Sleat*. Die Berge waren den Wikingern nicht so wichtig; zwar nannten sie die Kette der bizarren Erhebungen im Süden sehr treffend Cuillins, ›die Kielförmigen‹, aber die einzelnen Gipfel tragen noch alte gälische Namen, angefangen vom höchsten unter ihnen, dem Gipfel des Alexander, Sgurr Alasdair.

Nahe diesen Cuillins, an der *Sligachan Bridge*, die den tobenden Fluß kaum noch fassen konnte, standen im Windschutz nasse Schafe wie auf einem Wandfries regungslos aufgereiht. Andere Tiere, die hier keinen Platz mehr fanden, lagen flach gestreckt im Heidekraut, parallel ausgerichtet, als seien sie auf die Windrichtung dressiert: ein Anblick, wie ich ihn nie zuvor und nie danach in Schottland hatte. Kleine rote Postautos waren neben dem Sligachan Hotel um ein größeres geschart. Eigentlich hätte an diesem zentralen Punkt der Insel die Post für entfernt liegende Küstenorte umgeladen werden sollen; aber niemand war zu sehen. Die Männer saßen sicher in der Hotelbar. Wir gingen auch hinein. Viel nasses Volk und Stimmengewirr. Alle Zeltler, die nahe der Brücke ihr Lager aufgeschlagen hatten, waren als durchweichte Flüchtlinge versammelt. Die Zelte hatte der Sturm wie Papier zerfetzt und fortgewirbelt; ob vom sonstigen Hab und Gut noch etwas vorhanden war, wußten sie noch nicht. Erstmal hatten sie die triefenden Anoraks und Wetterhosen abgestreift und tranken sich Mut an. Und was sollten wir tun? Zurückfahren und bei besserem Wetter wiederkommen? Wir wurden ausgelacht. Die Fähren hatten inzwischen mit Sicherheit ihren Dienst eingestellt oder in abgelegenen Buchten Schutz gesucht. »Außerdem: auf Skye darf man sich von schlechtem Wetter nicht einschüchtern lassen. Es gehört dazu; es vergeht auch wieder.«

Die Bar schloß, wie immer, um halb drei. Unser Ziel an diesem Tag sollte *Dunvegan Castle* sein, also fuhren wir weiter nach Westen. Auch sah es so aus, als hätten die Black Cuillins, die wir nun hinter uns ließen, den ärgsten Sturm an sich gezogen. In der Luft wurde es stiller, am Himmel zusehends heller. Nur über den aufgewühlten Wassern des offenen Meeres trieb noch die Gischt. Der Parkplatz beim Schloß war zum See geworden, in dem man sich eine trockene Insel suchte; drei oder vier Autos standen da; der Wärter, sonst ein ruhender Pol im Wagengewirr, kam nicht aus seinem Gehäuse. Die Rhododendronbüsche schüttelten sich und gaben wenig Schutz, die kahlen Mauern von Dunvegan schienen, tropfend, noch kahler als sonst; an der Zugbrücke mußten wir gegen eine letzte Bö kämpfen, aber dann standen wir in der Tür und atmeten auf.

Ich schaute zurück. Noch vor ein paar Jahren konnte man auf diesem Stück Straße zum Schloß, zwischen den Büschen, des Nachmittags einer sehr kleinen und alten Dame begegnen, die, meist ohne Mantel, mit energischem Schritt am Stock daherkam und die Ankommenden musterte. Manchmal blieb sie vor einer größeren Gruppe stehen, deutete mit ihrem Stecken und rief: »Seid Ihr aus Australien? Oder vielleicht aus Kanada?« Und wenn sie mit ihrer Vermutung recht hatte, leuchtete ihr rundes Gesicht, das kräftig und runzlig wie ein Borsdorfer Apfel war; sie rief ihren Gästen »Willkommen« zu und wünschte ihnen einen schönen Tag. Das war Flora MacLeod of MacLeod, 28. Chief ihres Clan, Dame of the British Empire und schon zu Lebzeiten eine Sagengestalt. Wenn ich in Dunvegan bin, denke ich weniger an die guten oder bösen, berühmten oder schattenhaften Vorfahren dieses großen Hauses norwegischen Ursprungs, sondern an die Dame Flora.

Ihr Großvater war ein guter Laird (nun bin ich doch wieder in die Vergangenheit geraten). In den Jahren der Kartoffel-Mißernten und der fürchterlichen Hungersnot, 1847 und 1848, verkaufte er Stück um Stück der Bilder und kostbaren Möbel im Schloß, auch das Silber, um seine Insel-Leute zu ernähren und am Leben zu erhalten. Zu Zeiten hatte er sechs- bis siebentausend Hungrige durchzufüttern. Am Ende war er ein ruinierter Mann. Damit hatte er gerechnet: »Ruin must be faced rather than let the people die.« Er mußte Dunvegan Castle, das seine Vorfahren seit dem 13. Jahrhundert bewohnt hatten, verlassen und zeitweise vermieten. Er zog mit seiner Familie nach London und fand dort eine untergeordnete Stellung. Auch Flora MacLeod ist noch fern der Heimat und in spartanischen Verhältnissen aufgewachsen. Sie heiratete in die Zeitungsdynastie der Times-Herausgeber ein und hieß nun Mrs. Walter, lebte in verschiedenen Hauptstädten des Kontinents, unter anderem in Berlin, zog zwei Töchter auf, half ihrem Mann bei seinen journalistischen Aufgaben und setzte sich für die Rechte der Frauen ein.

Erst als sie 57 Jahre alt war, ergab es sich, daß ihr von ihrem Clan die Würde des Chief zugesprochen wurde. Nach dem Tod ihres Vaters erbte sie auch Dunvegan Castle. »Von da an«, schreibt eine Enkelin, »hat erst ihr eigentliches Leben begonnen.« Sie nahm als Witwe ihren Mädchennamen wieder an. Mit der ganzen Kraft ihrer Persönlichkeit und mit entwaffnender Naivität warf sie sich in die Aufgabe, Herrin von Dunvegan und Mutter eines großen Clan zu sein, dessen Mitglieder in der ganzen Welt verstreut leben. Je älter sie wurde, um so unerschrockener steuerte sie ferne Ziele an. Sie ließ sich in Amerika und Kanada feiern, und besuchte in Australien und Neuseeland Nachkommen der MacLeod von Skye. Zu einer Zeit, in der gerade die jüngeren Völker nach ihren ›roots‹ den Wurzeln, suchten, klang ihre Botschaft wie eine erhoffte Antwort: »Wir sind alle eine Familie und Dunvegan ist das Haus eurer Heimat. Kommt und besucht mich. Beseht Euch das Schloß und die Bilder der Vorfahren und die ›Fairy Flag‹, die Reste jener Fahne, die, wie wir glauben, einer unserer Ahnen von einem Elfenwesen geschenkt bekam und die dreimal Sieg verleiht. Zweimal hat sie ihre magische Kraft schon bewiesen.« In schwierigen Momenten, heißt es, hielt Dame Flora eine Photographie dieser Fahne fest in der Hand. Aber solche Augenblicke waren selten. Dame Flora freute sich kritiklos über alles, was ihr geboten wurde: Festessen, Ehrenjungfrauen, seltsame Huldigungen und herzliche Zuneigung. Während des Krieges haben viele junge Soldaten aus Übersee einen kurzen Urlaub auf Dunvegan verbracht und schrieben hinterher Dankesbriefe: »Liebe Mutter…« Nun waren sie es, die eine Photographie der Fairy Flag als Talisman in der Tasche trugen.

Dame Flora MacLeod of MacLeod starb im 99. Jahr. Ihr Enkel John übernahm die Würde des Chief. Er ist von Beruf Sänger. Das Schloß kann weiterhin besichtigt werden.

An unserem Sturmtag wurde mir klar, daß ein Leben auf Dunvegan, selbst hinter neun Fuß dicken Mauern nur für spartanisch geschulte und widerstandsfähige Menschen wie Flora MacLeod erfreulich sein kann. Kaminfeuer würden die hohen Räume, hinter deren Wänden es pfiff und heulte, kaum erwärmen. Die Fensterflügel klapperten, der Wind drang durch alle Ritzen. Selbst die hauchdünnen und kunstreich gestopften bräunlichen Seidenfetzen der Fairy Flag schienen hinter Glas und Rahmen von einem Lufthauch bewegt. Gemütlich war nur Dame Floras kleiner Arbeitsraum im Turm, mit den vielen Photographien und Erinnerungsstücken, darunter einer Huldigungsadresse östlicher Stammesverwandter, mit zweiundzwanzig Unterschriften, angeführt von Janina Machlejdowa. »Machlejdowa?« – »Das muß die polnische weibliche Form des Namens MacLeod sein.«

Abends im wohldurchwärmten Quartier las ich nach, was ein berühmter Gast 1773 über Dunvegan schrieb. Der Gast war Engländer und Lexikograph; er hieß Dr. Samuel Johnson. Die Reise mit seinem schottischen ›Eckermann‹, James Boswell, in die zu seiner Zeit wilden Hochlande und auf abgelegene Inseln, zu Pferd und in kleinen Booten, war im späten Herbst für einen ältlichen und kranken Mann ein nicht ungefährliches Abenteuer. Sie gerieten in Seenot und wurden häufig durchnäßt; auch mußten sie sich gelegentlich mit jämmerlichen Herbergen abfinden. Demgegenüber stand die großherzige Gastfreundschaft der Clans und ihrer Chiefs. »Sie waren so belesen«, heißt es, und »überall fanden wir Bücher, in mehr als einer Sprache.« In Boswells Tagebuch steht aber auch: »Das Wetter wurde immer ärger«, oder »Den ganzen Tag tobte ein Sturm, wie ich ihn fürchterlicher nie erlebt habe.« Wir hätten Ähnliches notieren können.

Auszüge aus James Boswell: ›Tagebuch einer Reise nach den Hebriden‹, in: Samuel Johnson, ›Leben und Meinungen‹, Zürich 1951.
Auf dem Weg nach Dunvegan, kurz hinter Sligachan, Abzweigung nach links: lohnender Weg ins Glen Brittle, mit Blick in die Wände der Cuillin Hills (Aussichts- und Picknickplatz). Am Ufer des Loch Brittle: Zeltplatz für Bergsteiger. Beliebtester Gipfel der Gruppe: Sgurr Alasdair.
Schloß Dunvegan: auf einem Felsvorsprung in der Nähe der gleichnamigen Bucht. Bootsfahrten zu einer Robbeninsel. Baumreicher Park. In der Nähe: alte Wassermühle (Glendale) und das Black House von Colbost. Solche in der alten Hebriden-Art gebauten Steinhütten sind auf Skye mehrfach anzutreffen; sie sind jeweils als Museum eingerichtet (über die Bauweise siehe August-Kapitel ›Gespräche im Schwarzen Haus‹, S. 400).

Lady Grange

An einem hellen und windigen Morgen fuhren wir auf stiller Straße über die Halbinsel Vaternish. Die Klippen von Durinish, jenseits der Bucht, schienen zum Greifen nah, gezackt und gestaffelt und stufenweise geschichtet wie eine riesige Geburtstagstorte. Dort drüben mußte *Boreraig* liegen, wo die MacCrimmons, dreihundert Jahre lang Personal Pipers der MacLeods, ihre hochberühmte Musikschule hatten. Noch heute treffen sich hier einmal im Jahr die Meister des Dudelsacks, um ihre großen Vorgänger zu ehren. Dann klingen die Töne eines ›pibroch‹, einer Trauer- oder Kampfweise, weit übers Meer.

Unsere Straße endete hoch über der Bucht in einem Sandweg. Zur Rechten stand die Ruine einer kleinen Kirche inmitten eines Friedhofs: *Trumpan*. Einsamer kann man nicht ruhen: Meer, Meeresvögel, Wind, Klippenlandschaft, und ein grauer rechteckiger Stein an der Nordseite der Kapelle. Seine Inschrift war verwittert, aber gerade noch entzifferbar: »Rachel, wife of the Hon. James Erskine Lord Grange, died 1745.« Und: »Sie möge in Frieden ruhen.« Hier liegt sie wirklich, die arme Dame; zweimal fand an anderer Stelle zum Schein ihre Beerdigung statt.

Lady Grange war die Frau des Lord Justice Clerk in Edinburgh. Ihr Charakter muß eher unerfreulich gewesen sein; sie wird als hart und zänkisch geschildert. Politisch waren sie und ihr Mann auch nicht eines Sinnes: er ein Jakobit, sie dem regierenden Königshaus treu. Man erzählt, sie habe, unter einem Sofa versteckt, den Vorbesprechungen zu einer Verschwörung gelauscht und mit Verrat gedroht. Jedenfalls ließ der Richter mit Hilfe von Gesinnungsgenossen seine Frau möglichst weit fortschaffen und arrangierte in der Hauptstadt zum Schein ihre Beerdigung. Inwieweit man ihm Glauben schenkte oder einfach schwieg, weil er einer der höchsten Beamten und einflußreich war, ist nicht bekannt. Der Fall zeigt die allgemeine Rechtsunsicherheit im Schottland des frühen 18. Jahrhunderts. Die arme Lady landete nach vielen Irrfahrten am äußersten bewohnten Punkt der schottischen Welt, auf der Insel St. Kilda im Atlantik. Die wenigen Einwohner waren gälisch sprechende Halbwilde, die sich vom Vogelfang ernährten und so auch ihrem Laird, dem MacLeod of Skye, die Pacht für ihr armseliges Stück Land entrichteten. Man gab Lady Grange eine kleine Steinhütte (die heute noch steht) und ließ sie an den Erträgen von Fischfang und Vogeljagd teilhaben. Meist saß sie weinend vor ihrer Tür. Für die großen landschaftlichen Schönheiten ihres Exils wird sie keine Augen gehabt haben. Nach Jahren, als der Richter sich wohl ganz sicher glaubte, ließ er seine Frau nach Skye zurückbringen. Dort lernte sie spinnen. Es war ihre einzige Zerstreuung. In einem Wollknäuel, das nach Inverness verkauft wurde, konnte sie einen Hilferuf an ihre Familie verstecken. Die Regierung sah sich daraufhin veranlaßt, ein Schiff auf die Suche nach Lady Grange zu entsenden; aber ihr Gemahl erfuhr davon. Er ließ seine Frau wieder verschleppen, erst in eine Höhle, dann mit dem Boot zu den Äußeren Hebriden hinüber. Während der Fahrt mußte sie einen Strick um den Hals tragen, an dem ein schwerer Stein befestigt war. Die Bootsleute hatten den Befehl, beim Auftauchen des Regierungsschiffes ihre Gefangene sofort über Bord zu werfen. Ein solches Geschick blieb der armen Dame wenigstens erspart. Erst später, nachdem die Suche als vergeblich abgebrochen wurde, konnte Lady Grange nach Vaternish zurückkehren. Als sie 1745 starb, fand im Auftrag ihres Mannes zunächst eine zweite Scheinbeerdigung an anderer Stelle statt. Lord Grange war bei allen diesen Aktionen abwesend; er bezahlte Helfershelfer und machte sich selbst die Hände nicht schmutzig. Niemand hat zu seinen Lebzeiten gewagt, gegen den hohen Herrn Anklage zu erheben.

Vom Grab der Lady Grange aus sieht man im klaren Licht über dem Meer weit draußen die Inseln der Äußeren Hebriden schimmern.

Die Flucht übers Meer

Fast alle Schottland-Führer geben an, im Royal Hotel von *Portree* sei der Raum zu besichtigen, in dem Bonnie Prince Charlie von Flora Macdonald Abschied nahm. Aber als wir ins Royal Hotel kamen, hörten wir mit Bedauern, daß jener Teil des Hauses schon vor Jahren abgebrannt sei. So stand man etwas ratlos auf dem großen Platz der freundlichen Hafenstadt. Aus einer Bäckerei zog verlockender Duft. Auch die Schlange der Wartenden war kein schlechtes Zeichen. Wir kauften Salziges und Süßes für ein Picknick und machten uns auf den Weg, um Flora Macdonald an anderer Stelle zu suchen.

Aus den besiedelten und grünen Küstenstreifen von Trotternish, wo oft Croft an Croft liegt, und den düsteren Mooren des Inneren steigt unmittelbar und wie eine Bastion der *Quiraing* auf, eine Felsenwildnis und geologische Kuriosität. Es scheint, als seien Gipfel und Grate meerwärts ins Rutschen gekommen. Wir ließen uns hinaufflocken. Das Auto blieb auf einem Parkplatz auf der Höhe (da oben zog's erbärmlich); man sah von hier aus schon über den Sound of Raasay hinweg die ferne Festlandküste mit ihren einzeln aufragenden kühnen Bergen. Vom Parkplatz aus lief ein schmaler Pfad, langsam ansteigend, ostwärts.

Auch der Quiraing gestattet sich sein eigenes Wetter: Während unter uns die Sonne Moorseen und, weit entfernt, die Scheiben eines Treibhauses aufblitzen ließ, wanderten wir durch dünne Nebelfelder und wurden von Zeit zu Zeit von einer eher rollenden als fliegenden Wolke gestreift. Dies war einer der schönsten Höhenwege, die ich je ging. Mit jeder seiner Biegungen drehte sich unten die wechselnde Landschaft mit; die schwarzen Runen der Moorabstiche und kreisrunden Schafpferche blieben zurück; ein neuer Moorsee tauchte auf, bleifarben im Schatten; schwarze Felsabstürze, die, wie unser Quiraing, steil aus dem Flachen aufstiegen, wurden plötzlich sichtbar, als ihre Wolke sich über den Gipfel fortschleppte.

Allmählich traten die glatten schwarzen Basaltfelsen zu unserer Linken näher an den Pfad heran; Rinnsale waren zu überqueren. Zwischen seltsam gestalteten Felsnadeln, Türmen und Zinnen lagen versteckte grasige Räume, in die man zu Zeiten der Gefahr das Vieh treiben konnte.

Hier ruhten wir uns aus, mit dem Blick aufs inselreiche Meer hinaus und hinüber nach Raasay mit seinem tischflachen Berg, dem Dun Can, der diesem Eiland wie ein Hut aufsitzt. Als Dr. Johnson mit dem Freund seine abenteuerreiche Reise unternahm, herrschte auf Raasay ein Chief aus der weitverzweigten Sippe der MacLeod. Johnson nannte dessen Haus ›a seat of hospitality‹, einen Sitz der Gastfreundschaft. Er freute sich an den zehn schönen Töchtern des Laird, die jeden Abend, zur Musik eines Fiedlers, zu tanzen pflegten, »das ganze Jahr hindurch«. Man sieht: Auf Skye haben die Frauen immer eine besondere Rolle gespielt.

Und Flora Macdonald? Es dämmerte schon, als wir nach unserem Gang über den Quiraing nach *Kilmuir* im Norden von Trotternish kamen, wo die Heldin dieser Inseln unter einem vielbesuchten keltischen Kreuz begraben liegt, mit dem Blick zu ihrer Heimatinsel Uist und begleitet von den ehrenden Worten Johnsons: »Her name will be mentioned in history, and if courage and fidelity be virtues, mentioned with honour«, ihr Name wird seinen Platz in der Geschichte unseres Landes finden und, solange Mut und Treue als Tugenden gelten, rühmend genannt werden.

Flora Macdonald wurde 1722 auf South Uist, einer der Inseln der Äußeren Hebriden geboren. Ihr Vater war ›tacksman‹, Großpächter seines Verwandten, des Clanchief; ihr späterer Stiefvater ebenfalls ein einflußreicher Mann. Im Juni 1746 hütete das Mädchen auf einer Bergweide der Insel die Kühe ihres Bruders, als Sennerin. Sicher wußte sie um diese Zeit schon, daß Prinz Charles seit der verlorenen Schlacht von Culloden im April ständig auf der Flucht war, gejagt von britischen Soldaten und Schiffen (»the greatest manhunt in history«), und daß die für die damalige Zeit phantastische Summe von dreißigtausend Pfund auf seinen Kopf stand. Aber niemand verriet ihn, im Gegenteil: Seine Hochländer hielten ihn unter Lebensgefahr versteckt; und sogar jene, die auf der Seite der Engländer waren, stellten sich blind, wenn sie den Prinz in der Nähe wußten. Trotz Strapazen und Gefahren hört sich die Geschichte dieser Flucht wie ein Märchen an.

Eines Nachts wurde Flora Macdonald in ihrer Berghütte geweckt: Einer ihrer Vettern stand in der Tür, und der Mann, der ihn begleitete, war der Prinz. Dieser Augenblick ist für mich schon der Höhepunkt eines kühnen und gefährlichen Unternehmens: Flora wird gebeten, den Flüchtling als Dienerin verkleidet von der Insel zu schmuggeln, auf der es von feindlichen Soldaten wimmelt, während auf dem Meer ringsum britische Schiffe einen dichten Ring geschlossen haben. Sie weiß, in welche Gefahr sie sich begibt. Sie ist vierundzwanzig Jahre alt. Aber sie sagt zu und stellt nur eine Bedingung: Ihr Stiefvater müsse ihnen allen gültige Pässe ausstellen. Und obwohl er in feindlichem Sold stand, erfüllte er diese Bitte.

Einige Tage später, nachdem in Eile Frauenkleider hergestellt worden waren, wagten sie sich in einem kleinen Ruderboot aufs offene Meer: Flora Macdonald und ihr Vetter Neil, vier Ruderer und ein Steuermann – und der Prinz. Er trug »als Floras irische Zofe Betty Burke ein blau verziertes weißes Leinenkleid, einen gesteppten Unterrock, eine weiße Haube und einen Umhang mit Kapuze«. Kein Sturm kam auf, keine feindlichen Wachtposten kontrollierten die Insassen des Bootes.

> »Speed bonnie boat like a bird on the wing,
> onward the sailors cry;
> carry the lad that is born to be king
> over the sea to Skye ...«

Übers Meer nach Skye: Nur beim ersten Landeversuch auf dieser Insel wurde auf den »Burschen, der zum König geboren war« geschossen. Die Bootsleute drehten ab und versuchten es an einem südlicheren Punkt der Küste von Trotternish von neuem. Nach fünfzehnstündiger Fahrt waren die Flüchtlinge im Haus eines Verwandten vorläufig in Sicherheit.

Die Worte, mit denen Bonnie Prince Charlie sich von Flora Macdonald in Portree verabschiedete, sind überliefert: »For all that has happened I hope, Madam, we shall meet in St. James's yet.«

Als dürftiges Zeichen der Dankbarkeit bekam die Heldin zwei Küsse auf die Stirn. Der Prinz habe, heißt es, in diesem Augenblick Tränen in den Augen gehabt. Ich kann das nicht recht glauben. Seine Abschiedsworte scheinen mir aus einem selbstgefälligen und hochmütigen Herzen zu kommen, und die späteren Ereignisse beweisen es. Der Prinz flüchtete weiter; er mißbrauchte – Schotten hören das nicht gerne – die Treue seiner Anhänger, die später oft genug mit Enteignung, Gefängnis, Folter oder Tod bezahlen mußten. Erst im September des Jahres 1746 holte ihn die französische Fregatte ›L'Heureux‹ an der Küste von Moidart ab. Weitere Versuche, mit neuen Bundesgenossen nach Schottland zurückzukehren, schlugen fehl. Charles Edward Stuart beendete seine Tage in Rom im Exil. Er wurde ein böser und trunksüchtiger alter Mann. Man stellt ein Bildnis aus seinen späteren Jahren, das ein aufgedunsenes und verlebtes Gesicht zeigt, gerne dem Porträt des kühnen, dem Schicksal spöttisch zulächelnden Jünglings gegenüber.

Die Geschichte der Flucht in Frauenkleidern wurde bald ruchbar und Flora Macdonald kam als Gefangene nach England, allerdings unter milden Umständen; eine so romantische Begebenheit rührte alle Herzen. Schon im Juli 1747 konnte sie in die Heimat zurückkehren.

Jahrzehntelang wagte in Schottland keiner den anderen zu fragen: Warst Du für den Prinzen oder gegen ihn? Dann, im Zeichen einer inneren Beruhigung, verklärte sich die Zeit ›nach '45‹ zu Märchen und Legende. Die Anhänger des Prinzen, die ihn trotz allem weiter im Herzen trugen, pflegten immer noch nach dem Dinner, wenn die Damen sich zurückgezogen hatten, ihre Weingläser über einer Wasserkaraffe zu kreuzen: ›To the Prince over the water‹.

Das Heimatmuseum in Fort William bewahrt ein sogenanntes ›anamorphotisches Bild‹ des Prinzen. Wenn man auf das einfache Holzbrett mit scheinbar abstrakt-farbiger Bemalung einen Spiegelzylinder setzt, so fügen sich – falls der Mittelpunkt des Brettes nicht verfehlt wird – die wirren Linien zum Porträt des jungen Mannes. Der Spiegelzylinder kann durch ein mit Rotwein gefülltes Glas ersetzt werden. Jakobitisch gesinnte Herren setzten das Brett in die Mitte des Tisches, stellten ein gefülltes Glas darauf und konnten so – ohne Furcht vor Entdeckung – ihrem Prinzen zutrinken.

In Crofterhütten standen auf dem Kaminsims, neben der Bibel, Porzellanfiguren des Prinzen und der Flora Macdonald. Viele Lieder wurden verfaßt und gesungen:

» Will ye not come back again?
better loved ya canna be;
will ye not come back again?«
»Willst Du nicht zurückkehren?
Mehr Liebe für Dich hat niemand;
willst Du nicht zurückkehren?«

Diese Verse hört man in Schottland noch heute. Es soll auch immer noch einige Legitimisten geben, die den Stammbaum der Nachkommen Jakobs II. durch alle europäischen Verästelungen hindurch weiterverfolgen, und Bayerns Wittelsbacher als rechtmäßige Anwärter auf die schottische Krone betrachten. Zur Beisetzung des Kronprinzen Rupprecht im Jahre 1955 schickten sie eine Abordnung nach München.

Von Uig (Trotternish) aus: Autofähren nach Tarbert (Harris) und Lochmaddy (North Uist) in den Äußeren Hebriden.

Loch Coruisk oder Dun Scataich?

Man verliert im südlichen Skye die Kette der Cuillin Hills selten aus dem Blick. Von der Halbinsel Sleat aus sieht man sie jenseits des Wassers der Bay: mit allen Spitzen aus einer gleichmäßigen weißen Wolkenschicht aufragend, oder vielleicht blaugezackt im Regen. Jedesmal, wenn wir auf einer der schmalen Straßen Sleat von Osten her überquerten, durch Erlenhaine, deren knorrige und gekrümmte Äste und Zweige an griechische Olivenbäume erinnerten, durch blumenreiche Wiesen (denn hier ist es warm und windgeschützt), warteten wir gespannt, in welcher Stimmung wir auf der Höhe die Cuillins erblicken würden.

Ich erinnere mich an einen späten Nachmittag, als wir *Dun Scataich*, die Burg der Amazonenkönigin, suchten. Der Sturm hatte hier am Weststrand von Sleat allerlei Verheerungen angerichtet; man mußte über Treibholz und Tanghaufen klettern; das Wasser stand noch weit landeinwärts, wo es eigentlich nicht hingehörte. Dun Scataich ist ohnedies nicht leicht zu erreichen. Die Burg ist auf einen einzelnstehenden

Felsen gesetzt; vielleicht von Frauen gebaut, für Frauen: die Kriegerkönigin Scathaich und ihre ›warrior women‹. Der irische Held Cuchulain hat hier bei der Amazonenkönigin gelebt (Sagenhelden ließen sich gerne von Frauen unterweisen). Er lernte bei ihr das Harfenspiel und die drei magischen Weisen, mit denen er jeden bezaubern konnte: die Melodien des Lachens, des Weinens und des Schlafs. Soweit die Sage, der ich gerne Glauben schenken möchte. Aber Historiker stellten fest, auf Dun Scathaich hätten die Norweger gesessen (und von hier aus die Hebriden beherrscht), später die MacLeods und schließlich die Macdonalds.

Weil die ehemalige Zugbrücke unsicher ist, muß man, um den Bereich der Burg zu betreten, aus dem Graben heraus ein kurzes Stück den Fels hinaufklettern. Dann steigt, im Inneren, eine grasbewachsene Steintreppe steil auf, durch Mauer und Fels jeder Sicht entzogen. Oben gingen wir an einem runden gemauerten Brunnen vorbei, über eine schwach ansteigende und wellige Grasfläche bis zum Abgrund über dem Meer. Zur Stunde vor der Dämmerung stand die Kette der Cuillins schwarz vor den Farbenspielen des Himmels; das Wasser der Bucht gab diese Töne leuchtend wieder. Unter uns strichen Kormorane vorbei, mit den Flügelspitzen berührten sie beinahe die Wellen. Wo ist es nun schöner: hier auf Dun Scathaich, oder drüben am Loch Coruisk, der sich unter den Felsabstürzen der Cuillins versteckt? Wir konnten und wollten es nicht entscheiden.

Als Schottland im 19. Jahrhundert in Mode kam, gehörte *Loch Coruisk* zur Reise jeder empfindsamen Seele. Die Maler kamen; aber nur Turner vermochte Farbenrausch und Stille richtig wiederzugeben. Die Dichter beschrieben einen See, den es in Wirklichkeit nicht gab. »Ihn hat seit Weltbeginn die Sonne nicht beschienen.« Falsch: Wir sahen ihn im hellen Licht liegen; die Felswände hängen nicht bedrohlich über ihm, sie stehen, zurücktretend, im Rund. »Kein Baum, kein Busch, keine Pflanze, keine Blume; nichts Lebendiges kann hier gedeihen« (Scott). Wiederum falsch: Im Sommer sind die Ufer des Bergsees begrünt, und wilde und seltene Blumen blühen in Fülle.

Aber es ist immer noch ein Abenteuer, Loch Coruisk zu

erreichen. Am frühen Morgen Anruf beim Postamt von *Elgol* (Tel. 225): »Sind die Cuillins frei?« Gemurmelte Beratung am anderen Ende der Leitung. »Wir glauben, ja.« Man nimmt feste Stiefel, auch Ölzeug (im Boot wird es spritzen), wirft sich ins Auto, fährt zunächst nach Broadford, dann südwestlich. Die Roten Cuillins ziehen vorbei, mit gerundeten Kuppen aus rosa Granit, eindrucksvoller Auftakt. In Elgol schießt der Wagen steil bergab zum Parkplatz, der freilich immer noch in beträchtlicher Höhe über dem Ufer liegt. Unten schaukelt das Elf-Uhr-Boot, das erste dieses Tages, am Kai; es ist bereits gut gefüllt. Man muß sich lautstark bemerkbar machen. Das Boot wartet. Die Überfahrt dauert etwa eine halbe Stunde. Das Meer schlägt mäßig hohe Wellen. Erneutes Gemurmel, diesmal zwischen dem Bootsmann und uns. Ein Geldschein wechselt seinen Besitzer. Ja, wir dürfen die in etwa zwanzig Minuten geplante Rückfahrt auslassen und ein späteres Boot nehmen. Sprung ans Ufer, eine kleine Kletterei über glatte Steinplatten und Geröll. Die wenigen Bootsinsassen haben sich verlaufen, rasch ziehende Wolken wischen ihre Schattenbilder über die Steinhänge des Felsentheaters vor uns. Ein Streifen Wasser taucht auf, wird breiter, rundet sich zum See, füllt unsere Augen mit seinem tiefen Blau.

Die Halbinsel Sleat ist – immer noch – Macdonald-Land. Der Chief besitzt dort ein Hotel. Das Schloß von Armadale ist freilich Ruine (ebenso wie die malerische Burg von Duntulm auf Trotternish). In Armadale: Clan Donald Centre.

Applecross und Torridon

Für Kenner beginnt das eigentliche Hochland erst mit der Halbinsel Applecross, die als steinerner Balkon mit dramatischen Ausblicken hoch über dem Loch Carron schwebt. Am *Bealach na Bà*, dem ›Paß des Rindviehs‹, führt die Straße in steilen Kehren hinauf. Von nun an wird das Gestein immer härter und älter: Torredonian Sandstone zunächst und Quarzit. Nicht nur die Heimsuchung der Clearances hat diese Gegend menschenarm gemacht. Die wenigen Ansiedlungen verstecken sich in geschützten Buchten. In solchen weltverlassenen ›clachans‹ der Nordwestküste hat sich keltische Wesensart erhalten: Die Bewohner sind offenherzig, entgegenkommend und große Plauderer – ganz im Gegensatz zum verschlossenen, eher wortkargen Lowlander. Das Leben fließt geruhsamer als im Süden; Zeit wird nicht streng bemessen. Ob unter dem regenreichen Himmel das Gewand naß wird oder trocken bleibt, die Schafschur morgen stattfindet oder übermorgen, der Zaun bald oder erst nächstes Jahr geflickt wird – so genau nimmt man's nicht. Das Ergebnis ist malerisch, aber dem Fortkommen nicht eben zuträglich. Die tüchtigsten unter den Jungen wandern ab. Der größte Teil dieses Landstrichs ist ohnehin nie unter den Pflug gekommen; die Erde liegt zu dünn über dem Felsgrund. So scheint auch die Mondlandschaft von Applecross auf den ersten Blick nur aus verstreuten Felsbrocken zu bestehen. Ihre Schönheit bezieht sie von den vorgelagerten Inseln, besonders am Abend, wenn die Sonne hinter den Bergen von Skye und Raasay untergeht und der feurige Schein den Betrachter auf Applecross trifft. Ungewöhnliche Naturerscheinungen sind hier, bei hoher Luftfeuchtigkeit, keine Seltenheit; so sahen wir einmal am sonst klaren Himmel eine dunkle Wolke, aus der breite, genau abgegrenzte Streifen in allen Farben des Regenbogens sich senkrecht zum Meer hinunterzogen, ohne das Wasser zu erreichen. An anderer Stelle lag ein Regenbogen flach dem Felsboden auf, als wolle er sich ausruhen.

Im Herzen von Applecross liegt *a Chromraich*, das Sanktuarium des Maelrubha. Der ›Rotkopf‹, Ire und Königssohn und Heiliger wie Columba, errichtete im Jahre 673 an dieser Stelle eine weithin bekannte Freistatt für Flüchtlinge und Verfolgte aller Art. Sie war durch weiße Grenzsteine und Hochkreuze kenntlich gemacht und behielt ihre Gültigkeit bis zur Reformationszeit. Erst später haben Maurer oder Steinmetzen, die sich für fromm hielten, in eigener Machtbefugnis die alten Grenz- und Hochkreuze zerschlagen und teilweise für die Renovierung des Pfarrhauses verwandt. Ein friedlicher, von Bäumen überschatteter Ort ist a Chromraich trotzdem geblieben.

Eine Straße mit schönen Aussichten führt seit einigen Jahren um die Halbinsel. Wer den steilen Paß und die weiteren Kurven scheut, kann im Hinterland rascher zum Ufer des *Loch Torridon* und nach *Shieldaig* gelangen. Wie Plockton weiter südlich, ist Shieldaig ein malerisches Fischerdorf mit der ›Hauptstraße‹ am Wasser. Aber hier wie dort beginnen Zugereiste, die man White Settlers nennt, die gälisch sprechenden Einwohner an Zahl zu überflügeln. Künstler siedeln sich an und ältere englische Damen, die ein Zimmer vermieten oder in ihrem Garten Gemüse anbauen, und diese Rarität etwas verschämt zum Verkauf anbieten.

Die Strecke nach Ullapool hinauf wird ›Straße der Superlative‹ genannt – vor allem wohl, weil die landschaftlichen Schönheiten hier an den Beschauer heranrücken. Man kann sie im Vorbeifahren vom Auto aus sehen: die weite Fläche des Loch Torridon, von atlantischem Licht überstrahlt; *Ben Liathach* und *Ben Eighe*, deren nackte Geröllhalden und spitze weiße Quarzgipfel sich zum Greifen nah aneinanderreihen; die Ufer des dunklen *Loch Clair* mit ihren Caledonian Pines, schwarzen Föhren-Gespenstern. *Loch Maree* dann, ein Süßwassersee, der sich fast bis ans Meer erstreckt; vom elefantengrauen Felsstock des *Slioch* überragt, von Forests dicht umstanden. Solche Forests tragen Bäume, sind aber keine Wälder in unserem Sinn, sondern wild zerklüftete Jagdgebiete (und als solche vom 20. August bis zum 10. Oktober auch für Fußgänger gesperrt).

Mittagessen im Loch Maree Hotel: Das Spiegelbild des kühnen Slioch vor uns im Wasser wird nur ab und zu durch ein langsam vorbeiziehendes Boot beunruhigt. In diesem Paradies der Angler ist es für Außenstehende kaum möglich Quartier zu finden. An den Wänden der Lounge sind hinter Glas und Rahmen die stattlichsten Fänge zur Schau gestellt: Brown Trout von einer Größe, wie man sie sonst nur aus dem Anglerlatein kennt.

In der dunkel getäfelten Rezeption scheint man vor allem damit beschäftigt, auf einer ehrwürdigen Schreibmaschine freundliche Absagebriefe zu verfassen. Aber die dicken Bände mit den Eintragungen berühmter Gäste – früher offen ausliegend – mußte man im Safe verstecken, seit immer mehr Seiten von einschlägigen Sammlern gestohlen wurden. Königin Victoria war 1877 zu Gast. Seit dieser Zeit hat man im Hause wenig verändert. Sogar die ›dear little steps‹ sind noch vorhanden, über die sie ihre Zimmer erreichte. Unter einem vergoldeten Wappen ist an der Hauswand der Name der Queen in gälischen Buchstaben verewigt: »Thanaig Ban-righ Bhictoria«.

Weiter nördlich, zwischen dem Fischereihafen Gairloch und Poolewe, hat man auf ansteigender Straße die langgestreckte Fläche des Loch Maree rückblickend noch einmal vor Augen.

Torridon ist eine Gegend der großen Touren und ausgedehnten Wanderungen. Vom Ort Torridon aus (Information Centre des National Trust) Abzweigung nach Alligin und Diabaig, von dort Fußweg der Küste entlang bis zum Red Point.
Die große Route von der Bahnstation Achnashellach (im Glen Carron) hinüber zum Loch Coulin und Loch Clair zur Straße durchs Glen Torridon zählt zu den schönsten schottischen Überquerungen. Wer Glen Torridon durchfährt, sollte wenigstens eine kleine Strecke am Loch Clair entlanggehen, um den Ausblick zurück auf den Ben Liathach nicht zu versäumen. Beinn Eighe Nature Reserve untersteht der Nature Conservancy (nature trails).
Wer von Achnasheen aus sich der Gegend nähert, hat im Glen Dochartie die schönsten Ausblicke auf den Loch Maree.
Von Slattadale am Loch Maree aus 8 km Waldweg nach Poolewe.
Weiter nördlich immer wieder Abzweigungen zum Meer und zu zahlreichen Stränden, z.B. über Baddagro (malerischer Hafen, alte Kneipe) zum Red Point.

Ein Garten in der Wildnis

Die Mackenzies gehörten zu den großen Familien in den Highlands, mit ausgedehntem Landbesitz in *Gairloch* an der Westküste und bei *Beauly* im Osten. Sie waren ›improving Lairds‹, und man spricht heute noch mit Liebe und Verehrung von ihnen. Als in den dreißiger Jahren des vorigen Jahrhunderts eine junge Verwandte des Hauses im Kindbett starb, begleiteten fünfhundert Angestellte, Pächter und Crofter des Gebiets von Gairloch in schweigender Prozession den Leichnam quer durchs Hochland bis hinüber zur Grablege der Familie in der Priorei von Beauly. Jeweils acht Männer trugen auf der hundert Kilometer langen Strecke den Sarg. Sie waren zweieinhalb Tage unterwegs. Den einzigen Zwischenfall gab es, als die Gutsleute von Beauly dem Trauerzug entgegenkamen, und nun ihrerseits den Sarg tragen wollten. »Hätten unsere Männer nicht während des ganzen Marsches dem Alkohol entsagt, wäre es gewiß zu einer Schlägerei gekommen.«

Ein Jahrzehnt später, als der 12. Laird von Gairloch plötzlich starb, sah sich seine junge Frau Mary vor der Aufgabe, nicht nur drei Söhne großzuziehen, sondern auch die riesigen Besitzungen zu verwalten. Sie muß eine ganz ungewöhnliche Persönlichkeit gewesen sein. Als erstes lernte sie gälisch, um sich mit ihren Leuten besser verständigen zu können. Sie hörte den langen Sonntagspredigten zu, als sie erst ein einziges Wort, ›agus‹ (und), verstand. Schließlich konnte sie sich fließend unterhalten, wenn auch mit einem ›blas na beurla‹, einem Hauch des Englischen. Mit ihren Söhnen durften die Angestellten ebenfalls nur gälisch reden, bei Strafe der Entlassung. Für die Crofterkinder richtete Mary Mackenzie zahlreiche Schulen ein. Sie war von früh bis spät mit dem Pferd unterwegs, um nach dem Rechten zu sehen, vor allem in den schweren Jahren 1846-48, als eine Kartoffelfäule die Leute an den Rand des Hungertodes brachte. Lady Mackenzie ließ nicht, wie es an anderen Orten geschah, zur Arbeitsbeschaffung Mauern um ihren Besitz aufrichten; sie stellte fest, wo Verkehrswege sinnvoll und notwendig waren, beschaffte sich Geld von der Regierung, lieh und erbettelte sich weiteres dazu und begann mit dem Bau der großen Straße am Loch Maree entlang. Ihre Nachbarn erkannten den Wert der Unternehmung und begannen ihrerseits mit den anschließenden Teilstücken. Wenn wir heute auf so schönen Wegen vom Loch Torridon zum Loch Broom fahren können, so ist das in erster Linie der Initiative der Mary Mackenzie zu danken (die Strecke zwischen Poolewe und der Corrieshalloch Gorge ist heute noch als ›Destitution Road‹ bekannt).

Als ihr jüngster Sohn Osgood mündig wurde, kaufte Lady Mackenzie ihm die Besitzungen Inverewe und Kernsary.

Kernsary lag landeinwärts, aber Inverewe bestand hauptsächlich aus nacktem und felsigem Vorland, im besten Fall mit Heide überzogen, die ein paar Schafen notdürftig Nahrung gab. Eine Zwergweide war das einzige Gesträuch weit und breit. »Außer dem flachen nördlichen Ende von Lewis, siebzig Kilometer entfernt, gab es nichts als Wasser zwischen uns und Labrador; das Vorland wurde ständig von Salzgischt übersprüht.« An dieser Stelle wagte Osgood Mackenzie nicht nur sein Haus zu bauen – er legte auch, obwohl er sich noch nie in seinem Leben um Pflanzen und Bäume gekümmert hatte, einen Garten an. Er muß wohl den Unternehmungsgeist und die Tatkraft seiner Mutter geerbt haben, denn die *Inverewe Gardens* sind heute die größte Sehenswürdigkeit im Nordwesten. Die Besucher gehen inmitten von exotischen Gewächsen und blühenden Bäumen spazieren und bewundern, daß hinter einem dreifachen Schutzwall zäher Gesellen wie der Laricio-Kiefer aus Korsika so zarte Geschöpfe – Rosen, Lilien, Azaleen – gedeihen können. Wenn man an einem heißen Junitag von der Höhe aus zum Wasser hinuntersteigt, wandert man durch Duftwolken wie in einem orientalischen Märchen.

Osgood Mackenzie hat ein sehr lesenswertes Buch über diesen Teil des Landes und seine Bewohner geschrieben: ›A hundred years in the Highlands‹, London 1974. Viele Details faszinieren, z.B. die Mitteilung, daß arme Crofter teilweise von der Beute lebten, die sie Adlernestern entnahmen: gerissene Lämmer, Moorhühner oder sogar Lachse. Sie banden die Jungen, kurz ehe sie ausflogen, im Nest an, um so länger in den Genuß der von den Alten täglich ergänzten Vorräte zu kommen.
Die Inverewe Gardens befinden sich seit 1952 im Besitz des National Trust, der es als seine Aufgabe ansieht, die Gärten durch weitere Anpflanzungen zu bereichern.
Nach Norden zu schöne Strecke an der Gruinard Bay entlang; auch hier Abzweigungen zu den Stränden.

Ullapool

Der obere Rand der *Corrieshalloch Gorge* ist von früh bis spät von Touristen besetzt; vor allem wohl, weil sie vom Auto aus nur ein paar Schritte tun müssen, um die grüne Tiefe einer Schlucht und ihren Wasserfall zu bewundern. Zudem liegt die Sehenswürdigkeit am Kreuzpunkt zweier Straßen. Die große Route, von Süden und den Inverewe Gardens kommend, hat, ehe sie die *Falls of Measach* erreicht, eine Schleife um das gewaltige Bergmassiv des *an Teallach* und den dunklen *Dundonnell Forest* gezogen; auf der zweiten Straße gelangt man von Inverness aus direkt hierher, und fährt nun durchs parkähnliche *Strath More* und am *Loch Broom* entlang in Richtung Ullapool weiter. Nicht lange, so taucht dieses Städtchen auf – so, wie es auf Postkarten abgebildet ist: Hafen und Häuserreihen bei großer Klarheit der Luft perlmutterfarben leuchtend. Dieses Licht hat von jeher Maler in die ehemalige Fischersiedlung gelockt. So malte auch Kokoschka in den Jahren seines Londoner Exils hier.

Ullapool hat zwei Gesichter. In den von Linden bestandenen Straßenzeilen landeinwärts herrscht Ruhe; nicht nur Blumen, sogar Kartoffeln werden zwischen den altmodischen Häusern gezogen. Am Wasser dagegen drängen sich die Menschen – im Sommer weit mehr Fremde als Einheimische. Kutter fahren aus und kehren zurück; Fischer und Lastwagenfahrer aus Aberdeen stehen beieinander und warten, bis hinter verschlossenen Türen der Preis für einen oft mageren Fang ausgehandelt ist. Manchmal dauert das lange. Die Besitzer kleinerer Boote preisen ihre Ausflüge an: »Kommt mit zu den Sommer-Inseln« oder »Besucht mit uns die Seehunde«. Musik vom Campingplatz; Fülle in der Jugendherberge am Kai, in den Andenkenläden, Restaurants und Hotels; aber aller Lärm scheint für einen Augenblick zu verstummen, jede Tätigkeit unterbrochen zu werden, wenn die große Fähre, von den Western Isles kommend, mit kühnem Schwung in die innere Bucht einbiegt. Ullapool, vor zweihundert Jahren von der ›British Fisheries Industry‹ angelegt, hängt heute, da die Heringsschwärme auszubleiben drohen, auf Gedeih und Verderb von diesen Schiffen ab.

Schon beginnen die Autos, sich für die nächste Überfahrt zur Insel Lewis aufzureihen.

Dauer der Überfahrt von Ullapool nach Stornoway: vier Stunden. Auf der Halbinsel Coigach, nördlich von Ullapool, wechseln Moore mit fischreichen Lochs und Lochans ab. Zwischen Achiltibuie und Reiff mehrere Ortschaften an der Küste, deren weitverstreute Häuser sich zunehmend den Touristen öffnen. Schöne Ausblicke aufs offene Meer und auf zahlreiche kleine Inseln. In Achiltibuie vorbildlich geführtes kleines Hotel mit berühmtem Restaurant und einer Imbißstube, die auch frische Meeresfrüchte anbietet. In die hölzerne Theke der Hotelbar werden die Namen der erfolgreichsten Lachs- und Forellenfischer eingekerbt. Malerisch gelegene, aber sehr kleine Jugendherberge am Ortsrand.

Großes geologisches Drama

Wenn Fachleute das Stichwort *Assynt* hören, geraten sie in Begeisterung. Hier im nördlichsten Schottland kann man wie sonst kaum in Europa die Natur noch im Urzustand antreffen und hat sozusagen ihr Knochengerüst vor sich. Selbst als Laie begannen mich die geologischen Zeugnisse zu fesseln. Das älteste Gestein unseres Kontinents wird ›Lewisean Gneiss‹ genannt; sein Vorkommen beschränkt sich auf dieses Stück Hochland, auf gewisse Gebiete der Insel Lewis und des St. Lawrence-Stromes in Kanada. Es soll mehr als zweitausend Millionen Jahre alt sein. Diese Zahl übersteigt unser Begriffsvermögen. Ich halte mich lieber an die Angaben im Zeitraffer, der alle erdgeschichtlichen Vorgänge in ein 24-Stunden-Schema preßt. Danach entstand der Gneis von Assynt etwa um 10 Uhr morgens. Die letzte Eiszeit fand um 11.59 abends statt, der Mensch erschien 2 Sekunden vor Mitternacht.

Man hat diese Ecke des nördlichen Schottland auch ein Laboratorium der Natur genannt. Hier hat sie Gebirge hochgestemmt und gefaltet, mit Eis bedeckt, vom Meer überfluten und in veränderter Form wieder auftauchen lassen. Das unterste wurde nach oben gekehrt. Gletscher wanderten. Wind und Regen taten ihr Werk; langsamer, aber nicht weniger erfolgreich. Daß Felsen etwas Dauerhaftes seien – diese Illusion wird einem gründlich genommen.

Im nördlichen Assynt schweift der Blick ohne Begrenzung über die vielfach nackten Gneis-Wellen, über saubergewaschene Felsblöcke und Geröll, Seen und Tümpel. Wo eine dünne Humusdecke den Stein überspannt, gedeiht eine standhafte Flora. Aber wie eine Herde von Vorzeitmonstern ragen aus dieser Einöde einzelstehende Kegel von bizarrem Aussehen: *Cul Mór* und *Stac Polly*, *Suilven*, *Canisp* und *Quinag*. Sie sollen die angefressenen und abgenagten Stümpfe und Überreste eines Gebirges sein, das einmal so hoch wie unsere Alpen war. Manche Fachleute vergleichen es sogar mit dem Himalaja. Immerhin sind diese Bergkegel alle noch über zweitausend Fuß hoch (hier in Metern zu messen, schiene mir unpassend), und dürfen daher den Ehrennamen ›Munro‹ tragen. Sir Henry Munro hat alle Berge Schottlands, deren Höhe 1000 Fuß übersteigt, zusammengezählt. Insgesamt sind es 276. Aber wenige präsentieren sich als so originelle Gesellen wie die Munros von Assynt und ihre nördlichen Brüder bis hinauf zum Ben Loyal und Ben Hope, oder dem unbekannteren Foinaven, dessen weißer Quarzitfels weithin leuchtet.

Vom Stac Polly bis zum Quinag ist die Schichtung einheitlich: Über den Gneis hat sich ein nicht viel jüngerer Torridonian-Sandstein gelagert; den Gipfeln sitzen teilweise Hauben von Quarzit auf. Durch diese Gegend führen, wie sich denken läßt, nur wenige Straßen. An Ort und Stelle bleiben in erster Linie die Geologen – ihr Treffpunkt ist das Hotel am *Loch Assynt* – und Angler, die sich vorsichtig ihren Weg zu einem von Wasserlilien umstandenen Lochan suchen. Mehr noch als im übrigen Schottland zeigen groß gedruckte Ortsnamen auf den Landkarten meist nur ein paar verstreute Häuser an, oder die seltene Oase eines Hotels. Auch weiter nördlich, wo die Landschaft weniger streng und abweisend wirkt, trifft man kaum Menschen. Die kleinen Townships liegen versteckt. Gelegentlich sieht man hinter einem Felshöcker Rauch aufsteigen. Guter Torfgeruch weht herüber. Wer hier als Einheimischer zu Fuß unterwegs ist, arbeitet für einen Laird oder beim Straßenbau und nimmt zur Arbeit seinen Teekessel mit.

So entlasse ich meinen Leser in die unermeßliche Weite dieser Urlandschaft. Allerlei Freuden erwarten ihn. Die Besteigung des Stac Polly möge den Wanderer ebenso wenig gereuen wie ein Rundweg über Moor und durch Birkenhaine zwischen Stac Polly und Cul Mór, Loch Sionascaig und Loch Lurgain. Auf der ›Wee Road‹ zwischen Loch Baddagyle und dem Hafenort *Lochinver* wird der Ausblick hinter jeder Kurve eine neue Überraschung und ein ungetrübtes Vergnügen sein; ebenso auf der Weiterfahrt nach Unapool (gute Fahrkünste werden auf dieser Berg- und Talbahn vorausgesetzt). Möge ein Photograph den einsamen Suilven im schönsten Licht und von seiner besten Seite antreffen, als »hochgebaute Galeone, die das Gneismeer befährt«. An der Kylescu Ferry sei die Wartezeit nicht zu lang, in Scourie ein Besuch der Vogelinsel *Handa* möglich (man braucht Zeit für diese Unternehmung). *Cape Wrath* schließlich, dieses äußerste Stück Schottland, über das man mit einem Minibus bis zum Leuchtturm transportiert wird, sollte sich vor seinen Besuchern nicht im Nebel verstecken – wie es uns geschah.

Der Rundweg zwischen Stac Polly und Cul Mór führt durch den östlichen Teil der großartigen Inverpolly National Nature Reserve und umrundet einen kleinen See.
Die Wee Road (zahlreiche Kurven) führt durch das eigentliche Gebiet von Inverpolly. Bei Inverkirkaig: Andenkenladen mit Buchhandlung. Von hier aus: ein Weg zum Suilven.
Großbritanniens höchster Wasserfall mit dem unaussprechlichen Namen Eas a'Chùal Aluinn versteckt sich an der Nordostflanke des Glas Bheinn; schwer zugänglich.
Die Kylescu-Fähre bei Unapool, an der einzigen Straße nach Norden, verkehrt auch sonntags (9-21 Uhr, nicht mehr gebührenfrei). Eine Überfahrt zur Vogelinsel Handa (von Tarbet bei Scourie aus) lohnt vor allem im Mai und Juni, wenn die Klippen im Nordwesten Brutstätte ungezählter Seevögel sind. Auch Umfahren der Insel möglich. Erlaubnis zum Übernachten erteilt die Royal Society for the Protection of Birds, 21 Regent Terrace, Edinburgh.
Bei Laxford Bridge mündet die einzige Querverbindung, von Lairg aus, in die Straße nach Norden. Die Gegend um Laxford ist reich an offen zutage tretendem rosa Gneis.
Die größeren Orte der menschenarmen Gegend zwischen Ullapool und Cape Wrath: Lochinver, Scourie, Kinlochbervie.

Schlechte Laune in Durness

Reisen ist, wie man weiß, Glückssache. Manche Tage geraten nicht. Uns geschah das ganz oben in Schottland, in Durness. Schon als wir auf der lebhaft befahrenen Küstenstraße näherkamen, sahen wir, daß die ›B & B‹-Schilder überall umgedreht worden waren. ›No Vacancies‹ stand abweisend auf der Rückseite, keine Zimmer frei. Manche Wirtinnen hatten ihr Schild, wenn es über dem Gartenzaun hing, einfach abgenommen, nur ein nackter galgenähnlicher Apparat war übrig geblieben. Vor den roten Telefonhäuschen standen Schlangen von Wartenden, die Campingplätze schienen überfüllt.

Man kommt trotzdem irgendwie unter, gibt sich mit dem zufrieden, was man vorfindet, ißt das Abendbrot mehr der Form als des Inhalts wegen und sucht möglichst rasch nach etwas Trinkbarem. Selbst das schien in Durness nicht einfach; oder wir hatten kein Glück an diesem Tag. In der Bar, die wir schließlich fanden, saß man dichtgedrängt, Kopf an Kopf – ›Durchfahrer‹ der verschiedensten Nationen, denen nur eines gemeinsam schien: Sie waren unterwegs, um etwas hinter sich zu lassen, nicht, um etwas zu finden. Nun konnten sie nicht mehr weiter, hier war die Welt zu Ende und ihre Weisheit auch. Ihre Klagen waren laut und lebhaft: kein Friseur im Ort – Geldwechseln nur einmal in der Woche, wenn die fahrbare Bank kommt – wenige Tankstellen, und die noch am Sonntag geschlossen – viel zu viel Verkehr auf der Straße. Man hätte die Mißvergnügten aus der Haustür schieben und auf den nächsten Weg landeinwärts schicken mögen, ins leere Sutherland, wo wir oft meilenweit keinem anderen Fahrzeug begegnet sind.

Am nächsten Morgen wollten wir die große Sehenswürdigkeit der Gegend ansehen, die *Smoo Cave*. Wir hatten uns vorgenommen, Durness an diesem Tag erfreulich zu finden – das Wetter half dazu, mit leichtem Wind und ziehenden Wolken über einer bewegten See, weißen Stränden, dem farbigen Land. Aber als wir vom Parkplatz aus den Weg zu den Kalksteinhöhlen hinunterstiegen, schien es uns, als ob alle Abwässer des Orts gerade an dieser Stelle ins Meer geleitet würden. Im Eingang der vorderen Höhle krochen junge Leute gähnend aus ihren Schlafsäcken. Die Höhle selbst – nun ja, groß war sie schon. Man kann mit einem Kahn über ein schmales Stück Wasser zu einer niedrigen Wand gelangen, hinter der eine zweite und eine dritte Höhle liegen sollen, mit einem Wasserfall. Das Boot lag da, aber die Ruder fehlten und ein Fährmann war – gegen elf Uhr vormittags – nicht zu erblicken.

Da hilft nur eines, sagten wir: weiterfahren.

Balnakeil: im ehemaligen Luftwaffenlager zahlreiche Werkstätten. Ein Dorf der Kunsthandwerker. Nahebei: schöne Sandstrände.

Juli

IM HOHEN NORDEN

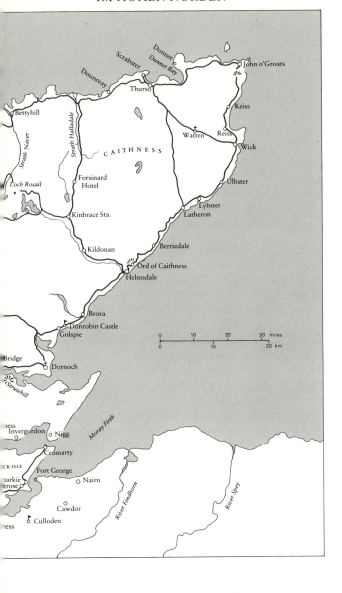

Inverness, in einem Satz

Bei Tage denkt man: oh, diese Menschen, diese Touristen, diese Autos, nur fort, nur weiter, aber abends am Fluß Ness wird es plötzlich ein freundlicher Ort, wenn man über den schwankenden gußeisernen Steg geht und die Angler in ihren Fischerstiefeln bis zur Hüfte im Wasser stehen – oben sind sie ganz städtisch angezogen – und das rosa Schloß auf dem Hügel mit der schönen Aussicht, das sich fälschlich des Macbeth rühmt, noch stärker rosa wird im Licht der Scheinwerfer, die Kirchen ebenfalls, die von fern so alt und würdig aussehen, aber nah betrachtet doch 19. Jahrhundert sind; und die Free Church Schottlands nennt den Sonntag auf ihren Anzeigetafeln immer noch Sabbat und drüben im Eden Court Theatre, wo alles neu und fünfeckig ist, hebt sich der glitzernde Lametta-Vorhang und ein Highland-Fling beginnt, sehr bunt und ganz nach dem Geschmack des Publikums: familienweise sind sie da, auf Urlaub, mit Kindern, auch kleinen, viele aus Glasgow, auch Busladungen aus Kanada und den Staaten; mitgesungen wird gerne, wenn gegen Ende die Späße aufhören, die Tiefe der Bühne mit dem Wappen aller Wappen ausgefüllt ist (nemo me impune lacessit), und das makellose Einhorn seine Glieder im blauen und roten Scheinwerferlicht streckt; und dann singen alle »I take the high road and you take the low road« und wer von ihnen weiß schon, daß dies keine Wegbeschreibung für das schottische Hochland ist, sondern daß »to take the high road« – »an den Galgen kommen« heißt, »hoch hängen«, und daß der, der da hängt, nie wieder sein Liebchen treffen wird, »on the bonny bonny banks of Loch Lomond«.

»Wir danken Ihnen, daß Sie so ein gutes Publikum waren – gute Nacht, gute Nacht«.

Abertarff House, Church Street: Bürgerhaus des 16. Jahrhunderts; Informationszentrum der Gälischen Gesellschaft.

Culloden, gemalt

Meine Gedanken zum 16. April 1746 beginnen und enden mit je einem Bild. Das erste stammt vom Schweizer Schlachtenmaler David Morier. Das Original ist viel kleiner im Format, als man nach den oft gezeigten Reproduktionen vermuten würde; es befindet sich im Besitz der Königlichen Familie und soll, wie man hört, in einem Schlafzimmer des Herzogs von Edinburgh hängen.

Ich nehme an, daß William Duke of Cumberland, der ›Held‹ der Schlacht auf Drummossie Muir, die unter dem Namen Culloden unrühmlich in die Geschichte einging, von vorneherein mit einem Sieg rechnete und daher den Maler bereits mitbrachte. Jedenfalls entstand das Bild nur wenige Tage später. Man sieht es auf den ersten Blick: Die armen Hochländer sind übel dran. Die Soldaten des Herzogs, meist Söldner aus Holland und Deutschland, tragen sich elegant auf dem Schlachtfeld: weiße Gamaschenhosen, roter litzenbesetzter Schoßrock, Dreispitz oder hohe Mütze; der Zopf fehlt nicht. So üben sie in kalter Perfektion das erlernte Geschäft des Tötens aus und stechen mit ihren Bajonetten zu. Der Säbel kann in der Scheide bleiben. Gut funktionierende Zinnsoldaten gegen todesmutige, aber schlecht ausgerüstete und in diesem Augenblick hilflose Naturkinder. Nur eine halbe Stunde dauerte das Gemetzel im Eisregen, so heißt es in den Berichten der Augenzeugen, dann war alles vorüber.

Daß es zu einem solchen Desaster kommen konnte, hatte die verschiedensten Gründe: Die Hochländer waren erschöpft und verbraucht nach einem sinnlosen Vormarsch, der sie bis in die Gegend von Derby geführt hatte, die Londoner in höchste Unruhe versetzte, aber sonst keinerlei Vorteil brachte; mehr noch entkräftete sie ein wochenlanger Rückzug. Schuld war die Leichtfertigkeit des Prinzen, Schuld auch die völlige Unfähigkeit seiner militärischen Berater, die kein ungünstigeres Gelände für den ungleichen Kampf hätten aussuchen können. Die englische Seite – 10 000 Mann stark – hatte nur 76 Gefallene, 282 Verwundete und 7 Vermißte zu beklagen. Wie viele der etwa fünftausend Hochländer davonkamen, ist nicht genau bekannt.

Daß David Morier das Entsetzen und die Verzweiflung in den Gesichtern der Schotten so lebensnah darzustellen vermochte, lag wohl daran, daß man ihm einige Gefangene als Modelle vorführte. Um ein möglichst naturgetreues Bild des Geschehens zu geben, sammelte man auf dem Schlachtfeld noch verstreut liegende Gewandteile der Hochländer auf und bekleidete die halbnackten Unglücklichen wahllos damit (zur Verwirrung späterer Trachtenkundler, die sich auf ein solches Durcheinander keinen Reim machen konnten).

Hätte es der Herzog von Cumberland nur bei seinem raschen Sieg bewenden lassen! Aber er kannte kein Erbarmen. Die Parole hieß: Keiner soll verschont werden. Ein Haus, in dem sich Verwundete versteckt hielten, wurde in Brand gesetzt. Durstige, die sich über eine Quelle beugten, erschlug oder erschoß man brutal. Während Prinz Charles Edward seine lange verzweifelte Flucht antrat, Gefangene aufgeknüpft oder deportiert wurden, bot sich den rotberockten Soldaten in den folgenden Monaten ein reiches Betätigungsfeld: Hütten abbrennen, Frauen schänden, Vieh forttreiben, foltern und töten – alles war erlaubt, ja gottgefällig. Der siegreiche Held, den man im Hochland als ›Butcher Cumberland‹, als den ›Schlächter‹ verfluchte, spazierte indessen durch London, im Gnadenglanz seines Vaters, des regierenden Königs Georg II., und ließ sich von Georg Friedrich Händel musikalisch feiern: »Hail, the conquering Hero comes.« Was mir nicht in den Sinn will ist, daß Cumberland ebenso jung wie Bonnie Prince Charlie war, als er die erste und letzte Schlacht seines Lebens gewann.

Culloden Moor ist heute – unter dem Schutz des National Trust – ein sehr aufgeräumter Ort: das Moor entwässert, eine Autostraße schnurgerade durchs Schlachtfeld gezogen. Ebenso gerade stehen die langweiligen Reihen einer Kiefernschonung. Aber wie Wucherungen ragen überall Findlinge aus dem Boden, riesige Steine, denen jeweils nur ein Wort eingemeißelt wurde: der Name des Clans, der an dieser Stelle kämpfte. Als wir den traurigen Ort besuchten, lagen bei den Steinen halb verwelkte Blumen, vom Wind über das niedergetretene Gras verstreut.

Um die Hochländer nach Culloden ein für allemal unschädlich zu machen, sparte man an keiner Mühe und Ausgabe. So wurde auch *Fort George* bei Inverness errichtet. Der Gegensatz zwischen Absicht und Ergebnis verblüfft; ein hübsches Riesenspielzeug, eine Operettenkulisse scheint diese Festung, kaum ernst zu nehmen mit ihren eleganten runden Türmchen, den abgezirkelten grünen Rasenflächen und kokett schwarz-weißen Holzbrücken über den Laufgräben. In einem ›Erinnerungsraum‹ hängt – mein zweites Bild – das offizielle Porträt des Herzogs. Er lächelt mit spitzem Mündchen. Unter seinem Konterfei ist ein sterbender Hochländer abgebildet; man hat ihm den Schild zerbrochen, ein Auge ausgestoßen. Um die grausame Darstellung rankt sich der Vers:

> »Thus to expire be still the rebels fate,
> while endless Honours on brave William wait.«

Mochten die Hochländer nur weiterhin draufgehen – dem tapferen William waren »endlose Ehren« sicher.

Fort George ist nur zum Teil Museum, sonst Kaserne wie einst. Soldaten im Tarnanzug gingen von einem der klassischen Gebäude zum anderen (William Adam war hier Master Mason). Der ausgehängte Tagesbefehl lautete: »The Guard is to parade outside the Detention Center at 9 o'clock, dress: combat suit, Glengarry, boots, putties, textile belt.« Als ich diesen Text in mein Notizbuch schrieb, kam der Wachhabende aus seinem Lokal gestürzt um zu fragen, was ich da täte. Ich hätte ihm gerne einige Gegenfragen gestellt; zum Beispiel, ob er wüßte, daß ein gewisses unausrottbares und übelriechendes, gelbblühendes Unkraut in den Highlands vom Volksmund immer noch ›stinking Willie‹ genannt wird. Überall, wo diese Pflanze wuchert, kommt alles Blühen und Gedeihen zum Erliegen.

Culloden Moor liegt östlich von Inverness (Information Centre, National Trust, Audiovisuelle Schau, Gedenkpyramide). Nicht weit entfernt, bei einem hochragenden Eisenbahnvidadukt, sind in einem Hain die Clava Cairns zu besichtigen, drei Grabanlagen der frühen Bronzezeit (1800-1500 v. Chr.) mit teilweise drei Meter hohen Standsteinen.
Fort George liegt am südlichen Ufer des Moray Firth (das Information

Office von Inverness gibt Auskunft, ob eine Besichtigung möglich ist).

Ebenfalls östlich von Inverness: Cawdor Castle – eindrucksvolle Burg, vorwiegend 16. und 17. Jahrhundert, mit Zugbrücke und Graben, altem Wehrturm und ehemaliger Bankettballe, Garten und Park. Keine Spur mehr von Macbeth; dafür ist in keinem anderen schottischen Schloß die Information der Besucher mit Hilfe von witzigprägnanten Texten so elegant gelöst wie hier. Der Dank dafür gebührt dem gegenwärtigen Besitzer und 25. Than, Hugh Earl of Cawdor.

Black Isle und ihr Prophet

Keltisches Erbe scheint sich bei den Nachfahren nicht nur in künstlerischen Fähigkeiten und starker Rauflust zu äußern, sondern gelegentlich auch durch die Gabe des Zweiten Gesichts. Im Schottland des 17. Jahrhunderts lebte auf der *Black Isle*, einer Halbinsel zwischen dem Moray- und dem Cromarty Firth, der Seher Brahan, gälisch Coinneach Odhar. Wie der Mühlhiasl, Prophet des Bayerischen Waldes, sah er eine feurige Kugel, die mit Wagen ohne Pferde von einem Talende zum anderen rollen werde. Er bezeichnete sogar die Stelle, Strath Pefferey – und hatte damit den Verlauf der Eisenbahnlinie von Dingwall nach Kyle of Lochalsh ziemlich genau vorhergesehen. Brahan tat aber auch folgenden Ausspruch: »Ein schwarzer Regen wird alles zerstören.« Nun fragen sich die Leute, ob er damit vielleicht das Öl gemeint haben könnte?

Von allen Küsten der Black Isle aus sieht man auf den gegenüberliegenden Ufern hochragende Kräne und neue industrielle Anlagen. Von *Nigg* im Norden über *Invergordon* westlich bis *Ardersier* im Süden werden Ölplattformen gebaut; oder man erstellt Zubehör, bearbeitet Aluminium. Die Black Isle selbst ist noch fast unberührt. Bis vor kurzem setzte man in der Nähe von Inverness mit der Fähre über; inzwischen ist an dieser Stelle eine Brücke gebaut worden.

Wir rollten – damals – von der Fähre. Die Luft war milder als drüben bei Inverness, vielleicht auch feuchter, das Getreide gerade abgemäht worden; aber das zu Rollen gepreßte Stroh lag noch auf den leuchtendgelben Stoppelfeldern. Zwischen den Äckern zogen sich Alleen hin.

Alles Schroffe, Felsige fehlt hier. Nur über den kleinen Hafenorten haben die feinen Leute ihre Villen an den Rand der baumbestandenen Steilküste gesetzt. Unter ihnen ziehen sich die Fischerhäuser, bunt gestrichen, in niederen Reihen parallel den Hang entlang. So sah ich es schon an anderen Stränden der östlichen Küsten.

Die Überreste der kleinen Kathedrale von *Fortrose* sind, an drei Seiten, in achtungsvollem Abstand von Häusern umgeben. Die Kirche wurde aus einem sanft-roten Sandstein erbaut; ein zartes Netzgewölbe aus dem 13. Jahrhundert überdauerte die Zeit und Cromwellsche Plünderungen; das Dachgestühl über dem hübschen achteckigen Glockenturm ist leider modern und häßlich.

In *Rosemarkie*, dem nächsten Hafen, hingen bunte Wicken über eine Mauer; Kinder spielten am Ufer in dunkelrotem Sand.

Cromarty, an der äußersten Nordostecke der Halbinsel: hier ist die Welt nun wirklich zu Ende. Die alte Stadt wirkt, als habe man ihr einmal eine Glasglocke übergestülpt und seither alles belassen, wie es war. Der Eindruck täuscht: National Trust und örtliche Organisationen haben vieles behutsam erneuert. Manche der Häuser werden offensichtlich wieder bewohnt, in den Vorgärten stehen Blumen. »Leute im Ruhestand und solche, die in Nigg drüben arbeiten«, sagte der Küster. Das schöne Court House, klassizistisch, weiß, mit weißen Sprossenfenstern, war verschlossen; aber nebenan konnte man eine strohgedeckte Hütte besichtigen, in der Hugh Miller, erst Steinmetz, später berühmter Geologe, Briefpartner Darwins, 1802 sein bescheidenes Leben begann. Auf einer Photographie verstecken sich die sehr edlen Züge des Wissenschaftlers hinter einem ausladenden Backenbart. Sein Buch trägt den Titel ›The Testimony of the Rocks‹, was das Gestein offenbart; sein Forschungsrevier lag ganz in der Nähe, in den jurassischen Felsen der Küste.

Auf dem Rückweg fuhren wir, wieder bei Rosemarkie, zu einer Landzunge hinaus, *Chanonry Point*, auf der Golfspieler – Schaumkronen rechts, Schaumkronen links – gegen die

Tücken des Windes ankämpften. Am jenseitigen Ufer sah man die spinnenbeinigen Aufbauten für eine Ölplattform. Ein Gedenkstein in der Nähe des Leuchtturms brachte uns noch einmal den Seher Brahan in Erinnerung. Von der Countess of Seaforth befragt, wo sich denn ihr Mann gerade aufhalte, soll Coinneach Odhar folgenden Spruch getan haben: »Er weilt zu Paris und liegt in den Armen einer Frau.« Die erboste Gräfin ließ den unerwünschten Wahrheitsfanatiker in eine Tonne mit Teer stecken und an dieser Stelle verbrennen.

Die Schrift auf der Scheibe

Die Fahrt von Inverness aus nach Norden enttäuschte zunächst; vielleicht weil wir – zum ersten Mal – in den Strom der Sommerreisenden gerieten. Aber bei *Ardgay* bogen wir nach links ab auf eine Straße, die erfreulich leer schien. Daß sie bald zur Single Track Road wurde, störte nicht weiter; die wenigen Ausweichstellen ließen darauf schließen, daß kaum mit Gegenverkehr zu rechnen war. Das Tal war weit und lieblich. Ansiedlungen fehlten. So kamen wir nach *Croick* und damit ganz zufällig zu unserer ersten Begegnung mit den Spuren der Clearances. Daß die Ereignisse, die sich 1843-45 hier abspielten, im Rahmen des Ganzen gesehen eher unwichtig, beinahe nebensächlich wirken, minderte nicht unsere Betroffenheit.

Die Kirche lag ein wenig unterhalb der Straße, verborgen und überragt von mächtigen Kastanien. Am gegenüberliegenden Hang zog eine stattliche Schafherde vorbei, von mehreren Hunden in Schach gehalten. Der Schäfer folgte und leitete die Hunde durch Zuruf an. Er war der erste Mensch, den wir sahen, seit wir, viele Meilen zuvor, von der belebten Hauptstraße abgebogen waren.

Die Kirche von Croick gehört zu den ›Parliamentary Churches‹, die nach Culloden auf Regierungsbeschluß errichtet wurden. Vermutlich war man in London der Meinung, Geistliche könnten die störrischen Hochländer eher zur Vernunft bringen als zuvor die Soldaten. Thomas Telford, der vielseitige und unermüdliche Baumeister, hatte auch hier seine Hand im Spiel. Er erfand einen schlichten Grundtyp und setzte ihn mit wenigen Abwandlungen in zahlreiche Hochtäler. Beim Betreten der Kirche fällt auf, wie hoch der Prediger auf seiner Kanzel über seine Zuhörer erhoben war. Zum Pult des ›precenters‹, des Vorsängers, führen drei steile Stufen hinauf; zur Kanzel mit ihrem kleinen Holzdach fünf weitere. Oben fanden wir eine gälische und eine englische Bibel. – Die Kirche ist völlig schmucklos. Es gibt weder einen Altar noch Glocken im Turm. Elektrisches Licht fehlt. Zur Beheizung mochten einige eiserne Körbe dienen, die man mit erhitzten Tierknochen füllen konnte. Aber ein Harmonium aus späterer Zeit war vorhanden, dem wir melancholische Töne entlockten.

Was ist nun das Besondere an der Kirche von Croick? Hügelauf, im *Glen Calvie*, lebten 1843 noch etwa neunzig Menschen (nachdem schon in den Jahrzehnten zuvor ›evictions‹, Vertreibungen, stattgefunden hatten). Die Bewohner werden als zufriedene Leute geschildert, die friedlich zusammenlebten und mit dem auskamen, was sie besaßen. »Sie waren schuldenfrei und gesetzestreu und sandten ihre jungen Männer als Soldaten in Englands Kriege; sie hielten Schafe und schwarzes Rindvieh und bauten Kartoffeln und Gerste an. Diese Familien saßen seit mehr als fünfhundert Jahren als Pächter im Tal.« Obwohl der Boden karg und felsig war, wurde den Leuten ein übermäßig hoher Pachtzins abverlangt, den sie geduldig zahlten. Besitzer des Grundes war ausnahmsweise nicht die Familie des Herzogs von Sutherland, sondern ein Major Robertson. Die Vorkommnisse werden aber nicht ihm, sondern seinem Factor, einem gewissen James Gillanden, in die Schuhe geschoben.

Im Jahre 1843 wollte auch Gillanden der herrschenden Mode folgen und Schafzucht im großen betreiben, die Kleinpächter aussiedeln. Um einen solchen Vorgang zu legalisieren, mußte ein Vertreter des Gesetzes dem Hausvater ein entsprechendes Dokument vorweisen. Als die Bewohner dies erfuhren, versammelten sich die Frauen und hielten am Talausgang Wache. Sobald die Polizisten mit den Papieren auftauchten, wurden ihnen die Arme festgehalten, und die Dokumente in ihren Händen mit glühender Kohle in Brand gesteckt; damit waren die Ausweisungsbefehle ›im Glen nicht gesehen worden‹ und ungültig. Gillanden schien zunächst machtlos. Aber im Jahr darauf lud er die Pächter (ohne ihre Frauen) ›nur zu einem freundschaftlichen Gespräch‹ ein. Sie kamen im Vertrauen auf sein Wort. Statt dessen wurde jedem ein neues Dokument ausgehändigt, und der Vertreibung stand nichts mehr im Wege. Über denen, die sich widersetzten, wurde in der üblichen Weise das Haus angezündet: In einem weitgehend baumarmen Land waren die Holzbalken für Giebel und Dach wertvollstes Besitztum jeder Familie. Während die Väter in anderen Gegenden vergeblich nach neuen Lebensmöglichkeiten suchten, fanden die übrigen Vertriebenen im Friedhof von Croick höchst ungenügenden Schutz. Der Kirchenraum selbst war weiterhin nur für den Gottesdienst zugänglich.

Man muß zahlreichen Geistlichen den Vorwurf machen, daß sie damals in erster Linie nur an sich selbst und ihre Familie dachten; mit Stellung und Haus, Nahrung und Feuerung hingen sie ja auf Gedeih und Verderb vom Wohlwollen des Laird und seines Factor ab. Als schlechte Hirten ihrer Herde hielten sie, statt tatkräftige Hilfe zu leisten, zürnende Predigten: Es sei das gottlose Leben der Leute gewesen, das nun die Strafe der Evictions über sie bringe. So kam es, daß einer der Vertriebenen während der hoffnungslosen Wartezeit auf dem Friedhof von Croick zum Messer griff und eine Fensterscheibe beschrieb: »Glencalvie people, we the wicked generation« – »wir, die sündige, die verlorene Generation«. Andere setzten ihren Namen und ihre Berufsbezeichnung, etwa Shepherd, dazu. Als hätten sie geahnt, daß ihre Sprache, das Gälische, von den später Lebenden nicht mehr verstanden würde, schrieben sie ihre Botschaft englisch, in schönen und klaren Buchstaben, die noch gut leserlich sind.

Heute leben im Glen Calvie und im benachbarten *Strath Chuillionach* eine Handvoll Menschen: Schäfer, Jagdhüter, Waldarbeiter. In die ausgedehnten Reviere teilen sich ein Schaffarmer und ein Jagdbesitzer.

An der Straße von Inverness nach Norden: Beauly Priory, Ruine einer Priorei des 13. Jahrhunderts mit schönen Details (Fenster in der Südwand). Im Friedhof mächtige uralte Bäume.
Von Beauly aus lohnender Abstecher das Strath Glass hinauf zum Glen Affric (siehe September-Kapitel ›Glen Affric‹, S. 467), oder über die Berge ins Glen Urquart.
Bei Alness: Abkürzung über die Höhen, mit Aussichtspunkt auf dem Struie Hill.
Von Bonar Bridge aus zweigen drei Straßen ab, die durch Hochmoore westlich nach Lochinver, nordwestlich (über Lairg nach Laxford Bridge an die Küste und nördlich nach Altnaharra führen. Nur die letztgenannte kann nach schottischen Maßstäben Anspruch auf die Bezeichnung ›lohnend‹ erheben; die anderen sind als Verbindungswege nützlich.

In Dornoch

Dornoch, nahe der großen Straße nach Norden, habe ich in freundlicher Erinnerung. Vielleicht weil seine Plätze so weit und würdig sind, seine Straßen mit Ahorn und Linden bestanden, und weil die Uhr im Schindeldach des dicken Kathedralenturms bei Nacht so gemütlich leuchtet.

Auch diese, 1924 restaurierte Kirche ist vor allem friedlich; wenn man die Schönheit des nackten rötlichen Steins betrachtet und gesehen hat, wie die mächtigen Pfeiler des 13. Jahrhunderts aus später hochgezogenen Wänden herausgeschält wurden, dann stellt der Raum keine weiteren Ansprüche an den Besucher, er läßt ihn ausruhen und sich besinnen.

Dornoch Cathedral war die Grablege der Herzöge von Sutherland; sechzehn von ihnen sollen hier liegen. Im Friedhof neben der Kirche ist das Maß für eine Elle in Stein eingelassen; früher wurden an dieser Stelle Märkte abgehalten und beim Verkauf die Stoffe ausgemessen, der Name des Steins sagt es: ›plaiden ell‹. Mir schien, als werde hier auch die Zeit bemessen und ausgeteilt, ruhig und gleichmäßig. Neben der Friedhofsmauer steht das verwitterte Mercat Cross. In der St. Gilbert Street sind die niedrigen rosa-braunen Häuser ganz mit Rosen bewachsen, Rosen in allen Farben, sie begannen gerade abzublättern. Die Zweige der alten Bäume in dieser Straße müssen die Häuser fast ganz überwuchert haben, es blieb ihnen keine Sonne; man hat die Linden bis auf den Stamm abgesägt. »Sie kommen wieder, sie sind stark«, sagte ein Anwohner, der mit der leeren Gießkanne vor seiner Haustür stand und zusah, wie ein feiner Dunst vom Meer her langsam den Himmel überzog. »Der kommt jeden Tag«, sagte der Mann, »wir nennen ihn ›haar‹.« Er beklagte, daß man an das Ende dieser alten Straße den Betonblock einer Garage gesetzt habe. Sonst war er zufrieden. Ja, es sei ein stiller Ort, trotz der Fremden.

Jenseits der Mauern beginnen die Schafweiden und die Golfplätze und dann kommt das Meer, das von älteren Leuten noch German Sea genannt wird. Die Campingplätze in den Dünen liegen von der Stadt entfernt, der bei *Embo* ist klein und ruhig. Wer den Bereich der Wohnwagen verläßt, hat sieben Meilen weit weißen Sand unter den Füßen, am schönsten Strand dieser Küste.

Der Stolz von Dornoch sind seine beiden Golfplätze. Der Royal Golf Course wäre sogar zum Austragen großer Meisterschaften geeignet, obwohl er sich auf dem gleichen Breitengrad wie die Hudson Bay oder das südliche Alaska befindet, als nördlichster Platz seiner Güteklasse. Das erzählte mir der Pfarrer der Kathedrale, in dessen bescheidenem Haus wir wohnten. Die zahlreichen Insassen der Kinderzimmer waren den Sommer über in Zelte im Garten ausquartiert und verhalfen so den Eltern zu einem Nebeneinkommen. In den hellen Nächten sah man vom Fenster aus die vertriebenen Eigentümer unserer Betten, mit Decken und Kopfkissen unterm Arm, die Gartenwege entlanglaufen, und hörte noch lange ihr Lachen und Schwatzen. An der Tür des Badezimmers, das von allen benutzt wurde, hing folgender Zettel: »This is a bathroom. Reduce reading to short stories and poems.«

In Dornoch stört nichts und tut nichts weh. Selbst der Hexenstein, ›The Witches' Stone‹, konnte mich nicht traurig stimmen. Wir fanden ihn, halb im Boden versunken, mit der Jahreszahl 1722, im Garten einer versteckten Seitenstraße, neben einer umgekippten Kinderkarre und einem bunten Ball. Dabei ist die Geschichte der letzten in Schottland hingerichteten Hexe schlimm genug: Janet Horne, die man »teerte, federte und röstete, weil sie ihre Tochter in ein Pony verwandelte und vom Teufel beschlagen ließ«. Das sind Dimensionen des Grauens, die an einem heiteren und geruhsamen Tag außerhalb meines Vorstellungsvermögens blieben.

Am späten Nachmittag zog eine Pipeband über den großen Platz, zur Belustigung der Touristen, und wenn die Musiker Pause machten, durften die Kinder mit den Instrumenten hantieren. Dann ging das Spiel weiter. Die dicken Mauern des ehemaligen Bischofspalastes, in dem heute ein Hotel untergebracht ist, gaben Trommel und Dudelsack im Echo zurück.

Nördlich von Dornoch: Golspie mit Kirche des 17. Jahrhunderts (hölzerne Empore mit reichem Schnitzwerk für die Grafen von Sutherland – siehe folgendes Kapitel). Das Schloß der Familie, Dunrobin Castle, zu großen Teilen im Baronial Style des 19. Jahrhunderts errichtet, kann besichtigt werden. Prachtvolle Lage mit terrassierten Gärten zum Meer hin und einem Gartenpavillon mit ›Museum‹.
In der Nähe von Brora: zwei Brochs. – Von Helmsdale aus Fahrt ins Innere möglich. Bei Kildonan wurde im letzten Jahrhundert Gold im Wasser gefunden. Über Kinbrace und Forsinard (siehe auch Kapitel ›Wenn es nicht mehr dunkel wird‹, S. 376) und Strath Halladale direkt zur Nordküste, oder – auf noch eindrucksvollerer Strecke – durchs Strathnaver; eine erhebliche Abkürzung gegenüber dem üblichen Weg um John O'Groats und Reisenden zu empfehlen, denen die Zeit knapp wird.

Die Gräfin von Sutherland

Elizabeth, die spätere Gräfin und Herzogin von Sutherland, wurde 1765 geboren. Als sie ein Jahr alt war, starb die Mutter an einem ansteckenden Fieber. Der Vater plante eine großartige Beisetzung: Vierhundert Pächter sollten von *Dunrobin*, dem Schloß der Familie aus, den Sarg bei Fackelschein zur Kathedrale von Dornoch geleiten. Wenige Tage später war er selbst dem Fieber erlegen. Elizabeth wurde in Edinburgh von der Großmutter, Lady Alva, erzogen, »die jeden davon zu überzeugen wußte, daß dies ein wichtiges und vornehmes Kind sei«. Dem Mädchen selbst hat man das vermutlich auch gesagt. Es erhielt bedeutende Männer als Lehrer und zum Vormund. Die Herren hatten einige Mühe, den Titelanspruch ihres Mündels durchzusetzen. ›The Sutherland Case‹ wurde zu einem berühmten Gerichtsfall; als er, 1771, im House of Lords zugunsten des Kindes entschieden war, feierten droben im Norden die Pächter dies Ereignis so ausgiebig mit Whisky und Salutschüssen, daß den Vormündern eine hohe Rechnung zuging. Elizabeth, nun ›Countess in her own right‹, lernte Dunrobin Castle und ihre eigentliche Heimat erst mit siebzehn Jahren bei einem kurzen Besuch kennen. Zuvor hielt sie sich eine Zeitlang in London auf. Man kann annehmen, daß sie bei Hofe vorgestellt wurde. Sie wird als schönes, sehr intelligentes und gebildetes Mädchen geschildert. »Ihre ganze Erziehung war darauf gerichtet, sie zu einer großen Dame zu machen.« Als sie zwanzig war, wurde eine der besten Partien Englands für sie arrangiert: Sie heiratete George Granville Leveson-Gower, Lord Trentham, Earl Gower, den späteren Marquess of Stafford, einen kränklichen Mann, der viel geerbt hatte und noch mehr erben sollte: Land, Geld und Titel.

Auch die junge Frau hat Schottland jahrelang nicht gesehen: Ihr Gemahl wurde englischer Botschafter am Hof Ludwigs XVI. So lernte sie Paris am Vorabend der Revolution kennen und verkehrte in allen berühmten Salons. Im Juni 1791 tritt sie für einen Augenblick auf die Bühne der Weltgeschichte: Sie leiht der Königin Marie Antoinette und dem Dauphin ihre und ihres Sohnes Kleider für die geplante, aber vergebliche Flucht. Ein Jahr später scheint es dem Botschafter ratsam, mit seiner Familie nach England zurückzukehren. Aber diese hastige Abreise geht nicht ohne eine kurze Gefangennahme und ein Verhör vor dem Revolutionstribunal von Abbéville ab. Wenig später kommt die Nachricht nach England, daß die meisten der Pariser Freunde unter der Guillotine ihr Leben lassen mußten.

Von nun an verbrachte die Gräfin jeden Sommer in ihrem schottischen Schloß. Welch widersprüchliche Ideen und Anschauungen hatten ihren Charakter geformt, bestimmten in Zukunft ihre Entscheidungen: feudalistische Traditionen, in denen sie aufwuchs; Aufbruchsstimmung und neue, fortschrittliche Ideen in Paris; aber auch Bedrohungen, die ausschließlich von der anonymen Masse, dem Volk, auszugehen schienen. Wenn in späteren Jahren einer ihrer Handlanger die Hochländer, ihre Untergebenen, »aufrührerischen Mob« oder gar »überflüssiges Pack« nannte, so wird sie, der ein Pariser Mann von der Straße ebenso fremd war wie ein gälischer Schäfer im Strath Naver, keinen Anstoß an einer solchen Bezeichnung genommen haben.

Die Britischen Inseln standen damals, mit ihrer landwirtschaftlichen und industriellen Revolution, am Anfang eines verhießenen ›age of improvement‹. Auch die Countess of Sutherland ließ sich von diesen Ideen begeistern: Ihr Gemahl hatte im heimatlichen Staffordshire mit größtem Erfolg seine Güter modernisiert. Im Jahre 1809 wandten beide ihre Aufmerksamkeit den riesigen Besitzungen der Gräfin zu. Zusammen besaß das Ehepaar beinahe fünf Millionen Hektar Land; sie standen damit an der Spitze aller britischen Landbesitzer. Die Summe, die in Sutherland bis dahin aus Pachterträgen zu erzielen war, stand tatsächlich in keinem Verhältnis zum Umfang des Besitzes. Radikale Besserung versprach ein Trio sehr widersprüchlicher Gestalten, die die Gräfin um diese Zeit in ihre Dienste nahm: die Herren Loch, Young und Sellar. Sie hatten in den Jahren zuvor in Morayshire einen See trockengelegt, etwa dreihundert Seelen umgesiedelt und mit diesen Maßnahmen Erfolg gehabt. Niemand schien zu bedenken, daß es sich in Moray drüben um Lowlander handelte, die – anders als die Hochländer – anpassungsfähig und, falls Gewinne winken, stets zu Neuem bereit sind. Auf Vorschlag der drei ehrenwerten Herren sollte nun die gesamte Bevölkerung der Hochtäler, insgesamt etwa fünfzehntausend Menschen, ausgesiedelt werden, um sich an den Küsten von Sutherland und Caithness der Fischerei zu widmen. Daß die Küsten hier notorisch gefährlich sind, der Boden in Ufernähe nur aus Fels oder Sand besteht, also für Anbau oder Weide unbrauchbar ist, schien nicht bekannt zu sein oder wurde als unerheblich abgetan. Das Innere von Sutherland sollte in Zukunft ausschließlich ›sheep walks‹, ausgedehnten Schaffarmen vorbehalten sein. Die Ansässigen auf ihr bevorstehendes Schicksal vorzubereiten, hielt man nicht für nötig. Loch schrieb an Lady Stafford: »Solange Sie mir nicht Machtvollkommenheit geben, um diese Banditen in Schach zu halten, werden wir keinen Fortschritt erzielen.« Die Betroffenen, seit Culloden ohne Anführer, waren viel zu naiv und weltfremd, um die Dokumente, die man ihnen eines Tages vorzeigte, ernst zu nehmen. Ein Fortgehen aus ihren schönen Tälern schien ihnen undenkbar. 1814 und 1819 fanden die berüchtigten ›Austreibungen‹ im *Strath Naver* statt. Einigen von den etwa zweitausend Anwohnern hatte man ein Stück schlechtes Land an der Küste zugesprochen; die anderen wußten nicht, wohin sie sich wenden sollten.

Donald MacLeod von Rossal schreibt: »Ich war Augenzeuge. Größere Trupps unter Anführung von Sellar und Young setzten die Wohnungen in Brand, bis ich etwa dreihundert Häuser in Flammen sah. Die Leute versuchten, ihre Kranken und Hilflosen zu retten, ehe das Feuer sie erreichte.« Einige der Alten starben an Schock und Unterkühlung; aber als man Sellar deswegen unter Anklage stellte, wurde er von einer Jury, die hauptsächlich aus Landbesitzern und Kaufleuten bestand, in allen Punkten freigesprochen. Von denen, die zur Küste gejagt wurden und es dort mit Fischfang versuchen sollten, hatte kaum einer zuvor den Fuß in ein Boot gesetzt. Viele ertranken. Sogar James Loch, der Factor, wurde unruhig und schlug Lord und Lady Stafford vor, ob man nicht einen Teil der Leute mit Geld verlocken könne, nach Amerika auszuwandern. Der Gräfin zeigte man nur die wenigen Paradebeispiele: die langsam aufblühende Gemeinde *Golspie* in der Nähe, oder eine Ansiedlung an der Nordküste, der man ihren Namen gab: *Bettyhill*. Geld, das Lord und Lady Stafford nun reichlich nach Sutherland fließen ließen, verwendeten sie zum Bau von Straßen und Brücken und zur Errichtung kleiner Gasthöfe (in Altnaharra riß man die Kirche ab, für die es keine Gemeinde mehr gab, und baute aus dem Holz ein kleines Hotel, das heute noch steht – wenn auch in modernisierter Form – und für seine Lachsbrötchen zum Tee berühmt ist). Die Maßnahmen kamen denen, die an der Küste ein mühseliges Leben fristeten, oder ans Auswandern dachten, zunächst weniger zugute als jungen Engländern aus großem Hause, die auf ihrer Grand Tour seit einiger Zeit lieber Schottland und die Inseln besuchten, als das von den napoleonischen Kriegen beunruhigte Europa.

Die Gräfin starb 1856. Die Klagen und Verwünschungen der Vertriebenen sind nie bis zu ihren Ohren gedrungen. Sie hielt sich bis zuletzt für die Wohltäterin, die sie zu sein wünschte. Innerhalb ihrer Kreise wurde sie (wie die amerikanische Schriftstellerin Harriet Beecher-Stowe berichtet) auch so eingeschätzt und wegen ihrer Güte und Freundlichkeit verehrt; Berichte von den Sutherland Clearances tat man als böswillige Lügen ab. Das Standbild ihres Mannes – der 1833 für seine Verdienste zum Duke of Sutherland ernannt worden war – erhebt sich fast vierzig Meter hoch auf dem Gipfel des Ben Vraggie bei Golspie.

Als 1854 der Krimkrieg ausbrach, erschienen Werber der berühmten schottischen Regimenter in Sutherland. Aber während früher die jungen Leute in Scharen zu den Fahnen strömten, meldete sich nun keiner mehr. Der Sohn der Gräfin, Earl Gower, kam eigens nach Dunrobin, um nach dem Rechten zu sehen. Die Menge der Männer stand ihm stumm und feindlich gegenüber, die Dudelsäcke der Werber lockten vergeblich, der Pfarrer in der Kirche predigte tauben Ohren. Schließlich trat einer der Männer vor und sagte: »Ihr habt uns unsere Heimat genommen und sie den Schafen gegeben. Nun laßt die Schafe an unserer Stelle kämpfen.«

Mit den ›sheep-walks‹ konnten die Herzöge auf die Dauer keine Erfolge erzielen. Sutherland hat immer noch die geringste Zahl an Einwohnern in Großbritannien: zweieinhalb pro Quadratkilometer. Die Schafe wurden auch hier durch Rotwild ersetzt. Ein Jagdrevier grenzt ans andere.

Die zur Zeit der Clearances verlassenen Orte (wie Rossal im Strathnaver) werden weiterhin auf schottischen Landkarten angegeben, als fände man dort noch Menschen und nicht nur die Grundmauern zerstörter Häuser. Einmal im Jahr finden Gedenkgottesdienste zwischen den Ruinen statt.

Mr. Richard, Game-keeper

Schäfer und Jäger sind die Prachtstücke meiner schottischen Sammlung. Mr. Richard gehört dazu. Die Güte seines Tweedanzugs, der Sitz seines Deerstalkerhat, die Qualität seiner blankgewichsten Schuhe (falls er keine Gummistiefel trägt) und seiner schweren Wollstrümpfe übertreffen vermutlich die seiner ›Gentlemen‹. Mr. Richard spricht, wenn er Lord L., seinen Dienstherrn, oder dessen Jagdgäste erwähnt, wie alle seinesgleichen nur von den Gentlemen. »Haben die Gentlemen auch Damen dabei?« – »Damen ja, aber oft sind es nicht die Ehefrauen.«

Wir gingen im Morgenlicht über den unebenen Heideboden, vorneweg der Vorstehhund, ein Pointer; ein junges Tier, das schon abgerichtet war, aber für den 12. August üben mußte. Der 12. August ist so etwas wie ein Nationalfeiertag in Schottland; die Jagd auf Moorschneehühner beginnt.

Richard ging und sprang hinter dem suchenden Hund her, in gleichmäßigem Tempo; ›bog-myrtle‹, duftend, und ›heatherbells‹ unter unseren Füßen, ich stolperte hinterher. Eine Lerche flatterte über ihrem Nest, ein Brachvogel kreiste und warnte die anderen Tiere.

Mr. Richards Vater ist Garagenbesitzer in Ayrshire, im Süden Schottlands; er selbst wußte schon als Bub, daß er Game-keeper werden wollte und sonst gar nichts auf der Welt. Alle seine Verwandten und die meisten Vorfahren übten diese oder ähnliche Tätigkeiten aus; sein Großvater war zu seiner Zeit ein berühmter Tierpräparator, davon kann man gut leben in Schottland. »Ich habe mein Handwerk von Tag zu Tag gelernt«, sagte Mr. Richard, als wir ihn schon besser kannten, »erst als Bub, in den Ferien hier oben; dann war ich drei Jahre lang Gillie, dann Under-keeper, so habe ich mich hochgearbeitet.«

Plötzlich läuft Richard los: Der Hund hat eine Schlange gestellt. Die Kreuzotter richtet sich auf, Richard reißt den Pointer zurück, nimmt ihn an die Leine und gibt mir die Leine zu halten. Er erschlägt die Schlange. »Sie sind den Hunden gefährlich.«

Richard bewohnt ein eigenes Haus in der Nähe der Hunting Lodge. Wenn man ihn besucht, so muß man sich unter Eulen mit gespreizten Flügeln ducken, erschrickt im dunklen Gang vor einem balzenden Auerhahn – ganz zu schweigen von den Füchsen und den Hirschköpfen, die alle aus der Werkstatt des Großvaters stammen.

Lord L.'s Hunting Lodge ist, wie die meisten ihrer Art, ein einfacher, weitläufiger, weißer, verzweigter Bau mit grünen Fensterumrahmungen, weißhölzernen Giebeln und silbergrauen Schindeldächern. Glatter Rasen, eiserne Bänke und Blumenrabatten im Schutz der hohen Mauern, die den Besitz umgeben und ihn von der Welt des Moors abgrenzen. Die Wildnis bleibt draußen.

Wenn im Herbst in den Gesellschaftsberichten der Londoner Zeitungen erwähnt wird, daß die oder jene Familie zur Jagd in Schottland sei, dann kann man sie in Hunting Lodges wie dieser antreffen. Bis vor kurzem brachte Lord L. seine Dienerschaft mit; jetzt besorgen Frauen aus der Gegend die ganze Arbeit. »Aber«, sagt Richard, »wenn ich auf das Schloß meines Gentleman nach England eingeladen bin, zur Fasanenjagd, dann ist es wie in der guten alten Zeit und es gibt Dienerschaft genug.« Lord L. ist einer der wenigen großen Landbesitzer in der Gegend, die nur Freunde zur Jagd bitten. An seinem Fluß, dem Helmsdale River, fischen aber auch bei ihm zahlende Gäste.

Der Pointer, im Zickzack vor uns herlaufend, bleibt plötzlich mit erhobener Nase wie angewurzelt stehen, erstarrt am ganzen Körper. »He points«, sagt man im Englischen, »er steht vor«. Als wir näherkommen, schwirren drei Moorhühner mit gehörigem Spektakel auf und streichen mit hoher Geschwindigkeit flach über die Heide ab. Wäre jetzt Jagdzeit, so hätte der Game-keeper – oder sein Gentleman – das Gewehr hochgerissen. Die Hühner, die fast immer mit dem Wind starten, sind so schnell, daß nur ein sehr rascher Schuß sie erreichen kann. Die toten Vögel würden dann von einem zweiten Hund, dem Retriever, aufgestöbert und apportiert. Hinter den Gentlemen ginge, in einiger Entfernung, ein Gillie mit weiteren Pointern und Retrievern zum Austauschen.

Bei unserem Gang über die Heide sprach Richard nur mit dem Pointer, nicht mit mir. Auf dem Heimweg fand der ermüdete und durstige Hund Wasser in einem Graben, aber gerade als er seine Schnauze eintauchen wollte, flog, sozusagen unter seinem Bauch, noch ein Moorhuhn auf. Durch seine Tarnfarbe war es fast unsichtbar. Trotzdem: Herr und Hund sahen sich verlegen und wie beschämt an.

Wenn es nicht mehr dunkel wird

Hinter der Tür des Hotels in *Forsinard* hing eine Tafel, auf der alle gälischen Ortsnamen der Gegend aufgeführt waren, mit der englischen und sogar mit einer deutschen Übersetzung, unter dem schönen Zitat: »Die gälische Sprache ist eine der wenigen in der Welt, bei der das Auge der Zunge nicht helfen kann.«

Wir lasen: Forsinard, der große Wasserfall – Reid a'cruidh, die flache und sanfte Hochebene, die als Viehweide dient – Loch Crocach, der See mit den Seitenarmen – Cnoc a'bhreunbhaid, der Hügel der vogelreichen Bäume. Und weiter: der flatternde Finger des Bachs, die fahlgraue krumme Erhebung, die Mulde der Rehkitze. In diesen Namen war ganz Sutherland enthalten.

Sutherland ist grenzenlose Weite, dem stürmischen Licht und dem Wind ausgesetzt; der Horizont nicht verfließend, sondern mit einzelnen Bergen und Kuppen besetzt, die so unregelmäßig und für sich stehen wie schottische Schafe auf ihrer Weide. Mit den wenigen Häusern ist es ebenso – jedes eine Oase. Schnurgerade Straße vor unserem Auto. Plötzlich geriet mir ein Zug ins Blickfeld – wieso hier ein Zug? Er wirkte so fehl am Platz, im falschen Element, wie Schiffe in manchen tiefliegenden Kanälen, wenn sie, von weitem gesehen, das Land zu durchpflügen scheinen. Der Zug durchquert Sutherland und Caithness bis zur Nordküste, von Inverness nach Wick und Thurso.

In unserem Hotel bei *Garvault*, an der Straße zum Strath Naver, waren wir die einzigen Gäste, kein Zufall: Die Feuerschutzbestimmungen untersagten dem Wirt, im Augenblick mehr als drei Personen zu beherbergen. Wir hatten den Dining Room, die Residents Lounge und den Rodroom für uns allein. Für die Um- und Einbauten, die notwendig wären, um das Haus wieder ganz in Betrieb zu nehmen, hatte der Eigentümer kein Interesse, der Wirt noch nicht genug Geld. Zu diesem Hotel gehörte nur ein sehr kleines Stück Land. »48 acres«, sagte der Wirt, »aus der Zeit vor den Clearances, wir sind übriggeblieben.« Seine Nachbarn in allen Himmelsrichtungen rechnen in anderen Dimensionen. Er zählte es uns an den Fingern ab: »Lord L., 47000 acres, Lord R., 54000, Mrs. M., 64000.« Ich glaube nicht, daß diese Zahlen genau stimmten, aber es kam nicht darauf an, man verlor hier alle gewohnten Maßstäbe, wir gaben es auch auf, uns zu Fuß fortzubewegen, wir wären ja doch nie angekommen.

Alles war anders: Abends um halb elf hing die Wirtin Wäsche auf, das nasse Zeug schlug träge hin und her, die Farben leuchteten noch unter einem wolkenlosen Himmel, an dem man mit bloßem Auge keinen Stern erkennen konnte, es war nicht dunkel genug. Hinter den schwarzen Silhouetten der Berge im Westen blieb ein gelber Lichtstreifen. Man konnte ohne Mühe im Freien lesen. Dann kam von Norden Wind auf, es wurde kalt.

In der Bar stand nur ein junger Bursche und warf Pfeile auf die Zielscheibe, immer von neuem, mit großer Konzentration. – »Was für einen Beruf hat er?« – »Im Moment keinen«, sagte der Wirt. »Und zu anderen Zeiten?« – »Treiber bei den großen Hirschjagden.«

Außenposten, Niemandsland. Die Bar war hell, hölzern, kahl und trotzdem gemütlich. Ein Auto fuhr vor, man horchte auf die Schritte, sah zur Tür hin: Erst drängte der Hund herein, dann kamen zwei Männer, Brüder, Angestellte der Forestry Commission. Sie waren zwölf Meilen weit um ihr Bier und ein Gespräch gefahren. Die Scheinwerfer hatten sie nur angestellt, um kreuzendes Wild rechtzeitig zu erkennen.

Von einer Sperrstunde war nicht die Rede, auf die Uhr sah niemand; aber draußen war es auch nach Mitternacht nicht dunkel, der unendliche Himmel blaß und schimmernd, wie emailliert.

Nebelhorn und Pentland Firth

Nordwärts, in silbernem Dunst; von den überwachsenen Hängen zur Linken leuchtete der Ginster. Aber als unser Wagen die Steigung am *Ord of Caithness* und bald darauf die Haarnadelkurven von Berriedale genommen hatte, änderte sich das Bild. Dies *Berriedale* mit seinem lachsreichen Bach schien der letzte grüne Vorposten zu sein. Das eigentliche

Caithness begann: Rolling Moors, welliges schwärzliches Moor zur Linken, das Grabkammern aus prähistorischer Zeit in seinen Tiefen bewahrt hat. Rechts stieg das Hochufer zu Klippen auf, mit Spalten und Felstürmen im Wasser. In den vereinzelten Fischerdörfern standen die Häuser ordentlich an der Straße aufgereiht; oft zweistöckig, ungewohnt hoch, von spärlichen Gärten umgeben und Kartoffeläckern. Nur die winzigen Hafenbecken am Fuß der Klippen, die jeweils zu diesen Ortschaften gehören, lohnen das Ansehen. Sie verstecken ihre bunten Kieselstrände, hoch aufgeschichtete Hummernkörbe und Boote mit den Spuren schwerer Sturmfahrten hinter Felsnasen und Vorsprüngen.

Außer uns schienen vor allem rollende Kaufläden die gut gebaute Straße nach Norden zu benützen – Metzger und Bäcker. Einmal begegnete uns eine Wanderbibliothek. Auf klapprigen Karren wurde fertiger Torf zu den Häusern gebracht. Bei der Arbeit draußen im Moor sahen wir nur noch wenige; die Erntezeit war schon vorüber. Das Moor von Caithness ist besonders ertragreich: schwarz und saftig und weich wie Butter, ohne Beimengungen. So will ich ihm zu Ehren an dieser Stelle den Vorgang der Torfgewinnung kurz erklären, denn wir haben immer wieder beobachtet, daß Reisende durch Schottland bei den Torfbauern anhielten, ausstiegen, zuschauten, fragten und photographierten. Die oberste nutzlose Schicht aus Wurzeln und Heidegeflecht muß man abtragen. Zum Herausschneiden der großen gleichmäßigen Moorbrocken dient ein besonders geformtes langstieliges Instrument, mit dem man in einem Arbeitsgang absticht, hochhebt und in ›chains‹, Ketten, zum ersten Trocknen ablegt. Das geschieht zumeist im Frühsommer. Die entstehenden Gräben sind immer gleich lang. Allmählich erhebt sich über ihnen ein niedriger Wall von aufeinandergeschichteten Stükken. Ein paar Tage später verteilt man diese auf der Heide und setzt sie so Wind und Sonne zum endgültigen Trocknen aus. Dabei erfolgt eine chemische Umwandlung: Ein Stück Torf kann nie wieder weich werden, auch wenn man es noch so lange ins Wasser legen würde. Das fertige Stück ist stark geschrumpft und hart; es entwickelt beim Brennen eine gleichmäßig hohe Hitze. Die Hausfrauen von Caithness backen und braten in modernen Öfen ausschließlich mit diesem Material. Der Geruch eines guten Torffeuers ist unverwechselbar und bleibt lange in Erinnerung.

Abends in *Lybster* fanden wir zu unserem Vergnügen eine jener schottischen Hotel-Oasen, die sich seit der Postkutschenzeit kaum verändert haben. Nur Badewannen in schrankartigen Gelassen wurden als moderner Luxus hinzugefügt und ein Fernsehgerät, vor dem Handlungsreisende ihren ersten Schlaf taten, ein gefülltes Glas in greifbarer Nähe.

Die Idylle von *Whaligo* (richtiger: Whaligeo) entdeckten wir am nächsten Morgen eher durch Zufall. Eine Geo ist im Schottischen eine Felsspalte, die das Hochufer bis weit ins Land hinein aufgerissen hat. Wir kletterten mehr als dreihundert steile Steinstufen zum Wasser hinab, zwischen blühenden Margeriten und Prunellen. Blumen- und Tanggeruch mischten sich um so stärker, je tiefer wir auf unserem Zickzackweg gerieten. Die Wand gegenüber war von oben bis unten so glatt, daß sogar die Seevögel sie als Nistplatz verschmähten. Draußen lag träge und grau die Nordsee; daß Strömungen und Brandungswellen ein Landen da unten am gemauerten Kai unmöglich machen, konnten wir uns an diesem Tag schwer vorstellen. Und doch ist es so: Als im Hafen von Whaligo noch Leben und Betrieb herrschten, mußten die heimkehrenden Boote samt ihrer Mannschaft an ihren Landeplatz gezogen werden – mit Hilfe von eisernen Ringen in der gegenüberliegenden Felswand und einer Seilwinde am diesseitigen Ufer. Ringe und rostige Winden sind noch zu sehen. Aufgabe der armen Fischerfrauen war es dann, die triefenden zentnerschweren Körbe mit dem Fang des Tages bis hinauf zum Hochufer zu schleppen, Stufe um Stufe. An vielen Kehren ihres mühseligen Weges fanden wir noch die alten Abstell- und Ausruhplätze. Eigentlich, sagten wir, ist dieser Hafen von Whaligo, den sich heute die Blumen erobert haben, eher trauriges Mahnmal eines allzu harten Daseins als eine Idylle.

Kurz hinter Whaligo überfiel und überrollte uns Nebel. Daß wir einen Tag lang Gefangene dieser nassen, weißlichgrauen Schwaden sein würden, ahnten wir nicht. So verbargen sie zunächst den Hafenort *Wick* mit seinen älteren und neueren städtebaulichen Sünden gnädig vor unseren Augen. In dieser Stadt wurde uns aber, wenn ich mich recht erinnere, von einem Chinesen eine gute Mahlzeit vorgesetzt.

Nördlich von Wick, bei *Aukengill*, hat ein einheimischer Künstler seine Arbeiten nicht nur vor die Haustür und in die freie Natur gestellt, er hat auch die Überreste eines piktischen Wehrturms, eines Brochs, auf seine Weise zum Gesamtkunstwerk gestaltet. John Nicholson lebte um die Jahrhundertwende; er war Farmer, konnte kaum lesen und schreiben und war nie draußen in der Welt gewesen. Wir betrachteten etwas ratlos einen Knaben nach griechischem Vorbild, der auf der Spitze des Monuments kniet. Nicholsons Nachbarn bezeichneten diese Werke als ›follies‹, und damit haben sie es wohl getroffen.

So kamen wir nach *John o'Groats*. Daß dieser Tag uns den Blick auf die Orkneys und den Pentland Firth vorenthielt! Mit einer Geschwindigkeit von 20 km in der Stunde strömen hier bei steigender Flut die Wasser des Atlantik der Nordsee entgegen. Im Englischen heißt dies Phänomen treffend ›tide race‹, Tide-Rennen. Segler, die sich nicht auskannten, sollen bis zu einer Woche lang hilflos vor- und zurückgekreuzt sein, bis sie sich endlich zur Umkehr entschlossen. Selbst die größten Schiffe haben mit Schwierigkeiten zu kämpfen: ihre Maschinen laufen bei voller Kraft; trotzdem mahlt der Koloß sich nur langsam vorwärts oder kommt minutenlang nicht von der Stelle. Dabei ist der Pentland Firth die Route aller Schiffe aus skandinavischen, polnischen und russischen Häfen auf dem Weg nach Amerika. Der Meeresarm kann auch noch mit kleineren gefährlicheren Strömungen aufwarten, bei denen das Wasser, für den Zuschauer vom Land aus sichtbar, schräg in die Tiefe gesogen wird.

Beim Klagegeheul der Nebelhörner schlichen wir um den achteckigen Pavillon von John o'Groats. Als die Gruppe der Orkney-Inseln gegen Ende des 15. Jahrhunderts in schottischen Besitz kam, berief Jakob IV. drei junge Holländer namens de Groot als Fährleute über den gefürchteten Sund. Diesen Dienst haben sie und ihre Nachkommen zweihundertfünfzig Jahre lang versehen. Weil sich die wilden Burschen aber über Vorrecht und Vorrang nicht einigen konnten, baute

John de Groot sein berühmtes achteckiges Haus, mit acht Türen und einem achteckigen Tisch in der Mitte, an dem jeder der Söhne im guten Glauben sitzen konnte, er sei der Erste.

Wenn man von Land's End in Cornwall bis John o'Groats eine Linie zieht, so hat man damit die weiteste Entfernung auf der britischen Insel ausgemessen – Grund genug für spleenige Engländer oder Schotten, diese Strecke auf ungewöhnliche Weise zurückzulegen, nicht nur zu Fuß (15 Tage, 19 Stunden), sondern zum Beispiel auch mit einem Dreirad (2 Tage, 4 Stunden); ganz zu schweigen von einem Massenmarsch, bei dem siebenhundert Teilnehmer aufbrachen, aber nur hundertfünfzig anlangten. Während wir uns noch an der Liste dieser Rekorde erfreuten, tauchte plötzlich – wahrhaft ein ›fliegender Holländer‹ – das Fährschiff von den Orkneys auf, wuchs zu gespenstischer Größe und legte bereits an. Die wenigen Passagiere trugen zumeist Rucksäcke und sahen verfroren aus.

Am Leuchtturm von *Duncansby* entfuhr das Warngebrüll des Nebelhorns einem riesigen rotgestrichenen Trichter und war so stark, daß bei jedem Ton der Fels mitzusummen schien. Wir standen über der *Long Geo of Slaites*, wo die Seevögel sich in Geschrei, Kampf und Brutgeschäft durch das Nebelhorn nicht weiter stören ließen. Selbst die Philosophen unter ihnen, buntschnäblige Papageitaucher, standen wie immer ruhig beobachtend neben ihren Erdlöchern. Die verschiedenen Möwenfamilien stritten sich auf den oberen Felsbändern, während Kormorane und ihre grünlich schillernden Vettern, die Shags, nahe dem Wasser, sozusagen als Parterre-Bewohner, zeremoniell ihr Gefieder spreizten. Zum allgemeinen Lärm trugen sie wenig bei. Aber wo Kormorane nisten, riecht es schlecht. Über das flache Felsplateau hinter dem Leuchtturm spannte sich der Grasboden wie ein dichtes kurzgeschorenes Fell. Bequeme Pfade führen hier von einem Aussichtspunkt zum anderen. Aus dem ziehenden Grau tauchten für Augenblicke die Umrisse riesiger Stacs auf, von Wind und Wasser in abenteuerlichste Formen geschliffen. Allmählich lernten wir im Nebel zu sehen.

Dieser Sea-fog verschwand gegen Abend so unerwartet,

wie er gekommen war. Bis dahin hatten wir schon den größten Teil der nördlichen Küstenstraße hinter uns gebracht. Nun schien uns die Welt neu geschenkt. Ben Loyal und Ben Hope, die gewaltigen Uralten, spiegelten sich samt einem buntfarbenen Himmel in den schwarzen Wassern schilfgesäumter Lochans. Nachts lagen wir in *Tongue* unter geblümten Bettdecken, im erfreulichen Bewußtsein, am nächsten Tag eine der schönsten schottischen Rundfahrten vor uns zu haben: zwischen den Felsabstürzen des Ben Loyal und seinen beiden Seen hinunter ins einsamste Sutherland; Einkehr in Altnaharra; bei der Rückfahrt auf noch schmalerer Straße am Dornadilla Broch vorbei, die weißlichen Flanken des Ben Hope umrundend. Von seinen Höhen, auf denen der Ptarmigan nisten soll, stürzen Wasserfälle und ziehen sich lichte Erlen- und Birkenwälder herab bis zum stillen Wasser des Loch Hope, dessen Schönheit von jedem Windstoß beunruhigt und verändert wird.

An der langen Strecke zwischen Helmsdale und dem Loch Eriboll: bei Lybster an der Straße nach Watten: die Grey Cairns of Camster. Die prähistorischen Grabstätten sind gut instand gesetzt und mit einem Oberlicht versehen.
Beim Ort Mid Clyth: der Hill o'many Stanes, eine Steinreihung, die vermutlich astronomischen Zwecken diente (1800 v. Chr.).
Whaligo: Zugang zum Hafen unbezeichnet (bei einer Telefonzelle und einer Reihe niedriger Fischerhäuser). – Wick: Besuch der Caithness Glass Limited möglich (handgeblasene Ware). John O'Groats: die Fähre (keine Autos) verbindet mit den Inseln Hoy und South Ronaldsay. – Canisbay: typische alte Hochlandkirche, sehenswert. – Dunnet: schöne Sandstrände in der Nähe des Leuchtturms. – Thurso: lebhafte kleine Stadt. Die beiden Museen werden im ›Blue Guide‹ als »suprisingly good« bezeichnet. Vom Hafenort Scrabster aus verkehrt die Autofähre nach Stromness auf Mainland, Orkneys. – Dounreay: erster britischer Reaktor. Atommuseum. – Bettyhill: sehenswertes Museum mit sorgfältiger Dokumentation der örtlichen Clearances, vom Lehrer und den Schulkindern zusammengestellt.

Mainland, Orkneys

Orkneys und Shetlands werden oft in einem Atem genannt, aber sie liegen sechzig stürmische Meilen weit voneinander entfernt. Die beiden Inselgruppen waren bis 1468 norwegisches Territorium und gelangten nur als Unterpfand für die Mitgift der Königstochter Margaret in schottische Hand. Der Vater der Braut, Christian I. von Dänemark, wollte oder konnte dem König von Schottland, Jakob III., den vereinbarten Brautpreis nicht zahlen.

Der Handel erscheint mir fragwürdig. Die Inselbewohner denken ebenso und spielen manchmal mit der Idee, die älteren Bande wieder anzuknüpfen. Sie nennen auf den Shetlands wie auf den Orkneys ihre jeweils größte Insel Mainland, als sei das ihr Kontinent und das übrige Schottland drüben die Fremde. Ihre Redeweise ist ein weicher Singsang, Worte und Sätze bleiben auf den hohen Tönen hängen, verklingen mit einem Nachhall. So habe ich es schon auf Lewis und Harris auf den Äußeren Hebriden gehört (die von Norwegen aus stark besiedelt wurden). Von einer früheren Misch-Sprache, Norn, sind nur noch wenige Wörter übriggeblieben.

Auf zu den Orkneys: zwei Stunden Überfahrt von *Scrabster* aus, der gefürchtete Pentland Firth fast glatt. Als erste Insel tauchte *Hoy* aus dem Nebel auf; die Passagiere der ›St. Ola‹ drängten sich an der Leeseite, um den *Old Man*, einen roten Sandsteinsturm, möglichst nahe zu sehen und aufzunehmen. Der ›Alte Mann‹ steht mit den Füßen im schäumenden Wasser; hinter ihm geben höhere und dunklere Steilklippen die passende Kulisse. Hoy hat das einzige Bergmassiv der Inselgruppe und muß den flacheren Gestaden ringsum mit seiner dramatischen Silhouette aushelfen.

Dann kam *Mainland* in Sicht, und unser Schiff machte am Pier von *Stromness* fest. Die Orkneys hatte ich mir steinig und unwirtlich vorgestellt: ein Irrtum. Licht überflutete das Land; man mußte sofort die Sonnenbrille aufsetzen. Die saftigen, leicht gewellten Weiden schienen über dem Meer zu schweben, und die Gehöfte wiederum über den Weiden. Die Luft roch nach Heu, nicht nach Salzwasser. Die kleinen grauen Farmen standen so freundlich verstreut wie die Kühe, die zwischen ihnen ihr Futter suchten. »Es gibt«, sagt Jimmy Swanney, »280 000 Stück Rindvieh auf unseren kleinen Orkneys« (zum Vergleich: etwa 18 000 Einwohner).

Wir wohnten in einem Haus, dessen Gästebuch mit dem Jahre 1938 begann; das Register der großen Fischfänge stammte schon von 1898. Das nächste Dorf lag etwa eine Meile entfernt. Da gab es einen schläfrigen Laden mit kleiner Tankstelle und die Reste eines Bischofspalastes aus norwegischer Zeit. Einige Schritte entfernt hatte ein Gärtner seine Treibhäuser, in denen Tomaten üppig gediehen, dicht neben das Hochufer gesetzt. Nun roch man wieder Salzluft. Das schöne Vorland draußen, *Brough of Birsay*, mit seinen wichtigen Funden aus frühchristlicher und norwegischer Zeit, ist nur wenige Stunden am Tag, bei Niedrigwasser, erreichbar. Wir standen vergeblich am Ufer, neben einem jener Schilder, die auf ein Ancient Monument hinweisen, Öffnungszeiten und Eintrittspreise angeben. Aber ein ungewöhnliches Schild darunter besagte: ›tides permitting‹, wenn die Gezeiten es erlauben. Der mit Steinen ausgelegte Damm hinüber zum Brough lag tief unten im klaren Wasser, wie die Gasse einer versunkenen Stadt. Schwäne mit ihren Jungen schwammen darüber hinweg. Wo blieben sie, wenn die Stürme kamen?

Dies war für mich das Erstaunlichste an den Orkney Islands: Wenn die Sonne schien, konnte ich mir keine Regentage mehr vorstellen; wenn der Wind heulte und alles naß war, schien es mir unmöglich, daß je wieder die Sonne scheinen würde. Licht und Dunkelheit – die Orkadier bekommen alles im Übermaß. Regnet es, so ertrinkt die Insel. Nur die Angler bleiben den ganzen Tag über in ihren Booten sitzen, naß bis auf die Haut, aber Zufriedenheit im Herzen. Bei Regen beißen die Fische an. Der Fang, des Abends auf dem Dielentisch ausgelegt, beweist es.

Zu Beginn des Winters mag man sich der stetig wachsenden Dunkelheit schmerzlich bewußt sein; im Sommer sind auch die Nächte hell. Wir haben um halb elf Uhr abends photographiert; hinter uns die untergehende Sonne, vor uns, über den ungeschlachten Steinen des Rings von Brodgar, ein blasser Mond. Eine kurzohrige Eule sah so braun und verwittert aus wie der Pfahl, auf dem sie regungslos saß.

Auf den Orkneys mußte ich nie die Märchenfrage stellen: Wem gehört dieses Land? »Wir hatten und haben keine Feudalherren«, sagt Jimmy, ein Farmer aus der Gegend von Stromness und mein Gewährsmann. Das Land scheint gleichmäßig verteilt. Jeder Farmer sitzt als Eigentümer auf seinem kleinen, grau ummauerten Gehöft. Das Weideland gehört ihm ebenfalls; aber die Ufer sind nach altem norwegischem Gesetz das Eigentum aller. Von der Plage der großen Wohnwagen blieben die Inseln bisher weitgehend verschont, nach einem einfachen Rezept: Die Überführung des Vehikels von Scrabster nach Stromness wäre zu teuer.

Die beiden Städte auf Mainland heißen Kirkwall und Stromness. *Kirkwall* sammelt sich um seine hohe Kathedrale. Stromness hingegen, diesen freundlichen grauen Ort, stelle man sich als endlos lange und vielfach gekrümmte Straße vor, die wie eine träge Welle dem Auf und Ab der Uferlinie folgt. Schmale und hochgiebelige Häuser zu beiden Seiten; die Straße, eigentlich eine Gasse, ist von Haus zu Haus, ohne Bürgersteig, mit ebenmäßigen grauen Steinplatten belegt. So ist es auch in Kirkwall und drüben auf den Shetlands, in Lerwick, und verleiht diesen Orten ein für uns fremdartiges Aussehen.

Die endlose Straße läuft gemächlich aus, bei einem grünen Aussichtsplatz und einem vermauerten Brunnen, *Logins Well*, aus dem (laut Inschrift) die Schiffe der Hudson Bay Company von 1670 an bis fast zu Beginn unseres Jahrhunderts ihr Wasser bezogen. Auch Captain Cooks ›Resolution‹ und ›Discovery‹ kamen hierher und die Schiffe Sir John Franklins, ehe er zur glücklosen Expedition in die Arktis aufbrach.

Wenn man heute an dem Aussichtsplatz über der Bucht sitzt, so sind außer der großen Fähre wenig Schiffe zu entdecken. Nur einmal sah ich, wie ein Heringsboot seine Spur in Richtung Hafen über den Sund zog. Es glitt, bei einlaufender Tide, so rasch und lautlos dahin, als sei es Teil eines Traums und gehöre nicht in die Wirklichkeit.

Artikel, die er für die Zeitung der Inseln, ›The Orcadian‹, schrieb, hat der Orkney-Dichter George Mackay Brown in seinem Band ›Letters from Hamnavoe‹ zusammengefaßt (Edinburgh 1975). Hamnavoe ist der alte nordische Name für Stromness.

Die Leute von Skara Brae

Im Dezember 1850 tobte ein ungewöhnlich schwerer Sturm auf der Höhe der Orkneys. Er riß in den Dünen über der Bucht von *Skaill* die Grasnarbe auf, wirbelte den Sand hoch, nahm ihn mit und legte eine vollständig erhaltene Siedlung der Steinzeit frei, die viertausend Jahre zuvor bei einer ähnlichen Naturkatastrophe verschüttet worden war: *Skara Brae*.

Die Siedlung besteht aus sieben rundgeformten Hütten, in denen zur Zeit des Untergangs etwa dreißig Menschen gelebt haben. Im Gegensatz zu den Bewohnern von Pompeji gelang es ihnen, rechtzeitig zu fliehen, wenn auch in so großer Eile, daß sie ihre Vorräte zurückließen und einer der Frauen in der engen Wohnungstür die Halskette riß; die Perlen aus Tierknochen blieben weitverstreut liegen.

Alle sieben Häuser sind auf Muschel- und Knochenabfällen früherer Siedler errichtet (Skara Brae war mehrere Generationen lang bewohnt). Neue Abfallhaufen, wiederum aus Knochen- und Muschelresten, und durch den allgegenwärtigen gelben Sand fest zusammengebacken, wuchsen rings um die doppelt gezogenen Außenwände der Häuser auf. So lagen die Wohnungen dieser Steinzeitmenschen schließlich bis zum Dachfirst versteckt und vergraben, und auch die steinüberdeckten engen Passagen, die alle Häuser nach Art von Korridoren miteinander verbanden, verliefen unterirdisch, quer durch die Abfallhalden hindurch. Die Anlage muß von weitem einem niedrigen Termitenhügel geglichen haben. Die Bewohner waren damit, so gut es ging, vor Sand und Stürmen und sich nähernden Feinden geschützt und hörten das Donnern der Brandung nur noch gedämpft und wie von weither. Jeder Zugang zu einer Passage und von dort zu einem Haus war durch Steinplatten und vorgelegte Riegel aus Walfischknochen gesichert. In den Hauswänden sind die Vertiefungen für die Riegel noch zu sehen. Die Passagen münden in einer Art Piazza unter freiem Himmel, die man sich als Versammlungsort der Einwohner denken darf.

Als Material für das Mobiliar standen nur Sandsteinplatten zur Verfügung, diese aber in ausreichender Menge, von benachbarten Stränden, wo sie, wie von Menschenhand geschichtet, noch heute zu finden sind. Jedes Haus ist in gleicher Weise eingerichtet. Die viereckige offene Feuerstelle, auf der ein Torffeuer brannte, liegt in der Mitte. Sie ist von niedrigen Steinbänken umgeben. Die steinernen Kastenbetten müssen mit einer Art Himmel versehen gewesen sein, vermutlich aus Tierhaut. In jedem Haus steht ein größerer Schrank, aus Steinplatten gefügt, in der Art unserer Eßzimmer-Anrichten, mit mehreren Fächern; Steinregale sind direkt in die Wände eingelassen. Kleine Wassertanks dienten vermutlich zur Vorrathaltung von Schnecken und Muscheln. Ein Vergleich mit den Kühlschränken unserer Zeit liegt nahe. Sanitäre Einrichtungen wurden nicht gefunden. Tiefgelegene Abflußrohre sorgten dafür, daß die Häuser nicht feucht wurden. Die Wohnungen sind heute zum Himmel offen; man überdeckte sie vermutlich (bis auf den Rauchabzug in der Mitte) mit einem Gerüst aus Walfischknochen und legte Binsen oder Tierhäute darüber. Mit ihren primitiven Steinwaffen wird es den Männern nicht möglich gewesen sein, den Wal auf offener See zu jagen; aber sie konnten damit rechnen, daß ab und zu ein Tier in der Bucht von Skaill strandete.

Nachdem jedes Haus von Skara Brae ausgegraben, untersucht und instand gesetzt, und eine hohe Schutzmauer gegen das Meer hin gebaut war, hat man sich an die Erforschung der Middens, der Abfallhaufen, gemacht, auch mit Hilfe von Radiumkarbon-Tests, und wertvolle Erkenntnisse gewonnen. Die Bewohner lebten mehr von der Tierzucht als vom Fischfang. Sie besaßen Kühe und Schafe. Vermutlich war ihnen auch der Ackerbau in primitiver Form bekannt. Die Siedlung war autark. Nur bodenständige Produkte oder deren Überreste kamen ans Tageslicht.

Wenn man heute auf der Grasnarbe über den Häusern steht und herabschaut, so ist man versucht, die Wohnungen, nach Art von Puppenstuben, in der Phantasie zu bevölkern: mit intelligenten und geschickten Menschen, die friedfertig zusammenlebten und ihre steinernen Schränke mit einfachem, aber praktischem Hausrat füllten. Die Wirklichkeit sah anders aus. Was man an Tonscherben und Gerät vorfand, gehört einer äußerst primitiven Stufe der Menschheitsgeschichte an, wenn auch die Fertigung mancher Gegenstände eine unvorstellbare Geduld verlangte. Einige Steintöpfe mit Farbspuren in rot, blau und gelb lassen darauf schließen, daß die Bewohner sich bemalten. Das Innere der Hütten muß man sich dunkel, schmutzig und übelriechend vorstellen; auch die gewaltigen Abfallhaufen, die allmählich die Häuser zu überragen begannen, können die Luft nicht verbessert haben. Die Leute von Skara Brae hockten um die Feuerstellen oder krochen in die Kastenbetten und nahmen, wie die Lage der Funde gezeigt hat, ihre wertvollste Habe dorthin mit: ein besonders saftiges Fleisch oder ihren Schmuck. Als die Katastrophe ihre Heimstätten verschüttet hatte, sind sie noch mehrmals zurückgekehrt und haben außerhalb der Häuser ein trauriges Dasein gefristet. Feuerspuren beweisen es. Sie begruben einen alten Mann und eine junge Frau, die während dieser Zeit starben, im Sand, der ihre ehemaligen Wohnungen bedeckte. Dann zogen sie endgültig fort. Aber bis in unsere Tage hinein wurden die Häuser dieser Gegend mit doppelten Außenwänden errichtet, und ihre Bewohner schliefen in Kastenbetten mit einem Himmel darüber.

Maes Howe und danach

Jede neue Einwanderungswelle hinterließ auf den Orkneys ihre Spuren. Man fährt wie durch ein riesiges Freiluftmuseum. Die ersten Menschen, die ihre Boote den Muschelstrand heraufzogen, erbauten sich Wohnungen wie die von Skara Brae. Spätere Siedler brachten die Kenntnis unterirdischer Grabbauten mit, vielleicht aus Irland. Die Erbauer der Grabkammern von Maes Howe haben Sandsteinplatten bis zu einer Länge von fünfeinhalb Metern verwendet; wie diese Steine befördert und aufeinandergesetzt wurden, ist nicht bekannt. Einer wiegt mehr als drei Tonnen. Der flache Hügel über den Gräbern wurde aus Lehm und Steinen so dauerhaft geformt, daß sich die Archäologen mit der Spitzhacke einen Weg von oben in die Tiefe bahnen mußten. Heute betritt man den Tumulus von Maes Howe, wenn Wall und Graben passiert sind, durch den ursprünglichen, neun Meter langen niedrigen Gang und steht dann in einem Raum, der viereinhalb Meter im Quadrat mißt und von dem aus weitere Grabkammern sich öffnen.

Beim Bau von Maes Howe war nichts dem Zufall überlassen: Am Tag der Winterwende nimmt der letzte Strahl der untergehenden Sonne den Weg durch die lange Eingangspassage, berührt für einen Augenblick die hintere Wand der Grabkammer und läßt aufleuchten, was das übrige Jahr hindurch im tiefsten Dunkel liegt. Damit war ein Zeichen der Hoffnung gesetzt: Die Sonne wird wiederkommen. »Die alten Orkadier«, sagt der bescheidene und geduldige Poet von Stromness, George Mackay Brown, »waren sich immer der Bedeutung des wachsenden und sinkenden Lichts bewußt.«

Nach den Grab-Erbauern kamen die Stein-Aufrichter.

Im Ring von *Brodgar* stehen noch siebenundzwanzig von etwa sechzig ungeschlachten Steinmalen auf nacktem Moor beieinander; weitere sind in der Nähe verstreut zu finden. Wozu dienten diese Stätten? Waren sie Kult- und Opferplätze? Die Orkadier haben eine andere Erklärung: Sie nennen die Steine im Ring verzauberte Riesen, denen nur bei Nacht die Freiheit der Bewegung gegeben war. Einmal sollen sie sich bei einem Gelage bis über den Sonnenaufgang hinaus verspätet haben. So mußten sie stehenbleiben, wie man sie heute antrifft: die meisten im Ring tanzend, andere taumelnd auf dem Heimweg begriffen, oder zwei von ihnen einen Dritten nach Hause tragend.

Die nächsten Einwanderer, von denen wir wissen, waren keltische Missionare. Sie bauten die Bienenkorbhütten ihrer Einsiedeleien auf kleine vorgelagerte Inseln. Später wurden Kirchen über diesen Orten errichtet.

Eine friedliche Zeit brach an, bis das erste Schiff der Wikinger, der Piraten des Nordens, am Horizont auftauchte.

Einmal haben wir in Kirkwall, im Hafenbecken, jenseits von Wellblechschuppen und Tiefladern, wie eine Vision ein solches Langschiff gesehen, mit hochgezogenem Bug und Drachenkopf und bemalten Segeln. Aber diese Nachbildung, von norwegischen und englischen Enthusiasten verfertigt und bemannt, bewegte sich schwerfällig und ungeschickt und hatte wohl wenig gemein mit den schnellen todbringenden Fahrzeugen von damals.

Die Wikinger erschlugen die Priester, plünderten Altäre und steckten Kirchen in Brand. Dann drangen sie in die alten Grabkammern ein und holten sich, was dort zu finden war. Sie ritzten steile Runen in die Wände, rühmten sich ihrer Taten und hinterließen geheimnisvolle Hinweise auf den Schatz, der in der Nähe vergraben sei. Daneben kann man Seemannssprüche lesen: »Ingeborg ist ein hübsches Mädchen.« Aber eine Inschrift besagt auch, daß zwei der Männer in einem Schneesturm wahnsinnig wurden und den Kameraden eine Last waren. Dieser Text ist späteren Datums.

Wieder kamen friedliche Jahrhunderte für die Inseln ›am Rand der Welt‹. Kriege und Seuchen gingen an ihnen vorüber. Die Kapitäne der Segelschiffe, die in diesen Gewässern kreuzten, warteten in Stromness gerne auf besseres Wetter. Eine Zeitlang besorgten sie sich bei einer alten Hexe, Bessie Miller, für einen Sixpence guten Wind. Walter Scott hat mit der beinahe Hundertjährigen noch gesprochen.

In unseren Tagen sind die Öl-Leute gekommen. Die meisten benehmen sich taktvoll und zurückhaltend. Sie haben ihre Aufbereitungsanlagen und ihre riesigen, im Boden versenkten Öltanks auf einer kleinen Nachbarinsel, *Flotta*, erbaut. Für die Instandhaltung der Kathedrale von Kirkwall spenden sie jährlich eine beträchtliche Summe.

Die neuesten Einwanderer, vor denen man sich fürchten muß, sind die Uranium-Sucher. Sie haben auf Mainland, nahe Stromness, bei Probebohrungen dieses Mineral gefunden, und wollen nun einen breiten Graben aufbrechen und mit dem Schürfen beginnen. Die Landschaft würde meilenweit zerstört werden. Die Orkadier wehren sich noch. »Wir haben genug für Großbritannien geleistet«, sagen die Leute. »In zwei Weltkriegen lag die gesamte Flotte in der Bucht von Scapa Flow. Nun haben wir die Pipelines von zwei Bohrinseln und alle Anlagen dazu. Keiner von uns will, daß hier geschürft wird, auch wenn es uns viel Geld bringt.«

Das Ende des pastoralen Friedens auf diesen Inseln? Licht und Dunkelheit – die Orkadier bekommen alles im Übermaß.

Nach neuesten Erkenntnissen (bei Grabungen nahe Quanterness auf Mainland gewonnen) waren Grabkammern wie die bei Maes Howe nicht für sozial hochstehende Familien bestimmt, sondern nahmen die Knochen aller Bewohner der Gegend auf. Die Entstehungszeit der Anlagen schätzt man nun auf 3500 oder sogar 3700 v. Chr. Damit wären sie um ein Jahrtausend älter als die ersten Pyramiden! Immer deutlicher zeichnet sich bei diesen und anderen Funden ab, daß eine lange gültige Theorie nicht mehr zu halten ist: die Anregungen für die Bauten der Megalithiker wären aus dem mittelmeerischen Raum gekommen.

St. Magnus

Die Kathedrale von Kirkwall, deren nobler rosenfarbener Bau Brände, Renovierungen und mit Salzgischt getränkte Stürme acht Jahrhunderte lang ohne großen Schaden überstanden hat, ist dem Andenken eines Heiligen und Märtyrers geweiht. St. Magnus lebte um die Wende des elften zum zwölften Jahrhundert. Man könnte ihn, mit einem modernen Ausdruck, als Kriegsdienstverweigerer bezeichnen.

Die Orkneyinga Saga berichtet: Vater und Oheim des jungen Mannes regierten als Earls gemeinsam über die Orkneys und Shetlands. Aber Magnus mußte dem König von Norwegen, seinem höchsten Herrn, auf einem Raubzug nach Süden folgen. Beim ersten Gefecht vor Englands Küsten weigerte er sich, zu den Waffen zu greifen: »Warum sollte ich? Keiner der Männer da drüben hat mir ein Unrecht zugefügt.« Er blieb psalmensingend an Deck des Langschiffs sitzen, während um ihn herum der Kampf tobte. Magnus soll in einem der Orkney-Klöster erzogen und so ein Mann des Friedens geworden sein. Am Abend jenes Seetreffens gelang es ihm, vor dem Zorn des norwegischen Königs zu fliehen. Erst nach dessen Tod, als auch Vater und Oheim gestorben waren, kehrte er in die Heimat zurück und erbat von seinem Vetter Hakon die ihm zustehende Hälfte der Herrschaft. Was dann geschah, hat sich, mit trauriger Monotonie, in der Geschichte aller Völker und Zeiten nach immer gleichem Muster abgespielt: Das scheinbare Einlenken und die Einladung, unbewaffnet zu einem versöhnenden Gespräch zu kommen. Der eine erscheint mit offenen Händen, der andere hat Verbündete und Waffen im Hinterhalt; das Ende heißt Mord.

Hakons Bannerträger weigerte sich, das Blut eines Unschuldigen zu vergießen. Der weinende Koch mußte die Tat ausführen. Magnus sagte zu ihm: »Stelle Dich vor mich hin und schlage mir den Schädel ein; denn es ziemt sich nicht, daß mir der Kopf abgehauen wird wie einem gemeinen Dieb.«

Nach seinem Tod wurde Magnus bald als Heiliger verehrt, wenn auch ohne Bestätigung von Rom. Sein Neffe, Earl Rognvald, ein gelehrter und kunstliebender Mann, begann, die Kathedrale zu errichten. Der Bau wurde von englischen Steinmetzen ausgeführt, die vermutlich zuvor in Durham arbeiteten. Auch kontinentale Einflüsse sind erkennbar. Wie mag es gewesen sein, als die Meister ihrer Zunft, Kinder einer ganz anderen Welt, sich in Kirkwall niederließen und zwischen den Torfhütten der Orkadier die Kathedrale emporzuwachsen begann?

Die Kirche ist in einfacher Kreuzform erbaut. Rötlicher und heller Sandstein dieser Inseln wurden so verwendet, als sei die Zweifarbigkeit nicht geplant, sondern gewachsen, von der Natur bestimmt. Gedrungene Rundpfeiler, je sieben an der Zahl und nah aufeinanderfolgend, trennen die beiden Seitenschiffe von einem schmalen und sehr hohen Mittelschiff. Im Kreuzgewölbe sind die roten Steine der Rippen malerisch verwittert – es sieht aus, als habe ein Kind Perlen aufgefädelt. Über Fenster und Lichtgaden sind noch einmal kleine Öffnungen gesetzt: Dreimal übereinander dringt Helligkeit in den Raum, trotzdem herrscht Dämmerlicht.

Nach einer sehr alten Verfügung gehört dieses Bauwerk den Bürgern der Stadt Kirkwall. Sie haben für seine Erhaltung zu sorgen und tun es auch.

Bei Renovierungsarbeiten im Jahre 1919 wurde in einer zugemauerten Höhlung eine Holzkiste mit den Gebeinen des Märtyrers gefunden. Der Schädel zeigte die Verletzung, von der die Sage berichtet: Er war gespalten.

Kirkwall kann sich eines jungen, aber schon sehr erfolgreichen Festivals im Sommer rühmen, zu dem der Engländer Peter Maxwell Davies (der auf Hoy lebt) Kompositionen liefert und George Mackay Brown die Texte, während die Organisation der Festspiele in den Händen des Organisten von St. Magnus liegt. – Weitere Sehenswürdigkeiten in der Stadt: die Ruinen der Machthaber, Bishop's Palace und Earl's

Palace vom Anfang des 17. Jahrhunderts (der herzogliche Bauherr war ein übler Tyrann, aber sein Palast beeindruckt). Heimatmuseum im Tankerness House, einem Kaufmannssitz des 16. Jahrhunderts.

Scapa Flow

Die Seitenschiffe der Kathedrale von Kirkwall sind mit besonders schönen Grabsteinen des siebzehnten und achtzehnten Jahrhunderts gesäumt. Besucher der Kirche betrachten und bewundern die Steine; aber nur wenige entdecken eine schwer zu entziffernde Bronzeplatte, die etwa in Augenhöhe in die linke Wand eingelassen ist: »In memory of 833 officers and men of HMS Royal Oak who lost their lives when their ship was sunk in Scapa Bay by U 47 on 14th Oct. 1939.«

Erinnerungen an Radiomeldungen und Schlagzeilen werden wach; aber die Gedanken gehen zunächst noch weiter zurück, bis zum Ende des Ersten Weltkriegs.

Im November 1918 wurde die deutsche Flotte mit mehr als siebzig Schiffen zur Internierung in die Gewässer südlich der Orkneys überführt. Die von flachen und baumlosen Inseln umstandenen Gewässer von *Scapa Flow* zeigten sich unter einem grauen Winterhimmel nicht von ihrer besten Seite. Die Zukunft war ungewiß. Niemand wußte, wie lange die Gefangenschaft dauern würde. Die Unterzeichnung eines Friedensvertrags stand noch nicht in Aussicht; auch hatten Frankreich und Amerika bei den Briten Ansprüche auf einen Teil der Schiffe angemeldet. Von den Besatzungen waren zunächst zweihundert Offiziere und viertausendfünfhundert Mann an Bord geblieben, später verringerte sich diese Zahl um etwa die Hälfte. Während in den Heimathäfen die Matrosen meuterten, konnte an Bord die Disziplin nur mit Mühe aufrechterhalten werden. So vergingen Monate. »Manchmal kam die Sonne durch, dann wirkte die Landschaft gewaltig. In klaren Nächten zuckten Nordlichter, meist aber regnete es.« Für den 21. Juni 1919 hatten die Alliierten ein Ultimatum gestellt: Falls die Deutschen bis dahin nicht alle Friedensbedingungen annehmen würden, befände man sich wieder im Kriegszustand. Dies war auf den Schiffen von Scapa Flow aus englischen Zeitungen bekannt, nicht aber, daß das Datum in letzter Minute um zwei Tage verschoben wurde.

Am 21. »war wunderbares Frühlingswetter mit strahlendem Sonnenschein und klarer Luft bei völliger Windstille«. Die britischen Bewacher waren bis auf einige kleine Fahrzeuge zu einer Schießübung ausgelaufen. In der Bucht zeigte sich nur der Dampfer ›Flying Kestrel‹ aus Stromness, mit Schulkindern an Bord, die einen lehrreichen Ausflug zu den Schiffen der feindlichen Flotte machten. Was nun geschah, war nicht von Deutschland aus angeordnet, sondern wurde von Konteradmiral von Reuter in eigener Verantwortung durchgeführt. Um zehn Uhr dreißig kam der verschlüsselte Befehl ›Paragraph 11‹ an alle Schiffe. Überall wurde die deutsche Kriegsflagge gesetzt. »Das technische Personal öffnete die Ventile und die Deckel der Kondensatoren und zertrümmerte die vorher bestimmten Rohrleitungen. Die Seeleute öffneten die Lastendeckel, Kammertüren und Bullaugen, machten das Ankerspill unbrauchbar und warfen alles Werkzeug außenbords, das zum Losmachen von der Boje dienen konnte. Wer mit seiner Arbeit fertig war, machte sich bereit zum Aussteigen.« Die Versenkung hatte begonnen. Vor den ungläubigen Augen der Lehrer und Schulkinder auf dem Ausflugsdampfer begannen die Matrosen geordnet in die Boote zu gehen; eines der großen Schiffe nach dem anderen legte sich auf die Seite oder glitt ins Wasser und versank; manche ganz, andere bis zu den Aufbauten. »Allen voran war ›Friedrich der Große‹ etwa um 12 Uhr 15 in die Tiefe gegangen. Von den Schlachtkreuzern sank zuerst ›Moltke‹ kurz nach 13 Uhr.« Als die britischen Schiffe, eilig alarmiert, unter Volldampf zurückliefen, war nur noch »das Aufbäumen riesiger Schiffsleiber, das Krachen und Bersten beim Kentern, Wasserwirbel und Ölflecke mit Strudeln und Trümmern drin« zu beobachten. Als letztes Schiff ging der Schlachtkreuzer ›Hindenburg‹ in die Tiefe. »Der ganze Schiffsrumpf versank in weißwirbelndem Wasser. Die Versenkung war beendet. Es war 17 Uhr.« Einige der Schiffe konnten die Briten noch aufs flache Wasser schleppen. »Hätten Sie an meiner Stelle anders gehandelt, Sir?«, fragte Herr von Reuter den wütenden englischen Admiral.

Während seiner Gefangenschaft in England schrieb von Reuter einen ausführlichen Rechenschaftsbericht an die deutsche Regierung; Leutnant der Reserve Lobsien lernte den Text kurz vor seiner Entlassung aus dem Lager auswendig und trug ihn in Berlin vor. Admiral von Reuter ist nach seiner Rückkehr nach Deutschland befördert und geehrt worden.

Eine hochmütige Anordnung aus London hatte kurz nach der Versenkung befohlen: »Let them rest and rust« – da, wo sie liegen, mögen sie verrosten. Aber schon 1923 bot man die versenkten Schiffe billig zum Verkauf an und Bergungsfirmen machten Millionengeschäfte. Die Vorbereitungen zur Hebung eines Schiffes zogen sich über Monate hin; fast bei jedem mußte eine andere Methode angewandt werden. »Eins von ihnen ›sprang‹ innerhalb einer Minute an die Oberfläche, während die meisten ganz langsam emporstiegen.« Jede gelungene Hebung wurde mit einem Fest gefeiert. Im kleinen Museum von Stromness fand ich goldgeränderte Einladungskarten für solche Gelegenheiten: »Die Direktion der Metal Industries Ltd. bittet um die Ehre Ihrer Anwesenheit ...« Über diesem Text stand jeweils in erhabenen Lettern der Name des Schiffes, ›Bayern‹ oder ›Friedrich der Große‹.

Bald nachdem der Schlachtkreuzer ›Derfflinger‹ gehoben worden war, begann der Zweite Weltkrieg, und Scapa Flow wurde wieder Stützpunkt der britischen Flotte für eine Fernblockade. Die Zufahrten waren durch Sperren und versenkte Boote gesichert. Trotzdem gelang es Kapitänleutnant Prien bei Stauwasser in einer hellen Nacht, mit der aufgetauchten U 47 die Sperren zu passieren und in die Bucht einzudringen. Er fand nur die ›Royal Oak‹ vor, der übrige Verband war ausgelaufen. Er versenkte das Schiff, obwohl die neuentwickelten deutschen Torpedos Konstruktionsfehler aufwiesen und zum Teil versagten. – Auf den Orkneys wird mit Hochachtung von Prien gesprochen. Das Wrack der ›Royal Oak‹ ist nicht gehoben worden; die Angehörigen der 833 Toten wünschten es so.

nach: Friedrich Ruge, ›Scapa Flow 1919, Das Ende der deutschen Flotte‹, Oldenburg und Hamburg o. J.

Die italienische Kapelle

»Warum liegen die Betonblöcke alle so krumm und schief?«
– »Damit das Meerwasser besser ablaufen kann.«

Wir fuhren, auf breiter Straße, über die *Churchill Barrier*, jene Dämme, die man nach dem Untergang der ›Royal Oak‹ von Insel zu Insel legte und damit Scapa Flow im Osten abschloß. Man sieht der wäßrigen Weite nicht an, welche Dramen sich hier abgespielt haben. Rostige Schiffsrümpfe, die an manchen Stellen aufragen, sind nur Überreste jener Boote, mit denen man die Sunde 1939 vergeblich zu sperren versucht hatte.

Der Dammbau muß mit verzweifelter und letzter Anstrengung unternommen worden sein: von Mainland nach Lamb Holm, Glimps Holm und Burray, und von da hinunter nach South Ronaldsay, in eineinhalb Meilen Länge. Mehr als eine Viertelmillion Tonnen Steine und Felsbrocken bildeten das Fundament, 66 000 schwere Betonblöcke den Oberbau. Sogar Italiener, die beim Afrikafeldzug in Gefangenschaft geraten waren, wurden für die letzte Phase der Arbeiten in den hohen Norden verfrachtet. Als sie ankamen, gab es nur trostlose Quartiere für die Kriegsgefangenen. Aber die Insassen des ›Camp 60‹ legten Wege und Blumenbeete an, setzten eine aus Stacheldraht und Zement geformte St. Georgs-Statue in die Mitte des Lagers und baten durch ihren Padre eine kleine Kirche bauen zu dürfen. Zwei Nissenhütten wurden zur Verfügung gestellt.

Domenico Chiocchetti aus Moëna in den Dolomiten leitete die Arbeiten, ihm zur Seite standen ebenso künstlerisch begabte Freunde wie Bruttapasta, ein Zementarbeiter, Palumbo, ein Schmied, Primavera und Micheloni, Elektriker. Eine Photographie im Vorraum der ›Italian Chapel‹ zeigt die Gruppe der etwa dreißig Männer, die so Erstaunliches leisteten. Sie wirken ziemlich verfroren, aber nicht unglücklich. Auf einem zweiten Bild sind die britischen Lageroffiziere zu sehen, die den Bau gestatteten: Fünf steife Herren mit wohlwollender Miene, vermutlich ohne viel Verständnis für das rührende Kunstwerk, das da in ihrer Nähe entstand. Aus Wellblech, Zement, Schrott und Farbe ist eine kleine italienische Landkirche geworden, mit breiter Fassade, Säulenportal und einer Glocke im offenen Giebel darüber; im Inneren getäfelt, ausgemalt und mit schönen schmiedeeisernen Gittern geschmückt. Die Bemalung stammt von Chiocchetti selbst. Ein kleines Marienbild, das er bei sich trug, diente als Modell für seine Madonna über dem Altar, die er Regina Pacis nannte. Dem Jesuskind gab er einen Ölzweig in die Hand. Nach dem Krieg ist Chiocchetti noch zweimal auf die Orkneys zurückgekehrt, um seine Kirche zu restaurieren. Sie ist heute in gutem Zustand. Honoratioren von Kirkwall haben Moëna besucht und zwischen den Bewohnern beider Orte entstand Freundschaft.

Südlich des Churchill-Dammes gibt es noch eine kleine weltverlorene Siedlung, die *St. Margaret's Hope* heißt. Margaret war jene ›Maid of Norway‹, die man als Enkelin eines Schottenkönigs schon im Kindesalter zur Queen of Scotland machte. Im Jahre 1290 begab sie sich von Norwegen aus in ihr Reich, starb aber, ehe das Schiff an diesen Ufern landete.

Das Wort ›hope‹ im Ortsnamen stimmt nachdenklich; wie viele oft trügerische Hoffnungen sind mit Scapa Flow verbunden: auf eine Krone oder einen großen Seesieg; auf Reichtum durch Öl, Schrott und Uranium; oder, im Zeichen des Ölzweigs, auf Frieden.

August

DIE ÄUSSEREN HEBRIDEN

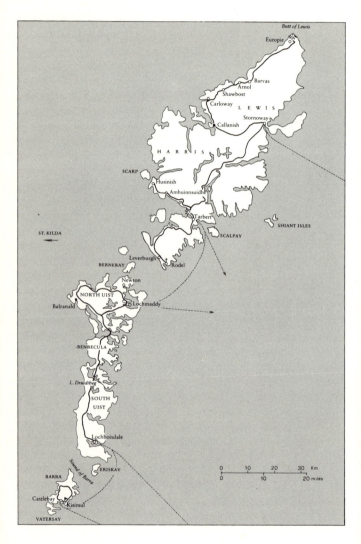

Land unter den Wellen

Ich hatte mir vorgestellt, die Western Isles seien weltentrückt, die Ansiedlungen urtümlich, und das Leben der Inselleute werde von alten Sitten und Gebräuchen bestimmt. Dann las ich das Inserat in der Zeitung: »Der Klavierstimmer kommt in der zweiten Augusthälfte, bitte Termine vormerken.« Also hieß es umdenken. Tatsächlich sind so wichtige zivilisatorische Errungenschaften wie Haarwasser oder Fernseh-Illustrierte auch in die einsamsten Townships vorgedrungen und Caravans neben den Häusern sind ein gewohnter Anblick. Wer sich mit diesen Tatsachen einmal abgefunden hat, beginnt die großen und einmaligen Schönheiten der Äußeren Hebriden zu entdecken. *Lewis* und *Harris* (Teile ein und derselben Insel, nicht durch Wasser, sondern durch Berge getrennt), *North Uist*, *Benbecula* und *South Uist*, *Barra* und seine Trabanten: zusammen erstrecken sie sich wie die Rükkenwirbel eines Vorzeitmonsters in nord-südlicher Richtung, als Gipfel einer im Meer versunkenen Landmasse. Vom Butt of Lewis bis hinunter zum Leuchtturm auf dem Felsen von Barra Head, der den dramatischen Schlußpunkt setzt, sind es mehr als zweihundert Kilometer. Noch etwa dreißigtausend Menschen leben auf diesen Inseln. Vom religiösen ›Gefälle‹ habe ich schon gesprochen: Während die Protestanten von Lewis, zumeist Anhänger der Free Church, sich so streng verhalten, daß jedes ›warum‹ in Glaubensfragen ihnen unstatthaft erscheint, und in einigen ihrer Townships sogar die sonst allgegenwärtige Kneipe fehlt, mischen sich die Konfessionen um so stärker, je weiter man nach Süden gelangt, bis hinunter zum katholischen und sangesfrohen Barra.

Landschaftlich haben diese Inseln vieles gemeinsam: weiß oder golden leuchtende, breite und einsame Weststrände, oft von stachligem Dünengras mühsam zusammen- und festgehalten; dahinter Machair – grün überzogene Vorlande, die jeder Frühling in glorreiche Blumenteppiche verwandelt. Im Inneren: Moor und Wasser, Wasser und Moor, dem Osten zu allmählich von nacktem Gestein abgelöst, das zu einzelnen Bergzügen aufgeschichtet ist oder in vielen Zungen und Riffs ins Meer ausläuft. Und überall ein so starker Wind vom Atlantik, daß der Spaziergänger, durchpustet und gründlich ausgelüftet, vermeint, an Deck eines Schiffes zu stehen.

Gelegentlich ärgert er sich über die Wracks abgestellter Autos am Wege, bis er herausfindet, daß sie immer noch von Nutzen sind: zur Aufbewahrung von Torf oder Lagerung von Schaffellen. Sonst gibt es nichts, was den Blick des Besuchers stören oder beeinträchtigen könnte; die schimmernde Klarheit des Lichtes holt jedes Detail heran. An der Westküste von Lewis duckt sich die Kette kleiner Townships niedrig im Machair: Land unter den Wellen. Hier sind Sandstrände rar; dafür dehnt sich im Inneren unabsehbar das schwarze Moor. Sommerhütten der Hirten, deren Tiere dort Nahrung finden, verlieren sich in der unendlichen Einsamkeit.

Wer alle Western Isles besuchen und kennenlernen will, nimmt am besten sein Auto mit und muß Generalstabsarbeit leisten. Zwar ist die Gruppe der mittleren Inseln neuerdings durch Brücke und Damm verbunden, aber zwischen Tarbert (Harris) und Lochmaddy (North Uist), sowie Lochboisdale (South Uist) und Barra ist man auf Fähren angewiesen. Sie verkehren nicht jeden Tag und sonntags schon gar nicht. Wir gingen in Stornoway an Land und blieben zunächst auf Lewis.

Gespräche im Schwarzen Haus

Die neuen Häuser auf Lewis sind leider sehr häßlich: Betonschachteln, eher hoch als breit, die Außenwände mit einem freudlosen Grau oder Braun überstrichen, und nebenan ein Wellblechschuppen, der zu rosten beginnt. Mich wundert's, daß die Leute damit zufrieden sind, nachdem ihre Vorfahren jahrhundertelang in den Black Houses so viel wärmer, gemütlicher und hübscher wohnten. Ruinen dieser Gebäude kann man auf Lewis öfters antreffen. In *Garenin*, bei Carloway, glaubt man zunächst in ein heiles Dorf der alten Zeit zu kommen, wenn man auf grasüberwachsenem Pfad um die Ecke biegt und unter sich die zwei Reihen der Hütten sieht, dahinter das Meer. Aber der Augenschein trügt. Nur einige der Häuser sind notdürftig instand gesetzt und werden bewohnt. Die anderen überläßt man dem Wind und dem Regen.

Der Grundherr ist nicht interessiert, der zuständigen Behörde fehlen die Mittel.

Solche Häuser heißen black, schwarz, weil die Natursteine, aus denen sie erbaut sind, ohne den helleren Mörtel zusammengefügt wurden. Black Houses haben einige unverwechselbare Merkmale. Zunächst: doppelte Außenwände, eine äußere und eine innere Schale, zwischen denen ein Zwischenraum blieb. Das Dach, ein Reetdach, saß auf den inneren Wänden auf. Kamine gab es nicht, der Rauch des Herdfeuers zog durch ein Loch ab. Dadurch konnte man sein Haus in beliebiger Länge bauen, im Gegensatz zum normalen schottischen Farmhaus mit den Kaminen an beiden Giebeln, von denen jeder einen Raum erwärmt. Das Vieh war mit im Haus untergebracht, meist nur durch eine niedrige Wand von den Bewohnern getrennt, denn »die Tiere sollten doch auch das Feuer sehen«. Fenster gab es zunächst nicht; später wurden einige wenige im unteren Teil des Daches eingesetzt.

Diese Bauform war ganz dem Klima und den Lebensgewohnheiten angemessen: Das Dach war vor schweren Stürmen geschützt, und auf den äußeren Wänden konnte man entlanggehen, wenn ausgebessert oder neu gedeckt werden mußte. Auch das Decken mit Reet war ein besonderer Vorgang: Man nahm die innere, von fettem Rauch durchtränkte und geschwärzte Schicht fort und verwendete sie als Dünger; die äußere wurde zur inneren Schicht, und eine neue Lage kam darüber und wurde mit Tauen, an denen schwere Felsbrocken hingen, sicher befestigt. Der Boden in der dunklen Hütte war aus gestampftem Lehm; das Feuer brannte in der Mitte, auf der Erde; ein Kessel hing an einem Haken darüber. Das Feuer brannte immer.

Marina Ewald, meine Lehrerin, die, als sie jung war, eine Zeitlang auf den Inseln lebte, erzählte mir einmal, wie düster es in diesen Behausungen war, aber wie wohl man sich dort fühlte. Sie trug damals die Post aus, als freiwillige Hilfskraft. Beim Eintritt in die Hütte, in der der Rauch ›stand‹, wurde sie von einer vorläufig nur undeutlich sichtbaren Person auf beide Backen geküßt und auf einen Sitz gezogen. Ein Gespräch begann über dies und das, es wäre sehr unhöflich gewesen, gleich zu erwähnen, daß man einen Brief bringe. War dieser Brief englisch abgefaßt, so mußte sie sich später auch als Dolmetscher betätigen und, wenn nötig, die Antwort schreiben, denn die Bewohner der Black Houses ›hatten‹ wenig Englisch. Dafür war ihre Sprache, wie die aller gälisch Redenden, die Sprache der Dichter, oder – wie einer der Inselbewohner, ein alter Mann, zu Marina Ewald sagte: »Eine Sprache, in der man Musik machen kann. Das Englische hat keine Musik.« Marinas Einwand: »Aber hat es nicht große englische Dichter gegeben? Wie ist's mit Shakespeare?« Die Antwort des alten Mannes: »Gewiß, aber welche Werke hätte Shakespeare erst geschaffen, wenn er auch des Gälischen mächtig gewesen wäre!«

Die Schwarzen Häuser fallen in sich zusammen, die Bewohner der Inseln beherrschen jetzt neben dem Gälischen alle das Englische, nur noch wenige machen Musik, wenn sie reden. Ein Black House in Arnol hat man renoviert und als Museum eingerichtet, mit Kastenbett, eisernem Kessel über der Feuerstelle und Kuhstall. Aber mir schien, als bewahre die alte Frau, die das Haus hütete, mehr von der früheren Zeit als ihre Umgebung.

Zunächst saß sie stumm und aufrecht auf ihrer Holzbank. Dann wollte sie wissen, wieso ich eine Genehmigung zum kostenlosen Besuch aller schottischen Museen hätte. Meine Antwort schien ihr zu gefallen. Unser Gespräch begann:

»Haben Sie in einem solchen Haus gelebt«, fragte ich, »als Sie jung waren?« – »Die ganze Kinderzeit über.« – »War es warm?« – »Man hörte den Wind nicht, das war das Wichtigste.« – »Wo wohnen Sie heute?« – »In einem Haus mit Grund und viel Papierkram, einer Croft. Das«, sagte die alte Frau, »ist die beste Definition, die ich bisher für Croft gehört habe.«

»Vermietet Ihr an Feriengäste?« – »Nein, in keinem Haus hier. Im Sommer kommen die Verwandten aus den Städten und wohnen bei uns.« – »Warum arbeiten sie nicht hier?« – »Es gibt nichts zu tun für sie. Das Development Board hat uns Boote gegeben, aber Fisch war nicht da. Was tut man mit Booten, wenn es keine Fische gibt?« – »Euer Ort sieht aber nicht arm aus.« – »Viele Häuser gehören Männern, die zur See fahren.« – »Waren Sie einmal fort von Arnol?«

Das war eine gute Frage. Sie begann zu erzählen. Sie war vor dem Ersten Weltkrieg zwei Jahre lang ein ›Heringsmädchen‹ gewesen, eine von denen, die in Gruppen zu dritt in den Hafenorten der Ostküste und auf den Orkneys und den Shetlandinseln arbeiteten, saisonweise, jeweils von Mai bis Juli, wenn der Fisch kam. Zwei der Mädchen nahmen die Fische aus, die Dritte packte sie lagenweise mit Salz in die Fässer, die nach Deutschland und Rußland exportiert wurden. »Ich weiß noch einen Namen«, sagte die alte Frau, »Hamburg.«

Manchmal haben sie die ganze Nacht durchgearbeitet, »immer im Freien, auf den Kais, das Salz war das Schlimmste«. – »Hat es sich gelohnt?« – »Wir bekamen einen Schilling für das Faß, das ist weniger als man heute fürs Faulsein bekommt.« – »Und wenn Feierabend war?« – »Dann gingen wir in die Hütten, die der Boß für uns hatte; wir waren zu müde, um an irgendetwas anderes zu denken als an Schlaf.« – »Sind die Männer gekommen, wenn so viele hübsche Mädchen beieinander waren?« – »Wir haben manchmal vierzehn Tage lang keinen Mann gesehen.« – Nach dem Krieg gab es für schottische Heringe in Deutschland keinen Markt mehr und der Export nach Rußland wurde eingestellt.

Als wir gingen, weil andere Besucher zur Besichtigung kamen, saß die alte Frau wieder stumm auf ihrer Holzbank.

An der Nordspitze der Insel, dem Butt of Lewis, von Seevögeln besetzte Gneis-Klippen. Bei Europie die Kirche des hl. Moluag aus dem 13. Jahrhundert mit schönen Kreuzen (eines der vier Sanktuarien in Schottland, bei denen man Heilung von ›insanity and sores‹ suchte).
Von Port of Ness aus fahren die Lewis-Fischer Ende August zur Felsinsel Sula Sgeir im Atlantik, um junge Gannets (›guga‹) zu fangen, die bei den Bewohnern der Hebriden als Delikatesse gelten.

Dear Captain

Wenn in Schottland die Schulkinder mit besonderem Eifer Heimatkunde betreiben, forschen und sammeln, dann wird früher oder später ein Museum daraus. Die Vergangenheit bleibt lebendig. Aber in *Shawbost*, an der Westküste von

Lewis, wo es ein solches Museum gibt, hat der Lehrer den Kindern beigebracht, mit offenen Augen auch durch ihre Gegenwart zu gehen, zu zählen und zu notieren, für die Zukunft. Ihre Statistiken (handgeschrieben, mit Buntstiften, damit alles deutlich ablesbar ist) schmücken sie mit Zeichnungen – krummen Katzen, roten Telefonhäuschen und ›bobbins‹, den Garnspulen der Weber.

Erstaunlich, wieviele Besucher – alles Ausländer – vor diesen Zahlen und Zeichnungen standen, lasen, verglichen, miteinander zu reden anfingen, diskutierten, von ihren eigenen Verhältnissen daheim sprachen. 1974, so schreiben die Kinder, hatte Shawbost 599 Einwohner, 83 Webstühle und 85 Weber, aber nur 7 Babies. Von den Webern war einer ein junger Bursche, die meisten ältere Männer, jenseits der fünfzig, und ganz alte. Von den Bewohnern arbeiteten rund 100 in der Fremde, meist in Glasgow. 1970 war das letzte Jahr, in dem hier ein Black House bewohnt wurde; 23 standen noch als Ruinen. 1971 wurden 3 neue Häuser gebaut und 11 Zäune errichtet.

48 Familien heißen Macleod, 20 tragen den Namen MacLean und 30 sind Macdonalds. 5 Läden waren für Shawbost in den Statistiken aufgeführt, ein ›fester‹ und vier ›fahrbare‹. 1974 besaßen die Einwohner von Shawbost 71 Autos und 2868 Schafe, 67 Telefone, 121 Hunde, 109 Tiefkühltruhen und 129 Fernsehgeräte. Zum Heizen wird fast ausschließlich Torf und Kohle verwendet.

Diese Kinder von Shawbost, die man beneiden könnte, haben nicht nur ihr eigenes Museum, sondern auch ein Patenschiff, das sie über die British Ship Adoption Society fanden. Sie lernen Geographie anhand der Fahrten ihres Schiffes, das ›Naess Parkgate‹ heißt, und üben Schönschrift, indem sie dem Kapitän und der Mannschaft Briefe schreiben. Auch diese Briefe wandern später ins Museum. »Dear Captain«, schreibt Derek, »ich kann jetzt schon allein Wolle aufspulen.«

LAND DER FARBIGEN ÜBERRASCHUNGEN
Studenten von St. Andrews · Sonntagsgang über die Mole
Der Quiraing · eine geologische Kuriosität der Insel Skye
Lonach Highlanders auf dem Marsch durchs Strathdon

Glanzstück und Mittelpunkt ihrer Sammlung ist ein Modell des Schiffes, das der Kapitän selbst angefertigt hat. Der Erste Offizier hat zu den exotischen Gegenständen, die sie den Kindern aus aller Welt schickten, die genauen Beschreibungen und Erklärungen hinzugefügt.

Eines Tages kam ein Telegramm nach Shawbost: »Passieren Küste auf Fahrt nach Australien via Kanada ca. 9 Uhr 30 Samstagmorgen.« Samstagmorgen lag Nebel über dem Meer; aber die Kinder hatten einen großen Holzstoß errichtet, den sie anzündeten, als sie den Schatten der ›Naess Parkgate‹ auftauchen sahen. Mit geschwungenen Lampen wurden Grüße ausgetauscht.

Im Museum gibt es auch alte Webstühle und lebensgroße Puppen in den Kleidern einer vergangenen Zeit; ein Muschelhorn, mit dem man bis in die zwanziger Jahre zur Kirche blies, und eine Petroleumlampe, »die so hell brannte wie das elektrische Licht heute, mit einem freundlich fauchenden Geräusch«. Ein Besucher, offensichtlich ein Auswanderer und sehr alter Mann, hat dazu ins Gästebuch geschrieben: »Damals lebte ich hier.«

Als wir aus dem großen kunterbunten Raum wieder hinaus in den hellen Tag kamen, hatte ich gelernt, wie die vier Grundmuster des Harris Tweed heißen (Herringbone, Hopsack, Twill und Plain Cloth). Ich wußte auch, daß ein Polizist aus diesem Ort für seine Untersuchungen über Schlangen mit dem Ehrendoktor ausgezeichnet wurde. Wir waren eine Stunde im Museum; aber es kam mir vor, als hätte ich eine Woche in Shawbost gelebt.

Der Weber von Carloway

Echter Harris Tweed muß, nach einem Gerichtsbeschluß von 1964, folgende Merkmale aufweisen: »Er muß aus reiner schottischer Wolle hergestellt sein, die auf den Äußeren Hebriden gesponnen, eingefärbt und gekämmt wurde; handgewebt, in Heimarbeit, von den Bewohnern von Lewis, Harris, Uist, Barra und jenen kleineren Inseln, die insgesamt als Äußere Hebriden bekannt sind.«

Als die Stoffe noch in den Black Houses angefertigt wurden, pflegten sie einen starken Rauchgeruch zu bewahren; gewisse interessante Unebenheiten im Gewebe waren auf die schwache Beleuchtung in den Hütten zurückzuführen. Tweed (gälisch ›Clo Mor‹, Großes Tuch, genannt) stellte man zunächst nur zum Hausgebrauch her. 1834, als der Earl of Dunmore die Insel kaufte, entdeckte seine Gemahlin die Schönheit dieses Materials und seine Eignung für Röcke, Mäntel und Kostüme. Harris Tweed wurde modern und daran hat sich bis heute wenig geändert. Viele Firmen versuchen es mit Nachahmungen; aber der Kenner weiß sofort, ob er den echten Stoff vor sich hat.

Die Wolle wird den Webern bis vor ihre Haustüre gebracht, mit genauen Anweisungen für die Verarbeitung. Ist der Stoff fertig, so wandert der Packen wieder vor die Tür, zur späteren Abholung durch die Lastwagen, die ständig unterwegs sind. Sollte es inzwischen regnen, so schadet das nichts; Harris Tweed ist wetterfest.

Firmen in Stornoway haben den Webern Plätze in ihren Werkhallen und eine feste Stellung angeboten, mit allen sozialen Sicherheiten. Daß dann die zwei Worte ›in Heimarbeit‹ aus den gesetzlichen Bestimmungen verschwinden würden, dafür könnte man sorgen. Aber die Weber haben bis heute abgelehnt. Lieber verzichten sie auf die Arbeitslosenunterstützung und bleiben selbständige Unternehmer, teilen sich ihre Arbeit nach Wunsch ein und verbringen ihre Tage daheim, in ihren kleinen Zimmern oder Schuppen, in denen es auch heute noch dunkel ist. Auf den Inseln ist man von jeher an die Wechselfälle des Schicksals gewöhnt: Der Fisch kam und blieb aus, die Chiefs waren gut oder böse. Sollte Tweed einmal unmodern werden, so wird ihnen etwas anderes einfallen.

Ich will erzählen, wie wir unseren Weber kennenlernten. Wir hörten zum ersten Mal das Geräusch seines Webstuhls, als wir auf dem äußeren Mauerring des Brochs von Carloway standen. Man sah, über Wasserflächen und steinbesäte Hügel hinweg, aufs Meer hinaus. Die Mauer unter uns war schräg in den Hang gefügt. Dieser verwitterte doppelwandige Turm in den stumpfen Farben hohen Alters wirkte auf seinem erhöhten Standort so mächtig wie kaum ein anderer Broch im Lande. Auf den spärlichen Weiden ringsum, die auf einer Tafel als Crofter's ground ausgewiesen waren, grasten die Schafe.

Wir gingen dem gleichmäßigen leisen Klappern nach, bis wir zu einem Schuppen kamen, in dem ein jüngerer Mann am Webstuhl saß – genauer gesagt, hinter ihm hockte – und ein älterer Mann den Faden aufspulte. Der Weber arbeitete rasch, seine Augen, hinter Brillengläsern, gingen nur ab und zu prüfend über den Stoff, einen rauchgrauen Tweed in einfachem Muster; die Schiffchen sausten zwischen den gespannten Fäden, leerten sich, wurden durch neue ersetzt. Wir waren an einen ungewöhnlichen Mann geraten, der eher uns ausfragte, als daß er sich fragen ließ, aber doch mitteilte, daß er vier Berufe habe. Wir versuchten sie zu erraten. Weber und Crofter waren schnell gefunden, die beiden anderen blieben zunächst geheim: kein Fischer, kein Mechaniker, kein Matrose, keiner, der schreibt – was man seinem Gesicht nach hätte annehmen können. Daß er hier geboren, aber viele Jahre fortgewesen sei, wurde von ihm bestätigt. Seinen dritten Beruf erfuhren wir am nächsten Tag, den vierten weiß ich bis heute nicht; aber den Ton seines Webstuhls habe ich ebenso im Ohr wie den Tonfall seiner Stimme, mit der er Behauptungen aufstellte, die richtig sein konnten oder nicht.

Während man noch den doppelten Sinn eines Satzes zu enträtseln suchte, gab unser Freund schon die nächste verblüffende Bemerkung zum besten: »Wir hier sind Feinde des Alkohols.« Hieß das »wir trinken ihn nicht« oder »wir vertilgen ihn, wo wir ihn antreffen«? Als verläßlicher Informant war unser Weber unbrauchbar, als Bekanntschaft ein Gewinn. Ich weiß nicht, ob er ein typischer Lewis-Bewohner war.

Am nächsten Tag fand in Carloway eine Landwirtschafts-Ausstellung statt, im und um das Schulhaus herum. Das Meckern der preisgekrönten Ziegen mischte sich mit den Tönen des Dudelsacks; Kinder unter sechs Jahren warfen um die Wette Bälle nach einer Kokosnuß, die starken Männer ein schweres Gewicht über eine Holzlatte, die mehr als drei Meter über ihnen schwebte – sie kamen und gingen muskelgeschwellt wie Ringer. Schafböcke, denen man ihre Siegesrosette an einem Faden durchs vielfach gewundene Horn gezogen hatte, standen an erhöhter Stelle; Kühe mit ihren Kälbern da, wo die Wiese sumpfig wurde.

Herz und Seele dieser Show war ihr Sekretär, unser Weber. Ein schwarzer Festtagsanzug gab ihm unerwartet den Anschein von Autorität, aber seine leuchtendblaue Krawatte flatterte wie eine Freudenfahne, wo immer er auftauchte. Wir wunderten uns keinen Augenblick, wir sagten nur »der dritte Beruf«, als wir uns – nicht ganz zufällig – einen Augenblick trafen.

Die falschen Männer

Daß die Inseln schon in der jüngeren Steinzeit besiedelt waren, beweisen die *Standing Stones of Callanish* auf Lewis, von den Einheimischen bisweilen noch ›fir bhreige‹, falsche Männer, genannt. Tatsächlich ähneln die hohen Gebilde, wenn man sich ihnen in der Dämmerung oder bei nebligem Wetter nähert, einer unheimlichen Schar übers Moor dahinziehender Gestalten. Im Führer von Callanish heißt es: »War diese Steinsetzung Tempel und Opferstätte, oder diente sie, mit Hilfe der Gestirne, kalendarischen Berechnungen; wurde sie als Versammlungsplatz oder Begräbnisstätte verwendet, oder galt sie dem Stamm vor allem als Statussymbol?« Die Antwort: »Wahrscheinlich all dies, jedes zu seiner Zeit.« Scharen weiß gekleideter Druiden darf man sich vor viertausend Jahren hier nicht vorstellen; sie kamen erst später; aber magische Riten, bei denen man den klug errechneten Lauf der Sonne, auch Mond- und Sonnenfinsternisse zu Hilfe nahm, wird es von Anfang an gegeben haben.

Die Gruppe besteht aus noch siebenundvierzig Monolithen, von denen der größte, im Mittelpunkt der Anlage, sich als schmale Platte über vier Meter hochschwingt. Er wurde, wie alle anderen, aus dem ältesten aller Gesteine, Lewis-Gneis geschlagen; zur Heranschaffung von den Klippen der Küste im Westen war nur eine geringe Entfernung zu überwinden. Trotzdem eine technische Meisterleistung, vor allem, wenn man bedenkt, daß die schweren Körper in allen atlantischen Stürmen über die Jahrtausende ihre aufrechte Stellung beibehalten haben. Sie führen, als Allee angeordnet, hügelauf zu einer zentralen ringförmigen Steinsetzung, von der wiederum drei kürzere Reihungen strahlenförmig ausgehen; das Ganze in der Form einem riesigen keltischen Kreuz ähnlich und über hundert Meter lang. War dies der »geflügelte Tempel im hohen Norden«, von dem griechische Schriftsteller berichten?

Die Steine wurden offensichtlich nicht oder kaum bearbeitet. Sie sind von einem lichten Grau, in dem narbenartige Quarzeinsprengungen und rosa Adern glänzen. Die Natur selbst hat in jedem dieser Monolithen ein Kunstwerk geschaffen. Ich konnte mir, in ihre Betrachtung versunken, einen ornamentierten Stein plötzlich kaum noch als schön vorstellen. Daß diese Stätte – im Gegensatz zum Touristenziel Stonehenge – so weltabgeschieden auf der vom Wind kahlgefegten Anhöhe über der Westküste liegt, erhöht ihre Wirkung; selbst ein rostiger Drahtzaun und einige in der Nähe abgestellte Wohnwagen beeinträchtigen das Gesamtbild nur wenig.

Natürlich ranken sich viele Geschichten und Legenden um die ›falschen Männer‹. Noch vor hundert Jahren gab es Personen auf Lewis, denen man nachsagte, sie seien ›of the stones‹: Sie gingen heimlich nach Callanish, besonders zur Zeit der Sommersonnenwende, wenn ›the Shining One‹, von Kuckucksrufen angekündigt, die Allee heraufkomme und sich dem Mittelpunkt des Heiligtums nähere. Und heute noch, sagen die Leute, hört man im Frühjahr den ersten Kuckuck auf Lewis in der Nähe der Steine.

Aus der weiteren Geschichte der Hebriden: Vom achten Jahrhundert an erschienen norwegische Seefahrer vor diesen Küsten, zunächst als Räuber, später als Siedler; schließlich brachten sie die Inseln ganz in ihre Gewalt. Wie stark dieser jahrhundertelange Einfluß war, ist an den Ortsnamen abzulesen, von denen zum Beispiel auf Lewis achtzig Prozent nordischen, nicht gälischen Ursprungs sind (darunter auch Callanish, früher Classerness). Aber wie immer und überall mischten sich Sitten und Bräuche beider Kulturen; so trug der norwegische König Magnus den Beinamen Barefod, der Barfüßige, weil er den schottischen Kilt als Gewand bevorzugte! Erst 1266 gaben die Norweger nach einer verlorenen Seeschlacht ihren Anspruch auf die Hebriden endgültig preis. Die goldene Zeit der Inseln begann im vierzehnten Jahrhundert, unter den Lords of the Isles aus dem Hause Macdonald, Nachfahren des Schotten Somerled und einer norwegischen Königstochter. Ein mächtiges atlantisches Fürstentum entstand. Die Lords of the Isles regierten ihr Reich völlig unabhängig und schickten sogar eigene Gesandte an die Höfe Europas. Ihr Palast stand auf Islay. Erst James IV. machte 1493 dieser rivalisierenden Macht – damit freilich auch der Blütezeit der Inseln – ein Ende.

Unter den Clearances haben die Hebriden stark gelitten; man kennt noch die Namen der Schiffe, auf denen Tausende, brutal vertrieben, nach Amerika auswanderten. Nach dem Ersten Weltkrieg kaufte ein wohlmeinender und reicher englischer Industrieller, Lord Leverhulme, Lewis und Harris und versuchte, durch zahlreiche Einrichtungen das Los der armen Fischer und Crofter zu verbessern. »Ob der Versuch an der Gleichgültigkeit der britischen Dienststellen oder am mangelnden Vertrauen der Einwohner scheiterte, bleibt ungeklärt.« Lord Leverhulmes Schloß in Stornoway ist heute ein Technical College.

Von 77 höchst kunstreich geschnitzten elfenbeinernen Schachfiguren der Wikingerzeit, die auf Lewis gefunden wurden, befinden sich 11 im Besitz des National Museum of Antiquities in Edinburgh, der Rest im Britischen Museum in London.
Zum Thema Steinsetzungen: siehe auch Juli-Kapitel ›Maes Howe und danach‹, S. 388.
Zum Thema Lewis-Gneis: siehe Juni-Kapitel ›Großes geologisches Drama‹, S. 351.

Amhuinnsuidhe

Wir waren von Stornoway übers Gebirge nach Harris gekommen und kurz vor Tarbert von der Hauptstraße abgebogen, zu einer abenteuerlichen Berg- und Talfahrt der Küste entlang. Nun mündete unsere Straße in einem Tor. An seiner äußeren Mauer war das Ortsschild mit dem unaussprechlichen Namen angebracht. Wieso begann *Amhuinnsuidhe* mit einem herrschaftlichen Eingang? Der Bach, den wir zur Seite hatten, stürzte plötzlich in großen Sätzen und schäumenden Kaskaden direkt ins Meer. Wir ahnten, daß dies ein Paradies für Angler sei; erst Tage später, als ich mich ›eingesehen‹ hatte, konnte ich unten im quirlenden Schaum die Sprünge der Lachse verfolgen, die auf die Nacht warten, ehe sie die schwierigste Strecke ihrer Wanderung bachaufwärts im Dunkeln zurücklegen.

Die steinige und baumlose Wildnis blieb zurück; gepflegter glatter Rasen, eine schön gefügte Mauer über dem Meer, Spielzeugkanonen, Beete, ein Schloß – neugotisch, mit runden Türmen. Kurz vor unserer Ankunft war es samt seinen Ländereien, Fischgründen und Jagdrevieren in andere Hände übergegangen: aus englisch-aristokratischen in die eines Schweizers. Während der Verkaufsverhandlungen war auch von einem Scheich die Rede. Die Leute wollten ihn lieber nicht als Laird und waren froh über den Schweizer. Er baut das Schloß zum Hotel um.

Die Straße zog eine kokette Schleife durch den Park und ein zweites Tor und führte aufs neue in steinige und baumlose Wildnis, zu verstreuten Häusern. Wir wohnten im Postamt. In der kleinen, fast privaten Bucht, auf die ich von meinem Fenster aus sah, lag eine Yacht vor Anker und ein Fischkutter der einfachen Bauart, unbemannt, er drehte sich in der Strömung. Wenn die Flut kam, hörte ich in der großen Stille das Klappern der Blechbüchsen, die man einfach ins Meer wirft: Abfall von fünf einsamen Häusern. Früher oder später, gewiß bei der nächsten Springflut, wird das Wasser einmal höher steigen und alles mit sich nehmen, an den Inseln vorüber und hinaus in den Atlantik.

Hier sagen die Leute: »Der nächste Ort liegt in Amerika.« In den Townships an der Küste von Harris gedeihen außergewöhnliche Erscheinungen, Mrs T. zum Beispiel. Ihr Mann (bei der Marine) und ihre Söhne waren Meister des Angelns und Jagens. Alles, was sie erbeuteten, wurde ausgestopft, aufgestellt oder an die Wände gehängt. Der Mann starb, die Söhne gingen in die Welt; auf die Vögel und Fische und die

Geweihe legte sich allmählich der Staub von Jahren und Jahrzehnten. Mrs. T., dünn und aufrecht, unangefochten und in Tweed gekleidet, geht weiter durch ihre Räume, allein. Wenn etwas aus der Welt draußen zu ihr dringt und sie stark verwundert, dann macht sie große runde Augen und sagt mit sanfter Stimme ›fancy‹, nun denk mal an.

Eine andere Gestalt, die zu dieser Gegend gehört, ist mir nur als ›Herr Zucker‹ bekannt. Den vollen Namen scheint niemand mehr zu wissen. Herr Zucker war ein deutscher Ingenieur und Erfinder, der in den dreißiger Jahren die britischen Postbehörden vom Vorteil einer Briefbeförderung mit Raketen überzeugen konnte. Gerade für Schottland mit den vielen Inseln, sagte er, würde seine Erfindung ein unendlicher Gewinn sein. Der Versuch wurde genehmigt und die Rakete von Husinish (nahe Amhuinnsuidhe) zur nahe gelegenen Insel Scarp hinübergelenkt, wo damals noch einige Familien wohnten. Leider ist Herrn Zuckers Geschoß explodiert. Einige Briefe haben die Katastrophe überdauert; die Sondermarken, die für diesen Tag ausgegeben wurden, gelten unter Sammlern als wertvoll.

Das sind so Geschichten, wie man sie in Amhuinnsuidhe hört, abends am elektrischen Kamin.

Gälischer Gottesdienst

An den Kirchenfenstern in *Tarbert* lief das Regenwasser in breiten Streifen herunter und nahm mir den Blick auf Bucht und Fährschiff. Am Sonntag liegt die Fähre still. Der Kirchenraum weiß gekalkt, das hölzerne Gestühl gelb, der Altar in eine Ecke geschoben. Keine Orgel. Für den Gottesdienst in gälischer Sprache, um zwölf Uhr, genügt dieser Raum. Etwa fünfzig Menschen waren anwesend, keine Kinder. Die englisch sprechende Gemeinde füllte um elf Uhr die Hauptkirche. Jeder hatte seine Bibel dabei, große abgegriffene Bücher. Die Textlesungen, Altes und Neues Testament, wurden Wort für Wort verfolgt. Später, während der Predigt, lagen die zerlesenen Bände offen, mit den Brillen darauf, und gaben Zeugnis vom frommen Eifer ihrer Eigentümer.

Der Prediger trug keinen Talar, nur einen schwarzen Anzug. Als ich, verspätet, hereinkam, betete er, auf der Kanzel stehend: mit geschlossenen Augen, den Körper vor- und zurückwiegend, wie wir es von den Juden kennen, immer mehr in Sprechgesang übergehend, mit immer eindringlicherer Stimme. Die Gemeinde stand stumm. Wen die Kräfte verließen, der setzte sich, senkte den Kopf und legte die Hand vor die Augen.

Später, als die Bibeltexte schon verlesen waren, stand der Precentor auf, der Vorsänger, ein weißhaariger, aber kein alter Mann. Seine Stimme klang wie der Trompetenton einer Orgel. Bei den lang ausgehaltenen Noten der seltsamen Tonfolge fiel die Gemeinde ein, oder – genauer gesagt – einzelne Sänger und Sängerinnen schienen sich einzelne Töne auszuwählen, die ihnen vertraut waren. Jedem gesungenen Ton war eine merkwürdige Schwingung mitgegeben, die schließlich den ganzen Raum füllte und die man fast körperlich spürte. In den Büchern, die rechts und links von mir benützt wurden, waren kurze Textzeilen ausgedruckt, aber keine Noten.

Für jemanden, der kaum Gälisch versteht, dauerte die Predigt sehr lange. Der Mann auf der Kanzel sprach frei, wie es in der schottischen Kirche üblich ist. Mit großen Gebärden, in langen Sätzen, wurde ein Thema abgehandelt, das die Zuhörer zu fesseln schien. Man nennt die Predigt ›message‹, Botschaft. Ich sah auf die großen redlichen Ohren meines Vordermannes und zum unverändert düsteren Himmel hinaus. Nach dem Segen blieben die Zuhörer schweigend sitzen, dann standen sie reihenweise auf und gingen hinaus. Der Prediger und der Vorsänger redeten miteinander. Man wurde nicht verabschiedet.

Ich habe Glück gehabt, daß ich in der Kirche unbeachtet blieb. Nicht zu Unrecht wird angenommen, daß hauptsächlich Neugier die Fremden in den gälischen Gottesdienst lockt. Einem Touristen-Ehepaar soll der Geistliche vor der Predigt, von der Kanzel aus, auf englisch gesagt haben: »Nun ist wohl der Augenblick gekommen, wo die fremden Gäste, über deren Besuch wir erfreut waren, uns verlassen wollen.«

Wäre das Wetter an diesem Tag besser gewesen, hätten wir,

anstatt nach strengem örtlichem Sonntagsbrauch untätig zu Hause zu sitzen, den langen, aber lockenden Fußweg von Tarbert aus über die Höhen nach *Rhenigadale* am *Loch Seaforth* gewagt. Der Postbote legt diese Strecke dreimal in der Woche zurück, und Kenner beneiden ihn um seinen Dienstweg.

Ein Ausflug nach Rodel

Wir haben selten so schlechtes Wetter gehabt wie auf Harris. Nebel und Regen. »Ganz ungewöhnlich für diese Jahreszeit«, sagte unsere Wirtin, Mrs. Mackay. Wir waren trotzdem immer unterwegs. Wir bauten uns eine Phantasie-Insel aus den schemenhaften Umrissen der Berge und der dunklen Landschaft der Steine; mit Torfhaufen-Gespenstern und dem Rauschen der Wasserfälle. Wir fanden Harris wunderschön. Einmal, als wir um die südliche Halbinsel fuhren, wurden die Nebelschwaden vor uns leuchtendgelb. Warum leuchteten sie so, und wieso gelb? Vom Widerschein der meilenweiten Strände aus feinstem Muschelsand, die das Meer freigibt, wenn es sich bei Ebbe zurückzieht.

Unser Ziel an diesem Tag war die Kirche von *Rodel*, St. Clement's. Man sah sie schon von weitem: erhöht stehend, in den Dünen, das spröde Gras zu ihren Füßen glänzte in der Nässe. Kein unnötiges Beiwerk, nichts Hinzugefügtes – Langschiff, Querschiff und ein massiger Turm mit Zinnen. Den Schlüssel zur Kirchentür soll man sich im Hotel holen; aber während unseres Besuches wanderte er von einer Hand zur anderen. Ich ging in dem leeren und dunklen Raum auf und ab, über abgetretene Platten und Grabplatten mit überlangen steinernen Schwertern und keltischen Ornamenten; an Wänden aus warmgetöntem Gneis entlang, der aus dieser Gegend stammt; über mir eine kunstvolle Holzbalkendecke.

Man weiß sehr wenig über diesen Ort. Nach mündlicher Überlieferung soll hier eine Priorei gestanden haben, von Iona aus gegründet, von den Wikingern zerstört. Rodel war lange Zeit eine Grablege der Macleods; so darf man annehmen, daß die gegenwärtige Kirche von einem Chief dieses Clans erbaut wurde, wahrscheinlich von jenem Alastair Crotach, dessen Grabmal von 1528 ihr schönster Schmuck ist. Die schlafende Gestalt des Chief in seiner Rüstung mit seinem Schwert, aus schwarzem glänzendem Gestein gehauen, ist in eine reliefgeschmückte Nische gerückt und wird von ihr überwölbt. Ich erinnere mich an einen Mann im Kilt unter den Darstellungen, der mit Gillies und Hunden zur Jagd auszieht; an weihrauchschwingende und lichttragende Engel mit großen Händen; an den Schlußstein des Bogens, in dem Gottvater den gekreuzigten Sohn zu sich emporhebt.

Die Verzierungen an den Außenwänden des Turms geben dem Betrachter Rätsel auf. Da ist, an der Westseite, eine der wenigen Heiligenfiguren, die ich an schottischen Kirchen fand. Wo sonst leere, geplünderte Nischen anklagen, steht hier ein Bischof unter einem Baldachin, vielleicht St. Clement, der der Kirche den Namen gab, und von dem man nichts weiß. Ein merkwürdiges Relief, schräg in die Ostwand gesetzt, zeigt zwei Figuren, davon eine im Kilt, in kämpfender oder verzweifelt gegen ein Unheil ankämpfender Stellung – Fischer im Sturm? Die Figur an der Südwand, hoch oben und schwer erkennbar, ist ohne Zweifel ein She-la-na-gig, obszönes Symbol der Fruchtbarkeit, in Irland häufig anzutreffen, im strengeren Schottland nur noch an dieser Stelle. Ist der She-la-na-gig von Rodel ein Männlein oder ein Weiblein? Man möchte an eine fette Frau glauben. Aber W. H. Murray, dieser verläßliche Chronist, berichtet, es sei ein kleiner steinerner Mann gewesen; die Countess of Dunmore habe, um der Schicklichkeit willen, ihrem Gillie den Auftrag gegeben, ›the essentials‹, das Entscheidende, wegzuschießen.

Als wir zurückfuhren, war der Nebel wie durch Magie weggewischt. Noch immer Ebbe; ein Brachvogel pickte mit langem gebogenem Schnabel Wattwürmer auf. Reiner makelloser Strand. Wir suchten mit dem Fernglas den Horizont ab und zählten zusammen, was an menschlichen Spuren sichtbar war. Das Ergebnis: eine Reihe von Wohnwagen und, weit verstreut, etwa zehn Personen, Dünenwanderer und Fischer. Weit draußen, wo das Wasser grün schimmerte, ließen sich ›gannets‹, Baßtölpel, ins Meer fallen, man sah es an den aufspritzenden Fontänen.

Momentaufnahme

Das Gitter am Ausschank ist längst heruntergelassen, die Gäste der Hotelbar trödeln über dem letzten Glas. Geschlossen wird heute erst, wenn das Schiff angekommen ist. Zwei ältere Männer haben Koffer und Angelzeug neben sich; ihre Ferien sind zu Ende. Sie werden diese Nacht in einer Kabine schlafen und morgen mit dem frühesten losfahren. Die anderen Gäste sind nur Neugierige, Statisten. Das Schiff hat am Nachmittag in Oban abgelegt (damit Reisende aus Edinburgh und Glasgow noch Anschluß bekamen); jetzt, kurz vor Mitternacht, wird seine Fahrt hier enden – im Hafen von *Lochboisdale* auf South Uist. Wovon reden sie inzwischen, in der Hotelbar an diesem Samstagabend? Von den Raketenbasen, die in den letzten Jahren auf North Uist und Benbecula installiert wurden, samt einem Flugplatz, und daß solche Einrichtungen nie ohne Folgen für das Landschaftsbild und die Bevölkerung bleiben. Wir können das nach flüchtigem Augenschein bestätigen; was wir an der großen Straße, die alle Inseln dieser Gruppe durchzieht, an neueren Ansiedlungen sahen, schien eher in eine Vorstadt zu passen als auf die Äußeren Hebriden. »Dafür gibt es neue Arbeitsplätze.« Ein wichtiges Argument in einem Gebiet, das mehr aus Wasser als aus Land besteht. »Und wem gehört South Uist?« frage ich. – »Einem Konsortium von sieben – vermutlich wohlhabenden – Anglern.«

Wir verabschieden uns. Draußen schlägt uns ein warmer Nachtwind entgegen. Der Fahnenmast schaukelt auf der Spitze eines Monuments, das dankbare Gäste dem letzten Wirt des lobenswerten Hotels errichtet haben. Hinter einem erleuchteten Fenster sieht man den Ortspolizisten im Gespräch mit den Männern der Schiffahrtslinie. Auch die Dame vom Tourist Board sitzt noch in ihrem Kiosk und blättert besorgt in Zetteln und Listen: Wie soll sie mitten in der Nacht die Quartierwünsche der Ankommenden befriedigen, wenn weit und breit kein Bett frei ist, kein Caravan unbenützt steht? Überall am Hafen brennt noch Licht, ist man noch wach. Nur wir werden jetzt schlafen gehen. Wir haben am Nachmittag den *Beinn Mhor* nördlich von Lochboisdale bestiegen: kaum siebenhundert Meter hoch und doch ein richtiger Berg. Eine Stunde lang ging es weglos steil aufwärts. Oben angekommen, drehten wir dem Land-und-Wasser-Puzzle der mittleren Inseln bald den Rücken. Skye lag jenseits des Meeres am Horizont, die gezackten Gipfel der Cuillin Hills deutlich erkennbar. In den Felsabstürzen unter uns zog ein Adlerpaar ruhig seine Kreise.

Für Vogelfreunde zwei Naturschutzgebiete: Balranald auf North Uist, Loch Druidibeg auf South Uist.

Großer Strand mit Flugzeug

Traigh Mhor liegt im äußersten Nordosten der Insel Barra, in der Nähe einer Ortschaft mit dem schönen Namen *Eoligarry*. Traigh Mhor heißt Großer Strand: eine tischflache, schimmernde, endlose Fläche. Bei Ebbe kommen die Muschelsucher, scheinen, sich bückend und wieder aufrichtend, oder mit dem Rechen das Watt durchpflügend, vor dem Horizont zu schweben, als sähe man eine Fata Morgana und dies seien die Wüsten Afrikas. Muschelstaub wirbelt auf; das Wasser, das ins Meer hinausgezogen wird, hinterläßt dunkle Spuren im helleren Sand.

Das Flugzeug ist noch nicht in Sicht. Am Rande des Blickfelds, hinter Licht und Wasser, stehen die Berge von *Eriskay* und *Uist*. Geht man selbst hinaus ins Watt, so schimmert es grünlich und weiß von den Muscheln, die das Meer hereintrug. Die Muscheln knacken und krachen unter unseren Füßen. Die meisten Schalen sind leer. Lebende Muscheln, Scallops, die man essen kann, stecken aufrecht im Sand, so wie auch der Razorfish, den wir aber nicht gefunden haben – nur Teile seines Panzers. Der Razorfish wohnt, so heißt es, ganz in dieser Schale, die die Form einer Messerscheide hat; das untere Ende, durch das der Fisch verdaut, steckt im Sand, sein Kopf schaut aus dem Gehäuse. Man muß sich vorsichtig nähern, sonst zieht der Fisch sich zurück wie eine Schnecke. Miesmuscheln hängen in Kolonien zusammen, feine, metallfarbene Fäden von großer Festigkeit halten das Gebilde; auch andere Muscheln werden einbezogen. So entstehen große klumpenartige Haufen; aber manchmal findet man schöne Formen, wie winzige Gärten. Der Muschelsand ist anders beschaffen als unser körniger Sand: flacher, leichter und er schwimmt auf dem Wasser.

Wenn die Ebbe die Bucht entleert hat, kommt das Flugzeug, von Glasgow oder von den anderen Inseln, zieht eine Schleife über uns und landet fast lautlos im Watt. Der Flugplan dieser Maschinen – Loganair und British Airways – muß erfragt werden, er ändert sich mit den Gezeiten. Man sagt, Barra habe den einzigen Flugplatz der Welt, der von Ebbe und Flut abhängt. Wer im Mai hier landet, für den ist ein Teppich aus rosa Primeln ausgebreitet.

Mittags sitzen die Scallopsucher am Wattrand und ruhen sich aus, essen etwas. Mehr als dreißig Mark können sie an einem Tag nicht verdienen. Später kommen Autos über den Sand gefahren und holen die gefüllten Säcke ab.

Nur ein schmaler Dünenstreifen trennt den Großen Strand vom offenen Meer, dem Atlantik. Die Gefährdung ist offensichtlich. Man pflanzt, immer von neuem, Marramgras und schichtet Sandsäcke als Schutzwälle aufeinander.

Wir kamen vom Traigh Mhor aus über die Düne, da, wo sie am niedrigsten ist. Plötzlich war das Meer unter uns, dunkelblau und leuchtend. Aber je mehr wir uns, im Hinunterlaufen durch den Sand, diesem Blau näherten, desto blasser wurde es, bis das Wasser, als es meine Füße berührte, im blendenden Licht fast farblos schien.

Einige MacNeils

Auf den Schiffahrtsplänen unserer Hemisphäre findet sich irgendwo immer kleingedruckt die Klausel: »Wind and weather permitting.« Der Satz hat seine Berechtigung: Wind und Wetter erlauben es durchaus nicht immer! Das Boot kommt nicht pünktlich an, der Termin der Weiterreise bleibt ungewiß, auch ein Maschinenschaden ist möglich.

Die tüchtigen Schiffe der Caledonian MacBrayne, die den Verkehr zu allen westlichen Inseln betreiben, machen da keine Ausnahme. So kam es, daß wir an einem Abend auf Barra, Freunde erwartend, plötzlich zwei Stunden Zeit zur Verfügung hatten. »Eher ein Genuß als ein Schaden«, sagten wir. Die Berge, die *Castlebay* umstehen, waren, wie man es von hebridischen Hügeln um diese Tageszeit erwarten durfte, lila verschleiert; sie schienen von dieser Farbe auch an das Wasser der Bucht abgegeben zu haben, das unbeweglich, fast spiegelnd, uns zu Füßen lag. Wir gingen ziellos auf dem schmalen Streifen zwischen Wasser und Felsen entlang und hatten in jedem Augenblick die dunkle Kulisse des *Kisimul Castle* vor Augen. Kisimul, ganz vom Meer umgeben, mit uneinnehmbaren Mauern, ist der alte Stammsitz der Mac-Neils.

Diese MacNeils of Barra müssen ein hochfahrendes und unzähmbares Geschlecht gewesen sein. Dem Stammvater, so heißt es, habe Noah einen Platz in der Arche angeboten. Aber der MacNeil lehnte dankend ab, er habe selbst ein Boot. Später einmal – das war schon im Mittelalter – ließ ein MacNeil nach jedem Mahl durch einen Herold von den Zinnen seiner Wasserburg folgendes verkünden: »Horcht auf, Ihr Völker, vernehmt unser Wort, oh Nationen – der große MacNeil hat gespeist, nun können die Prinzen dieser Erde zum Essen schreiten.« Das Handwerk der MacNeils war inzwischen die Seeräuberei geworden; man fürchtete sie in allen Gewässern bis nach Holland und Frankreich hinüber und bis zu den westlichen Küsten Irlands. Wurden sie, auf Grund ihrer Missetaten, für vogelfrei erklärt, so scherte sie das wenig. Zur Zeit der ersten Elisabeth gelang es endlich, durch List eines MacNeil habhaft zu werden und ihn nach Edinburgh zu bringen. Man war erstaunt, einen milden alten Mann mit weißem Bart vor sich zu sehen, der sich geschickt verteidigte und nach Barra zurückkehren durfte, freilich dem Urteil nach unter Verlust aller Besitzungen – aber wer wagte es, sie ihm wegzunehmen?

Die MacNeils herrschten weiter als unumschränkte Herren der Insel und als Patriarchen. Ihre Untertanen wurden nach altem Brauch wie Kinder behandelt. Starb einem die Frau, so ließ er sich vom Chief eine neue zuweisen, suchte diese mit einer Flasche Whisky als Geschenk auf und die Hochzeit wurde vollzogen, »damit weitere Gefolgsleute für den MacNeil gezeugt würden«. Alte Leute, für die sonst niemand sorgte, fanden einen schützenden Winkel in der Burg und gehörten bis zum Tod zur Familie. Jedermann hatte Zutritt zum Kisimul Castle. Man sagt, daß die einfachen Menschen von Barra dadurch ein würdiges, beinahe höfisches Benehmen annahmen. Aber noch im Jahre 1675 empfing der damalige MacNeil einen Boten des Königs, der eine Schuld einzutreiben kam, mit einer Salve von Schüssen.

Etwa eineinhalb Jahrhunderte später war es mit den Chiefs stark bergab gegangen; um ihrer Schulden willen mußten sie nach Amerika auswandern, ihre Insel verkaufen. Der neue Besitzer, Colonel John Gordon, ein Lowlander, bot Barra der englischen Regierung für eine Strafkolonie an. Die Regierung lehnte dankend ab, gab dem Colonel aber die Erlaubnis, die Bevölkerung auszusiedeln und zu verschiffen.

Während im sinkenden und milden Abend in den Häusern am Hang die Lichter aufflammten und Castlebay plötzlich einem italienischen oder griechischen Hafenort ähnlich wurde, mußte ich an die Schreckensszenen zurückdenken, die sich damals an diesen Ufern abspielten, als Männer und Frauen, achthundert im ganzen, »wie bei einer Sklavenjagd in Afrika« zusammengetrieben und von der Polizei und ihren Helfern mit Gewalt in das wartende Schiff gescheucht wurden. Wer sich von den Männern wehrte, wurde mit dem Kolben niedergeschlagen, gefesselt und ins Boot gezerrt; die, die ins Wasser sprangen und sich durch Schwimmen zu retten versuchten, erneut eingefangen. Aus Berichten der Quebec Times der Jahre 1851 und 1852 weiß man, daß die Leute von Barra am kanadischen Ufer nur an Land gesetzt und ihrem Schicksal überlassen wurden; später sah man die einmal stolzen und gastfreien Frauen der Insel, mit ihren Kindern auf dem Rücken, vor den Häusern von Hamilton und Toronto betteln.

EINSAMKEIT DES HOCHLANDS
Corgarff Castle, am Wege nach Tomintoul
Moidart
Cairngorms

Die MacNeils of Barra der männlichen Linie sind seit 1863 ausgestorben. Aber einem Nachkommen der weiblichen Linie, Robert Lister MacNeil, Architekt aus Amerika, gelang es kurz vor dem Zweiten Weltkrieg, sich mit Hilfe des Lord Lyon King of Arms als 45. Clanchief zu etablieren. Er ließ Kisimul Castle, das fast hundertfünfzig Jahre leergestanden hatte und langsam verfiel, mit großem Geschick wieder restaurieren. Die Wasserburg ist im Sommer zu besichtigen.

Als einige Tage zuvor der Fährmann uns hinüberruderte und wir die nassen und glatten Steine des Zuwegs, der direkt aus dem Wasser aufsteigt, und das dunkle Burgtor hinter uns gelassen hatten, war mein erster Eindruck Verwunderung. Ich glaubte mich auf einen mittelalterlichen Marktplatz versetzt, mit Ziehbrunnen und unebenem Pflaster, von dunklen und niederen Häusern aus Stein eng umstanden. Sie lehnen sich, mit steilem Schieferdach, direkt an die äußere Verteidigungsmauer.

Der jetzige 46. Clan-Häuptling, Professor Ian Roderick MacNeil, der an der Cornell University in New York Recht lehrt, ist ein zartgliedriger Mann mit dem Kopf eines Gelehrten, untadelig im Gewand eines Chiefs – aber wenn er den Mund aufmacht und von seinen in aller Welt verstreuten Stammeskindern spricht (er weiß nicht, wieviel es sind; zur Lebenszeit seines Vaters seien es 60000 gewesen), so nimmt sich der amerikanische Tonfall unter der Mütze mit den drei Adlerfedern wunderlich aus.

Das Schiff, die ›Iona‹, zog lautlos und lichterglänzend in die Bucht ein; wir kamen noch gerade rechtzeitig zum Hafen zurück, wo jetzt alles fröhlich und erwartungsvoll durcheinanderlief. Die Passagiere stolperten mit Koffern, Zelten, Angelgerät und Golfschlägern die steile Gangway hinunter; müde Kinder wurden getragen. Eine warme Luft, die nach Heuwiesen duftete, begrüßte die Gäste von Barra.

Hochzeit nach altem Brauch

Des Volkes Seele, heißt es, lernt man bei Hochzeiten und Beerdigungen kennen. Wir waren schon ein paar Tage auf Barra, bei sonnigem, beinahe heißem Wetter. Vor der Haustür trafen wir unsere Wirtin, eine robuste und tatkräftige Frau, die zumeist mit Schaufel und Besen, in geblümter Schürze, gegen den Sand in den Zimmern anging und auf Fragen handfesten Bescheid gab. »Gälisch? Das hören Sie bei uns in der Küche«, war ihre Antwort zum Thema Sprachenproblem. Nun stand sie plötzlich im hellgrünen, hochgeschlitzten Abendkleid vor uns, gekrönt mit einem Turban aus dem gleichen Material. Der Eindruck war überwältigend. Ihr Ehemann, auch sonst kleiner als sie, hielt sich einige Schritte zurück. Er zeigte zum Sonntagsanzug die Clanfarben nur in der Krawatte. Der Kilt wird auf den Inseln nicht getragen. Es war elf Uhr vormittags.

Eine Hochzeit fände statt, eine sehr große Hochzeit – und ob wir, an diesem Tag, mit den Koch- und Servierkünsten der jüngeren Tochter vorliebnehmen würden? Die jüngere Tochter war noch ein Kind. Nur einen Augenblick kämpfte das Pflichtbewußtsein des Berichterstatters mit dem Wunsch baden zu gehen. Die Flut kam eben herein. Später sahen wir, vom Wasser aus, oben auf der Klippenstraße die lange Reihe der Hochzeitsautos vorbeifahren; trotz des Lärms der Brandung vernahm man anhaltendes Hupen. Beim Abendspaziergang unter einem bunt gestreiften Himmel fanden wir die kleinen Townships noch stiller und menschenleerer als sonst. Die Bewohner waren wohl alle beim Fest.

Am nächsten Morgen wollte ich von der Hochzeit hören. Es sei so gewesen, wie es sein müsse – von den Blumenhüten der Brautjungfern und dem Piper an der Kirchentür über das reichliche Essen mit den langen Reden bis zum Tanz am Abend in der Festhalle von Castlebay. »In Glasgow hätte man es nicht besser machen können.«

An diesem Tag fiel uns die zunehmend düstere Stimmung der Hausfrau auf. Sie hantierte wieder in der Blumenschürze. Ihr Mann blieb unsichtbar. Schlief er einen Rausch aus? Nein, er war noch gar nicht nach Hause gekommen. Am

Abend schlich sich eine Nachbarin in die Küche, ihr erging es nicht besser, die beiden Frauen saßen zusammen auf dem Sofa und flüsterten besorgt. Schließlich polterten Schritte. Die Männer kamen zusammen heim. Wir, im Wohnzimmer, verhielten uns ruhig. Unverständliche Reden waren zu vernehmen. Stille. Dann fingen sie an zu singen, zuerst die Männer; die Frauen fielen ein. Dies, sagten wir, sind nun die berühmten Songs of Barra – von Volkskundlern gesammelt, auf Schallplatten verewigt, bei jedem schottischen Festival zu hören. Unsere Freunde in der Küche hätten an diesem Abend keinen Preis errungen. Die Töne verfolgten uns noch bis ins Bett. Das Auf und Ab einer wehmütigen Melodie schien direkt in schrilles und anhaltendes Telefonklingeln überzugehen. Aber ich mußte inzwischen geschlafen haben, draußen wurde es eben hell. Ich hörte die Stimme unserer Wirtin, hastiges Hin und Her, einen dumpfen Fall, ein Zuschlagen der Haustür, Schritte, die sich eilig entfernten – und schlief wieder ein.

Folgendes war geschehen: Auf einer der kleinen Nachbarinseln, *Vatersay*, hatten zwei junge Burschen, ebenfalls Hochzeitsgäste, auf dem verspäteten Heimweg nach alter keltischer Sitte zu raufen begonnen. Der eine, erheblich verletzt, wurde gleich wieder ins Boot gelegt und nach Barra zurückgefahren. Ein Auto zum Großen Strand fand sich noch. Aber von den Männern, mit deren Hilfe man ein kleines Flugzeug nach Glasgow, zum Hospital, hätte starten können, war in dieser Nacht kaum einer nüchtern, unser Hauswirt gewiß nicht. Seine tatkräftige Frau hatte um einen Ersatzmann laufen müssen und ihn schließlich auch gefunden.

Ein paar Tage später machten wir einen Ausflug nach Vatersay. Eine Insel mit nur noch neunzig Bewohnern – was würden wir dort finden? Das Boot zog seine gemächliche Spur über die Bucht; aber es war die Zeit der tiefsten Ebbe und ein Anlegen am Pier drüben nicht möglich. Man mußte versuchen, über nasse Steine und glitschigen Tang ans Ufer zu gelangen. Das geschah uns nicht zum ersten Mal; Fahrten in diesen Gewässern lehren, auf die Gezeiten zu achten, auch – sie zu fürchten.

»Wie geht es denn dem Burschen, der beim Raufen Pech

hatte?« fragten wir später, als wir bei den Häusern ein kleines Gespräch führten. »Wieso Rauferei?« Wir sahen erschrocken in ein Gesicht, das eben offen und freundlich war und plötzlich nur noch kühle Höflichkeit zeigte. »Ich weiß von keiner Rauferei. Der junge Mann hatte einen Unfall. Es geht ihm besser. – Ich hoffe, es gefällt Ihnen bei uns; wir leben sehr einsam. Have a nice day.« Dann klappte die Haustür zu und wir waren mit bellenden Hunden, flatternder Wäsche und dem endlosen Horizont allein.

Daß die Bewohner von Barra und den umliegenden Inseln dem Whisky nicht abgeneigt sind, weiß man spätestens seit Compton Mackenzies ›Whisky Galore‹ (und der Verfilmung dieses Romans). Die Geschichte vom Whiskyschiff ereignete sich tatsächlich. Im Jahre 1941 sank der Dampfer ›Politician‹ mit einer hochprozentigen Ladung vor Eriskay, nahe Barra. Angeblich holen Taucher noch heute die eine oder andere Flasche aus der Tiefe. Vor dem Inhalt warnen offizielle Stellen: er sei inzwischen nicht nur ungenießbar, sondern in hohem Grad der Gesundheit gefährlich.

Ein Logenplatz für die Hebriden

Wir waren auf dem Weg von Barra nach *Mingulay*, im Boot von George. Das Boot heißt ›Solàs‹, Zufriedenheit. George ist der junge Besitzer eines Hotels in *Northbay*, ein freundlicher Geselle mit gummiartigen Gliedern und dem ganzen Enthusiasmus des Anfängers als Bootsmann und Angler. Er warf schon auf dem Hinweg mit seinem erfahrenen Kumpan lange Schnüre ins Wasser, an denen bis zu fünf Haken befestigt waren; die gefangenen Makrelen schnellten sich aus den offenen Holzkisten, in die man sie zunächst geworfen hatte, rutschten, noch feucht und glänzend, übers Deck. Im Rausch des raschen Fangens hätten wir beinahe unser Ziel vergessen. Dann tauchte Mingulay auf, felsig und unförmig, wie alle diese Inseln – im weißen Halbmond des Strandes wurden eben die Passagiere des offiziellen Bootes (das aber auch nur bei ruhigem Seegang fahren kann) ins Beiboot umgeladen und ans Ufer gebracht; wir hatten es nicht so bequem, die ›Solàs‹ lenkte ihre Nase in eine schmale Felsgrotte, das Wasser war türkisblau. Nun mußte man über die Wand der Grotte hinaufklettern, bis dahin, wo es heller und ebener wurde, so schwierig war es gar nicht, überall boten sich Zacken und Grate an. Weiter bergauf, über einen karg begrünten Hang, bis wir die Höhe erreicht hatten und uns von allen Seiten das Meer unten entgegenschwamm; da setzten wir uns in eine Senke. Das war, wie wir feststellten, unser Logenplatz für die Hebriden: die Inseln als lila-graue Ungetüme im Blick und Wasser bis nach Amerika. Solàs, Zufriedenheit.

Der Hügel, auf dem wir saßen, ist nach dem armen MacPhee benannt. War er wirklich so arm? Er war ein junger Mann von Barra und fuhr mit Freunden nach Mingulay. Sie sollten herausfinden, warum die Bewohner der Insel dem MacNeil so lange den Pachtzins schuldig geblieben waren. Sie kamen in die Nähe des Strandes. Damals – es ist sehr lange her – müssen dort, nahe am Wasser, Reihen von Hütten gestanden haben. Aus den Kaminen stieg kein Rauch. Der MacPhee wurde ausgeschickt, die anderen blieben im Boot. Er fand nur Leichen in den Häusern, verkrümmt, wie vom Blitz gefällt, neben der Tür zusammengesunken. Der MacPhee rannte ans Ufer zurück und schrie, was geschehen sei. Seine Freunde griffen wortlos zu den Rudern und fuhren ohne ihn zurück, sie hatten Angst vor ihm, er hätte ja den Tod mitbringen können. Sie haben den MacPhee ein Jahr lang allein auf der Insel gelassen. Er überlebte. Er stieg jeden Abend auf unseren Hügel und sah in der Ferne Barra. Dann holte man ihn. Aber als der MacNeil beschloß, auf Mingulay wieder Menschen anzusiedeln, war MacPhee unter den ersten, die sich meldeten. »Das läßt sich verstehen, wenn man hier oben sitzt«, sagten wir.

Mingulay heißt Vogelinsel. Vom MacPhee Hill geht es, immer über die Höhen, hinüber zur großen Klippe, wo in den Steilwänden die Vögel ihre Etagenwohnungen haben, schwarzweiße geräuschvolle Familien, die mir immer nur mit ihren englischen Namen vorgestellt wurden, als Kittiwakes, Guillemots, Razorbills und Puffins. Die 250 Meter hohen Steilwände, vom Meer in die Felsen gefressen, stehen so nahe beieinander, daß wohl selten ein Sonnenstrahl hineindringt.

Aber als die Vögel, von ihren Nestern in den Galerien aufsteigend, zu kreisen begannen, waren sie plötzlich sonnenbeschienen und ihre Flügel wurden hell, fast durchsichtig.

Unsere Zeit lief ab, wir durchquerten das grünste aller Täler, glaubten die Spuren ehemaliger Bewohner zu entdecken, kletterten wieder zu unserer Grotte hinunter. Auf dem Heimweg hatte George ein Riesentier an der Angel, die Rute bog sich gefährlich und war kaum noch zu halten. »Aus dem Weg«, schrie George, »geht alle aus dem Weg, gleich habe ich ihn.« Dann tat es einen gewaltigen Ruck, die Rute schnellte hoch, der Haken war ab. »Ich glaube, es war ein Hai«, sagte George.

Die ›Zufriedenheit‹ fuhr langsam zurück, nach Castlebay.

September

IN DEN GLENS

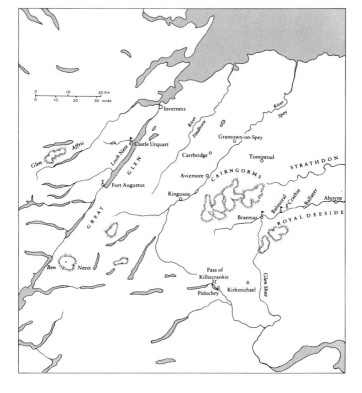

Queen Victoria im Hochland

Taymouth Castle liegt in Perthshire. Der neugotische Riesenbau ist außen häßlich, innen erstaunlich: Im monumentalen Treppenhaus führen die Stufen nur bis zu den repräsentativen Gemächern des ersten Stockes – darüber leerer, von weißen stuckierten Wänden gefaßter hallender Raum bis hoch hinauf zum Fächergewölbe; der Dining Room groß wie ein Ballsaal, der Ballsaal wie eine Kirche. In einer der Bücherwände der Bibliothek führt eine Geheimtür zu einer privaten Suite. Das Schloß mit seinen angeblich tausend Fenstern und hundertundeins Schlafzimmern, mit endlosen unterirdischen Korridoren für eilende Diener und huschende Zofen, scheint doch nur für die Bequemlichkeit einer einzigen Person erbaut. Lord Breadalbane hatte wie ein Liege Lord, ein Lehensherr der alten Zeit, mit dem Besuch seiner Königin gerechnet, als er Taymouth Castle so baute. Sie kam 1842: verliebt, jung verheiratet mit Prinz Albert von Sachsen-Coburg-Gotha. Beide waren dreiundzwanzig Jahre alt. Bei ›dear Lord Breadalbane‹ lernten sie das Leben eines großen Laird im Hochland kennen. Sie fanden eine schöne baumreiche Landschaft, Wasser und Wild. Hochgewachsene Männer im Kilt säumten bei ihrer Ankunft Halle und Treppenhaus und tanzten des Abends zum Klang des Dudelsacks, mit Fackeln in den Händen, auf dem Rasen des Parks. Andere Hochländer ruderten die königlichen Gäste über den See und sangen dabei gälische Lieder.

Sechs Jahre später verfügte die Königin über ihr eigenes Stück Hochland: Balmoral, am River Dee, zunächst gepachtet, später käuflich erworben. Das Ferienleben der inzwischen kinderreich gewordenen Familie war im alten Schloß so beengt, »daß das Billardzimmer gleichzeitig als Wohnraum diente und die Damen häufig aufstehen und die Stühle beiseite schieben mußten, um den Queues der Spieler Platz zu machen. Aber«, setzt der Beobachter dieser Szene hinzu, »die Königin und der Prinz waren außerordentlich vergnügt und offensichtlich glücklich.« »Kleines Haus, kleine Zimmer, kleine Verhältnisse«, urteilte ein anderer Besucher. Prinz Albert, ein bewundernswert tatkräftiger Planer und

Bauherr, ließ in der Nähe ein neues Schloß aus dem fast weißen Granit der Gegend bauen, weitläufig und turmgekrönt: das heutige *Balmoral Castle*.

Balmoral wurde kein Taymouth: Der Bau im Baronial Style wirkt intimer, fast wie ein Landhaus. Bei der Inneneinrichtung feierten die Tartanmuster der Stuarts Triumphe, und die schottische Distel blühte auf allen Möbelbezügen (»mehr als ein Esel fressen könnte«, meinte ein boshafter Gast).

Während ihr Gemahl mit wechselndem Erfolg auf die Jagd ging, unternahm die Königin Spaziergänge, Ausritte und Fahrten. Draußen in der Natur fühlte sie sich, beobachtend und zeichnend, weit glücklicher als auf dem Parkett eines ihrer Schlösser in England, wo Etikette sie einengte und Höflinge sie immer umgaben. Von Zeit zu Zeit allein zu sein war ihr eine als Kind verwehrte, später mühsam ertrotzte Notwendigkeit. Daß sie auch im Deeside ständig respektvoll begleitet wurde, von einheimischen Burschen als Gillies, bedeutete keine Störung; im Gegenteil. Nach Landseers Kreidezeichnungen waren diese Männer ungewöhnliche Erscheinungen: Peter Coutts, rotlockig, Typ eines jungen Gelehrten; John Macdonald (›Jaeger to Prince Albert‹) dunkel, fast italienisch. John Grant, mit dem Ausdruck eines schlauen Bauern, brachte es bis zum Head Forester. Der jüngste und kräftigste dieser Begleiter war John Brown. Er führte bei allen Ausflügen das Pferd oder Pony der Königin am Zügel. »Von Zeit zu Zeit wandte er den Kopf zurück und unterhielt sich in seiner kurz angebundenen Sprechweise mit der Reiterin.« Er war nicht nur dem Prinzen und der Queen aufgefallen. Eine junge und auf Londoner Bällen gefeierte Ehrendame schwärmte kurz nach ihrer Ankunft in Balmoral von dem »äußerst faszinierenden und gutaussehenden jungen Hochländer, Johnny Brown«: »Ich weiß nicht, ob es an ihrer kleidsamen Tracht liegt, daß diese jungen Highlander so gentleman-like aussehen – und sich sicherer und weniger verlegen in Anwesenheit der Königin benehmen als manche unserer Herren.«

Von den Ritten, Picknicks und Ausflügen, die unternommen wurden und sich zu ›großen Expeditionen‹ ausweiteten, wissen wir aus den Briefen der Königin und vor allem aus ihrem Journal, das sie später in Auszügen und mit großem Erfolg veröffentlicht hat. Man erfährt, wie stark sie Anteil nahm am Ergehen der einfachen Leute im Tal. Sie besuchte und beschenkte die alten Frauen und schwatzte mit ihnen; sie wußte alles über die Schicksale jeder Familie, vermutlich durch John Brown. Ab und zu fließen schottische Ausdrücke und Wendungen in ihr Tagebuch ein. Sie zitiert, wortgetreu, die keineswegs unterwürfigen Bemerkungen und Antworten, die sie zu hören bekam, in einer Sprache, die, aus dem Gälischen übersetzt, eine faszinierende Mischung aus bäuerlich-geraden und fast dichterischen Elementen gewesen sein muß, oft mit biblischen Anklängen.

Immer spielt die Natur die erste Rolle im Journal der Königin. Sie war bei jedem Wetter stundenlang unterwegs und hat selbst bei Schnee ihr Picknick abgehalten. Oft ist von *Altna-Guithasach* die Rede: Im schönsten Hochtal, am *Loch Muick*, hatte man zwei Berghütten – im schottischen ›shiel‹ genannt – durch einen Gang miteinander verbunden und für die Königin und ihre Begleiter ganz einfach eingerichtet. Von dort aus wurden Bergbesteigungen, Paßüberquerungen und Ruderfahrten unternommen. Die Königin war eine furchtlose und zähe Touristin.

Jeweils nur zwei oder drei Begleiter nahmen außer Mitgliedern der Königlichen Familie an diesen Fahrten teil. John Brown war immer dabei. Natürlich fehlte es nicht an Abenteuern und Unfällen. Ene zeitgenössische Darstellung zeigt die Durchquerung des Tarff im Glen Tilt. Der Fluß ist ›in spate‹, er führt, unterhalb eines Falls, Hochwasser; Felsen hängen über dem jenseitigen Ufer. Zwei Piper, bis weit über die Knie im Bach, gehen voran; John Brown führt das Pferd der Königin, Prinz Albert und einige berittene Damen und Herren folgen. Weitere Hochländer mit Proviantkörben und Reservepferden beschließen den Zug.

Daß man unterwegs durchnäßt wurde, fand kaum Beachtung. John Brown lehrte die Königin, kaltes Quellwasser durch einen Schuß Whisky bekömmlicher zu machen, ebenso den Tee, für den man das Wasser über spärlicher Flamme nicht richtig zum Kochen brachte. Bei den großen Expeditionen der späteren Jahre war man mehrere Tage unterwegs und versuchte, inkognito zu reisen. Vermutlich durchschaute jeder am Wege oder in den bescheidenen Herbergen die Komödie, spielte aber gerne mit. »Grant und Brown«, schreibt die Königin, »hätten bei Tisch servieren sollen, aber sie waren ›bashful‹ und taten es nicht.« Bashful bedeutet in Schottland nicht schüchtern, sondern angeheitert! Ein Chronist meint, man »sei nur dreißig bis vierzig Kilometer weit« gekommen. Wer das schreibt, kennt die Highlands nicht. Einige Touren, die das Paar unternahm – zugegeben, meist zu Pferde, in Begleitung und gut geführt –, werden noch heute nur von erfahrenen Wanderern in Angriff genommen. Bei solchen gemeinsamen Unternehmungen mit allen ihren Zufällen entstehen – über alle Standesunterschiede hinweg – Beziehungen, auf die man den Begriff Freundschaft anwenden darf. John Brown war für das königliche Paar ein solcher Freund geworden.

Zwei Monate nach der letzten Expedition starb Prinz Albert, zweiundvierzigjährig. Man weiß, wie maßlos Queen Victoria trauerte. Ihren Untertanen blieb sie jahrelang unsichtbar, nach Schottland kam sie lange nicht mehr. Dann ließ eine der Töchter, die der trauernden Mutter mehr Zeit gewidmet hatte als der eigenen Familie, zu Trost und Ablenkung John Brown mit dem Lieblingspony der Königin und dem kleinen Kutschwagen aus Balmoral nach England kommen. Vielleicht wußte sie, daß der Hochländer die alte gälische Tugend besaß, für jeden Kummer das richtige Wort zu finden. Von diesem Tage an blieb Brown bis zu seinem Tod im persönlichen Dienst der Königin und rückte in seiner Stellung immer höher auf, zum ›Highland Servant‹ und ›Personal Attendant‹.

1867 wurde in London ein Bild des Hofmalers Sir Edwin Landseer ausgestellt, das die Königin im Witwengewand hoch zu Pferd zeigt. Die Zügel hält John Brown, im Trauerkilt immer noch eine prächtige Erscheinung. In Schottland, wo auf den Darstellungen hoher Persönlichkeiten im Freien sehr oft ein stolzer Gillie oder ein Jäger mitabgebildet wurden, hätte man das Bild nicht ungewöhnlich gefunden. Unter Engländern, die damals nichts vom Hochland und seinen

Sitten wußten, entfachte es einen Skandal. John Brown mußte als Sündenbock herhalten für alles, was ihnen an ihrer Queen mißfiel; vor allem ihre Abwesenheiten. Die Königin hielt sich nun wieder, so lange es eben ging, in Balmoral auf: einen Monat im Frühjahr, mehr als die doppelte Zeit im Herbst. Sie baute eine schwer zugängliche Berghütte am Ende des Loch Muick, *Glassalt Shiel*, als ihr Witwenheim aus und zog sich oft dorthin zurück. Alt-na-Guithasach erinnerte sie zu sehr an die glücklichen Tage mit dem Prinzgemahl. In Balmoral im Schloß schienen sie vor allem die Gillies' Balls abzulenken, bei denen alle Angestellten der königlichen Besitzung mit ihr und ihrer Familie zusammen feierten. Die Königin hatte als junges Mädchen leidenschaftlich gern getanzt. Von ihrem erhöhten Platz im Saal aus konnte sie nun die Tänzer beobachten und fachkritisch beurteilen. John Brown, der die Veranstaltungen leitete, stand in ihrer Nähe und nahm ihre Wünsche entgegen. Als sie wieder zu tanzen begann, war Brown ihr bevorzugter Partner.

Je älter die Königin wurde, desto krasser machte sich der Unterschied zwischen ihrem Leben draußen und dem drinnen bemerkbar. Am Ufer des Loch Muick: ein ungebundenes Herumstreifen; abends eine kleine, vermutlich heitere Runde, mit Whisky im Glas. Balmoral dagegen, »kalt wie der Tod«, mit weit geöffneten Fenstern und spärlichen Kaminfeuern, wurde zum Schrecken der Besucher und herbeibefohlenen Minister. »Damen der Gesellschaft übertrumpften sich gegenseitig mit ihren Schnupfennasen und geröteten Hälsen.« Eine Zeitlang war es Mode, Briefe mit grotesken Schilderungen der Zustände im Schloß nach London zu schicken. Wie ging es wirklich zu? Gewiß nicht sehr heiter. Die Hofdamen wagten nur im Flüsterton miteinander zu reden; Brown allein gab mündliche Botschaften der Königin in normaler Lautstärke weiter, zum Ärger der Kavaliere ohne jede überflüssige Höflichkeit: ›Her Mad-jesty says ...« Gesellige Abende zeichneten sich durch ›crashing boredom‹, tödliche Langeweile, aus; die Herren versuchten, sich unter allerlei Vorwänden beurlauben zu lassen. Wenn Queen Victoria aus den Gesellschaftsräumen in ihre Privatgemächer zurückkehrte, ertönten Glockensignale in den Korridoren und die dort anwesende Dienerschaft rannte, um sich in Besenkammern und Schränken zu verbergen. Trotzdem fiel es der Königin von Jahr zu Jahr schwerer, Balmoral zu verlassen und »ins zahme, langweilige, offizielle England zurückzukehren, zum Gefängnisleben in Windsor«.

John Brown starb 1883, mit sechsundfünfzig Jahren. Wie sie es bei all ihren teuren Toten zu halten pflegte, ließ Victoria auch für ihn Plaketten, Gedenkmünzen und Büsten im Stil der Zeit anfertigen. Sie bestellte bei dem Düsseldorfer Maler Carl Rudolf Sohn ein Ölbild und bei dem Bildhauer J.E. Böhm eine lebensgroße Statue, die vor ihrem Gartenhäuschen in Balmoral aufgestellt wurde, so, als bewache Brown sie noch immer. Auf seinen Grabstein im alten Friedhof von Crathie ließ sie in goldenen Lettern schreiben: »John Brown, the devoted and faithful Personal Attendant and beloved friend of Queen Victoria.«

Als die Königin schon längere Zeit verwitwet war, fuhr sie einmal mit dem Wagen durch Perthshire; auf einer Straße, die sich hoch über dem Park von Taymouth Castle entlangzieht. Als das Schloß in Sicht kam, ließ die Queen anhalten, stieg aus und schaute lange und aufmerksam hinüber. Im Weiterfahren sagte sie seufzend: »Hier bin ich jung und glücklich gewesen.«

Das Hochland-Tagebuch der Königin (in Auszügen) in einer Neuauflage: ›Victoria in the Highlands‹, London 1968.

Von Hoflieferanten und Hirschen

Das Dee-Tal ist schön. Die Berge stehen in angemessenem Abstand, nach ihrer Höhe gestaffelt; der *Lochnagar* überragt sie alle, schwarz und majestätisch. Fußgängerbrücken, die gelegentlich über den breit strömenden Fluß führen, sind noch die silbergrau gestrichenen Eisenkonstruktionen der Jahrhundertwende und nur für den Gebrauch der Anlieger bestimmt. Von Königen gepflanzte Bäume breiten ihre mächtigen Zweige aus. Jeder Regent fühlte sich verpflichtet, diese Tradition fortzusetzen – und gewiß nicht mit norwegischen

Fichten! Besonders auf der Südseite des Flusses hat man den Eindruck, in einem privaten Park Gast zu sein.

Manchmal glaubt man, die Zeit sei stehengeblieben im Royal Deeside; nur fahren an Stelle von Kutschen Autos und Autobusse auf der Straße am nördlichen Ufer. Immer noch verbringt der Hof mehrere Wochen oder Monate des Jahres im Schloß. Die Herren tragen während ihres Aufenthaltes den Kilt. Die Königin reitet und wandert auf Wegen, die ihr Urgroßvater anlegen ließ. Gillies' Balls finden weiterhin statt; beim ›Grand March‹, einer Eröffnungs-Polonaise, führt der Factor der Balmoral Estates die Königin. Unter den Anwesenden befindet sich auch Personal aus dem Buckingham Palace. Die Vorliebe für das ungebundene Leben im Hochland vererbte sich auf die meisten Nachfahren der Königin Victoria, mit Ausnahme von Eduard VII. Ihm stand die Riviera näher als das Dee-Tal; er konnte nie verwinden, daß in Balmoral ein John Brown mehr ›Master of the House‹ war als er, der ewige Kronprinz.

Manche Touristen, vor allem Engländer, wählen die Zeit der königlichen Anwesenheit für ihren Urlaub im Royal Deeside. In *Ballater* ist dann kein Bett mehr frei. Vermutlich erwärmen sich die – meist älteren – Damen und Herren bei dem Gedanken, des Morgens das gleiche Gebäck zu verzehren, das auch in Balmoral auf dem Frühstückstisch steht. Und wer weiß, vielleicht träfe man doch einmal, vielleicht bei einem Hoflieferanten, einen Angehörigen der Königlichen Familie.

Im Ort Ballater reihen sich die Läden der viel beneideten Kaufleute. Siebenmal glänzen Einhorn und Löwe wie frisch lackiert über den Ladeneingängen (eine Tankstelle ist auch dabei). »... Do hereby appoint Mr. George Smith, Harness- und Saddlemaker, to the Establishment of Her Majesty's stables ...« Die schön geschriebene Urkunde, natürlich an gut sichtbarem Platz im Laden angebracht, wurde 1884 ausgestellt, im achtundvierzigsten Regierungsjahr der Queen. Die Ernennungen gelten nur während der Lebenszeit eines Herrschers. So reihen sich bei den Herren Smith – zwei Brüdern – die Dokumente mit den erlauchten Namen und passenden Daten an der Wand, ein Geschichtsunterricht besonderer Art. Heute stellen die Nachkommen keine Sättel mehr her, sie nennen sich ›Sporting Outfitters‹; als solche beliefern sie die Königin. Während ich die alten Texte lese, verkauft der ältere der Brüder eine aus einem Hirschgeweih verfertigte Hundepfeife.

Beim Hofbäcker steht die Ladentür nicht still. Beim Purveyor of Meat and Poultry, dem Metzger und Geflügelhändler, hängen saftige Fleischstücke von der Decke. Die Verkäufer, würdige Männer, tragen weiß-blau gestreifte Schürzen; im Kassenhäuschen sitzt eine Dame mit goldgeränderter Brille und hochgeschlossener Bluse. Hier kauft man nur das Allerbeste und erbittet es mit halblauter Stimme.

Der ehemalige Bahnhof von Ballater – Stationsname ›Glen Dee‹ – mit der gußeisernen Pracht seiner Säulen und Laternenpfähle, soll inzwischen zur Erinnerung an königliche Abfahrten und Ankünfte, an Ehrenjungfrauen, Ansprachen und huldvolles Winken renoviert worden sein. Wenn heute Ihre Majestät mit dem Auto in Balmoral eintrifft, so tragen die Nachbarn, die zur Begrüßung am Parktor bereitstehen, immer noch Namen wie einst.

Das Schloß ist zu keiner Zeit dem Publikum geöffnet, der Park vom 1. Mai an bis zum Juli. Ich hätte den Freunden gerne Victorias Garden Cottage gezeigt, auch den Pfad am Ufer des Dee entlang, und den ›sunk garden‹ vor den Fenstern des Ballsaals; oder den Weg mit den Gedenksteinen für die Lieblingshunde; den Golfplatz; die Ställe; die Statuen. Die des John Brown, lebensgroß, von hellgrüner Patina überzogen, wurde bergauf ins Gebüsch gerückt; aber an eine Stelle, die der Königin lieb gewesen sein muß. Von einer Marmorbank aus konnte sie nach *Baile-na-Coille* hinunterschauen, dem Landsitz, den sie ihrem ›faithful servant‹ errichtete, kurz ehe er starb. Heute bewohnt der Gutsverwalter das Haus.

Von Ballater aus kann man den Fluß überqueren und in südlicher Richtung in die Berge fahren, Glen Muick hinauf, durch Birkenhaine. Bei einem Wasserfall verengt sich das Hochtal zur Schlucht; Gischt steigt wie Rauch auf. Dann führt die Straße hinaus in Weite, Heide und Baumlosigkeit. Die Single Track Road endet an einem Parkplatz und in der

Nähe von Holzhütten, in denen Wildhüter über die von ihnen gehegten Tiere Auskunft geben. Einige der Rudel leben fast wie Zuchtvieh in eingezäunten Revieren und sind durch aufgestellte Fernrohre zu beobachten. Jenseits der Hütten senkt sich der Fußweg zum Loch Muick.

Auf der anderen Talseite war durch das Glas eine Gruppe niedriger weißer Gebäude zu erkennen, halb hinter Rhododendronbüschen verborgen, aber an erhöhter Stelle liegend und vermutlich mit der schönsten Aussicht auf See und Berge: Alt-na-Guithasach, Queen Victorias Hütte! Die Porch schien aus Holz gezimmert und hatte weißgestrichene Baumstämme als Pfosten. Zwei gußeiserne Bänke standen davor. Die Douglasfichten in der Nähe stammten wohl noch aus der Zeit, als Prinz Albert und seine junge Gemahlin sich dies Refugium schufen. Alt-na-Guithasach soll der Königlichen Familie weiterhin als Jagdhütte dienen.

Wir waren absichtlich spät am Tag aufgebrochen; der Parkplatz lag nun leer, die Wildhüter sperrten eben ihre Hütten zu und fuhren nach Hause. Um diese Zeit führen die frei lebenden Platzhirsche ihre Rudel von den Heidebergen herunter und wechseln in die Auen zwischen den Flußschleifen. Vierzig Tiere und mehr äsen dann zusammen in der Nähe des Wassers, oder steigen in den Fluß, um zu schöpfen. Der Monarch of the Glen, ein Zwölfender, verfolgte eines der Jungtiere mit schnellen Wendungen des schweren Körpers; aber die Dame wandte sich unwillig ab, durchquerte den Fluß, schüttelte am anderen Ufer das nasse Fell und entfernte sich. Obwohl schon so viele Rudel im Tal versammelt waren, mußte auf den Höhen noch zahlreiches Wild stehen; mit zunehmender Dämmerung erfüllte das Röhren der Hirsche, aus allen Richtungen einsetzend und zum Forte anschwellend, den weiten Kessel. Wenn der Alte vor uns, Antwort gebend, die Stimme erhob, zitterten seine Flanken.

Am Rande eines Wäldchens übten zwei Spiesser das Kämpfen; immer wieder reizte der eine mit gesenktem Kopf zu erneutem Angriff. Während die Tiere, kurzatmig keuchend, mit den Geweihen ineinander verhakt waren, schienen sie blind und taub für alles, was um sie her vorging. Man konnte sich bis auf wenige Meter nähern. Plötzlich brachen sie den

Kampf ab, so unerwartet, wie sie ihn begonnen hatten. Das eine Tier begann zu äsen, das andere verhoffte und schritt direkt und ziemlich rasch auf die Beobachter los. Wir hielten einen umgehenden Rückzug zur nahen Straße für ratsam, und gestanden uns dort erhöhtes Herzklopfen.

Ein Kinderbuch, in Balmoral geschrieben, mit dem Glen Muick als landschaftlichem Hintergrund – auch für Erwachsene vergnüglich zu lesen, in deutscher Übersetzung vorliegend:
Seine Königliche Hoheit Prinz Charles, Prinz von Wales, ›Der Alte von Lochnagar‹, München 1980.

Crathie Church am Sonntag

Der kleine Ort *Crathie*, am River Dee gelegen, besteht aus seiner Kirche auf dem Hügel, dem Post Office (in dem Mr. Thomson, Postmeister und Kirchenältester, einen gutgehenden Handel mit Ansichtskarten und Süßigkeiten betreibt), einigen verstreuten Häusern und Farmen und einem ungewöhnlich großen Parkplatz.

An einem Sonntag im Herbst oder Spätherbst kann man dort folgendes erleben: Um zehn Uhr früh sind alle Parkplätze besetzt. Die Menschen, die aus ihren Wagen steigen, haben zum Teil schon eine weite Fahrt hinter sich. Sie begeben sich, ohne besondere Eile, mit Klappstuhl und Regenschirm den Hügel hinauf. Zwischen den Bäumen, die den Weg zur Kirche begrenzen, sind ein paar lose Seile gezogen. Nur unter dem Vordach der Kirchentür herrscht Gedränge. Etwas später erscheint ein Polizist. Er sortiert zunächst mit freundlichem Nachdruck die Menge unter dem Vordach; hier darf nur stehen bleiben, wer Anwohner von Crathie oder der umliegenden Höfe ist. Die Reihen lichten sich beträchtlich. Die anderen Anwesenden werden hinter die Seile verwiesen. Wenn sich, gegen elf Uhr, die Kirchentür öffnet, stehen rechts und links zwei Elders, Älteste, und prüfen, ob sich kein Fremder unter die Einheimischen gemischt hat. Die ersten acht oder zehn Bänke der kleinen Kirche füllen sich. Ab und zu fährt ein Auto den Hügel herauf und hält vor einer Tür zum linken Seitenschiff. Dort haben die Guts- und Schloßbesitzer des Tales und weitere Gäste einen eigenen Eingang zu ihren Sitzplätzen (ich erwähnte schon, daß es in den Kirchenbänken der Church of Scotland nicht sehr demokratisch zugeht). Dann hören die Wartenden in den ersten Reihen hinter sich den Tritt von Soldatenstiefeln: Eine Abordnung des Regiments kommt herein, das zu dieser Zeit in der Nähe sein Quartier hat. Es können Angehörige der berühmten Black Watch oder der Royal Highlander sein. In die noch wenigen freien Sitze in der Kirche werden später Touristen eingewiesen, die draußen Schlange gestanden haben.

Kurz vor Beginn des Gottesdienstes um elf Uhr dreißig betritt noch eine größere Familie – Vater, Mutter, Söhne und Großmutter – mit ihren Gästen das rechte Seitenschiff. Der Vater sieht sich die Reihen der Kirchenbesucher sehr genau an. Das Orgelvorspiel beginnt, die beiden Damen im rechten Seitenschiff setzen ihre Brille auf, man erhebt sich zum ersten Lied. Der einfache Gottesdienst unterscheidet sich nicht von jenen, die zu dieser Stunde in Tausenden von anderen schottischen Landgemeinden abgehalten werden, aber der Prediger ist ein Gast aus London oder Edinburgh oder von einer der großen Universitäten. Beim Dankopfer tritt einer der Ältesten zunächst mit einer Verbeugung vor die jüngere der beiden Damen im Seitenschiff (vermutlich nimmt die englische Königin nur bei dieser Gelegenheit selbst einen Geldschein in die Hand) und vor dem Schlußgebet ruft der Geistliche: »The Queen«, und die Gemeinde stimmt die Nationalhymne an. Die Königliche Familie, mit Ausnahme Ihrer Majestät, singt kräftig mit. Über ihnen ist eine Büste der Ahnherrin Queen Victoria in die Wand eingelassen. Weiß, marmorn, mit dem strengen, fast mürrischen Blick, der all ihren Darstellungen und Abbildungen gemeinsam ist, schaut sie über die Versammlung hinweg. Ob wohl einer der Anwesenden daran denkt, wie gerne Victoria in diese Kirche, die sie erbauen ließ, zum Gottesdienst kam? In ihren Tagebuchaufzeichnungen erwähnt sie mehrfach die eindrucksvoll fromme Haltung der einfachen Leute.

Crathie heute: Wenn die Kirchenbesucher im Mittelschiff sich langsam wieder ins Freie schieben, sind die Autos mit den Bewohnern von Balmoral Castle längst unter Klatschen und Rufen der Menge abgefahren. Die Gruppe der Soldaten sammelt sich und marschiert leicht und elegant, mit wippendem Kilt, hinter dem Dudelsack her zurück zu den Quartieren. Die Zuschauer zerstreuen sich. Die meisten gehen noch einmal über die Dee-Brücke bis zu jenem schmiedeeisernen, weit geöffneten Tor, an dem nur ein kleines Schild ›Private‹ den Eingang verwehrt. Das Tor ist unbewacht. Etwas abseits steht ein Polizist und wird von Fremden mit Fragen bedrängt. »Ich weiß es auch nicht«, sagt er, »ich bin aus London importiert.« Dann geht er fort. Im Pförtnerhaus werden Postkarten und Broschüren in mehreren Sprachen, auch in Deutsch, verkauft. Einige Neugierige laufen oder fahren noch weiter: die schöne Strecke am Südufer des Dee entlang, die zaunlos den königlichen Park und seinen Golfplatz durchschneidet. »Wir haben hier nicht die Aufgabe, die Königin zu bewachen«, sagte mir einmal ein Lance Corporal der Black Watch, »das tun die Fachleute aus der Hauptstadt.« – »Was ist dann Ihre Aufgabe?« – »Repräsentieren. Oder Gewehre laden für die Gentlemen. Das Wild treiben bei der Jagd.«

Von den vielen Neugierigen, die nun langsam wieder zu ihren Wagen zurückkehren, kommt keiner auf den Gedanken, ein paar Schritte weit bis zum alten Friedhof von Crathie zu gehen, wo auf dem Grabstein von John Brown die goldenen Buchstaben noch immer lesbar sind: »... devoted and faithful ... beloved friend ...«. In seiner Nähe haben Verwandte, auch andere Dorfleute und frühere Angestellte von Balmoral ihre letzte Ruhestätte. So ist Victorias Freund mit seinem Tode wieder in die Reihen derer zurückgetreten, zu denen er ursprünglich gehörte.

Marsch der Lonach Highlander

Parallel zum ›Königlichen Dee‹ läuft weiter nördlich sein bäuerlicher Zwilling, der Don; er mündet wie jener bei Aberdeen in die Nordsee. In seinem stillen und fruchtbaren Tal feiern die Bewohner, die sich Lonach Highlander nennen, einmal im Jahr ihr großes Fest.

Der Marsch durchs *Strathdon* fand zum 187. Mal statt. Man mußte früh unterwegs sein. Die Sonne ließ mit ersten schrägen Strahlen das bunte Herbstland aufleuchten: Äcker und Weiden, kahle und bewaldete Höhen. Von weither waren Dudelsack und Trommeln zu hören. Und schon tauchte der Zug aus dem Schatten einer Wegkehre auf, zunächst eine Gruppe von vielleicht hundert Mann – so, als kämen sie geradenwegs aus dem Mittelalter, als habe das ›feurige Kreuz‹ sie nach alter Sitte zu Raub oder Rache gerufen. Die breiten Spitzen der Lanzen blinkten, voran der Tambourmajor unter seiner Bärenfellmütze. Die Highlander seines Clans führte Major Hamish Forbes an, mit gezogenem Schwert, nobel hinkend. Tartantuch wehte ihm von der Schulter, ein Heidezweig zierte die Mütze. Man konnte sich diesen großen Herrn als Anwalt vor Gericht vorstellen, auch in seinem Londoner Club, in einen Sessel versunken, ein geistreicher Plauderer. Trotzdem wirkte er, in vorbildlicher Haltung vor seinen Männern marschierend, keinen Augenblick fehl am Platz oder verkleidet. So sind sie alle, die Lonach Highlander: Wo immer sie das Jahr über sein mögen, in Edinburgh oder in England oder Übersee – zum Marsch durch ihr Tal, im September, kehren sie heim. »Vor sechsundsechzig Jahren ging ich als zehnjähriger Bub das erste Mal mit«, sagte Sir John Forbes, der Schutzherr der Veranstaltung. Junge Männer lassen sich zur Vervollständigung ihrer Tracht einen Bart stehen. Mit der vollen Ausrüstung scheint sich auch ihr Gesicht zu verändern; einen guten Bekannten aus Edinburgh konnte ich in der Schar nicht wiederfinden. Die Traditionsfahne trug ein Alter mit unschottischer Knollennase, die Leibesfülle in einen breiten Ledergurt mit gewaltiger Silberschließe gezwängt. An die Neuzeit erinnerte allein der Straßenbelag unter den Füßen der Marschierenden und ein paar Autos, die in einigem Abstand folgten. Kühe galoppierten beim Auftauchen des Zuges davon, die Hunde bellten wie wild in ihren Zwingern.

Einschwenken nach rechts, durch Torweg und Park: Vor dem Portal von Schloß *Candacraig* warteten die Männer des Clan Wallace. Das Schloß war echt, der Name alt, das Tartanmuster stimmte, der Butler mit seinem Silbertablett und den Whiskygläsern darauf trug weiße Handschuhe. Trotzdem konnte ich mich des Eindrucks nicht erwehren, daß der Chief – alle um Haupteslänge überragend – noch nicht allzulange Träger dieser Würde war. Sollte ich mich getäuscht haben, so bitte ich gebührend um Entschuldigung.

Viermal auf ihrem Weg erhalten die Männer willkommene Stärkung in Form eines ›dram‹; hier in Candacraig wurde das erste Glas gereicht und mit Schwung geleert (einige der martialischen Gestalten zogen Orangensaft vor). Die Wallace-Männer reihten sich dem Zug ein; der jüngste der Familie, vielleicht gerade zehn Jahre alt, trug nur einen gezückten Dolch in der kleinen Faust und stapfte viel schiefer als sein Großvater. Weitere Erfrischungen gab es später bei der Schule, vor dem Haus des Doktors und dem des Vizepräsidenten der Gesellschaft. Beim Passieren eines kleinen Waldstücks hielten die Männer plötzlich an, hinter ihnen die Autos mit quietschenden Bremsen. Die Lanzen wurden gegen ein Mäuerchen gelehnt; die Highlander selbst schwangen sich über die Steine und verschwanden mit wehendem Plaid hinter den Bäumen. Auch dieser Aufenthalt ist eingeplant und wird von jeher ›Comfort Stop‹ genannt.

Als um drei Uhr nachmittags der Zug das Spielfeld von *Bellabeg* umrundete, wo die Highland Games stattfanden, hielt sich jeder der Männer so gerade, als sei er noch nüchtern. Nur der Tambourmajor verlor seinen Stab, den er in elegantem Schwung zu hoch geworfen hatte. Er hob ihn ungerührt auf, küßte ihn und schlug weiter den Takt. Ein kleines zweirädriges Gefährt, das stets dem Zuge folgt, um Invaliden aufzunehmen, war diesmal nicht beansprucht worden. Die Ereignisse des Nachmittags möchte ich – ganz unfachmännisch – als glückliches Durcheinander bezeichnen. Baumstamm, Hammer und Eisengewicht wurden hoch oder weit geschleudert; die jungen Männer kamen mit wehendem Kilt von einem Lauf auf den Gipfel des nächsten Hügels zurück. Bei den Kindern leuchteten rote Haare und rote Ohren eines stolzen Siegers um die Wette.

Ausländische Berichterstatter nennen Highland Games öfter eine Touristenattraktion oder meinen, die Spiele würden in erster Linie für Fremde veranstaltet. Ein grundlegender

Irrtum! Die Competitions fänden mit dem gleichen Schwung statt, wenn kein einziges fremdes Auge zusähe. Zuschauer sind zwar willkommen (schon weil sie mit ihrem Eintrittsgeld die Kassen füllen), aber den Hauptspaß haben die Teilnehmer selbst – rennend, stoßend, schleudernd, werfend.

In den Lowlands gibt es die Spiele nicht. Dort reiten die Männer mit großem Gepränge um ihre Gemarkungen. Wie verschieden können sich die beiden Bevölkerungsgruppen dieses Landes verhalten! Und doch machen sie zusammen den Schotten aus.

Im Tal des Don: die mächtigen Mauern und Türme von Kildrummy Castle (13. Jahrhundert), Schauplatz von Verrat und Grausamkeiten. – In der freundlichen Landschaft von Glenbuchat: Turmhaus des späten 16. Jahrhunderts und die schöne Kirche des 17. bis 18., vollendetes Beispiel einer schlichten Hochland-Kirk mit Lairds Loft und Abendmahlstischen. Im Friedhof interessante Grabsteine.

Jagdpech

Aus dem Royal Deeside, von Crathie oder von Ballater aus, über die Heideberge zum einsamen Strathdon und nach Tomintoul möchte ich immer wieder fahren, trotz Single Track Road auf längeren Abschnitten der Straße und lebhaftem Gegenverkehr. Man wird in eine Region schwingender farbiger Höhen gehoben, als säße man in einem Sessellift und nicht im Auto. Mit jeder Meile weitet sich der Horizont. Die Landschaft der Wolken in ihrer Pracht ist freilich nur zu erblicken, wenn man den Wagen anhält und aussteigt. An einem Stück ausgebauter Strecke sahen wir einmal, in entgegengesetzter Richtung aus dem Strathdon kommend, am Wegrand mehrere Jeeps beieinander stehen. Eine Gruppe von vielleicht zehn Männern stieg gerade die nächste Anhöhe hinauf. Ihr gleichmäßig rascher Gang fiel mir auf. Jeder trug eine weiße Fahne in der Hand, sie folgten einander in regelmäßigen Abständen und waren bald nicht mehr für uns sichtbar. Treibjagd auf Moorhühner!

Ein paar Meilen später: Hier weitete sich die Straße zu einem Parkplatz, der mit weiteren Jeeps besetzt war. Wir sahen auch schwere Wagen mit belgischen und französischen Nummern, einen schnuppernden Jagdhund und einige Männer, die nach Aussehen und Kleidung nur einen Beruf haben konnten: Game-keeper. Weiter oben, zwischen dunklen Föhren, stiegen andere Gestalten durchs rote Heidekraut. Das Gewehr, das sie über der Schulter trugen, stak noch im Futteral. »Wer hält das Treiben ab?« – »Der Laird.« – »Wie heißt er?« – »Farquarson.« – »Farquarson of Invercauld?« – »Ja, der.« – »Wieviele Gewehre sind es?« (Man sagt ›guns‹, Gewehre, nicht etwa ›Jäger‹, wenn man solche Fragen stellt.) – »Neun.« – »Ist jemand von der Königlichen Familie dabei?« – »Heute nicht.« – »Nur zahlende Gäste?« – »Jawohl.«

Der Farquarson of Invercauld, Chief einer sehr alten schottischen Familie, ist im Dee-Tal der nächste Schloßnachbar der Königin. Er und seine Angehörigen treten bei hohen Ankünften und Abreisen und bei Gelegenheit der Hochlandspiele in Erscheinung. Seine Frau ist Amerikanerin und erstaunt die Umwelt durch gewagte Hutschöpfungen (»outlandish gear«, sagen die Leute im Tal). Die unternehmende Dame hat eine leerstehende Kirche in Braemar auf geschickte Weise in ein kleines Theater verwandeln lassen; dort finden während der Saison kleine Festspiele für die Touristen statt. Ihr ist auch die Schaffung eines großen Ausstellungsraumes zu danken, in dem man handwerkliche Erzeugnisse der Gegend betrachten und erwerben kann.

Den Farquarsons gehören zwei Schlösser im Tal: *Braemar Castle*, das Besuchern zugänglich ist, und *Invercauld House*, in dem sie wohnen. Braemar Castle, ursprünglich ein Turmbau nach schottischer Art, wurde zur Zeit, in der man die Hochländer in Schach zu halten suchte, als Festung der Hannoveraner Truppen ausgebaut und hat dadurch viel verloren. Im Invercauld House kann man als zahlender Gast leben. Beim Dinner aus festlichen Anlässen schreitet ›the Personal Piper to the Laird‹ um den Tisch. Der Hausherr nimmt seine Gäste mit auf die Jagd.

Ein solches Ereignis beobachteten wir nun von ferne. Wir begannen vorsichtig bergan zu steigen. Ein Game-keeper, ein Treiber und ein Hund saßen einträchtig und bewegungslos auf der ersten Kuppe, Denkmal ihrer selbst. Im Fernglas erkannte man deutlich die wohlverteilten Gruppen der Schützen, immer zwei beieinander, das Gewehr auf Felsen aufgelegt, die teilweise künstlich aufgeschichtet schienen. Hinter jedem Schützen hockte sein Gewehrlader. Über den Höhen zur Rechten tauchte die Kette der Treiber auf, sie schwenkten ihre Fahnen, ihre starkfarbenen Jacken leuchteten weithin. Auch Hunde waren dabei, vermutlich Retriever, die den abgeschossenen Vogel im hohen Heidekraut auffinden würden. Nun wurde in wechselnden Abständen geschossen, oft in Salven rasch hintereinander; man sah auch an verschiedenen Stellen das Mündungsfeuer aufblitzen. Ein Moorhuhn strich niedrig, in schwerem Flug, über unsere Köpfe. Sicher war es verletzt. Und wieder: Stille. Die Kette der Treiber, die Gruppen der Schützen entfernten sich, immer höher steigend. »Wie lange dauert es, bis sie zurückkommen?« – »Zwei Stunden gewiß, sie werden ja auch noch ihren Tee trinken da oben.« Also, sagten wir, fahren wir inzwischen nach Ballater hinunter und erledigen unsere Besorgungen. Aber als beim Rückweg die alte katzenbucklige Brücke wieder auftauchte und die roten und braunen Steilhänge dahinter, kamen uns schon die schweren ausländischen Wagen entgegen und die ausländischen Damen und Herren, mit wettergebleichten Hüten auf dem Kopf und großen Sonnenbrillen. Dann die Jeeps in langer Reihe. Wir standen an der Ausweichstelle, die Jagdgesellschaft schoß in rascher Fahrt an uns vorüber. Wir waren zu spät gekommen. Wie mag es ausgesehen haben, als die Jäger zur Straße zurückkehrten, sich bei den Wagen sammelten? Liefen die Hunde voraus oder blieben sie bei Fuß? Wer brachte die Beute? Wieviel Vögel wurden von den neun Guns geschossen an diesem Tag? Haben die Damen, die in den Autos saßen, die Herren nur begleitet, oder nahmen sie selbst ein Gewehr in die Hand? Waren die Game-keeper und die Treiber zufrieden oder machten sie heimlich abfällige Bemerkungen über einen Sonntagsjäger unter den Gästen? Ich werde es nie erfahren.

An der Straße nach Tomintoul: Corgarff Castle, Turmhaus (16. Jahrhundert), 1748 als Garnisonsposten mit sternförmiger Verteidigungsmauer ausgebaut.

Die Hochlandspiele von Braemar

In den Hotels und Pensionen von Aboyne und Ballater und Braemar servierten an diesem Tag verschlafene Kellnerinnen ein allzu frühes Frühstück, und jeder Blick war ängstlich auf den Himmel draußen gerichtet: Wird das Wetter halten oder nicht? Um es gleich zu sagen: Bei uns hielt es.

Hochlandspiele gibt es an vielen Orten, auch in Amerika. Aber das Fest aller Feste findet immer noch in *Braemar* statt, wo einst König Malcolm III. Canmore seine Männer um die Wette laufen ließ, auch auf den höchsten Berg der Gegend hinauf. Damals zogen Musikanten und Herolde vor den Ringern und Bogenschützen und Athleten in die Arena; am Ende des Tages wußte der König, wer von seinen Leuten am schnellsten, und wer am stärksten war: nützliche Kenntnis für die nächsten kriegerischen Auseinandersetzungen. Das ›Braemar Gathering‹ findet am ersten Samstag im September statt; daran können auch Wolkenbrüche oder Schneeschauer nichts ändern. Noch ehe die Nacht vom Freitag vorüber ist, beginnt die große Anfahrt: aus dem Süden durchs Glen Shee, aus dem Norden über den Tomintoul Pass; aber die meisten kommen von Osten, durch das Dee-Tal. Noch fahren die Wagen in Abständen, nicht ›bumper to bumper‹, Stoßstange an Stoßstange. Die Reise in den kühlen herbstbunten Morgen ist allein den Tag wert, besonders wenn man sicher sein kann, daß im Gepäckraum ein gut gefüllter Picknickkorb verstaut ist.

Der Ablauf der Spiele ist angenehm überschaubar; seit Königin Victoria das Ereignis zum ersten Mal mit ihrer Anwesenheit beehrte, 1848, hat sich im wesentlichen nichts geändert. So möge es auch weiterhin bleiben: ein faszinierendes Schauspiel mit professionellen Laien, von Amateuren meisterlich organisiert.

An diesem Tag bewegen sich auf dem grünen Rasen nur Gestalten im Kilt – und was für Gestalten: Convener und Judges, meist Herren aus der Umgebung oder Offiziere; Kinder, die im Wettbewerb tanzen werden; vor allem aber die Heavies. Diese muskelmächtigen, oft dicken Männer bieten in Kilt und Unterhemd zunächst einen befremdlichen

Anblick. Später revidiert der Zuschauer sein Urteil. Um zwölf Uhr ziehen zum ersten Mal die ›massed pipes and drums‹ in Zwölferreihen ein: alte Männer und Buben, hochaufgeschossene Trommler und kleine krummbeinige, ihre karierten Tücher fliegen im Wind. Auch Mädchen sind dabei, aber es ist schwierig, sie unter den langhaarigen Burschen herauszufinden. Eine Flut von Tönen überschüttet uns, die Trommeln lassen den Boden erzittern.

Leichtathleten, auch Soldaten, die beim Tauziehen mitmachen, sitzen auf dem Rasen beisammen. Nur diese Gruppen tragen den Kilt nicht, er würde beim Wettkampf hinderlich sein. Pünktlich um drei Uhr treten vier Trompeter im roten Rock zur Fanfare vor. Mehrere Rolls Royce, schwarz, fahren aufs Spielfeld: die Königin kommt. Der Beifall von den Tribünen ist eher nachbarliche Begrüßung als heftiger Jubel. Der Union Jack an der Fahnenstange wird eingeholt, dafür die königliche Standarte gesetzt; von nun an unterstehen die Spiele der Königin. Sie betritt mit ihrer Familie und den Gästen einen offenen, mit Heidezweigen gedeckten Pavillon. Kleine Mädchen überreichen Sträuße; der Brauch schreibt hier weiße Heideblüten vor. Die Photographen dürfen einen Augenblick aufs Feld. Ich habe später Aufnahmen aus verschiedenen Jahren des letzten Dezenniums verglichen. Die Gesichter sind unmerklich älter geworden, die Mode änderte sich; aber sonst sind die Bilder austauschbar. Von der Stirnseite des Pavillons grüßen ein ungemein freundlicher gelockter Löwe und ein Einhorn, das sich offensichtlich hier zu Hause fühlt. Die Spiele sind indes weitergegangen. Alles geschieht, wie zuvor, gleichzeitig, nun in gesteigertem Tempo. Die Kinder tanzen; ein Piper, der ihnen aufspielt, muß gegen die stärkeren Töne einer gerade einziehenden Kapelle ankämpfen. Startschuß für den Hundert-Yard-Lauf. Beifall für einen der Heavies, der den Hammer schwang – und wie leicht und elegant schienen plötzlich seine Bewegungen! Rufe: »Pull, pull«, wenn Army gegen Navy beim Tauziehen um jeden Zentimeterbreit Boden kämpft. Erneuter anhaltender Beifall weiter drüben, wo ein ›caber‹ sich perfekt überschlug, so daß er in gerader Richtung vor den Füßen des Athleten liegen blieb, wie Uhrzeiger auf der Zwölf zur Mittagszeit.

»Ein Zwölf-Uhr-Wurf«, sagten die Leute bewundernd. Diese Caber, mehr als drei Meter lange abgeschälte Baumstämme, sind derart schwer, daß Helfer sie mühsam herbeiziehen, zu mehreren aufrichten und dem Wettkämpfer übergeben. Der tastet den Stamm ab, greift ihn, als sei er zerbrechlich, mit beiden Händen am unteren Ende, lupft ihn mühelos, lehnt ihn ausbalancierend gegen die Schulter und beginnt zu gehen; zunächst langsam und fast steif. Dann nimmt seine Geschwindigkeit zu, er rennt eine kurze Strecke, hält plötzlich an. Der Stamm fliegt ihm so von der Schulter, daß das obere Ende zuerst zu Boden kracht. Dann erst entscheidet sich, in welcher Richtung der Caber sich überschlagen wird. Die Heavies – auch solche, die schwere Steine schleudern, oder ein Eisengewicht hoch über eine Stange werfen – finden die größte Teilnahme der Zuschauer und ernten den stärksten Beifall.

Die Königin schaut etwa zwei Stunden lang den Wettkämpfen zu, verteilt Preise, bricht wieder auf. Wenn die schwarzen Wagen das Spielfeld auf dem Weg zum Ausgang umrunden, marschieren sämtliche Dudelsackkapellen voraus und spielen vereint ›Scotland, the brave‹. In der nachfolgenden Pause hört man jenseits der Tribünen, vom Waldrand her, den Ton eines einzelnen Dudelsacks. Wettbewerbe für Piper finden da draußen statt, wo es stiller ist.

Die Kämpfe gehen weiter: Der alte Schwertertanz wird vorgeführt, die Kinder vergnügen sich beim Sackhüpfen. Aber der Tag hat seinen Höhepunkt überschritten. Man sammelt, müde geworden, Sandwich-Reste und leere Flaschen in den Korb und sucht am Parkplatz sein Auto. Auf der Heimfahrt muß man Geduld üben.

Von Braemar aus kann man in westlicher Richtung das hier besonders malerische Dee-Tal hinauffahren. Am Wege ein Denkmal für den in der Nähe geborenen John Lamont, der von 1805-1879 lebte und ›Astronomer-Royal of Bavaria‹ wurde. Die Inschrift auf Englisch, Gälisch und Deutsch lautet: »Ein Tag sagt's dem anderen und eine Nacht tuts kund der anderen.«
Vom Linn of Dee aus führen die berühmtesten Paßwege Schottlands über die Cairngorms ins Glen Tilt und nach Blair Atholl oder durch den Rothiemurchus Forest nach Aviemore.

Am Fuß der Cairngorms

Wer von Braemar aus durch die Berge ins obere Speytal gelangen will, etwa nach Aviemore, muß mit dem Auto lange Umwege in Kauf nehmen – oder zu Fuß gehen. Nicht wenige wählen die letztere Möglichkeit, besonders die Schotten. Sie packen ausreichend Proviant in den Rucksack, beachten die Wettervorhersage, nehmen auf alle Fälle auch einen Schlafsack mit, und machen sich auf den 46-Kilometer-Weg über den *Lairig Ghru*, Schottlands berühmtesten Paß. Sie werden die kargen und großartigen Landschaften eines subarktischen Plateaus vorfinden, aber gewiß keine Einsamkeit, jedenfalls im Sommer und Herbst nicht. Der Lairig Ghru gehört zu den Popular Routes; die Mühe seiner langen Meilen reizt den schottischen Sportgeist. Hat der Wanderer den Gebirgsstock glücklich überquert, so liegt ihm ein weiter und baumreicher Kessel zu Füßen, mit dem klaren Spiegel des *Loch Morlich* in seiner Mitte. Zur Rechten schweben die Sessel eines Liftes zum Gipfelplateau hinauf: eine friedliche, beinahe altmodische Ferienlandschaft. In den hellen, von Kiefern und Wacholder durchsetzten Mischwäldern verirren sich sogar Einheimische. Wurzeln mächtiger Bäume haben hier den Asphalt der Forstwege aufgeworfen. Spaziergänger, die man meist familienweise antrifft, sind ohne umgehängtes Fernglas kaum denkbar. Im Moorwasser des dunklen, ganz von Wald umstandenen *Loch an Eilean* haben wir noch im September geschwommen, mit dem Blick auf die Schneemulden der Cairngorms.

Die Häuser der kleinen Ortschaften verstecken sich hinter blühenden Büschen. Hotels sind für einen Familienurlaub gedacht; sie bieten Golf- und Angelkurse an, während bergaufwärts die Jugend sich in Lagern zu Überlebenstraining und Abenteuerkursen trifft. Das Revier der Cairngorms bietet dazu jede Möglichkeit, vom Segeln bis zum Klettern und ›abseiling‹; sein Naturschutzgebiet erstreckt sich über 25 000 Hektar und ist das größte der Britischen Inseln. Die zuständigen Ranger haben in einer Hütte am Ufer des Loch an Eilean eine ausgezeichnete Dokumentation über den König dieser Wälder, die echte Scotch Pine (pinus silvestris) zusammengestellt. Diese herrlich gesunden Bäume wachsen zunächst fünfzig Jahre lang säulenschlank empor; erst dann bilden sie ihre weitverzweigte mächtige Krone. Sie werden zweihundert Jahre alt und mehr. Je nach der Gunst des Klimas und den Launen des Menschen konnten diese Wälder aufwachsen oder wurden wieder zerstört. So kaufte 1783 ein englischer Kaufmann dem Duke of Gordon das gesamte Gebiet ab, ließ sämtliche Bäume fällen und baute aus dem Holz siebenundvierzig Schiffe.

Andere interessante Auskünfte über die Geschichte dieser Gegend erhält man weiter nördlich im ›Visitor Centre‹ von Carrbridge. Im letzten Raum der vielfältigen Schau werden einige Fragen an die Zukunft gestellt: Wie wird es im Jahre 2000 hier aussehen? Alles voll Autos oder keine mehr? Die Berge von Wald bedeckt oder kahl?

Ich verließ die Ausstellung recht nachdenklich. Gegenüber, vor der ›Austrian Ski School‹ des Karl Fuchs, goß eine alte Frau mit Kopftuch und geblümter Schürze ihre Kapuzinerkresse. Ich wäre gar nicht auf die Idee gekommen, sie englisch anzureden. »Gedeihen die Pflanzen gut?« – »Halt nicht so wie bei uns in der Steiermark«, sagte Mutter Fuchs.

Der Spey ist hier, am Fuße der Cairngorms, Grenze zwischen zwei Welten. Jenseits des Flusses sausen auf der A 9 die Autos nord- oder südwärts. Im Santa-Claus-Land des Ferienzentrums Aviemore klingeln die Spielapparate.

Mit dem Auto von Braemar nach Aviemore: durchs Glen Shee (höchste Paßstraße Schottlands mit Sessellift zum Skigebiet in 1000 Meter Höhe). Abzweigung nach rechts über Kirkmichael nach Pitlochry zur Straße nach Norden, der A 9 (der Ferienort Pitlochry ist in seinen höheren Lagen weit hübscher, als sich das von der stets überfüllten Durchgangsstraße im Tal aus annehmen läßt).
Nördlich von Pitlochry: der Pass of Killiecrankie. Nahe der dicht bewaldeten Schlucht des River Garry schlugen 1689 Jakobiten unter John Graham of Claverhouse, Viscount Dundee, königlich-englische Truppen; aber Dundee fiel im Augenblick des Sieges, und damit war die Sache der Stuart-Anhänger wieder einmal verloren (National Trust Visitor Centre).
Blair Castle: siehe Mai-Kapitel ›Des Herzogs Armee‹, S. 245. Kingussie: Highland Folk Museum. Jenseits des Flusses Spey: die grimmigen Ruinen der Ruthven Barracks.

Geheimnisse des Großen Grabens

Im *Great Glen* zeigt die schottische Natur wie in einem Freilichtmuseum ihre erstaunlichen Wunder. Wer freilich nur auf der Verbindungsstraße zwischen Inverness und Fort William, der A 82 bleibt, wird wenig davon merken. Jeder weiß so etwa, was ihn auf dieser Route erwartet: drei langgestreckte Seen und ein Kanal, der sie verbindet. Bald nach der Ausfahrt aus Inverness, wenn die weite Fläche des *Loch Ness* zwischen den Hügeln auftaucht, drehen sich die Köpfe aller Wageninsassen automatisch nach links. An den meisten Tagen kämmt ein scharfer Wind die schwarzen Wasser des Sees zu kurzen und steilen Wellen auf: jede ein Ungeheuer en miniature. Ein wippendes Floß ist in Ufernähe angebunden; die dort fest installierte Zeitkamera dümpelt mit. Bei *Castle Urquhart* mahnen zahlreiche Straßenschilder den Autofahrer, auf Englisch, Französisch und Deutsch, von jetzt an sei erhöhte Aufmerksamkeit erforderlich. Vermutlich haben hier zu viele Leute nach Nessie Ausschau gehalten anstatt auf die Straße vor sich geschaut. An der Burgruine selbst hält man an und photographiert. Im Weiterfahren beeindrucken mächtige Tannen am Wegrand. Am Ende des Loch Ness, in *Fort Augustus*, erinnert der Turm der Klosterkirche an romanische Bauten bei uns – und das ist kein Zufall: Der letzte iroschottische Mönch der ›Schottenkirche‹ in Regensburg flüchtete nach der Reformation hierher. Inzwischen entstand in der Diaspora dieses blühende Benediktinerkloster mit einem bekannten Internat.

In Fort Augustus steigt man wieder aus dem Wagen. Man geht zu den Kanalschleusen, beobachtet und photographiert das Aufsteigen und Absinken der Boote in den Kammern, mit allem was dazugehört: Balken schwenken, Leinen ziehen, Hundegekläff und böse Worte, wenn beim ungeschickten Manövrieren zwei Fahrzeuge knirschend aneinandergeraten.

Zwischen Invergarry und Loch Lochy kann es geschehen, daß ein Boot die Straße quert; es hat Vorfahrt in seinem Kanal. Die Autos müssen warten, sie stauen sich zur Schlange. Allmählich beginnt das Interesse zu erlahmen: immer nur Wasser zur Seite, nun zur Rechten – *Loch Lochy* und *Loch*

Oich. Die Berge ringsum werden höher. Sogar vom Ben Nevis, Großbritanniens höchstem Berg (1340 m) sollte zur Linken ein Stück zu sehen sein, aber drei zu eins ist nach meinen Erfahrungen zu wetten, daß der von hier aus rundlich und zahm wirkende Koloss in seiner persönlichen Wolke steckt. Mit der Einfahrt in den Fremden- und Industrieort *Fort William* kann die Strecke durch das Great Glen im Reiseprogramm abgehakt werden. Trotz geheimer Erwartungen: Nessie hat sich nicht gezeigt.

Für den, der mehr vom Great Glen und seinen Geheimnissen wissen will, ist der zweite Teil dieses Kapitels bestimmt.

Die von Südwesten nach Nordosten verlaufende tiefe Rinne von 160 km Länge wird von den Fachleuten als geotektonische Schwächezone erster Ordnung bezeichnet. Der nördliche Teil Schottlands hat sich im Verlauf eines gewaltigen geologischen Geschehens im Vergleich zum südlichen Landblock in ganz erheblichem Ausmaß in westlicher Richtung verschoben. Der so entstandene Große Graben war im Lauf seiner Geschichte Rutschbahn von Gletschern, teilweise ganz unter einer mächtigen Eisschicht verborgen, oder von Meerwasser durchflutet. Das letzte erdgeschichtliche Geschehnis vor etwa zehntausend Jahren ließ die drei Seen entstehen. In der relativ kurzen Zeitspanne menschlicher Existenz geschah noch folgendes: James Watt prüfte 1773 das Great Glen auf die Möglichkeit einer schiffbaren Verbindung zwischen Nordsee und Atlantik, und Thomas Telford baute von 1803 bis 1822 den *Caledonian Canal.* Zunächst war der Kanal trotz seiner neunundzwanzig Schleusen eine willkommene Abkürzung für die Boote der Heringsfischer; der nicht ungefährliche Umweg durch den Pentland Firth und um das stürmische Cape Wrath erübrigte sich. Inzwischen lassen die Bootsbesitzer der Ostküste ihre Kähne gegebenenfalls in einem westlichen Hafen liegen und befördern die Mannschaft mit Bussen hinüber.

Hochsee-Yachten und solche kleineren Ausmaßes, vor allem Leihboote, die man als Tourist selber steuern kann oder auf denen man sich den Kanal hinab und hinauf spazierenfahren läßt, sind nun die häufigsten Benutzer des Wasserwegs. Da er in einer klimatischen Wechselzone liegt, können starke Winde auf offenen Seeflächen unangenehm werden. Aber im Vergleich zu dem, was sich tausend Meter höher, zum Beispiel auf dem Gipfel des Ben Nevis abspielt, sind diese Turbulenzen harmlos. In Murray's Führer durch das westliche Hochland heißt es lakonisch: »Man rechnet in dieser Höhe mit durchschnittlich 261 Sturmtagen im Jahr. Besonders im Winter erreichen viele dieser Stürme vom Atlantik Orkangeschwindigkeit: zweihundert Stundenkilometer und darüber sind keine Seltenheit.« Ich habe Winterbilder aus der Ben Nevis-Gruppe gesehen (zu der etwa fünfzehn weitere Berge gehören); man glaubt, Aufnahmen aus der Arktis vor sich zu haben. Daß unter solchen Voraussetzungen alle Besteigungen in diesem Massiv nur mit Vorsicht anzugehen sind, wird ahnungslosen Touristen immer wieder eingeschärft. »Bitte vergessen Sie nie, daß der Ben Nevis in den letzten fünfzehn Jahren mehr als fünfzig Opfer forderte.« Die normale Route auf den Berg ist dabei ein an sich harmloser, allerdings langwieriger Weg (ca. dreieinhalb Stunden). An der Nordostflanke wird man auch im Sommer noch Schneefelder antreffen, besonders im Schatten der gewaltigen Felsabstürze. Diese Cliffs bieten jederzeit Klettermöglichkeiten in Fels und Eis; sie sind unter Bergsteigern berühmt. Die Aussicht vom wüsten und kahlen Gipfel-Plateau aus ist prächtig. Sie reicht bis zum Ben Lomond im Süden und westlich über den Atlantik bis zu den Äußeren Hebriden. Das nördliche Hochland zeigt sich als wellig erstarrtes steinernes Meer, aus dem die einzelnstehenden Berge ragen.

Vom Großen Graben aus zweigt bei Fort William das *Glen Nevis* ab, es umrundet den Berg an seiner Südflanke. Zunächst ist das Tal mit dem Auto befahrbar. Seine alpinen Schönheiten entfalten sich erst in größerer Höhe. Dort muß man zu Fuß gehen. Vom Berg herunter schießt, besonders nach

SPÄTHERBST
Bei Fortingall in Perthshire
Queen's View, Loch Tummel
In Sutherland

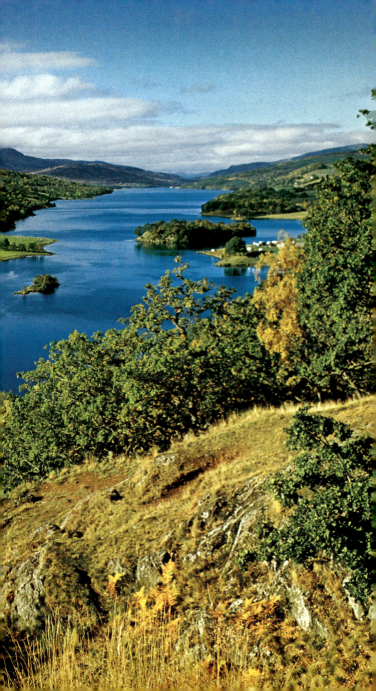

schweren Regenfällen, Wasser über die Felsen, als weiß schäumendes breites Band. Auch an heißen Tagen steigt von dieser ›water-slide‹ Kühle auf. Gegenpol ist der *Steall-Wasserfall*, jenseits einer Schlucht, die mit ihren Tannen, Eichen und Birken und den kahlen oder weißleuchtenden Gipfeln darüber ein phantastisches Bild bietet.

Zurück zum Großen Graben. Während der Kanal und die beiden kleineren Seen im Winter mit Eisbrechern offen gehalten werden müssen, friert der Loch Ness niemals zu und weist das ganze Jahr hindurch eine gleichbleibende Temperatur von etwa 5° Celsius auf. Dieser von acht Flüssen und ungezählten Bächen und Rinnsalen gespeiste See ist zwar, nach dem Loch Lomond, nur der zweitgrößte Großbritanniens; aber nach den bisher erfolgten Messungen hat er eine durchschnittliche Tiefe von hundert Metern. An manchen Stellen sollen es über dreihundert Meter sein. So berechnet sich, bei 56 qkm Oberfläche, eine Wassermenge von etwa 5 Milliarden Kubikmetern! Den Seegrund hat man sich wie einen dramatischen Gebirgszug vorzustellen, dessen zahlreiche Schluchten in weitere Tiefen senkrecht abstürzen. Dort ist über Schlickgräbern unbekannten Ausmaßes – die keinen Leichnam oder Kadaver freigeben – das Wasser von Sinkstoffen durchsetzt, stärker noch als in den oberen Schichten, wo die Torfpartikel die Sicht ebenfalls behindern und Aufnahmen auch mit stärksten Unterwasserkameras vereiteln.

Zahllose Fische, vor allem kleine weiße Aale, bevölkern die dunklen Gründe. Bisher unerforschte Höhlen sollen sich bis weit unter die umliegenden Ufer hinziehen. Damit scheinen alle Voraussetzungen gegeben, daß im Loch Ness noch unbekannte Lebewesen gedeihen und sich versteckt halten können. Daß sie sich in seltenen Augenblicken bis an die Wasseroberfläche hinaufwagen, dafür gibt es Augenzeugen seit dem sechsten Jahrhundert. Der heilige Columba bannte ein solches Monster durch Gebet, wie Adamnan, sein Biograph berichtet. Die Anwohner nannten das Wesen Each-Uisge, Wasserpferd, und behielten die Kenntnis von seiner Existenz lieber für sich. Aber in den dreißiger Jahren unseres Jahrhunderts wurde am bis dahin fast unzugänglichen

Nordufer des Sees die große Autostraße gebaut, und von diesem Augenblick an häuften sich die Meldungen von gesichteten riesigen Höckern oder Rückenflossen. Zu den durchweg honorigen Zeugen – darunter Nobelpreisträger und Mönche der Benediktiner-Abtei – gehörten auch jene Glücklichen, denen ein Schnappschuß gelang, wenn auch oft nicht in wünschenswerter Klarheit. Gelegentlich konnte der überaus häßliche Kopf eines solchen Tieres auf die Platte gebannt werden. Filmaufnahmen folgten. Sonargeräte fingen Geräusche ein, vor allem unter den Verliesen des Castle Urqhuart. Diese gesammelten und immer wieder geprüften Dokumente halten zahlreiche Wissenschaftler, an ihrer Spitze der Brite Sir Peter Scott, für ausreichende Beweise. Sie nehmen eine Herde oder mehrere Familien von Wirbeltieren nach Art des prähistorischen Plesiosaurus an, die nach der letzten Eiszeitperiode, als das Festland sich hob, im Loch Ness quasi in die Falle gerieten. Diesen Geschöpfen hat man einen wissenschaftlichen Namen gegeben, um sie gegebenenfalls unter Naturschutz stellen zu können. Sir Peter beschreibt ein ›Nessiteras Rhombopterix‹ so: »Etwa 15 Meter lang, von dunkler Farbe, mit häßlichem kleinen Kopf auf einem schlanken, sich verjüngenden Hals, einem massigen, mit vier Paddelflossen versehenen Leib und langem Schwanz.« Zweifler gibt es weiterhin. Ihr erster Einwand lautet: Meldungen über Sichtungen tauchten immer nur im Sommer auf, als erwünschte Bereicherung der vermischten Nachrichten in der Saueregurkenzeit. Diese Feststellung ist leicht zu widerlegen. Nur bei völliger Windstille und glatter Wasseroberfläche, an wenigen heißen Tagen, wie sie der Sommer bringt, lassen sich die Umrisse des geheimnisvollen Seebewohners ausmachen.

Benediktinerabtei und -kloster von Fort Augustus (auf dem Gelände des ehemaligen Fort im vorigen Jahrhundert errichtet) lohnen einen Besuch (Führungen).
An der Ostseite des Loch Ness führt – oberhalb einer Uferstraße – General Wade's Road entlang, nach 1745 gebaut »for the convenient marching of His Majesty's troops«.
An der Westseite des Loch Oich erinnert der ›Brunnen der sieben Köpfe‹ neben der Straße mit Inschriften in lateinischer, gälischer und

französischer Sprache an eine typisch schottische Mord- und Rachebegebenheit.
Am Eingang des Nevis-Tales heißt es: »Public Footpath – Corrour 14 miles, Rannoch 25 miles.«

Glen Affric

»Himmel und Erde waren durch und durch naß, und ganze Wolkenregimenter in weiterem Anmarsch.« Wir blieben im Wagen sitzen, lasen (die neueste Nummer des ›Scots Magazine‹) oder strickten (mit Wolle von den Hebriden). Der Regen trommelte laut aufs Dach. Umzukehren wäre töricht gewesen. Wir wußten ja inzwischen, wie solche Unwetter sich in Schottland abspielen. Das Trommeln mäßigte sich bald zum Tröpfeln, dann wurde es draußen still. Die schwärzesten Wolken rollten über die Gipfel davon, als würde ein Theatervorhang mit dramatischem Schwung zurückgezogen. Beifall für eine hinreißende Inszenierung: Glen Affric im Sonnenlicht.

Glen Lyon (in Perthshire) und Glen Affric (unweit des Großen Grabens) machen sich gegenseitig den Rang des schönsten schottischen Hochtals streitig. Meine Freunde und ich würden Glen Affric den Preis zuerkennen. Glen Lyon gewinnt durch seinen schäumenden Forellenfluß doppeltes Leben; aber am Grund des Glen Affric gaben uns zwei ruhige und dunkle Seen die Schönheiten dieses Tales ungebrochen im Spiegelbild zurück: kreisrunde Inseln, mit schwarzen Kiefern dicht besetzt, und hell leuchtende Birken und Erlen an den Ufern. Skelette toter Bäume, blank gescheuert und glänzend hell vor dunklem Laub; gelb-braun die Farnhänge; ein türkisfarbener Himmel, über den eine Prozession zahm gewordener Wolken zog; aber ferne Bergketten noch blaß unter Regenschauern.

Glen Affric ist unbesiedelt, das korrekte graue Haus des Jagdbesitzers kennt keine Nachbarn. Der Betrachter ist im Tal allein mit seinesgleichen und der Natur. Allzu viele Besucher kommen nicht hierher; manchen ist die Gegend zu abgelegen, andere mögen die schmale Single Track Road mit ihren Ausweichstellen scheuen. Das obere Glen ist für jeden Verkehr gesperrt und durch Gatter gesichert. Aber der Weg geht weiter, als eine der großen schottischen Routen, an der Jugendherberge von Alltbeath vorbei und hinüber ins Kintail, zum Loch Duich.

Mehr ist eigentlich nicht zu berichten von unserem Tag im Glen Affric. Wir haben, vom Wagen aus, riesige Birkenpilze gesammelt; an einer senkrechten Felswand Blumen gepflückt; Bäume photographiert und einen toten weißen Ast im Moos für ein Geweih gehalten.

Von der Fasnakyle Power Station, am Eingang des Tales aus: Querverbindung nach Tomich (angelegter Ort mit altem Hotel und originellem Postamt) und weiter in den verlassenen Park von Guisachan House (Ruine). Schöne Spaziergänge, auch Wege hinüber ins Glen Affric.

Oktober

PERTHSHIRE

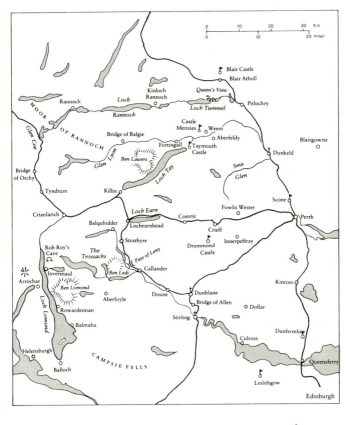

Das Blockhaus am Loch Lubnaig

Als Fremder in Schottland sollte man sich in diesem Monat nicht mehr die entlegensten Inseln, die höchsten Berge aussuchen. Wir zogen uns in ein Gebiet zurück, das den Städten schon nahe und trotzdem ganz dem Hochland zugehörig ist, *Perthshire*. Jeder meint diese Grafschaft zu kennen, weil er sie auf dem Weg nach Norden oder Westen so oft durchfahren hat. Für den, der dableibt, steckt sie voller Überraschungen. Manche sagen, in keiner anderen schottischen Region seien so viele landschaftliche Schönheiten so nahe beieinander.

Wir konnten, durch Glück und Zufall, eines der siebzehn Blockhäuser bewohnen, die die Forestry Commission am *Loch Lubnaig* errichtet hat. Wie die Spinne im Netz fuhren wir nach allen Seiten aus: in die *Trossachs* und weiter zum *Loch Lomond*, oder nördlich zu den anderen großen Seen der Gegend, *Loch Earn* und *Loch Tay*. Von *Callander*, dem freundlichen Fremdenort aus, wäre das zwar ebensogut möglich gewesen, aber so bekamen wir Stille und Waldluft und das abendliche Röhren der Hirsche dazugeschenkt.

Was die Forestry Commission unternimmt, tut sie gründlich. Die Anfahrt zum Westufer des Loch Lubnaig ist mit einer Barriere verschlossen und nur den jeweiligen Anwohnern zugänglich. Der Privatweg am See entlang läuft erhöht, schnurgerade zwischen Wasser und Sumpfwiesen. »Ich komme mir vor wie eine Lokomotive«, sagte der sehr junge Herr am Steuer unseres Wagens. Recht hatte er: Auch hier fuhr einmal eine Eisenbahn.

Unsere Unterkunft war keine ›wooden hut‹, wie im Prospekt angegeben, sondern ein geräumiges Blockhaus mit Rohrsesseln vor dem elektrischen Kamin und einer gut eingerichteten Koch- und Eßecke; mit einer Dusche (die selbstverständlich funktionierte) und fünf Wärmflaschen für die Betten. Im Fremdenbuch lasen wir: »Phantastische Schnee-Szenerie draußen; innen warm und gemütlich«. Oder: »Viel Wild gesehen«. Oder, noch kürzer: »Psalm 133,1«. Für schottische Leser genügt das.

Schade, daß es so wenige von diesen ›Chalets‹ gibt und daß

die wenigen fast immer belegt sind. Vielleicht sollte die Forestry Commission ein paar Quadratmeilen weniger mit Nutzholz besetzen und dafür an anderen schönen und einsam gelegenen Stellen des Landes ähnliche kleine Blockhaus-Siedlungen anlegen. Die Touristen wären der hohen Behörde dankbar.

Vom Loch Lubnaig aus (oder, einfacher, von Coilantagle an der Straße durch die Trossachs) ist die Besteigung des Ben Ledi möglich. Von diesem Vorposten der Highlands bei gutem Wetter Aussicht bis in die Lowlands, auch aufs Flanders Moss hinunter – ein unfruchtbares Niemandsland am Rande des Industriegürtels.
Jenseits von Callander in südöstlicher Richtung: Doune Castle, Ende des 14. Jahrhunderts zwischen den Flüssen Teith und Ardoch erbaut, 1883-86 vom 14. Earl of Moray restauriert, vermittelt ein höchst anschauliches Bild vom spätmittelalterlichen Leben in einer kunstreich befestigten Burg. Doune Motor Museum mit Oldtimern des 19. Earl of Moray, die einmal im Jahr in einem Rennen hügelauf geschickt werden.

Kaleidoskop

Wir rollten von Callander aus in die Trossachs hinein und in die Vergangenheit zurück. Im Geist sah ich die Kutschen und Stellwagen, mit denen man im neunzehnten Jahrhundert den Spuren Walter Scotts folgte. »Drinnen Platz für vier«, schreibt Fontane, »aber draußen (wenigstens dem Namen nach) für zwanzig. Wie und wo wir untergebracht wurden, ist mir ein Geheimnis geblieben.« So ging es durch die dichtbewaldeten romantischen Kulissen der Trossachs, vor denen sich die Reisenden jene Kunstfiguren aus Scott's ›Lady of the Lake‹ vorstellen konnten, die, prächtig tartanbedeckt, im richtigen Augenblick aus dem Heidekraut auftauchen; oder die harten Viehtreiber und Diebe, wie sie, Menschen aus Fleisch und Blut, in seinem Roman ›Rob Roy‹ vorkommen.

An die Ströme der Busse und Autos heute dachte ich weniger gern. Wir waren allein auf der Straße; aber die in kurzen Abständen aufgestellten Abfallbehälter aus Beton ließen ahnen, wie es hier an einem Sommersonntag zugehen mochte. Jetzt tropfte es von den Bäumen, die das bunte Laub über ihre

Zeit hinaus festhielten. Loch Venachar und Loch Achray zogen vorbei, in der austauschbaren Schönheit ihrer farbigen unbebauten Ufer. Wer kann nach einer langen Schottlandfahrt noch alle Seen auseinanderhalten, sie auf Photos auf den ersten Blick benennen? Ich kann es nicht.

Das Trossachs Hotel tauchte auf, ein Haus im neugotischen ›Pfefferbüchsenstil‹, schon vor hundert Jahren von den Reisenden erwähnt, inzwischen ein wenig müde und mürbe geworden. Die Haustür stand weit offen; wohl weniger als gastliche Geste, sondern aus Gewohnheit. Im Vestibül tanzte der Volontär mit der dicken Köchin, vermutlich vor Freude über das nahende Ende der Saison. In der düsteren Halle wurde einigen Gästen das Mittagessen serviert; der Ober versuchte, ihnen mit den Gespenstern des Hauses die Speisen zu würzen; aber schwarzer Mönch und grüne Dame, die unsere Großeltern beeindruckten, verloren längst ihre Wirkung.

Am *Loch Katrine*, sozusagen an historischer Stelle, da, wo in Scotts Versdrama der ermattete König die schöne Jungfrau vom See im Kahn erblickt, sprangen dicke Regentropfen vom Asphalt hoch, auf dem leeren Parkplatz der Busse. Im Fenster des Andenkenladens baumelte noch ein Schild: »Bitte kein Eis mit hereinbringen.« Wenn man von Souvenirs und Asphalt absah, war dieser südliche Zipfel des Loch Katrine wirklich ein »Kabinettstück der Natur«, ein schöner Ort: »Die Berge treten sich hier so nahe, daß ihre grünbekleideten Wände eine Riesenlaube bilden.« Das schreibt wieder Fontane, der im übrigen der Meinung ist, die Trossachs würden wohl ein wenig überschätzt; eine Beurteilung, der ich mich anschließe.

Wie froh waren wir, die Szenerie für uns allein zu haben. Der zierliche Dampfer lag schon für den Winter gerüstet wie ein weggelegtes Spielzeug an seinem Steg. Er wurde im Jahr 1900 gebaut, heißt natürlich ›Sir Walter Scott‹, kann 460 Menschen aufnehmen und fährt von Mai bis September dreimal am Tag um den See. Aber oft reicht das nicht. Wer keinen Platz auf dem Dampfer findet, kann die für Autos gesperrte Straße am Nordufer entlanggehen, aus der ›Laube‹ hinaus in eine offene Landschaft. Am Ende des langen Wegs tauchen Pier und Stationshaus von *Stronachlachar* auf; man ist wieder im neunzehnten Jahrhundert. Wer so weit gelaufen ist, hofft auf eine Rückfahrt mit ›Sir Walter Scott‹ (oder läßt sich, auf den in Schottland üblichen Umwegen, mit dem Auto abholen). Man sieht es den Ufern des Loch Katrine nicht an, daß dieser See der Stadt Glasgow Trinkwasser liefert, Millionen von Gallonen am Tag.

Weiter. Ben A'an und Ben Venue blieben zurück, es ging über die sanften Steigungen und um die schön geschwungenen Kurven der *Duke's Road* nach Süden. Diese Straße hat der Herzog von Montrose 1820 bauen lassen, als die alten Wege den Strom jener Reisenden nicht mehr faßten, die sich nach dem Erscheinen der Scott'schen Bücher auf die Fahrt nach Schottland machten. Da wurden Wirkungen erzielt, um die ein Werbefachmann heute den Dichter von damals beneiden könnte. Rechts und links der Straße hingen an diesem Tage Feuerpatschen und Reisigbesen nutzlos in ihren Behältern, aber auf der Höhe, wo sich das Hinaufklettern zum Aussichtspunkt, zum Blick zurück, lohnt, blieb mit der Romantik auch das schlechte Wetter hinter uns und die weiteren Wege des Tages waren von Sonne überschienen.

Wie in einem Kaleidoskop purzelten uns die Eindrücke, die Wetterlagen, Natur und Geschichte durcheinander und ordneten sich zu immer neuen Bildern. Nun waren wir schon am Rande des Hochlands angelangt und schauten wie von einem Adlerhorst aus hinunter und hinaus ins südliche Schottland. Aber ganz in der Nähe war auf einer Tafel zu lesen: »Der Ort, an dem Du stehst, lag einmal mehr als 650 Fuß unter dem Meeresspiegel.« Ein Satz wie ein Trommelwirbel, als Auftakt zum Naturlehrpfad bei der *David Marshall Lodge*. Wir folgten ihm immer neugieriger: hügelab und in ein Gehölz eintauchend, an einem Wasserfall vorbei und in einer großen Schleife zurück zum Ausgangspunkt. Dann wußten wir, wann die Erdkräfte den Boden unter uns zu seiner jetzigen Höhe emporgehoben hatten und wann hier die letzte Eiszeit war; welche Pflanzen sich als erste zurückwagten, wann der Mensch kam und was er trieb; ja, wir hatten sozusagen die Fußspuren des Rob Roy und der anderen Caterans, der Freibeuter, sehen können, die über diese Hänge das Vieh brachten: ehrlich zum Markt in den Süden, oder als Raub in ihre Inselverstecke in den Trossachs. – Beim Weiterfahren kreiste ein Raubvogel über uns und ein fettes Rebhuhn mit schön gezeichnetem Gefieder lief langsam über die Straße.

Aberfoyle ist einer jener Orte, an dem die Autobusse Station machen und die Insassen fünfzehn Minuten Zeit haben, um sich zu erfrischen und um einzukaufen: Fish and Chips und karierte Mützen und Plaids. Einer Gruppe von Reitern, die einzeln hintereinander die Straße herunterkamen, sah man an, daß der launische Regen sie geduscht hatte; auch die dunklen ›mortsafes‹ rechts und links der Kirchentür glänzten noch vor Nässe. Solche schweren eisernen Kästen stülpte man mit Hilfe ihrer Griffe über die Toten, solange sie aufgebahrt lagen, und sicherte sie noch mit Ketten und Schlössern, als Schutz vor den gefürchteten Leichenräubern, den Body-snatchers. Erst wenn die Körper der Verschiedenen keinem Anatom mehr von Nutzen sein konnten, legte man sie in die Erde.

Ostwärts zum *Lake Menteith*, der als einziger aller schottischen Gewässer ›lake‹ genannt wird und nicht ›loch‹; der bärtige Bootsmann mit dem hochgebundenen rötlichen Haarschopf und einer Schirmmütze, die er bis zu den Augen herunterzog, fuhr ausnahmsweise noch zur Insel hinaus. Er habe, sagte er, seit Mai mehr als zehntausend Menschen hin- und herbefördert.

Inchmahome ist eine liebliche und eigentlich unschottische flache Insel, fern der Berge; sie erinnert an Irland. Die Stämme der hohen Edelkastanien auf dieser Garteninsel sind vom Alter gedreht und gewunden; Gärtner kehrten unter ihnen das Laub von einem makellosen Rasen, als sei man in einem herrschaftlichen Park. Der Bootsmann half ihnen, solange er auf uns wartete. Er wußte viel über die Bäume, die dieser Insel mehr das Gepräge geben als die zartgliedrigen Ruinen einer ehemaligen Augustiner-Priorei und ihre Grabsteine mit ruhenden Gestalten oder keltischem Flechtwerk. Kalifornische Redwoods ragten auf, Douglasfichten, Buchen und Platanen. Zwei Bäume aus verschiedenen Pflanzenfamilien hatten ihre Äste und Zweige zu einem bizarren Gebilde ineinander verflochten und wuchsen nun gemeinsam weiter.

Die Buchsbaumhecken waren wild belassen. Nahe bei den niederen Mauern eines friedlichen Gärtchens lagen Nüsse und Kastanien am Boden. Die innere Hülle einer Kastanienfrucht fühlte sich weich wie ein Mäusefell an. Es war warm genug, um auf den verwitterten Steinsitzen des Kreuzgangs auszuruhen. Der Bootsmann mahnte zum Aufbruch.

Auf Inchmahome hat man Maria Stuart ein paar Wochen lang im Kloster versteckt gehalten, als sie fünf Jahre alt war. Dann wurde sie nach Frankreich gebracht. Aber der Prior soll von ihrer kleinen Persönlichkeit so bezaubert gewesen sein, daß er sie begleitete und als Beichtvater bei ihr blieb. So erzählt es jedenfalls eine der freundlichen Legenden um den Lake Menteith und seine Insel.

Loch Lomond, vielbesungen, größtes Binnengewässer des Landes: Von Balloch aus Fahrten mit dem Dampfer ›Maid of the Loch‹ bis zum Nordende des Sees (nur im Sommer). – Die große Seenrundfahrt mit Zug, Schiff und Bus beginnt in Edinburgh oder Glasgow, führt per Dampfer über den Loch Katrine nach Stronachlachar, von dort mit dem Bus nach Inversnaid am Loch Lomond; auf dem Rückweg Dampferfahrt bis Balloch, dann wieder Zug.
Am Westufer des Sees führt unterhalb der Eisenbahnstrecke eine stark befahrene Straße nach Crianlarich. Rossdhu House in seinem Park: Landsitz des Clan Colqhoun aus dem 18. Jahrhundert.
Am Ostufer: Autostraße nur bis Rowardennan (Ausgangsort für die Besteigung des Ben Lomond).
Auf der Insel Inchcailloch einer der schönsten schottischen Naturlehrpfade mit Ausblicken auf die großartigen nördlichen Szenerien des Loch Lomond. Die Insel liegt über einer geologischen Spalte: diesseits und jenseits verschiedenartige Vegetation (Boot von Balmaha aus).

MacGregor

In den Tälern und an den Seeufern von Perthshire waren in alter Zeit die Clans auf engem Raume benachbart: MacGregor und MacNaughton, MacLaren und MacNab. Weidezäune, die heute noch in dieser Gegend die Berge senkrecht hinaufführen, folgen jeweils einer Grenze, die damals nicht nur zwei Herden, sondern das Gebiet zweier Clans voneinander abteilte. Im Tal wurden uns Geschichten erzählt von den Räubereien und Raufereien hinüber und herüber und von den Trauerzügen, die an bestimmten Stellen mit ihren Toten die Grenze queren durften.

Auf den Höhen von *Balquhidder* saßen die MacGregor, bis sie im Jahre 1603 zu ›outlaws‹, Geächteten und Verfolgten, wurden. Laut König und Parlament verloren sie sogar das Recht auf den eigenen Namen. Und das ging so zu: Die MacGregor raubten zunächst Vieh wie andere Hochland-Clans auch, aber sie trieben es immer um einiges ärger als die übrigen und bekamen zur Strafe vom König Teile ihrer Ländereien fortgenommen. Doch ihrer Meinung nach gehörte Grund und Boden, mit allem, was auf ihm wuchs und gedieh, seit Anbeginn den Bewohnern. So jagten sie weiterhin in ›ihren‹ Wäldern, bis 1589 ein königlicher Förster einige von ihnen erwischte und aufknüpfte (nach anderen Quellen schnitt er ihnen nur die Ohren ab). Darauf erschlugen die MacGregor den Förster. Und nicht nur das. Sie nahmen, als unwürdige Nachfahren der Kelten des ›Kopfkults‹, sein Haupt und setzten es in seinem Haus auf den Eßtisch, so wie man einen Braten serviert. Die Schwester des Försters wurde darüber wahnsinnig und floh in die Wälder. Ein abgelegenes Tal in diesem Teil von Perthshire heißt heute noch ›Valley of the Woman‹.

Als ich den Historiker des Clan MacGregor fragte, wieso seine Vorfahren solcher Taten fähig gewesen seien, sah er mich erstaunt an: »Sie waren außerordentlich verärgert. Verstehen Sie das nicht?« Nein, wir können die Anschauungen und Ehrbegriffe der Clanleute von damals kaum begreifen: Kopf abschlagen galt als Kavaliersdelikt; Verrat war gegebenenfalls entschuldbar; nur Bruch der Gastfreundschaft blieb ein unverzeihliches Vergehen.

Die Mörder versammelten sich mit den anderen Männern ihrer Sippe in der Kirche von Balquhidder und schworen, daß sie alle zu dieser Tat stehen und einander helfen würden. Solcher Hilfe bedurften sie in Zukunft dringend. Im Jahre 1603 galt es, einen Zwist mit dem Clan der Colquhoun auszutragen. Was als Scharmützel begann, endete als Massaker; die MacGregor töteten nicht nur ihre Gegner, sondern (angeblich) auch einige jugendliche Seminaristen, die so leichtfertig waren, der Schlacht von ferne zuzuschauen. Der Ort hieß Glen Fruin. Die Witwen der Colquhouns erschienen vor ihrem König, Jakob VI., und trugen die blutigen Hemden der Männer an langen Stangen als Beweisstücke gegen die Mac-Gregor mit sich (aber es heißt auch, unter den mehr als zweihundert Frauen sei eine Anzahl gut bezahlter Statisten gewesen). Dieser Schachzug war klug geplant. Der König konnte kein Blut sehen; er geriet in Zorn und tat den Clan MacGregor in Acht und Bann. Was sie je an Gewalt- und Greueltaten verübt hatten, wurde ihnen nun vielfach und in noch grausamerer Weise heimgezahlt. MacGregors jagen, meist im Namen und Auftrag der Regierung, galt als beliebter Sport. Erst 1775 endete ihre Leidenszeit und sie durften wieder ihren Namen tragen. »Ein Wunder«, sagen sie, »daß überhaupt einer von uns übrigblieb.« Beim letzten Treffen aller Clans saßen sie mit den Colquhouns zusammen. 1975, zum zweihundertsten Jahrestag der ›Befreiung‹, versammelten sie sich im Tal von Balquhidder und brachten aus diesem Anlaß eine Bronzetafel an der Kirche an.

Im Inneren dieses Gotteshauses, gleich neben der Tür, sah ich die in der Church of Scotland übliche ›cradle roll‹: Auf einem Pergament werden alle Kinder verzeichnet, die hier ihre Taufe empfingen. Duquaid Richard MacLaren, Fiona MacNaughton, Robyn MacGregor: immer noch die alten Namen. »Aber sie stammen nicht mehr alle aus dem Tal«, sagte der Pfarrer. »Manche kommen aus Übersee, um ihre Kinder, wie die Vorfahren es taten, hier taufen zu lassen.« MacGregor of MacGregor, der Clanchief, besitzt in der Nähe ein Haus; aber da er im diplomatischem Dienst tätig ist, bekommt man ihn selten zu sehen.

Zum Clan MacGregor zählte auch Rob Roy, ein edler Räuberhauptmann (wenn man Walter Scott glauben darf), der nach bekanntem Muster die Reichen ausgeplündert, den Armen und Schwachen geholfen haben soll. Sein Grab, von mächtigen Thujen überschattet, liegt im Friedhof von Balquhidder. Es wird viel besucht. Aber wenn man in den Tälern seiner Heimat wandert und mit den Leuten spricht, so erkennt man bald, daß das Bild vom edlen Räuber einer Korrektur bedarf. Auch Robert MacGregor, genannt Rob Roy, gehörte von Geburt an zu den Geächteten und Verfolgten. Wie seine Stammesgenossen mußte er mit allen Mitteln versuchen, trotzdem zu überleben. Vermutlich ging er dabei geschickter und skrupelloser vor als die anderen; jedenfalls schien es den Behörden ratsam, in Inversnaid am Loch Lomond eine kleine Garnison einzurichten, um ihn und seinesgleichen in Schach zu halten. Zwischen seinen Beutezügen gründete der Räuber eine Familie und setzte zahlreiche Söhne in die Welt, von denen nur einer gehenkt wurde. Rob Roy selbst starb den ›Strohtod‹, anständig im Bett.

In der Kirche von Balquhidder (malerische Lage in einem schönen Tal) ist unter anderem der St. Angus Stone aus dem 8. Jahrhundert zu sehen.
Nordöstlich, am Loch Earn, im Sommer Gelegenheit zum Segeln und Wasserskilauf.

Wettbewerb mit Whisky

»Was ist schon ein Dudelsack?«, hat ein Skeptiker gefragt. »Doch nur eine Schafsblase, ein paar Ebenholzpfeifen und ein bißchen Silber, ein Stück Besatz von kariertem Tuch und zwei bunte Quasten.« Aber er sagte auch: »Schotten mit einem Piper an der Spitze sind wie eine Fußballmannschaft mit zwei Toren Vorsprung im Finale: nicht mehr aufzuhalten.« Fast möchte ich hinzufügen: Und was sind das für Menschen, auf die dieses Instrument wie eine Droge wirkt?

Ein Wettbewerb der besten Piper fand statt, von einer großen Whiskyfirma veranstaltet. Bei diesem letzten Treffen des Jahres kamen die Sieger der anderen großen Competitions zusammen. Als wir die hölzerne Galerie der Schloßhalle betraten, näherte sich der Spieler auf dem Podium eben einer anderen Figur und schien in ihr sein Spiegelbild zu treffen: Größe, Tracht, Haltung stimmten überein. Aber der zweite Herr war aus Wachs. Er soll Touristen beim Rundgang durch dieses Haus zeigen, wie ein echter Hochlandschotte auszusehen hat. Für die an diesem Tage Anwesenden war eine solche Belehrung unnötig; die Experten, Richter und ›Aficionados‹ trugen selber den Kilt. Man konnte annehmen, daß der Großvater dieser Herren noch seinen eigenen Piper hatte. Zur Zeit der Ururgroßväter stand der Mann mit dem Dudelsack mitten in der Schlacht und jeder hörte, auch aus weiter Entfernung, wo sein Clan kämpfte.

Die Spieler kamen einzeln herein und begannen auf- und abgehend sich einzustimmen, wie ein Vogel am Morgen, der seine Melodie noch nicht gefunden hat. Tenorpfeifen und Baß sind heikel. Ich schämte mich nicht, die Frage aller Greenhorns zu stellen: »Wie weiß man, wann das Probieren ein Ende hat und das eigentliche Spiel beginnt?« Die Antwort war einfach: »Dann, wenn die Richter anfangen mit dem Fuß den Takt zu markieren.« Zunächst wurde Ceol mor, große Musik gespielt: Pibrochs, die oft aus dem 17. und 18. Jahrhundert stammen, Lob und Klage beinhalten und so seltsame Titel wie ›Zu Unrecht im Gefängnis‹ oder ›Pech beim Angeln‹ haben, aber meist einer Schlacht oder deren Toten gewidmet sind. »Oh, daß ich drei Hände hätte, zwei für die Bagpipes und eine für mein Schwert!«

Im Schottischen gibt es ein eigenes Wort für den eigensinnig bohrenden Klang des Dudelsacks: ›skirling‹. Triller Ton-Triller-tiefer Ton-Triller-Melodie: die starken Töne drangen mir quer durch den Kopf, die Triller wellenförmig und in Abständen; aber in den Baßtönen gab es keine Unterbrechung. Die Anwesenden lauschten bewegungslos und schienen noch dem letzten Echo nachzuhorchen, das sich in den dunklen Balken der Holzdecke fing.

Ende der Melodie, Auftritt des nächsten Bewerbers; die Zuhörer wurden weder beachtet noch angeredet. Unter den zwölf Spielern waren ein Australier und ein Bursche aus Neuseeland, beide schottischer Abstammung, beide seit frühester Kindheit mit dem Dudelsack vertraut. Der Australier hatte die Laufbahn eines Rechtsanwalts aufgegeben, um sich ganz dieser Musik zu widmen. Er war vierunddreißig Jahre alt. Sein Ton schien mir sanfter als der seiner schottischen Konkurrenten; im tänzerischen Auf- und Abgehen, Ferse vor Spitze, das jedes Spiel begleiten muß, fehlte ihm noch die letzte Feinheit.

Später wurde die kleine Musik, Ceol beag vorgetragen, schwingende Weisen, deren Melodie auch Ausländer kennen, meist durch die Darbietungen militärischer Dudelsackkapellen. Nun klopften nicht nur die Richter den Takt mit, alle im Saal taten es, mit dem Ernst war es vorbei. Vielleicht lag es auch am Whisky, der reichlich ausgeschenkt wurde. »Nach dem zweiten Glas«, sagte mein Nachbar, »glaubt man sogar als Fremder diese Musik zu verstehen.«

Touristen werden den Dudelsack vor allem in Zusammenhang mit einem ›ceilidh‹ hören. Ceilidh bedeutete ursprünglich nicht mehr als ein abendliches Zusammensein der Nachbarn und Freunde, mit musikalischer Unterhaltung – ähnlich dem bayrischen Hoagast, Heimgarten. Im Laufe der Zeit haben solche Treffen offizielleren Charakter angenommen; sie werden jetzt auch für Fremde veranstaltet. Bei einem echten schottischen Ceilidh steht ein Klavier im Mittelpunkt, hinter dem zumeist eine Dame gesetzteren Alters sich tapfer durch alle Noten kämpft, die ihr im Lauf des Abends von verschiedenen Sängern und Sängerinnen zugereicht werden.

MacNab

Bisher hatte ich erst einen MacNab von Angesicht erblickt: den 16. Chief. Er hängt, von Raeburn meisterlich dargestellt, in der National Gallery in Edinburgh. Der Maler zeigt ihn als einen großartigen und tartangeputzten, von hohen wallenden Federn bekrönten, aber recht finster blickenden Gesellen mit herabgezogenen Mundwinkeln. Dieser 16. Chief ist zeit seines Lebens unbeweibt geblieben. Ich glaube, ich hätte ihn auch nicht genommen. Bei seinem einzigen Versuch, sich eine Frau zu gewinnen, hat er unter den Annehmlichkeiten, die er ihr zu bieten hatte, den schönsten Friedhof Schottlands genannt – und damit sagte er die Wahrheit.

Westlich des Loch Tay bei *Killin*, versammelt der Fluß Dochart allerlei Rinnsale und Bäche um sich. In einem Felsenkessel strömen die Fluten aus verschiedenen Richtungen mit großer Kraft und Geschwindigkeit zusammen, mengen sich strudelnd und schäumen auf. An dieser Stelle führt eine alte Brücke über den Fluß. Östlich, jenseits ihres Geländers, laufen die Felsen des Kessels in einer spitzen baumbewachsenen Plattform aus, die wie der Bug eines Schiffes über dem

Wasser reitet. *Inchbuie* heißt der noble Platz, von dem aus man den Gipfel des Ben Lawers in der Ferne sehen kann. Hier liegen die MacNab begraben.

Der Clan soll seit mehr als achthundert Jahren in diesen Tälern zu Hause sein. Im Gälischen bedeutet ihr Name, ›Mhic an Aba‹, Kinder des Abtes. Krummstab und Glocke eines frühen irischen Heiligen, des Fillan, sind ihnen als den traditionellen Hütern anvertraut (aber inzwischen ins Museum of Antiquities nach Edinburgh verbracht worden; dort liegen sie sicherer). Trotz der frommen Herkunft waren die MacNab bei allen Fehden und Raufereien so wenig zimperlich wie ihre Nachbarn, die MacGregor, und greuliche Geschichten werden auch von ihnen berichtet.

Sie zeichneten sich durch zwei weitere Eigenschaften aus. Erstens zogen sie, mehr noch als andere Schotten, in die weite Welt hinaus (in den Gewässern um Honduras hießen eine Zeitlang alle Seeräuber MacNab). Zum anderen waren sie groß im Schuldenmachen. Eine Generation nach der anderen versuchte vergeblich, sich von dieser Last zu befreien, bis der 17. Chief, Archibald, eines Tages seinen Hunden pfiff, das Gewehr von der Wand nahm und aus dem Haus ging wie an jedem Morgen, aber nie wiederkam. Er entwich nach Kanada, bekam am Fluß Ottawa ein großes Stück Land zugewiesen, nannte es ›MacNab Country‹ und ließ 85 Männer, Frauen und Kinder aus dem alten Clan-Gebiet nachkommen. Sie führten als Pioniere ein hartes Leben. Außerdem mußten sie wie in der Heimat dem Chief ihre Pacht zahlen, obwohl der sein Land umsonst erhalten hatte. Als ein späterer Generalgouverneur den Skandal aufdeckte, war der MacNab wieder ein ruinierter Mann.

Zurück auf die Brücke über den Dochart: Leider war das kleine Tor zum Friedhof verschlossen; den Schlüssel, hieß es, könne man sich in der Nähe, im *Kinnell House* holen. Wir fuhren durch doppelte, von Steinlöwen besetzte Torpfosten und eine Allee entlang. Das Gutshaus mochte aus verschiedenen Bauperioden stammen. Treibhäuser, Ställe, Hundegekläff: Eine alte Frau trat uns entgegen, wir fragten nach dem Schlüssel, aber sie schüttelte den Kopf. »Der MacNab«, sagte sie, »ist bei den Schafen und die Frau auf der Jagd.«

Eine solche Auskunft, die man vor achthundert Jahren mit den gleichen Worten hätte bekommen können, benahm mir doch für einen Augenblick den Atem.

Den Schlüssel zum Friedhof haben wir uns später geholt. Da war der MacNab anwesend und empfing uns. Es wäre müßig, in seinem Gesicht nach einer Ähnlichkeit mit dem Abbild des mürrischen Vorfahren zu suchen. Die Stammbäume der verschiedenen Linien haben sich bei den MacNabs, wie bei den meisten Clans, im Lauf der Zeiten so verzweigt und verästelt, daß ein Nicht-Eingeweihter den Zusammenhang nicht mehr erkennen kann, und die Betroffenen selber oft die Hilfe des Lord Lyon in Anspruch nehmen müssen, um herauszufinden, wer als nächster Anspruch auf die Würde des Chief hat.

Als der MacNab mir den Schlüssel zum Friedhof gab, zögerte er einen Augenblick und sagte dann: »Eines sollten Sie vielleicht noch wissen. Für diesen Friedhof gilt ein besonderes Gesetz. Immer der, der zuletzt gestorben ist, hat die Pflicht, für die Ruhe der anderen zu sorgen.«

Auf Inchbuie führen Bäume in doppelter Reihe zum Friedhof. Sein Geviert ist von einer hohen Mauer umgeben, als gälte es noch hier, sich gegen angreifende Feinde zu verteidigen. Auf die Toten-Festung sind zwei merkwürdige steinerne Köpfe gesetzt. Sie kehren einander die runden Hinterköpfe zu. Ihre leeren Augen und ausdruckslosen, flachen Gesichter richten sich auf die Wasser des Dochart und, entgegengesetzt, zum Ben Lawers. Innerhalb der Mauern liegen fünfzehn Mitglieder des Clan; neun von ihnen trugen die Würde eines Chief. Aber das Grab des Archibald Corrie MacNab ist außerhalb der Mauern ausgehoben worden. Er kehrte als erster der Familie wieder in die Heimat zurück und kaufte so viel vom alten MacNab-Land auf, wie er bekommen konnte. Nun ist es an ihm, dem 22. Chief, den Schlaf seiner unruhigen Vorfahren zu bewachen.

In einem Laden im Ort Killin werden die sogenannten St. Fillans Stones aufbewahrt, deren Berührung Heilung von verschiedenen Leiden bewirken soll.
Weiterfahrt am Nordufer des klassisch-schönen Loch Tay entlang. Eine Abzweigung führt an der Flanke des Ben Lawers entlang hinüber

ins Glen Lyon. Auf halber Höhe: Visitor Centre des National Trust mit Exponaten zur Geologie und Botanik der Bergregion (nur im Sommer geöffnet, ebenso wie der Alpenblumen-Lehrpfad).

Pilatus in Fortingall

Wenn es in Fortingall Abend wird, halten vor dem Hotel mehrere Wagen in rascher Folge, meist Jeeps. Den Gefährten entsteigen Herren in sportlicher Bekleidung; es folgen langschäftige Fischerstiefel, Angelruten und Picknickkörbe; Netze an langen Stangen (um die ermüdete Beute an Land zu ziehen), Ködertaschen und Ersatzschnüre. Die Gentlemen kommen aus dem Glen Lyon, wo sie einen befriedigenden Tag verbrachten. Aus den Kaminen der benachbarten Cottages steigen dünne Rauchsäulen auf. Die Bewohner dieser strohgedeckten Häuser lehnen am Gartenzaun, betrachten die Angler und die dunkler werdenden Hügel. Nicht lange, so wird im Hotelfoyer der Fang des Tages auf einer Marmorplatte zur Schau gestellt. Später, in der Bar, erzählt der Wirt, Mr. Turner, alte Geschichten. Und wo gäbe es merkwürdigere als gerade in Fortingall?

Jenseits des Friedhofs wird in der Kirche die Glocke des Adamnan aufbewahrt, der ein irischer Missionar und Heiliger war, und im siebten Jahrhundert den Bewohnern des Glen Lyon als erster das Christentum brachte, ehe er Abt von Iona und Biograph des Columba wurde. Im Friedhof selber stehen die etwas struppigen Überreste eines Yew Tree. Diesem Lebensbaum, einer Eibe, wird ein Alter von mindestens zweitausend Jahren zugemessen. Als Alexander von Humboldt sich dieses Wunder der Natur ansah, muß der Baum noch so mächtig gewesen sein, daß man mit Wagen und Pferd den gespaltenen Stamm durchfahren konnte.

Aber was soll man dazu sagen, daß sich in Fortingall hartnäckig die Überlieferung hält, hier in der Gegend sei Pontius Pilatus geboren? Folgendes wurde uns dazu erzählt: Die Römer näherten sich Stämmen an den Grenzen ihres Reiches nicht immer kriegerisch; gelegentlich hielten sie es für ratsamer, Unterhändler in einer Friedensmission zu entsenden. Was sich heute, im Zeitalter des Flugzeugs, in wenigen Tagen erledigen läßt, nahm damals viele Monate in Anspruch – die Sendboten mußten häufig überwintern. Der Vater des Pilatus soll mit einer solchen Abordnung zu einem caledonischen Anführer oder Kleinkönig gekommen sein, der seinen Sitz in diesem Tal hatte (die Expedition als solche ist nachweisbar). Den Fremden, die gastlich aufgenommen wurden, pflegte man eine Tochter des Landes als Gespielin anzubieten. Wenn nun, heißt es in Fortingall, der Vater des Pilatus im Rahmen der Friedensgespräche lange genug in Perthshire blieb, bis sein ›barbarisches‹ Mädchen ihm einen Sohn gebar und dieser sein Gefallen fand – warum sollte er ihn nicht mit nach Rom genommen und dort aufgezogen haben? Wilde Vermutungen, gewiß, aber ein Gerücht pflegt selten ganz ohne Grund zu entstehen.

Von Fortingall aus zahlreiche Ausflugsmöglichkeiten, z.B. nach Südosten zum angelegten Dorf Kenmore am Ostende des Loch Tay (strohgedeckte Häuser, zwei Golfplätze im Park von Taymouth Castle – siehe September-Kapitel ›Queen Victoria im Hochland‹, S.436) – in nördlicher Richtung zum Loch Tummel oder – westlich abbiegend und am Fuß des Schiehallion entlang – durchs Hochmoor zum Loch Rannoch. Im Herbst goldfarbene Einsamkeiten.

Spuren

Je heißer der Sommer war, je kräftiger die Nachtfröste einsetzen, um so wilder und bunter färbt sich *Glen Lyon* im Oktober, von einem Tag zum anderen. Im Geist dankten wir dem Menzies of Culdares, der *Meggernie Castle* nahe der *Bridge of Balgie* bewohnte und ein Baumnarr war. Er brachte nicht nur die ersten Lärchen als Setzlinge aus Tirol mit; ihm sind auch viele der uralten mächtigen Laubbäume zu danken, die nun wie lodernde Fackeln in den Wiesen am Fluß standen. Von seinem Haus aus bis zum Talende pflanzte er Buchen an Stelle von Meilensteinen. Stürme haben den Bäumen zugesetzt und einige zu Fall gebracht; aber die Idee ist noch lebendig.

Glen Lyon war von altersher besiedelt und ist es noch heute, wenn auch spärlich. Mehrere der kleinen unscheinbaren Kirchen im Tal hüten hinter Gittern irische Handglocken, von Patina überzogene Gebilde in der Form unserer Kuhglocken. Man spricht ihnen heilende Kräfte zu. Nicht weit entfernt heißt es von einem Felsblock, hier habe der irische Sagenheld Finn MacCool seinen Hund Bran angebunden. Was war nun zuerst da: die Glocke oder die Sage? Brachten irische Missionare die alten Geschichten ihres Landes mit, oder kamen diese Männer zu Nachkommen früherer Ansiedler von ›drüben‹, die schon längst Täler und Höhen mit den ihnen vertrauten Gestalten belebt hatten? Wie immer es gewesen sein mag – auf Schottland fiel, meine ich, nur ein Abglanz der großen irischen Sagenwelt. Daran änderte auch der geniale Fälscher Macpherson wenig, als er im achtzehnten Jahrhundert versuchte, dem Sohn des Finn, Oísin, als ›Ossian‹ in Schottland Heimatrechte zu verschaffen. Er geriet seinem Schöpfer zur Kunstfigur, an der vor allem die Gebildeten sich begeisterten. Der wahre Oísin ist in Irland geblieben, in den Herzen der Land- und Inselbewohner.

Glen Lyon wird seit ein paar Jahren an seinem obersten Ende von Mauer und Damm begrenzt, dahinter dehnt sich ein großer Stausee. Ein Stück altes Weideland dort oben ist auf diese Weise von der Welt und ihren Wegen abgeschnitten worden und in Vergessenheit geraten. Früher pflegten die Hirten von Anfang Mai bis zum Oktober ihre Herden hinaufzubringen, Schafe, aber auch Kühe. Als erstes suchten sie dann eine kleine wohlgedeckte Hütte auf und holten eine seltsame steinerne Figur heraus, genauer gesagt: einen großen Stein mit den Formen einer Frau. Das war die Cailliche, die Alte, die man fürsorglich an einen guten Platz in der Sonne brachte und den Sommer über dort stehen ließ, zusammen mit einigen kleineren Steinen, ihrer Familie. Erst wenn die Cailliche am gewohnten Ort war, glaubten die Hirten ihre Herden sicher und gut behütet. Vor dem Abtrieb im Herbst wurde die kleine Hütte der Alten gesäubert und neu gedeckt, dann brachte man die Figuren zurück in ihr Winterquartier. Noch in unseren Tagen ist ein Wissenschaftler bis zu der geheimnisvollen Stelle vorgedrungen und hat die Cailliche und ihre Familie photographiert. Aber wenn man heute im Glen

Lyon nach ihnen fragt, schütteln die Leute den Kopf und wissen nicht, wovon man spricht.

In diesem Hochtal wurden, wie in anderen abgelegenen Regionen, viele solche Überlieferungen und Bräuche länger bewahrt als anderswo. Am 1. Mai, den sie ›beltane‹ nannten, trieben die Hirten ihre Herden zwischen zwei Feuern hindurch. Sie wußten aber nicht mehr, daß sie damit nach altem Glauben die bösen Geister von den Tieren fernhielten. Oder sie entzündeten einen Holzstoß und zogen rings herum einen Graben, in den sich alle Männer zusammensetzten. Sie verzehrten nunmehr Haferkuchen, die nur für diesen Tag gebacken wurden und neun Erhebungen in der Kruste aufweisen mußten. Während sie aßen, warfen sie ein Stück nach dem anderen über die Schulter und sprachen dabei die überkommenen Formeln, die das Vieh vor allem bewahren sollte, was eine harte Natur ihnen zufügen konnte: »This is to thee, preserve thou my sheep ... this is to thee, oh fox, spare thou my lambs ... this is to thee, oh hooded crow ... to thee, oh eagle.« So nannte man die Feinde der weidenden Kreatur: Fuchs, Nebelkrähe, Adler, mit Namen, besänftigte und bannte sie. Der letzte Kuchen wurde schließlich in so viele Teile geteilt, als Hirten anwesend waren, und eines der Teile mit Holzkohle gezeichnet. Die Männer mußten mit verbundenen Augen ein Stück aus einem gemeinsamen Topf holen; wem das geschwärzte zufiel, der hatte ein Jahr lang unter dem Spott der andern zu leiden. Aber in vorchristlicher Zeit, so heißt es, mußte derjenige sterben; die Natur verlangte ihr Opfer.

Ball im Schloß

Ich erinnere mich an ein Bilderbuch aus meiner Kindheit, in dem ein Handwerksbursche auf der Walz sich in einer Schloßruine zum Schlafen niederlegt. Um Mitternacht wird er von Musik, Lachen und Tellerklappern geweckt; alle Räume sind hell erleuchtet und prächtig eingerichtet, ein großes Fest ist im Gange. So mag es den Mitgliedern des Clan Menzies zumute gewesen sein, als sie den ersten Ball in ihrem renovierten Schloß abhielten.

Castle Menzies war 1913 verkauft worden. Eine Photographie im ersten Stock zeigt die letzten Besitzer, einen bärtigen Herrn und eine Dame mit Riesenhut, Keulenärmeln und Sonnenschirm. Beide sehen nicht so aus, als habe es sie sonderlich bewegt, daß bei einer Auktion ihre gesamte Habe in alle Winde zerstreut wurde (eine Liste der Positionen existiert zwar, es ist jedoch nicht vermerkt, wer die Sachen erwarb). Erst vor einigen Jahren konnte die Clan Society das Schloß zurückerwerben, aber der Boden ringsum war gutes Weideland und nicht käuflich. Die Menzies müssen heute auf schlechter Straße über fremden Grund zu ihrem Eigentum fahren.

Am Abend des Balls waren alle Fenster erleuchtet; hinter den Rahmen, deren Scheiben noch vor kurzem zerbrochen waren, flackerten Fackeln. Am Eingang wurden die Gäste mit einem guten Schluck Whisky begrüßt. Der Ton des Dudelsacks drang durch alle Räume und steinernen Passagen. Der Piper des Clans, Jimmy Menzies, stand zunächst oben an der Wendeltreppe. Im roten Saal im ersten Stock wurde schon getanzt, schottisch, daß die neu verlegten Bretterböden zu schwanken begannen.

Der Clan der Menzies hat das Anrecht auf drei Tartanmuster: weiß-rot-grün für die Jagd, weiß-schwarz als Zeichen der Trauer; aber die Festfarben sind weiß und rot (so daß der Kampfruf oder Wahlspruch »hoch das Weiß und Rot« lautet). Die Männer trugen an diesem Abend die weiß-roten Farben im Kilt und in den Wollstrümpfen. Ein älterer Kavalier hatte sich mit ›trews‹, den langen engen Hosen im Tartanmuster, geschmückt. Die Jacken der Herren waren schwarz, mit großen eckigen Silberknöpfen auf den kurzen Schößen. Dazu gehörten Falbelhemden oder Hemden mit Spitzenjabot und Lackschuhe mit Schnallen oder Schuhe mit gekreuzten Bändern, oft als Tanzschuhe mit weichen Sohlen. Die Gentlemen zeigten, wie immer und überall in Schottland, das prächtigere Gefieder. Ihre Frauen hatten den weiß-roten ›sash‹, die Schärpe, von der rechten Schulter zur linken Hüfte geknüpft und oft mit einer schönen Brosche festgehalten. Nur die Frau oder die Tochter des Chief hätten den Sash über die linke Schulter ziehen dürfen, falls sie anwesend gewesen wären. Aber der Chief züchtet Schafe in Australien und wird erst wieder nach

Schottland kommen, wenn er seine Söhne nach Gordonstoun ins Internat bringt. Am nobelsten sahen die Sashes aus, wenn sie über langen einfarbigen Kleidern getragen wurden. Frauen, die in andere Clans geheiratet hatten, brachten mit ihren Schärpen neue Akzente ins Bild.

Wir waren Gäste der Menzies an diesem Abend und hatten Freunde unter den Anwesenden, aber wir gehörten ohne Tartan nicht ganz dazu. Wenn einer aus dem Clan mit uns sprach, so war es, als stiege er für kurze Zeit aus einem Bild; ob es nun der Herr mit dem klassischen Vornamen aus einer Shakespeare-Tragödie war oder die Dame Ann, deren blasses und kluges Gesicht mir in Erinnerung blieb. Sie neigte nach Art der Kurzsichtigen beim Sprechen den Kopf nach vorn; ihre schwarzen hochgesteckten Haare waren zu schwer für Spangen und Kämme. Sie erzählte fachkundig und präzise von den Renovierungsarbeiten, die sie und ihr Mann, trotz großer beruflicher Belastung, in die Wege geleitet und überwacht haben. Ihre Hand mit der Zigarette deutete in alle Richtungen, ihr burgunderrotes Samtkleid leuchtete im Fackelschein. Aber nach unserem Gespräch und einem unverbindlichen »ich hoffe sehr, Sie wiederzutreffen« trat sie, wie alle anderen, zurück in ihren Rahmen. Allmählich fand ich heraus, daß es auch innerhalb dieser geschlossenen Gesellschaft noch Grenzen und Abstufungen gab, Gruppen und Cliquen. Die erste unter ihnen hatte sich ins Halbdunkel eines getäfelten Raumes zurückgezogen, in dem das Bild des Sir Robert Menzies, Premierminister von Australien und Ritter des höchst edlen Ordens der Distel, auf die Verwandtschaft herabblickte.

Ein Stockwerk höher, im Saal mit den schönen Stuckornamenten an der Decke, ließen sich die ersten zum Supper an langen Tischen nieder, erst einmal junge Leute, die sich hungrig gedreht und gesprungen hatten. An diesem Abend standen fast ausschließlich die figurenreichen Hochlandtänze auf dem Programm. Sie beginnen langsam, fast nach höfischer Art, werden, wenn Fiedel, Harmonika und Baß ihr Tempo beschleunigen, stark bewegt und wild und enden in einem Rausch des Schwingens und Kreisens. Junge Mädchen und alte dickliche Damen tanzten mit der gleichen Grazie und Sicherheit, auch bei den Männern standen sich halbe Buben und ältere Jahrgänge gleichwertig gegenüber. Ab und zu wurde etwas zum Ausruhen eingeschoben. Beim Ball auf Schloß Menzies habe ich erprobt, wie gut sich ein langsamer Walzer zum Klang des Dudelsacks tanzen läßt.

Castle Menzies wurde im 16. Jahrhundert als Turmhaus der Menzies of Menzies errichtet, in den folgenden Jahrhunderten mehrfach erweitert und umgebaut (Besichtigung möglich).

Am nächsten Morgen

Im Jahre 1646 zog eine kleine Armee unter dem Herzog von Montrose durchs Tal des Tay auf das Schloß der Menzies zu. Es war die Zeit der religiösen Wirren. Karl I. wollte den Schotten eine von Bischöfen geleitete Kirche aufzwingen, die Covenanters weigerten sich. Montrose mit seiner Royalist Army war auf dem Weg nach Inveraray, wo sein großer Gegner, der Earl of Argyll, saß. Man weiß nicht mehr genau, was sich unter den Mauern des Schlosses abspielte, aber soviel ist sicher: Montrose wurde unfreundlich empfangen und der Laird, Sir Alexander Menzies, fiel im anschließenden Kampf. Dabei war er eigentlich ein friedliebender und unentschlossen zwischen beiden Parteien stehender Mann gewesen. — Nun nahm, mehr als dreihundert Jahre später, eine Abordnung des 1. Bataillons eines berühmten schottischen Regiments, der Scots Guards, in einem viertägigen Übungsmarsch den Weg, welchen Montrose und seine Truppe gezogen waren. »Diesmal«, sagten die Menzies, »müssen wir die Soldaten wohl etwas gastlicher begrüßen.«

Als wir in grauer Sonntagsfrühe unser Hotel in Fortingall verließen, rief man uns »to the bridge«, »zur Brücke«, nach; der Ruf, mit dem sich die Bewohner des Tals damals sammelten, war noch nicht vergessen. Aber diesmal zogen die Männer der Abordnung friedlich, ziemlich verspätet und etwas müde heran. Der Weg durch mooriges Gelände war mühsam gewesen. Die Soldaten, welche sonst wohl vor dem Buckingham Palace mit der Bärenmütze auf dem Kopf Wache stehen, hatten lehmverschmierte Stiefel; ihre Kampfanzüge waren besprützt bis hinauf zu den Kartentaschen, die sie im Gürtel trugen. Über den Köpfen der letzten wippten die Antennen der Sprechfunkgeräte. Aber vor dem Zug kam der Piper über die Wiesen, auch er im Kampfanzug. Sein Spiel, erst vom Wind herangeweht, dann immer kräftiger das Tal füllend, hat mich mehr bewegt als alle Klänge der großen schottischen Paraden und Aufzüge. Die Menzies, heute im ›Hunting Tartan‹, warteten mit Jimmy, ihrem Piper, vor dem Schloß. Die Begrüßung war kurz, die Damen reichten dampfenden Kaffee und Bier. Dann zogen die Soldaten weiter, zur Kirche; die Reihe unserer Autos folgte im Schrittempo. Wir kamen alle zu spät nach *Weem*. Zur ersten Lesung eines Bibeltextes trat ein Menzies ans Pult, zur zweiten aus dem Neuen Testament Major Hillary von den Scots Guards als Gast. Beide Männer lasen mit klarer Stimme und ohne zu stocken; sie waren offensichtlich an solche Pflichten eines Gemeindemitglieds der Church of Scotland gewöhnt.

Nach dem Gottesdienst traf man sich in der Auld Kirk, dem Mausoleum der Familie, zu einer Tasse Tee und fand es nicht unpassend, dabei über den Grüften zu stehen und acht steinernen Kindern, samt ihren Eltern, auf einem Grab des 16. Jahrhunderts für eine Weile Gesellschaft zu leisten. (Der Vater trägt Schwert und Schild, die Mutter hält das Wappen der Familie wie einen Muff in der Hand.) Im Gästebuch dieser ehemaligen Kirche hatten sich Menzies aus Kalifornien, England und Australien eingetragen. Zwischen zwei Schlucken wurde mir ein schön gemeißeltes riesiges Monument aus dem Jahre 1616 gezeigt, das Sir Alexander, der spätere Gegner von Montrose, den Damen der Familie Menzies errichten ließ; eine für die damalige Zeit ungewöhnliche Geste.

Über uns waren ›hatchments‹ an den Wänden zu sehen: gerahmte und farbstarke, über Eck gestellte Quadrate, hölzerne Totenschilder. Sie wurden jeweils beim Ableben einer Standesperson angefertigt, hingen zunächst über dem Portal des Schlosses und wurden dann der Leiche auf dem Weg zum Friedhof vorangetragen. Auf solchen Hatchments ist nie ein Name angegeben; sie sind wie Bilderrätsel, die der Kundige ohne Mühe entziffern kann: durch das Wappen (das von den üblichen nackten Männern im Lendenschurz mit grünen

Kränzen auf dem Kopf gehalten wird); vielleicht auch durch den Hermelin für einen Toten von hohem Rang, oder durch den Mohrenkopf, der die Teilnahme des Verstorbenen an einem Kreuzzug anzeigt. »Sehen Sie«, sagte die kundige Ann, »gemalte Tropfen auf dem Rand eines Hatchments bedeuten Tränen, letzte Grüße der Angehörigen. Aber hier, bei einem ziemlich späten Schild, sind die Tränen aus Papier ausgeschnitten und dem Brett aufgeheftet.« Sie wußte auch, daß dieser Raum eine vorreformatorische Kirche gewesen sei, deren Sakramentshäuschen und Weihwassernische zugemauert worden waren.

Die Tassen waren geleert, der Major zog mit seinen Leuten weiter, zu einer der schönsten Brücken Schottlands, die, mit Obelisken geschmückt sich bei Aberfeldy über den noch schmalen Tay schwingt. General Wade hat sie geplant, William Adam 1733 erbaut. Ob die Abordnung gleich jenseits der Brücke beim Denkmal der ›Black Watch‹ anhielt? Ein steinerner Soldat in der Uniform dieses ältesten schottischen Regiments scheint noch immer bei der Arbeit zu sein, alle jene Schlachten am Sockel des Monuments aufzunotieren, in denen seine Kameraden mitgekämpft haben, von Balaklawa bis Tel-el-Kebir. Aber auf der Spitze des Denkmals schaut ein weiterer Krieger im Kilt gleichmütig über Vergangenheit und Gegenwart hinweg.

Merke: Schottische Soldaten werden überall auf der Welt ›Jocks‹ genannt.
Aberfeldy ist ein freundliches Städtchen mit guten Einkaufsmöglichkeiten. The Birks, eine mit Birken bestandene Steilschlucht, wurde durch Burns-Verse berühmt. Lohnender Rundweg an den Ufern der Moness Falls entlang (ca. eine Stunde).
Bei Grantully, auf einem Hügel: die Church of St. Mary mit gut erhaltener, teilweise kurioser Deckenbemalung des 17. Jahrhunderts.

Lob des Hydro

»Warum«, bin ich öfters gefragt worden, »trifft man in schottischen Hotels so wenig Schotten an? Wo verbringen sie ihren Urlaub?« Zunächst konnte ich diese Frage nicht beantworten. Jetzt weiß ich es besser. Schotten gehen in ihren Ferien zum Beispiel nach *Crieff* und dort vor allem ins Strathearn Hydro Hotel, kurz Hydro. — Crieff ist eine kleine Hotel-Stadt, die auf den ersten Blick nichts Besonderes aufzuweisen hat außer ihrer schönen Lage: die Häuser sind in die ersten Hügel des Grampian-Gebirges gebaut und haben unendlich weit die sanften Wiesen und Bäume des Earn-Tales zu Füßen.

Das Hydro zu finden, ist nicht ganz leicht. Man wird immer weiter bergauf gewiesen. Neben einem geöffneten Tor ein Schild: ›Private‹. Rhododendronhecken, ein ausgedehnter Park. Das Hotel ist ein turm- und zinnenreicher rosenroter Backsteinkasten mit vorgesetzten gußeisernen weißen Veranden, in der faszinierenden Häßlichkeit viktorianischer Bauten. Wir wären nie auf die Idee gekommen, hier, mit über dreihundert anderen Gästen zusammen, Quartier zu nehmen, hätte ich nicht schon allerlei über das Hydro gehört und gelesen. Die ganze Anlage — mit Ballsaal und Ställen, Großwäscherei, Tennisplätzen und Heimorgel, Kinderzimmern und Billardtischen — entstand vor mehr als hundert Jahren als Idee eines weitblickenden, vernünftigen und guten Menschen: Dr. Thomas Meikle. Natürlich war Dr. Meikle ein Schotte. Ich glaube, daß vor allem Schotten die drei genannten Eigenschaften mit Vollkommenheit in sich vereinen können.

Hydro: Der Name sagt, daß hier einmal Wasserkuren durchgeführt wurden. Pfarrer Kneipps Lehren waren noch nicht nach Schottland vorgedrungen; man hielt sich an Herrn Priessnitz. Damals galten strenge Regeln im Haus: Glockensignale für Aufstehen und ›Licht aus‹; wer das Tischgebet versäumte, mußte einen Penny Strafe zahlen. Während der Mahlzeiten durfte nicht über Krankheiten gesprochen werden! — Das ist lange her. Aber noch immer scheint der Wahlspruch eines Bademeisters zu gelten: »All haste is vulgar«, Hetzen ist plebejisch.

Man hat nichts oder wenig verändert an Dr. Meikles Haus. Die Neuzeit hat ein großes Schwimmbad hinzugefügt, ein Kino und einen Fernsehraum, der allerdings versteckt liegt, als schäme man sich seiner. Die Zimmer sind ebenso einfach eingerichtet wie die riesigen Gesellschaftsräume, in denen man auf einem Plüschsofa neben Zimmerpalmen wie auf einer einsamen Insel sitzen kann. Wenn die Hausdiener vor dem großen Portal das Gepäck einer Familie abladen, sieht man auf einen Blick, welche sportlichen Möglichkeiten sich hier eröffnen: Golf- und Tennisschläger kommen zum Vorschein, Reitstiefel und Angelgerät. Jeden Morgen, nach einem soliden schottischen Frühstück, zerstreuen sich die Gäste in alle Winde und sind erst wieder beim Dinner vollzählig. Der Aufmarsch zum Abendbrot ist in einer Hinsicht ungewöhnlich: In welchem anderen Hotel dieser Klasse bringt man seinen Alkohol selber mit und bekommt noch die passenden Gläser serviert und die Flaschen entkorkt? Das Haus ist nämlich für den Urlaub der ganzen Familie geplant. Und da Dr. Meikle meinte, eine Bar würde die Männer davon abhalten, sich ihren Frauen und Kindern zu widmen, hat das Hydro bis heute keine Alkohol-Lizenz. Nur im Speisesaal darf getrunken werden.

Abends tanzt man, viermal in der Woche, im Ballsaal. Dem Bandleader ist nicht anzusehen, daß er hauptberuflich Schuster in Crieff ist. Ländliche Tänze werden bevorzugt. Ich war immer wieder erstaunt, mit welcher Sicherheit Schotten die schwierigen Figuren und Verflechtungen der heimatlichen Tänze beherrschen. Junge Mütter, im langen Rock, brachten ihren heranwachsenden Söhnen die Schritte bei, und die Väter schwenkten ihre kleinen Töchter. Pünktlich um halb zehn versammelte die hübsche Hosteß die Kinder in langer Schlange hinter sich zu einer Polonaise im Hüpfschritt, hier ›crocodile‹ genannt. Dann hieß es »gute Nacht«, und die jüngste Generation räumte das Feld.

Ferien für die ganze Familie: dafür wird viel getan. Kinder bis zu zehn Jahren sind im Speisesaal nicht zugelassen. Sie haben ihr eigenes Eßzimmer und werden dort von gelernten Kräften betreut, damit die Eltern ungestört ihre Mahlzeiten genießen können. »Und wenn sie darauf bestehen, mit den Kindern zusammen zu essen?« — »Dann«, sagte Dr. Leckie, ein Nachfahre Dr. Meikles und einer der beiden Manager, »müssen sie den vollen Preis zahlen.« — »Wie kann man«, war meine nächste Frage, »so viel für verhältnismäßig wenig Geld bieten?« — »Durch Einfachheit und Rationalisierung.«

(Im nahe gelegenen Gleneagles, einem Hotel der Luxusklasse mit eigener Bahnstation, mehreren berühmten Golfplätzen und mit Ladenstraße, Postamt und Bank im Haus, benötigt man bei etwa gleicher Gästezahl dreimal so viel Personal.) Im Hydro werden die Gäste gebeten, pünktlich zu allen Mahlzeiten zu kommen, was sie auch tun. »Und dann helfen uns die Stiftungen.« Die verschiedenen protestantischen Kirchen Schottlands haben — ebenfalls schon im vorigen Jahrhundert — Fonds gegründet, mit deren Hilfe im Winter Pfarrer und ihre Frauen, Sozialarbeiter und Missionare im Hydro verbilligte Ferien genießen. Es soll um diese Zeit immer besonders lustig zugehen. Damit wird die stille Saison, vor der sich alle Hotelmanager fürchten, jedes Jahr überbrückt, und das Haus ist fast immer ausgebucht. Die meisten Besucher können von sich sagen, daß schon die Eltern als Kind ihre Ferien hier verbracht haben. Wir blieben, so lange man Platz für uns hatte. All haste is vulgar.

Einige der von Crieff aus erreichbaren Sehenswürdigkeiten: im Süden die schönen Drummond Castle Gardens. Terrassierte Gärten nach italienischer Art (1830) mit Sonnenuhren-Obelisk im Mittelpunkt (1630, John Mylne).
Nahebei Innerpeffray mit der ältesten Leihbibliothek Schottlands, 1691 von der Familie Drummond eingerichtet. Interessante Exponate.
Östlich von Crieff der hübsche alte Ort Fowlis Wester mit frühem Marktkreuz und alter Kirche (siehe Januar-Kapitel ›Tartan‹, S. 56).

November

WIEDER IN DEN STÄDTEN

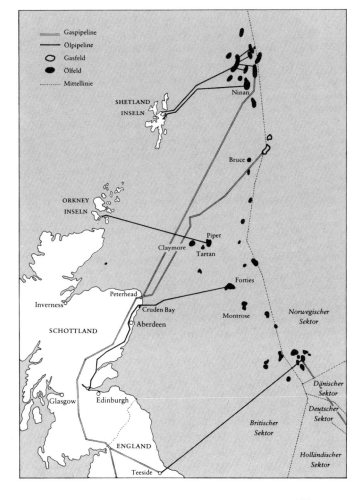

Dundee, theoretisch

Wer von St. Andrews nach Norden fährt, zum Beispiel in Richtung Aberdeen, gerät mit seiner Straße plötzlich in den Sog einer neuen Brücke, die hoch über die Mündungsgewässer des Tay hinwegführt. Der Beifahrer kramt Münzen für die Maut aus der Tasche und alle Insassen des Wagens recken die Hälse, aber ziemlich vergeblich: Die Geländer oder, genauer gesagt, die Windschutzblenden zu beiden Seiten sind so hoch, daß man wenig von der weiten blitzenden Wasserfläche, den anmutigen hügeligen Ufern und der aufsteigenden Stadt vor sich zu Gesicht bekommt. Anhalten ist nicht erlaubt. Ab und zu sieht man, zur Linken und weit entfernt, das altmodische und feste Bauwerk einer Eisenbahnbrücke.

Wie war es doch mit der ›Brücke am Tay‹? Wir haben alle von ihr gehört, einige mußten Fontanes Ballade noch auswendig lernen. In der zweiten Hälfte des neunzehnten Jahrhunderts wurden im Zeichen des Gußeisens und eines allgemeinen Eisenbahnrausches überall auf der Welt solche Brücken gebaut. Wie viele von diesen Bauten aber wieder einstürzten, da es an Erfahrung und Kenntnissen fehlte, darüber ist weniger bekannt. Die Eisenbahnbrücke über den Tay, die Edinburgh mit den Städten im Nordosten, Dundee und Aberdeen verband, hat der Zivilingenieur Thomas Bouch von 1871 an errichtet und dabei auf Wunsch der Eisenbahngesellschaft größte Sparsamkeit walten lassen. Das Ergebnis war »sehr uneinheitlich und ästhetisch wenig befriedigend«: ein über dreitausend Meter langer Bau, am nördlichen Ende in einer weiten Kurve geführt, mit fünfundachtzig Öffnungen verschiedener Spannweite und mit verschieden hohen Bögen, ohne steinerne Fundamente, nur auf unzureichend gesicherten gußeisernen Pfeilern errichtet. Im Mai 1878 wurde die Brücke eingeweiht und eröffnet. Der eingleisige Betrieb verlief zunächst unfallfrei. Aber am Sonntag, dem 28. Dezember 1879, kam nachmittags ein starker, um Süd schwankender Wind auf.

»When shall we three meet again?« »Wann treffen wir drei wieder zusamm'?« So wie Shakespeares Hexen sich im ›Macbeth‹ auf der Heide treffen, um gemeinsam Unheil zu brauen, läßt Fontane in seinem Gedicht drei Winde miteinander den Untergang der ›Brücke am Tay‹ planen. Und der Zug »muß mit«. Gegen sieben Uhr abends fuhr ein aus Edinburgh kommender, mit etwa fünfundsiebzig Personen besetzter Zug in die Südseite der Brücke ein. Plötzlich sah der Bahnwärter vom Ufer aus die Schlußlichter abstürzen und in der schwarzen Tiefe verlöschen. Die dreizehn mittleren Pfeiler der Brücke waren umgeknickt und ins Wasser gesunken und hatten Lokomotive, Tender und sieben Waggons mit sich gerissen. »Tand, Tand ist das Gebilde von Menschenhand.«

Es gab keine Überlebenden. Eine Kommission befand, die Brücke sei »schlecht entworfen, schlecht ausgeführt und beim Bau mangelhaft beaufsichtigt worden«. Dem unglücklichen Zivilingenieur wurde der bereits erteilte Auftrag zum Bau der Brücke über den Firth of Forth entzogen. Er starb im folgenden Jahr. Im Schottland der Eisenbahn- und Brückenspezialisten von Weltrang wurde das Unglück als nationale Schande empfunden. Man verstärkte von da an bei allen Neubauten die Sicherheitsvorkehrungen weit über das notwendige Maß hinaus.

Dundee umkreist der Autofahrer auf breiten Ringstraßen mit vielen ›roundabouts‹. Dabei läßt sich der Eindruck einer sehr lebendigen und modernen Stadt mit vielen Fabriken, Hochhäusern, Supermärkten und Garagen mitnehmen. Beton ist das vorherrschende Baumaterial. Mehr soll auch beim ausführlicheren Besuch des Ortes nicht zu entdecken sein. Aber Dundee sah einmal ganz anders aus: altmodisch und charaktervoll. Die hohen Mietskasernen neigten sich in dunklen und winkligen Gassen gegeneinander, als seien sie es müde, so viele Menschen zu beherbergen. Die Wohnung einer Familie bestand in der Regel aus einem Raum, aber dort nahm man noch Untermieter auf, unverheiratete Arbeitskollegen, um den Hungerlohn der frühkapitalistischen Jahre ein wenig aufzubessern. In Dundee wurde vorwiegend grobes Zeug hergestellt, Jute vor allem. Das Rohmaterial kam aus den indischen Kolonien und ging nach der Verarbeitung in Form von Säcken wieder dorthin zurück. Später mußte man gegen die Konkurrenz von Kalkutta ankämpfen. Unternehmer und andere reiche Leute siedelten sich von Anfang an außerhalb dieser Stadt an, auf den aussichtsreichen Höhen über dem Tay. In unseren Tagen kamen die Bulldozer und rissen erst Schneisen durch die Gassen und dann das alte Dundee gänzlich ein, mitsamt den Fabrikhallen, in denen halbwüchsige Mädchen barfuß auf nassen Steinböden gearbeitet hatten; mit den schmiedeeisernen Toren, auf denen die bekannten Namen der Marmelade-Hersteller den Gast grüßten; mit den dunklen Pubs, in denen die arbeitslosen Männer zusammen tranken (Frauen und Kinder fanden immer Beschäftigung); und mit den Wohnwaben der frühen Mietshäuser. Nur ein Kirchturm blieb stehen. Ein Denkmal industrieller Frühzeit ging so verloren. »Was wollen Sie«, sagte mein Gewährsmann, der das alte Dundee noch gekannt hatte, »unser damaliger Bürgermeister war Inhaber einer Abbruchfirma.«

»Tand, Tand ist das Gebilde von Menschenhand.«

Wer mehr von diesem alten Dundee wissen will, muß zu einem ehemaligen Friedhof im Stadtinneren gehen und sich dort von den Grabsteinen aus drei Jahrhunderten Geschichten erzählen lassen. Der Ort heißt seit altersher ›Howff‹, Treffpunkt. Als solcher wird er heute von den Angestellten der umliegenden Büros und Geschäfte in der Mittagszeit benützt. Lunch Hour bei den Toten: Ich entdeckte diese seltsame Gepflogenheit auch in Aberdeen, wo sich sogar bei Regen einzelne Mittagsgäste in einem aufgelassenen Friedhof einfanden und auf den Grabplatten saßen, die Thermosflasche griffbereit neben sich. Schotten haben ein sehr realistisches Verhältnis zum Sterben und Begrabenwerden. Das zeigen auch ihre Witze. Ein Beispiel: Eine Frau aus Dundee (oder Aberdeen) trifft auf der Straße eine Bekannte, deren Mann kürzlich starb, und drückt ihr teilnehmend die Hand: »Der gute Bill ist gestorben.« Die Antwort der trauernden Witwe: »I ken«, ja, ich weiß.

Museum and Art Gallery, im Zentrum. – ›The Unicorn‹, Fregatte aus dem Jahre 1824, im Victoria Dock.

Aberdeen und das Öl

Aberdeen ist eine dauerhafte Stadt, seit es gelang, den spröden und widerspenstigen örtlichen Granit zum Bauen zu verwenden. Die in der Nähe gelegenen Brüche heißen Rubislaw Quarries — ein Name, der auf mich eine gewisse Faszination ausübt und der schon anzudeuten scheint, daß es mit diesem Gestein eine besondere Bewandtnis haben muß. Rubislaw-Granit ist ungewöhnlich reich an ›mica‹, Glimmer; diese Einsprengungen bewirken, daß die graue Stadt leuchtet und schimmert, wenn sie nach einem Regenguß von der Sonne beschienen wird. Sogar der Beton, mit dem heute hier wie überall gebaut wird, soll durch Beimengungen von mica-haltigem Sand zum allgemeinen Flimmern und Glänzen beitragen. Vom entsprechend granitenen Charakter der Aberdonians liest man viel, aber man bekommt ihn als Fremder nicht zu spüren. Ich konnte nur zahlreiche ›Einsprengungen‹ eines plötzlich aufblitzenden grimmigen Humors registrieren.

Nachdem die Möglichkeiten des Granit einmal erkannt waren, traten zu Beginn des neunzehnten Jahrhunderts Architekten wie Archibald Simpson und William Smith auf den Plan; sie errichteten, in neugriechischem Stil, dem Auge gefällige öffentliche Bauten und reihenweise Wohnhäuser nach dem Vorbild von Edinburgh. Sie sparten nicht an Quadermauern und Säulen, Giebeln und allegorischen Figuren. Im Zeichen eines industriellen Aufschwungs standen die nötigen Mittel zur Verfügung.

Diese Stadt am Meer, zwischen den Flüssen Don und Dee gelegen, ist sozusagen doppelt vorhanden: als Old und New Aberdeen. Beiden Orten wurden schon im zwölften Jahrhundert die Rechte einer ›royal burgh‹ verliehen. Und weil ihre Bewohner so beharrlich sind, hat sich an den Eigenheiten der beiden Gemeinwesen wenig geändert. In New Aberdeen wurde und wird mit den Händen gearbeitet, Handel betrieben und zur See gefahren. Weiter nördlich in Old Aberdeen war man zunächst fromm; man verehrte den heiligen Machar, der im sechsten Jahrhundert von Iona aus eine Kirche errichtete. Und man studierte und studiert hier, seit der große und gute Bischof Elphinstone 1495 King's College gründete, »damit rauhe Barbaren die Perle der Weisheit erringen könnten«. Hundert Jahre später erhielt auch New Aberdeen eine Universität. Seit 1860 sind beide Lehrstätten vereinigt; aus den beiden Royal Burghs wurde erst dreißig Jahre später verwaltungsmäßig ein Aberdeen. Die Unterschiede blieben: in der High Street von Old Aberdeen wandert man gemächlich auf und ab und hat immer Zeit. Die Union Street, Hauptstraße der New Town, zwingt dagegen als lange und zugige Schneise zur Beschleunigung der Schritte, wenn man Aussicht haben soll, sein Ziel zu Fuß zu erreichen. Erst bei genauerem Zusehen erkannte ich, daß diese Straße kunstreich über eine Schlucht geführt wurde. Auf dieser Union Bridge trugen die vierzehn kleinen gußeisernen Löwen im November ein Fell aus Schnee; unten am Grund ratterten mit Kohle hochbeladene Waggons vorbei. In der New Town finden sich alle Sehenswürdigkeiten auf engem Raum, in unmittelbarer Nähe des City Cross von 1686; im alten Aberdeen muß man zwischen der Kathedrale des heiligen Machar, mit ihrer schönen doppeltürmigen Westfassade, und der von buntem Dämmerlicht erfüllten College Chapel einen ziemlich weiten, aber durchaus erfreulichen Weg zurücklegen.

Und nun: das Öl.

In den sechziger Jahren unseres Jahrhunderts entschloß man sich, die vermutlichen Vorkommen an Öl und Gas unter der Nordsee zu erforschen und auszubeuten. Die den Anwohnern aus sieben Nationen zufallenden Gebiete wurden vertraglich ausgehandelt und auf Spezialkarten abgesteckt, wobei Briten und Norweger naturgemäß den Löwenanteil erhielten. Zunächst gaben die Länder Lizenzen zur Erforschung aus; als man schon bald über Erwarten fündig wurde, folgten die — gewiß nicht billigen — Lizenzen zur Erschließung der quadratischen Felder durch verschiedene Ölgesellschaften. In schottischen Gewässern gab man den Fields national-folkloristisch gefärbte Namen wie ›Tartan‹, ›Claymore‹ und ›Piper‹; man benannte sie auch nach einem Heiligen ›Ninian‹ und einem Helden ›Montrose‹. Jeder weiß, wie Bohrinseln aussehen. Eine bizarre Schönheit ist diesen Gebilden nicht abzusprechen. Sie müssen so solide konstruiert sein, daß sie einer Sturmgeschwindigkeit von 200 Stundenkilometern und

30 Meter hohen Wellen widerstehen können. Für eine große Plattform soll man viermal so viel Stahl benötigen, als seinerzeit beim Bau des Eiffelturms verwendet wurde; etwa hundert Mann sind ständig auf den Decks tätig.

Als man sich überlegte, von welchen Stützpunkten aus die Arbeit auf den Bohrinseln am besten zu lenken sei, genügte ein Blick auf die Landkarte: für die Norweger bot sich Stavanger an, für die Briten Aberdeen. Die Aberdonians sahen dieser neuen Aufgabe gelassen entgegen und haben sie souverän gelöst.

Die Spuren des Ölgeschäfts ziehen sich mit neuen Siedlungen und Industrieanlagen bis weit ins Land hinaus. Jede Anfahrt mit dem Auto auf die Stadt zu ist eine Nervenprobe im Kampf mit hoch beladenen Lastern von einem Ausmaß, das ein Überholen kaum zuläßt. Und erst der Flugverkehr! Aberdeen hat inzwischen den größten Helikopter-Landeplatz der Welt. Ich hatte einmal am Flughafen Freunde abzuholen; ihre Maschine aus Amsterdam verspätete sich. In der Wartehalle wurden derweil in kurzen Abständen kleinere Menschengruppen durchgeschleust — nur Männer, meist junge, die eine Tasche in der Hand trugen. Es waren Arbeiter von den Bohrinseln, auf dem Weg zu ihrem Urlaub daheim oder zu einem freien Wochenende in Aberdeen. Den letzteren wurden Umschläge ausgehändigt, vermutlich mit Quartierzetteln und Geld. Für diese Leute soll es neuerdings im sittenstrengen Aberdeen ein sündiges Nachtleben hinter verschlossenen Türen geben. Aber der Augenschein zeigte uns, daß viele von ihnen dafür zu sparsam oder zu müde sind; sie versinken nach dem Abendessen in einem Sessel vor dem Fernsehgerät in ihrem Hotel, so wie sie es auf ihrer Insel im Recreation Room taten; nur daß ihnen hier eine Batterie von Bierdosen über den Abend hilft, während draußen strengstes Alkoholverbot herrscht.

Auch wenn man es nicht darauf abgesehen hat: man begegnet in der Stadt den ›Ölleuten‹ auf Schritt und Tritt. Im Restaurant sitzen gewichtige Persönlichkeiten beim ausgedehnten Mahl und reden in teilweise sehr fremden Zungen. Hier geht es um Millionen. Manchmal hat eine flinkäugige Sekretärin halb neben, halb hinter ihrem Chef Platz genommen. Sonst sind die Herren unter sich. In Zeitungsanzeigen wird spaltenlang angeboten, was man auf einer Bohrinsel brauchen kann: Schwimmwesten und Rettungsleinen, Netze für Helikopter-Landeplätze und wasserdichte Postbeutel. Bestellungen sind Tag und Nacht möglich. Warum auch Rolljalousien im Angebot enthalten sind? Vielleicht um in den engen Unterkünften das Tageslicht auszusperren, wenn einer der hochqualifizierten Fachleute nach seiner anstrengenden Nachtschicht schlafen will.

Der Hafen von Aberdeen war früher hauptsächlich wegen seiner Fischauktionen berühmt. Der Verkauf – ausschließlich im großen – beginnt im Winter noch unter künstlichbleichem Licht. Das frühe Aufstehen reut die Besucher trotzdem nicht; notfalls wärmt man seine klammen Finger an einem Pappbecher mit heißem Tee. In den offenen Hallen reihen sich unabsehbar die Fischkästen. Auktionatoren und Handlanger, alle mit blütenweißen Hosenbeinen und Strickstrümpfen, jonglieren zielsicher über den Fischleibern hinweg. Unter den Aufkäufern ist mancher, der noch als flinkfüßiger kleiner Kurier zwischen Hafen und Kontoren seinen Berufsweg begann; heute stehen die Herren durch Sprechfunkgeräte mit ihren Büros in Verbindung. In den Hallen verschiebt sich das Geschehen von einer Kistenreihe zur nächsten, während es draußen langsam hell wird und im Hafenbecken die Umrisse verspätet heimkehrender Boote zu erkennen sind.

Wie man weiß, ist die Ausbeute in den letzten Jahren beträchtlich zurückgegangen. Wer hier seinen Arbeitsplatz verlor, wessen Boot im Hafen langsam vor sich hin rostet, kommt bei den Ölleuten unter (Aberdeen hat die niedrigste Arbeitslosenquote der Britischen Inseln). Da ist zunächst die Meute der dickleibigen Versorgungsschiffe. Schon ihretwegen mußten die Hafenanlagen ausgebaut werden. Während die Helikopter ständig unterwegs sind, erhält jede Bohrinsel zweioder dreimal in der Woche Nachschub, von den gröbsten zu den feinsten Dingen. Französische Spezialisten zum Beispiel, die auf einer Plattform arbeiten, bestehen auf heimatlicher Küche, von der Hand eines Landsmannes zubereitet. Dann gibt es Stand-by-boats, kräftige Trawler mit zwölf Mann Besatzung, die im Turnus für längere Zeit zu den Bohrinseln eines Field hinausfahren, sie je nach der Wetterlage umkreisen oder in ihrer Nähe Anker werfen. Sie stehen im Auftrag einer großen Versicherungsgesellschaft sozusagen Wache. Die Inseln selber betreten diese Männer nie. »Ein hochbezahlter, aber ein tödlich langweiliger Job.«

Von Ölraffinerien und Aufbereitungsanlagen für Erdgas ist Aberdeen verschont geblieben. Erst weiter nördlich, in der *Cruden Bay*, endet die Pipeline aus dem ›Forties Field‹, dem bisher größten Vorkommen. Das Öl wird unterirdisch nach *Grangemouth* am Firth of Forth weitergeleitet. Kleinere Platforms werden von Tankern direkt angelaufen, aber es gibt inzwischen auch Leitungen zu den Orkneys und den Shetlands hinüber. Das Nordsee-Gas wird nahe *Peterhead* – ebenfalls an der Nordostküste – aufbereitet und deckt, wie man hört, den Gesamtbedarf der Britischen Inseln. Die Umweltschützer haben ein wachsames Auge auf diese Anlagen, um so mehr, als es in unmittelbarer Nähe ein Naturschutzgebiet und zahlreiche Vogelkolonien gibt.

Ich muß noch erwähnen, daß Aberdeen, diese vielseitige Stadt, auch als Sommerfrische geschätzt wird! An den meilenlangen Sandstränden gibt es nicht nur die üblichen Vergnügungsparks britischer Seebäder, sondern auch einen kreisrunden riesigen Ballsaal. Daß Aberdeen eine Stadt der Rosenzüchter ist, konnten wir unter dunklen Novemberhimmeln weniger würdigen.

Südlich von Aberdeen wirft man einen Blick auf den malerischen Hafen von *Stonehaven* und steht dann in den Ruinen von *Dunnottar* wieder auf historischem Boden. Ein Felsen im Meer und seine Burganlagen sind hier zu einem großartigen Ganzen verwachsen.

Weitere Sehenswürdigkeiten der Stadt: die Brig o' Balgownie, ca. 1320 erbaut, 1607 restauriert, überspannt den Don in einem baumbestandenen Tal nahe der Old Town. Das Rathaus von Old Aberdeen in der High Street: georgianischer Bau von schönen Proportionen. – Art Gallery, Schoolhill: schottische und englische Malerei des 18. bis 20. Jahrhunderts. – Provost Skene's House, Broad Street: Bürgerhaus des 17. Jahrhunderts mit bemalten Decken und zeitgenössischer Einrichtung. – Marischal College: Granitbau des 19. Jahrhunderts.

Dezember

GLASGOW

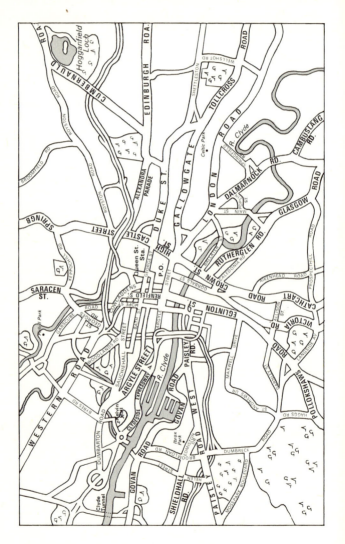

Die Morrisons

In der dicht besiedelten Industriezone zwischen dem Firth of Clyde und dem Firth of Forth sind mehr als drei Viertel aller Schotten zu Hause – nach einer neueren Statistik 76,8 Prozent. Zu seiten der Straßen, die auf Glasgow zuführen, gibt es zwar noch Weiden und Vieh, oder die begrünten Abraumhalden ehemaliger Bergwerke; aber dazwischen wachsen neue Trabantenstädte auf, wie Livingston oder Cumbernauld. Und ehe man Glasgow selbst erreicht, muß man meilenweit Vorstädte durchfahren, meist einförmige und ziemlich trostlose Quartiere.

Die Morrisons besitzen seit einigen Jahren ein kleines Reihenhaus in einer besseren Siedlung. Der Vater ist Vorarbeiter bei einer Schiffswerft und hofft, bis zu seiner Pensionierung in einigen Jahren den Arbeitsplatz nicht zu verlieren. Der Großvater war noch Crofter auf der Insel Lewis, ein Kleinhäusler. Die Frau des Hauses stammt aus Glasgow, wo sie in einer der berüchtigten Slumgegenden, den *Gorbals*, aufgewachsen ist. Sie gilt als tüchtig und gescheit und hat über ihre Verhältnisse geheiratet. Der Vater ist ein hochgewachsener, nobel aussehender Mann. Je älter er wird, desto deutlicher tritt dies gute Aussehen zutage; es ist ›bone-deep‹, der Knochenbau macht es aus. Die Söhne haben den hohen Wuchs und das gut geschnittene Gesicht geerbt. Mutter und Tochter hat die Natur weniger begünstigt. So lange sie jung sind, rühmt man die blühenden Farben, die schöne Haut und das starke Haar der Schottinnen. Mit den Jahren werden sie oft weniger ansehnlich.

Der Vater hat den Kindern die Heimat der Vorfahren noch zeigen können, wenn auch die Croft auf Lewis nicht mehr bewirtschaftet wird; das kleine Haus dort ist zur Ruine geworden und ringsumher weiden Schafe. Aber der festungsartige Bau in den Gorbals, wo seine Frau herstammt, mit den düsteren überalterten Wohnungen und unzulänglichen sanitären Einrichtungen auf halber Treppe ist, samt allen Nachbarhäusern, vor einigen Jahren abgerissen worden. Als die Mutter bei einem Besuch in Glasgow dort vorbeikam, fand sie nur ein plattgewalztes steiniges und leeres Gelände »wie auf dem Mond. Es regnete und überall standen Pfützen«. Sie weiß, daß in nächster Zukunft Hochhäuser an dieser Stelle gebaut werden sollen. An manchen Tagen, wenn sie ihren Bus besteigt und die überall gleichen Straßen ihres Vororts hinunter zum Einkaufszentrum fährt und dort nur gleichgültigen fremden Gesichtern begegnet, sehnt sie sich nach der spontanen Freundlichkeit und der nachbarlichen Wärme in den ehemaligen Gorbals und in ihren späteren Stadtwohnungen zurück, sogar nach dem ewigen Kommen und Gehen, Reden und lauten Keifen in zugigen Treppenschächten. Sie versucht, mit geblümten Tapeten und Stoffen, mit Nippes und Rosa und Lila etwas Farbe ins tägliche Grau zu bringen. »Im Anfang, als wir hierherzogen und noch keine Vorhänge an den Fenstern hatten, mußte ich die Häuser von der Bushaltestelle her abzählen, um die richtige Tür zu finden.« Ihren kleinen Gartenanteil bepflanzt sie mit Nützlichem, aber sie hat auch immer einige Blumen blühen, für einen besonderen Zweck. Einige Male im Jahr ist sie beauftragt, mit einer anderen Frau aus der Nachbarschaft die Kirche zu schmücken. Eine Liste mit den Namen der zuständigen Damen ist hinter der Tür dieses kahlen Raumes der Church of Scotland ausgehängt.

Die Kinder haben alle etwas Ordentliches gelernt, klassische schottische Berufe. Der Älteste hat es am weitesten gebracht: Er fährt als Schiffsingenieur in den Gewässern um Hongkong. Er schickt Geld nach Hause. Der zweite ist technischer Zeichner und arbeitet für eine bekannte Architektengemeinschaft, die Entlastungsstädte für den Industrial Belt plant. Die Arbeit gefällt ihm, aber er muß zugeben, daß die Modelle solcher Orte, in ihrem putzigen Format, bunt angemalt und mit grünen Plastikbäumchen geziert, immer viel freundlicher und menschlicher aussehen als später die erbauten Trabantenstädte selber. »Niemand hat damit gerechnet, daß es in der Fußgängerzone so scheußlich ziehen wird. Die Hochhäuser sind wohl schuld daran.« – Der dritte Sohn, der wie sein Vater im Schiffbau tätig war, ist schon seit längerem arbeitslos. Trotzdem fährt er jeden Morgen nach Glasgow hinein. Die Eltern wissen nicht, was er dort tut. Einer der Brüder hat ihn einmal zufällig gesehen: Er stand vor einem Glücksautomaten und beobachtete, ob ein Zwei-Pence-Stück, von oben eingeworfen, einen bereits angesammelten Haufen solcher Münzen ins Rutschen bringen würde. Geschah dies, so kullerten dem Gewinner eine Anzahl Geldstücke entgegen. Der Apparat hieß ›Niagara Falls‹. Der arbeitslose Bruder spielte aber nicht, er sah nur zu. »Wenigstens kommt er nicht betrunken nach Haus«, sagen die Eltern. Diese Sorge haben sie gelegentlich mit dem Schwiegersohn, der Brückenbauinspektor im nördlichen Hochland ist, ein großes Revier überwachen muß und nur am Wochenende erscheint. Auf seinem einsamen Posten ist er ins Spintisieren geraten und trinkt auch zu viel. »Was soll man sonst tun«, sagt er, »an einem Winterabend, vielleicht als einziger Gast in einem Commercial Hotel, an einem Ort, der zwar groß auf den Landkarten steht, aber nur sechs Häuser hat?«

Der Vater und seine älteren Söhne sind Freunde des Fußballs, als Anhänger der Glasgow Rangers; aber sie gehören nicht zu der fanatischen Masse, die, gemessen an der Zahl der Einwohner, in größeren Mengen als anderswo das Ibrox Stadion füllt. Fußball in Glasgow ist beinahe ein Glaubenskampf. Rangers versus Celtic, Blaue gegen Grüne: Da werden alte Bitternisse und neue Querelen zwischen den eingesessenen Protestanten und den meist irischen katholischen Zuwanderern mit dem runden Leder ausgetragen; leider auch am Rande des Spielfelds, lautstark und brutal.

Die Stadt

»Glasgow, nein danke«, sagte der Herr aus Stuttgart. »Was soll ich da? Meine Frau und ich, wir haben einmal versucht durchzufahren; das war schlimm genug.« – »War die Beschilderung nicht ausreichend?« – »Im Gegenteil, sie ist verwirrend gründlich. Überall Wegweiser. Drei oder vier Fahrspuren laufen nebeneinander und plötzlich geht jede in eine andere Richtung: zu den Brücken über den Clyde, zum Tunnel unter ihm hindurch, zu Überführungen, Ringstraßen, Auffahrten. Und kaum ein Anhaltspunkt in der Stadtsilhouette. Rechts wird gebaut, Hochhäuser. Links reißt man ab. Dazu ein Wetter, bei dem man seinen Hund nicht vor die Türe schicken würde.« – »Und wie ging es weiter?« – »Wir sind einfach stehengeblieben. Meine Frau war den Tränen nahe.« – »Und dann?« – »Dann hielt ein anderer Wagen hinter uns; der Fahrer kam und klopfte an unsere Windschutzscheibe – ob er helfen könne? Er muß in Sekunden bis auf die Haut naß gewesen sein. Als er merkte, daß wir auch mit seinen Erklärungen nicht zurecht kamen, hat er uns mit seinem Auto bis an den Stadtrand gelotst, eine ganz schön lange Strecke. Ich weiß nicht, ob das ein Stuttgarter für einen Fremden gemacht hätte, in so einem Wetter.«

Der Eindruck, den der gute Mann mitnahm, war nicht einmal ganz falsch. Er lernte die schrankenlose Hilfsbereitschaft des Glaswegian kennen – und erfuhr im wahrsten Sinne des Wortes, daß man es mit dem schottischen Hobby ›Straßenbauen‹ in Glasgow ein wenig zu weit getrieben hat. Dabei beweist eine Statistik, daß die Einwohner beinahe um die Hälfte weniger Autos besitzen als in anderen vergleichbaren Orten Großbritanniens!

Nun ist Glasgow schon immer ein Tummelfeld der Verkehrsexperten gewesen. Die Straßenbahnen der Stadt galten als die besten der Welt. Am liebsten hätten die Planer wohl ihr bevorzugtes Spielzeug, die Eisenbahn, in alle Vororte geleitet, mit qualmenden, auf Hochglanz polierten Lokomotiven. Statt dessen bauten sie, schon zu Königin Victorias Zeiten, eine Subway mit hölzernen Wagen, wenn auch mehr in Miniaturformat. Im Augenblick wird auf den alten Strecken gegraben, gebaut und erweitert. Ich bin sicher, daß als Ergebnis die beste Untergrundbahn Europas entstehen wird: stromlinienförmig und pünklich. »Die Glasgower sind unerträglich tüchtig«, sagt man in Edinburgh. Rivalität zwischen den beiden ungleichen Schwestern, die nur eine knappe Fahrstunde voneinander entfernt liegen, ist naturbedingt und Urquell zahlreicher schottischer Witze.

An Stelle der Trambahnen eroberten sich Scharen von Doppeldecker-Bussen die Straßen Glasgows. Vielleicht hat man auch hier des Guten zu viel getan: sie kommen sozusagen hautnah hintereinander daher, manche halbleer.

»Glasgow – ja, sofort«, sagte der Architekt aus Berlin. »Eine aufregende Stadt, in der ständig Neues heranwächst, ob gut oder schlecht, die nie museal erstarren wird; in der alles das gewohnte Maß überschreitet. Der Reichtum ist großartiger, die Armut schäbiger, das Elend schmutziger. Mal Zustrom, mal Abwanderungsverluste. Hinter jedem Aufstieg lauern Verfall und Bankrott. Das Schicksal hat der Stadt schon viele Aufgaben gestellt; sie hat alle irgendwie gelöst, wenn auch oft auf brutale Weise.«

Um diese Stadt wirklich zu begreifen, müßte man Städteplaner und Soziologe, Techniker und Schiffsbauer, Spezialist für Industrie-Archäologie und Historiker sein, ›rolled into one‹, alles in einer Person. Versuchen wir es trotzdem. Da wäre zunächst der Wahlspruch der Stadt: ›Let Glasgow flourish‹. Möge Glasgow gedeihen – auf jedem Laternenpfahl ist das zu lesen, oft leuchtendbunt vor grasgrünem Hintergrund. Arbeitslose und Betrunkene lehnen sich dagegen, Fremde photographieren die Kuriosität. Wie geschickt haben sich die Glasgower ihren Wahlspruch zurechtgeschneidert, in eine für sie passende Form gebracht. Der ursprüngliche Wortlaut des frommen Spruches, in den Rand der Glocke einer ihrer Kirchen gegossen, lautet nämlich: »God, let Glasgow flourish by the preaching of thy word and praising Thy name.« Vom Wort Gottes, das St. Mungo im sechsten Jahrhundert den Bewohnern der Gegend brachte, ist nicht mehr die Rede. Nur die Wundertaten des frommen Mannes sind im Stadtwappen, zusammen mit dem Wahlspruch symbolisch verewigt: durch einen Fisch, einen Baum, einen Vogel und eine Glocke. ›Glas Cau‹ soll Mungo seine Siedlung bescheidener Rundhütten am Ufer eines Baches, des Molendinar, genannt haben. Fachleute meinen, man könne das mit ›geliebter grüner Ort‹ übersetzen. In Prospekten weist man gerne auf die zweiundsechzig Parks und Greens der Stadt hin, die diese Tradition angeblich weiterführen.

Ob auch der Rasen und die Blumenbeete des *George Square*, im Mittelpunkt von Glasgow, diesen Grünflächen zugerechnet werden, weiß ich nicht. Im Getümmel der Statuen dieser Anlage sitzt Queen Victoria hoch zu Roß, ebenso der Prinzgemahl Albert, von dem man doch weiß, daß er eigentlich lieber zu Fuß ging. Wir erkennen außer ihnen James Watt und Burns und sogar Walter Scott – obwohl man ihn, sozusagen irrtümlich, auf eine allzu hohe Säule stellte. Die bronzenen Herren und Damen müssen im Jahreslauf allerlei übersehen. Zu ihren Füßen geben sich Liebespaare Rendezvous, keifen Schlampen, schlafen Reisende mit Rucksack der Abfahrt ihres Zuges entgegen – die Bahnhöfe sind gleich nebenan. Auf den Bänken ringsum, ihren Logenplätzen, leben die Hoffnungslosen von Schluck zu Schluck und halten sich an ihrer Pfeife fest, deren Stiel sie bis auf einen kurzen Stummel abgekaut haben – in den langen Pausen der Gespräche unter Gleichgesinnten.

An den Rand des George Square haben Ende des vorigen Jahrhunderts die Herren der City Corporation (die sich heute City of Glasgow District Council nennen muß) ihre *City Chambers* als Palast in italienischem Renaissance-Stil gesetzt. Nur hemmungsloses Selbstvertrauen konnte sie zu einer solchen Tat hinreißen. Die Stufen, über die sie zu ihren Arbeitsräumen emporschritten, sind aus carrarischem Marmor, die Säulen aus handpoliertem Granit, die Decken goldstukkiert – als gingen die Herren zu einer Opernvorstellung und nicht an ihre Schreibtische. Der Festsaal faßt tausend Personen. An den Wänden haben Glasgower Künstler Wachsen und Gedeihen der Stadt verherrlicht; schlechte Zeiten schienen damals undenkbar.

Auf dem Mosaikboden des Foyers steht ein Portier mit müden Füßen und redet Besucher als ›Sir‹ und ›Maam‹ an; aber auf der Prunktreppe kam uns ein Mann entgegen, der laut vor sich hinsprach: »Sie werden mich nicht aus dem Haus bekommen, sie werden es nicht schaffen.« Vermutlich sollte seine Wohnung abgerissen werden, vielleicht die ganze Straße oder das Viertel überhaupt.

Wenn es um die Unterbringung ihrer Einwohner geht, scheinen die Stadtväter ähnlich hemmungslos vorzugehen wie seinerzeit beim Bau der City Chambers – nur mit anderen Vorzeichen. Vielleicht kann man in einer Stadt mit so schwankendem Schicksal nicht anders verfahren. In den letzten Jahrzehnten wurde jedenfalls entschieden, daß Glasgow nur für achthunderttausend Menschen Platz habe. ›Overspill‹, Überschuß, nennt man in amtlichen Verlautbarungen die anonyme Menschenflut derer, die zu viel da waren. Man schickte sie hinaus in rasch hochgezogene Trabantenstädte. Ausländische Beobachter zeigten sich erstaunt darüber, daß die meisten Betroffenen diesen Eingriff in ihren privaten Lebensbereich ergeben, ja apathisch hinnahmen. Sie sind nicht gefragt worden. In der Stadt riß man ganze Slumviertel aus der Zeit einer ersten industriellen Hochkonjunktur ein – wie die berüchtigten Gorbals. In die Schuttwüsten wurden, an Stelle der alten ›tenements‹ (von denen noch die Rede sein wird) vor allem Hochhäuser gesetzt – allein zwischen 1960 und 1969 etwa 160 an der Zahl, davon einige über dreißig Stockwerke hoch. Von den Freiräumen zwischen diesen Gebäuden versprach man sich eine ›Auslüftung‹ der Quartiere; von nachbarschaftlicher Wärme und Geborgenheit hielt man anscheinend weniger. Die Neubauten zeichnen sich durch bessere sanitäre Verhältnisse aus, aber gewiß nicht durch eine solidere Bauweise.

Mit einem Aufbauplan in der Hand sind wir in eine solche Gegend des Umbruchs gefahren. Die Zeichnung wies aus, daß von den alten Gebäuden nur sieben Kirchen verschiedener Glaubensrichtungen stehenblieben und einige kleinere Bauten am Rande des Viertels. Auf dem Papier sah das geplante Sanierungsvorhaben sehr sauber und übersichtlich aus; aber an Ort und Stelle trafen wir eine so erschütternde Trostlosigkeit an, daß man unwillkürlich auf die Bremse trat und ungläubig um sich schaute: auf schwarze Hochhaustürme und die immer gleichen Betonklötze der neuen Mietskasernen, auf beschmierte Bretterzäune und verrußte, vergessene ärmliche Kirchen zwischen Schutt und Pfützen. Hinter Bretterzäunen und lügnerisch bunten Reklamebildern stieg Rauch auf. Irgendwo brennt es hier immer und riecht auch übel – der Bauabfall muß beseitigt werden, soweit das möglich ist. Der Rest bleibt zunächst liegen, und wird vom Wind den Bewohnern um die Ohren gewirbelt. Wie diesen Bewohnern zumute ist, davon später. Man kann ein so ungeordnetes Gebilde wie Glasgow nicht in ordentlicher Form beschreiben.

Der Drang der Glaswegians, radikal abzureißen und neu anzufangen, mußte an einem Punkt haltmachen: vor dem Hügel ihrer *Nekropole*. Welch eine Stadt der Toten! Die großen Glasgower Herren scheinen geahnt zu haben, daß nur ihrer letzten Bleibe Dauer beschieden sei. Aus einem Friedhof kann keine Slumgegend werden; ein Mausoleum reißt man nicht ein; zwischen Gräbern lassen sich keine Schnellstraßen ziehen und die Ruhe der Toten muß – zumindest für eine gewisse Frist – sogar von einer Planierraupe respektiert werden. So sind diese soliden Grabhäuser, Paläste en miniature, unangetastet geblieben. Und da zur Zeit ihrer Errichtung im letzten Jahrhundert Glasgow mit der ganzen Welt Handel trieb, wollten sich die Herren, die hier ruhen, über den Tod hinaus als Kosmopoliten erweisen und bauten unbekümmert in ägyptischem, römischem oder griechischem Stil.

Der erste Tote, den die Glasgower 1832 jenseits ihres Stadtbaches, des Molendinar, auf diesem Hügel begruben, war ein jüdischer Mitbürger. Er hieß Joseph Levi und starb an der Cholera. Glasgow war immer Hafen und Heimat für Verfolgte und Vertriebene: Hochländer der Clearances, Iren der Hungersnöte, Ostjuden der Pogrome. Von den Iren kamen die Ärmsten, die kein Geld für eine Auswanderung nach Amerika auftreiben konnten, aber für vier oder sechs Pennies bis Glasgow gelangten. Zur jüdischen Kolonie gehörten um die Jahrhundertwende ungefähr zwanzigtausend Bewohner. Ob das Leben der Zuwanderer verschiedener Nationen in Glasgow weniger mühselig und beladen war, möchte ich dahingestellt sein lassen; aber sie waren frei.

Zwischen den schwärzlichen Obelisken und trauernden Steingestalten der Nekropole tauchen nach Norden zu die obligaten Hochhäuser auf; aber in westlicher Richtung hat man jenseits der Bachsenke eine der schönsten schottischen Kirchen zu Füßen: *Glasgow Cathedral*, im dreizehnten Jahrhundert in frühgotischem Stil begonnen, zweihundert Jahre später ebenso vollendet. Der Bau ist dem Stadtpatron geweiht, St. Mungo oder Kentigern. Mungo, eigentlich Munchu, ein aus dem lateinischen und walisischen zusammengesetztes Wort, bedeutet ›lieber Freund‹.

In der Kathedrale bewunderten wir die strenge Schönheit des Hochchors, mehr noch die krypta-ähnliche Unterkirche mit ihrem Fächergewölbe und dem dunklen Wald der Bündelpfeiler. Hier stand der Schrein des ›lieben Freundes‹.

»Eine treffliche Kirche«, läßt Walter Scott in seinem ›Rob Roy‹ einen alten Mann sagen, »solide Maurerarbeit ohne Getue und Geschnörkel.« Solange die Welt bestehe, meint der Brave, werde es auch dies Bauwerk geben – falls nicht wieder einmal, wie zur Reformationszeit, die Zerstörer zum Hammer greifen würden. »Damals konnten die Stadtväter das Ärgste verhindern, denn sie waren selber Handwerker und hatten Respekt vor einer sauberen Arbeit.« So wurden nur die ›idolatrous statues‹ aus ihren Nischen gerissen und in den nahen Bach geworfen, und »die Kathedrale krümmte sich so behaglich wie eine Katze, die geflöht worden ist und jedermann war hoch zufrieden«. Die Kirche blieb also – im Gegensatz zu den meisten schottischen Kathedralen – erhalten, ihr Bischof floh; er nahm auch die Reliquien des Mungo nach Paris mit. Seit den Wirren der Französischen Revolution weiß man nichts mehr von ihrem Verbleib.

In der Mitte des vorigen Jahrhunderts suchten sich Noblemen and Gentlemen der Stadt als Mäzene zu übertrumpfen: sie spendeten neue Glasfenster für die Kathedrale. Mit Entwurf und Ausführung wurde auch hier die Königliche Glasmalerei-Anstalt in München beauftragt. Die Korrespondenz ist zumindest teilweise noch erhalten. Ich habe Briefe gelesen, in denen vom ›distinguished Mr. von Kaulbach‹ und von ›Mr. Jules Schnorr‹ viel die Rede ist. Man spendete Lob und Tadel. Im Jahre 1860 heißt es: »Der neue Entwurf für den Pharisäer ist vorzüglich; sein Hochmut und seine Selbstgerechtigkeit kommen ausgezeichnet zum Ausdruck.« Etwa zur gleichen Zeit wurde einer der Türme der Westfassade abgerissen, obwohl er sich in gutem baulichen Zustand befand – wen wundert es? Der zweite Turm folgte 1969. Let Glasgow flourish.

Über den weiten Kathedralenplatz pfeift der Wind. *Provand's Lordship*, Glasgows ältestes Haus von 1471, duckt sich geradezu ängstlich an seiner Ecke. Über die schwärzlichen Gebäude in seiner Nachbarschaft ist schon das übliche Schicksal verhängt. Einer der Ladenbesitzer hat Tür und Fenster vernagelt und ist fortgezogen; dem anderen scheint selbst diese Mühe zu groß: er wird die billigen Überreste seiner Ware dem Bulldozer überlassen. Als man zu Beginn dieses Jahrhunderts einen Neubau der *Royal Infirmary* an diesen Platz setzte, wurde – damals schon – eine alte und weise Regel vergessen: kein Bauwerk sollte höher sein als die Kirche. Nun steht der viktorianische Riesenklotz der würdigen Kathedrale bedrückend nahe. Daß an dieser Stelle Joseph Lister 1867 die Möglichkeiten antiseptischer Chirurgie erkannte und entwickelte, tröstet den Betrachter nur wenig. Erfinden geschieht in Glasgow sozusagen nebenbei, es scheint in der Luft zu liegen. Bei einem Spaziergang am Glasgow Green, so heißt es, sei James Watt vom Blitz der Erkenntnis getroffen worden, noch dazu an einem Sonntag, wo man in Schottland bekanntlich nur fromme und beschauliche Gedanken haben sollte. Die Dampfmaschine war erfunden: Hätte Watt in jenem Augenblick in die Zukunft sehen können, so wären vor seinem geistigen Auge hundert Essen und Kamine qualmend am Horizont aufgestiegen, und ganz in seiner Nähe, im erweiterten und vertieften Bett des Clyde, beim Stapellauf eines stolzen Dampfers ... aber ich greife vor.

Auch am Kathedralen-Platz sitzt Queen Victoria, diesmal in einem Sessel. Sie schaut noch mürrischer und schwärzlicher drein als sonst. Wir gingen, nachdem wir ihr unsere Verehrung erwiesen hatten, nicht über die ›Seufzerbrücke‹, den Weg der Leichenzüge zur Nekropolis, sondern bogen rechts zum Pfarrhaus ab, wo an diesem Nachmittag zu wohltätigen Zwecken eine ›Teestunde im viktorianischen Stil‹ stattfand. Pfarrfrauen und die Gattinnen der Elders hatten die Kleider ihrer Großmütter angezogen und spitzengesäumte Tortendeckel als Häubchen ins Haar gesetzt. Sie boten Selbstgebackenes in einem Raum, der mit Plüsch und Damast und Mahagoni tatsächlich die Zeit der Jahrhundertwende beschwor; um so mehr, als eine Dame im Blumenhut am Flügel lehnte und passende Lieder sang. Wäre die alte Queen von ihrem Sessel herabgestiegen, so hätte sie gewiß Wohlgefallen an dieser Veranstaltung gefunden, und das berühmte »We are not amused« wäre nicht über ihre Lippen gekommen.

Südlich der Kathedrale erstreckte sich die alte Stadt, mit Marktkreuz, Tolbooth und Salzmarkt; seit 1451 mit einer Universität, deren Vorlesungen zunächst in der Kirche, am Schrein des Heiligen stattfanden. Trotzdem blieb Glasgow jahrhundertelang Kleinstadt im Hinterland, Idylle. Der Clyde floß flach und träge vorüber – mit so kristallklarem Wasser, daß die Lachse das obstreiche Tal hinauf bis zum Quellgebiet des Flusses in den Hügeln von Lanarkshire schwammen. Forellen wurden mit Pferdehaaren gefangen; Angelschnüre wären zu auffällig gewesen. Glasgows Bewohner holten sich ihren Bedarf an Fischen mühelos – aus der Clyde-Mündung auch Heringe – salzten den Vorrat ein, begannen bald dies Produkt zu verkaufen, dann auszuführen. Ihre Segler mußten noch dreißig Kilometer weit westlich in Greenock ankern; aber sie tauchten immer zahlreicher in den Häfen des Kontinents auf, zum Mißfallen der Engländer. 1707 eröffnete die Union auch den Glaswegians weltweite Handelsmöglichkeiten. Nur eine Handvoll Männer war es zunächst, klug abwägende Kaufleute, die über genug Kapital und Beziehungen verfügten, um sich gegen englische Konkurrenz durchsetzen zu können: die Tobacco Lords. Sie gewannen das Vertrauen der Pflanzer von Virginia, garantierten ihnen die Abnahme der Ernten, gewährten Kredite. Der Tabak, per ›hogshead‹ geliefert und zum Kontinent weiterverkauft, wurde von den Glasgowern gegen Luxusgüter bezogen, wie sie die Herren der Plantagen bei ihnen bestellten: silberne Teekannen und Armleuchter, Ledersessel und Seiden. Solche Aufträge wurden pünktlich und zuverlässig erledigt. Vom Clyde aus erreichte man Virginia zwei Wochen eher als die Londoner Konkurrenz. Drüben verwaltete ein Factor die riesigen Warenlager mit größter Genauigkeit – natürlich ein Schotte.

Zum Tabakimport gesellten sich bald Rum und Zucker von den Westindischen Inseln. Daß die Schiffe noch andere Ware transportierten, darüber schwieg man lieber. In Glasgow stellte sich der Reichtum ein, vom Handel abhängige

Wirtschaftszweige blühten auf, die Stadt gedieh. Ihre Tobacco Lords, die Glassford und Cunningham, Speirs und Buchanan, waren die unumstrittenen Könige. Sie stammten nicht vom Adel ab, sondern aus bescheidenen Lowland-Familien. Ihr Geld sollte sie nun den Vornehmsten im Lande gleichstellen. Wenn John Glassford sich mit zahlreichen Angehörigen malen ließ, stand im Vordergrund des Bildes deutlich sichtbar ein Früchtekorb als Symbol des Überflusses. Man gab sich geistvoll, gründete Debattierklubs und eröffnete ein Theater; baute westlich der *Trongate* noble Stadthäuser und umgab sie mit Gärten; Kontore und Warenlager schlossen sich an. Die Herren in Dreispitz und Perücke trafen sich bei der Promenade auf eigenem Pflaster, den sogenannten ›plainstanes‹ der Trongate, und erwarteten dort, unter sich bleiben zu können. Aber wahre Vornehmheit sicherte erst ein Landbesitz mit Schloß und Park. Wie junge Adlige besuchten die Söhne der großen Kaufherren auf der Grand Tour den Kontinent (Peter Speirs blieb sieben Jahre aus). In Glasgow saßen sie in der Universität zu Füßen eines Mannes, der ihren Vätern befreundet war: Adam Smith.

Adam Smith mit den Tobacco Lords befreundet? Es läßt sich nicht länger verschweigen, daß die ehrenwerten Herren einen Teil ihres Reichtums als Sklavenhändler erworben hatten. Andrerseits war Adam Smith – Verfasser des bahnbrechenden Werkes vom ›Reichtum der Nationen‹, Begründer der modernen Volkswirtschaftslehre und in gewissem Sinn Vater einer freien Marktwirtschaft – einer der fortschrittlichsten Geister seiner Zeit. Wie reimt sich das zusammen? Betrachtete Adam Smith die Glasgower Handelsherren in erster Linie als nützliche Anschauungsobjekte, lernte er von ihnen, indem er sie belehrte? Ein weites Feld.

Die amerikanischen Unabhängigkeitskriege bereiteten dem Glanz und der Größe der Tobacco Lords ein Ende. Mit Glasgow ging es in mancher Hinsicht bergab. Rum, Rumpunsch und Portwein wurden in den Clubs bald wichtiger als eine geistreiche Diskussion. »Glasgow men have always been thirsty«, sagte man in Edinburgh.

Mögen sie auch kräftig getrunken haben – was die Glasgower Schotten in den nächsten hundert Jahren erfanden, erdachten, planten und taten, ist bewunderungswürdig und hat die Stadt groß gemacht. Ein Blick auf die Bevölkerungsstatistik genügt: zu Beginn des neunzehnten Jahrhunderts 83 000 Einwohner, 1861 bereits 400000, 1911 doppelt so viel. Nach dem Ersten Weltkrieg wurde die Millionengrenze überschritten; gleichzeitig machten sich Anzeichen eines neuen Niedergangs und Verfalls bemerkbar. Aber noch sind wir im neunzehnten Jahrhundert und stehen an der Schwelle des glorreichen Zeitalters dieser Stadt.

Schon Ende des achtzehnten Jahrhunderts hatte ein englischer Ingenieur den Glaswegians ihren ›Forth and Clyde Canal‹ gebaut. Nun trat erneut James Watt auf den Plan. Unter seiner Leitung wurde das Bett des Flusses erheblich vertieft und erweitert; Glasgow bekam seinen Hafen, die Welt stand offen. »Glasgow made the Clyde, and the Clyde made Glasgow.« Der Fluß hat die Stadt tatsächlich ›gemacht‹, das erkennt noch heute, wer an dem Wald seiner Kräne, an Docks und Lagerhallen vorüberfährt. Vielleicht erwies James Watt mit dieser Tat seiner Heimatstadt einen noch größeren Dienst als durch die Erfindung der Dampfmaschine.

1812 wurde auf dem Clyde ein merkwürdiges kleines Schiff gesichtet, das sich schwerfällig und langsam, aber aus eigener Kraft vorwärtsbewegte. Als das Boot auf ein Riff auflief, konnten es die an Bord befindlichen Herren wieder zurück ins Wasser schieben. So begann, mit dem ›Comet‹ des Henry Bell, der unaufhaltsame Siegeslauf Glasgower Schiffe. 1827 ließ sich James ›Hotblast‹ Neilson seinen Hochofen patentieren. Kohle und Erze lieferte ausreichend das Hinterland (in der Gegend um Hamilton wurde so eifrig geschürft, daß ein prächtiges Schloß des herzoglichen Minenbesitzers später einzustürzen drohte und abgerissen werden mußte). Schiffe aus Eisen wurden in Glasgow ab 1836 gebaut. Schon 1839 konnten Mr. Napier und Mr. Cunard ihre berühmte Linie gründen. Aber was wären alle diese Errungenschaften ohne den Glasgower Arbeiter gewesen: einen ehrbaren und gottesfürchtigen Mann, dem eine sonderbare Vorliebe für sperrige, kantige, unfreundliche Materialien eignete, der in Ruß und Qualm besonders kräftig zu gedeihen schien, dem Viertel und Straßen mit so abweisenden Namen wie Garrioch, Possil und Cowcaddens, Garscube- oder Pollockshaws Road Heimat waren?

Vom Lebensstil eines Reeders zu dem seiner Foremen und Werftarbeiter mochte kein Weg führen – aber sonst waren sie eines Sinnes in ihrer fast zärtlichen Zuneigung zu den Schiffen, die sie bauten. Jedes sollte ein Kunstwerk sein und wurde es auch: von den mahagoni-getäfelten teppichbelegten Kabinen der Luxusklasse bis hinunter zu den glänzenden Messingteilen der Maschinen, die immer noch stärkere Kräfte entwickelten, den Dampfer noch rascher vorantrieben auf den Strecken der großen überseeischen Linien. So entstanden, im Wettstreit um das ›blaue Band‹, die Transatlantikliner mit den Namen von Königinnen: Mary und Elizabeth. ›Clyde built‹ wurde ein Ehrentitel und galt als Zeichen höchster Qualität. Der Typ des schottischen Schiffsingenieurs konnte sich zur Vollendung entfalten und ausformen. Nicht zufällig heißt noch in einer Science-Fiction-Serie des Britischen Fernsehens der Mann, dem die Maschinen der Weltraumfähre anvertraut sind, Scotty.

Eine ähnliche Arbeitsmoral herrschte auch in den Werken der Zubringerindustrie und anderer Fabrikationszweige. Es gäbe nichts, hieß es damals, was in Glasgow nicht hergestellt werde. Die Chemiewerke von St. Rollox waren in den dreißiger Jahren die größten der Welt; ihre Schornsteine ragten immer höher, trotzdem drang giftiger Qualm über den Clyde und mischte sich mit Rauch und Dampf aus den anderen Fabriken und den Hochöfen. Man schien bei der Fertigung Nützliches zu bevorzugen: Lokomotiven, Pumpen und Brücken, Nähmaschinen, Stahlseile und Schokoladenautomaten. Herr Macfarlane stellte Wäschemangeln her (vielleicht erfand er sie auch). Kann man sich ein schottischeres Haushaltsgerät vorstellen als seine Mangel, die nur aus etwas Eisen und zwei hölzernen Rollen besteht und im Unterhalt keinerlei Kosten verursacht?

Ein anderer Triumph der Glasgower Erfinder wurde jener Regenmantel, der unter dem Namen ›Mackintosh‹ seinen Siegeszug um die Welt antrat.

Für alle diese Fabrikationszweige mußten geeignete Gebäude errichtet werden, meist fünfstöckige, gelegentlich sogar siebenstöckige Bauten, in ihren Fassaden als wahre Tempel der Arbeit gestaltet. Hier konnten die Glasgower in dauerhaftem Material zeigen, wie stolz sie auf ihre Erfindungen und Leistungen waren, eine Großbäckerei im Stil der französischen Renaissance bauen, eine Getreidemühle flämisch, eine Fabrik für Schiffszubehör venetianisch – ganz zu schweigen von den gewaltigen Lagerhallen mit ihren pompösen Fronten und Zufahrten durch gewölbte ›pends‹. Einer der tatkräftigsten und besten Architekten dieser Periode wurde nach seinem Baustil ›Greek‹ Thomson genannt.

Die Herren Templeton und Quigley erfanden 1839 den Chenille-Teppich. Als ihre Nachfahren gegen Ende des Jahrhunderts zum Weben des schottisch-dauerhaften Axminster übergingen, errichteten sie zu diesem Zweck ein selbst für die Glasgower erstaunliches Gebäude. Zwar stürzte beim Bau eine der Mauern ein und erschlug 29 Arbeiterinnen in einem benachbarten Schuppen; aber 1892 stand auf dem *Glasgow Green* in leuchtendbunter Ziegelbauweise von William Leiper entworfen als neue Teppichfabrik eine Nachbildung des Dogenpalastes. »We have no hesitation in saying that we think the experiment a decided success.«

Templeton's Factory, obwohl nicht mehr in Betrieb, ist eine Glasgower Kuriosität geblieben. Andere Denkmäler der industriellen Blütezeit – verrußt, verkommen, umgebaut – sind schwieriger zu entdecken. Man bedarf hier eigentlich eines kundigen Begleiters. »Edinburgh präsentiert seine Sehenswürdigkeiten, Glasgow versteckt sie.«

»Der Rauch aus ihren eigenen Schornsteinen hat sie vertrieben.« Wen? Die großen und kleinen Fabrikherren, und mit ihnen Bank- und Kaufleute, Kapitäne und Börsianer, Makler, Agenten und Rechtsanwälte. Wohin? Immer weiter nach Westen. Wer sich zum gehobenen Mittelstand rechnete, floh vor der schlechten Luft der Innenstadt, dem Qualm aus Essen und Kaminen, und vor einer steigenden Flut zugewanderter Arbeiter und Handlanger. Die mußten in ›walking distance‹, in Gehnähe ihrer Arbeitsplätze bleiben. Sobald ein Haus des

Wohlstands in der Altstadt aufgegeben wurde, nahm Armut davon Besitz. Zahlreiche Parteien pferchten sich nun in Räume, die zuvor vielleicht nur einem Ehepaar und seinen Angestellten gedient hatten. In gewissen Straßen reihten sich Bordelle und ›shebeens‹, illegale Kneipen. Nachdem die Vorlesungen der Universität durch den Lärm der Rowdies und Prostituierten und Polizisten auf der Straße in ihrem ruhigen Verlauf gestört wurden, ergriffen auch Dozenten und Studenten die Flucht in westlicher Richtung (wir werden sie beim ruhigen Kelvingrove Park wiederfinden). Als ironische Pointe der Glasgower Baugeschichte sei vermerkt, daß man die zweite Hochschule der Stadt, die *Clydeside University*, mehr oder weniger am alten Platz errichtete. Damals, um die Mitte des vorigen Jahrhunderts, wurde die erste City zum Arbeiter- und Elendsviertel.

Zaghafte Versuche sich abzusetzen, in ›splendid isolation‹ zu leben, wie in der Anlage am Blythswood Square, erwiesen sich bald als ungenügend; man mußte einen größeren Abstand zwischen sich und die Innenstadt legen. Das ideale Gelände wurde flußabwärts über dem Ufer des Clyde gefunden, in einem Gebiet der ›drumlins‹, steiler Erhebungen aus glazialem Geschiebeschutt. Damals wie heute führt die *Great Western Road* hinaus. Hier genoß man frische Luft und eine schöne Aussicht. Man war unter sich und trug Sorge, es auch zu bleiben. In einer Zeit städtebaulicher Ungesetzlichkeit wurden strenge Vorschriften erlassen. Nicht jeder durfte hier wohnen, Kneipen waren verboten, Läden nur vereinzelt zu finden, Hotels in beschränkter Anzahl, dafür um so mehr Kirchen (eine Zeitlang soll es für je tausend Bewohner ein Gotteshaus gegeben haben). Die Häuser mit zehn bis vierzehn Zimmern, zunächst viktorianisch bis in die letzte Besenkammer, spiegeln das solide Selbstbewußtsein der Bewohner, aber auch ihre Sehnsucht nach höherem. Ihrem Bildungsdrang konnten die Westend-Bewohner in nahe gelegenen Museen, in der *Art Gallery* und dem *Hunterian Museum* Genüge tun. Der Universität war ja 1870 über dem Tal des Kelvin ein Neubau errichtet worden, riesig und neugotisch, vom Londoner Architekten Sir George Gilbert Scott entworfen.

Zu Zerstreuung und Ertüchtigung dienten Schlittschuh-Teiche, Tennisplätze und Bowling Greens. Der Botanische Garten lag sozusagen vor der Tür, überragt von den gläsernen Kuppeln des *Kibble Palace*, dem exotischen Traum eines ehemaligen Landschaftsgärtners, Joseph Paxton. (Zuvor hatte er bereits im Glaspalast in London seine Ideen verwirklichen können; wie überhaupt Weltausstellungen in damaliger Zeit den Architekten ein neues Feld eröffneten.)

War es schlechtem Gewissen zuzuschreiben, wenn am Jahrhundertende (1898) clyde-aufwärts auch für das Volk im *People's Palace* ein Museum mit angeschlossenem Palmengarten errichtet wurde? Zeitgenössische Photographien zeigen, wie zur Eröffnung die Bewohner der umliegenden Viertel in ihrem Sonntagsstaat – die Männer mit steifen schwarzen Hüten, Frauen mit unförmigen Keulenärmeln – zum Glasgow Green und in den Palast drängten. Ob ihn die Glasgower heute noch als ihr eigenes Reich betrachten, wage ich nach kurzem Besuch nicht zu beurteilen. An einem Werktag um die Mittagszeit ordnete sich gerade eine Schulklasse zum Fortgehen; der Wärter gähnte vor den stadtgeschichtlichen Sammlungen. In der Wärme der Gewächshäuser hielten sich die Stammgäste des Hauses halb hinter Pflanzen versteckt. Vermutlich saßen sie dort bis zum Ende der Besuchszeit. Ein krächzender Kakadu leistete ihnen Gesellschaft. Aus den Palmenkronen tropfte Tonbandmusik: Chopin, Valse Triste.

Zurück zum Westend: Hier sind, oh Wunder, die meisten Häuser stehengeblieben. Die Architekten der viktorianischen und edwardianischen Periode, auch noch die der frühen Jugendstilzeit, haben gute Arbeit geleistet. Das beginnt gleich in der Great Western Road mit der noblen Fassade einer Terrasse, erbaut vom ›Griechen‹ Alexander Thomson (hier möchte man ihm eher den Beinamen ›der Preuße‹ geben, so stark ist Schinkels Einfluß zu spüren).

Zu seiten der großen Ausfallstraße reihen sich dann, hügelauf und -ab und in Rondellen, die Bauten aus bräunlichem oder rotem Sandstein; die Erkerfenster, die von Säulen flankierten Eingangstüren, das Gitterwerk. Wie in einem Irrgarten fanden wir manchmal am nächsten Morgen nicht mehr, was wir tags zuvor betrachtet hatten. Am schönsten waren einige dieser Straßenzüge am Abend, wenn hinter den unverhängten Erkerfenstern das Licht in rötlichen Lampen aufflammte. Dann sah man, daß seit der Zeit des Jugendstil hier alles geblieben war wie damals: Holzborde, die unter der Decke um den Raum liefen, einfache gradlinige Anrichten, hochlehnige Stühle; im Oberlicht der Haustüren das Glas bunt stilisiert, oft mit Blumen in zarten Farben. In diesem Bezirk eines verfeinerten Luxus begriff ich plötzlich, daß in der sonst so wüsten Stadt Glasgow aus dem Sohn eines Polizeibeamten der Architekt Charles Rennie Mackintosh werden konnte.

»Unter meinen schimmernden Wurzeln drehte sich ein anderer Stern.« Charles Rennie Mackintosh, bedeutendster Vertreter des Jugendstil in Großbritannien, wurde 1868 geboren, als zweites von elf Geschwistern. Für das kränkliche Kind hatte man nach schottischer Art ein einfaches Heilmittel: viel frische Luft. Der Vater, ein Freund der Pflanzen und leidenschaftlicher Gärtner, nahm seinen Sohn in die Natur mit. Ich meine, daß damals schon, in den behutsamen und kenntnisreichen Belehrungen, die ein waches sensibles Kind empfing und aufnahm, der Sinn geweckt und der Blick geschärft wurden für das, was wir heute an den Arbeiten des Künstlers bewundern. Aber solche Deutungen seien Berufeneren überlassen; ich werde mich darauf beschränken, von dem zu berichten, was ich in Glasgow von Mackintosh sah.

Wir haben nahe der *Sauchiehall Street* seine *School of Art* besucht. Der Bau verbindet Elemente des alten schottischen Turmhauses mit seinen strengen Vertikalen vollendet mit modernen Formen – etwa in der Verwendung des Schmiedeeisens. Auf Glasgower Weise ist dies Gebäude kein Museum geworden, sondern eine inzwischen etwas heruntergewirtschaftete, aber immer noch höchst lebendige Kunstschule geblieben. Im Bibliotheksraum bildet eine hölzerne Galeriekonstruktion mit ihren zahlreichen Winkeln und Erkern die schönsten Inseln der Ruhe; die Ateliers, mit weißen Wänden und den dunklen Holzbalken der Decke, scheinen wie von innen her erleuchtet; von einem sonnendurchfluteten Bogengang im obersten Stockwerk trennt man sich ungern.

Im *Willow Tearoom* in Lane's Warenhaus in der Sauchiehall Street (damals noch nicht in eine Gesamtrenovierung des Gebäudes einbezogen) saßen neben mir ganz alltägliche Damen und ruhten sich beim Tee vom Einkaufen aus, sahen gar nicht die spiegelnde Schönheit der Wände und einer weißen Tür, den gebrechlichen Zauber der Rose am überlangen Stengel. Ich dachte mir, mit dem Blick auf diese Tür, daß ich gerne die Bekanntschaft von Miss Kate Cranston gemacht hätte, die den Mut besaß, Glasgower Geschäftsleuten an Stelle ihrer Kneipen und plüschgesäumten Restaurants elegante und kühle Teesalons und Speiseräume anzubieten. Sie verpflichtete Mackintosh als ihren Innenarchitekten, der alle Details, von der Form der Stühle über das Dekor von Geschirr und Besteck, das Muster der Decken und die Gestalt der Lampen selbst bestimmte.

Von der *Queens Cross Church* bei der Maryhill Road hatten Diebe gerade über Nacht die kupferne Dachverkleidung gestohlen. Im Kirchenraum standen Pfützen, die Kanzel war verhüllt. Aber die anwesenden Damen der C.R. Mackintosh Society (die hier ihr Hauptquartier hat) ließen sich durch diesen Schlag nicht entmutigen; sie verkauften auch an diesem Tag Broschen und Anhänger mit dem Motiv der Rose in Silber und Email, die man nun herstellen darf, ebenso wie die von Mackintosh entworfenen hochlehnigen Stühle und die anderen Möbel, weil seit dem Tod des Künstlers, dem tragischen Sterben eines fast Vergessenen, fünfzig Jahre vergangen sind.

Im *Hill House* draußen in Helensburgh, dem Bau für einen Mäzen, wo Mackintosh souverän mit Licht und Schatten spielt, mit blassen Farben und schwarzen Balken, mit weißem Lack und der Kühle hoher Räume – in diesem Haus, das man nur als makellos bezeichnen kann, dürfen Bevorzugte heute nach Voranmeldung übernachten. Wir haben alles sozusagen auf Zehenspitzen angeschaut und uns wieder davonbegeben. Sonst ist in Glasgow kaum noch etwas zu finden von dem großen Sohn dieser Stadt, der seine Triumphe in fremden Ländern feiern mußte.

»Eintritt jeweils nur für einen Angehörigen gestattet.« Das Schild hing an der Tür einer Intensiv-Station im *Southern General Hospital*. Die Nurse ging dem Besucher mit präzisen Schritten voraus und stellte einen Holzstuhl in die Nähe des Bettes. Je höher sie im Rang war (was aus dem farbigen Streifen der Haube ersichtlich ist), um so mehr ähnelte ihr Vorgehen dem eines perfekten Butlers. Die Besucher wirkten eher verschüchtert; vermutlich hatten sie Mühe gehabt, sich in dem Gewirr altmodischer Bauten zurechtzufinden. Männer trugen oft noch den ölverschmierten Arbeitsanzug; bei den Frauen schaute eine geblümte Küchenschürze unter dem Mantel hervor. Die Gespräche am Bett wurden im Flüsterton geführt. Als die Besuchszeit vorüber war, schickte mir eine junge Frau aus der anderen Ecke des Saales einen Keks mit rosa Zuckerguß herüber: als Trost, weil ich als Fremde allein geblieben war. Ich hatte in meinem Bett Zeit genug, um über dieses Beispiel einer von Herzen kommenden Freundlichkeit nachzudenken, die alle guten Glasgower auszeichnet. Sie können sich meist nur Geschenke leisten, die nichts kosten. Phantasie und Liebe müssen bei ihnen das fehlende Geld ersetzen. In Notsituationen bieten sie die Wohltat ruhigen Zuhörens oder die Hilfe ihrer Hände. (Dasselbe gilt, am anderen Ende menschlicher Möglichkeiten, für Schimpftiraden und Haßausbrüche. Auch sie verursachen keine Kosten.)

Die nachbarliche Freundlichkeit gedieh in Glasgow vor allem in den Tenements, den riesigen Mietskasernen der Gründerzeit. Einige wenige stehen noch, »wie Reihen verfaulter Zähne«. Die Fassaden dieser Bauten in grauem oder rötlichem Sandstein waren, im Gegensatz zu den heutigen Betonklötzen, würdig, manchmal sogar eindrucksvoll. Innen sah es freilich anders aus. Ein hallender zugiger Durchgang, kahle, übelriechende Treppenschächte mit Gemeinschaftstoiletten, die aber erst eingerichtet wurden, nachdem erste Schreckensberichte das öffentliche Gewissen aufgerüttelt hatten; ein schmutziger Hinterhof voller Abfall. Zwischen solchen Kulissen, die kein Bühnenbildner trister hätte erdenken können, spielte sich das eigentliche Leben der Bewohner ab. Da wurde geklatscht und geflüstert, Trost gespendet und ab und zu geweint und in dunklen Ecken geliebt; gegebenenfalls auch geprügelt oder einer erschlagen. Über die Zustände in den überbelegten engen Wohnungen geben Augenzeugenberichte erschütternd Auskunft. Health Officer Dr. J.B. Russel schrieb 1888: »Von allen Kindern, die in Glasgow vor ihrem sechsten Lebensjahr sterben, haben 32 Prozent in Einzimmerwohnungen gelebt. Man legt ihre kleinen Leichen bis zur Beisetzung auf den Schrank, damit die Geschwister nicht beim Spielen oder Essen gestört werden.«

Trotz alledem: In welcher anderen Stadt als Glasgow wäre es möglich gewesen, daß sämtliche Bewohner eines solchen Mietshauses zusammen Ausflüge machten? So geschah es regelmäßig während des allgemeinen Urlaubs im Juli, der ›Glasgow Fair‹ – es soll auch heute noch vorkommen. »Wie ging es dabei zu?«, habe ich eine alte Frau gefragt, die solche Unternehmungen noch aus eigener Erfahrung kannte.

»Die Parole hieß ›doon the watter‹. Mit Musik den Clyde hinunterzufahren, galt den Glaswegians schon immer als das höchste Vergnügen. Zur Zeit der ›Fair‹ waren manchmal vierzig bis fünfzig Dampfer und Boote gleichzeitig unterwegs. In der Erinnerung scheint es mir, als sei ununterbrochen gesungen und getrunken worden, und als habe unentwegt die Sonne geschienen. Die Fremden reden immer vom garstigen Glasgow und übersehen, daß wir in der Clyde-Förde eines der schönsten Gewässer vor der Tür haben.« – »Und wenn Sie länger unterwegs waren?« – »Dann blieben wir in einem der großen Ferienorte, *Dunoon* oder *Rothesay* auf der Insel Bute. Die Frauen sahen sich die Auslagen an; die Männer saßen zusammen in der Kneipe, wie zu Hause auch.«

»Gestern nacht, bei strömendem Regen, versuchten zwei Frauen auf dem Pflaster der S. Street, einen schwer verletzten Burschen zu trösten.« Das Hauptproblem der Glasgower Jugendlichen ist nicht so sehr Drogen- und Alkoholmißbrauch, nicht einmal politischer Radikalismus, sondern ein Bandenunwesen, das in dieser Stadt eine lange Geschichte hat. Die Gangs waren so zahlreich und ihre Territorien so genau abgesteckt, daß Spezialkarten angefertigt werden konnten. Mit der Sanierung einzelner Viertel änderte sich wenig. Die Banden haben sich im Umkreis der Hochhäuser und neuen Blocks wieder zusammengefunden, frisch verputzte Wände verschmiert, Scheiben eingeschlagen, Abfalltonnen ausgekippt, Toiletten unbrauchbar gemacht, am Ende einer Party die Haustür der Gastgeberin mit Messern beworfen. Einige der Neubauten wurden bereits als unbewohnbar abgeschrieben. Und doch sind das nur die harmloseren Ausschreitungen. Die meist arbeitslosen oder arbeitsscheuen Burschen im Kern einer Bande, aus Anstalten oder aus dem Gefängnis entlassen, bezeichnen sich selbst als ›failures‹, Versager. Aber das sind sie lieber, sagen sie, als ›grey scrubbers‹, Angepaßte. Ihre Songs, die sie gelegentlich zusammen anstimmen, sind so ohne Hoffnung wie sie selber:

> »I met my love by the gasworks wall,
> kissed my girl by the old canal,
> dreamed a dream by the factory wall –
> dirty old town, dirty old town ...«

Tagsüber lungern sie in tödlicher Langeweile an ›ihrer‹ Ecke herum: ›jist dossin aw day‹. Ihre Stunde kommt abends, besonders am Samstag, wenn die Kämpfe zwischen den einzelnen Banden ausbrechen, oft aus geringfügigem Anlaß. Austragungsort kann eine der Tanzhallen sein, wo stark geschminkte Mädchen, fünfzehn oder sechzehn Jahre alt, den blutigen Auseinandersetzungen mit Interesse folgen. (Später werden sie auf hochhackigen Schuhen die Straße hinabrennen, um den Ausgang der Schlacht nicht zu versäumen.) Die Burschen sind beim Betreten des Tanzlokals durchsucht worden, aber wenn es losgeht, tauchen überall Rasierklingen auf; Flaschen wird der Hals abgebrochen, auch mit dieser Waffe läßt sich allerhand anfangen. Von draußen fliegen Ziegelsteine durch die splitternden Scheiben, sobald es Ernst wird: ›Fighting is better than sex.‹ Wenn die Polizei auftaucht, haken die ›birds‹ ihren bevorzugten Kavalier unter: »Er hat mit mir getanzt.« Damit hat er Chancen, in dieser Nacht nicht in einer Gefängniszelle zu landen. Verwundungen und Narben sind ehrenhaft, aber in der Zeitung erwähnt zu werden der höchste Ruhm: »It wis in the papirs«. Außenstehende, vor allem Fremde, werden weder belästigt noch angegriffen. Fernes Echo keltischer Clankämpfe? Die Symptome sind ähnlich.

Wie soll man dem Unwesen steuern, wenn die neuen Siedlungen, nach Ansicht der Fachleute, kulturelle, soziale und psychologische Wüsteneien sind? In den alten Slums gab es wenigstens die Kneipen als Heimat; in den sanierten Vierteln im East End fehlten zunächst sogar die. Sozialarbeiter und Pfarrer und Leute der Iona Community sind sich mit der Polizei einig, daß man bei den Kindern beginnen und vorbeugen muß. Aggressionen sollen abgebaut, neue Interessen geweckt werden. Auch unter den goldenen Decken der City Chambers besinnt man sich. Mit der Planierraupe geht man bereits behutsamer vor, heißt es. ›Nicht mehr abreißen, sondern renovieren.‹ Den Bewohnern – wieder als Menschen gesehen und nicht nur als Bestandteile einer Statistik – will man, wo immer möglich, die vertraute Umgebung belassen. Wie lange wird die Stadt noch an der zweifelhaften Ehre tragen, ›schlimmste‹ von allen in Großbritannien zu sein?

Vom Jahre 1983 an wird Glasgow ein Museum von Weltrang besitzen. Für die berühmte und einmalige Burrell Collection entsteht im Park von Pollok House ein geeigneter Bau. Der Glasgower Reeder Sir William Burrell schenkte seiner Heimatstadt eine Sammlung, deren Wert auf 250 Millionen Mark geschätzt wird. Sie umfaßt flämische Gobelins und mittelalterliche Glasmalerei, alte Meister und französische Impressionisten, Skulpturen von Rodin und asiatische Altertümer.

Im Pollok House selber, einem Adam-Bau (1740-1752), ist die Sammlung eines weiteren Glasgower Bürgers, des Kunsthistorikers William Sterling Maxwell untergebracht, mit Meisterwerken spanischer Malerei.

Glasgow als Hort der Musen: sowohl das Scottish National Orchestra wie die Schottische Oper und das Ballett sind hier beheimatet und geben in Edinburgh nur Gastspiele.

Dreiundvierzig Leihbibliotheken – davon drei für Blinde – sind ein stolzer Rekord. Am berühmtesten: die Mitchell Library, 1874 von einem Tabakfabrikanten gestiftet, eine der bedeutendsten Großbritanniens (enthält allein 3500 Robert-Burns-Titel). Das Haus der Stirling Library hat eine bewegte Geschichte hinter sich: als Stadtpalais des Tobacco Lords William Cunningham errichtet, wurde es später von der Royal Bank übernommen, dann von der Stock Exchange, die den noblen Portikus vorbaute.

Im Süden der Stadt liegt das Museum of Transport mit zahlreichen Modellen der am Clyde gebauten Schiffe. In Blantyre, außerhalb der Stadtgrenze: ein David Livingstone Centre.

Von den für Glasgow typischen gußeisernen Sehenswürdigkeiten seien noch einige erwähnt, die dem Zentrum nahe liegen und leicht zu finden sind: die Dachkonstruktionen der Queen Street Station und der Argyll-Passage (mit Juwelierläden; nahe der Fußgängerzone der Buchanan Street), das Kaufhaus von Gardner & Son in der Jamaica Street; zwei Fußgängerbrücken, die den Clyde überspannen und das Auge erfreuen: Portland Street Bridge und St. Andrew's Bridge; schließlich der Doulton Fountain beim People's Palace. Dieser schöne Brunnen, 1889 zum fünfzigsten Regierungsjubiläum der Königin Victoria errichtet, ist leider ausgetrocknet und rostig geworden. Schade.

Die St. Vincent Street Church gilt als Alexander Thomsons Meisterwerk.

Kreuzfahrt

Einmal im Jahr veranstaltet der National Trust for Scotland eine Seereise für seine Mitglieder, Freunde und Gäste. Das Schiff, ›S.S. Uganda‹, ist weder modern noch besonders elegant – es hat schon als Truppentransporter Dienste getan –, aber das heitere und interessante Leben an Bord entschädigt für jedweden Mangel. Eine solche Cruise läuft mit wechselndem Programm Inseln und Küsten an, die unter der Verwaltung des Trust stehen, sowie benachbarte Länder und Meere. Die Mitarbeiter an Bord geben sach- und fachkundige Erläuterungen und halten Vorträge; sie sind auch sonst um die Passagiere hilfreich bemüht. Als Neuling weiß man zunächst nicht, ob der junge Mann, der einem den Koffer trägt, Schloßverwalter, Botaniker oder Spezialist für schottischen Volkstanz ist (diese Disziplin wird an Bord mit Vergnügen betrieben).

Eine solche Kreuzfahrt konnte ich – wenigstens teilweise – miterleben. Sie stand unter der Leitung des Duke of Atholl. Der Herzog hatte seinen Personal Piper, Mr. Spence, mitgebracht. So waren alle großen Momente, jedes Auslaufen und Ankommen, vom Klang des Dudelsacks begleitet.

Das Schiff umrundete Schottland. Die Fahrt ging zunächst an vertrauten westlichen Küsten entlang: Mull of Kintyre tauchte auf und der Stevenson-Leuchtturm; später Islay und Jura, deren Sund wir passierten. An Stelle der Abendtafel gab es ein Strandpicknick in einer weißen Bucht der Insel Iona. So fügten sich die Eindrücke des Tages für mich zum schottischen Schlußakkord.

Die Nacht auf See war unruhig. Aber als ich in aller Frühe aufwachte, hatte die stark schlingernde ›Uganda‹ Anker geworfen. Vor uns, im ersten Morgenlicht, lag *St. Kilda*. Ein atlantisches Orplid? Türme, Steilklippen und bizarre Felsabstürze von großer Höhe umstehen die Bucht, den »besonnten Strand«, und ein grünes weites Tal mit den Ruinen des ehemaligen Dorfes. Die St. Kildans waren wohl die einsamsten und die seltsamsten Europäer. Nur in den Sommermonaten konnten sie gelegentlich durch vorbeifahrende Trawler Verbindung mit der Außenwelt aufnehmen. Sonst sandten sie Hilferufe mit einer hölzernen Flaschenpost aus, in deren Deckel die Worte »please open« eingebrannt waren. Sie lebten vor allem vom Vogelfang. Gannets (Baßtölpel), Fulmars (Eissturmtaucher) und Puffins (Papageitaucher) nisten hier in unvorstellbarer Anzahl; die Gannet-Kolonie ist die größte der Welt. Die Männer, auch ganz junge Burschen, holten barfuß mit akrobatischen Kletterkünsten Eier und Jungvögel aus den Felswänden. Diese Tätigkeit verformte ihre Füße: sie hatten schmale Knöchel und lange Greifzehen. Von ihrer Beute war ihnen alles verwendbar: Eier und Fleisch als Nahrung, die Federn als Tauschware, der Tran als Lichtspender. Öl aus dem Magen des Fulmars galt als wertvolle Medizin. Das einzige Boot der Insel, Besitztum aller, wurde gemeinsam bemannt, um zu den Außeninseln des Archipels zu gelangen. Dort weideten ihre Schafe, eine ziegenähnliche, bräunlich gefleckte Urrasse: Soay Sheep.

St. Kilda gehörte von alters her den MacLeod of MacLeod von Skye. Ihr Factor erschien einmal im Jahr. Er galt als Vertrauensperson, brachte Tee, Zucker, Salz und Paraffin mit und nahm dafür die Säcke mit den Vogelfedern und einige Ballen handgewebten Tweeds in Empfang. Auf die gleiche Weise wurde die Pacht für das arme Stück Land beglichen, auf dem so wenig gedeihen konnte. 1930 verließen die letzten

Bewohner die Insel; bald darauf wurde sie vom Laird verkauft. Zwei Organisationen nahmen St. Kilda in ihre Obhut: National Trust und Nature Conservancy. Das Militär richtete eine ständig bemannte Beobachtungsstation als Außenposten der Raketenbasis auf den Hebriden ein. Der National Trust schickt jeden Sommer eine Arbeitsgruppe von Freiwilligen unter der Leitung von Allan Aitken auf die Insel. Die verfallenen Häuser werden instand gesetzt, die Kirche ist renoviert worden.

Durch einen glücklichen Zufall war ich dem ersten Landungsboot zugeteilt. Drüben halfen Soldaten beim Anlegen und zogen uns die nassen Steinstufen am Pier hinauf. Aus dem Kamin eines neu gedeckten Hauses stieg Rauch auf: Die Arbeitsgruppe des National Trust saß beim Frühstück. Schwarz-braune Soay-Schafe trieben ihre Lämmer von den Fremden fort. Die Dorfstraße: Hier trafen sich jeden Morgen die Männer zum Gespräch und bestimmten gemeinsam die Arbeit des Tages. Alles mußte zusammen unternommen werden; einer allein war verloren. Eine alte Photographie zeigt die St. Kildans bei der Debatte, in dunklem handgewebtem Zeug, barfuß, mit der runden dunklen Mütze über den Puritanergesichtern.

Jenseits des gepflasterten Weges: die Reihe der Häuser, Ruinen, innen schwarz verrußt. Hier war die Welt der Frauen, denen die Männer, abgesehen von ihren kühnen Jagden, alle Arbeit überließen, auch das Tragen schwerster Lasten. In ihrer Jugend müssen sie schön gewesen sein; aber die Härte des Daseins prägte sich ihren Gesichtern früh auf; sie glichen, wenn die Photographien nicht trügen, alten Indianerinnen. Sie gebaren zahlreiche Kinder, aber verloren die meisten innerhalb der ersten Lebenswoche an einer rätselhaften Tetanie. Da Ärzten, die gelegentlich die Insel besuchten, kein Vertrauen geschenkt wurde und ein Außenstehender bei einer Geburt nie anwesend sein durfte, blieb die Ursache der tödlichen Krankheit unbekannt.

Ein geschützter Winkel hinter dem Pfarrhaus war zu unserer Überraschung mit Ringelblumen übersät. Es war warm unter den Felswänden, beinahe heiß. Die Kirche stand offen. In früherer Zeit, heißt es, seien die St. Kildans fröhlich gewesen, sie hätten gesungen und auf dem Strand Spiele veranstaltet. Aber als die strenge Free Church Mitte des vorigen Jahrhunderts ihre Geistlichen auf die Insel schickte, wandelte sich das Bild. Der weltferne Posten scheint vor allem düstere Fanatiker angelockt zu haben. Reverend John Mackay blieb vierundzwanzig Jahre lang auf St. Kilda und zwang die ihm anvertrauten Seelen sonntags dreimal in die Kirche. In seinen Predigten war mehr von der Hölle als vom Himmel die Rede. Spätere Geistliche führten ein milderes Regiment; aber sie blieben immer Fremde.

Das Innere der Kirche war, trotz allem, ein tröstlicher Raum. Ich versuchte mir die Kinder von St. Kilda vorzustellen, von denen erzählt wird, daß sie hier ebenso unbeweglich und andächtig saßen wie die Erwachsenen. Für sie wurde später ein Schulraum gebaut, von Fall zu Fall kam ein Lehrer. Als man die kleine Schülerschar einmal photographierte, erkannten die Kinder in der Aufnahme alle, nur nicht sich selbst. Es gab keinen Spiegel auf der Insel.

Als die letzten sechsunddreißig St. Kildans ihre Insel aufgaben, ließen sie in jedem Haus eine aufgeschlagene Bibel und eine Handvoll Hafermehl zurück. Auf dem Festland fanden die Männer Arbeit bei der Forestry Commission. Sie hatten zuvor nie einen Baum gesehen. Man sagt, die Evakuierung sei kein Erfolg gewesen. Die Alten wurden unglücklich, die Jungen unzufrieden.

Die Schiffssirene rief uns vorzeitig zurück; der Wind war umgesprungen, ein weiteres Verbleiben in der Bucht zu gefährlich. Wir hörten noch einen Kuckuck rufen – ob man uns das später glauben würde? Der Abschied von einer Insel ist endgültiger als andere: Die Soldaten gaben jedem von uns stumm die Hand. Von der ›Uganda‹ aus wurde unsere Rückfahrt im Boot mit einiger Sorge beobachtet; dann nahm das Schiff langsam seinen Kurs zwischen den Felstürmen, *Stac an Armin* und *Stac Lee*, während über uns die aufgescheuchten Gannets schreiend den Himmel verdunkelten.

An diesem Tag wurde uns viel von der Inselgruppe erzählt, die unser nächstes Ziel sein würde: die *Shetlands*. Bobby Tulloch, Vogelwart auf *Yell*, zeigte Bilder seiner Heimat. Die Aufnahmen machten deutlich, welche außerordentlichen Landschaften es auf diesen Inseln noch zu entdecken gibt. Margeriten-Wiesen; Asphodelen, wie Nelken duftend. Im Winter sammelt sich, wenn ein Schneefall bevorsteht, jedwedes Getier am Saum der einsamen Sandstrände. Alle Vögel auf Wanderschaft steuern diese geschützten Buchten und ihr Vorland an. Mr. Tulloch hatte eine Zeitlang weiße Schneeulen als Nachbarn.

»Und das Öl?« Achselzucken: »Wir haben auf Mainland neue Straßen bekommen, und die jungen Leute Arbeit. Wir anderen gehen nicht nach *Sullom Voe* zu den Hafenanlagen. Alles ist teurer geworden, das stimmt. Man muß neuerdings seine Haustür abschließen; früher hätte man das für eine unverzeihliche Beleidigung des Nachbarn gehalten. Das einzige, was wir wirklich fürchten, ist Umweltverschmutzung. Das Wasser an unseren Küsten ist so klar und sauber, daß man auch bei größeren Tiefen den Grund sehen kann.«

Am nächsten Morgen schob sich unser Schiff langsam an der Ostküste der Hauptinsel entlang, vorbei am *Broch of Mousa*, dem Glanzstück unter diesen Rundtürmen, makellos und vollständig erhalten. Stadtgang in *Lerwick:* Ich mußte mich immer wieder wundern, daß die Leute, die vor ihren alten schmalbrüstigen Häusern standen, enge Treppensteige herunterkamen, über die Steinplatten der Gassen liefen, daß sie alle – englisch sprachen. Die Stadt war Fremde für mich, und Norwegen näher als England. Ich konnte mir ohne weiteres vorstellen, daß die Bewohner von Lerwick im tiefsten Winter, Ende Januar, nordische Helme mit Federn oder Hörnern aufsetzen, oder sich sonst gruppenweise verkleiden und als ›guizers‹ einem Anführer, dem ›jarl‹, durch die Straßen folgen. Sie tragen die Nachbildung eines Wikingerschiffes mit sich. ›Up-Helly-Aa‹ heißt das Fest. Das riesige Boot wird mit Fackeln in Brand gesetzt. Nur Männer nehmen an dieser Zeremonie teil. Die Frauen warten gruppenweise in verschiedenen Festhallen bei einer reichbesetzten Tafel; sie werden ebenfalls gruppenweise, von den Männern besucht, bis Ströme von Alkohol jede Ordnung überfluten.

Zurück zur ›Uganda‹. Als wir nachts, schon wieder auf hoher See, in einer Tanzpause an Deck gingen, sahen wir hell erleuchtete Städte über dem Wasser schweben: Bohrinseln. Vierundzwanzig Stunden später war die holländische Küste erreicht. Sonntagmorgen: Während wir langsam den Nordseekanal hinauffuhren, fand an Bord ein ökumenischer Gottesdienst statt. Nach altem Seemannsbrauch stand der Kapitän vor der ausgespannten britischen Flagge und las die Bibeltexte.

In Amsterdam war für mich die Reise zu Ende. Alte und neue Freunde versammelten sich zum Abschied. Sie sangen: »Will ye not come back again?« Ja, ich würde gerne nach Schottland zurückkehren.

An der Reling wartete Mr. Spence mit seinem Dudelsack, um mich ›von Bord zu pfeifen‹.

Am Südende von Mainland (Shetlands), in der Nähe des Flughafens von Sumburgh: die Ausgrabungsstätte Jarlshof mit Funden von der Bronzezeit an bis zu den Wikingern.
An der Westküste: St. Ninian's Isle, durch einen Isthmus aus weißestem Sand mit dem Land verbunden, Fundstätte eines keltischen Silberschatzes (8. Jahrhundert), der sich heute im Museum in Edinburgh befindet (Kopien im interessanten Shetland Museum von Lerwick).
Auf Fair Isle, zwischen Schottland und den Shetland Inseln gelegen, sorgt der National Trust für das Wohlergehen der letzten 70 Bewohner (Unterkunftsmöglichkeit im Bird Observatory Hostel).

Nützlich zu wissen

The National Trust for
Scotland (N.T.S.)
5 Charlotte Square
Edinburgh EH2 4DU

The Scottish Tourist Board
23 Ravelston Terrace
Edinburgh EH4 3EU

Department of the Environment
(Ancient Monuments)
Argyle House
Lady Lawson Street
Edinburgh EH3 9DR

Forestry Commission
231 Corstorphine Road
Edinburgh EH12 7AT

Nature Conservancy
12 Hope Terrace
Edinburgh EH9 2AS

Scotland's Garden Scheme
26 Castle Terrace
Edinburgh EH1 2EL

Scottish Youth Hostels
Association
7 Glebe Crescent
Stirling FK8 2JA

Highlands and Islands
Development Board
27 Bank Street
Inverness IV1 1QR

*Für Tagestouren zu
Orten von historischem oder
literarischem Interesse,
unter sachkundiger Führung:*
University of Edinburgh
Extra-Mural Studies
11 Buccleuch Place
Edinburgh EH8 9JT

*Für Buchungen auf fast allen
Schiffen und Autofähren an der
Westküste:*
Caledonian MacBrayne Limited
The Pier
Gourock PA19 1QP

*Für Schiffe und Fähren zu den
Orkneys und Shetlands:*
P & O Ferries
Aberdeen
Matthews' Quai

*Und für Auskünfte in
Deutschland:*
Britische Fremdenverkehrs-
zentrale
Neue Mainzer Straße 22
6000 Frankfurt/Main

NAMEN- UND ORTSREGISTER

ABBOTSFORD 66, 174, *181*, *182*
Abercorn 140
Aberdeen 13, 498, 499-503
Aberdeenshire 16, 261 ff.
Aberfeldy 491, Farbtaf. S. 149
 Birks of – 491
Aberfoyle 474
Aberlemno 250
Aberlour 270
Acharacle 328
Achiltibuie 351
Achnacon 155
Achnagoul 294
Achnasheen 161, 347
Achnashellach 161, 347
Adam, John 140
 Robert 27, 121, 124, 177, 215, 216
 Robert jun. 140
 William 140, 264, 268, 361, 491
Adamnan, Heiliger 483
Add 299
Aidan, König von Dalriada 300
Ailsa Craig 220
Albert von Sachsen-Coburg-Gotha, Prinzgemahl 59, 436-439
Allan 164
Allen, David 204
Alligin 347
Alloway 216, 218, 219
Alt-na-Guithasach 438, 444
Altnaharra 367, 372, 382
Amhuinnsuidhe 415, 416
Anderson, Adam 248
Andrew, Heiliger 225
Angeln 86, 87, 178, 179

Anstruther 232
An Teallach 350
Antonine Wall 17
Anwoth 214
Applecross 161, 344-346
Arbroath 250, 251
Ardanaiseig 298, 303
Ardchattan Priory 278, 304
Ardersier 362
Ardgay 364
Ardgour 324
Ardnamurchan 311, 324, 325
Ardrossan 278
Argyll, Archibald Campbell, 8. Earl und 1. Marquess of 24, 111, 489
Argyll, Ian Campbell, 12. Duke of 71
Argyll, Ian Douglas, 11. Duke of 297, 298
Argyll Forest Park 99
Arisaig 159
Arkwright, Richard 191
Armadale 157, 159, 344
Armour, Jean 217
Arnisdale 330
Arnol 402
Arrochar-Tarbet 147
Assynt 351, 352
Auchindrain 294-296
Aukengill 380
Auld Alliance 19, 50, 177
Aviemore 13, 161, 455, 456, 457

BADDAGRO 347
Baird, John Logie 31
Baker, Sir Benjamin 138
Balcary Bay 208, 209

Balgie, Bridge of 484
Ballater 144, 442, 443, 450
Balliol, Devorguilla, Königin 208, 210
Balloch 475
Balmacara Estate 331
Balmaclellan 198
Balmaha 475
Balmoral 66, 131, 229, 437-440
Balnakeil 355
Balquhidder 476, 477, 478
Balranald 421
Balvenie Castle 274
Banff 266, 268, 269
Banks, Sir Joseph 318
Bannockburn 19, 26, 164, 171, 175, 222
Barra 44, 75, 304, 399, 400, 421 ff.
  Head 399
Barrie, James 251
Bass Rock 141
Bealach na Bà 344
Bean, Alan L. 61
Beauly 347, 348, 467
Beecher-Stowe, Harriet 373
Beinn Mhor 420
Bell, Alexander Graham 31
Bellabeg 449
Bell, Henry 517
Bell Rock 42
Bemersyde 174, 177
Benbecula 399, 420
Ben Cruachan 298, 299, 302
Ben Eighe 346
Ben Hope 10, 352, 382
Ben Lawers 482
Ben Ledi 471
Ben Liathach 346
Ben Lomond 148, 460, 475
Ben Loyal 10, 352, 382
Ben Nevis 83, 156, 459, 460
Ben Vraggie 373
Berriedale 377
Bettyhill 382
Biggar 189, 190
Binns, the 135
Birnam 16, 162

Birnie 271
Birsay 384, 389, Farbtaf. S. 306
Black Houses 335, 400-402
Black Isle 362
Black Watch, Regiment 60, 491
Blair Atholl 245, 455, 457
  Castle 246
Blantyre (David Livingstone Centre) 528
Bleiminen 202-204
Boat of Garten 146
Bonar Bridge 367
Bonnie Prince Charlie *siehe* Stuart, Charles Edward
Borders (Region) 9, 12, 28, 174
Boswell, James 26, 335
Bothwell, James Hepburn, 4. Earl of 23, 52, 165, 242-244
Bouch, Thomas 138, 496, 497
Bowhill Castle 198, 200, 201
Bowmore 282
Braemar Castle 451
  Hochlandspiele 13, 453-455
Brahan, Seher 362, 364
Breadalbane, Lord 436
Brechin 250
Brendan von Clonfert, Heiliger 311
Bridge of Orchy 148, 155
Britonen 18
Broadford 331, 344
Brochs 329
  Brora 369
  Dornadilla 382
  Dun Carloway 410
  Dun Telve 329, 330
  Dun Trodden 329, 330
  Mousa 592
Brodgar 389, Farbtaf. S. 308
Brodick 39, 98, 276-278
Brodie, William, Deacon B. 111, 116
Brown, Georges Mackay 385, 389, 392
Brown, John 27, 437-441, 442, 447
Bruce, William 140, 241

Buccleuch, 9. Duke of B. und 11. Duke of Queensberry 198, 199
Buchaille Etive Mor 153
Buchanan, Andrew 516
Buckie 266
Burke, William 118
Burnett of Leys, Sir James 257
Burns, Robert 22, 26, 27, 29, 45, 210, 211, 216-220, 491, 527
Bute, 4. Marquis of 238

CAERLAVEROCK Castle 208
  Nature Reserve 208
Cairngorms 13, 85, 455, 456, Farbtaf. S. 428
Cairnholy 215
Cairn O'Mount 256
Caithness 43, 371, 376, 378
Caledonian Canal 126, 459, 460, 465
Calgacus, piktischer Anführer 17
Callander 470, 471
Callanish 412, 413
Calvin, Johann 22, 28, 44, 46, 49
Cameron of Lochiel, Sir Donald 55
Cameron of Lochiel, Sir Ewan 323, 327
Campbell, Clan 25, 298
Campbell of Glenlyon, Robert 24, 25, 27
Campbell of Kilberry, Marion 291-293
Camster, Grey Cairns 382
Camus nan Gael 324
Candacraig 448, 449
Canisbay 382
Canisp 352
Cape Wrath 353
Carbisdale Castle 101
Cardoness Castle 215
Carloway 400, 410, 411
Carlyle, Thomas 27, 186, 194, 208

Carnasserie 301
Carnegie, Andrew 240
Carradale 276, 278
Carrbridge 457
Castlebay 44, 423, 424, 429-431
Castle Kennedy Gardens 215
Castle Menzies 487, 488, 489
Castle Sween 293
Castle Tioram 324
Castle Urquhart 458, 466
Cawdor Castle 16, 73, 362
Ceres 223
Chanonry Point 363
Charles, Prince, Duke of Rothesay 51, 139, 445
Cheviot Hills 165
Chiefs 53-55, 61, 63
Chopin, Frédéric 140
a Chromraich 345
Church of Scotland 44-46, 47-49, 226, 292, 315, 446, 447, 491, 506
Ceilidh 480
Clachaig 155
Clans 53-55
  Gathering of the Clans 61-63
Claonaig 278
Clatterin' Bridge 256
Clava Cairns 361
Clearances 25, 26, 68, 75, 78, 364-366, 371-373, 414
Clyde 147, 168, 191, 300, 507, 515, 517, 520, 525
Cockburn, Henry Thomas, Lord 227
Coigach 351
Coilantagle 471
Coll 304
Colonsay 304, 309-311
Colquhoun, Clan 475, 476, 477
Columba, Heiliger 17, 44, 293, 299, 300, 311, 313-315, 317, 324, 465, 483
Columbas Höhle 293
Comrie 61
Connel Bridge 304
Corgarff Castle 452, Farbtaf. S. 425

Corran 324
Corrieshalloch Gorge (Measach Falls) 348, 350
Corrodi, August 219
Corrour 85, 155, 467
Corryvreckan, Strudel 290, 300
Covenanters 46, 119, 213, 214, 489
Craig, James 120
Craighouse 290
Craigievar Castle 67, 98, 259-261
Craignure 313
Crail 232
Cramond 140
Cranston, Kate 523
Crathes 12, 67, 256-258, 261
Crathie 48, 441, 445-447, 450
Creetown 214
Crianlarich 148, 475
Crichton, Alexander 31
Crieff 17, 80, 492-494
Criffell 210
Crinan Canal 299, 300
Croft 75, 76
Croick 364, 365
Cromarty 363, Farbtaf. S. 234
Crossmichael 198
Crossraguel Abbey 220
Crotach, Alastair 419
Cruden Bay 503
Cruggleton Church 215
Cuchulain, irischer Sagenheld 343
Cuillin Hills 330, 331, 342, 343, Farbtaf. S. 286
Cullen 266, 267
Culloden 25, 57, 58, 161, 321, 323, 339, 359, 360, 361
Cul Mór 352, 353
Culross 240, 241
Culzean Castle 215, 216
Cumberland, William Augustus, Duke of 359-361
Cumbernauld 505
Cunard, Sir Samuel 517
Cunningham, William C. 516, 527

DALE, David 191
Dalilea Farm 324-326
Dalmally 304
Dalmeny 140
Dalriada, scotisches Reich 17, 299, 300
Dalwhinnie 161
Darnley, Henry Stewart, Lord 22, 23, 52, 134, 242, 243
David I., König 18, 132, 169, 176, 240
David II. Bruce, König von Schottland 19
David Marshall Lodge 99, 473
Dee-Tal (Royal Deeside) 10, 13, 48, 144, 252, 265, 274, 441 ff., 450, 455
Defoe, Daniel 43, 242
Department of the Environment 100, 176
Dervaig 312
Diabaig 347
Dingwall 159, 362
Dochart 480, 481, 482
Don 259, 447
Donnachaidh, Clan 55
Dornoch 367-369
Dougall, Maitland, Admiral 230
Douglas, David 249
Douglas, James, 2. Earl of 170, 171, 198
Douglas-Home, Sir Alexander F. 168
Doune Castle 471
Motor Museum 471
Dounreay 382
Doyle, Sir Conan 27
Drumbuie 160
Drum Castle 258
Drumlanrig Castle 198-201
Drummond Castle Gardens 494
Dryburgh Abbey 18, 170, 175, 176
Duart Castle 313
Dudelsack 62, 103, 112, 336, 448, 478-480, 487, 489, 490, 533

540

Duff, William, Lord Braco, 1. Earl of Fife 268
Duff House 268, 269
Dufftown 272
Duke's Road 473
Dumfries 208, 217, 218
Dumfries and Galloway (Region) 12, 212
Dunkeld 162
Dunadd 299, 300
Dunblane 164
Duncan I., König 17, 18
Duncan, Henry 206-208
Duncansby 381
Dundee 13, 94, 497-498
Dundee, John Graham of Claverhouse, Viscount 457
Dundonell Forest 350
Dundrennan Abbey 212, 245
Dunfermline 131, 239, 240, 317
Dunnet 382
Dunnottar Castle 503
Dunoon 525
Dunrobin Castle 144, 369, 370
Dun Scathaich 342, 343
Dunsinane 16
Dunstaffnage Castle 304
Dun Telve, Dun Trodden *siehe* Brochs
Dunvegan Castle 332-335
Durinish 331
Durisdeer 201
Durness 354, 355

EARLSTON 173
Eas a'Chùal Aluinn 353
Easdale 301
East Linton 142
  Preston Mill
  Phantassie Doo-cot
East Lothian 140-142
Ecclefechan 186, 194
Edinburgh 9, 11, 12, 21, 25, 52, 95, *103-134*
  Acheson House (Scottish Craft Centre) 116
  Arthur's Seat 9, 108, 133, 135
  Assembly Hall 49, 113

Botanischer Garten 130
Brodie's Close 116
Burg *siehe* Edinburgh Castle
Café Royal 129
Calton Hill 104-108, 121, 122
Calton Old Burial Ground 108
Canongate 109, 116
Canongate Tolbooth 116
Castle Hill 109
Charlotte Square 121, 124
Deacon Brodie's Tavern 116
Dean Village 125 ff.
Edinburgh Castle 52, 105, 112, 117, *131-132*, 135
Esplanade 112
General Post Office 108
George Square 120
George Street 107, 121
Gladstone's Land 115
Grassmarket 116, 117
Greyfriar's Church 119
  Kirkyard 119, 120
Heriot's Hospital 118
High Street 109, 115
Holyroodhouse, Palace of 21, 22, 26, 52, 104, 105, 108, 131, *132, 133*
  – Abbey 133
Huntly House 119
Jappa 107
John Knox's House 115
Lady Stair's House 116
Lawnmarket 109, 116
Magdalen Chapel 118, 119
Mercat Cross 52, 111
Mons Meg 135
Moray Place 125
Mound, the 127
Museum of Childhood 116
National Gallery of Scotland 83, 125, 127, 480
National Library of Scotland 114, 116
National Museum of Antiquities 125
National Portrait Gallery 37, 125

New Town 104, 107, 120-124, 125, 127
Nor'loch Valley 106, 120, 127
North Bridge 108
Outlook Tower 116
Parliament House 113-115
Portobello 107
Princes Street 106, 107, 121, 123, 125, 127
Princess Street Gardens 104
Queen Street 121
Register House 108
Rose Street 124
Royal Mile 16, 24, 104-106, 108-113, 117, 122
Royal Scottish Academy 125
Royal Scottish Museum 120
St. Andrew Square 124
St. Andrew's 49
St. Bernard's Well 126
St. Giles Cathedral 24, 49, 51, 105, 109, 110, 111, 115
St. James Centre 107
St. Margaret's Chapel 131
St. Mary's 49
St. Stephen's 125
Salisbury Craigs 108, 135
Scottish Arts Council 125
Scottish National Gallery of Modern Art 125
Scottish United Services Museum 132
Scott Monument 106
Tanner's Close 117
Tolbooth 111, 116
Tolbooth St. John 113
Universitäten 106, 120
Victoria Street 116, 117
War Memorial 132
Waterloo Place 108
Water of Leith 121, 125
Waverley Station 104, 106
Wax Museum 16-27
West Register House 125
Zoo 130
Edinburgh Festival 29, 112, 113
Edinburgh, Philip, Herzog von 52, 271, 359
Eduard I., König 18, 249
Eduard II., König 19
Eduard VII., König 229, 442
Edzell 250, 251, 256
Castle 251
Egilsay 389
Eigg 157, 159
Eildon Hills 174
Eileach an Naoimh 311
Eilean Donan Castle 330
Eilean Fhionnan 326
Eisenbahnen 144-148, 156, 157, 161, 162
Elgin 18, 271
Elgin and Kincardine, Earl of 61, 222
Elgol 344
Elizabeth I., Königin 20, 23, 243, 245
Elizabeth II., Königin 25, 51, 52, 442, 443, 446, 454
Embo 368
England, Engländer 18-20, 24, 25, 55, 58
Eoligarry 421
Eriskay 421
Essen 91-95
Ettrick 183, 184
Europie 403

FAIR Isle 533
Falkirk 38, 80
Falkland 20, 131, 181, 237, 238
Falls of Glomach 330, 331
Falls of Lora 302
Farquarson, Captain Alwyne F. of Invercauld 451
Fasque 256
Fettercairn 256
Fiery Cross, The 54, 327
Fife 12, 121, 222ff., 241
Fillan, Heiliger 481, 482
Findochty 266
Fingal (Finn MacCool), keltischer Held 318, 485
Finnan, Heiliger 326
Finnian, Abt von Moville 313
Fionnphort 314, 320

Flanders Moss 471
Fleming, Sir Alexander 32
Flodden, Niederlage bei 19, 20, 135, 187, 298
Floors Castle 178
Flotta 390
Fontane, Theodor 16, 60, 61, 117, 133, 162, 164, 169, 170-172, 181, 299, 303, 471, 472, 497
Forbes, Sir John 448
Forbes, William 259-261
Forestry Commission 98-100, 155, 326, 470, 471
Forfar 250
Forres 16, 271
Forrest, George 38, 39
Forsinard 369, 376
Fort Augustus 458, 466
Fort George 361
Forth 164
  Firth of 12, 42, 105, 107, 108, 121, 127, 138, 139, 222, 239, 241, Farbtaf. S. 150
Fortingall 483-484, 491, Farbtaf. S. 461
Fortrose 363
Fort William 145, 156, 341, 459, 460
Fowke, Captain Francis 121
Fowler, Sir John 138
Fowlis Wester 61, 494
Fraser Castle 67, 98, 263, 264
Fraser, Elyza 264
Freiligrath, Ferdinand 219

GABUN 312
Gainsborough, Thomas 199, 297
Gairloch 347
Gala 183
Galashiels 183
Gälische Sprache 77, 78
Galloway Forest Park 99
Game-keeper 69, 70, 373-375
Gare Loch 147
Garenin 400
Garth (Fortingall) 101

Garvellachs 311
Gatehouse of Fleet 213, 215
Gathering of the Clans 61-63
Geddes, Jenny 110
Georg II., König 360
Georg IV., König 26, 59, 132, 181
Gigha 69, 278-281
Gillanden, James 365, 366
Gillie 69, 70, 87, 88
Glamis Castle 16, 101, 248
Glasgow 9, 13, 25, 78, 145, 147, 473, 504-528
  Argyll-Passage 528
  Blythswood Square 520
  Buchanan Street 528
  Burrell Museum 527
  City Chambers 510
  Clydeside University 520
  Doulton Fountain 528
  Forth and Clyde Canal 517
  Gardner's Warehouse 528
  George Square 509, 510
  Glasgow Art Gallery 520
  Glasgow Green 519, 521
  Gorbals 505, 506, 511
  Great Western Road 520, 521
  Hafen 517
  Hill House (Helensburgh) 523
  Hunterian Museum 520
  Ibrox Stadion 507
  Kathedrale 512, 513
  Kelvingrove Park 520
  Kibble Palace 521
  Mitchell Library 527
  Molendinar 512
  Museum of Transport 528
  Nekropole 512
  People's Palace 521, 528
  Pollok House 527
  Portland Street Bridge 528
  Provand's Lordship 513
  Royal Infirmary 514
  Queen's Cross Church 523
  Queen Street Station 528
  Royal Infirmary 514
  St. Vincent Street Church 528
  Sauchiehall Street 522, 523

543

School of Art 522
St. Andrew's Bridge 528
Stirling Library 527
Templeton's Factory 519
Tolbooth 515
Trongate 516
Universität 515, 520
Westend 521
Willow Tearoom 523
Glassalt Shiel 440
Glassford, John G. 516
Gleann Salach 304
Glen Affric 367, 467, 468, Farbtaf. S. 36
Glen Beg 329
Glen Brittle 335
Glenbuchat 450
Glen Calvie 365, 366
Glen Clova 252
Glen Coe 24, 25, 148, 153, 154, 155, 156, 304
Glencorse, John Inglis, Lord 50
Gleneagles 146, 162, 494
Glen Elchaig 331
Glenelg 329
Glen Esk 251, 252
Glen Farrar 86
Glen Fiddich 272
Glenfinnan 157, 325, 327
Glen Isla 252
Glenkiln 205, 206
Glen Livet 272
Glenluce Abbey 215
Glen Lyon 467, 483, 484-486
Glen Moidart 324
Glen Muick 440, 443, 444
Glen Nevis 460, 465, 466
Glen Orchy 304
Glen Prosen 252
Glen Shee 457
Glen Shiel 328
Glen Tilt 438, 455
Glen Trool 99, 215
Glen Urquart 367
Glomach, Falls of 330
Goat Fell 276, 278
Golf 228-231
Golspie 369, 372

Gordon, Jean 244
Gordon, June, Marchioness of Aberdeen and Temair 265, 266
Gordon, Sir Robert 271
Gordonstoun 269-271
Grampians 161, 162, 249, 272, 492
Grangemouth 241, 503
Grange, Lady Rachel 336
Grantully 491
Great Glen 10, 13, 328, 458, 459
Greenock 516
Gretna Green 193, 194
Grey Mare's Tail 185
Gruinard Bay 349

HADDINGTON 141
Haddo House 264-266
Händel, Georg Friedrich 360
Hahn, Kurt 269-271
Hamilton 119
Handa 353
Hare, William 118
Harris 399, 414 ff.
Harris Tweed 409, 410
Hawick 183
Hebriden, Äußere (Western Isles) 13, 44, 278, 304, 342, 351, 383, 398-434, 460
Helmsdale 369, 375
Hermitage Castle 9, 165
Highlands and Islands Development Board 76, 101
Hillend 137
Hogg, James 180, 184, 186
Hopetoun House 140
Horlick, Sir James 69, 279, 281
Hotels 88-90
Hoy 382
   Old Man of 383
Humboldt, Alexander von 483
Hume, David 124
Huntly Castle 263

INCHBUIE 481, 482
Inchcailloch 475
Inchmahome 474, 475

Inishail 298
Innerpeffray 494
Inveraray 294, 296, 297
Invercauld House 451
Inverewe 348, 349
  Gardens 349
Invergarry 159, 328, 458
Invergordon 362
Inverkirkaig 353
Inverliever Forest 303
Invermoriston 328
Inverness 12, 145, 159, 161, 162, 358, 376, 458
Inverpolly National Nature Reserve 353
Inversnaid 148, 475
Inverurie 262
Iona 240, 299, 304, *313-317*, 418, 529
Iona Community 315, 316, 527
Iren, Irland 17, 28-30, 44, 73, 78, 212, 299, 300, 318, 388
Islay 281-284, 289, 318, 414, 529
Italian Chapel 396, 397

JAGD 86-88, 374, 375, 451, 452
Jarlshof 533
Jedburgh Abbey 18, *165*, 170, 176
John O'Groats 369, 380, 381, 382
Johnson, Dr. Samuel 26, 62, 78, 91, 162, 335, 339
Jura 289, 290, 300, 529

KAULBACH, Wilhelm von 113, 513
Keills 293
Kelso Abbey 18, 170, 176, 177
Kelten 17, 28, 78, 79, 156, 176, 248, 283, 299, 314, 389
Kenmore 484
Kennacraig 284
Kennedy, Sir Thomas, 9. Earl of Cassillis 215
Keswick, Sir William 204-206
Kilberry Home Farm 291

Kilchoan 325
Kilchoman 282, 283
Kilchurn Castle 303, Farbtaf. S.285
Kildalton 282-284
Kildonan 369
Kildrummy Castle 450
Killiecrankie 457
Killin 480, 482
Kilmartin 300
Kilmory Knap 293
Kilmuir 339
Kilt 57-61
Kinbrace 369
Kingshouse 153, 304
Kingussie 457
Kinlochbervie 353
Kinloch Castle 159
Kinlochmoidart 320, 322, 323
Kinnell House 481
Kinross House 241
Kintail 328
Kintyre 276, 278, 279, 281, 298
Kippford 210
Kirkcudbright 196, *210*, 212
Kirkmadrine Church 215
Kirkmichael 457
Kirkoswald 218
Kirkwall 385, 390-393
Kirk Yetholm 178
Kirriemuir 250
Kisimul Castle 423, 424, 429
Knapdale 290, 293
Knox, John 21, 22, 45-47, 115, 224
Knoydart 159, 330
Kokoschka, Oskar 350
Kyleakin 329, 331
Kyle of Lochalsh 145, 159, 329, 362
Kylerhea 81, 329
Kylesku Ferry 353

LAIRD 68, 69
Lairg 353, 367
Lairig Ghru 456
Lake Menteith 474, 475
Lambie, John 189, 190

545

Lamont, Johann von 455
Landseer, Sir Edwin 437, 439
Langside, Schlacht von 245
Laxford Bridge 353, 367
Leadhills 202-204
Learmount of Ercildoune, Thomas (the Rhymer) 173, 174
Leiper, William 519
Leith 22, 107, 180
Leith Hall 98, 263
Lerwick 385, 532
Leuchars 227
Leverhulme, William, 1. Viscount 414
Lewis 44, 77, 78, 351, 399, 400, 412-414
  Butt of 403
Lindsay, Ian 238
Lindsay, Sir David 251
Linlithgow 131, 134, 135
Linn of Dee 455
Lister, Joseph 514
Livingston 505
Livingstone, David 40, 41
Loch Achray 473
Loch Achtriochtan 154
Loch Assynt 351, 352
Loch Awe 99, 298, 301, 302, Farbtaf. S. 285
Loch Baddagyle 353
Lochboisdale 400, 420
Loch Brittle 335
Loch Broom 348, 350
Loch Caolisport 293
Loch Carron 145, 160, 161
Loch Clair 346, 347
Loch Coruisk 343, 344, Farbtaf. S. 286
Loch Coulin 347
Loch Druidibeg 421
Loch Duich 328
Loch Earn 470, 478
Loch an Eilean 456
Loch Etive 278, 301, 304
Loch Fyne 296
Loch Hope 382
Loch Hourn 158, 159, 330
Lochinver 353, 367

Loch Katrine 472, 473, 475
Loch Laidon 153
Loch Lee 256
Loch Leven 23, 241, 242, 244, 245
Loch Linnhe 304, 324
Loch Lochy 458, 459, 465
Loch Lomond 12, 13, 147, 148, 358, 470, 475
Loch Lubnaig 470, 471
Loch Lurgain 353
Lochmaddy 342, 400
Loch Maree 346-348
Loch Moidart 324
Loch Monar 86
Loch Morar 159
Loch Morlich 456
Loch Muick 438, 440, 444
Lochnagar 441, 445
Loch Ness 13, 458, 465, 466
Loch Nevis 158
Loch Oich 458, 459, 465, 466
Loch Ossian 85
Loch Rannoch 484
Lochranza 278
Loch Seaforth 418
Loch Shiel 157, 324
Loch Sionascaig 353
Loch Sunart 324
Loch Tay 470, 482, 484
Loch Torridon 346
Loch Tummel 156, 383, Queen's View Farbtaf. S. 462
Loch Venachar 472
Lockhart, John Gibson 182
Logan Botanic Gardens 215
Lord Lyon King of Arms 51, 52, 55, 482
Lord of the Isles 324, 414
Lorimer, Sir Robert 132
Lossiemouth 266, 269
Lothian (Region) 17
  East L. 140-142
Lowther Hills 201, 202, 204
Luing 301
Lumphanan 16
Lybster 379

MACADAM, John 31
Macalpine, Kenneth, König 17
Macbeth, König 16, 18
MacCrimmon, Familie 336
MacDiarmid, Hugh 327
Macdonald, Alexander 325
Macdonald, Clan 24, 25, 63, 343, 344
Macdonald, Flora 321, 337, 339-341
Macdonald of Clanranald 323
Macdonald of Glencoe, MacIan 24, 25
Macdonald of Morar 327
Macdonalds of Glenaladale 326
MacGregor, Clan 475-478
MacGregor, Robert gen. Rob Roy 170, 180, 182, 473, 477, 478
Machar, Heiliger 499
Machars, the 196, 213
Mackenzie, Familie 347
 Mary 348
 Osgood 348, 349
Mackintosh, Charles Rennie 522, 523
MacLaren, Clan 475
MacLaren of MacLaren, Donald 55
Maclean, Sorley 78
MacLeod, Clan 418
MacLeod, George 316
MacLeod of Fuinary, Lord George 316
MacLeod of MacLeod, Dame Flora 55, 333-335
MacLeod von Rossal, Donald 372
MacLeod of Skye, Clan 339, 343, 529
MacMhaighstir Alasdair, Alasdair 325
Macmillan, Kirkpatrick 31
MacNab, Clan 475, 480-483
MacNaughton, Clan 475
MacNeil of Barra, Clan 423, 424, 429, 433
 Ian Roderick 79, 429

Robert Lister 429
Macpherson, James 59, 485
Maelrubha, Heiliger 345
Maes Howe 388, 389, 390
Magnus, Heiliger 391, 392
Magnus, norweg. König 414
Maiden Stone 263
Malcom II., König 17
Malcolm III. Canmore, König 18, 78, 239, 453
Mallaig 145, 157, 158
Mam Ratagan 328
Mansfield, William David, 8. Earl of 71, 248
Margaret, Königin, Heilige 18, 131, 138, 169, 239, 240, 383
Margaret Tudor, Königin 134, 135
Maria Stuart, Königin 20-23, 52, 111, 132, 134, 165, 187, 213, 242-245, 475
Marie von Guise 21, 237
Maugham, William Somerset 50
Maxwelton House 198
Meggernie Castle 484
Meigle 250
Meikle, Thomas 492, 493
Mellerstain Castle 177
Melrose Abbey 18, *168-170*, 171, 172, 176
Mendelssohn-Bartholdy, Felix 319, 320
Mennockpass 203
Menzies, Clan 486-488, 489, 490
Menzies, Sir Alexander 489, 490
Menzies of Culdares 484
Mid Clyth 382
Military Tattoo 112
Miller, Hugh 363
Minguinish 331
Mingulay 432-434
Mitchell, Joseph 144
Moidart 321, 341, Farbtaf. S. 426
Moine Mhór 299, 300
Moluag, Heiliger 403

547

Moncreiff of that Ilk, Sir Ian 298
Moniaive 195, 196, 198
Montgomery, Sir David 242
Montrose, James Graham,
  1. Marquess of 24, 111, 489
Monymusk 263
Moore, Henry 205, 206
Moray, 14. Earl of 471
Moray, James Stewart, Earl of,
  Regent 22, 202, 244, 245
Morier, David 359
Morris, Tom 227
Mortlach 274
Morvern 311, 324
Muck 159
Mull 304, 311, 318, 319
Mull of Galloway 215
Mull of Kintyre 41, 528
Mungo (Kentigern), Heiliger
  509, 512, 513
Munro, Sir Henry 352
Murray, Clan 246, 247
Murray, Alexander 37, 38
Murray, George Iain, 10. Duke
  of Atholl 246, 528
Murray, James A. H. 39, 40
Musselburgh 53
Mylne, Robert 296, 297

NAPIER, Robert 517
National Trust for Scotland 67,
  71, 97, 98, 100, 124, 125, 135,
  141, 142, 155, 159, 164, 168,
  210, 212, 215, 238, 241, 251,
  258, 263, 265, 276, 327, 331,
  347, 349, 360, 457, 483, 528,
  533
Nature Conservancy 100, 347,
  531
Neidpath Castle 188
Neilson, James Beaumont 517
Neuk-Häfen 232, 237
New Galloway 197
New Lanark 190-193
Newton Stewart 38, 213, 215
Nicholson, John 380
Nigg 362
Ninian, Heiliger 213, 215

Nith Valley 201
Noble, Ian 77
Norn 79, 383
North Uist 399, 420
Norweger 343, 383, 413, 414
Nost, John van 201
Nova Scotia 78

OBAN 301, 303, 304, 318
Ochil Hills 164
Öl 500-503
Ord of Caithness 377
Orkneys 12, 14, 31, 380, 383 ff.
Oronsay 310
Ossian (Oisín), Keltischer
  Sagenheld 59, 154, 155, 170,
  485
Owen, Richard 191, 192, 208

PAPA Westray 389
Paps of Jura 284, 289, 300
Parton 198
Pass of Brander 302, 304
Paxton, Joseph 521
Penine Way 178
Pentland Firth 380, 383
Pentland Hills 108, 125, 137
Perth 248
Perthshire 101, 436, 441,
  469-494, Farbtaf. S. 461
Peterhead 158, 503
Pikten 17, 28, 222, 248, 250,
  262, 329
Pinkie, Niederlage von 19
Pitcaple Castle 263
Pitlochry 13, 156, 162, 457
Pitmedden Gardens 262, 263
Pittenweem 237
Playfair, William Henry 121
Plockton 159, 160, 346
Pontius Pilatus 483, 484
Poolewe 347, 348
Port Askaig 284, 289
Port Charlotte 282
Porteaus, Captain John 117
Port Ellen 282
Portgordon 266
Portknockie 266

548

Port of Ness 403
Portree 337
Prien, Günther 395

QUEENSBERRY, Herzöge von 201
Quinag 352
Quiraing 338, Farbtaf. S. 406

RAASAY 338, 339, 345
Raeburn, Sir Henry 83, 121, 128, 297, 480
Ramsay, Allan 204
Rannoch Moor 83, 146, 155, 156, 467
  Station 153, 155
Reid, Sir Robert 121
Reiff 351
Rennie, John 177
Rest-and-be-Thankful 29
Reuter, Ludwig von, Admiral 394, 395
Reynolds, Sir Joshua 199, 200
Rhenigadale 418
Rhinns of Galloway 196, 215
Rhum 157, 159
Rizzio, David 22, 52, 133, 134
Robert I. Bruce, König 19, 164, 169-171, 175, 201, 222, 239, 240, 257
Robert II., König 19
Rob Roy, *siehe* MacGregor, R.
Rockcliffe 210
Rodel 278, 418, 419
Römer 17, 250
Rognvald, Earl 392
Ronsard, Pierre de 21
Rosemarkie 363
Rossal 373
Rossdhu House 475
Rosslyn (Roslin) 136, 137
Rothesay (Bute) 525
Rothiemurchus Forest 455
Rowardennan 475
Roy, Nicholas 238
Royal Archers 52, 53, 133
Royal Society for the Protection of Birds 353

Ruthven Barracks 457
Ruthven, Patrick, Lord 134
Ruthwell 207, 208

SADDELL Abbey 278
St. Andrews 222, 223-231, Farbtaf. S. 405
  Golfspiel 228-231
St. John's Town Dalry 197
St. Kilda 336, 337, 529-531
St. Margaret's Hope 397
St. Mary's Loch 185
St. Monance 237
St. Ninian's Isle 533
St. Vigeans 250
Sandyhills 210
Sanquhar 204
Sayers, Dorothy 211
Scalan 274
Scalasaig 309
Scapa Flow 390, 393-395
Scarba 290, 300
Schafzucht 196, 252-256
Schiehallion 156, 484
Scone 101, 131, 248, 249
Scoten 17
Scots Guards, Regiment 489
Scottish Tourist Board 71, 72, 90, 100, 101
Scottish Youth Hostels Association 101
Scott, Lady Caroline 200
Scott, Sir George Gilbert 520
Scott, Sir Giles Gilbert 139
Scott, Michael 169, 172, 173
Scott, Sir Peter 466
Scott, Sir Walter 12, 26, 27, 29, 66, 106, 131-133, 135, 137, 170, 174, 175, 180-182, 186, 210, 258, 343, 390, 471, 477, 513
Scott, Schomberg 258
Scott's View 174
Scourie 353
Scrabster 382, 383
Seafield, Earls of 267
Seil 301
Selkirk, Alexander 42, 43

Selkirk 183, 184, 198, 201
Shakespeare, William 16 ff., 219, 248
Shawbost 404, 409
Shetlands 161, 383, 531, 532
Shiel Bridge 328
Shieldaig 346
Simpson, Archibald 499
Simpson, Sir James Young 31
Sinclair, Familie 137
Sinclair, Sir John, 1. Baronet of Ulbster 128
Sinclair, William, 3. Earl of Orkney 386
Skara Brae 386-388
Skipness 278
Skye 13, 63, 77, 78, 85, 157, 159, 329, 331-344, 345, Farbtaf. S. 288
Slattadale 347
Sleat 77, 159, 331, 342, 344
Sligachan Bridge 332
Slioch 346
Smailholm Tower 177
Smith, Adam 27, 516
Smith, Madeleine 50
Smith, William 499
Smollett, Tobias 204
Smoo Cave 354, 355
Smyth, Peter 323
Sohn, Carl Rudolf 441
Solway Firth 196, 207 ff.
Solway Moss, Niederlage von 19
Somerled 414
Southerness 209
South Queensferry 138, 139, 140
South Ronaldsay 382, 396
South Uist 304, 339, 399, 420, 421
Spey-Tal 270, 274, 456, 457
Stac an Armin 531
Stac Lee 531
Stac Polly 352, 353
Staffa 304, 318, 319, Farbtaf. S. 33
Stalker 69, 70, 87, 88
Steall-Wasserfall 465

Stevenson, Robert 41, 42
Stevenson, Robert Louis 27, 41, 42, 110, 139, 141, 186, 195
Stewart, Alexander, Earl of Buchan, ›Wolf of Badenoch‹ 271
Stirling 82, 162-164
Castle 131, 163, 164
Stonehaven 503
Stornoway 77, 351, 400, 414
Strachwitz, Moritz Graf von 170
Stranraer 214
Strathclyde (Region) 18
Strathdon 448, Farbtaf. S. 408
Strath Glass 367
Strath Halladale 369
Strath More 350
Strathnaver 369, 372, 376
Stromeferry 161
Stromness 383, 385, 395, Farbtaf. S. 233
Stronachlachar 472, 475
Strontian 324
Struie Hill 367
Stuart, Herrschergeschlecht 164, 213, 237, 325
Charles Edward (Bonnie Prince Charlie) 25, 26, 157, 187, 321-327, 337, 339-342, 359, 360
Jakob I., König 20
Jakob II. 20, 163, 228
Jakob III. 20, 383
Jakob IV. 20, 134, 187, 213, 380, 414
Jakob V. 20, 113, 163, 237
Jakob VI., König von Schottland, später als Jakob I. König von Großbritannien 23, 132, 237, 244, 245, 477
Stuart, James, 1. Laird of Traquair 187
John, 7. Laird of Traquair 187
Peter Maxwell, 20. Laird of Traquair 187, 188
Sueno's Stone 271

Suilven 352, 353
Sula Sgeir 403
Sullom Voe 532
Summer Isles 350
Sunart 321
Sutherland 28, 101, 183, 354, 371, 376, 382, Farbtaf. S. 464
Sutherland, Elizabeth Leveson-Gower, Countess of 55
Sutherland, George Granville Leveson-Gower, 1. Duke of 370, 373
Sweetheart Abbey 210
Symington, William 230

TACITUS 250
Talla Reservoir 186
Tantallon Castle 142
Tarbert (Harris) 342, 400, 414, 416-418
Tarbert (Loch Nevis) 158
Tartan 56-61
  Museum, Comrie 61
Tay 138, 162, 496, 497
  Firth of 42, 222
Tayinloan 281
Taylor, James 203
Taymouth Castle 436, 441, 484
Telford, Thomas 126, 144, 301, 364, 459
Teviot 174, 183
Thomson, Alexander 519, 521
Threave Castle 212
– School of Gardening 212, 257
Thurso 376, 382
Tibby Shiel's Inn 185, 186
Tiree 304
Tobermory 311, 312
Tolquhon Castle 262
Tomich 468
Tomintoul 272, 274, 450, 452
Tongue 382
Torfgewinnung 378, 379
Torridon 347
Tower Houses 64-67, 260
Township 294-296
Traigh Mhor 421, 422
Traquair House 186-188

Trossachs 470, 471, 472, 474
Trotternish 338, 339, 340, 342
Trumpan 336
Tullibardine, Marquis von 327
Turnberry 220
Turner, William 318, 343
Tweed 9, 168, 173, 174, 175, 177, 180, 181, 183, 186
Tweedsmuir Hills 186

UIG 342
Ullapool 346, 350
Ulva 318, 320
Unapool 353

VATERNISH 336, 337
Vatersay 431
Victoria, Königin 27, 48, 59, 144, 294, 319, 346, 436-441, 442, 446, 453, 514, 515

WADE, George, General 329, 466, 491
Walkerburn 183
Wallace, Clan 448
Wallace, William 18, 19
Wanlockhead 202-204, Farbtaf. S. 236
Watt, James 27, 31, 203, 459, 514, 517
Weem 490, 491
Whaligo 379, 382
Whisky 272-274, 281, 282
White Corries 153, 154
Whitekirk 142
Whithorn 212, 213
Wick 43, 376, 379, 382
Wigtown 213
Wikinger 28, 329, 389, 390, 414, 418
Wilhelm III. von Oranien 24

YARROW 183
Yell 531

ZWEIG, Stefan 21, 242

551

Mein Dank gilt in erster Linie den Freunden, die mit mir Fahrten durch Schottland unternahmen und mir auch weiterhin halfen: Wilhelm Jensen, Werner und Maryse Neumeister, Armin Prinz, Eugen Sporer, Hans Thalgott, Elisabeth Urbancic, Ernst L. von Wallenberg Pachaly und Johannes Waltz.

Ferner danke ich Jocelin Winthrop-Young, Salem, und Bob König von der Britischen Fremdenverkehrszentrale, Frankfurt.

In Schottland ist den Freunden vom National Trust for Scotland zu danken, vor allem Judy Aitken; Charles Nicholas und vielen seiner Kollegen im Scottish Tourist Board; Alan Scott und seinen Mitarbeitern beim Highlands and Islands Development Board; Basil Skinner und seinem Sohn John, sowie zahlreichen weiteren Schotten, die mich ihr Land und seine Bewohner liebgewinnen ließen.

Die Karten im Text zeichnete Peter Langemann, die farbige Faltkarte stammt von der Graphics Group, Scottish Development Department, Edinburgh.